D1732152

Für Elisabeth

Horst Slevogt

Eckernförde

Die Geschichte einer deutschen Kaufmannsstadt im Herzogtum Schleswig

Band 2
Von gottorfischer über dänische zu preußischer Herrschaft

Husum

Umschlagbild: Die deutsche Fregatte Eckernförde, ehemalige Gefion v. 48 Kan: von deutschen Batterien bei Eckernförde genommen am 5. April 1849, J. Prömmel 1849

Bibliografische Information Der Deutschen Bibliothek

Die Deutsche Bibliothek verzeichnet diese Publikation in der Deutschen Nationalbibliografie; detaillierte bibliografische Daten sind im Internet über http://dnb.ddb.de abrufbar.

© 2005 by Husum Druck- und Verlagsgesellschaft mbH u. Co. KG, Husum
Gesamtherstellung: Husum Druck- und Verlagsgesellschaft
Postfach 1480, D-25804 Husum – www.verlagsgruppe.de
ISBN 3-89876-183-5

Inhalt

1. Kapitel

Unter dem Hause Gottorf (I) – Adelsstadt Eckernförde (1542–1624)

Einleitung

Im 1. Band dieser Stadtgeschichte hatte der Erkenntniswert des anfänglich nur spärlichen und unzusammenhängenden urkundlichen Materials über das mittelalterliche Eckernförde dadurch verbessert werden können, dass die wenigen zuverlässigen Nachrichten über die frühe Stadt auf den Hintergrund einer zusammenhängend dargestellten Geschichte des Herzogtums Schleswig projiziert wurden. Durch Analogien zu den Verhältnissen in anderen schleswigschen Städten mit besser bekannter Geschichte konnten auch die verbleibenden Lücken im historischen Bild der Stadt einigermaßen geschlossen werden.

Für die im 1. Kapitel des vorliegenden 2. Bandes betrachtete Zeit zwischen der Reformation und dem Dreißigjährigen Kriege findet sich freilich eine gänzlich veränderte Quellenlage vor. Die Nachrichten über diese Epoche, eine Blütezeit Eckernfördes, sind so zahlreich, dass die für den 1. Band gewählte rein chronologische Darstellungsform kaum zu einem lesbaren Text und vor allem nicht zu klaren Konturen der politischen und gesellschaftlichen Verhältnisse führen konnte. Daher werden im Folgenden die historischen Zeugnisse den politisch-gesellschaftlichen Kräften zugeordnet, die das Geschick der Stadt bestimmten. Es sind dies der Landesherr als Stadtherr, der gelegentlich im Plural zweier Fürsten auftritt, weswegen hier ganz allgemein von Landesherrschaft (Abschnitt 1.1) gesprochen wird. An zweiter Stelle ist die Rolle der verfassten Bürgerschaft zu schildern, die für die überwiegende Mehrheit der Einwohner steht (Abschnitt 1.2). Schließlich wird ein Hauptaugenmerk der zahlenmäßig kleinen Eckernförder Bevölkerungsgruppe gelten, die in der 2. Hälfte des 16. Jahrhunderts einen unverhältnismäßig großen Einfluss auf Leben und Entwicklung der Stadt genommen und daher diesem Kapitel auch den Namen gegeben hat: die in und um Eckernförde ansässigen und begüterten Familien des auf der Höhe seiner landespolitischen Macht stehenden holsteinischen Uradels (Abschnitt 1.3). Da die Landesherrschaft nicht nur direkt als Stadtherr auf das Leben der Stadt einwirkte, sondern weit mehr noch indirekt durch ihre Politik im Spiel der nordischen Mächte mit dem Geschick des Landes auch das der Stadt bestimmte, ist das Ergebnis dieser Politik, die Landesgeschichte, dem Abschnitt über die Landesherrschaft zugeordnet worden. Denn natürlich bleibt nach wie vor die Betrachtung der Landesgeschichte für das Verständnis der Stadtgeschichte unverzichtbar.

Das Kapitel schließt mit einer zusammenfassenden Stadtchronik (Abschnitt 1.4). Sie bietet einen stichwortartigen Überblick über die urkundlich belegten Einzelereignisse in der Zeit von 1542 bis 1624. Wegen der auch im weiteren Verlauf dieses Bandes durchgehend befriedigenden Quellenlage wird hier auf das im 1. Band praktizierte Verfahren, die zu der Zeit noch spärlichen Informationen über Eckernförde durch Daten am Schriftrand besonders zu kennzeichnen, verzichtet.

1.1 Die Landesherrschaft

Als Herzog von Schleswig und Holstein hatte der dänische König Christian III. im Jahre 1542 eine neue Kirchenordnung erlassen, mit der der Prozess der seit etwa 20 Jahren in den Herzogtümern in Gang befindlichen Reformation zu einem formalen Abschluss gebracht worden war. Nachdem Christian dieses ihm besonders am Herzen liegende Ziel erreicht hatte, konnte er sich der Frage zuwenden, wer denn die Herzogtümer an seiner Statt oder mit ihm regieren sollte, wenn seine drei jüngeren Brüder, für die er die Regierung einstweilen noch vormundschaftlich führte, regierungsmündig geworden sein würden. Denn er allein konnte nicht Herzog bleiben, wie es sein Vater Friedrich noch gewesen war. Dem stand einmal die Constitutio Valdemariana aus dem Jahre 1326 entgegen, wonach nicht einer sowohl König von Dänemark als auch Herzog von Schleswig sein dürfe. Dies hatte Christians Großvater gleichen Namens vor seiner Wahl zum König von Dänemark 1448 seinem Oheim Herzog Adolf VIII. noch einmal ausdrücklich bestätigen müssen. Wie es auch der Tradition seines Hauses Oldenburg entsprach, steuerte Christian daher für Schleswig und Holstein eine Machtteilung mit seinen Brüdern Johann und Adolf an; der jüngste Bruder Friedrich sollte mit dem Bischofsstuhl in Schleswig abgefunden werden. Christian mochte hoffen, dass seine Brüder unter diesen Umständen seine an sich verfassungswidrige Mitherrschaft in den Herzogtümern tolerieren würden. Dass dies nicht selbstverständlich war, mag man daran erkennen, dass sein ehrgeiziger Bruder Adolf sich noch 1569 die Urkunde von 1448, mit der Christian I. die Constitutio Valdemariana bekräftigte, durch das Schleswiger Domkapitel beglaubigen ließ[1]. Sicher hätte Christian mit einem Beharren auf der Alleinherrschaft in den Herzogtümern weiter gehende Ansprüche seiner Brüder – etwa auf gänzlichen Ausschluss seiner Mitregentschaft – geradezu herausgefordert, wie sie etwa zu Zeiten Christians I. dessen Bruder Gerhard geltend gemacht hatte. Ähnliche Schwierigkeiten hatte in der diesen Brüdern folgenden Generation König Johann mit seinem jüngeren Bruder Friedrich gehabt, den die Eltern gern als alleinigen Herzog von Schleswig und Holstein gesehen hätten. Die genealogische Situation des Hauses Oldenburg, das aus den beiden Ehen Königherzogs Friedrich I. im Zuge der 2. Landesteilung eine königliche (mitherzogliche) und eine (nur) herzogliche Linie bilden sollte, ist in Abb. 1 dargestellt.

Die schleswig-holsteinischen Räte, allen voran Johann Rantzau, machten gegen die landesherrlichen Teilungsabsichten Bedenken geltend, die sich vor allem gegen die Aufgabe einer einheitlichen Regierung für die Herzogtümer richteten und noch dadurch verstärkt wurden, dass der König sich im Krieg gegen den Kaiser befand. Dazu war es 1542 gekommen, als König Franz von Frankreich erneut die Waffen gegen Kaiser Karl ergriff und Dänemark ihm vertragsgemäß Bündnisfolge leistete.

Dabei richtete sich ein besonderes dänisches Interesse gegen den Ostseehandel der (noch) kaiserlichen Niederländer, denen der Sund gesperrt worden war. 1543 rückten dänische Truppen zu Lande gegen die Niederlande vor. Zur See wurde erstmals die von Christian III. neu geschaffene dänische Flotte eingesetzt. Durch Vermittlung von Fürsten des schmalkaldischen Bundes, dem Dänemark zwar nicht angehörte, aber wegen des gemeinsamen evangelischen Bekenntnisses nahestand, kam es dann 1544 auf dem Speyerer Reichstag zum Friedensschluss zwischen Kaiser Karl V. und Christian III. Freilich blieb die Frage offen, wie es mit den Thronansprüchen seines abgesetzten Vorgängers Christians II. und dessen beiden „von der Schwester des Kaisers gebo-

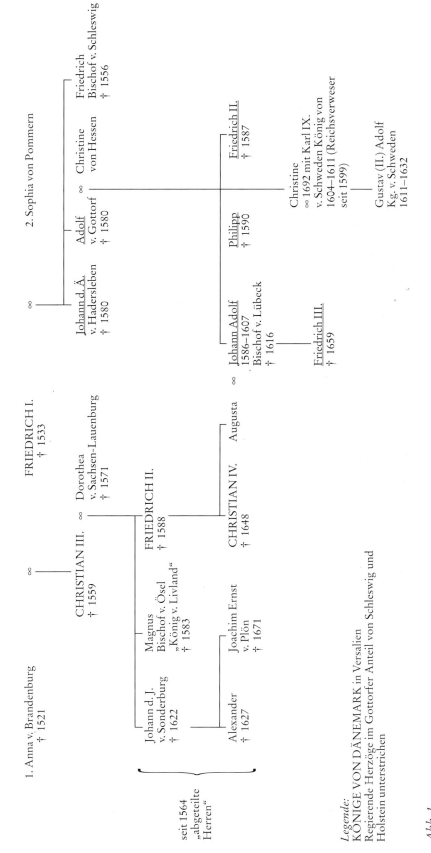

Verkürzte Stammtafel der königlichen und der herzoglichen Linie
des Hauses Oldenburg von 1533 bis 1627

1. Anna v. Brandenburg
† 1521

2. Sophia von Pommern

FRIEDRICH I.
† 1533

⚭

CHRISTIAN III.
† 1559

⚭

Dorothea
v. Sachsen-Lauenburg
† 1571

Johann d. Ä.
v. Hadersleben
† 1580

⚭

Adolf
v. Gottorf
† 1580

Christine
von Hessen

Friedrich
Bischof v. Schleswig
† 1556

FRIEDRICH II.
† 1588

Magnus
Bischof v. Ösel
„König v. Livland"
† 1583

Johann d. J.
v. Sonderburg
† 1622

Joachim Ernst
v. Plön
† 1671

Alexander
† 1627

CHRISTIAN IV.
† 1648

Augusta

⚭

Johann Adolf
1586–1607
Bischof v. Lübeck
† 1616

Philipp
† 1590

Friedrich II.
† 1587

Friedrich III.
† 1659

Christine
∞ 1692 mit Karl IX.
v. Schweden König von
1604–1611 (Reichsverweser
seit 1599)

Gustav (II.) Adolf
Kg. v. Schweden
1611–1632

seit 1564
„abgeteilte
Herren"

Legende:
KÖNIGE VON DÄNEMARK in Versalien
Regierende Herzöge im Gottorfer Anteil von Schleswig und
Holstein unterstrichen

Abb. 1
Verkürzte Stammtafel der königlichen und der herzoglichen Linie des Hauses Oldenburg von 1533 bis 1627

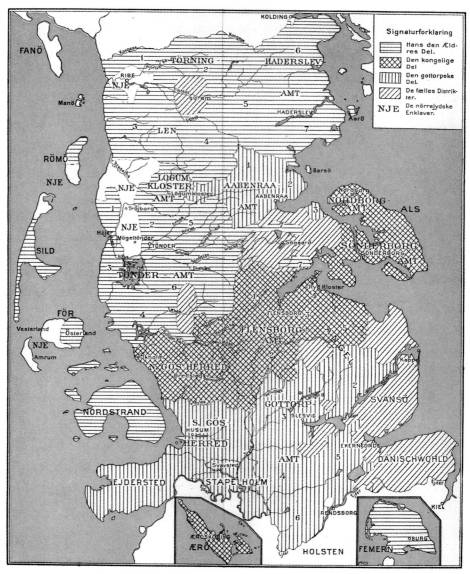

Abb. 2
Schleswig nach der Landesteilung von 1544 (nach Johanne Skovgaard[3])

renen Töchtern"[2] gehalten werden sollte. Doch sagte der Kaiser immerhin zu, dieser Frage wegen keinen Krieg zu beginnen, sondern nach einer gütlichen Einigung zu suchen. Sie ergab sich zwei Jahre später durch Christians II. Verzicht auf alle Herrschaftsansprüche für sich und seine Erben. So konnte nach dem Frieden von Speyer 1544 zur Landesteilung geschritten werden. Zu berücksichtigen waren dabei außer dem König nur seine Brüder Johann und Adolf. Denn dem jüngsten Bruder Friedrich war eine Versorgung im geistlichen Stand, nach Möglichkeit auf dem erzbischöflichen

10

Stuhl zu Bremen, zugedacht. Von den drei nach den landesherrlichen Einnahmen etwa gleichwertigen Landesteilen erhielten im Herzogtum Schleswig (s. Abb. 2):

König Christian den S o n d e r b u r g e r A n t e i l mit Arrö, Alsen, einem Teil des Sundewitt, das Amt Flensburg mit dem Rüdekloster (dem späteren Glücksburg) und das Dorf Fockbek bei Rendsburg,

Herzog Johann den H a d e r s l e b e n e r A n t e i l mit Törninglehen, Amt Tondern mit Ost-Föhr und den anderen zughörigen Harden und Landen, Lügumkloster, Stadt Hadersleben, Mögeltondern, die ganze noch nicht zerrissene Insel Nordstrand und Fehmarn, dazu noch drei vom Amt Gottorf abgetrennte Dörfer beim holsteinischen Rendsburg: Borgstedt, Lembeck und Kampen,

Herzog Adolf den G o t t o r f e r A n t e i l mit Schloss und Amt Gottorf, mit den Städten Schleswig und Eckernförde, die Lande Wittensee, Hütten und Mohrkirchen, Stapelholm, Husum, Eiderstedt und Stadt und Amt Apenrade, und später noch Helgoland, das zunächst vergessen worden war.

Gemeinsamer Besitz blieben die Zolleinnahmen von Gottorf.

Die Ritterschaft, die in den eigens geschaffenen Gutsdistrikten den drei Landesherren gemeinsam – und damit weniger leicht regierbar – untertan blieb, wollte auch eine gemeinsame Regierung in Form des alten „Gesamtrates" der beiden Herzogtümer beibehalten wissen, worin sie bei Herzog Adolf Unterstützung fand. Doch scheiterte dies am König. Johann Rantzau trat daraufhin in Herzog Adolfs, der ebenfalls sehr einflussreiche Iven Reventlow in Herzog Johanns Dienste.

Eckernförde lag somit nach der 2. Landesteilung als gottorfische Stadt inmitten der Gutsdistrikte Ostangeln, Schwansen und Dänischwohld, die das größte geschlossene gemeinsam regierte Gebiet des Herzogtums Schleswig darstellten. Dies sicherte dem Gutsadel wesentlichen Einfluss auf die weitere Entwicklung Eckernfördes.

Am nun zum Gottorfer Anteil gehörigen Helgoland zeigte sich 1545 die Fortdauer der Spannungen mit Dithmarschen: Ein Büsumer Aufgebot hob den landflüchtigen Dithmarscher Wiben Peters, der von Helgoland aus seinen Landsleuten Schaden zufügte, auf der Insel aus und tötete ihn. Das wollte und konnte Herzog Adolf als Landesherr nicht hinnehmen und wartete von nun an auf eine Gelegenheit, mit den alten Feinden abzurechnen.

Auch ein anderer nordischer Konflikt erhielt im folgenden Jahr 1546 neue Nahrung. Christian III. nahm, nachdem Christian II. allen seinen Ansprüchen entsagt hatte, vermutlich auf Betreiben seines neuen dänischen Kanzlers Johan Friis das schwedische Drei-Kronen-Wappen wieder in sein Wappen auf, worauf sein Vater klugerweise verzichtet hatte. Ein weiterer Anstoß zur Wiederbelebung der schwedisch-dänischen Gegensätze soll die 1544 geschlossene Erbvereinigung des Hauses Wasa gewesen sein, die diesem Geschlecht die Herrschaft über Schweden sicherte[4]. Die Brüskierung in der Wappenführung hatte Gustav Wasa noch hingenommen. Gustavs und Christians Söhne und Nachfolger, Erik XIV. und Friedrich II., sollten deswegen jedoch heftig aneinander geraten. Auch zwischen König Christian III. und seinen Brüdern kam es zum Streit. Die Belehnung Johanns und Adolfs mit dem Herzogtum Schleswig scheiterte 1547 zu Kolding im letzten Augenblick, weil die Herzöge sich nicht bereit fanden, eine damit verbundene Gefolgspflicht zum Schutze Dänemarks und die oberste lehnsherrliche Gerichtsbarkeit ihres königlichen Bruders anzuerkennen. Im gleichen Jahre wurde der („schmalkaldische") Bund deutscher evangelischer Landesherren vom Kaiser bei Mühlberg geschlagen. Wenn auch mit den Schmalkaldischen verbündet, hatte sich Christian III. nicht an den Kämpfen beteiligt, da er an guten Beziehungen zum

Kaiser interessiert war. So konnte er mit seinen Brüdern Johann und Adolf 1548 in Brüssel durch Vertreter die reichsunmittelbare Belehnung mit dem Herzogtum Holstein erhalten. Wieder wurde Dithmarschen in die Belehnung einbezogen. Herzog Friedrich, dessen Wahl zum Erzbischof von Bremen nicht hatte durchgesetzt werden können, wurde 1549, ausgestattet mit einer Pension seiner Brüder, Coadjutor (Stellvertretender Bischof) von Schleswig und nach dem Tode Bischof Tilemann van Hussens 1551 dessen Nachfolger als Bischof von Schleswig. 1549 endete auch die Sonderburger Gefangenschaft Christians II. An seinem neuen Haftort Kalundborg, an dem er sich nach seinem Verzicht auf alle Herrschaftsansprüche aufgrund der Fürsprache seines kaiserlichen Schwagers und nach Aussöhnung mit Christian III. freier bewegen konnte, verbrachte er die letzten zehn Jahre seines bewegten Lebens.

Eckernfördes Landes- und Stadtherr Herzog Adolf trat derweil als Heerführer in den Dienst des habsburgischen Kaiserhauses, dem er auch gegen die protestantische Opposition die Treue hielt. Nach dem Augsburger Religionsfrieden von 1555 kehrte er in seine schleswig-holsteinische Heimat zurück. Ohne Zustimmung seiner mitregierenden Brüder Christian und Johann ließ sich Adolf 1556 als Nachfolger seines verstorbenen jüngsten Bruders Friedrich zum Bischof von Schleswig wählen. Damit fiel ihm auch das bischöfliche Amt Schwabstedt zu. 1557 wurde Herzog Adolf schließlich Oberst des Niedersächsischen (Verteidigungs-)Kreises, der gemäß der auf dem Augsburger Reichstag verabschiedeten neuen Landfriedensordnung gebildet worden war.

Mit dem Tode König Christians III. am Neujahrstage 1559 zu Kolding, der sich um ein friedliches Verhältnis zu den Dithmarschern bemüht hatte, eröffnete sich für Herzog Adolf die Chance, mit dem widerspenstigen Volksstamm im Westen Holsteins militärisch abzurechnen. Seine Vorbereitungen dazu liefen schon seit längerem. Von seinem verstorbenen Bruder Friedrich, der auch katholischer Bischof von Hildesheim gewesen war, hatte er die Herrschaft Peine geerbt. Seinen Mitstreiter aus den Kämpfen im Dienste der Habsburger, Daniel Rantzau, hatte er dort als Drost eingesetzt und unauffällig Truppen anwerben lassen. Als militärischer Führer des Niedersächsischen Kreises, zu dem außer Holstein die Erzbistümer Magdeburg und Bremen, die Bistümer Hildesheim, Halberstadt, Lübeck, Ratzeburg und Schwerin, die Herzogtümer Braunschweig-Lüneburg, Sachsen-Lauenburg und Mecklenburg, die Grafschaft Regenstein (im östlichen Harzvorland) und die Städte Goslar, Lübeck, Hamburg, Bremen, Nordhausen und Mühlhausen gehörten[5], standen ihm somit weitere Machtmittel zur Verfügung, mit denen er die Dithmarscher im Alleingang niederzuwerfen hoffte. Dem widersprach indes sein wichtigster Rat, Johann Rantzau, und verlangte Zustimmung der gesamten Landesherrschaft und ihrer Räte[6]. Rantzau selbst vermochte den jungen Königherzog Friedrich II. für eine Teilnahme am Feldzug gegen Dithmarschen zu gewinnen. Sie lag nicht unbedingt im Interesse des Königreiches, da ein Sieg das Gewicht der Herzogtümer im dänisch-schleswig-holsteinischen Verbund vergrößern würde. Doch Friedrich eiferte gern dem kriegserfahrenen Oheim Adolf nach. Das etwa 17 000 Mann starke Heer der drei Fürsten Christian, Johann und Adolf erzielte unter dem Oberbefehl Johann Rantzaus gegen das etwa 12 000 Mann starke Aufgebot der Dithmarscher im Juni 1559 bei Meldorf und dann auch bei Heide einen vollständigen Sieg. Die Dithmarscher unterwarfen sich nach tapferer und verlustreicher Gegenwehr und wurden von den Siegern milde behandelt. Aufgeteilt unter die drei Fürsten wurde ihr Land dem Herzogtum Holstein einverleibt. Die privaten Rechte und Privilegien der neuen Untertanen wurden im Wesentlichen nicht angetastet. So blieb das Land in Bauernhand. Der insoweit leer ausgehende Adel gewann indes durch

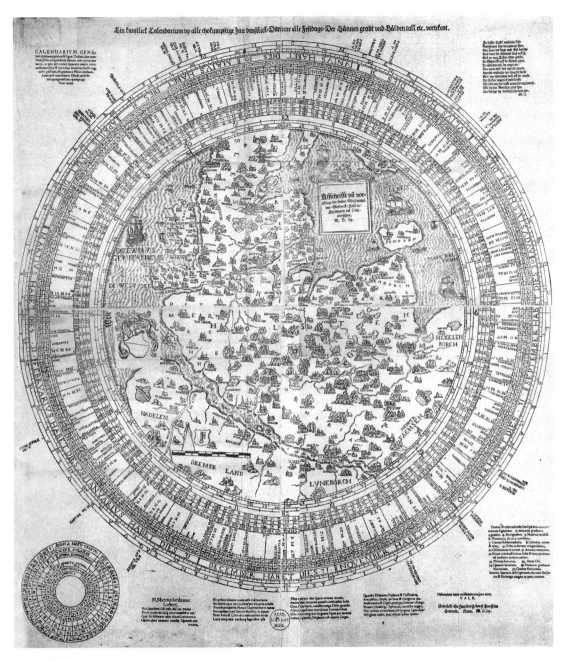

Abb. 3
*Karte der Herzogtümer Schleswig und Holstein des Marcus Jordanus aus dem Jahre 1559,
umrandet von einem „ewigen Kalender".*

sein Engagement in militärischen Führungspositionen weiter an Einfluss. Das galt vor allem für die Rantzau und auch für die Ahlefeldt, die mit 15 bzw. 11 Rittern mitgekämpft hatten[7]. Nicht geschont hatten sich auch die Fürsten selbst. Adolf wurde schwer verwundet und auch der junge König „ward durch Bertram Alefeld gerettet, als ein Dithmarsche ihn fast erschossen hätte"[8]. Im Siegesjahr 1559 sind offenbar aus diesem Anlass die ältesten Kartendrucke über Dithmarschen und auch über das ganze um Dithmarschen vergrößerte Schleswig-Holstein entstanden. Die umfassendere Karte des Marcus Jordanus „Affschrifft und vortekinge der beider Vörstendhöme/ Sleswick/Holsten/Stormarn und Dithmerschen MDLIX" (Abb.3) zeigt nicht nur, noch abgegrenzt, das unterworfene Dithmarschen, sondern erstmals das ganze Land nicht in perspektivischer Darstellung, sondern in modernerer kartographischer Aufsicht. Darauf befindet sich natürlich auch „Ekelenvord". Die Stadt ist nicht viel größer dargestellt als jedes der sie umgebenden adeligen Güter Olpenitz, Saxtorf, Bienebek, Grünholz, Krieseby, Kohöved, Maasleben, Eschelsmark, Bülk und Knoop, worin sich bereits die große öffentliche Bedeutung dieser Adelssitze ausdrückt.

Der rasche und endgültige Erfolg über die Dithmarscher stärkte das Selbstgefühl des jungen Königs, der am 20. August 1559 als Friedrich II. in Kopenhagen gekrönt wurde. Er hatte nun zu klären, welchen Anteil seine beiden jüngeren Brüder am Besitz ihres verstorbenen Vaters in den Herzogtümern haben sollten. Während Johann, im Unterschied zu seines Vaters Bruder gleichen Vornamens „der Jüngere" genannt, von Friedrich II. ein Drittel am königlichen (Sonderburger) Anteil erhielt (die Ämter Norburg, Sonderburg, Plön und Ahrensbök), konnte Magnus bewogen werden, auf einen Anteil an den Herzogtümern ganz zu verzichten, falls der König ihm das estnische Inselbistum Ösel mit der dazugehörigen westestnischen Provinz Wieck oder ein anderes geistliches Fürstentum verschaffte. So sollte vermieden werden, dass sich der königliche Anteil an Schleswig und Holstein und damit auch der Einfluss der königlichen Linie gegenüber den Herzögen Johann (d. Ä.) und Adolf zu sehr zersplitterte.

Die Prinz Magnus in Aussicht gestellte Anwartschaft auf Ösel wurde damit begründet, dass Dänemark auch nach dem Verkauf Estlands 1346 an den Deutschen Orden die aus Zeiten Waldemars II., „des Siegers", herrührende Oberhoheit über Estland nie aufgegeben habe. Dieser Anspruch kollidierte freilich mit den Interessen sowohl der Schweden, die im Besitz Finnlands sich auch an der Südküste des Finnischen Meerbusens festzusetzen begannen, als auch der Russen, die nicht länger von der handelswichtigen Ostseeküste fern gehalten werden wollten. Gegen eine dänische Zahlung von 30 000 Thalern und eine Schutzzusage erhielt Magnus gleichwohl das Bistum Ösel, auf dem er sich 1560 mit 400 Landsknechten festsetzte. Bald erwarb er auch noch die Administration der Stifte Reval und Kurland hinzu. Die dänischen Aktivitäten im zerfallenden Ordensreich brachten die Schweden auf den Plan, vor allem als nach Gustav Wasas Tode im September 1560 sein ehrgeiziger und streitlustiger ältester Sohn als Erik XIV. die schwedische Krone übernahm. Herzog Magnus' vorübergehende Abwesenheit in Kopenhagen nutzte Erik 1561, um sich in den Besitz Revals und anderer fester Plätze in Estland und Livland zu setzen. König Friedrich nahm sich nun der estnischen Angelegenheiten persönlich an, schickte seinen Bruder nach Ösel zurück und gab ihm einen seiner Vertrauten bei. Das folgende Ende des Ordensstaates, dessen Repräsentanten im November 1561 dem König von Polen huldigten, hinterließ ein Machtvakuum, das nun Russen und Polen, Schweden und Dänen gleichermaßen auszufüllen trachteten. Der sich anbahnende Konflikt zwischen den beiden nordischen

Königen wurde noch durch die ungelöste Wappenfrage verschärft. Als schwedische Proteste gegen die drei Kronen im Wappen Friedrichs II. nichts fruchteten, nahm Erik XIV. seinerseits die dänischen und norwegischen Insignien mit in sein Wappen auf, was König Friedrich als Nachfolger der Unionskönige besonders empörte.

Nachdem Schweden und Dänen in Estland militärisch aneinander geraten waren, wurde auch in den Heimatländern zum Kriege gerüstet. Noch vor der Kriegserklärung Dänemarks an Schweden am 31. 7. 1563 war es zu einem Zusammenstoß von Seestreitkräften vor Bornholm gekommen, bei welchem die Schweden den Sieg davontrugen. König Friedrich verbündete sich mit Lübeck, dessen direkten Russlandhandel über das dem Ordensstaat abgewonnene russische Narwa die Schweden zu unterbinden suchten, und erhielt auch Rückendeckung von seinem Oheim Adolf von Schleswig-Holstein. Die Herzogtümer blieben zwar formell neutral, doch unterstützten sie den König mit einer Kriegsschatzung. Einzelne Adelige traten auch in den dänischen Kriegsdienst. Herzog Adolf gewährte der König als Gegenleistung für seine Hilfe die bisher verweigerte Anerkennung seiner 1556 erfolgten Wahl zum Bischof von Schleswig. Zur Wahrnehmung der geistlichen und administrativen Aufgaben dieses Amtes hatte Adolf 1562 den Hamburger Theologen Paul v. Eitzen gewonnen, der bis zu seinem Tode 1598 Generalsuperintendent des Bistums und des übrigen Gottorfer Anteils blieb. Als entschiedener Lutheraner hat er in den langen Jahren seiner Amtsführung zur Festigung und Vereinheitlichung der evangelischen Lehre in Schleswig-Holstein nachhaltig beigetragen[9].

Dänemark führte den Krieg gegen Schweden vorwiegend mit deutschen Söldnern, die zwar kampferfahren, aber teuer, anspruchsvoll und schwer zu leiten waren, während das wirtschaftlich schwächere Schweden sich auf sein bodenständiges Bauernheer stützen musste. So konnte sich die dänische Seite in offener Feldschlacht oder im Belagerungskrieg meist siegreich durchsetzen, doch verlor sie die gewonnenen Vorteile wieder im Kleinkrieg, auf den sich die schwedischen Bauern, mit dem unwegsamen Gelände und dem rauen Klima besser vertraut, nur zu gut verstanden. Der erfolgreichste Befehlshaber auf dänischer Seite war Daniel Rantzau a. d. H. Deutsch-Nienhof, der sich schon in Dithmarschen hervorgetan hatte. Bei Axtorna (nahe Falkenberg in Halland) besiegte er am 20. Oktober 1565 die zahlenmäßig weit überlegenen Schweden. Zum Lohn belehnte ihn König Friedrich II. mit dem Gute Troyburg bei Mögeltondern[10]. Berühmt wurde Daniel Rantzau vor allem durch seinen geschickt angelegten Feldzug im Winter 1567/68, der ihn weit nach Mittelschweden (Östergotland) hineinführte. Die dabei erzielten militärischen Erfolge und der Schaden, den er der schwedischen Krone zufügte, trugen dazu bei, dass Schwedens König Erik XIV. dem Wahnsinn verfiel. Er wurde daraufhin von seinen Brüdern Johann (als Johann III. dann König) und Karl im September 1568 abgesetzt und bis an sein Lebensende gefangen gehalten[11]. Die Kraft Dänemarks, durch den schon 5 Jahre währenden Krieg geschwächt, reichte nicht mehr hin, den schwedischen Thronstreit zur siegreichen Beendigung des Krieges zu nutzen. Daniel Rantzau hatte sich wegen fehlenden Nachschubs aus Schweden zurückziehen müssen. Inzwischen auch mit Ahrensburg (vormals Woldenhorn) belehnt, konnte Daniel Rantzau Ende 1569 die Wiedereroberung des seit Anfang des Krieges von Schweden besetzten Warbergs am Kattegatt in die Wege leiten, bezahlte aber den schließlichen Erfolg mit seinem Leben. Er wurde in der St. Catharinen Kirche zu Westensee beigesetzt. Seine Brüder Peter und Tönnies errichteten ihm über der Rantzauschen Gruft ein kolossales Standbild. Von einem Baldachin überwölbt zeigte es den Feldherrn zu Pferde mit einer Standarte in der Hand.

Abb. 4
Der verstümmelte Corpus des Daniel Rantzau auf seinem heutigen Grabmal in der St.-
Catharinen-Kirche zu Westensee

Im Jahre 1645, während der Belagerung von Rendsburg, verstümmelten schwedische Soldaten Daniel Rantzaus Corpus. Als das Grabmal aus Platzmangel Ende des 18. Jahrhunderts ganz beseitigt werden musste, legte man den Corpus zu den Särgen in die Gruft[12]. Erst 1917 wurde das heutige Grabmal aus Resten des alten mit dem einst reitenden Daniel Rantzau als Liegefigur hergerichtet.

Das Verhalten der schwedischen Soldaten ist beispielhaft für das historische Unheil, das König Friedrich II. mit dem bis zur beiderseitigen Erschöpfung ausgekämpften siebenjährigen Drei-Kronen-Kriege angerichtet hat. Um der Weiterführung des schwedischen Dreikronenwappens und der estnischen Versorgung seines Bruders Magnus willen hatte er die Schweden provoziert und aus einer Rivalität von verwandten Völkern eine hasserfüllte Erbfeindschaft gemacht, die über anderthalb Jahrhunderte hinweg immer wieder zu dänisch-schwedischem Blutvergießen geführt hat.

Mitte 1570 kam es auf Initiative Polens, das auf Seiten Dänemarks und Lübecks im Baltikum gegen Schweden kämpfte, zu Friedensverhandlungen. Anlass war, dass Herzog Magnus zur Behauptung seiner livländischen Herrschaft sich an das gegen Polen stehende Russland angelehnt hatte. Er war vom Zaren Iwan IV. („dem Schrecklichen") zum „König von Livland" gemacht worden, hatte sich mit einer Zarentochter verlobt und rückte an der Spitze eines russischen Heeres gegen Reval vor. So kam es zu einer Annäherung von Schweden und Polen, die Estland bzw. Livland gegen die Russen behaupten wollten, und schließlich im Dezember 1570 zu Stettin zu einem Friedensschluss zwischen Dänemark, Schweden, Lübeck, Polen und dem die Oberhoheit über den gesamten Raum des untergegangenen Ordensstaates beanspruchenden Kaiser.

Dänemark behielt die Stifte Ösel und Reval, Schweden das übrige Estland. Die Wappenfrage wurde einer Kommission aus Fürsten und Universitäten zur Entscheidung übertragen.

Anders als seinen Bruder Magnus hatte König Friedrich II. seinen jüngsten Bruder bei dessen Volljährigkeit 1564 am gemeinsamen schleswig-holsteinischen Erbe mit einem Drittel beteiligt. Johann, „der Jüngere", erhielt die Ämter Sonderburg und Norburg in Schleswig, Plön und Ahrensbök in Holstein. Die Stände, d. h. also im Wesentlichen die Ritterschaft, weigerten sich, Johann dem Jüngeren den Huldigungseid zu leisten. Drei Herren einer gemeinsamen Regierung (der König, Herzog Johann der Ältere und Herzog Adolf) seien genug. So blieb Johanns des Jüngeren Herrschaftsrecht auf seinen Anteil beschränkt, er wurde ein „abgeteilter Herr" und damit zum Stammvater des Hauses Schleswig-Holstein-Sonderburg, das sich später in die Linien Norburg, Plön, Augustenburg, Beck und Glücksburg teilte.

Der siebenjährige nordische Krieg wurde auch zur See mit großer Erbitterung geführt. Eine dreitägige Schlacht zwischen Öland und Gotland konnte Ende Mai 1564 eine dänisch-lübische Flotte unter dem Admiral Herluf Trolle noch zu ihren Gunsten entscheiden. Doch im Laufe der beiden nächsten Jahre gewannen die Schweden die Oberhand. Am 26. Juli 1566 kam es vor der Südspitze Ölands erneut zur Schlacht, die wegen Sturms und Seegangs abgebrochen werden musste. Die verbündeten Flotten Dänemarks und Lübecks ankerten unter Wisby auf Gotland. In der Nacht vom 28. auf den 29. Juli nahm der Sturm so zu, dass 11 dänische und 6 lübische Schiffe strandeten, wobei die beiden dänischen Admirale und der lübische Admiral und Bürgermeister Tinnappel (s. Abb. 5) mit mindestens 6000 Mann ihrer Besatzungen ums Leben kamen.

Abb. 5
Das Epitaph für Lübecks Admiral und
Bürgermeister Bartholomeus Tinnappel
von 1575 in der Marienkirche zu Wisby
(Ausschnitt)

17

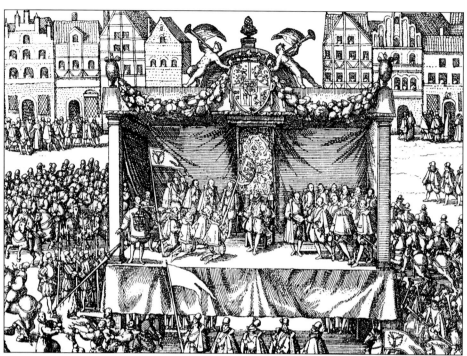

Abb. 6
Die Lehnshuldigung in Odense am 3. Mai 1580, Stich, wahrscheinlich von Franz Hogen-
berg (1593) (Ausschnitt)

Die Katastrophe von Wisby bedeutete das definitive Ende hansischer Seegeltung.
Die Hanse verlor den Handel mit Russland an die Holländer und wurde aus den
Niederlanden und aus England verdrängt. Bornholm musste an Dänemark zurück-
gegeben werden. Die Nachfolge der Hanse als führender Seemacht in der Ostsee traten die Schweden an. Dänemark hatte sich mit dem zweiten Platz zu begnügen.

Das durch den Dreikronenkrieg geschwächte Dänemark konnte gegenüber den
europäischen Machtverschiebungen der folgenden zwei Jahrzehnte, die durch den
Aufstieg der vom Hause Habsburg abgefallenen Niederlande und des gegen Spanien
erfolgreichen elisabethanischen England bestimmt wurden, nur eine passive Rolle
spielen.

Auch wurden immer noch politische Kräfte durch den seit der gescheiterten
Belehnung von Kolding 1547 fortbestehenden Streit über den staatsrechtlichen Sta-
tus des Herzogtums Schleswig und seiner Herzöge gegenüber der dänischen Krone
gebunden. Darüber war schon seit 1564 wieder verhandelt und gestritten worden. Es
ging darum, ob die Herzöge von Schleswig dem dänischen König als Lehnsherrn
Dienste schuldeten. Man einigte sich schließlich darauf, dass die Stellung Schleswigs
einschließlich Fehmarns zu Dänemark der Holsteins zum Reich entsprechen sollte.
Das galt auch für die Heerfolge mit 40 Reitern und 80 Fußsoldaten, sofern der Krieg
mit Rat und Bedenken der Herzöge beschlossen worden sei. Die Belehnung erfolgte
1580 in Odense zur gesamten Hand, bei Aussterben einer Linie sollte also das Lehen
nicht an den Lehnsherrn zurückfallen, sondern auf die verbleibenden Linien über-

gehen. Belehnt wurden neben dem König als Mitherzog und den mitregierenden Herzögen Adolf und Johann d. Ä. auch der „abgeteilte Herr" Herzog Johann d. J.

Abb. 6 zeigt eine zeitgenössische Darstellung des Belehnungsaktes. Auf der Tribüne sind rechts vom König die drei belehnten Herzöge (Johann d. Ä., Adolf und Johann d. J.) zu erkennen, links nehmen deren und des Königs Stellvertreter die Belehnung durch Entgegennahme der Fahne Schleswigs entgegen. Über der Tribüne prangt das königliche Wappen, immer noch mit den drei Kronen Schwedens (heraldisch gesehen rechts unten). In den seit dem Dreikronenkrieg vergangenen 10 Jahren hatte sich da also nichts geändert.

Im Oktober des gleichen Jahres (1580) starb Herzog Johann d. Ä., was erneuten Streit auslöste, da Herzog Adolf als einziger überlebender Bruder den ganzen Haderslebener Anteil verlangte. Im August 1581 konnte zu Flensburg eine Einigung herbeigeführt werden; sie lief auf gleiche Teilung hinaus. Der König erhielt Hadersleben mit dem westlich davon gelegenen Törninglehen, Amt Rendsburg und ganz Süderdithmarschen. Herzog Adolf fiel das Amt Tondern, ganz Norderdithmarschen, die Inseln Strand und Fehmarn und die Klöster Lügum und Bordesholm zu. Johann, der an der durch Losentscheid vollzogenen Teilung des Erbes seines Oheims nicht unmittelbar beteiligt gewesen war, wurde im April 1582 vom König aus seinem Anteil mit dem Sundewitt und den Klöstern Rüde (dem späteren Glücksburg) und Reinfeld entschädigt. Rüde, auf dessen Platz Johann d. J. von 1582 bis 1587 Schloss Glücksburg erbaute, wurde auch die umgebende Küstenregion beigelegt.

Die Belehnung von 1580 und die Landesteilungen von 1581/82 hatten weit reichende Folgen. Dass der „abgeteilte Herr", Johann d. J., in die Belehnung mit Schleswig zur gesamten Hand einbezogen wurde, der 1590 die ebenfalls ihn einschließende kaiserliche Belehnung mit Holstein folgte, bewahrte seinem Stamm das Erbrecht an der Regierung der beiden Herzogtümer, sodass 1863, als die königliche Linie im Mannesstamm ausstarb, der älteste männliche Erbe aus der abgeteilten Linie, Herzog Friedrich VIII. von Augustenburg, Anspruch auf die Regierung der Herzogtümer erheben konnte.

Da der königliche und der herzoglich-gottorfische Anteil nach 1582 keine weitere Teilung mehr erfuhren, verfestigten sich die ethnischen Gegebenheiten im Herzogtum Schleswig im Norden zu Gunsten des dänischen, im Süden zu Gunsten des deutschen Elementes (vgl. Abb. 7). Zu deutschen Gunsten wirkte ferner, dass in den gemeinsam (abwechselnd) regierten Adelsdistrikten der überwiegend aus Holstein stammende Adel den Ton angab und auch in den nordschleswigschen Städten deutsche Kaufleute und Handwerker maßgeblichen Einfluss hatten. Die dänische Seite dagegen profitierte davon, dass das nordschleswigsche Törninglehen 1581 kirchlich zum Bistum Ripen, Alsen, Arrö und das Sundewitt zum Bistum Odense gelegt wurden[13].

1586 verstarb 60-jährig Herzog Adolf, der Gründer des Hauses Holstein-Gottorf. Ihm folgte sein 18-jähriger Sohn als Herzog Friedrich II. nach. Dessen jüngster Bruder, Johann Adolf, wurde im gleichen Jahre erster (Fürst-)Bischof von Lübeck aus dem Gottorfer Hause. Obwohl Friedrich regierungsmündig war, wurde ihm ein Ratskollegium unter Leitung von Detlev Rantzau, der schon Herzog Adolfs Rat gewesen war und bis 1586 Gereby besessen hatte[14], beigegeben, das – aus drei Adeligen und drei gelehrten Räten bestehend – die Regierungsgeschäfte führte. Doch Friedrich verstarb bereits im folgenden Jahr 1587, noch ehe es zu Wahl und Huldigung gekommen war. Ihm folgte, erst 17-jährig, sein Bruder Philipp, dessen Vormundschaft sich sein Vetter und Lehnsherr, König Friedrich II. von Dänemark, trotz des Widerspruches der Herzoginmutter Christine zu sichern wusste. Doch König Friedrich verstarb schon im

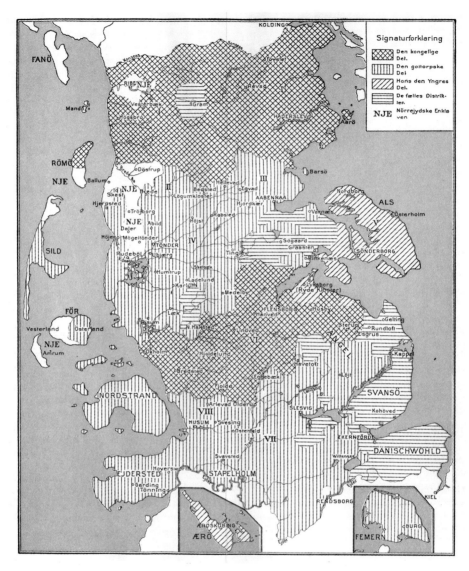

Abb. 7
Schleswig nach den Landesteilungen von 1564 und 1581/82 nach Johanne Skovgaard

folgenden Jahr, sodass seine Intervention für das Haus Gottorf ohne Folgen blieb. Sein
Thronerbe, König Christian IV., war erst elf Jahre alt. So konnte sich Herzoginmutter
Christine diesmal durchsetzen und Vormünderin Herzog Philipps werden, der aber an
den Folgen seines ausschweifenden Lebens schon 1590 starb. Ihm folgte, erst 16 Jahre
alt, Herzog Johann Adolf, der nicht nur Bischof von Lübeck, sondern auch schon seit
1585 Erzbischof von Bremen war[15]. Dass er nach zwei älteren Brüdern noch regierender Herzog werden würde, war nicht erwartet worden. So musste er Bremen 1596 und
Lübeck 1607 an seinen Bruder Johann Friedrich abgeben.

20

Im Jahre 1588 waren also im Herzogtum Schleswig in beiden regierenden Linien, der königlichen wie der herzoglich-gottorfischen, mit Christian (IV.) und Philipp Minderjährige zu Thronanwärtern geworden, die traditionsgemäß noch durch die Stände gewählt werden mussten. Über die Frage, ob Philipp überhaupt dieser Wahl bedürfe und ob er seine Machtstellung nicht allein dem Erbrecht verdanke, war es zwischen dem Gottorfer Hof unter der Herzoginwitwe Christine als Vormünderin ihres Sohnes und der Ritterschaft unter Führung von Heinrich Rantzau zu einem heftigen Streit gekommen. Dabei konnte der Gottorfer Hof, dessen Rechtsposition Philipp bei Volljährigkeit übernahm, nur dadurch zum Nachgeben bewogen werden, dass der Adel Anstalten machte, König Christian IV. zum alleinigen Landesherrn zu wählen. Als auch Christians Mutter Sophie ihrer mecklenburgischen Herkunft entsprechend den deutschen Standpunkt erblicher Fürstenmacht vertrat – sie wollte zu Gunsten zweier jüngerer Söhne auf eine weitere Teilung des königlichen Anteils hinaus – kam es darüber zum Streit mit ihrem Sohn Christian, der erst gegen Ende der Regentschaft für den minderjährigen König beigelegt wurde.

Königin Sophie, in Nachfolge ihres Ehemannes bereits Obervormünderin in den Herzogtümern, hatte erwartet, dem dänischen Herkommen gemäß[16] auch an der Regentschaft für ihren Sohn in Dänemark maßgeblich beteiligt zu werden. Denn noch 1542 war für den Fall, dass Christian III. vor der Volljährigkeit Kronprinz Friedrichs (II.) versterben sollte, vereinbart worden, dass der aus Reichsräten zusammenzusetzende Vormundschaftsrat unter Leitung der Königinwitwe stehen sollte[17]. Die seitdem weiter gewachsene Macht des Adels zeigte sich 1588 daran, dass sich der adelsdominierte Reichsrat mit seinen Bedenken gegen eine Beteiligung der Königin durchsetzen konnte, der Regentschaftsrat allein gebildet wurde und der Königin allenfalls gewisse Erziehungsrechte verblieben, um die freilich auch noch gestritten wurde. Gegen das Herkommen war auch, dass der junge König erst in seinem 20. Lebensjahr regierungsmündig werden sollte und daher erst 1596 die Herrschaft übernehmen konnte.

Zwar hatte der in seiner Zusammensetzung wechselnde Regentschaftsrat aus der Wahrnehmung der Regierungsgeschäfte keine persönlichen Vorteile gezogen. Auch wurde der junge König mit zunehmendem Alter in die Regierungsarbeit einbezogen. Doch haben sich die Regenten nicht den Forderungen ihrer adeligen Standesgenossen nach Sicherung und Ausbau der Vorrechte ihres Standes entziehen können. Dies galt für die Vergabe von Lehen, die Rechtsprechung gegenüber Adeligen, die Hofämter und die Aussteuer der Prinzessinnen. Was den Hof und die königliche Familie anlangte, leistete Königin Sophie, gestützt auf ihre starke Position in den Herzogtümern, zunehmend Widerstand. Doch führte andererseits das stark ausgeprägte und entschieden wahrgenommene Recht der schleswig-holsteinischen Ritterschaft, die Landesherrschaft zu wählen, auch zu einer Wiederbelebung des Königswahlrechts der dänischen Ritterschaft, als der junge Christian IV. 1588 zum König gewählt werden sollte.

Das Jahr 1588 markiert somit den Höhepunkt der Adelsmacht in Dänemark, vor allem aber in den Herzogtümern. „Mit Tränen in den Augen"[18] musste der junge Herzog Philipp auf dem Landtag zu Kiel im September 1588 um seine Wahl zum regierenden Herzog durch eine Ritterschaft nachsuchen, die bereits 1564 durch die Weigerung, Herzog Johann d. J. zum 4. Landesherrn zu wählen, gezeigt hatte, dass sie, wenn schon nicht über die Zuteilung der Herrschaftsgebiete, so doch über die Zugehörigkeit zu der gemeinsamen Regierung zu bestimmen hatte. Vergeblich bemühte sich der „abgeteilte" Johann d. J. noch nach dem Tode seines Bruders, König Friedrichs II., auf den

Landtagen von 1590, 1592, und 1593 um die Wahl zum mitregierenden Landesherrn. Als Herzog Johann Adolf 1590 die Nachfolge seines früh verstorbenen Bruders Philipp antrat, musste auch er sich 1592 der Wahl durch die Stände stellen, denen es dazu noch gelungen war, ein Ratskollegium an die Stelle einer Vormundschaftsregierung durch Herzoginmutter Christine zu setzen. Der im Kampf gegen die absolute Fürstenmacht sowohl im Königreich wie in den Herzogtümern siegreiche Adel war sich während der Zeit der Vormundschaftsregierungen näher gekommen. Dies fand 1593 in der Erneuerung der Adelseinfluss und Adelsrechte sichernden dänisch-schleswigholsteinischen Verteidigungsunion von 1533 einen deutlichen Ausdruck. Doch auch die zunächst in diesem Streit Unterlegenen, die beiden regierenden Linien des Hauses Oldenburg, waren sich näher gekommen: Am Tage nach der Krönung Christians IV. heiratete seine Schwester Augusta am 30. August 1596 im Schloss zu Kopenhagen Herzog Johann Adolf von Schleswig-Holstein-Gottorf. Des Königs Bruder Ulrich wurde Bischof von Schleswig. Dem verschuldeten Herzog Johann Adolf half die reiche Schwiegermutter Königin Sophie aus seinen Geldverlegenheiten[19].

Die ihren historischen Höhepunkt erreichende Adelsmacht stieg in den Herzogtümern den jüngeren und wenig verantwortungsbewussten Junkern sichtlich zu Kopfe. Die Chroniken und auch das urkundliche Material aus der Zeit um die Wende vom 16. zum 17. Jahrhundert legen ein erschreckendes Zeugnis vom Übermut und dem gesetzlosen Verhalten des Adels ab. Seine Übergriffe suchen an Brutalität und Menschenverachtung ihresgleichen. Es fing mit Fenstereinschlagen und In-die-Häuser-Schießen an, Bürger wurden beleidigt, bedroht und bedrängt. In die Häuser wurde eingedrungen und eingebrochen, das Inventar zerschlagen oder weggenommen. Die Bewohner wurden geschlagen und verletzt, in drei überlieferten Fällen sogar mit Todesfolge[20]. Diese Gewalttaten erfolgten vielfach ohne ersichtlichen Grund oder weil die Bürger den Adligen – mit Recht – nicht zuwillen waren. Hierunter hatten vor allem die bevorzugt von Adligen bewohnten oder frequentierten, zum Gottorfer Anteil gehörenden Städte Kiel und Eckernförde zu leiden. Sie lagen inmitten der größten Güterbezirke Nordostholsteins und Südostschleswigs, in denen die mächtigen Geschlechter des holsteinischen Großadels zu umfangreichem Grundbesitz gelangt waren. Dazu war Kiel die Stadt des Umschlages und des den gesellschaftlichen Veranstaltungen des Adels dienenden ehemaligen Franziskanerklosters. Eckernförde wurde vom Adel wegen seiner günstigen Lage zu den bedeutenden Gutsbezirken Ostangelns, Schwansens, des Dänischen Wohlds und der Westenseeregion (Kieler Gutsbezirk) bevorzugt. Zunehmend hatten in beiden gottorfischen Städten Adelsfamilien nicht nur solide Häuser erworben, sondern vielfach auch festen Wohnsitz genommen. Die wachsenden Spannungen zur Bürgerschaft waren aus der vom Adel auch in der Stadt beanspruchten Freiheit von Abgaben und von für die übrigen Einwohner geltenden Dienstleistungspflichten entstanden. Doch entwickelte sich auf diesem Hintergrund gerade bei jungen Adeligen, für die es offenbar weder in der Gutsverwaltung, noch im Kriegsdienst, noch im Hofdienst genügend zu tun gab, ein mutwilliger, brutaler und schließlich frevelhafter Umgang mit Gut und Gesundheit der Stadtbewohner. Dass Eckernförde keine landesherrliche Burg besaß, diese in Kiel der Herzoginmutter Christine als Witwensitz diente, verminderte den Einfluss landesherrlicher Autorität, die ohnehin dadurch geschwächt war, dass der erst spät verehelichte Gottorfer Herzog Adolf bei seinem Tode nur minderjährige Söhne hinterließ. Zwei von ihnen gingen schon bald nach Regierungsantritt mit dem Tode ab, sodass der mit den Adelsexzessen erst eigentlich voll konfrontierte dritte

Sohn, Herzog Johann Adolf (1590–1616), erst noch mit dem übermütig gewordenen Adel um die Macht im Lande ringen musste.

Dem Kieler Bürgermeister Asmus Bremer, der von 1702 bis 1720 amtierte, verdanken wir die Errichtung und erste „Verzeichnung" des Kieler Stadtarchivs als wesentlicher Grundlage seiner Stadtchronik. In ihr wird gerade die hier besonders interessierende Zeit zwischen 1585, dem letzten Lebensjahr Herzog Adolfs, und 1608 sehr eingehend behandelt. Denn das 1608 durch Herzog Adolf erlassene Gottorfer Hausgesetz, das das Erbrecht des Erstgeborenen festlegte, bedeutete eine weitgehende Entmachtung des Adels. Bremers Chronik ist gefüllt mit Berichten[21] über gewaltsame Übergriffe des Adels gegen Gut und Blut ihrer Kieler und auch Eckernförder Mitbürger und den erst allmählich an Schärfe und Wirkung zunehmenden Verfügungen der Landesherrschaft gegen den Adel, die auf Beschwerden und Klageschriften der Städte zurückgingen. Von denen Bremer berichtenswert erscheinenden 177 Vorfällen dieses Zeitraums waren weit über die Hälfte (53 %) Adelsübergriffe mit einer deutlichen Häufung zwischen 1585 und 1593 und einer markanten Spitze in den drei Jahren nach der Wahl Herzog Philipps zum regierenden Herzog 1588. Noch der alte Herzog Adolf verfügte am 26. 6. 1585, dass die Stadt Kiel, falls wieder „friedheßige Leute" zu ihrer eigenen Belustigung mit schießen, Fenster einschlagen und Häuser stürmen Mutwillen treiben und Mord und Totschlag provozieren würden, die Sturmglocke die Bürger bewaffnet zusammenrufen sollte, um die gegen Leib und Gut der Mitbürger Gewalt übenden Täter „nach Gelegenheit der Person hand- und füßfast" zu machen. Wegen der weiteren Behandlung dieser Täter solle man seine Befehle abwarten[22]. Auf diese Verfügung hatte der Kieler Rat geantwortet, dass er es für gefährlich halte, Gewalt gegen Adlige zu üben. Daraufhin hatte der Herzog gedroht, auf Kosten der Kieler Soldaten nach Kiel zu legen, die bei Tumulten einschreiten sollten[23]. Vier Jahre später, auf dem Höhepunkt der Ausschreitungen, nahm Herzog Philipp auf diese offenbar fruchtlos gebliebenen Anordnungen seines Vaters Bezug und begnügte sich erneut, die Kieler zur Gegengewalt zu ermahnen, und versprach unbestimmte „landtfurstliche Protection"[24]. Rat und Bürgerschaft beschlossen daraufhin, zukünftig bei Ausschreitungen des Adels die Sturmglocke zu ziehen und der Aufforderung des Herzogs entsprechend Gewalt anzuwenden[25]. Nach einer langen Reihe weiterer Ausschreitungen war der Rat schließlich im Juni 1590 gegen den Junker Hans Pentz rechtlich vorgegangen, worauf dieser unter Bruch seines Ehrenwortes mit Melchior Rantzau eine Woche später erneut randalierte, gerade als Herzog Philipp seine Mutter auf dem Kieler Schloss besuchte. Da Melchior Rantzau für die Nacht weitere Aktionen gegen die „Verstrickung" des Hans Pentz angekündigt hatte, ließ der Rat jetzt die Sturmglocke läuten. Die aufgebrachten Kieler Bürger gerieten mit den Adligen, unter ihnen auch zwei Hofjunker der Herzoginwitwe Christine, in ein heftiges Handgemenge, in dessen Verlauf der verwundete Hans Pentz dingfest gemacht und zur Verfügung des Herzogs gehalten wurde. Von außerhalb der Stadt zur Hilfe ihrer Standesgenossen herbeigeeilte Adlige wurden vor verschlossenen Stadttoren abgewiesen. Hans Pentz erlag vier Wochen später seinen Verletzungen[26]. Diese Vorgänge führten mit Zustimmung des Herzogs zu einer Friedfertigkeitserklärung einer Adelsabordnung gegenüber dem Rat der Stadt Kiel, die indes nicht einmal von allen Mitgliedern der Abordnung eingehalten wurde. Dies veranlasste nun beide Landesherren, König Christian IV. und Herzog Philipp, zu einem Reskript vom 24. 9. 1590, mit dem sie diese Akte des Landfriedensbruches „ohne Unterschied der Personen, mit ernster unnachlässiger höchster Straffe also zu verfolgen" ankündigten[27]. Tatsächlich hatte

Asmus Bremer vom Jahre 1591 an weniger Anlass, Adelsübergriffe in Kiel zu registrieren.

Die Hauptübeltäter, Otto und Melchior Rantzau aus dem Hause Breitenburg, also Enkel des großen Johann Rantzau und als zweiter bzw. vierter Sohn von Paul und Beate Rantzau, auf Kirchenstühlen in Eckernförde, Waabs und Kirchbarkau verewigt, verlegten ihre Aktivitäten nach Eckernförde, um von hier aus Rache an den Kielern zu üben[28]. Otto Rantzau muss sich in den folgenden Jahren auch an Eckernförder Bürgern vergangen haben. Am 23. 8. 1597 schrieb der nunmehr regierende Herzog Johann Adolf an Bürgermeister und Rat der Stadt Eckernförde, dass er mit der vollzogenen Verhaftung des Rantzau einverstanden sei, da bei ihm weder wohlmeinende Ermahnungen noch Befehle des Herzogs etwas ausgerichtet hätten. Doch solle man ihn in „eine ehrliche Herberge" mit Wächtern geben, sodass ihm „keine Eisen noch Bande" angelegt zu werden brauchten. Weiterer Bescheid würde noch ergehen[29]. So viel Respekt sollte freilich drei Jahre später tumultuierenden Standespersonen nicht mehr entgegengebracht werden. Am 13. August 1600 verfügte Herzog Johann Adolf, dass jedermann, der in Eckernförde „sowoll bey nachts alß bei tagszeiten mit üppigen schießen, überfallungh der Wächter, anschlagungh der Fenster und andern ... mhuttwillen getrieben, ... er sey vom Adell oder anders Standes", sofort nach Maßgabe der Schwere des Verbrechens unter Anklage gestellt oder auch gleich in Haft genommen werden solle, wie es mit anderen Eckernförder Einwohnern zu geschehen pflege. Wenn sich solche Übeltäter der Verhaftung widersetzten und sich gar mehrere gegen die Stadtdiener zusammenrotteten, so sollte die Sturmglocke gezogen und die Bürgerschaft die Übeltäter mit bewaffneter Hand zur Haft bringen. Gegen die Folgen eines solchen bewaffneten Vorgehens hätten die Eckernförder volle Rückendeckung beim Herzog[30].

Diese Untaten des Adels, verübt gerade von Angehörigen der führenden Geschlechter, allen voran die Rantzau, Pogwisch, von der Wisch und Buchwald, tat seinem Führungsanspruch moralisch schweren Abbruch, da sich viele von ihnen wie fremde Unterdrücker und nicht wie Landsleute aufführten. Die landesherrliche Regierung musste nun entschieden zugunsten der einfachen Stadt- und Landbewohner eingreifen. So für alle sichtbar zur uneingeschränkten Autorität geworden, konnte es sich Herzog Johann Adolf 1608 leisten, im gottfischen Hausgesetz das Erbrecht des Erstgeborenen einzuführen, was nicht nur weitere Landesteilungen im herzoglichen Anteil ausschloss, sondern vor allem auch das ritterschaftliche Wahlrecht gegenstandslos machte. Natürlich kam ihm dabei auch die allgemeine Staatsrechtstendenz zum Absolutismus und die Einführung berufsqualifizierter Staatsadministration entgegen. Die neue Erbfolgeregelung kam nach erlangter Zustimmung des kaiserlichen und des königlichen Lehnsherrn (für Holstein resp. für Schleswig) erstmals 1616 zum Zuge, als Herzog Friedrich III. seinem verstorbenen Vater Johann Adolf nachfolgte. Das neue, absolutistische Selbstbewusstsein des gottorfischen Fürstenhauses kommt sehr sinnfällig im in den Jahren 1609 bis 1613 eingerichteten Fürstenstuhl in der Gottorfer Schlosskapelle zum Ausdruck (Abb. 8).

Der Fürstenstuhl ist auch wegen der ungewöhnlichen Hervorhebung der schwedischen drei Kronen im königlich-dänischen Wappen der Herzogin Augusta von historischem Interesse. Es drückt den unverhohlenen Anspruch ihres Bruders König Christians IV. auf die Wiederherstellung des Unionskönigtums aus, der mit dem gleichzeitig (1611–13) geführten Kalmarkrieg gegen Schweden freilich nicht durchgesetzt werden konnte.

Abb. 8
Außenseite des Fürstenstuhles
in der Kapelle von Schloss Gottorf

In der königlichen Linie des Hauses Oldenburg ließ indes der Übergang von wahlrechtlicher zu erbrechtlicher Herrschaft noch auf sich warten, wurde gleichwohl zumindest hinsichtlich der Unteilbarkeit des königlichen Anteils an den Herzogtümern schon jetzt praktiziert. Im Gegensatz zu den Brüdern seiner unmittelbaren Vorfahren und Amtsvorgänger, der Könige Johann, Christian III. und Friedrich II., gingen Christians IV. Brüder in Schleswig-Holstein leer aus.

Als König Christian IV., 19 Jahre alt, 1596 die Regierung übernahm, stand er, wie schon sein Vater, wieder vor der Frage, wie er es denn mit Schweden halten wollte. Johann III., der noch am Ende des siebenjährigen Dreikronenkrieges König von Schweden geworden war, hatte Katharina von Polen geheiratet, die als letzte Jagellonin Polens Erbin war und einen Zug zur Rekatholisierung ins Haus Wasa brachte. Ihr Sohn Sigismund war 1587 unter Übertritt zum Katholizismus König von Polen und nach Johanns III. Tode 1592 auch König von Schweden geworden. Einer Rekatholisierung Schwedens wurde freilich auf Initiative von des neuen Königs Oheim Herzog Karl von Södermanland 1593 durch einen Reichstagsbeschluss ein lutherischer Riegel vorgeschoben.

Die Regierung in Schweden musste der polnisch-schwedische König dann auch praktisch an seinen Oheim abgeben. Herzog Karl regierte zunächst als Reichsverweser, nach der definitiven Entsetzung Sigismunds von 1600 als anerkannter König Karl IX.. Ein Krieg zwischen Polen und Schweden war die Folge. Karl IX., der erst 1604 den

Königstitel annahm, baute Schwedens Position im Baltikum, in Lappland und vor allem im Ostseehandel weiter aus, was Dänemark in seinem nordischen Führungsanspruch herausforderte. Infolge der Gründung Gotenburgs (Göteborg) am Kattegat gingen Dänemark auch Sundzolleinnahmen verloren. Beide Seiten rüsteten zur See und zu Lande. Nach anfänglichem Zögern, Christian drohte, den Krieg mit Schweden dann als ein Herzog von Schleswig-Holstein zu beginnen[31], stimmte der Reichsrat 1611 der Kriegserklärung an Schweden zu. Der zweijährige Krieg, in dessen Mittelpunkt die Kämpfe um Stadt und Festung Kalmar und die benachbarte Insel Öland standen, ist als Kalmarkrieg in die Geschichte eingegangen und endete mit dänischen Vorteilen, aber keinem Sieg über Schweden, das inzwischen nach dem Tode seines Vaters Karls IX. im Jahre 1611 von dem politisch und militärisch hochbegabten erst 17-jährigen König Gustav II. Adolf geführt wurde. Sein zweiter Name lässt erkennen, dass seine Mutter Christine eine Prinzessin von Holstein-Gottorf und Enkelin Herzog Adolfs war. Wieder waren auch Schleswig-Holsteiner als militärische Führer und Berater, aber auch als einfache Soldaten wesentlich an diesem dänischen Kriege beteiligt. Zwei Söhne Heinrich Rantzaus und damit Enkel des großen Johann Rantzau wirkten entscheidend mit: Gerhard Rantzau, Statthalter des Königs in Segeberg, führte ein Fußregiment und ein Reiterfähnlein heran, Breide Rantzau, Statthalter in Kopenhagen, hatte der König „als eine Art Stabschef mit ins Feld genommen"[32]. Ein Godske von Ahlefeldt fiel als Regimentskommandeur bei der Verteidigung der eroberten Stadt Kalmar[33].

Der am 20. Januar 1613 zu Knærød in Halland geschlossene Frieden sicherte beiden Königen das Recht zu, die drei Kronen in ihren Wappen zu führen, ohne dass damit Ansprüche auf das jeweils andere Reich begründet sein sollten. Dänemarks Herrschaft über die Insel Ösel und über das nördliche Lappland als Teil Norwegens wurde bestätigt. Göteborg sollte keine Rechte erhalten, die Dänemarks Rechten im Sunde abträglich seien. Schweden hatte binnen 6 Jahren eine Million Thaler Kriegsentschädigung an Dänemark zu zahlen. Dafür musste Schwedens Gebiet am Kattegatt um Elfsborg und Göteborg haften[34]. Während sich Schweden danach ganz auf seine Auseinandersetzungen mit Russland und Polen konzentrieren, seine Position im Baltikum und am Finnischen Meerbusen ausbauen und sich damit zur führenden Macht in der Ostsee entwickeln konnte, versuchte Christian IV. in Norddeutschland auf Kosten der Hansestädte und mit Hilfe fürstbischöflicher Rechte, in den Bistümern Bremen, Verden, Schwerin und Halberstadt eine Machtposition aufzubauen. Dabei kam ihm seine Funktion als (Kriegs-)Oberst des Niedersächsischen Kreises und seine verwandtschaftlichen Beziehungen zum Herzogshaus Braunschweig-Wolfenbüttel zustatten. Seine Schwester Elisabeth war mit Herzog Heinrich Julius von Braunschweig-Wolfenbüttel verheiratet. Doch bereits 1605/6 war seines Schwagers, von Christian unterstützter Versuch gescheitert, die Stadt Braunschweig unter seine Herrschaft zu zwingen. Ihr war dabei von Lübeck, Hamburg, Bremen, Magdeburg und Lüneburg geholfen worden, die gegen die Fürsten die Oberhand behielten[35]. Auch ein zweiter Anlauf seines Wolfenbütteler Neffen Friedrich Ulrich, dem Christian noch entschiedener zur Seite stand, misslang 1615.

Während die Spannungen mit Hamburg fortbestanden, das als holsteinische Stadt 1603 dem König und Herzog Johann Adolf noch formal gehuldigt hatte, 1618 indes seine Reichsfreiheit reichsgerichtlich bestätigt erhielt[36], betrieb Christian die Verstärkung seines Einflusses auf das Erzstift Bremen, um auf diese Weise die Herrschaft über die Unterläufe von Weser und Elbe zu gewinnen. Seit 1585

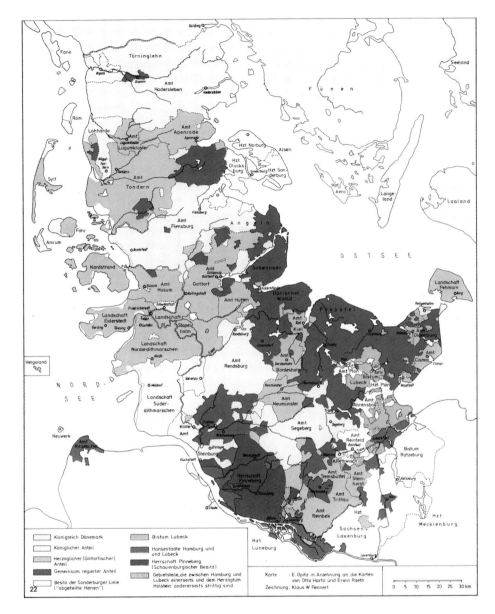

Legend (within map):

Königreich Dänemark		Bistum Lübeck	
Königlicher Anteil		Hansestädte Hamburg und und Lübeck	
Herzoglicher (Gottorfischer) Anteil		Herrschaft Pinneberg (Schauenburgischer Besitz)	
Gemeinsam regierter Anteil		Gebietsteile, die zwischen Hamburg und Lübeck einerseits und dem Herzogtum Holstein andererseits strittig sind.	
Besitz der Sonderburger Linie ("abgeteilte Herren")			

22

Karte : E. Opitz in Anlehnung an die Karten von Otto Hartz und Erwin Raeth
Zeichnung: Klaus W. Fennert

0   5   10   15   20   25   30 km

Abb. 9
Politisch-territoriale Gliederung Schleswig-Holsteins im Jahre 1622 nach E. Opitz

stellte das Haus Gottorf die Erzbischöfe, 1596 war Herzog Johann Adolfs jüngerer Bruder Johann Friedrich in diese Position aufgerückt. Ihm wollte nun Christian seinen erst achtjährigen Sohn und späteren Nachfolger Friedrich als Coadjutor
zur Seite geben, was ihm schließlich unter Einsatz von viel Geld und Geschenken
gelang. Seinen nach Süden gerichteten politischen Aktivitäten fügte er militärische

Anstrengungen bei. 1598 hatte er Krempe befestigen lassen, 1618 baute er auch das 1616 gegründete Glückstadt zur Festung aus. Des Königs Politik in Norddeutschland musste das Haus Gottorf, das den Nachfolger des gottorfischen Erzbischofs von Bremen selbst zu stellen erwartet hatte, als Bedrohung auch seiner eigenen Existenz empfinden. In Gottorf war 1616 Herzog Friedrich III. seinem Vater im Regiment gefolgt. Mit ihm übernahm erstmals ein Gottorfer Herzog gemäß dem von seinem Vater erlassenen Hausgesetz ohne Wahl durch die entmachteten Stände als Erbberechtigter die Landesregierung. Schon damals gab es vom Bremer Erzbischof Johann Friedrich ausgehende Bestrebungen, gegen die Machtpolitik Christians IV. eine Koalition des Hauses Gottorf mit den norddeutschen Städten, mit Mecklenburg und sogar mit Schweden zu bilden[37]. Auf jeden Fall hatte sich Christian IV. durch seine rigorose Machtpolitik außenpolitisch isoliert, was sich im schon in Gang befindlichen Dreißigjährigen Krieg noch sehr nachteilig auswirken sollte, und zwar nicht nur für Dänemark, sondern auch für die protestantische Sache insgesamt. Immerhin hatte er „mehr als die Hälfte des bischöflichen Gutes, über das der deutsche Protestantismus verfügte, ... in seinen Machtbereich gezogen"[38]. Wie er mit Schwächeren umging, erfuhr 1620 Graf Ernst von Holstein-Schauenburg, dem Herrn der holsteinischen Herrschaft Pinneberg. Er hatte sich vom Kaiser, dem er mit einem Darlehen von 100 000 Thalern behilflich gewesen war, die landesherrlichen Rechte bestätigen lassen und den Titel „Fürst und Graf zu Holstein-Schauenburg" verliehen bekommen. Dies beanstandete König Christian, der für sich lehnsherrliche Rechte in Anspruch nahm, beim Kaiser. Als dieser nicht reagierte, ließ Christian 1620 seine Truppen in die Grafschaft einmarschieren, die das Land verwüsteten. Erst im Folgejahr führte dann die Änderung des Titels in „Fürst des Reiches" und die Zahlung von 50 000 Thalern an den König zum Ausgleich[39]. Die erschreckten hamburgischen Nachbarn der Herrschaft Pinneberg fanden sich nun bereit, ihre Huldigungspflicht bis zum Abschluss der Revision gegen das entgegenstehende Reichsgerichtsurteil anzuerkennen.

Christians brutales Vorgehen gegen den Grafen Ernst machte auch die Bremer Domherren gefügig. Christians Sohn Friedrich wurde noch im selben Jahr als Coadjutor angenommen, das Haus Gottorf mit Zugeständnissen in der Schwabstedter Frage abgefunden. Herzog Friedrich von Gottorf betrieb umso energischer den inneren Ausbau des Landes. 1621 gründete er Friedrichstadt, was auch eine Antwort auf Glückstadt war und in dem nach dem Vorbild, das Graf Ernst in Altona gegeben hatte, freie Religionsausübung gewährt wurde. Die Verleihung der Stadtrechte an Tönning und Garding im Jahre 1590 und an Husum 1603 führte zur Stärkung der Wirtschaftskraft des Gottorfer Herrschaftsbereiches, insbesondere des wichtiger werdenden Westens. Doch 1623 wurde trotz allem angesichts der von Süden und der Mitte Deutschlands drohenden Kriegsgefahr die Verteidigungsgemeinschaft zwischen Dänemark und den Herzogtümern erneuert und erweitert; die Zahl der zu stellenden Hilfstruppen wurde verdoppelt, und das Bündnis sollte nun auch im Falle eines legitimen Angriffskrieges gelten. Man mag darin einen deutlichen Hinweis auf Christians IV. aggressive Außenpolitik in Norddeutschland erblicken.

1.2 Die Bürgerschaft

1.2.1 Kaufmannschaft und Stadtregiment

Am 15. Februar 1543, im Jahre nach der endgültigen Einführung der Reformation und im Jahre vor der 2. Landesteilung, die die Söhne Königherzogs Friedrich untereinander vornahmen, verlieh deren ältester, König Christian III., der Stadt Eckernförde das Schleswiger Stadtrecht, das die Stadt zwar schon von alters her besessen hatte, dessen Beurkundung ihr aber samt den übrigen verbrieften landesherrlichen Privilegien durch Brand abhanden gekommen war[40]. Bei dem zerstörerischen Ereignis wird es sich um den „Stadtbrand" vom Anfang des Jahrhunderts gehandelt haben, den eine Urkunde aus dem Jahre 1506 erwähnt[41] und dem offenbar auch das städtische Archiv im Vorgängerbau des heutigen „Alten Rathauses" zum Opfer gefallen war. Denn in dessen Kernbau aus der zweiten Hälfte des 16. Jahrhunderts[42] wurden Ziegelsteine verwendet, die „Flächenschwärzungen von einer Brandeinwirkung aus der Zeit v o r ihrer Zweitvermauerung[43] aufweisen.

Für die Stadt war es wichtig, ihre Stadtrechte und Privilegien schon im Mittelalter erworben zu haben, weil davon ihre Landtagsberechtigung und damit ihre Zugehörigkeit zu den Landständen abhing[44]. Um welche Privilegien es sich konkret gehandelt hat, geht aus König Christians Urkunde nicht hervor; was darinnen für die Stadt wichtig war, wird aus der Bestätigung der Stadtprivilegien vom 11. 8. 1545 durch den neuen Stadtherrn Herzog Adolf ersichtlich[45], an den die Stadt nach der Landesteilung von 1544 gefallen war. An erster Stelle steht die besonders auf den in der Stadt ansässigen Adel zielende Pflicht, zum Unterhalt von Reitern und Landsknechten beizutragen. Sie solle für alle Bürger und Einwohner gleich sein, es sei denn, diese besäßen verbriefte landesherrliche Freistellungen aus früherer Zeit, womit alteingesessene adlige Einwohner und Hausbesitzer gemeint waren, was König Christian III. auf eine Beschwerde der Stadt am 17. April 1544 schon entschieden hatte[46]. Die Auseinandersetzung mit den Ansprüchen und Vorrechten der adligen Einwohner zeichnete sich hier schon als ein lokalpolitisches Grundthema für die folgenden Jahrzehnte deutlich ab.

Weiter bestätigte Herzog Adolf, dass nur Eckernförder Bürger und Einwohner, nicht hingegen fremde Kaufleute und Wiederverkäufer vor den Stadttoren, auf dem Markt oder an der Schiffbrücke mit Getreide handeln dürften. Auch sollte das Recht zur Fischerei in „Süß- oder Salzwasser", im Noor und in der Bucht also, und der gewohnte Zoll der Stadt zustehen. Bei den Fischereirechten ging es um eine Abgrenzung gegenüber dem im Eckernförder Umland begüterten Adel. Nach dem im Herzogtum Schleswig geltenden jütischen Recht gehörten die Gewässer dem Landesherrn. Doch sollte dessen entsprechendes Verfügungsrecht nach der holsteinisch geprägten Rechtsauffassung der Bucht und Noor anrainenden Gutsherren nicht auch für den Vorstrand gelten, wie es das „Jydske Lov" vorsah. Die Gutsherren an Noor und Bucht auf Grünholz, Kohöved, Hemmelmark, Windeby, Altenhof, Aschau und Noer beanspruchten denn auch das Verfügungsrecht über die Vorstrände ihrer Ländereien, auf deren Nutzung die Eckernförder Fischer zur Ausübung des Fischfanges angewiesen waren, allein für sich. Mit ihrer Rechtsauffassung setzten sich die Gutsherren schließlich auch durch, wie wir in Zusammenhang mit der Einführung des „Mattfischeides" im Jahre 1554 noch sehen werden.

Das den Eckernfördern vom Landesherrn eingeräumte Getreidehandelsprivileg richtete sich vor allem gegen Rendsburger Kaufleute, die in Eckernförde angelandete

Ware unter Umgehung des örtlichen Zwischenhandels, der wesentliche Grundlage der Eckernförder „Nahrung" und im übrigen auch der herzoglichen Einnahmen aus der Stadt war, direkt aufkaufen und nach Westen weiter vertreiben wollten. Doch der alte Streit zwischen Rendsburg und Eckernförde über die Aufteilung der Gewinne am über diese Verkehrsachse laufenden Ost-West-Handel war mit Herzog Adolfs Bestätigung der Eckernförder Privilegien noch lange nicht entschieden, zumal da Rendsburg nach der Landesteilung von 1544 in König Christian einen anderen und mächtigeren Stadtherrn hatte als das herzogliche Eckernförde.

Die Bemühungen der Eckernförder um Bestätigung ihrer Privilegien trugen die Handschrift eines Rates, der sich aus Kaufleuten zusammensetzte. Nur wer dem Kaufmannsstande angehörte, Grund- und Hauseigentum besaß und den Bürgereid auf den Rat und den Landesherrn geleistet hatte, konnte Mitglied des Rates werden. Im Eckernförde unserer Berichtsperiode sind im Höchstfall sieben gleichzeitige Ratsmitglieder nachzuweisen[47]. Sie wählten aus ihrer Mitte zwei Bürgermeister, die abwechselnd als „Worthalter" den Vorsitz im Rat führten. Herzog Johann Adolf (1587–1616), der mit der Durchsetzung des Erbrechtes des Hauses Gottorf absolutistisch zu regieren begann, versuchte auch Einfluss auf die Einsetzung der Bürgermeister in Eckernförde zu nehmen. Dabei kam es vor, dass die fürstlichen, mit Polizeigewalt ausgestatteten Stadtvögte ins Bürgermeisteramt aufrückten[48]. Im Gegensatz zur mittelalterlichen Übung, einen meist adligen Stadtvogt als Vertreter des Stadtherrn von außen einzusetzen, stammten die Stadtvögte der frühen Neuzeit zumeist aus der Bürgerschaft.

Die Beschränkung der Ratsfähigkeit auf den Kaufmannsstand hatte seine Rechtfertigung darin, dass Kaufleute, die einst die Stadt gegründet hatten, am ehesten auch die Interessen der Stadt wahrnehmen konnten. Sie waren durch ihre Geschäfte einigermaßen weltgewandt, konnten kalkulieren und korrespondieren. Sie besaßen die erforderlichen Rechtskenntnisse, da das Stadtrecht das Kaufmannsrecht zur Grundlage hatte. Sie waren somit auch für das vom Rat ausgeübte Richteramt geeignet. Selbstverwaltung und eigene Gerichtsbarkeit waren schließlich die wichtigste Konsequenz der Stadtrechtsverleihung. Äußeres Zeichen dafür war der seit 1612 auf dem Forum, dem heutigen Rathausmarkt, stehende „Kak", eine auf dem Schandpfahl angebrachte, Rute und Schwert schwingende Figur eines uniformierten Stadtdieners. Dabei ist es in Eckernförde nicht, oder allenfalls nur in Ansätzen, zur Ausbildung eines Patriziats von Kaufmannsfamilien gekommen, wie es in den großen norddeutschen Handelsstädten zu beobachten gewesen ist. In Abb. 10 sind die Eckernförder Familien aufgeführt, deren Mitglieder im 16. und 17. Jahrhundert häufiger einflussreiche gesellschaftliche Positionen eingenommen haben. Dabei zeigt sich, dass es deutliche personelle Verschränkungen zwischen dem Rat als Stadtregiment und den Ämtern der Kirchengemeinde, den „Kirchengeschworenen", und den Gildevorständen (Kaland und Gertrudengilde vor und Pfingstgilde nach der Reformation) gegeben hat. Häufig waren Tätigkeiten im Kirchen- oder Gildevorstand Vorstufen für die Berufung in den Rat. Die führenden Familien konnten es sich auch leisten, ihre Söhne studieren zu lassen, sodass sich diese dann auch als Priester, Pastoren und auch Lehrer in Eckernförde und Umgebung wiederfinden. Sehr deutlich wurde dies bei den Blanckes, den Ruges und den Wittes. Die in drei Generationen im Rat vertretenen Blanckes, in zweiter und dritter Generation offenbar als Nachkommen des 1606 verstorbenen, 1609 durch Epitaph (Abb. 11)[49] geehrten Ratsherrn Hans Blancke, der drei Söhne hatte, stellten in der Mitte des 17. Jahrhunderts Pastoren in Karby (Johannes B. gest. 1678), Översee (Lorenz B. gest. 1697) und in Schönkirchen (Caspar B. gest. 1665). Letzterer wird übrigens mitgewirkt haben, dass

Abb. 10
Führende Familien im Eckernförde des 16. und 17. Jahrhunderts

Name	Ersterwähnung	als	Wo?	Bemerkungen
Blancke (Blank, Blanck)				
–, Hans	1536	geboren	KDM 123	
	1576	KiV	KAE HA KIRE 1574/75	
	1589	RM	KDM 118	Melchior-Lukas-Glocke
	1606	†	KDM 123	Epitaph
–, Jürgen	1612	6-M	Jessen (1972) 253	Sohn von Hans (?)
	1618	RM	StbE 268	
	vor 1632	†	SFB	
–, Samuel	1618	6-M		
	vor 1632	†	SFB	
–, Hans	1635	RM	Achelis (1956) 181 + StbE 356	Sohn v. Jürgen, Vater v. Caspar
	1640	8-M	Jessen (1972) 255	
	1647	RM	KDM 119	Peter-Melchiors-Glocke
	1652	BM	Achelis (1956) 181	Vater v. Laurentius
	1679	†	Achelis (1956) 181	
–, Jochim	1624	Aufrührer	LAS s. S. 104	Schiffer + Kfm
	1632	o. F.	SFB	
	1641	8-M	Jessen (1972) 255	Bruder des Jürgen
Bock (Buck)				
–, Peter	1589	RM	KDM 118	Melchior-Lucas-Glocke
–, Lorentz	1622	RM (?)	Kock (1951) 30	Wortführer im Ding
–, Clawes	1632		SFB	
	1640	8-M	Jessen (1972) 255	
–, Jürgen	1640	8-M	Jessen (1972) 255	
	1642	8-M	Jessen (1972) 256	
Börnssen (Bornsen, Borensen)				
–, Clawes	1550	BM	StbE 47	Sohn v. Thomas, Bruder v. Melchior
–, Melchior	1622	RM (?)	Kock (1951) 30	Wortführer im Ding
–, Detlev	1632		SFB	„Bornersen" (?)
–, Matthias	1647	RM	KDM 119	Peter-Melchiors-Glocke
	1649	RM	KDM 112	11. Brett
–, Thomas	1643	o. F.	KDM 126	Epitaph
	1657	o. F. †	KDM 128	Epitaph
–, Clawes	1649	o. F.	KDM 112	11. Brett

Name	Ersterwähnung	als	Wo?	Bemerkungen
Bostell (Bostelius)				
–, Johannes	1589	P.	KDM 118	Melchior-Lucas-Glocke
	1600	†	KDM 112	Epitaph, verloren
–, Johann	1618	4-M	Jessen (1972) 254	Sohn v. Johannes
Brockdorpff				
–, Hinrich	1605	RM	StbE 201	s. Thielbehr
	1617	BM	StbE 265	
	vor 1632	†	SFB]	
–, Jürgen	1672	BM	KDM 119	Viertelstundenglocke
–, Otto	1672	RM	StbE 453	
Budde				
–, Peter	1575	KiV	StAE 7 KS	
	1605	RM	Jessen (1931) 9	Kämmerer
–, Heinrich	1618	6-M	Jessen (1972) 254	Sohn v. Peter
	1624	RM	Jessen (1972) 254	auch 1624 6-M
Buyssen (Buisen, Butzen, Bussen)				
–, Johann	1491	imm.	Achelis (1956) 200	
	1502	P	Jessen (1917) 443	Kalandsbruder
	vor 1542	†	Jessen (1917) 438	„her"
–, Ottho	1542	RM	StbE 9	
–, Otte	1589	RM	KDM 118	Melchior-Lucas-Glocke
Kremer				
–, Paul	1561	BM	StbE 71	
–, Jürgen	1571	RM	StbE 87	
	1589	BM	KDM 118	Melchior-Lucas-Glocke
	1589	BM	StbE 128	„Worthaltender" BM
	1604	BM	KDM 99	Maueranker im Ostgiebel St. N.
Maes (Maeß, Mas)				
–, Detlev	1517	KiV	Jessen (1917) 448	Vorsteher Gertrudengilde
–, Henrik	1552	RM	StbE 55	
–, Jürgen	1566	KiV	KAE/HA KiRe	
	1581	KiV	KDM 140	Vorsteher Goschhof
	1587	RM	KAE/HA KiRe	Kämmerer
	1589	BM	KDM 118	Melchior-Lucas-Glocke
	vor 1600	†	StbE 155	

Name	Ersterwähnung	als	Wo?	Bemerkungen
Mauritii (Moritzen, Moritz)				
–, Bernhard	1572	P	StbE 87	
–, Antonius	1612	6-M	Jessen (1972) 253	Sohn v. Bernhard
	1623	StV	StbE 305	
–, Georg	1617	imm.	Achelis (1956) 180	
	1621	Lehrer	Achelis (1956) 180	in Eckernförde
Ruge (Rughe, Rughius)				
–, Claus	1502	BM	Jessen (1917) 443	
	1517	KiV	Jessen (1917) 448	Vorsteher Gertrudengilde
–, Georg (Jürgen)	1514	imm.	Achelis (1956) 200	
	1517	Vicar	Jessen (1917) 448	Gertrudengilde
–, Jürgen	1564	KiV	StAE 7 KS	
	1578	RM	SchmAB	
	vor 1632	†	SFB	
–, Detleff	1602	KiV (RM?)	KAE/HA 5a	Kaufvertrag Ahlefeldt Gruft
–, Detlev	1599	imm.	Achelis (1956) 180	
	1604	Lehrer	Achelis (1956) 180	in Eckernförde
–, Hans	1585	geboren	Achelis (1956) 180	
	1605	imm.	Achelis (1956) 180	
	1613	Pe.	Achelis (1956) 180	in Haddeby
Thielbehr				
–, Jochim	1618	6-M	Jessen (1972) 254	
	1624	RM	Jessen (1972) 254	„Herr"
	1633	BM	StbE 334	Schwiegersohn des nächsten
Voß (Foes)				
–, Jürgen	1570	KiV	StAE 7 KS	
	1612	6-M	Jessen (1972) 253	
–, Peter	1632	RM	SFB	
Witte (Witt)				
–, Melchior	1602	KiV	KAE/HA 5[a]	
	1605	RM	StbE 197	
	1611	BM	StbE 231	
–, Claus	1608	RM	StbE 213	
–, Johann	1647	RM	KDM 119	Peter-Melchiors-Glocke
–, Otto	1672	RM	KDM 119	Viertelstundenglocke
–, Melchior	1591	geb.	Achelis (1956) 180	Sohn des Johann
	1611	imm.	Achelis (1956) 180	als „Albinus"
	1620	P.	Achelis (1956) 180	in Satrup

Legende: BM = Bürgermeister; RM = Ratsmitglied; KiV = Kirchenvorsteher (-geschworener); StV = Stadtvogt ;
† = verstorben; 4-, 6-, oder 8-M = einer der 4-, 6-, oder 8-Männer des Pfingstgildenvorstandes; SFB = Sintflutbild
von 1632; imm. = immatrikuliert; P = Priester, Pastor; o. F. = ohne Funktion

die Patrone seiner Kirche dem Eckernförder Bildschnitzer Hans Gudewerth II. den Auftrag zur Fertigung des Schönkirchener Altarretabels erteilten[50].

Noch enger stellt sich die Verbindung zwischen Stadtregiment und Leitung der Kirchengemeinde bei der Familie Ruge dar. Claus Ruge, einer der beiden ersten bekannten Bürgermeister der Stadt, trat auch als Vorsteher der Gertrudengilde in Erscheinung, deren Vikar sein Sohn Georg wurde. In den beiden folgenden Generationen waren mit Jürgen und Detleff wieder Ruges sowohl im Rat wie auch in der Kirchenleitung vertreten. Zwar ist Detleff als Ratsmitglied nicht unmittelbar nachweisbar, doch wird der Unterzeichner einer „Wir Bürgermeister und Rath ..." beginnenden, den Verkauf der Grabkammer an Mette von der Wisch verwitwete Ahlefeldt betreffenden Urkunde von 1602[51] genau so wie der an zweiter Stelle unterzeichnende Melchior Witt Ratsmitglied gewesen sein, was sich für Witt eindeutig für 1605 nachweisen lässt. Die kirchlich-kommunale Bedeutung der Ruges drückt sich auch in ihnen gesetzten Epitaphien aus. Wenn das in der Literatur belegte[52], aber nicht mehr vorhandene Epitaph für Claus Ruge in seinem Todesjahr 1553 gesetzt wurde, wäre es das erste bekannte Epitaph in St. Nicolai überhaupt. Erhalten geblieben ist das Epitaph für dessen Enkel „CLAWES RUGE JURGENS SOHN" (Abb. 12), der 1582 einundzwanzigjährig „schelmischer Wise"[53] erstochen wurde, wohl weil die Bluttat an dem jungen Mann

Abb. 11
Epithaph Hans Blancke (in der St. Nicolai Kirche zu Eckernförde) (heute stark beschädigt, lagert seit 1991 notgesichert auf der älteren Buchwaldt-Gruft im Südschiff)

Abb. 12
Epitaph für „CLAWES RUGE. JURGENS SOHN" von 1582 in St. Nicolai Eckernförde

Abb. 13
Jacob und Beke Ruges Haus am Rathausmarkt (Nr. 7) Ende des 19. Jahrhunderts

aus gutem Hause die Nachwelt besonders gerührt hat. In ihm ist ein Bruder des erwähnten Detleff Ruge zu sehen. Detleff hatte vier Söhne, die die in der Familie immer wiederkehrenden Vornamen Detlev, Claus („Nicolaus"), Jürgen und Jacob trugen. Jacobs Spuren, der mit seinem Bruder Jürgen am 2. 2. 1614 den Bürgereid als Bürgersohn ablegte, reichen bis in unsere Zeit. Er besaß seit 1611 zusammen mit Ehefrau Beke das Haus Ecke Rathausmarkt/St.-Nicolai-Straße (Rathausmarkt 7), das, noch mit den Wappen der beiden Eheleute versehen (Abb. 13), erst 1896 abgebrochen wurde, um dem heutigen „Wiedemannschen Haus" Platz zu machen[54]. Jacobs Brüder Claus und Detlev wandten sich der Theologie zu. Detlev wurde nach einem Studium in Rostock 1604 Lehrer in Eckernförde und 1612 Rektor (?) in Plön. Claus studierte in Helmstedt und Rostock und wurde 1613 Pastor in Haddeby[55].

Wittes treten erst mit dem erwähnten Melchior Witte in Erscheinung, der 1602 Kirchenvorsteher und spätestens 1605 Ratsherr war. 1611 finden wir ihn als Bürgermeister. Von drei später als Ratsmitglieder nachweisbaren Wittes ist zumindest Johannes des Bürgermeisters Sohn, der wiederum seinen Sohn nach dem Großvater Melchior nannte. Dieser Melchior wurde Pastor in Satrup.

Aus den führenden Eckernförder Familien sind also auffallend viele Geistliche hervorgegangen, woraus man auch schließen kann, dass ihnen nicht ohne weiteres städtische Positionen offenstanden, wie es zu einem voll ausgebildeten, vererbbaren Patriziat gehört hätte.

Aus Abb. 10 wird ersichtlich, dass es neben den Blanckes, Ruges und Wittes mit den Familien Bock, Börnsen, Budde, Buyssen, Kremer, Maes, Thielbehr und Voß zwar gewis-

Abb. 14
Epitaph für Bürgermeister Peter Mandixß in der St. Nicolai Kirche zu Eckernförde (altes Foto)

se Ansätze zur Ausbildung eines Patriziates gegeben hat, dessen Einfluss über Leitungsfunktionen in der Kirchengemeinde und in den Gilden abgesichert wurde. Dagegen steht etwa der Fall des Peter Mandixß, der 15 Jahre lang (1583–1598) Ratsherr und weitere 13 Jahre lang bis zu seinem Tode 1611 Bürgermeister war, ohne dass sein oder seiner Familie Name vorher oder nachher in Erscheinung getreten wäre, was für jeden anderen bekannten Ratsherrn oder Bürgermeister dieser Periode gilt. Peter Mandixß gehörte zu den Mitstiftern der größten Glocke von St. Nicolai, die Melchior („Melcher") Lucas 1589 gegossen hat[56]. Mandixß hat mit seinem Bürgermeisterkollegen Jürgen Kremer der Überlieferung zufolge den Ostgiebel der Stadtkirche St. Nicolai in Stand setzen lassen, woran dort noch heute die zu Initialen der beiden Bürgermeister, I. K. und P. M., ausgebildeten Maueranker erinnern. Auch hat er 1601 die lange Brücke reparieren lassen[57] und war Beisitzer im Schneider- (1592) und im Tischleramt (1605). Seine Witwe Margareta, sein Sohn Klaus und sein Schwiegersohn Christoffer Martens, fürstlich holsteinischer Amtsschreiber zu Kiel – Erbauer des Warleberger Hofes –, haben dem verdienten Bürgermeister nach seinem Tode 1611 in St. Nicolai ein Epitaph setzen lassen, das seine wichtigsten Lebensdaten enthält[58]. Es hängt an der südlichen Außenwand des alten Turmes neben dem Sintflutbild und befindet sich in einem sehr schlechten Zustand. Es zeigte einst vor einer Grablegung und Auferstehung Christi die Stifterfamilie, der auch zwei Söhne und vier Töchter, die im Kindesalter verstorben waren, hinzugefügt worden sind (Abb. 14).

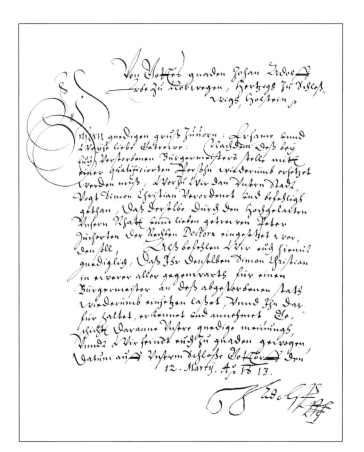

Abb. 15
Einsetzungsschreiben
für Bürgermeister Si-
mon Christian vom 12.
März 1613

Nachfolger von Peter Mandixß wurde der herzogliche Stadtvogt Simon Christian. An seiner Einsetzung zum Bürgermeister ist bemerkenswert, dass diese durch den Herzog und nicht durch den Rat erfolgte. Dem (anderen) Bürgermeister (Melchior Witte) und dem Rat „befehlen Wir auch hiermit gnediglich, dass Ihr denselben Simon Christian an deß abgestorbenen stath wiederumb einsetzen lasset", heißt es in dem von Herzog Johann Adolf unterzeichneten Schreiben vom 12. März 1613, das den herzoglichen Rat Dr. Peter Jügert zur Einsetzung Christians anwies (Abb. 15).

Christian verstarb schon 1615. Wie übrigens später (1645) Hofrat Jügert im Schleswiger Dom[59], so sollte auch Christian durch ein Epitaph in oder an St. Nicolai Eckernförde geehrt werden, das seine Ehefrau 1616 in der Werkstatt des Kieler Steinmetzen Henni Heidtrider in rötlichem Sandstein verfertigen ließ[60]. Es bildete stilistisch eine Reihe mit den im Chorraum der Kirche aufgehängten Epitaphien v. d. Wisch (1614) und Ahlefeldt (1617), die ebenfalls der Werkstatt des Henni Heidtrider zugeschrieben werden. Christians weniger plastisch als vielmehr reliefartig gestaltetes Epitaph wurde im Gegensatz zu den es zeitlich umrahmenden und ihm in Material und Aufbau ähnelnden beiden anderen Epitaphien nicht in der Kirche aufgehängt, sondern in drei Teile zerlegt am Westende der südlichen Kirchenaußenwand in das Mauerwerk eingebettet, wo es stärkster Verwitterung ausgesetzt war und sich heute (1998) trotz aufwendiger Restaurierung immer noch in einem weitgehend ruinierten Zustand befindet (Abb. 16).

Ob dieses Epitaph von vornherein für eine Außenanbringung gedacht war, erscheint in Anbetracht des wenig wetterbeständigen Materials zweifelhaft. Dass es als einziges Epitaph an St. Nicolai überhaupt außen angebracht wurde, muss vielmehr einen besonderen Grund gehabt haben. Es mag damit zu tun haben, dass Bürgermeister Christian dem Rat vom Landesherrn aufoktroyiert worden war. Dies entsprach dem absolutistischen Selbstverständnis Herzog Johann Adolfs, der schon 1608 das Wahlrecht der Stände (Ritterschaft, Klerus und Städte) durch ein Hausgesetz, das das Herzogsamt erblich machte, außer Kraft gesetzt hatte. So kam es sicher nicht von ungefähr, dass der Rat der Stadt Eckernförde nach dem Tode von Bürgermeister Mandixß 1612 den Kak, das Symbol der städtischen Selbstverwaltungsrechte, setzen ließ, um gegen die absolutistischen Tendenzen des Herzogs zu demonstrieren, und dass deshalb auch der Rat als Kirchenpatron die Anbringung des Epitaphs des aufgezwungenen Bürgermeisters in der Kirche verweigerte. Dabei kam ihm zustatten, dass Herzog Johann Adolf im gleichen Jahr 1616 verstarb und nicht mehr zugunsten seines vorverstorbenen Schützlings intervenieren konnte. Simon Christian hatte noch kurz vor seinem Tode (1615) eine silberne, innen vergoldete Abendmahlskanne[61] gestiftet. Sie wurde 1988 aus der Kirche gestohlen. Auch Simon Christians Nachfolger Heinrich Stadtlander wurde von Hofrat Dr. Peter Jügert kraft herzoglicher Verfügung vom 13. Juli 1615 eingesetzt[62]. Er gehörte immerhin vorher schon dem Rat an. An ihn erinnert in St. Nicolai der vordere Kronleuchter im Mittelschiff, den er 1619 dem eigenen und dem Andenken seiner verstorbenen Ehefrau Margarete widmete (Abb. 17). Sein Name taucht im Stadtbuch für die Zeit von 1542 bis 1681 erstmals 1605 auf, als er ein Haus in der Kurzebrückstraße kaufte[63].

Während der Amtszeit von Christian und Stadtlander war Melchior Witte der andere, offenbar vom Rat gewählte Bürgermeister[64]. Auch scheint Herzog Friedrich III. (1616–1659) die Einsetzungspraxis seines Vorgängers nicht fortgesetzt zu haben. Es mochte ihm genügen, nach der Erbhuldigung von 1616 die Stadt Eckernförde wie auch Schleswig, Apenrade und Tondern als „erbunterthänig" ansehen zu können[65]. Dass im übrigen die Zugehörigkeit zu einer Familie, die schon Bürgermeister und Ratsmitglieder gestellt hatte, nicht notwendigerweise die Berufung in den Rat mit sich brachte, lässt das Beispiel des Thomas Börnsen erkennen. Obwohl ein Börnsen (Clawes) bereits Mitte des 16. Jahrhunderts Bürgermeister war und seine Familie mit Melchior B. und Matthias B. in der 1. Hälfte des 17. Jahrhunderts Ratsmitglieder stellte, gelang es Thomas nicht, den Anspruch auf die Anrede „Herr", der Priestern und Ratsmitgliedern vorbehalten war, zu erlangen. Dass dieser Ehrgeiz bei ihm und wohl noch stärker bei seiner 8 Jahre älteren Ehefrau Frauke vorhanden war, zeigt der von beiden in der St.-Nicolai-Kirche getriebene Repräsentationsaufwand. Mit dem Epitaph von 1643, dem 1640 der Kauf eines Begräbnisses in der Kirche vorangegangen war, ließen sie ein Denkmal setzen, das den beiden noch lebenden „zu stetiger Gedechtnus" dienen sollte[66]. Das durch den Meister des Rahmens, Hans Gudewerdt II., berühmt gewordene, ungewöhnlich und unbescheiden große Epitaph, das Frauke Börnsen ihrem Ehemann 1661 nach dessen 1657 erfolgtem Tode verfertigen ließ[67], lässt in den Stifterfiguren die angemessene Frömmigkeit und Demut vermissen und nur noch den unerfüllten gesellschaftlichen Ranganspruch erkennen, hinter den die pompöse Grabplatte von 1666 (Abb. 18) sozusagen den Schlussstein setzt.

Bei der Nachwelt hat Frauke Börnsen immerhin Erfolg gehabt: Willers Jessen las 1931[68] aus einer Urkunde vom 19. 3. 1635 irrtümlicherweise Thomas Börnsens Ratsmitgliedschaft heraus. Dort heißt es: „Wir Bürgermeistere und rat dero Stadt Eckern-

Abb. 16
Epitaph für Bürgermeister Simon Christian an der St. Nicolai Kirche zu Eckernförde

Abb. 17
Von Bürgermeister Heinrich Stadtlander 1619 gestifteter Kronleuchter in St. Nicolai Eckernförde

förde urkunden und bekennen hiemit ..., daß Thomas Bornßen heut dato unserem mitt Collegen Hern Henrich Ripenouwen, Seligen Otto Kistenmachers Haus ... verschötet ...“[69] „Mitkollege“ bezieht sich auf Henrich Ripenouw, der deswegen auch „Herr“ tituliert wird. Thomas Börnsen wird hier wie auf allen weiteren Urkunden, den Epitaphien und der Grabplatte ohne die Anrede „Herr“ aufgeführt, die bei einem Ratsherrn nie vergessen worden wäre. Doch in der kunsthistorischen Folgeliteratur blieb es beim „Ratsherrn“ Thomas Börnsen[70].

Nach allem ist anzunehmen, dass sich auch in Eckernförde der Rat in der Regel durch Kooptation, also durch Zuwahl durch die Ratsmitglieder, ergänzte und dass dabei sowohl die Familienzugehörigkeit als auch die persönlichen Fähigkeiten und Eigenschaften des Kandidaten eine Rolle spielten. Rechtsprechung und Verwaltungsakte des Rates richteten sich an das Allemannsding, die Versammlung aller vollberechtigten Bürger, das zustimmen musste. Hier wurden Eigentumsübergänge im Grundbesitz bestätigt und ins Stadtbuch eingetragen, säumige Schuldner zitiert und die Aufnahme neuer Mitglieder in die Bürgerschaft beschlossen, die ihren Bürgereid vor der Bürgerversammlung ablegten. Die darüber geführten Dingprotokolle sind in Eckernförde für die Zeit von 1604 bis 1627 erhalten[71]. Der Brauch, regelmäßige Bürgerversammlungen mit Beschlussrechten abzuhalten, verlor sich im Zeichen einer wachsenden Macht des Rates im weiteren Verlauf des 17. Jahrhunderts. Eine der letzten Bürgerversammlungen dieser Art dürfte am 25. Juli 1622 zur Verabschiedung der „revidierten und verbesserten“ Brückenordnung gedient haben[72]. Diese schon hoch-

Abb. 18
Grabplatte für Thomas und Frau-
ke Börnsen von 1661 im Nord-
schiff von St. Nicolai zu Eckern-
förde

deutsch abgefasste Benutzungs- und Gebührenordnung für den Eckernförder Hafen-
und Umschlagplatz lässt die große Bedeutung erkennen, die Handel und Schifffahrt
für die Stadt gehabt haben. Auch zeigte sich wieder die alte Rivalität zu Rendsburg nur
allzu deutlich.

Die Brückenordnung[73] stellte sicher, dass der herzogliche Zoll und die Liegegebüh-
ren dem Brückenvogt ordnungemäß entrichtet wurden. Sie beschränkte das Recht,
vor oder an der Schiffbrücke zu kaufen, auf die Bürger und Einwohner der Stadt und
erlaubte dies eingesessenen Adligen nur insoweit, als der Einkauf dem eigenen Haus-
haltsbedarf entsprach. Diese Regelung sollte den Handel, im besonderen mit Getreide,
des in der Stadt ansässigen Adels unterbinden. Er war in zunehmendem Umfang
betrieben worden. Herzog Johann Adolf hatte darum auf Ersuchen der Stadt den
Handel Adliger und ihrer Bediensteten mit einem Poenal-Mandat vom 13. 9. 1615 ausdrücklich verboten[74], was aber immer wieder unterlaufen wurde, so etwa mithilfe einer
Ausnahmegenehmigung von Johann Adolfs Witwe Augusta am 15. 4. 1616[75]. Der
Handel unter fremden Gästen der Stadt war nach der Brückenordnung generell verboten. Das galt auch und gerade dann, wenn diese sich Einheimischer als Strohmänner
bedienten.

Alle über See zum Verkauf eingeführten Waren mussten zunächst den amtlichen
Maklern zur Begutachtung und zum Vorkauf vorgeführt und so dann drei Tage lang
den Eckernfördern zum Kauf angeboten werden. Erst dann war die Durchfuhr nach

Zollzahlung gestattet. Auf die Schiffbrücke ausgeladene Waren hatten spätestens nach acht Tagen fortgebracht zu werden. Beladene Schiffe hatten an der Schiffbrücke Vorrang vor den gelöschten, welche die Brücke alsbald zu verlassen hatten. Lebende Tiere als Handelsware durften in der Stadt nur auf dem Markt, nicht vor dem Tore, nicht im Schiff oder auf der Schiffbrücke gehalten und angeboten werden. Auch über See eingeführte „tote" Waren, wie Butter, Dorsch, Hering, Stockfisch, Pech, Teer, Häute, Erz, Talg, Steinkalk, Erbsen, Speck, Flachs, Hanf und Holzwerk, mussten drei Tage lang auf der Schiffbrücke öffentlich angeboten werden. Erst dann konnte die Ware weitergehandelt werden. Abzumessen war ausschließlich nach amtlichem Eckernförder Maß. Schiffe mit verseuchter Ladung durften nicht an der Brücke festmachen. Die Ausfuhr von Bau- oder Brennholz, woran in der Stadt immer empfindlicher Mangel bestand, war verboten. Die Stadt vermochte den Handel mit Holz zum Schaden der Stadt mit der Brückenordnung allein jedoch nicht zu unterbinden. Am 29. 5. 1611 erging ein ausdrücklicher herzoglicher Bescheid, worin Eckernförder Bürgern verboten wurde, außerhalb der Stadt, wie etwa am Borbyer Ufer, Hofplätze für den Holzverkauf zu mieten, wo sie dann ausschiffen ließen[76]. Wieder galt für den Adel ein Sonderrecht. Er durfte Holz verkaufen, sowohl an der Schiffbrücke wie auch „bei der Kalckkuhlen" auf dem Borbyer Ufer, nur mussten die Käufer, ob Mitbürger oder Fremde, dafür Brückengeld zahlen[77]. Der Mangel an Bau- und Brennholz ist ein immer wiederkehrendes Thema in den städtischen Urkunden des beginnenden 17. Jahrhunderts. So wurde, als die Stadt 1609 zwei Lansten (Pachtstellen) an den Herzog verkaufte, ausdrücklich ausbedungen, dass die Stadt weiter berechtigt sein solle, aus einer dort belegenen Hölzung Pfähle für die „Eckernförder Brücke" zu entnehmen, soweit dies der Zustand der Brücke erfordern mache[78].

Wegen seines großen Holzverbrauches war auch der Schiffbau in Eckernförde reglementiert. Schiffe bauen lassen durften nur Eckernförder Bürger von nachweislich eigenem Gelde. Weiterverkaufen durften sie ihre Schiffe erst, nachdem sie sie vier Jahr lang von Eckernförde aus bereedert hatten. Von dieser Pflicht konnte man sich freikaufen. Dieser 18. Punkt der Eckernförder Brückenordnung von 1622 wurde freilich vom Herzog nicht uneingeschränkt konfirmiert. Friedrich III. behielt sich vor, den vorzeitigen Verkauf der Schiffe bei Notfällen ohne Nachteile für den Verkäufer zu genehmigen. Dafür wollte der Herzog dafür sorgen, dass aus Wäldern und Hölzungen des Landes Holz nur an Landeskinder verkauft werden dürfe, und es dann „unser Statt Eckernvorde an nottürftigem Holz nicht mangeln" (werde)[79].

Ob das geholfen hat, steht dahin. Auf alle Fälle muss der Schiffbau damals schon von erheblicher Bedeutung und ein gutes Geschäft gewesen sein. Auch der für Leerfahrten nötige Schiffsballast scheint knapp gewesen zu sein. War er erst auf die Schiffbrücke entladen, verlor der Schiffer die Verfügungsmacht über den Ballast. Wesentlicher Bestandteil der Brückenordnung war weiterhin die Regelung der Hafengebühren. Fremde Schiffe hatten Brückengeld zu entrichten, das sich nach Art, Größe und der Herkunft der Ladung richtete, aber auch von ihrem Heimathafen abhing. Roggen, der von Danzig, dem Hauptausfuhrhafen für osteuropäisches Getreide, kam und hiesigen Kaufleuten geliefert wurde, blieb gebührenfrei. Schleswiger und Husumer Schiffe mussten für jede „Last" (Ladungslast im Gewicht einer Wagenfuhre) 2 Schilling, die Rendsburger „aber nach dem alten Gebrauch" das Doppelte, also 4 Schilling, zahlen. Die weitere Gebührenstaffelung ist wegen der Art der aufgeführten Umschlaggüter bemerkenswert: Neben Roggen sind besonders auch Weizen, Erbsen, Gerste, Hafer, Hanf, Flachs, ferner Pferde, Ochsen, Kühe, Schweine, Schafe und Lämmer berücksichtigt. Die in der Brückenordnung von 1622 noch einmal festgeschriebene Diskriminierung Rendsburger Schiffe, die Eckernförde als Ostseehafen und Umschlagplatz für den eigenen Handel benutzten, hatte eine lange Vorgeschichte. Bereits 1481 hatte Königinwitwe Dorothea als Stadtherrin ihres Witwensitzes Rendsburg den Rendsburger Kaufleuten das Privileg gewährt[80], in den Häfen ihrer Pfand- bzw. Lehnsherrschaft unterstehenden Städte Kiel und Eckernförde uneingeschränkt kaufen zu können. Das dabei den Kielern und Eckernfördern gewährte formal gleiche Recht in Rendsburg, das nur ein Binnenhafen war, war natürlich nicht gleichwertig, sodass gerade die Eckernförder aufbegehrten. Es hat nicht den Anschein, als ob das Privileg der Rendsburger je respektiert wurde. Spätestens nach der 1. Landesteilung 1491 wird Herzog Friedrich die Interessen seiner Stadt Eckernförde gegen das königlich gebliebene Rendsburg verteidigt haben. Dafür spricht, dass der Eckernförder Rat im Jahre 1520 400 Tonnen Salz, die Rendsburger Kaufleute in Amsterdam gekauft hatten und über Eckernförde in die Ostsee verschiffen wollten[81], beschlagnahmte. Auch wenn nach der 2. Landesteilung von 1544 die Gottorfer Landesherren den Eckernfördern stets das ausschließliche Privileg des Zwischenhandels bei über den Eckernförder Hafen gehenden Waren bestätigten, versuchten Rendsburger Kaufleute doch immer wieder, in Eckernförde Waren aufzukaufen, zu stapeln und en gros oder auch en detail an Eckernförder Konsumenten weiterzuverkaufen. 1574 setzten die beiderseitigen Stadtherren, König Friedrich II. und Herzog Adolf, eine Schlichtungskommission ein. Diese erlaubte zwar die Durchfuhr (von Waren also, die die beiden Handelsplätze passierten, ohne den Besitzer zu wechseln), verbot jedoch die Eingriffe in die jeweilige „bürgerliche Handtierung" der jeweils anderen Stadt, womit der dafür schädliche Handel unter Ortsfremden („Gästehandel") und der Kleinverkauf Ortsfremder an Eckernförder Konsumenten gemeint waren[82]. Der Kampf der Eckernförder Kaufleute um das Zwischenhandels- und Kleinverkaufsmonopol am eigenen Platz ist verständlich. Die Stadt lebte vom Handel mit den in ihrem Hafen umgeschlagenen Waren. Den Rendsburgern stand für die „Nahrung" ihrer Stadt neben dem Ost-West-Verkehr auch noch der bedeutende nord-süd-gerichtete Warenstrom auf dem Heer- oder Ochsenweg zur Verfügung, mit dem sich der Landverkehr über Eckernförde nicht messen konnte. Doch der lukrative Ostseehandel, vor allem in Getreide, Holz und Honig, aber auch in Eisenerzen, Pottasche (für die Seifen- und Glasherstellung) und Teer, reizte die Rendsburger Konkurrenz immer wieder.

Um das Handelsverbot in Eckernförde zu umgehen, verbanden sich Rendsburger Kaufleute mit Eckernförder Bürgern zu Handels-„Maschopeyen", in denen also Eckernförder vorgeschoben wurden, um ihren Rendsburger Partnern die Eckernförder Privilegien nutzbar zu machen. Auch stapelten die Rendsburger scheinbar zum eigenen Bedarf gekaufte Waren in eigenen Eckernförder Speichern, um sie bei Gelegenheit unbemerkt weiterverkaufen zu können. Rendsburger schlossen auch mit Ostseeschiffern zum Schein Lieferverträge ab, um ihren Handel in den Lieferpartien als bloße Durchfuhr deklarieren zu können.

Die Eckernförder wehrten sich heftig gegen diese Verletzungen ihres Zwischenhandelsmonopols: sie beschlagnahmten nicht zum eigenen Bedarf aufgekaufte Waren oder verboten den Ankauf von Korn auf ihrer Schiffbrücke ganz und gar. Sie hatten dabei gegenüber Rendsburg eine starke Position, da die Einfuhr über Kiel angesichts des längeren und umständlicheren Landweges für die Rendsburger keine echte Alternative darstellte[83].

Eckernförder Handels- und Schifffahrtsaktivitäten gab es natürlich auch auf anderen Routen. Seit 1575 sind vereinzelte Sundpassagen von Eckernförder Schiffen überliefert[84], die dort, nebenbei bemerkt, die zu der Zeit zur Sicherung des Sundzolls entstehende Kronburg zu respektieren lernten. Seit 1576 ist ein Zoll bei Missunde belegt, den diejenigen entrichten mussten, die den Gottorfer Zoll mit dem Weg über Eckernförde umgehen wollten[85]. Mit der Wahrnehmung der städtischen Interessen nach außen waren Bürgermeister und Rat somit stark gefordert. Darüber hinaus hatten sie aber auch wichtige innerstädtische Aufgaben zu erfüllen. Sie übten den Patronat über die Stadtkirche St. Nicolai aus und hatten dem Geist der Zeit entsprechend für Kirchendisziplin zu sorgen. In den Handwerksämtern besorgten sie als Beisitzer in deren Vorständen die Integration dieses ebenfalls wichtigen Trägers der Stadtnahrung in das Erwerbsleben der Stadt. Dazu kam die niedere Straf- und Ziviljustiz. Dabei konnte der Rat bei Streitwerten bis unter 60 M endgültig, also ohne Berufungsmöglichkeit zum Gottorfer Hofgericht, entscheiden[86]. Eine direkte Vergütung scheinen Bürgermeister und Rat für ihre Tätigkeit nicht erhalten zu haben. Indirekt flossen ihnen gleichwohl Einnahmen aus dem Weinschankprivileg des Rates[87], dem Betrieb der Stadtwaage[88], der Beisitzertätigkeit in den Handwerksämtern und aus den verhängten Geldstrafen („Brüchen") zu. Auch waren die Mitglieder des Rates von den landesherrlichen Kontributionen, ähnlich wie die Adligen, befreit.

1.2.2 Das Handwerk

Die zweite bedeutende städtische Erwerbsquelle nach dem Handel war das Handwerk. Auch dies war durch Privilegien geschützt. Einmal gehörte zu den mittelalterlichen Stadtrechten, dass das Handwerk vornehmlich in den Städten ansässig sein musste. In den umliegenden Kirchspielen durfte in der Regel für jedes Handwerk nur je ein Meister tätig sein. Leben und Arbeit in einem städtischen Handwerk war über eine Handwerksrolle geregelt. Die Meister mussten Bürger sein, also auf eigenem Grund und Boden im Stadtbereich wohnen und arbeiten, ehelich geboren und unbescholten sein und dem zuständigen Handwerksamt angehören. Ratsfähig waren die Handwerksmeister jedoch nicht, was im ausgehenden Mittelalter und in der frühen Neuzeit andernorts viel Anlass zu innerstädtischen Reibereien bis hin zu revolutionären Unruhen gab. Derartiges ist freilich aus Eckernförde nicht überliefert.

Es ist sicher kein Zufall, dass die älteste bekannte Ordnung eines Handwerkeramtes in Eckernförde die Böttcheramtsrolle (von 1562) ist[89]. War doch Eckernförde damals schon seit mindestens 100 Jahren eine Stadt der Biererzeugung und der Bierausfuhr, wozu Böttchererzeugnisse gebraucht wurden. Tonnen waren ohnehin das allgemeine Transportgefäß im Seehandel, in dem nicht nur Bier, Wein, Öl, Honig oder Butter, sondern auch Heringe, Salz und Asche verschifft wurden[90]. So spielten Böttcher in einer Seehandels-, Fischer- und Bierstadt wie Eckernförde eine bedeutende Rolle. Entsprechend ist der Zuschnitt ihrer Amtsrolle, deren überlieferte Form nur eine erforderlich gewordene Neufassung einer älteren darstellt, in der einige Artikel „unfruchtbar" geworden waren. Die Besiegelung der Neufassung erbaten hier von den Bürgermeistern und dem Rat der Stadt der Oldermann, die zwei Werkmeister (eine Art Mitvorsteher) und die weiteren Amtsbrüder. Sie betraf auch die Lehrjungen, die Gesellen, die Frauen, Töchter und Witwen der Meister. Geregelt wurde in der Amtsrolle zunächst die Lehre und das Lehrgeld. Die Lehre dauerte zwei Jahre. Danach musste der Lehrjunge noch ein halbes Jahr einem anderen Meister dienen. Um dann in das Amt aufgenommen zu werden, war noch eine weitere Wartezeit von einem Dreivierteljahr zu durchlaufen. Sodann hatte er seinen Geburtsbrief und drei Werkstücke vorzulegen, und zwar der Böttcher eine viertel, eine halbe und eine ganze Tonne, der Küfer, der nur offene Gefäße machen durfte, die also nur einen Boden hatten, ein (offenes) Fass, einen Trichter und einen Brunneneimer. Vor der endgültigen Aufnahme in das Amt war dann binnen eines Jahres das große Amtsessen („Köste") zu geben, das drei Tage dauerte und auch kranken Amtsbrüdern und -schwestern gereicht, also nach Hause gebracht werden musste. Zwei Ratsmitglieder waren als Beisitzer zu den Amtsversammlungen zu laden. Streitigkeiten, die sie zusammen mit Oldermann und Werkmeistern innerhalb des Amtes entschieden, sollten auch nach Möglichkeit als vom Rat entschieden gelten, also keiner weiteren Gerichtstätigkeit des Rates mehr bedürfen. Daher sollten auch in den Amtsversammlungen, der „Morgensprake" und der „Rekenschop", keine Entscheidungen ohne Anwesenheit der beiden beisitzenden Ratsmitglieder getroffen werden. Weitere Bestimmungen betrafen die auswärts gelernt habenden Knechte (Gesellen) und die fremden wandernden Gesellen. Geregelt wurde auch der Holzeinkauf, der nicht zum Nachteil der Amtsbrüder gereichen durfte. Auch durften in der Stadt keine Tonnen außerhalb des Amtes angefertigt oder Tonnen von außerhalb gekauft werden, die auf Dörfern gemacht worden waren, was das Stadtrecht verletzt hätte. Die Böttcheramtsrolle ist die einzige Innungssatzung, die wir aus der Eckernförder Frühzeit besitzen. Zwar gibt es Belege dafür, dass es im 16. Jahrhundert mindestens fünf weitere Handwerksämter gab, nämlich

- das der Schmiede, Schwertfeger, Messer- und Büchsenmacher
- das der Bäcker, Schneider und Overscherer (Webstoffbearbeiter)

und als geschichtlich bedeutendstes

- das der Bildschnitzer und Tischler,

daneben noch

- das der Schuster und
- das der Leineweber.

Urkundlich erwähnt werden noch in offiziellen Abrechnungen Zimmerleute[91], Glaser[92], Maler, Pflasterer und Schiffbauer[93], woraus auf zünftige Organisation dieser Handwerksberufe zu schließen ist. Nach den Verhältnissen in den Nachbarstädten Rendsburg[94]. Schleswig[95] und Kiel[96] zu urteilen, muss es in Eckernförde auch zünftig organisierte Töpfer, Schlachter und Maurer gegeben haben. Dass es in Eckernförde offenbar im Gegensatz zu Kiel kein Amt für Fischer gab, erklärt sich daraus, dass nach dem für Eckernförde maßgeblichen Schleswiger Stadtrecht jeder Einwohner das Recht besaß, auf den Gewässern der Stadt Fischfang zu treiben[97]. Ähnlich wird es mit einem anderen für Eckernförde wichtigen Erwerbszweig bestellt gewesen sein. Auch das Bierbrauen war eine zunächst jedermann zugängliche hauswirtschaftliche Tätigkeit, die offenbar auch ohne weiteres gewerblich ausgeübt werden konnte. In Kiel musste daher den nicht zum Amt gehörigen Bürgern das Bierbrauen zum Zwecke des Verkaufs ausdrücklich verboten werden[98]. So war auch das Bierbrauen in Eckernförde eine Jedermannsangelegenheit, weswegen wir kaum etwas darüber erfahren, wie die Erzeugung des berühmten Kakebille-Bieres organisiert gewesen ist. Wir wissen nur, dass die Eckernförder 1608 vom Herzog einen Schutz gegen die offenbar billigere Konkurrenz des wismarischen und stralsundischen Bieres erwirken konnten[99] und dass die aus vergleichbaren Gründen 1622 erlassene Verordnung König Christians IV., wonach „ausländische" Biere nicht mehr nach Dänemark eingeführt werden durften, das Eckernförder Bräugewerbe schwer traf[100].

Die Ämter der Handwerke führten „Esche- und Brokebücher", in welche Aufnah-men, Schiedssprüche und Geldstrafen bei Verstößen gegen die Amtsrolle verzeichnet wurden. Für Eckernförde sind Fragmente dieser Bücher für das Schmiede- (1578–1638) und das Schneideramt (1592–1680) erhalten[101]. Für das Tischleramt ist das Meis-terbuch (1605–1721) überliefert[102]. Diese Bücher enthalten zum Teil auch grundsätzli-che, mit Zustimmung der beisitzenden Ratsherren getroffene Beschlüsse, die insofern den Inhalten der Amtsrollen ähnlich sind. Es geht dabei wie in den Amtsrollen sehr häufig um die Einstellung von Gesellen, die nicht im Bösen von anderen Meistern geschieden sein durften, die Pflichten der Lehrlinge und die Versorgung der Angehö-rigen der Meisterfamilien. Aufgeführt sind ferner Wettbewerbsregeln und in Einzel-fällen die Schlichtung von Wettbewerbsstreitigkeiten und schließlich das, was der Name der Bücher ausdrückt, das Aufnahmeverfahren („Esche") und die bei Verstößen in Bier oder Geld zu erlegenden Strafen („Broke"). Einer Aufstellung aus dem Jahre 1613 zufolge setzte sich das Schmiedeamt damals aus 5 Grob-, 6 Kleinschmieden, einem Schwerdtfeger, einem Messer- und einem Büchsenmacher zusammen. Der Büchsenmacher gehörte nur vorübergehend dem Amt an. Dieser Harder Hoven-schildt arbeitete offenbar vor allem für die adligen Herren in der Stadt. Er geriet 1610 mit „dem gantzen Ampte" in Streit, sodass Siewert von der Wisch und Hans Pogwisch,

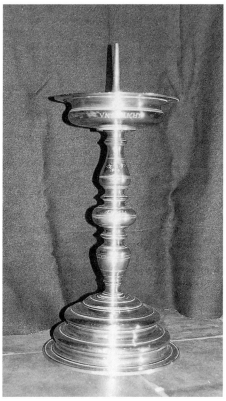 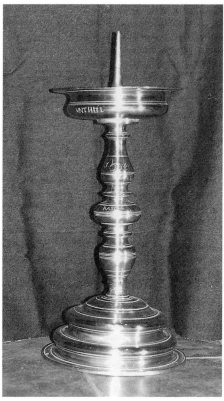

Abb. 19
Von Bäckermeister Engel Rasch 1629 gestiftete Altarleuchter

beide in Eckernförde wohnhaft, sich für ihn verwenden mussten. Erst auf Bitten der beisitzenden Ratsmitglieder, insonderheit des Ratsherrn Claus Witte, wurden dem wohl nicht ganz ins Schmiedeamt passenden Büchsenmacher und seiner Familie die vollen Rechte eines Amtsbruders zugestanden. Doch sollten er und seine Frau nicht auf die „Amptköste", das Festessen bei Neuaufnahmen, kommen dürfen. Der Vorfall lässt die Bedeutung des Schmiedeamtes erkennen, in dem der Rat um Ausgleich bemüht war, zeigt aber auch, welch großes Gewicht selbst in diesem Bereich der Adel hatte. Ein nicht zum Amte gehörender Bürgerlicher wäre wohl kaum, wie hier die beiden Adligen, zur Amtsversammlung zugelassen worden.

Dem gemischten Amt der Schneider, Bäcker und Überscherer („Overscherer") haben in der Zeit von 1592 bis 1624 43 Amtsbrüder angehört. 1622 trug sich der Bäcker Engell Rasch in die Amtsrolle ein. Er stiftete 1629 die noch heute den Altar von St. Nicolai zierenden Leuchter aus Gelbguss (Abb. 19).

Außer dem Namen des Stifters und dem Stiftungsjahr, neben dem Brezel und Wecken eingraviert sind, findet sich über die beiden Leuchter hinweg die Inschrift
UNSE LICHT UNT HEIL
Erhalten ist auch das Epitaph, das Engell Rasch 1641 für seine Familie setzen ließ (Abb. 20). Engell Rasch ist – neben sonst nur Angehörigen von Adels- oder Ratsfamilien – der einzige nachweisliche Handwerker, der in der St. Nicolai Kirche durch ein Epitaph und dementsprechend auch durch Beisetzung in der Kirche geehrt wurde. Er

Abb. 20
Epitaph Engel Rasch in St. Nicolai

Abb. 21 „Hochzeitstruhe" von 1568 aus Eckernförder Werkstatt

muss als Bäckermeister zwischen 1622 und 1641, in Zeiten sonst größter Not, wie etwa im Sintflutbild von 1632 dargestellt, zu Wohlstand und Ansehen gelangt sein.

Für das Tischleramt, das Amt der berühmten Eckernförder „Sniddeker", steht uns als älteste Quelle nur das 1605 eröffnete Meisterbuch zur Verfügung[103]. Das Amt selbst wird sehr viel älter sein, da Reste von geschnitzten Kirchenstühlen aus St. Nicolai Eckernförde überliefert sind, die ins 2. Viertel des 16. Jahrhunderts datiert werden[104]. Mit noch größerer Gewissheit ist eine Hochzeitstruhe von 1568, die im Landesmuseum Schloss Gottorf ausgestellt ist (Abb. 21), als Eckernförder Arbeit anzusehen. Aus ihrer Wappenkonstellation Wonsfleth, Rantzau, Ahlefeldt und Rathlau (für das Brautpaar innen und die beiderseitigen Mütter außen) ist auf eine Verbindung zwischen Hans Rantzau auf Eschelsmark und Margarete Ahlefeldt a. d. H. Saxtorf zu schließen, deren Familien über die räumliche Nähe hinaus mit Eckernförde unter anderem durch dortigen Grundbesitz besonders eng verbunden waren und daher als Auftraggeber für einen Eckernförder Bildschnitzer gelten können. Das durch die Wappenkonstellation eindeutig identifizierbare Paar hat die Ehe freilich schon 1566 geschlossen, sodass es sich bei dem Anlass zur Anfertigung der Truhe eher um die (erwartete) Geburt des ersten Kindes (um 1570) gehandelt haben wird. Darauf weist auch das mittlere Schnitzfeld (Mariä Verkündigung) hin[105].

Das Meisterbuch des Eckernförder Bildschnitzeramtes beginnt mit einem wichtigen Beschluss, der unter Beisitz und somit auch unter Zustimmung des Bürgermeisters Peter Mandixen und des ebenfalls dem Rat angehörenden Kämmerers Peter Budde gefasst wurde: Es sollten nur 8 Meister zum Amt gehören können. Sie wurden namentlich genannt. Hans Gudewerdt der Ältere, Schöpfer der Kanzel in St. Nicolai Eckernförde, war darunter. Das Tischleramt war damit oder wurde dadurch ein geschlossenes Amt, im Gegensatz zu offenen Ämtern, bei denen die Zahl der Meister nicht schlechthin begrenzt war, sondern davon abhing, wie viel qualifizierte Gesellen sich um Aufnahme bewarben.

Geschlossene Ämter wurden von den Landesherren, die schon der Gewerbefreiheit zuneigten, besonders kritisch gesehen. So hob Herzog Johann Adolf 1615 die Handwerksämter auf und führte die Gewerbefreiheit ein. Er folgte damit seinem Schwager, König Christian IV., der in seinem Landesteil diesen Schritt bereits zwei Monate zuvor vollzogen hatte. Doch die Zeit war für eine vollkommene Gewerbefreiheit noch nicht reif. Nach Herzog Johann Adolfs Tod ließ sein Nachfolger Friedrich III. die Wieder-

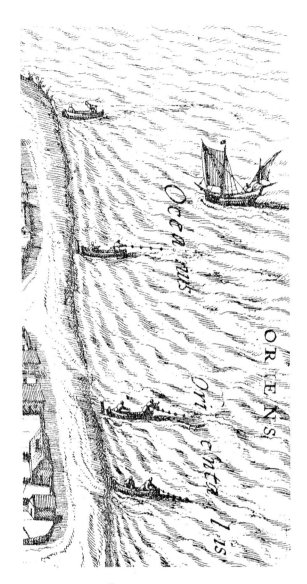

Abb. 22
Handwadenfischerei um 1600

errichtung der Ämter zu. Freilich bedurfte es nunmehr zur Wiedererrichtung eines jeden Amts der Genehmigung der Gottorfer Regierung. Dabei hatte der Landesherr auch vorher schon sein Augenmerk auf die Gebarung der Handwerksämter gerichtet. In der Mitte des 16. Jahrhunderts wurde bereits durch herzogliche Polizeiordnung unter anderem geregelt, wie Gewichte und Preise zu kontrollieren seien. Die Bäcker hatten einmal wöchentlich zu backen, die Fleischer zweimal wöchentlich zu schlachten und das frische Fleisch feilzuhalten[106]. Der Platz hierfür war in Eckernförde der doppelbögige Durchgang vom Rathausmarkt zum Kirchplatz.

Doch wird das geschlossene Eckernförder Schnitzer- und Tischleramt kaum „täglich im Luder, im Fressen und Saufen"[107], gelegen haben, wie es dem Schneideramt in Schleswig zur Rechtfertigung der Ämteraufhebung vorgeworfen wurde. Vielmehr arbeitete es fleißig an seinem guten Ruf als Wiege der „Eckernförder Bildschnitzer-schule"[108], die dieses Handwerk zwischen Renaissance und Hochbarock zu einer im Norden weithin anerkannten bildenden Kunst erheben sollte. Diese Entwicklung ist untrennbar mit dem Namen der alteingesessenen Eckernförder Familie Gudewerdt verbunden, aus der der geniale Hans Gudewerdt der Jüngere („II") (~ 1600 bis 1671) noch besonders herausragt. Er gehörte mit seiner Kunst zu einer Epoche der Eckern-förder Stadtgeschichte, die erst Gegenstand des nächsten Kapitels sein wird. Hier geht es zunächst nur um die Grundlagen und die Anstöße zu dieser „auffälligen Blüte der Schnitzkunst in Eckernförde"[109]. Es waren die Aufträge des in Eckernförde ansässig gewordenen grundbesitzenden Adels, der durch die Konjunktur für landwirtschaftli-che Erzeugnisse in der 2. Hälfte des 16. Jahrhunderts reich geworden war und, was sich auch in der Niederlassung in Städten ausdrückt, höhere zivilisatorische Ansprüche stellte als seine sehr viel stärker militärisch ausgerichteten Vorfahren.

Gerade für den im Herzogtum Schleswig begüterten holsteinischen Uradel war Eckernförde der natürliche Mittelpunkt seiner Gutsbezirke in Ostangeln, Schwansen, Dänisch Wohld und im Eider-Westensee-Gebiet geworden, was im 3. Abschnitt dieses Kapitels noch eingehender gezeigt werden wird. Mit ihrer Ansiedlung in nah beiein-ander liegenden Stadthäusern standen die Adelsfamilien in einem ausgeprägten Reprä-sentationswettbewerb miteinander. Rang und Bedeutung einzelner Personen oder ganzer Geschlechter sollten an kunstvoll geschnitzten Kirchenstühlen, Hochzeitstru-hen, Epitaphien und Gruftbekrönungen, aber auch am Mobiliar der Stadtwohnungen erkennbar sein. Wie ein solches Stadthaus eingerichtet war, ist uns im Testament einer adligen Witwe von 1611 überliefert. Es enthielt u. a. „fünf vollkommene Betten, auf jedes ein Feder- und ein Oberbett und zwei Kopfkissen, vier große aufgeschnittene Kisten (schnitzverzierte Truhen), dazu deren Inhalt an Kupfer-, Messing-, Zinngerät und Eisentöpfen, ferner Bettstellen, Tische, Bänke, Stühle, Schränke, Stuhlkissen und Bankpfühle, 4 Silberkannen und 7 silberne Löffel"[110].

Dem adligen Prestigebedürfnis konnten die Eckernförder Schnitzkünstler so gut entsprechen, dass es sich im ganzen Lande herumsprach. Eine auch wirtschaftliche Blüte des Schnitzer- und Tischleramtes war die Folge. Sicherlich konnten auch andere Handwerke von der Anwesenheit eines zahlungskräftigen Adels in der Stadt profitie-ren. Dies hätte etwa gerade bei den Fischern nahegelegen, da sich der Adel im Fisch-verzehr nicht aus der eigenen Erzeugung versorgen konnte. Das einzige urkundlich Gesicherte, was wir nun über diesen zumindest für die Selbstversorgung der Stadtbe-völkerung so wichtigen Erwerbszweig erfahren können, ist eine Vereinbarung, mit der sich der Küstenstriche an Bucht und Noor besitzende Adel eine kostenlose Fischver-sorgung sicherte. Dies wurde am 18. Oktober 1554 erreicht, als sich Herzog Adolf mit seinen Räten in Eckernförde aufhielt, um Streitigkeiten zwischen der Stadt und dem Umlandadel zu schlichten . Dabei ging es auch darum, ob die Eckernförder Fischer den in Adelsbesitz befindlichen Vorstrand von Bucht und Noor betreten und benut-zen durften, was zur Ausübung ihres Berufes unerlässlich war. Denn die von ihnen betriebene Handwadenfischerei, wie sie auch Braun/Hogenberg abbildeten (Abb. 22), wurde mit zwei Booten betrieben, die das im Kreis ausgeworfene zweiflügelige Zugnetz („Wade") von am Strand verankerten Booten aus einholen mussten, bis der zwischen den Flügeln liegende Fangsack, der „Hamen", die Beute zeigte.

Herzog Adolf hatte noch 1545 der Stadt die Fischereirechte bestätigt, die er nach jütischem Recht für alle Gewässer und deren Vorstrand (= Überflutungsbereich) ver-geben konnte. Dies widerstritt der vom Adel vertretenen holsteinischen Rechtsauffassung, wonach der Vorstrand zum Eigentum des anrainenden Landbesitzers gehörte. Der Herzog schlichtete den Streit in der Weise, dass die Fischer zwar den Strand betreten, von dort aus Waden, Garn und Angeln setzen, dort auch Netze trocknen, „Sprock" (= Reisig) sammeln und Feuer machen durften, dafür jedoch jeden 20. gefangenen Fisch, den „Mattfisch" (Matt = Zins) abzugeben hätten. Dazu sollten sie alljährlich einen „Mattfisch"-Eid schwören, dass sie diese Abgabe auch an den vom Adel eingesetzten Strandvogt fangmengengemäß geleistet hätten. Empfänger der Abgabe waren die adligen Güter Grünholz, Kohöved, Hemmelmark, Noer, Aschau, Windeby und Altenhof. Damit hatte sich der Adel hier weitgehend gegen das Landes- und auch das darauf beruhende Stadtrecht durchgesetzt. Der Mattfischeid ist bis zum Jahre 1616 geschworen worden. Im Durchschnitt der Jahre davor leisteten etwa 20 Fischer den Mattfischeid, woraus auch auf den Umfang der Eckernförder Fischerei in jener Zeit geschlossen werden kann. An Fischarten wurden ausdrücklich Dorsch, Butt und Aal genannt, auf die die Fischer Wade, Netz und Angel ansetzten. Deutlich wird auch wieder in dieser Vereinbarung die Brennholzknappheit in der Stadt. Den Fischern war ausdrücklich untersagt, die zugestandene Vorstrandnutzung zum Holzmachen an Bäumen und Zäunen zu verwenden. Dass es sich bei dem Recht am Vorstrand um eine heikle Grundsatzfrage handelte, wurde im abschließenden Vorbehalt des Herzogs deutlich: „Wy willen uns ock vor uns und unse Erven und Nakomlinge alle und ider Hochheiden Regalien und Herlicheiden (Hoheitsrechte) an unsen frien Strome und Forden … vorbeholden und dorch dussen Receß darein gantz und gar nichts begeven hebben." Dabei konnten sich in diesem Vertrag Otto Sehestedt (Blomenburg-Kohöved) und Asmus von Ahlefeldt (Noer – Besitzer eines Hauses vor dem Kieler Tor) sogar noch das Recht zusichern lassen, „datt ein ider einen frien Tage under ehrem Lande sulvest hebben beholden und geneten willen und scholen de Ekelenforder Fischer sick dersulven gentzlicken entholden." Nicht nur den Vorstrand, sondern auch die Wasserfläche davor nahmen die Herren „für einen freien Zug" in Anspruch, der keinesfalls durch die Fangarbeiten der Eckernförder Fischer behindert werden durfte. Der Landesherr hatte also im Ergebnis vor den Forderungen des Adels zurückweichen müssen[111] und nicht nur sein Recht am Vorstrand, sondern auch noch das an der unmittelbar davor liegenden Wasserfläche aufgegeben. Natürlich konnten die adligen Herren mit dieser Regelung gut leben; denn sie erlaubte ihnen, auch eigene Fischer zu halten. So gab es später auf der Eckernförder Bucht, auf der Kleinfischerei wegen der hohen Ansprüche an die Seetüchtigkeit der Boote ohnehin nicht so leicht zu betreiben war, wie etwa auf der Schlei, auch keinen Streit mehr[112].

Aus der Brückenordnung von 1622 wissen wir, dass der Schiffbau wegen des großen Holzbedarfes in Eckernförde nicht uneingeschränkt willkommen war. Er muss also schon ein gewichtiger Gewerbezweig gewesen sein, der auch Ortsfremde anzog: Am 2. 3. 1619 leistete der Schiffbauer Pauwel Eschel, am 5. 2. 1624 der Schiffszimmermann Hans Jacobsen den Bürgereid eines Ortsfremden[113]. An dem Aufbau des „Kak", dem Symbol der städtischen Gerichtsbarkeit auf dem Forum der Stadt, wirkten 1612 auch „Schiffbauwer" mit[114].

Für das Handwerk insgesamt und für Eckernfördes Bedeutung als Marktort waren die (Jahr-)Märkte, die aufgrund eines landesherrlichen Privilegs abgehalten werden durften, wichtige Ereignisse. Schon seit dem Mittelalter gab es einen Herbst-(Michaelis-)Markt. Hinzu kommt seit 1612 der in der Fastenzeit (mittwochs nach Estomihi = Aschermittwoch) abzuhaltende Wintermarkt, den Herzog Johann Adolf am 4. 12. 1611 genehmigt hatte[115]. Seit 1617 hatte Eckernförde auch eine Apotheke, die nach dem herzoglichen Privileg, das dem Doktor Johannes Ermanus erteilt wurde, die einzige in Eckernförde bleiben sollte. Sie befand sich in der Langebrückstraße (heute Nr. 8)[116].

1.2.3 Die Kirche

Wie im mittelalterlichen so stand auch im frühneuzeitlichen Eckernförde die Kirche immer noch im Mittelpunkt des bürgerlichen Lebens. Patron der Stadtkirche St. Nicolai war der Rat der Stadt. Ihm hatten die vier Kirchengeschworenen alljährlich Rechenschaft zu legen; er besoldete den Hauptpastor, den Vikar (Kaplan) und das übrige Kirchenpersonal. Sein Recht, die Predigerämter im Falle ihrer Vakanz neu zu besetzen, wurde ihm zunehmend vom Landesherrn streitig gemacht. Mit einer Stellungnahme zu diesbezüglichen „Gravamina" (= Beschwerden) des Rates wurde 1624 von Herzog Friedrich III. die folgende Regelung getroffen: Rat und Kirchenvorstand („die fürnembsten aus der Gemein") suchten bei einer Vakanz eine geeignete Person aus, ließen probepredigen und schickten die ausgesuchte Person zum Generalsuperintendenten zur Prüfung. Hatte der Kandidat diese bestanden, schloss eine Predigt vor dem Herzog das Ausleseverfahren ab, sofern der Bewerber dabei für „tüchtig und geschickt" befunden wurde. Danach erfolgte die Ordination[117].

Die Kirchengemeinde finanzierte sich im Wesentlichen aus Vermögenserträgen, vor allem aus Zinsen aus einer Art Grundschulden, mit denen privater Grundbesitz beliehen worden war. Die Mittel stammten aus dem schon vor der Reformation angesammelten Kirchenschatz und dem Vermögen der früheren kirchlich bezogenen Gilden, dem Kaland, der Gertrudengilde und der Heiligen-Leichnams-Gilde. Die von diesen Gilden unterhaltenen Nebenaltäre verschwanden durchaus nicht schon mit der Reformation. Noch 1561 ließ sich Herzog Adolf das Patronatsrecht über die Vicarien an den Katharinenaltären in den Pfarrkirchen von Rendsburg und Eckernförde abtreten[118]. Pastor, Kaplan und Schulmeister erhielten ihren Sold aus der Hand des Rates. Dieser fühlte sich als Kirchenpatron auch für den Kirchenbesuch verantwortlich. Die von Bürgermeister und Rat erlassene Brückenordnung von 1622 begann bezeichnenderweise mit einem Verbot jeglicher „Handtierung unter der Predigten auf Feyer oder Festagen auff der Schiffbrücken", und in der vorletzten Bestimmung dieser Ordnung hieß es: „Die Fischer sollen sich des Fischens an den Feyer- und Sonntagen gentzlich enthalten und dajegen fleissig zur Kirchen gehen bey straff 3 Mark lübsch"[119]. Die Eckernförder Stadttore durften aus dem gleichen Grunde nicht „vor gethaner predigt" geöffnet werden[120]. Auch ließ es sich der Rat angelegen sein, das Kirchengebäude zu unterhalten und für ausreichende Sitzmöglichkeiten zu sorgen. An der im ersten Drittel des 16. Jahrhunderts auf drei Schiffe erweiterten Kirche müssen größere Außenarbeiten in den Jahren 1604 und 1619 vorgenommen worden sein. Darauf deuten die nach der Sitte der Zeit am Ostgiebel als Maueranker angebrachten Jahreszahlen 1604 und (1)619 unübersehbar hin. Die erste Zahl steht mit den Initialen der zu jener Zeit amtierenden Bürgermeister Jürgen Kremer (I. K.) und Peter Mandixen (P. M.) zusammen und wird als Hinweis auf eine größere Reparatur des Ostgiebels verstanden[121]. Die zweite Jahreszahl, deren erste „1" über der zweiten in der Giebelspitze stand und mit deren Abwalmung 1824 verschwunden sein wird, passt zeitlich zum Bau des Dachreiters, wovon noch in Zusammenhang mit der Analyse und Datierung des Stiches „Ekelenforda" von Braun/Hogenberg am Ende dieses Abschnittes (1.2) über die Bürgerschaft zu handeln sein wird. Umfangreicher als die äußeren Umbauten waren die Veränderungen im Inneren der Kirche. Der zunehmende politische Einfluss und der wachsende Wohlstand des in und um Eckernförde stark vertretenen holsteinischen Großadels ließen dessen Ansprüche an Repräsentation und Kultur wachsen. In der Kirche drückte sich dies in größerem Raumbedarf für Bestattungen unter aufwendigen Grabplatten im Kirchenboden, in Epitaphien und vor allem in prunkvollem, allein den jeweiligen Familien vorbehaltenem Kirchengestühl aus. Bereits 1554 beschloss deshalb der Rat der Stadt, dass die Kirchenstühle des Adels nicht mehr ohne weiteres vererbbar sein sollten, sondern für diese Stühle nach dem Tode des Besitzers erneut an die Kirche gezahlt werden müsse[122]. Konsequent ist danach nicht verfahren worden. Denn vom einzig erhaltenen Gestühl, dem Rantzau-Gestühl, wissen wir, dass es nach dem Tode der ersten Eigentümer, Paul und Beate Rantzau, auf deren Sohn Otto übergegangen war, welcher es 1596 an seine Schwester verkaufte[123], was mit der besagten Ratsregel nicht vereinbar gewesen wäre, da bei diesen Eigentumsübergängen offenbar keine Zahlungen an die Kirche geleistet wurden. Auch das der bürgerlichen Gemeinde verbleibende Kirchengestühl war zu einem großen Teil in festen Händen gut gestellter Bürger, die es sich leisten konnten, diese Plätze zu kaufen. Auf aus dieser Zeit (1580 bis ca. 1620) stammenden schnitzerisch verzierten Brettern, die im Landesmuseum auf Schloss Gottorf aufbewahrt werden, finden sich die Namen sowohl von Rats- als auch solche der führenden Handwerkerfamilien[124]. So entstand bei weiter wachsender Bevölkerung nur drei Generationen nach der Erweiterung der Kirche auf drei Schiffe erneut ein Platzmangel, dem der Rat 1618 auf Verlangen der Bürgerschaft durch den Bau von Emporen („Kapstühlen") in den Seitenschiffen abzuhelfen suchte[125].

Einige Jahre zuvor, wohl gleich zu Anfang des neuen Jahrhunderts, war über dem Lettner, der immer noch Chor und Kirchenschiff trennte, der Singechor eingerichtet worden. Er stellte eine Art Emporenbrücke quer über den Chorbogen dar. Von hier aus wurde auch die Orgel gespielt, die sich an der Ostwand des südlichen Seitenschiffes befand. Dort stellten sich Schüler der seit spätestens 1566 bestehenden Lateinschule[126] unter Leitung ihres zweiten Lehrers, der zugleich Kantor war, während des Gottesdienstes auf. Die oft nur kleinen Gruppen von drei bis vier Schülern sangen mehrstimmig, wie es seit der Reformation üblich geworden war. Die Brüstung des Singechores befindet sich heute an der Empore unter der Orgel (Abb. 23).

Die Taufe von 1588, die Kanzel von 1605 und der Altar von 1640 sind Stiftungen adliger Personen, mit denen wir uns in Abschnitt 3 unter Einschluss dieser Stiftungen noch näher befassen werden. Hinsichtlich ihrer bildlichen Wiedergabe und kunsthistorischen Bedeutung kann auf die einschlägige Literatur verwiesen werden[127].

Neben der liturgischen Ausstattung mit Taufe, Kanzel und Altar wurde das Bild des Innenraumes der Kirche in unserer Berichtsperiode vor allem durch eine Fülle von Epitaphien geprägt. Dabei haben auch Taufe und Altar epitaphischen Charakter, sollen also an in der Kirche beigesetzte Verstorbene erinnern. Die Epitaphien, zu denen auch die Pastorenbilder zu rechnen sind, beziehen sich auf drei Personengruppen: gut gestellte und um die Stadt verdiente Bürger, Adlige und Pastoren . Da ihre inhaltliche Aussage gruppenspezifisch zu bewerten ist, werden sie in unserer Darstellung auch bei den jeweiligen Gruppen einzeln aufgeführt, eingeordnet und interpretiert. Dies gilt auch für die ausschließlich von Adligen eingerichteten Gruftgewölbe, die als eine Weiterentwicklung des epitaphischen Gedenkens und der Beisetzung im geheiligten Boden der Kirche verstanden werden können. Sie verstärken das optische Gewicht der ohnehin dominierenden Adelsepitaphien (s. Abb. 24).

Denn in den Gruftgewölben wurden regelmäßig mehr als zwei Personen beigesetzt und geehrt, während dies bei den Grabstellen unter dem Boden der Kirche nur in Aus-

Abb. 23
Brüstung des ehemaligen Singechores

nahmefällen vorkam. Über die Begräbnisse in der Kirche liegen zwei Verzeichnisse vor: eins aus der Mitte des 17. (letzte Eintragung 1657) und eins vom Anfang des 18. Jahrhunderts (letzte Eintragung 1726)[128]. Im erstgenannten Verzeichnis sind 31 belegte Grabstellen aufgeführt, von denen zehn adligen Familien gehörten. Das zweite Verzeichnis führt 44 Begräbnisse auf, von denen nur noch sechs adligen Familien zuzuordnen sind. Im zweiten Verzeichnis sind auch die drei heute an den Wänden von St. Nicolai aufgestellten Grabplatten aufgeführt, in die die laufenden Nummern des Verzeichnisses eingeschlagen sind:

Nr. 15 „noch Kohöft hiebevor gehörig"
    (die Otto und Magdalene Sehestedt mit ihrem Sohn Melchior darstellende
    Platte von 1564)
Nr. 16 „darin begraben Tomes Börnsen"
    (die ehedem Thomas und Frauke Börnsen deckende Platte von 1666)
Nr. 17 „noch Stubbe denen Ahlefelts hierbevor gehörig"
    (Grabplatte von Johann und Ida von Ahlefeldt zu Stubbe und Gereby von
    1612, später überschrieben „Johann Daniel Schmidt")

Die bürgerlich belegten „Begräbnis in der Kirch unter der Erden" gehörten durchweg führenden Familien, die einmal Bürgermeister, Ratsmitglieder oder Stadtvögte gestellt hatten. Es war also nicht so sehr eine Frage des Kaufgeldes, so willkommen das der Gemeinde auch war, sondern vielmehr eine Frage des Ranges. Dabei haben offenbar die Adelsgeschlechter im Verlauf des 17. Jahrhunderts an gesellschaftlichem Rang verloren und sich aus noch zu untersuchenden Gründen aus der Stadt zurückgezogen. Wie sehr gleichwohl der Adel in der Totenehrung oberhalb des Kirchenbodens dominierte, zeigt die nun folgende Übersicht in Abb. 24.

Die Übersicht in Abb. 24 lässt deutlich erkennen, dass sich der repräsentative Aufwand adliger Totenehrung von den 60er Jahren des 16. Jahrhunderts an ständig steigert.

Jahr	Bürger	Adelige	Pastoren
1553	Ruge (E) n. v.		
1567		Sehestedt (Kluvensiek) (E)	
1571		Sehestedt (Kohöved) (E)	
1578		Sehestedt (Kohöved) *)	
1582	Ruge (E)		
1587		Brockdorff (E)	
1588		Krummendiek **)	
1598		Blome (E)	
1600		vor 1600: Buchwaldt (G) I	Bostel (E) n. v.
nach 1602		Ahlefeldt (Noer) (E) (G)	
1609	Blancke (E)		
1611	Mandixß (E)		
1614		v. d. Wisch (E)	
1616	Christian (E)		
1617		Ahlefeldt (Stubbe) (E)	
1619	Stadtlander (L)	Meinstorff (G)	
1632		Pogwisch (G)	
1636		v. d. Wisch (G) ***)	
1636		Buchwaldt (G) II	
1640		Meinstorff (A)	
1641	Rasch (E)		
1643	Börnssen (E) z. L.		
vor 1651	Ripenau (E) z. L.		
1661	Börnssen (E)		
1664			Bornemann (B)
1718			Bornemann (B)

Legende: Name = Familienname des hier beigesetzten und zu ehrenden Toten; (E) = Epitaph; z. L. = zu Lebzeiten; n. v. = nicht mehr vorhanden; (G) = Gruft; (B) = Bild; (A) = Altar; (L) = Leuchter
*) im Rantzauschen Frauenstuhl   **) an der Tauffünte   ***) Neubelegung der ehem. Ahlefeldt-G

Abb. 24
Über dem Kirchenboden befindliche Totenehrung in St. Nicolai, Eckernförde

Bis zum Ende des Jahrhunderts genügen noch Arbeiten in Holz. Auch sind die Darstellungen der Verstorbenen, wenn überhaupt Personen gezeigt werden, eher demütig und, vom Rantzauschen Stuhl abgesehen, noch frei vom ostentativen Adelsstolz. Vom Rantzaustuhl wohl provoziert, zeigt sich der Standeshochmut dann mit dem Hinweis auf die „8 (adligen) Ahnen" von der von Sophie Krummendieck gestifteten Taufe, wo ihm später jemand mit der Demontage der entsprechenden 8 von Löwenpranken gehaltenen Wappen zu Leibe gerückt ist. Mette von Ahlefeldt, bürgerlich geborene Lausen, eröffnet dann mit Beginn des 17. Jahrhunderts den Reigen der prunkvollen, vollplastischen steinernen Epitaphien und richtet das erste Gruftgewölbe ein. Diese aufwendige und besonders auffallende Form der Beisetzung und Ehrung verstorbener Mitglieder von Adelsfamilien reicht noch bis in die Mitte des Dreißigjährigen Krieges und bricht gänzlich ab nach einem ausgesprochen repräsentativen und kunstvollen Höhepunkt: in dem Altarretabel von 1640 als Epitaph für Henneke Meinstorf. Von da an kommen nur bürgerliche Epitaphien in Holz vor. Auch sie enden abrupt in einem eklatanten Höhepunkt, im überwältigend großen Börnsen-Epitaph von 1661, das in der Darstellung des Verstorbenen und der Stifterin im Gegensatz zu allen anderen Epitaphien in St. Nicolai jede Demut vermissen lässt. Danach sollten nur noch die abgeschiedenen Pastoren der Kirche durch bildliche Darstellungen geehrt und ihr Andenken bewahrt werden. Dabei war eines verstorbenen Pastors schon recht früh, im Jahre 1600, durch Anbringung eines Epitaphs ehrend gedacht worden, das heute nicht mehr vorhanden ist. Pastor Bostel(ius), seit 1574 Pfarrherr und Mitstifter der Melcher-Lucas-Glocke von 1589, wurde 1600 in der Kirche beigesetzt. Auch sein Epitaph, 1781 noch vorhanden[129], muss auf die für unsere Berichtsperiode so lange Verlustliste gesetzt werden[130]. Bostel war nach Gert Rese (1542–1554) und Bernhard Moritzen, latinisiert Mauritii (1555–1574) der dritte evangelische Pastor in Eckernförde. Ihm folgten 1601 Johannes Mösing(ius), zuvor Kaplan in St. Nicolai, 1610 Johannes Ruelius und 1613 Cornelius Selmer[131]. Im Eckernförder Kirchenarchiv befindet sich noch die Bestallungsurkunde des Pastors Ruelius[132]. Sie führt die Voraussetzungen der Berufung und die Rechte und Pflichten eines Gemeindepastors in Eckernfördes Stadtkirche auf. Ruelius war danach zunächst vom Gottorfer Hofe (von Herzog Johann Adolf und seinem Amtmann Heinrich von Buchwaldt) anstelle des verstorbenen Kaplans Johannes Pertius präsentiert worden. Ruelius hatte seine Probepredigt gehalten und war daraufhin zum Kaplan an St. Nicolai bestellt worden. Nun hatte aber der Herzog den bisherigen Pastor Johann Mösing zum Senior und Rektor des Schleswiger „Pädagogiums" berufen[133], das als von Herzog Adolf 1567 eröffnete Landesschule zur Vorbereitung des Universitätsstudiums nicht so florieren wollte. Die angehenden Studenten zogen lieber aufs Bordesholmer Gymnasium, die spätere Kieler Universität. Kurz entschlossen bestellten Bürgermeister und Rat von Eckernförde den Kaplan Ruelius auch zum Pastor und Prediger an St. Nicolai. Im Hinblick auf die Doppelbelastung, die Pastor Ruelius erwartete, stellten ihm Bürgermeister und Rat in der Bestallungsurkunde sowohl seine Einkünfte wie auch seine Obliegenheiten genauestens vor. Er sollte eine für damalige Zeiten beachtliche jährliche Besoldung von 173 Mark erhalten, die sich durch die ihm zustehende Pacht auf den „Domesdach-"[134] Acker von 27 Mark auf glatte 200 Mark erhöhte. Ein weiteres Stück Land am Domesdach sollte zu seiner persönlichen Verfügung stehen. Aus Gammelby sollte er 2 Thun (?) Roggen beziehen, von Windeby 3 Mark 12 Schilling und 3 Fuder Heu. Die geistliche Versorgung der Goschhofinsassen erbrachte 20 Mark und freie Wohnung. Auch wurden ihm alle Einnahmen aus Leichenpredigten, Eheschließungen, Taufen und Opfergeld, wie sie seine Vorgänger erhalten hatten, zugesagt. An die Spitze seiner Verpflichtungen setzte der Rat das „ordentliche Evangelium" in der allsonntäglichen „Hochmesse". Zu predigen hatte dort der Pastor ferner jeden zweiten Sonntag nachmittags, alle Dienstage in der Goschhofkapelle und alle Freitage noch einmal in der St. Nicolai Kirche. Zu diesen umfangreichen Gottesdienstpflichten kam die Aufsicht über die Kirchen- und Schuldiener und über die Schüler selbst, die zu „Disziplin, Zucht und Ehrbarkeit" zu erziehen waren, hinzu.

Ruelius blieb nicht lange Pastor von St. Nicolai. Bereits 1612 holte ihn der Herzog als Hofprediger nach Gottorf[135]. Ihm folgte Cornelius Selmer, der der Kirchengemeinde 37 Jahre lang, bis 1649, erhalten blieb. Seiner Frau zufolge stand er „in großer Gunst bei den Adelsleuten"[136], was also in Eckernförde wichtig war. Er hatte vier Kinder. Die drei Söhne wurden auch Pastoren – Mathias in Ulsnis, Fridericus in Königsberg und Christianus in Heiligenstedten–, die Tochter bekam den Eckernförder Diakon Christian Schulze (Adjunkt 1645, 1652 Diakon, gest. 1668) zum Ehemann[137]. Seit 1629 wurde Selmer vom Kaplan (Diakon) Daniel Bornemann, seinem späteren Nachfolger, unterstützt.

Daniel Bornemann aus Mengeringhausen (heute Stadtteil von Bad Arolsen) im Waldeck durchlief eine typische Theologenkarriere: als „Schulkollege" fing er 1627 in Eckernförde an, wurde 1629 Diakon und war schließlich von 1649 bis zu seinem Tode Pastor[138]. Er hatte also zunächst die Lateinschule geleitet. Sie war ein Kind der Reformation. Erster Beleg für die Existenz dieser Schule in Eckernförde ist die Leichenpredigt für Detherus Mauritii, den jüngeren Bruder des schon erwähnten zweiten evangelischen Pastors in St. Nicolai. Sie wurde an seinem Grabe gehalten, als er 1611 als Pastor an St. Nicolai in Kiel und Propst für die umliegenden Kirchen verstorben war[139]. Dieser Predigt zufolge hatte er 1566 ein Studium der Theologie in Rostock begonnen, das er jedoch wegen der Belagerung der Stadt während des siebenjährigen nordischen („Drei-Kronen"-)Krieges unterbrechen musste. Wohl durch seinen Bruder Bernhard vermittelt, trat er noch im selben Jahr eine Schulstelle an der Eckernförder Lateinschule an. Die Schule hatte nur zwei Lehrer, einen Schulmeister und einen Gehilfen. Sie bestand aus „drei Haufen" (Klassen). In der ersten Klasse wurde Lesen, in der zweiten Grammatik und in der dritten lateinische Lektüre gelehrt. Sie hat bis 1799 bestanden[140]. Dether Mauritii kann den Umständen nach nur Gehilfe gewesen sein. Erster uns bekannter Rektor der Eckernförder Lateinschule war 1595 Johannes Carnarius[141], der freilich diese Funktion nur ein Jahr lang ausübte, da er 1596 Pfarrer in Thumby und Struxdorf in Angeln werden konnte. Dort haben dann auch noch der Sohn und darauf dessen Schwiegersohn als Pfarrer amtiert, also eine in jenen Zeiten häufig zu beobachtende Pastorendynastie ausgebildet. Ein Grund für diese Erscheinung war die unzulängliche Versorgung der Witwen und Waisen verstorbener Pastoren. Sie reichte zumeist nicht über das dem Tode des Pastors folgende „Gnadenjahr" hinaus[142]. So versuchten viele Pastoren, ihr einträgliches Amt der Familie zu erhalten. Die Söhne mussten dazu zunächst einmal Theologie studieren. So finden sich die Namen der Söhne manch eines Eckernförder Pastors in der Rostocker Matrikel wieder, wie etwa Mauritii (dreimal), Mösing (einmal) und Sellmer (dreimal), später auch Bornemann[143]. Um nun das Pastorenamt auf den Sohn oder Schwiegersohn übertragen zu können, mussten diese durch den Generalsuperintendenten examiniert, durch den Kirchenpatron präsentiert und meist durch die Gemeinde gewählt worden sein[144]. Bei der Ausübung des Wahlrechtes durch die Gemeinde mögen Sympathien für die Familie des verstorbenen Amtsinhabers und wohl auch die Notwendigkeit, die hinterbliebenen Familienmitglieder in jedem Falle versorgen zu müssen, mitgespielt haben. Verwandtschaftliche Verknüpfungen kamen hinzu.

Eine bedeutende, weit verzweigte schleswig-holsteinische Pastorenfamilie bildete sich auch aus den Nachkommen des Mindener Pastors Mauritius Mauritii (Moritzen) heraus, dessen ältester Sohn Bernhard (1532–1574) uns schon als Pastor von St. Nicolai in Eckernförde (1554–1574) begegnet ist. Sein Bruder Detherus (1542–1611), zeitweilig Schulgehilfe in Eckernförde (1566/67), wurde, wie anhand seiner Leichenpredigt gezeigt, 1586 Pastor an der Nikolaikirche in Kiel und 1587 Propst dortselbst[145]. Bernhards Sohn Johann (1560–1634) wurde am 20. 9. 1594 Pastor der am 4. 10. 1592 geweihten Tonderner Christkirche, die dort an die Stelle der baufälligen St. Nicolai Kirche getreten war. Dort wurde er 1595 zum Propst bestellt[146]. In seiner Amtszeit bekam Tonderns Stadtkirche ihr heutiges Aussehen. Sein Sohn mit dem großväterlichen Vornamen Bernhard wurde sein Nachfolger als Pastor in Tondern. Bernhards Tochter Magdalena heiratete den Eckernförder Diakon Pertius. Ihr Sohn Detherus Pertius war 50 Jahre lang Pastor in Borby (1626–1676)[147].

Im ersten Jahrhundert nach der Reformation kam es also häufiger vor, dass Theologen aus Eckernförde in gut dotierte Pastoren-, Propsten-, Schulrektoren- und Hofpredigerstellen an anderen Orten berufen wurden. Dazu gehörten nicht nur Angehörige Eckernförder Pastorendynastien wie der Blanckes, Moritzens und Selmers, sondern eben auch die nach Schleswig in hohe Ämter aufrückenden Pastoren Mösing und Ruelius. Schon der letzte katholische Pfarrherr von Borby, Johann Dietrichsen („Theodorici"), war Eckernförder gewesen[148]. Ob das auf ein entsprechend günstiges geistliches Klima in der Stadt und ihrer Kirchengemeinde zurückzuführen war, mag dahingestellt bleiben.

In einem Punkte freilich hatte der Einfluss der Kirche gegenüber den vorreformatorischen Verhältnissen jedoch nachgelassen: Es gab keinen angemessenen Ersatz für die religiös-gesellschaftlichen Gilden der „katholischen" Zeit. Dazu fehlte die mit den evangelischen Vorstellungen unvereinbare Praxis katholischer Gilden, mit eigenen Vikaren an der Austeilung des Seelenheils zu partizipieren. Die Nebenaltäre der alten Gilden haben zwar noch lange bestanden, doch die gesellschaftlichen Bedürfnisse der Geselligkeit, des Rangstrebens und der Ranggruppenabsonderung wurden spätestens seit 1570 von der neu gegründeten Bürgerschützengilde, auch Pfingst- oder Gelbe-Westen-Gilde genannt, befriedigt, die keine unmittelbare Bindung an die Kirche mehr unterhielt. Damit leitete sich eine Entwicklung ein, die die Kirche allmählich aus ihrer zentralen gesellschaftlichen Rolle verdrängte und deren Spätphase wir heute vor Augen haben. Der gesellschaftlichen Bedürfnisse der Menschen haben sich weltliche Einrichtungen angenommen. Die Kirche beschränkt sich im Wesentlichen auf Verkündigung und Diakonie und wird damit im bürgerlichen Alltag fast entbehrlich, da sie es auch in der diakonischen Fürsorge mit einer erheblichen Konkurrenz nicht kirchlicher Organisationen zu tun hat. Selbst die Seelsorge, die in vorreformatorischer Zeit über das Institut der individuellen Beichte fest im Leben des einzelnen Pfarrkindes verankert war, hat nach der Reformation bald an Bedeutung verloren, auch wenn die Beichte zunächst als Sakrament – neben Taufe und Abendmahl – noch fortbestand. War schließlich die Kirche auch im Mittelalter schon ein Stabilisator gesellschaftlicher Machtstrukturen gewesen, so verstärkte sich diese Rolle noch unter weltlichen Kirchenpatronaten, wie sie auf dem Lande vom Grundadel und in den Städten von großbürgerlichen Ratskollegien wahrgenommen wurden.

Den gesellschaftlichen Freiraum, der durch das Verschwinden der in die Kirche eingebundenen spätmittelalterlichen Gilden entstanden war, begannen die Schützengilden auszufüllen. Die alten Artikel der Eckernförder Gelbe-Westen-Gilde – sie hieß lt. revidierter Fassung ihrer Satzung von 1746 eigentlich „Schützen Brandt und Dodten Gilde" –, reichten teilweise in die Zeit vor 1611, also in ihre Gründungszeit zurück[149]. Sie enthielten daher auch ganz überwiegend Regeln zur inneren Ordnung des Gildelebens, wobei Fragen der Festordnung und des Protokolls im Vordergrund standen. Nur eine Minderzahl von Artikeln befasste sich mit Fragen, die nicht mit dem Schützenfest zusammenhingen. Dort ging es um die Friedenspflicht der Gildebrüder untereinander, um Geleit und Hilfe im Todesfall und um Hilfe in unverschuldeter Not. Es fehlte dabei jeder Hinweis auf eine militärische Funktion der Gilde. Man wird daher von dieser Gilde auch nicht sagen können, wie in der heimatgeschichtlichen Literatur zu lesen ist, ihre „Mitglieder sollten sich im Schießen üben, um nötigenfalls mit der Waffe in der Hand Herd und Hof gegen Feinde schützen zu können"[150]. Dabei waren nicht einmal die heute vorfindlichen Offiziersränge in der Frühzeit der Schützengilden bekannt. Auch ist etwa für Eckernförde, das gerade im 17. Jahrhundert häufiger Schauplatz kriegerischer Ereignisse wurde, nichts von einem militärischen Engagement der Schützengilde bekannt. Auch die im Namen der Gilde von 1746 überlieferten Funktionen als Brand- und Totengilde standen nicht im Vordergrund der Gildezwecke, wenn man von der in ursprünglich 33 Artikeln niedergelegten Satzung ausgehen will. Vielmehr hieß es noch in der Fassung von 1746 einleitend: „Folgende Artickel sollen von dem gesambten löblichen Pfingst-Gilde so wohl auf dem Rathhause als unter der Stangen bey der darin enthaltenen Poen unverbrüchlich in Acht genommen werden"[151]. Es ging also vor allem um das ordentliche Verhalten der Gildebrüder bei Sitzungen und auf dem Schützenfest und die bei dagegen verübten Verstößen zu leistenden Strafen („Poen").

Aus den überlieferten Gildematerialien ist im Übrigen keine Bestätigung dafür zu erlangen, dass nach Hanssen[152] der Goschhofgründer, der Kleriker Gosche von Ahlefeldt, die Schützengilde bereits zwischen den Jahren 1520 und 1530 gestiftet habe. Zwar ist ein städtisch gefördertes Vogelschießen hierzulande schon seit der 2. Hälfte des 15. Jahrhunderts belegt[153], doch sind Satzungen erst seit der Mitte des 16. Jahrhunderts nachweisbar[154]. Diese Gilden hießen damals gewöhnlich auch „Papagoyengilden"[155]. Es hat den Anschein, dass spätestens im 17. Jahrhundert das Gesellschaftliche im Gildeleben im Vordergrund stand, und zwar sowohl in der Geselligkeit selbst als auch im sozialen Abgrenzungsbedürfnis des städtischen Besitzbürgertums. Seit dem Jahre 1611 sind die Änderungen, die an den ursprünglichen Satzungs-„Artikeln" vorgenommen wurden, bis ins Jahr 1642 überliefert[156]. Von 1625 bis 1639 besteht eine auffällige, wohl durch die Notzeiten des Dreißigjährigen Krieges bedingte Lücke. In keinem der folgenden drei Jahre (1640–42) sah der Gildevorstand Veranlassung, die Gildesatzung im Hinblick auf diese Notzeiten zu ändern oder anzupassen. Immerhin war in diesen schweren Jahren (1629) die Eckernförder Totenbeliebung entstanden. Bei der Pfingstgilde änderte sich nur Nebensächliches: Statt Essen, Wein und Konfekt sollten die Frauen und Jungfrauen beim Schützenfest Bier bekommen. Ein neues Samtlaken, mit denen tote Gildebrüder bedeckt wurden, sollte von den neu Eintretenden finanziert werden. Dieses Laken durfte nicht vermietet werden, allenfalls bei der Beerdigung getreuer Dienstboten.

Die Eckernförder Pfingstgilde wurde anfänglich von einem Sechs- oder Achtmännerkollegium geleitet, aus deren Mitte der Ältermann und seine zwei Beisitzer gewählt wurden. Das Gilderegiment bestand aus angesehenen Bürgern der Stadt, vielfach waren Ratsmitglieder beteiligt. Seit 1642 hatten Ältermann und Beisitzer bei Gildeveranstaltungen den Vortritt auch vor den als Gäste teilnehmenden Ratsmitgliedern[157]. Während die Schützengilde im engen Kontakt zur politischen Gemeinde und dem Stadtregiment stand, ist eine entsprechende Beziehung zur Kirchengemeinde nicht mehr zu erkennen. Diese Tradition kirchlicher Gildeorientierung aus vorreformatorischer Zeit lebte zumindest in der Bürgerschützengilde nicht wieder auf.

Eine für das städtische Leben bedeutsame kirchliche Einrichtung aus vorreformatorischer Zeit überstand dagegen die Veränderungen gesellschaftlicher und religiöser Art, die das 16. Jahrhundert gebracht hatte: die Stiftung des Klerikers Gottschalk von Ahlefeldt a. d. H. Borghorst zugunsten von jeweils 12 Armen, Alten und Kranken, der „Goschhof"[158]. Uns ist eine „Ordinanz" aus der ersten Zeit des Armenhauses nach dem Tode des Stifters (1535) überliefert, die den Betrieb der Stiftung genau regelte[159]. Aufgenommen werden sollte nur, wer bisher bezeugtermaßen redlich, unsträflich und im christlichen Glauben gelebt hatte, aber sich aus Armut oder Krankheit nicht selbst ernähren konnte. Dem Goschhof standen jährlich 200 Mark aus Zinserträgen zur Verfügung, deren Verwendung genau vorgeschrieben war. Den Bereichen Verpflegung, Gartenanbau, Bekleidung, Heizung, Bedienung und seelsorgerische Betreuung waren feste Beträge zugewiesen. Für den Priester war ein Salär von 30 Mark vorgesehen, aus dem er Kost, Kleidung und Feuerung zu bestreiten hatte. Eine „bequeme Wohnung" im Goschhof stand ihm kostenlos zu. Weiter heißt es dann in der Ordinanz[160]: „Item de vorstendere, wenn se sodane prester edder dyakenn annemen, scolen se denn to deme bisscoppe tho Sleswick sennden und ehne syner lere halven, ock synes levendes vorhören laten. Dewile he ock in dem leerampte vor den armen synn scall, und van dem bisscope mit schriftlicker tuchnisse und instition an de vorstendere gesannt werden und den alle sönndage dat evanglium vlitigen vor den armen predigen ane vorhinderinge der predigen szo in der carspelkerken geschutt und schall ock den armen anholden christliken, godt dem vader durch christum to bydden vor de hillige gemeine christenheit, vor kon. maj., dusser fürstendome heren regenten, vor einen gemeinen landtfreden, vor den, de öre milden almissen darto geven etc. Des fridages und mitwekens schal de prester vor den armen den catechismum mit korten vorstendigen slichten worden uthe duden, wo idt sulcken armen wol vonnöden is mit einer guden vormaninge to der gedult und gebede."

Mithilfe dieses den Priester betreffenden Absatzes, eines eindrucksvollen Zeugnisses reformatorischer Frömmigkeit, lässt sich die undatiert überlieferte Ordinanz auch zeitlich bestimmen. Noch war danach König Christian Landesherr. Erst 1544 ging für Eckernförde die Landesherrschaft mit der 2. Landesteilung auf seinen Bruder Herzog Adolf über. Andererseits ist dieser Text schon ganz im Geiste der neuen Kirchenordnung abgefasst, die 1542 erlassen wurde, und setzt einen evangelischen Bischof voraus. Die Ordinanz muss also zwischen 1542 und 1544 ergangen sein. Wer die Ordinanz verfasste, geht aus dem Text nicht unmittelbar hervor. Doch wäre diese Aufgabe Sache der Testamentsvollstrecker gewesen, nämlich Wulf von Ahlefeldt zu Noer und Gosche von Ahlefeldt zu Saxtorf. Wulf war freilich schon 1541 verstorben. An seine Stelle sollte nach dem testamentarischen Willen des Stifters in diesem Falle sein ältester Brudersohn Benedikt von Ahlefeldt zu Gelting treten[161]. Von ihm heißt es, dass er erst 25 Jahre alt war, als er 1531 seinen Vater beerbte. Er musste daher seine Studien in Wittenberg und Leipzig vorzeitig beenden. Er gehörte zu den ersten Studierenden aus dem Norden, die sich Luthers Lehre anschlossen. Wegen seiner Gelehrsamkeit sehr angesehen, führte er 1566–73 einen Briefwechsel mit Generalsuperintendent von Eitzen in Latein[162]. In ihm wird man daher den Verfasser der Ordinanz sehen können.

Der Patronat über den Goschhof blieb fast 200 Jahre bei der Geltinger Linie der Ahlefeldt. Verantwortlich gefühlt hat sich immer das ganze Geschlecht. Benedikt von Ahlefeldts Schwester war übrigens Eckernfördes Frau Clara (Sehestedt), sein Sohn Claus setzte die evangelisch-humanistische Tradition seines Vaters fort.

1.2.4 Das häusliche Leben

Wie auf dem Lande bildete auch in der frühneuzeitlichen Stadt Erwerbs- und Familienleben weithin noch eine räumliche Einheit. Kaufleute und Handwerker gingen ihrem Erwerb in ihren Wohnhäusern oder von ihren Wohnhäusern aus nach. Ausnahmen werden in Eckernförde für manche Verkaufsstände („Buden") und für den Schiffbau gegolten haben. In den Wohnhäusern lebten mit dem Familienvater im Mittelpunkt, der als Hauseigentümer allein auch stimmberechtigter Bürger war, bis zu drei Generationen zusammen, darunter auch unverheiratet gebliebene Familienangehörige, auch Gesellen, Lehrlinge und Hausangestellte. Die meisten Familien deckten ihren Lebensmittelbedarf weitgehend aus eigener Produktion, waren also „Ackerbürger", die Großvieh auf dem Stadtfeld weideten, Schweine in die herrschaftlichen Wälder trieben und Federvieh in ihren Gärten bei den Wohnhäusern hielten. Die Abrechnung der Zahlungen, die 43 Eckernförder Bürger im Jahre 1621 für die Schweinemast („Schweinefemme") in landesherrlichen Waldungen in der Bergharde zu leisten hatten, ist noch erhalten[163]. Die Schweinemäster hatten in diesem Jahr über 200 Schweine zur Eichelmast in die umliegenden landesherrlichen Wälder getrieben. Mit Gosche von Ahlefeldt und Anna Wonsfleth waren auch Adlige unter den Eckernförder Schweinehaltern.

Das erste Eckernförde Stadtbuch lässt für unsere Berichtsperiode (1542–1624) auch erkennen, in welchen Straßen die Eckernförder vorzugsweise wohnten. Denn das Stadtbuch dokumentiert für diese Zeit 113 Hausbesitzwechsel. Genügte dabei zur Lokalisierung des Hauses in den ersten Jahrzehnten noch zumeist die Angabe der Nachbarn, so trat vom Ende des 16. Jahrhunderts an zunehmend die Angabe der Straße hinzu. Aus der Häufigkeit der Nennungen wird man auch auf die Wohndichte in diesen Straßen schließen dürfen. Vorn an stand der Straßenzug der heutigen Kieler Straße (Kurzebrückstraße mit 11, uff dem graben (Stadtgraben am Kieler Tor) mit 1, buten der korten brügge und vor dem kurzen brüggthor mit 13 und herstraße (südliche Kieler Straße) mit 1, insgesamt 26 Nennungen (davon 3 vor 1600)). Es folgt der Straßenzug der Langebrückstraße, der, einschließlich von zwei Lokalisierungen mit „buten der langen brügge", 17 Mal vorkommt, davon viermal vor 1600. An dritter Stelle steht die Fischerstraße mit 14 Eintragungen (nur einmal vor 1600), die von den Namen her längst nicht alle Grundstücksgeschäfte unter Fischern darstellen können. Es folgen der Markt mit 10 Nennungen (sechsmal vor 1600), der Kirchhof sechsmal (dreimal vor 1600), Kattsund viermal und Frau-Clara-Straße dreimal. Am 10. 5. 1619 wird auf Seite 273 eine „Königstraße" genannt. Da der Verkäufer, Elert Rathlow, das Grundstück am 19. 2. 1613 in der „Frauw Claren Straße" erworben hatte[164], wird die Königstraße ehedem ein Teil derselben gewesen sein, wohl der heutige „Ochsenkopf". Tatsächlich hatte ein König, Friedrich I., noch als Herzog 1521 das im heutigen Ochsenkopf gelegene Haus neben dem Otto Blomes gekauft, das sich noch 1542 in königlichem Besitz (Christians III.) befand, dann 1544 bei der Landesteilung Herzog Adolf zufiel, der es 1551 Otto van Damme schenkte[165]. Auch Eckernförde hatte also eine „Königstraße" und erinnerte sich damit noch nach drei Generationen des Landesherrn, dem die Stadt so viel zu verdanken hatte: Königherzog Friedrichs I.

Friedrich I. hatte den Grundstein zu einer vorteilhaften Entwicklung der Stadt im 16. Jahrhundert gelegt. Zwar hörte sie mit Friedrichs Tod 1533 auf, Hafen der königlichen Residenz auf Schloss Gottorf zu sein. Doch profitierten Schifffahrt und Handel in der Folgezeit von der Agrarkonjunktur, als deren Nutznießer sich die sich auf Agrarwirtschaft und insbesondere auf die Milchwirtschaft („Holländerei") spezialisierenden adligen Gutsherren in Eckernfördes Umland erwiesen. Nachdem es gegen Ende des Jahrhunderts gelungen war, den adligen Übermut in den Städten mit wachsender Fürstenmacht zu dämpfen, die Städte, auch Eckernförde, sich gleichwohl gegen die zunehmende Eingriffslust der Landesherren einigermaßen erwehren konnten, brachte der Beginn des 17. Jahrhunderts eine ausgesprochene Blüte des Eckernförder Stadtlebens hervor. Indizien dafür sind:

– die Renovierungsarbeiten an der St.-Nicolai-Kirche (1604) und an der langen Brücke (1601)

- die Errichtung des Kak 1612
- der Bau von Seitenschiffemporen („Kapstühlen") in der St.-Nicolai-Kirche (1618)
- die verstärkte Benutzung von Straßennamen zur Grundstücksidentifizierung seit Ende des 16. Jahrhunderts
- das Darlehen von 7000 Reichsthalern an Herzog Friedrich III. von 1624
- die Brückenordnung von 1622
- das verstärkte Marktwesen (Fastenmarkt 1611)
- die Apothekengründung von 1617
- und schließlich der stetig wachsende Zustrom von sich in der Stadt bleibend niederlassenden Adligen, obwohl sie inzwischen auch weitgehend zu den bürgerlichen Pflichten herangezogen werden konnten.

In die gleiche Richtung weist die wachsende Privilegierung des Rates wie das erweiterte Endurteilsrecht, die Weinschenkerlaubnis und die Zuweisung der Einkünfte aus der Stadtwaage.

Wie es in Eckernförde gegen Ende dieser glücklichen Periode seiner Geschichte aussah, hält der berühmte Stich „Ekelenforda" aus dem Städtebuch von Braun/Hogenberg mit großer Genauigkeit fest. Er ist im 5. Buch dieser Sammlung von Stadtansichten erschienen, das selbst kein Erscheinungsjahr trägt. Da das 4. Buch 1588 erschienen ist, wird das 5. Buch erst nach 1588 fertiggestellt worden sein. Doch führt das 5. Buch in seinem erläuternden Texten mindestens ein historisches Ereignis an, demzufolge das 5. Buch erst Anfang des 17. Jahrhunderts erschienen sein kann. So urteilt Johanne Skovgaard, Bearbeiterin des Briefwechsels zwischen Herausgeber Georg Braun und Heinrich Rantzau: „... die erste Ausgabe des 5. Buches muss aber nach – und wahrscheinlich nicht unmittelbar nach – 1598 erschienen sein, da die Eroberung der ungarischen Stadt Raab im März dieses Jahres erwähnt, aber irrtümlich in das Jahr 1597 verlegt ist."[166] Das soll heißen, dass ein Irrtum in der Jahreszahl einen größeren Zeitabstand des aufzeichnenden Chronisten vom berichteten Ereignis vermuten lässt. Demgegenüber ist die Zeitstellung von Skelton[167], der sich auch Klose/Martius anschließen[168], weit weniger überzeugend: 1598 habe Erzherzog Albrecht auf den Titel eines Kardinal-Erzbischofs von Toledo verzichtet, unter dem ihm die erste Auflage des 5. Buches gewidmet war. Den Herausgeber wird das kaum gehindert haben, das Werk auch später noch mit diesem verkaufsfördernden Titel erscheinen zu lassen. Nun gibt es im speziellen Fall des „Ekelenforda"-Stiches und seiner Beschreibung gleich drei Hinweise, dass zumindest dieser Stich noch später entstanden ist. Im Jahre 1612 wurde der Kak, das Sinnbild der Stadtgerechtigkeit auf dem „Forum" (Rathausmarkt) angefertigt und aufgestellt. Nach der Abrechnung im Eckernförder Schottregister (Steuerregister) im Kirchenarchiv[169] entstand der Schandpfahl mit Hilfe von Schiffbauern und Schnitzern. Maler strichen ihn an, Pflasterer bereiteten ihm mit Sand und Steinen ein Fundament und der Scharfrichter stiftete Schwert und Rute, die der vom Bildschnitzer Hans Dietrichsen verfertigten, auf den Schandpfahl gestellten Kak-Figur in die Hände gedrückt wurden. Der Kostenabrechnung zufolge entstand also mit dem Eckernförder Kak etwas ganz Neues. Willers Jessen überschrieb zwar die Veröffentlichung der Kak-Abrechnung „Erneuerung des Kaks in Eckernförde", weil auch er von einer viel früheren Datierung des Braun/Hogenberg-Stiches ausging. Doch der nach Skovgaard allenfalls nur wenige Jahre vor 1612 entstandene Stich zeigt einen durchaus nicht erneuerungsbedürftigen Kak. Zu sehen ist vielmehr der erst 1612 errichtete Kak. Der Stich kann also erst nach diesem Jahr entstanden sein. In diesem Jahr „... 1612 schlug der Blitz in den Eckernförder Kirchturm. Doch brannte nur die

Abb. 25
Kak und Dachreiter auf St. Nico-
lai bei Braun/Hogenberg
(Ausschnitt)

obere Spitze bis zum Kirchendache herunter ab. Ueber den Rest des Thurmes hin
ward später das Kirchendach erweitert, und auf demselben statt eines neuen Thurmes
eine Kirchturmspitze angebracht ..."[170]. Der bei Braun/Hogenberg abgebildete Dachreiter kann also wie seine Abbildung (Abb. 25) erst nach 1612 entstanden sein. Dafür
spricht auch die Kirchenrechnung dieses Jahres, in der in zwei Positionen immer noch
vom Kirch**turm** die Rede ist: „Noch habe Ich Dass Dach an der Kirchen, das den Torn
einschlach Wiederumb machen lassen. Daranne haben Peter Lundt und sein Tochter-
man Jeronimus gearbeidet 3 Tage" und „Noch dem Simmerman Clawes Eler 3 Tage
gearbeidet. De Ledder auf dem . Tuhrn heinuf zu machen ... 24 S"[171]. Es gab also bis
1612 noch einen das Dach überragenden Turm. Die Reparaturen, von denen die Rede
ist, lassen sich mit dem vom Blitz verursachten Schaden in Verbindung bringen.

Später muss der Turm bis auf die heutige Höhe abgetragen worden sein. Ein Dachreiter
wurde seiner Ostwand aufgesetzt. Denkbar ist, dass die Maueranker in Form der Ziffern
619, denen man eine 1 vorsetzen kann, die bei der Abwalmung des Ostgiebels 1824 abgenommen worden sein wird, mit 1619 auf das Jahr der Errichtung des Dachreiters hinweisen. Der berühmte Stich zeigt bereits den Dachreiter (Abb. 25). Wenn er, wie anzunehmen
ist, damals ganz neu war, könnte das auch die zeichnerische Überbetonung im Verhältnis
zum übrigen Kirchengebäude erklären. Für ein entsprechend spätes Entstehungsjahr lie-

fert auch der Erläuterungstext zu „EKELENFORDA" einen Hinweis: „Multi in illo (oppido) nobiles aedificia habent, nimirum Ranzowij, Alefeldij, Schestedij, Pogvvihosij, Meinstorpij, & Tynij." (Viele Adlige haben in dieser (Stadt) Häuser, auf jeden Fall die Rantzau, Ahlefeldt, Sehestedt, Pogwisch, Meinstorf und Thienen.) Bis auf die Thienen galt das tatsächlich schon im ausgehenden 16. Jahrhundert. Thienen hingegen gab es bis 1618, für welches Jahr eine von Willers Jessen in Zusammenarbeit mit dem dänischen Adelsgenealogen Louis Bobé verfertigte Liste des in Eckernförde ansässigen Adels vorliegt[172], noch nicht. Im Eckernförder Stadtbuch für die Zeit von 1542 bis 1681[173], das für die fragliche Zeit alle Grundstücksgeschäfte dokumentiert, taucht der Name Thienen erstmals am 24.9.1621 (S. 291) auf, als Syle (Cäcilie) von Thienen ein Eckernförder Haus von Bendix von Ahlefeldt zu Stubbe erwarb. So erschienen die Thienen auch erst 1626 in einem landesherrlichen Verzeichnis als in Eckernförde wohnende Adlige, das Willers Jessen und Christian Kock veröffentlicht haben[174]. Sie sind also erst zwischen 1618 und 1626 in Eckernförde ansässig geworden. Braun/Hogenbergs Stich „Ekelenforda", zumindest die textliche Erläuterung dazu kann folglich erst um 1620 entstanden sein, kurz bevor die Schrecken des Dreißigjährigen Krieges den Norden und damit auch Eckernförde erreichten und einer fast 200-jährigen friedlichen Entwicklung dieser Stadt ein jähes Ende setzten.

1.3 Der Adel

Den Namen der Familien sind im folgenden Text deren Wappen in der Form hinzugesetzt, wie sie Heinrich Rantzau seiner „Cimbricae chersonesi ... descriptio nova" beigefügt hat. Die Lebensdaten der besprochenen Personen entstammen, wenn nicht anders angemerkt, Danmarks Adels Aarbog (DAA) Die hinter den Geschlechtsnamen gesetzte Jahreszahl gibt den einschlägigen Jahrgang des DAA an, wo sich die Geschlechterstammbäume regelmäßig im 2. Teil befinden.

1.3.1 Einführung

Aus der Schilderung des bürgerlichen Lebens im Eckernförde des 16. und des beginnenden 17. Jahrhunderts war bereits zu ersehen, welch starken Einfluss der in der Stadt wohnende und auf den Gütern im Umland der Stadt residierende Adel beanspruchte und ausübte. Adelige wirkten auf die Ordnung der Handwerksämter ein und regulierten die Fangmöglichkeiten der Fischer. Im Handel mit Holz und Getreide, den der Adel auch über den Verkauf der eigenen Produkte hinaus praktizierte, nutzte er seine steuerlich und rechtlich privilegierte Position zum Nachteil der bürgerlichen Kaufleute aus. Geradezu dominierend war der Adel im kirchlichen Leben. Adelsgestühle im Parterre der St. Nicolai Kirche, Begräbnisse im Kirchenboden und die dazugehörigen Epitaphien und schließlich oberirdische Familiengrüfte gaben St. Nicolai zusammen mit den adligen Einrichtungsstiftungen den Anschein einer Arena des Rangwettstreits oder auch einer Nekropole des im Herzogtum Schleswig ansässig gewordenen holsteinischen Uradels. Diese sichtliche Vorherrschaft des Adels auch im städtischen Leben beruhte auf einer starken staatsrechtlichen und politischen Macht, die ihm als verfasster Korporation in Folge der Zwistigkeiten im landesherrlichen Hause Oldenburg zugewachsen war, und auf dem umfangreichen Grundbesitz gerade im Raume Eckernförde. Aus den ihrer militärischen Leistungen und Opfer wegen privilegierten mittelalterlichen Reitersoldaten der Landesherren waren Landwirtschaft treibende Großgrundbesitzer geworden. Verbesserte Bewirtschaftungsmethoden, die aus der Gerichtsherrschaft über die Hintersassen entwickelte Leibeigenschaft und eine anhaltende Konjunktur für landwirtschaftliche Erzeugnisse ließen zur politischen Macht auch noch den materiellen Reichtum hinzukommen. Die ritterlichen Privilegien der Abgabenfreiheit und der ihnen gegenüber nur gemeinsam wirksamen Landesherrschaft von König **und** Herzog konnte man auch dann noch weitgehend behaupten, als die Kriegstechnik die Ritterheere längst entwertet hatte. Höhere kulturelle und gesellschaftliche Ansprüche und Bedürfnisse als Folge wachsenden Wohlstandes und reichlicher Muße ließen zahlreiche städtische Adelswohnsitze entstehen, was besonders für das zentral gelegene Eckernförde galt. Das Stadtbuch 1542–1681 lässt erkennen, in welchem Maße Adelsfamilien an Grundstücksgeschäften beteiligt waren. Die Zahl der auf die einzelnen Familien entfallenden Nennungen kann als Gradmesser ihrer Bedeutung für Eckernförde dienen:

Ahlefeldt	28
Pogwisch	18
Rantzau	14
Brockdorff	11
v. d. Wisch	11
Sehestedt	10
Wonsfleth	7
Rathlau	7
Krummendiek	3
Thienen	3
Blome	2
Buchwaldt	2
Meinstorf	2
Rumohr	2
Reventlow	1
Magnussen	1

Unter den ersten 6 Familien dieser Aufstellung befinden sich mit den Ahlefeldt, den Brockdorff und den Sehestedt in Eckernförde alteingesessene Geschlechter, die, wie im Band 1 dieser Stadtgeschichte geschildert, schon vor der Reformation stadtgeschichtliche Bedeutung erlangt hatten. Dieser Gruppe rechnen wir auch die Blome, die Rantzau und die von der Wisch hinzu. Die Blome gehörten zu den ersten in Eckernförde ansässigen Adelsfamilien, verloren aber bald nach der Reformation an Bedeutung, weil die Eckernförder Linie im Mannesstamm ausstarb. Die Rantzau traten die Nachfolge der ebenfalls aussterbenden Eckernförder Sehestedt an. Die von der Wisch schließlich kauften sich zwar erst um 1600 in Eckernförde an, hatten aber schon vorher als mächtige Grundherren in allen drei Nachbarlandschaften, also in Hütten, in Schwansen und im Dänischen Wohld, deutlichen Einfluss auf das Leben der Stadt gewonnen.

1.3.2 Die alteingesessenen Adelsfamilien[175]

Ahlefeldt (DAA 1929)

Nimmt man nur alles in allem, so ist kein Adelsgeschlecht mit der Geschichte Eckernfördes so eng verbunden wie die auch im ganzen Lande lange Zeit mit den Rantzau führenden Ahlefeldt. Im Einzelnen handelt es sich dabei um die aus der Dänischen

Stammtafel der auf Eckernförde bezogenen Ahlefeldt 1542–1624
(schließt an die Stammtafel in Band 1 – Abb. 34 an)

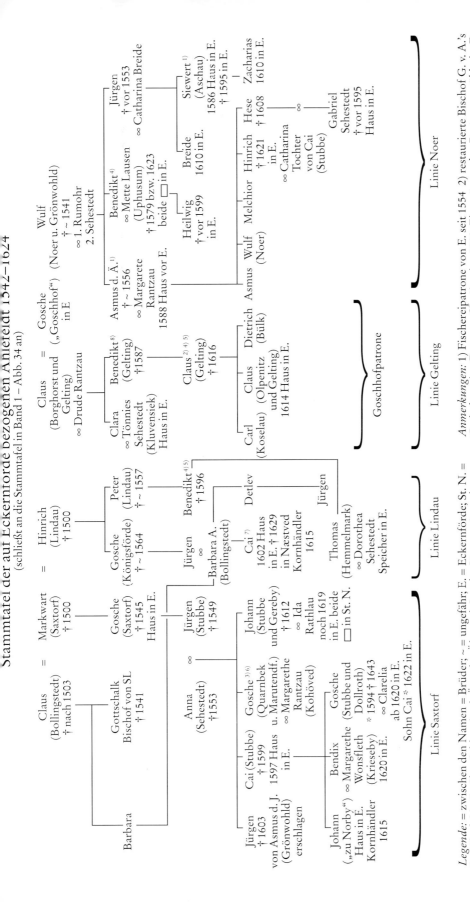

Legende: = zwischen den Namen = Brüder; ~ = ungefähr; E. = Eckernförde; St. N. = St. Nicolai in E.; Sl. = Schleswig; d. Ä. = der Ältere; d. J. = der Jüngere; * = geboren; ∞ = verheiratet; † = gestorben; ⬚ = begraben; alle Ahlefeldt nur mit Vornamen

Anmerkungen: 1) Fischereipatrone von E. seit 1554 2) restaurierte Bischof G. v. A.'s Grabplatte im Dom zu Sl. 3) seit 1593 Eigentümer des Rantzaugestühls in E. 4) Goschhoferneuerer vor zu 1578 5) Stifter der Goschhofglocke von 1581 6) Mitstifter der Kanzel in St. N. 7) Mörder von Hinrich 1621 8) Verfasser der Goschhof-"Ordinanz"

Quellen: DAA 1929, 2. Teil, StbE 1542–1681, Bobé Bd. 2

Abb. 26
Stammtafel der Ahlefeldt 1542–1624 (Häuser Noer, Lindau, Borgborst-Gelting und Saxtorf)

Wohl der Hauptlinie hervorgegangenen Häuser Noer, Lindau, Borghorst-Gelting und Saxtorf dieser Familie (Abb. 26). Benedikt zu Noer (und Uphusum), Claus zu Borghorst und Gelting und Benedikt zu Lindau erneuerten 1578 das von ihrem 1535 verstorbenen Oheim „Gosche" a. d. H. Borghorst gestiftete Armenhaus, den Goschhof. Dies Armenstift blieb bis zu seinem Abbruch 1879 eine wichtige Heimstatt für Eckernfördes Arme, Sieche und Alte[176]. Die dem Stifter am nächsten stehende, später nach Gelting gewechselte Borghorster Verwandtschaft hatte sich dann auch in der Folgezeit immer in besonderer Weise für den Goschhof verantwortlich gefühlt.

Die Goschhofkapelle wurde daher später auch Geltinger Kapelle genannt. Auch die Brüder des Stifters, Benedikt, bei Hemmingstedt gefallen, und Claus (gest. 1531), hatten wie dieser schon früh in Eckernförde festen Wohnsitz genommen. Die besonders enge Verbindung der Geltinger Ahlefeldt zu Eckernförde ist in Claus' Tochter Clara, die Tönnies Sehestedt (Sestede) zu Kluvensiek ehelichte, sichtbar geworden. Über die nach ihr benannte Frau-Clara-Straße ist sie noch heute jedem Eckernförder ein Begriff.

Sie war eine fromme, großzügige und hilfsbereite Frau, die der St. Nicolai Kirche wertvolle Einrichtungsgegenstände stiftete, von denen indes heute nur noch eine Altartafel, die Hirtenanbetung (Abb. 28), erhalten ist.

Pastor „B. Mauritii", wie er zeichnete, teilte 1571 in der Kirchenrechnung mit, dass Frau Clara diese Altartafel von den „hern Vicarien" in Schleswig erworben habe. 1568 war die Schleswiger St. Nicolai Kirche, zwischen Dom und Hafen gelegen, abgebrochen worden. So ist es denkbar, dass die von Frau Clara gestiftete Altartafel aus dieser Kirche stammte. In ihrer Person verbinden sich mit den Ahlefeldt und den Sehestedt die beiden Adelsfamilien, die in und um Eckernförde am längsten dem alten Glauben anhingen: die Ahlefeldt, die nicht nur den Kleriker Gosche stellten, der den Goschhof stiftete, sondern auch den letzten katholischen Bischof von Schleswig gleichen Vornamens und dessen Haderslebener Archediakon Joachim Ahlefeldt, und die Sehestedt, die am längsten gegen die Einführung einer neuen, evangelischen Kirchenordnung

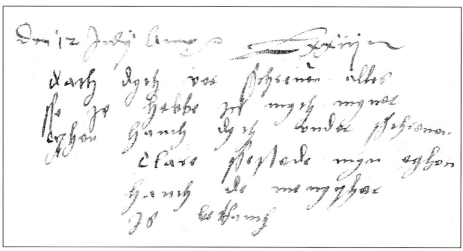

Abb. 27
Frau Claras eigenhändige Hand- und Unterschrift von 1573 im Eckernförder Stadtbuch S. 89

Abb. 28
Hirtenanbetung
Stiftung der Frau Clara Sehe-
stedt geborene Ahlefeldt a. d. H.
Gelting

opponiert hatten, und von denen Benedikt zu Hemmelmark sich noch nach dem offiziellen Vollzug der Reformation einen „Meßpfaffen" hielt, wie aus der Borbyer Kirchenrechnung zu ersehen ist[177]. Frau Clara verstarb um 1580 kinderlos, was das Fehlen
eines Todesdatums auf dem ehelichen Epitaph erklärt.

In eine ganz andere Richtung führten die religiösen Bestrebungen der Ahlefeldt a. d.
H. Noer. Benedikt, Wulfs Sohn, hatte in jungen Jahren Herzog Johann d. Ä., dem
Herrn des Haderslebener Anteils, gedient. Er heiratete um 1550 die 16-jährige Mette
Lausen[178]. Sie war in Nordfriesland (Uphusum und Oldenhoff) und in Angeln (Boel-
schubyhof) reich begütert, aber nicht adeliger Herkunft. Sie gebar Benedikt, der als
Herzog Johanns wichtigster Rat 1560 Amtmann von Tondern geworden war, zwölf
Kinder, von denen nur eines, Heilwig, erwachsen wurde. Das frühe Sterben der ande-
ren elf führte Mette, wie auch den schon 1579 erfolgenden Tod ihres Ehemannes, auf
Hexerei zurück. Verantwortlich machte sie den Pastor des nahe Tondern gelegenen
Dorfes Daler und mehrere als Hexen verschriene Frauen, gegen welche sie Verfol-
gungen und Prozesse in Gang setzte, die den latenten Hexenwahn im Lande erst richtig anfachten. Männer und Frauen wurden der Hexerei und des Bundes mit dem Teufel verdächtigt, ins Gefängnis gelegt, zu Erpressung von Geständnissen gefoltert, und
manch einer wurde verbrannt, wenn er sich nicht durch Hergabe von Geld und Gut
loskaufen konnte. „Es ist erschütternd zu sehen", schreibt dazu Andresen in seiner
Geschichte Tonderns[179], „wie besonders Frauen immer wieder Opfer einer von fremd-
weltlicher, theologisch-juristischer Afterweisheit geförderten Verirrtheit des Denkens
und Fühlens geworden und dabei auch selbst in tiefste seelische und sittliche Verwir-
rung und Verelendung geraten sind, so dass sie sich zu den die Allmacht Gottes über-
treffenden Künsten des Teufels bekannten und nach den ihnen abgepressten Geständnissen bekannten, er habe in einer Mißgestalt sie in widerlicher Umarmung Sitte und
Scham vergessen lassen, wofür sie seiner Hilfe sicher zu sein glaubten". Doch ohne den
Rückhalt an ihrem Mann, dessen Tod sie in ihrem Sinne gerächt hatte, geriet Frau Mette bald in die Isolation, zumal da die Stimmung im Amte Tondern angesichts so vieler

abscheulicher, juristisch-religiös verbrämter Untaten umschlug. So streckte Frau Mette Anfang der 1580er Jahre ihre Fühler nach dem Osten des Landes, in die engere Heimat ihres verstorbenen Ehemannes, aus. Dabei kam ihr zustatten, dass sie ein Haus in Kiel besaß. 1580 strengte sie vor dem Landgericht einen Prozess gegen die Rumohrschen Erben der Sehestedt auf dem großen Angeler Gute Rundhof an. Denn ihr verstorbener Mann Benedikt war ein Enkel des letzten Sehestedt auf Rundhof gewesen. Die Sehestedt'sche Linie auf Rundhof war mit diesem Benedikt Sehestedt im Mannesstamme ausgestorben. So waren die zwei Töchter dieses Benedikt erbberechtigt, deren eine mit einem Rumohr, die andere mit Benedikts Vater Wulf von Ahlefeldt zu Noer verheiratet gewesen war. Von Letzterer leitete Frau Mette für ihre minderjährige Tochter einen Erbanspruch her. Die der Sache nach sogar berechtigte Klage wurde 1584 wegen Verjährung abgewiesen.

In Eckernförde brachte sich Frau Mette zunächst (1582) mit einer Schuldverschreibung von 500 Mark, deren 6 % Zinsen dem Goschhof zugute kommen sollten, in Erinnerung[180]. Allein dreimal bekräftigte sie dort ihre Versprechungen bei ihrer „adelichen ehr", was in von Adeligen ausgestellten Schuldurkunden ungewöhnlich war und zeigt, wie sehr ihr ihre nichtadelige Herkunft zu schaffen machte. Umso herrischer verhielt sie sich gegenüber ihren Untertanen, die sie so hart bedrückte, dass sie in die Landesgeschichte als die böse Frau Mette eingegangen ist[181]. In dieser Zeit lernte sie auch ihren späteren zweiten Ehemann Hans v. d. Wisch kennen, dessen Mutter aus dem Hause Ahlefeldt-Gelting stammte. Hans v. d. Wisch hatte in Rostock und Helmstedt studiert und bemühte sich nun um eine Bestallung im Dienste des Gottorfer Herzogs. Dazu war freilich Geld nötig, um dem großen Finanzbedarf des seit 1590 regierenden Johann Adolf darlehnsweise aufzuhelfen[182]. So kam ihm Frau Mette, die als Alleinerbin ihrer beiderseits sehr wohlhabenden Eltern über ein großes Immobiliar- und Geldvermögen verfügte, als Ehefrau gerade recht. 1591 schloss er mit der 27 Jahre älteren Frau einen Ehevertrag. Danach sollte Hans ein Jahr „nach gehaltenem christlichen beylager"[183] 10 000 Mark und ferner 30 000 Mark bei Mettes Tode erhalten.

Inzwischen hatte Mette die Ahlefeldtsche Gruft im Chor der Tonderner Nikolaikirche räumen müssen und die Gebeine ihres Ehemannes und ihrer früh verstorbenen 11 Kinder nach Eckernförde überführt. Denn die baufällige Tonderner Stadtkirche war abgerissen und 1589 bis 1592 durch einen Neubau, die Christkirche, ersetzt worden. Am 21. März 1592 war die erste Predigt in dieser neuen Kirche aus Anlass der Beisetzung des kleinen Sohnes des Amtmanns von Qualen in der „früher Ahlefeldtschen Gruft" gehalten worden[184]. Zur Beisetzung der sterblichen Überreste von Benedikt von Ahlefeldt hatte Mette noch „in ihrem Wittibenstande", also vor ihrer Wiederverheiratung im Jahre 1591 eine Begräbnisstelle in der Eckernförder St. Nicolai Kirche gekauft. Dies ergibt sich aus dem Kaufvertrag, den sie am 17. April 1602 mit Rat und Kirchenvorstehern über den Erwerb der alten Garfkammer und späteren Küsterwohnung als Familiengruft abschloss, weil ihr die alte Begräbnisstelle „nicht bequem gewesen" sei[185]. Da sich Mettes Interessen vom Westen in den Osten des Landes verlagert hatten, verkaufte sie 1595 Uphusum. Der Wert und die Bedeutung dieses Besitzes – und auch die nachhaltige Erinnerung an die Besitzerin – ist daran abzulesen, dass es dort noch Anfang des 20. Jahrhunderts die Bezeichnung „Fraumettenkoog" gab[186], dass Steine des „Fraumettenhofes" 1629 zum Wiederaufbau der Bordelumer Kirche verwendet wurden und dass bis 1854 auch noch die Bezeichnung „Fraumettenland" bei Ebüll benutzt wurde[187]. Über den Verkauf dieses wertvollen Besitzes kam es zwischen den Eheleuten Hans und Mette von der Wisch zu einem Rechtsstreit darüber, ob

Mette zu diesem Geschäft berechtigt gewesen sei. Das Gericht gab ihr Recht. Immerhin konnte Hans von der Wisch dem Erlös nunmehr Herzog Johann Adolf einen Kredit von 25 000 Reichsthalern gewähren, was im Jahre 1600 den Einstieg in eine Karriere als herzoglicher Amtmann, und zwar zunächst im Amte Tremsbüttel und 1604 auch noch im Amte Bordesholm, ermöglichte. Doch die bereits 1595 zu Tage getretenen Spannungen zwischen den seltsamen Eheleuten verschärften sich weiter. König Christian IV., der Uphusum gekauft hatte, griff zugunsten Mettes, Herzog Johann Adolf zugunsten seines Amtmanns ein[188]. 1605 sagte sich Mette von Hans von der Wisch los. Der verabredete Ehelohn, den Mette wegen nicht erfüllter ehelicher Pflichten vorenthielt, wurde Gegenstand eines Prozesses vor dem Reichskammergericht.

1599 war Mettes letztes Kind, ihre Tochter Heilwig, kurz vor der Hochzeit vergiftet worden. Deren Verlobter, Detlev von Ahlefeldt zu Haseldorf, war dann auf dem Wege zur Beisetzung seiner Braut[189] von Marquardt von Ahlefeldt zu Haselau, seinem Vetter und unmittelbaren Nachbarn, aus Familienrache getötet worden. Von der Mordtat zu Braak bei Neumünster kündet noch heute ein riesiges Epitaph am Ostgiebel der Kirche von Haseldorf[190]. Die Beisetzung ihrer Tochter im Boden von St. Nicolai, die zunehmenden Spannungen mit ihrem Ehemann Hans von der Wisch, die damit verbundene Rückbesinnung auf ihre erste Ehe und schließlich die Verfügbarkeit großer Geldmittel mag dann für Frau Mette Anlass zu einer besonderen Demonstration ihrer Ahlefeldt'schen Vergangenheit, aus der sie gern auch eine Ahlefeldt'sche Herkunft gemacht hätte, gewesen sein. Sie kaufte also 1602 – noch als Mette von der Wisch – die ehemalige Garfkammer (Sakristei) und spätere Küsterwohnung in St. Nicolai und richtete sie als Ahlefeldt'sche Familiengruft ein. Über dem vermauerten Eingang der Gruft im südlichen Seitenschiff ließ sie ein Epitaph anbringen (Abb. 29). Seine Anfertigung hat sicher mehrere Jahre gedauert. Wahrscheinlich ist es auch erst in Auftrag gegeben worden, nachdem sich Mette 1605 von Hans von der Wisch getrennt und den Namen Ahlefeldt wieder angenommen hatte[191]. Nach Willers Jessen will die Tradition wissen, dass das ganze Epitaph mit dem Wagen aus Italien gekommen sei[192]. Auf jeden Fall hat es eine für Schleswig-Holstein ungewöhnliche Gestalt und Thematik[193]. Ungewöhnlich ist auch, dass das Epitaph anstelle einer großen Ahnenprobe, zu der gewöhnlich die Adelswappen der acht Urgroßeltern des Stifters gehörten, hier nur acht mal das Ahlefeldt'sche Wappen gezeigt wird. Zu Zeiten der Anfertigung des Epitaphs sah sich Frau Mette in St. Nicolai mindestens drei großen Ahnenproben gegenüber: je für Beate und Paul Rantzau im Rantzaugestühl von 1578 und für Sophie Krummendiek an der Taufe von 1588, deren Löwen damals noch die Wappen ihrer Urgroßeltern in den Pranken hielten, auf welche auch der Widmungstext an der Fünte hinweist: „...UND ERE 8 ANEN MIT DEN 4 LAWEN VORFADET."[194]. Mit den acht Ahlefeldt'schen Wappen am von ihr gestifteten Epitaph, die man auf ihre toten Kinder beziehen konnte, wollte Frau Mette offenbar ihre nichtadelige Herkunft verdecken. Diese Absicht wird in der Gruft im Text zu der Schwarzzeichnung der beiden Ahlefeldt'schen Wappen noch deutlicher. Hier gibt sie sich als „F. Mette van Aluelt, S. Benedicktus van Alvelt zu Auffhusen Dochter, H. Benedikts nachgelaß wittwe" aus[195]. Dabei gab es in ihrem Leben nur einen Benedikt von Ahlefeldt, nämlich ihren ersten Ehemann. Ein Benedikt von Ahlefeldt zu Uphusum, der ihr Vater gewesen sein soll, ist eine freie Erfindung. Sie mochte wohl glauben, dass bei der großen zeitlichen und räumlichen Distanz zur Person ihres Vaters, der Marten Lausen hieß, diese Täuschung nicht auffallen würde. 1610 endete Mettes Rechtsstreit mit Hans von der

Abb. 29
Epitaph für Benedikt von Ahlefeldt und seine Familie in St. Nicolai Eckernförde (Ausschnitt)

Wisch, der 1609 Amtmann von Tondern geworden war, mit einem Vergleich. Die eheliche Gemeinschaft wurde nicht wieder hergestellt.

Dem Kaufvertrag von 1602 zufolge befand sich an der Stelle, an der das Epitaph angebracht werden sollte, das „alte Orgellwergk", welches der Rat abzubrechen hatte. Frau Mette behielt sich für sich und Hans von der Wisch das Recht vor, auf dem Platz der alten Grablege im Kirchenboden Kirchenstühle zu errichten. Doch hat sie offenbar nie in Eckernförde gewohnt. Im November 1623 starb Mette von Ahlefeldt fast neunzigjährig und wurde in ihrer Gruft in St. Nicolai beigesetzt. Hans von der Wisch heiratete nun Marina Clausen aus einer Tonderner Ratsfamilie. Doch schon am 8. 9. 1624 starb auch er und wurde in seiner Grabkapelle in der Tonderner Christkirche beigesetzt. Mettes Gut Boelschubyhof ging am 24. 8. 1624 in den Besitz Herzog Friedrichs III. über[196]. An der Ahlefeldt'schen Grabkammer in St. Nicolai Eckernförde bestand offenbar kein Interesse bei den Erben aus dem Hause Ahlefeldt-Noer. 1636 kaufte es der Rat von diesen zurück und verkaufte es weiter an den Gottorfer Amtmann Jürgen von der Wisch[197], der dort 1649 beigesetzt wurde. Er war der Neffe von Frau Mettes zweitem Ehemann. Das Ahlefeldtsche Epitaph (Abb. 29) blieb bestehen. Die erheblichen Beschädigungen, die es heute aufweist, dürften mutwillig herbeigeführt worden sein. Sie richteten sich eindeutig gegen die Figur der Mette von Ahlefeldt und ihren Namen. Die Figur wurde offenbar zur Gänze heruntergestürzt, das Kenotaphgesims darunter an mehreren Stellen zerstört und die Namensinschriften in der Sockelzone, insbesondere die der Frau Mette und ihrer Tochter, weitgehend unleserlich gemacht. Nur der Unterleib der Figur ist auf dem alten Platz wieder aufgestellt worden, allerdings nach außen gewandt, also falsch herum. Das Gesims wurde geflickt. Die Schädiger wird man unter den Zeitgenossen der „bösen" Frau Mette suchen müssen, die sich an ihr auf diese Weise rächen wollten. Die unruhigen Kriegsjahre nach ihrem Tode boten dazu sicher manch günstige Gelegenheit.

Für den Adel, dem sie so gern ganz zugerechnet werden wollte, setzte Frau Mette mit dem ersten steinernen Epitaph in St. Nicolai neue Maßstäbe, wie die steinernen Epitaphien für Hans von der Wisch (1614) und Johann von Ahlefeldt (1617) erkennen lassen.

Mit Johann von Ahlefeldt zu Stubbe und Gereby ist auch die Saxtorfer Linie der Ahlefeldt in Eckernfördes St.-Nicolai-Kirche vertreten. Er starb 1612 kinderlos und wurde unter einer Grabplatte in der Kirche bestattet. Die Platte steht heute im südlichen Seitenschiff neben der Sakristei und zeigt den Ritter mit seiner Ehefrau Ida geb. Rathlau. Sie ist im 18. Jahrhundert für Johann Daniel Schmidt wiederverwendet worden. Johann Ahlefeldts Ehefrau, die in Eckernförde lebte, setzte ihrem Ehemann und sich 1617 ein Epitaph (Abb. 30), das an der Nordwand des Chores hängt, wohl über dem Platz, an dem die Eheleute beigesetzt worden sind.

Johann war ein Sohn von Jürgen und Anna von Ahlefeldt zu Stubbe, die 1549 bzw. 1573 in der Riesebyer Kirche beigesetzt wurden und deren Grabstein erhalten ist[198]. Johanns Bruder Gosche von Ahlefeldt zu Emkendorf, Quarnbek und Marutendorf war mit Margarete Rantzau aus dem Hause Kohöved verheiratet. Das Ehepaar gehörte zu den Stiftern der Eckernförder Kanzel von Gudewerth d. Ä. Margarete kaufte 1596 das von ihren Eltern eingerichtete Rantzau-Gestühl in St. Nicolai ihrem in Geldschwierigkeiten befindlichen, verrufenen Bruder Otto ab. Johann und Gosche waren Enkel von Gosche von Ahlefeldt zu Saxtorf (gest. 1545), der Stubbe, den einstigen Bischofssitz, von seinem Vetter, dem Bischof Gosche von Ahlefeldt, erworben hatte und Erbauer des größten Eckernförder Wohnhauses – gegenüber der Ecke Frau-Clara-Straße/Schiffbrücke – gewesen war, das von seinen Nachkommen weiter bewohnt worden sein wird.

Die 4. auf Eckernförde bezogene Ahlefeldt'sche Linie war hier vor allem in der Person von Benedikt von Ahlefeldt zu Lindau hervorgetreten. Er gehörte neben Mette von Ahlefeldts erstem Ehemann Benedikt (zu Noer) und Claus von Ahlefeldt zu Gelting, dem Neffen von Frau Clara, zu den Erneuerern des Goschhofes:

„ WIR BENEDICTUS VON AHLEFELDT, AMBTMANN ZU TUNDREN,
BENEDICTUS VON AHLEFELDT ZU LINDAW
UND CLAUS VON AHLEFLDT
ZU GELTINGEN, ALSO UNWERDIGE VORSTENDERE HABEN DIES HAUS
AUFS NIEWE BAUEN LASSEN 1578
GODT DEM HERE ALLEIN DIE ERE UND EREN NACHKÖMMLINGE
ZUM GUTEN EXEMPEL."[199]

Drei Jahre später – Benedikt von Ahlefeldt zu Noer war inzwischen verstorben – stiftete der Lindauer Benedikt zusammen mit Claus (zu Gelting) die kleine Glocke im Turm des Goschhofes, die sich wie der Goschhofaltar und andere Einrichtungsstücke des „Ahlefeldtschen Hospitals"[200] im Landesmuseum Schloss Gottorf befindet.

Das kirchliche Engagement der Lindauer Ahlefeldt gehörte ansonsten vorzugsweise der St.-Jürgens-Kirche in Gettorf, deren Patrone und praktische Eigentümer sie waren. Benedikts Sohn Peter (zu Lindau) und dessen Vettern Wolf (zu Königsförde) und Gosche (zu Habichhorster, später Wulfshagener Hütten) stifteten 1598 die von Gudewerth d. Ä. verfertigte Kanzel in St. Jürgen, deren guter Erhaltungszustand ahnen lässt, wie die arg zerstückelte Kanzel desselben Schnitzers in Eckernfördes St. Nicolai Kirche einmal ausgesehen hat. Wenn auch die Ahlefeldt'schen Linien Lindau und Saxtorf mit Eckernförde weiterhin durch Hausbesitz und als Wohnsitz in Verbindung blieben, so ging doch der Goschhof schon in der nächsten Generation praktisch ganz in die Zuständigkeit der Geltinger Linie über. Das wird an der geistlichen und politischen Bedeutung Claus von Ahlefeldts zu Gelting (gest. 1616) gelegen haben, der nicht nur Miterneuerer des Goschhofes war, sondern auch als Domherr von Schleswig die Grabplatte Bischof Gottschalks v. Ahlefeldt restaurieren ließ, Amtmann von Schwabstedt und dann von Flensburg war und als Schwiegersohn des großen („gelehrten") Heinrich Rantzau vielfältiges historisches Interesse zeigte. Seiner humanistischen Bildung wegen kommt er auch als Verfasser der lateinischen Erläuterung zu Braun/Hogenbergs „Ekelenforda" in Betracht, in welcher die Ahlefeldt'sche Leistung der Goschhofgründung und -erneuerung auffallend stark hervorgehoben wird. Unter dem Patronat seiner Söhne (1622) Carl zu Koselau, Claus zu Gelting und Olpenitz und Dietrich zu Bülck hieß es nun in Eckernförde einfach „Geltinger Hospital"[201]. Denn auch in dieser Generation war es wieder der Claus, der als Herr auf Gelting die Hauptlast des Goschhofpatronates trug. Er vermehrte das Stiftungskapital des Hospitals um 2000 Reichsthaler und war durch Hausbesitz mit Eckernförde besonders verbunden. Auch er hatte wieder einen Sohn Claus, der als Herr auf Gelting und Goschhofpatron den Goschhofaltar 1656 restaurieren ließ.

Sehestedt/Rantzau (DAA 1914 bzw. 1930)

Die Geschlechter Sehestedt, eigentlich Sestede, und Rantzau werden hier zusammen besprochen, weil die im Mittelalter in Schwansen maßgebenden Sehestedt in dieser Rolle in der 2. Hälfte des 16. Jahrhunderts durch Erbfolge sowohl im Grundbesitz als auch im Einfluss auf die St. Nicolai Kirche zu Eckernförde (im weiteren **ohne** Ortsangabe, wenn Eckernfördes Stadtkirche gemeint ist) durch die Rantzau aus der prominentesten Linie dieser Familie, dem Hause Breitenburg bei Itzehoe, abgelöst worden sind. Beate Sehestedt (gest. 1586) aus dem Hause Kohöved/Hemmelmark, Erbin der beiden Güter, die das Erlöschen ihres Hauses in der Person ihres 1564 früh und ehelos verstorbenen Bruders Melchior in Schnitzereien auf Kirchenstühlen in Eckernförde, Kirchbarkau und Waabs (Abb. 33), eindringlich beklagt, heiratete 1553 zu Itzehoe Paul Rantzau, Sohn des großen Feldherrn Johann und Bruder des „gelehrten" Heinrich, königlichen Statthalters in Schleswig-Holstein. Beate gebar Paul 15 Kinder, darunter 9 Söhne, so dass Paul bei seinem Tode 1579 für den Fortbestand seines Hauses gut vorgesorgt zu haben schien. Das ein Jahr zuvor verfertigte Rantzau'sche Kirchengestühl in St. Nicolai legt davon heute noch beredt Zeugnis ab (Abb. 31).

Doch über den Rantzau auf Kohöved, Hemmelmark und Bothkamp, um nur ihre wichtigsten Besitzungen zu nennen, stand kein guter Stern. Von den neun Söhnen hatten nur zwei, Breide und Bertram, Nachkommen, unter denen nur drei Söhne waren. Zwei Generationen später war die Linie Bothkamp/Kohöved erloschen. Mit Wilhelm Adolph Rantzau war schließlich 1734 das ganze mittlerweile reichsgräfliche Haus Breitenburg der Rantzau ausgestorben.

Von den sieben kinderlosen Söhnen von Paul und Beate Rantzau ist keiner eines natürlichen Todes gestorben. Der älteste, Gerhard, wurde 1580 während der Lehnshuldigung zu Odense von Friedrich Brockdorff im Duell getötet. Der zweite, Otto, galt als der schlimmste adlige Rüpel („de Dolle") bei den Ausschreitungen seiner Standesgenossen in Kiel und Eckernförde. Er verwirtschaftete das ererbte Gut Hemmelmark und musste 1596 das nach dem Tode der Mutter auf ihn übergegangene Rantzaugestühl an seine Schwester Margarete Ahlefeldt verkaufen[202]. Die Eintragung im Stadtbuch spricht

Abb. 30
Epitaph für Johann von Ahlefeldt und Ida Rathlau in St. Nicolai zu Eckernförde

Abb. 31
Paul Rantzau und seine Söhne im rantzauschen Kirchengestühl in St. Nicolai zu Eckernförde

übrigens von den „beiden" Gestühlen, eben einem Männer- und einem Frauenstuhl. Die Übergabe dieser in Holz geschnitzten Bekundung Rantzau'schen Familienstolzes in die Hände der schärfsten Konkurrenten um den ersten Rang im holsteinischen Hochadel, in die Hände der Ahlefeldt also, zeigte, wie tief das Haus Paul Rantzaus gesunken war, nachdem es in Schwansen und Eckernförde an die Stelle der Sehestedt getreten war. Noch 1578 hatte es angesichts der Ereneuerung des Goschhofes durch die Ahlefeldt mit der Anfertigung der Kirchengestühle und der Ausmalung des Chorgewölbes in St. Nicolai mächtig gegengehalten. Das erste Epitaph im Chorraum für Magdalene Sehestedt von 1571 zeigte demonstrativ vor allem das Rantzau'sche Wappen ihrer Herkunft. Wir kennen nicht die Ursache von Otto Rantzaus Tod, der den noch nicht 50-Jährigen früh ereilte. Doch dürfte sein wüster und ausschweifender Lebenswandel dazu wesentlich beigetragen haben. Auch Melchior Rantzau gehörte zu den Wüstlingen in der Familie. Wegen seiner Gewalttaten wurde er vom Herzog Johann Adolf des Landes verwiesen. 1611 fiel er als Kapitän vor Kalmar. Cai Rantzau starb 14-jährig an Fieber am Dresdener Hof. Johannes kam 20-jährig in Polen ums Leben. Heinrich stürzte nach einem Gastmahl beim Herzog zu Gottorf vom Pferd und brach sich das Genick. Daniel fiel als Hauptmann im Kriege gegen Frankreich.

Das Familiendrama der Rantzau auf Bothkamp, Kohöved und Hemmelmark erreichte seinen Höhepunkt, als die 22-jährige Tochter Magdalene ihre Mutter Beate

Abb. 32
Epitaph für Magdalene Sehestedt
geborene Rantzau im Chor von St.
Nicolai Eckernförde

1589 vergiftete und daraufhin von ihren Brüdern auf Bothkamp eingesperrt wurde. Sie „entwich, ging in den Krieg und verkam"[203].

Mit Eckernförde kam in der Mitte des 16. Jahrhunderts noch eine weitere Linie der Rantzau in Berührung. Heinrich Rantzau aus dem Hause Neuhaus wurde 1543 Herr auf Eschelsmark. Seine Schwester Magdalene heiratete Otto Sehestedt auf Kohöved und Hemmelmark. Sie, die Mutter von Melchior und Beate Sehestedt, starb 1571 und wurde in St. Nicolai beigesetzt (Abb. 32).

Heinrich Rantzau war seit 1543, als er sich auf Eschelsmark, dem Erbe seiner Ehefrau Dorothea Wonsfleth, niederließ, Herzog Adolfs Rat und mit einer kurzen Unterbrechung bis zu seinem Tode 1561 auch Amtmann auf Gottorf. 1555 ließ er in dieser Eigenschaft eine „falsche" Rantzau ausstäupen und ihr ein Mark auf die Backen einbrennen[204]. 1547 schenkte Herzog Adolf dem Heinrich Rantzau ein Haus in Eckernförde, das Adolfs Vater, König Friedrich I., seinem Rentmeister Mathias Klocke auf Lebenszeit verliehen hatte und das inzwischen an den Landesherrn zurückgefallen war. 1554 war er als zuständiger Amtmann an der Beilegung des Streites zwischen seinem Schwager Otto Sehestedt und der Stadt Eckernförde über die „Blomenburg" beteiligt. Auch Heinrich Rantzau selbst scheint mit Eckernförde im Streit gelegen zu haben. Sein Sohn Hans verklagte Bürgermeister und Rat 1565 bei den drei Landesherren wegen Verleumdung seines Vaters: er sollte widerrechtlich das Herzog Adolf gehörige Wäldchen Grasholz niedergeschlagen haben. Hans Rantzau heiratete 1566 Margarete Ahlefeldt zu Saxtorf. 1568 ließ Hans Rantzau eine Wappentruhe anfertigen. Sie wird im Landesmuseum auf Schloss Gottorf aufbewahrt (s. Abb. 21) und zeigt in der Mitte die Wappen der Eheleute (links Rantzau und rechts Ahlefeldt) und an den Seiten die Wappen der jeweiligen Mütter (links außen Wonsfleth und rechts außen Rathlau). Unter dem Schlüsselschild ist als einziges Schnitzbild der Truhe Mariä Verkündigung zu sehen. Die Truhe wird also aus Anlass der bevorstehenden (?) Geburt eines Kindes hergestellt worden sein, und zwar sehr wahrscheinlich in einer Werkstatt in Eckernförde[205], wo sowohl die Rantzau auf Eschelsmark wie auch die Ahlefeldt auf Saxtorf Häuser besaßen.

v. d. Wisch (DAA 1931)

Von dem ursprünglich im Raume Bordesholm gravitierenden altholsteinischen Adelsgeschlecht der von der Wisch hatten sich drei Zweige schon vor der Reformation als Nachbarn Eckernfördes fest etabliert, nämlich die Linien Wittensee, Dänisch-Nienhof und Grünholz. Bis zum Verkauf an Herzog Friedrich im Jahre 1518 gehörte den Wittenseer v. d. Wisch und ihren Erben beide Wittensee, Damendorf, Haby und Goosefeld. Dieser Linie entstammte auch der Schleswiger Bischof Helrich v. d. Wisch, der von 1574 bis 1588 amtierte. Als reichster seines Geschlechtes konnte damals Oswald von der Wisch auf Dänisch-Nienhof gelten, der auch die adligen Güter Ascheberg, Nehmten und Testorf besaß. Er war ein Schwiegersohn des großen Johann Rantzau. Seine Tochter Olegart war dem letzten Sehestedt zu Kohöved, dem früh verstorbenen Melchior, anverlobt, scheint diesen aber letztlich verschmäht zu haben. Denn Melchiors Schwester, Beate Rantzau, erklärt auf einer Schnitztafel des Rantzaugestühls in der Marienkirche zu Kleinwaabs: „HE HEFT SE NICHT GEKREGEN" (Abb. 33). Sie heiratete den wesentlich älteren Jürgen Sehestedt auf Krummendiek (1522–1586).

Am wichtigsten für Eckernförde waren die Grünholzer von der Wisch. Siewert von der Wisch hatte 1528 sein großes Gut Hütten mit Herzog Friedrich gegen Grünholz mit Damp und Norby getauscht. Später kam Bienebek noch hinzu.

Claus, Siewerts Sohn, erschien als Erster seines Geschlechtes in einer Urkunde der Eckernförder Stadtgeschichte (s. Anm.112). Er gehörte zu den adligen Anrainern der Eckernförder Bucht, die sich 1554 mit dem Rat der Stadt über die Fischereirechte verglichen. Er hatte vier Söhne, die den großen Besitz des Vaters unter sich teilten. Detlev erhielt Grünholz, Melchior (Patensohn von Melchior Sehestedt) Damp, dem dieser Herrensitz seine heutige Gestalt verdankt, Siewert Bienebek und Hans Norby. Detlev musste es 1580 noch erleben, dass sein einziger Sohn Claus vom „dollen" Otto Rantzau zu Hemmelmark in der Haßstraße zu Kiel erstochen wurde. Detlev starb 1588. Grünholz und nach Melchiors Tode 1598, den seine Ehefrau Anna geb. Blome vergiftet hatte, auch Damp gingen an Hans von der Wisch. Dieser hatte 1592 die von Hans Gudewerth d. Ä. verfertigte Kanzel in Sieseby und 1605 mit seinem Bruder Siewert die vom gleichen Schnitzer stammende Kanzel in St. Nicolai gestiftet, die leider nur noch in Fragmenten erhalten ist (Abb. 34). Außer den beiden Ehefrauen v. d. Wisch (Magdalene Rantzau und Abel Reventlow) gehörten noch Gosche und Margarete Ahlefeldt

Abb. 33
Olegart v. d. Wisch und Melchior Sehestedt
auf einer Schnitztafel im Rantzaugestühl in
St. Marien zu Klein-Waabs

Abb. 34
Kanzel in St. Nicolai zu Eckernförde

zu Quarnbek und Otto und Sophie Mangelsen (Magnussen) zu den Stiftern dieser
Kanzel[206]. Margarete Ahlefeldt war eine Tochter von Beate Rantzau geborene Sehestedt zu Kohöved. Sie hatte von ihrem Bruder Otto bereits das Rantzaugestühl in St.
Nicolai Eckernförde übernommen, stand also in und zu der Tradition der Sehestedt zu
Kohöved. Otto Mangelsen war ein Enkel von Otto Blome und Dorothea Roellike, die
zu den ersten nachweislichen Kirchenstuhlbesitzern in St. Nicolai gehörten. Im Kreise der Kanzelstifter waren somit Nachfahren der Geschlechter vereint, die als Einwohner Eckernfördes schon unmittelbar nach der dreischiffigen Erweiterung der St.-
Nicolai-Kirche und der Einrichtung des Goschhofes das kirchliche Leben in Eckernförde mitbestimmt hatten, nämlich die Blome, die Sehestedt und die Ahlefeldt. Dazu
getreten waren die Brüder Siewert und Hans v. d. Wisch, die beide in Eckernförde
ansässig geworden waren. Hans v. d. Wischs Haus lag in der Langebrückstraße, wo
sich heute (Nr. 11) die Firma Krafft Lorenzen befindet[207].

Seine Ehefrau Magdalene ließ ihm 1614 im Chor von St. Nicolai ein großartiges Epitaph setzen (Abb. 35), in dem sie auch der Eltern ihres Ehemannes, Claus und Heilwig
v. d. Wisch geb. Rantzau, gedachte.

Magdalene v. d. Wisch setzte für die beiden Pastoren und den Lehrer der St. Nicolai
Kirchengemeinde Kapitalstiftungen aus (200, 100 und 34 Mark), deren Zinsen ihrer
zusätzlichen Besoldung dienten. Die ersten Nutznießer war die Pastoren Selmer und
Dalmer und der Lehrer Jacobsen[208]. Nach Hansens Tod 1613 lebte von den vier Söhnen

Claus v. d. Wischs nur noch Siewert, in dessen Händen sich der große Besitz der Grünholzer Linie wieder vereinigte. Selbst ebenfalls kinderlos, vermachte er die Schwansener Güter seinem Mündel, dem minderjährigen Johann, der ein Sohn des verstorbenen Wolf v. d. Wisch zu Olpenitz und Siewerts Schwester Dorothea war. Dorothea v. d. Wisch wohnte als Witwe im Hause der Grünholzer Familie in der Langebrückstraße. Die Einrichtung des Hauses wird in ihrem bereits auf der Seite 49 erwähnten Testament von 1623 zu Gunsten ihrer Tochter Drude Pogwisch aufgeführt. Sie starb 1626. Seit 1608 hatte sie auch einen Kirchenstuhl in St. Nicolai besessen[209]. Ihr Schwager Johann v. d. Wisch, wohl auch Pate ihres gleichnamigen Sohnes, war der Stifter der ebenfalls von Hans Gudewerth d. Ä. gefertigten Kanzel zu Karby.

Blome[210] (DAA 1935)

Der Bornsteiner Zweig der Blome hatte zu Beginn des 16. Jahrhunderts mit den Brüdern Otto und Jürgen, die auch beide dort Hausbesitzer waren, in Eckernförde eine bedeutende Rolle gespielt. Ihr Geschlechtername blieb noch lange in Jürgens ehemaligem Haus, der „Blomenburg" erhalten. Doch Jürgen verließ Eckernförde schon 1522, um von Herzog Friedrich I. das Gut Schönhorst östlich von Kiel zu übernehmen, und Otto hatte keine Söhne. Von den drei Töchtern heiratete Anna Paul Mangelsen auf Blansgaard im Sundewitt und Melvitgaard auf Alsen und Margarethe den Hausvogt auf Gottorf, Valentin v. Kruckow. Ottos Haus an der „Königstraße" (Och-

Abb. 35
Epitaph von 1614 für Hans von der Wisch in St. Nicolai zu Eckernförde

Abb. 36
Epitaph für Margareta und Hans Blohm in St. Nicolai zu Eckernförde

senkopf) erbte Margarethe. Als deren Tochter 1587 das Haus an Herzog Friedrich II. verkaufen wollte, machte ihr Vetter Otto Mangelsen, Annas Sohn, ein familiäres Vorkaufsrecht geltend, worauf ihm der Herzog das Haus überließ und auch das schon seinem Großvater Otto Blome gewährte Privileg (Freiheit von öffentlichen Lasten) erneuerte. Otto und Sophie Mangelsen wohnten also in Eckernförde. Melvitgaard hatten die Gebrüder Mangelsen verkauft, Otto gehörte nicht zu den Bewirtschaftern des verbliebenen Blansgaard. Otto und Sophie Mangelsen waren Mitstifter der Kanzel von 1605.

Zur Nachkommenschaft (Enkel?) von Jürgen Blome auf Schönhorst dürfte Hans Blome („Blohm") gehören, der von 1571 bis zu seinem Tode 1592 Vogt des Amtes Hütten (der „Bergharde") war und 1581 das Gut Hütten gekauft hatte[211]. Als 1598 auch seine Frau verstarb, setzten die Kinder und der Schwiegersohn ihren Eltern ein Epitaph in St. Nicolai (Abb. 36).

Brocktorff / Brockdorff (DAA 1936)

Das kriegerische und später eher gewalttätige Geschlecht der Brockdorff fasste erstmals in der Person von Siewert Brockdorff durch Erwerb des Gutes Windeby im Herzogtum Schleswig Fuß. Siewert war lange Zeit Pfandherr von Eckernförde (s. Bd. l, S. 160 und 163). Er fiel 1500 bei Hemmingstedt. Sein Sohn Hinrich erhielt den holsteinischen Stammbesitz Gaarz, blieb aber Windeby verbunden und stritt sich 1511 mit der Stadt Eckernförde. Siewerts Enkel gleichen Vornamens war der erste Brockdorff, der in St. Nicolai bestattet wurde. Er war 1549 Vogt zu Hütten[212], nahm 1559 am Feldzug zur Unterwerfung Dithmarschens teil und wurde während des Dreikronenkrieges auf Fünen erstochen. Seine Witwe Elsabe von Hagen nahm den Tod ihres erst 22-jährigen Sohnes 1587 zum Anlass, dem Ehemann, einer ebenfalls früh verstorbenen Tochter und eben ihrem Sohn Siewert ein Epitaph über dem Familiengrab in St. Nicolai zu setzen. (Abb. 38)

Siewert hatte ein Haus in Eckernförde. Ein Sohn, Detlev, hat zwischen 1620 und 1630 in der Stadt gelebt[213].

Berühmtester Windebyer Brockdorff ist Detlev Brockdorff, 1519 bis 1523 Amtmann in Flensburg und seit 1532 Gefängnisvogt für König Christian II. in Sonderburg. Detlevs Bedeutung drückt sich auch darin aus, dass sein Vorname Detlev in den drei folgenden Brockdorffgenerationen gleich fünfmal vorkommt. Er hatte in den Auseinandersetzungen zwischen den Königherzögen Christian II. und Friedrich I. wichtige Funktionen inne gehabt, die wir im 1. Band (S. 201 und 208) geschildert haben. Der Stammvater der Linie Brockdorff-Windeby besaß mit seiner Ehefrau Margarete Rantzau bereits um 1530 einen Kirchenstuhl in St. Nicolai Eckernförde[214]. Sein Sohn Hinrich wurde 1587 in einem Erbbegräbnis in dieser Kirche beigesetzt[215]. Er hatte durch seine Ehe mit der letzten v. d. Wisch (Magdalene) auf Altenhof auch dieses Gut an die Brockdorff gebracht. Als eigentlicher Stifter der Linie Brockdorff-Windeby gilt Hinrichs Sohn Detlev (1559–1628), der, nachdem sein Bruder Theodosius im später untergegangenen (niedergelegten) Dorfe Selmersdorf bei Altenhof durch einen unehelichen Rantzausohn ermordet worden war, Alleinerbe des großen Besitzes Windeby-Altenhof wurde. Er erwarb durch seine 2. Ehe mit Ida Rantzau Kletkamp und kaufte noch Hemmelmark dazu, so dass Eckernförde von seinem Besitztum ganz umfangen war. Aus seiner dritten Ehe mit Magdalena Blome zu Hornstorf und Hemmelmark (1599) ist die Hochzeitstruhe von Hans Gudewerth d. Ä. erhalten[216]. Tochter Ida aus dieser

78

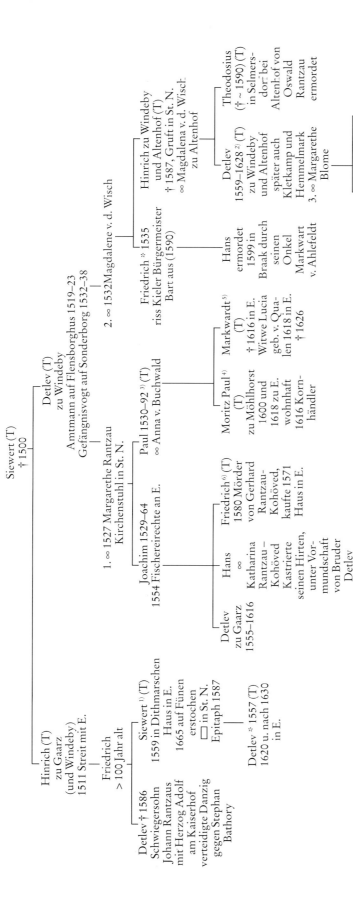

Stammtafel der Brockdorff
auf Bezug zu Eckernförde verkürzt für die Zeit von 1542 bis 1624

Siewert (T)
† 1500

Hinrich (T) zu Gaarz (und Windeby) 1511 Streit mit E.

Detlev (T) zu Windeby Amtmann auf Flensborghus 1519–23 Gefängnisvogt auf Sonderborg 1532–38

1. ∞ 1527 Margarethe Rantzau Kirchenstuhl in St. N.
2. ∞ 1532 Magdalene v. d. Wisch

Friedrich > 100 Jahr alt

Joachim 1529–64 1554 Fischereirechte an E.

Paul 1530–92 ³⁾ (T) ∞ Anna v. Buchwald

Friedrich * 1535 riss Kieler Bürgermeister Bart aus (1590)

Hinrich zu Windeby und Altenhof (T) † 1587, Gruft in St. N. ∞ Magdalena v. d. Wisch zu Altenhof

Theodosius († ~ 1590) (T) in Selmersdorf bei Altenhof von Oswald Rantzau ermordet

Detlev 1559–1628 ²⁾ (T) zu Windeby und Altenhof später auch Kletkamp und Hemmelmark 3. ∞ Margarethe Blome

Detlev † 1586 Schwiegersohn Johann Rantzaus mit Herzog Adolf am Kaiserhof verteidigte Danzig gegen Stephan Bathory

Siewert ¹⁾ (T) 1559 in Dithmarschen Haus in E. 1665 auf Fünen erstochen ⬚ in St. N. Epitaph 1587

Detlev * 1557 (T) 1620 u. nach 1630 in E.

Hans ∞ Katharina Rantzau – Kohöved Kastrierte seinen Hirten, unter Vormundschaft von Bruder Detlev

Friedrich ⁶⁾ (T) 1580 Mörder von Gerhard Rantzau-Kohöved, kaufte 1571 Haus in E.

Detlev zu Gaarz 1555–1616

Moritz Paul ⁴⁾ (T) zu Möhllhorst 1600 und 1618 zu E. wohnhaft 1616 Kornhändler

Markwardt ⁵⁾ (T) † 1616 in E. Witwe Lucia geb. v. Quaalen 1618 in E. † 1626

Hans ermordet 1599 in Braak durch seinen Onkel Markwart v. Ahlefeldt

Hinrich † 1661

Detlev † 1645 in E.

Legende: E. = Eckernförde; St. N. = St. Nicolai zu E.; Der Name Brockdorff überall weggelassen; (T) = im Text erläutert

Anmerkungen: 1) 1549 „Vogt zur Hütten" (Kock 1929, S. 165) 2) 1575 verwetteten Jungen in Kiel erstochen, 1615 Hexenprozess (Rumohr SI, S. 230) HbKE II 341 ff, 1586 Buden am Kirchhof Hausbesitzer E. 3) Solenne Abbitte E. Moritz Paul und Töchtern Ide und Anne alle E. 4) 1615 Kornhändler in E. 5) beim Prozess gegen Abel Lorentzen 1615 anwesend 6) 1. ∞ mit Catharina v. Qualen, die ihn betrog 2. ∞ mit Catharina Rantzau, die ihn vergiftete 7) S. A. = Solenne Abbitte

Abb. 37
Stammtafel der Brockdorff auf Bezug zu Eckernförde verkürzt für die Zeit von 1542 bis 1624

Abb. 38
Epitaph von 1587 für Siewert Brockdorff, seinen Sohn gleichen Vornamens und seine Tochter Elsabe in St. Nicolai zu Eckernförde

Ehe heiratete Heinrich Rumohr auf Roest, der 1641 den von Hans Gudewerth d. J. gefertigten Altar der Kirche in Kappeln stiftete.

Asmus Bremer berichtete aus Detlev Brockdorffs jungen Jahren von einer grausigen Untat[217]:

„Anno 1580 haben Detlef Broktörf von Windbüy und Christoffer von Buchwald, der Lange genant, zum Kiel in der Flemischen Straße in Lüder Robels Hause mit einander gesoffen und gespielet, dass derselbe, welcher das Spiel verlieren würde, seinen eigenen Jungen erstechen sollte. Als nun Detleff Broktorf das Spiel verlohren, hat er darauf seinen Diener erstechen müssen."

Der mächtige Grundherr konnte 1615 auch die Auslieferung der in Eckernförde ansässigen Abel Laverentzen durchsetzen, die von Sophia Magnussen (Mangelsen), einer Mitstifterin der Gudewerth-Kanzel, der Hexerei bezichtigt worden war. Detlev Brockdorff trat im folgenden Prozess auf Altenhof als Kläger und Richter auf[218], wohl weil die frühere Altenhofer Gutsangehörige noch nicht „Jahr und Tag" in der Stadt lebte und daher noch der gutsherrlichen Gerichtsbarkeit unterstand. Aus dem Protokoll des hinzugezogenen Notars Laurentius Rostochius wird das ganze Ausmaß des damals grassierenden Hexenwahns sichtbar, wenn er schreibt (der „Edelmann" im Folgenden ist Detlev Brockdorff):

„... daß man mich als einen Notarium publikum durch zwei namhafte Bürger alhier requirieren und fordern lassen, mit ihnen nach dem Altenhoffe zu fahren und Abel Laverentzen peinliches Bekenntnis aufzunehmen. Wie nun neben den von Adel und Bürgern ich auf den Boden gekommen, da die gefangene Frau mit zugebundenen Augen, an ihrem Haupt schon beschoren und ein geritzt Kreuz auf der Stirne habend gesessen, habe ich den Edelmann in Beiwesen der Umstehenden von Adel und Bürgern angeredet: ‚Ob ich wohl, als eine Persona publika ihm den begehrten Dienst nicht abzuschlagen, so muchte ich doch sehen und wissen, was für Aktibus ich beiwohnete, wer der gefangenen Abel Laverentzen Kläger und Richter und zu was ende die andern vom Adel und Bürger aus Eckernförde gefordert.‘ Darauf er geantwortet: ‚Ich habe Abel hierher gebracht, für eine öffentliche Zauberinne angeklaget und will sie jetzt peinigen lassen, die andern habe ich mit zu Zeugen gebeten und auch fordern lassen, daß ihr schreiben sollet.‘ Darauf ich mich niedergesetzt, diese seine Antwort und dann die Namen der Anwesenden all, einen jeden nach seinem Alter und Stande, aufgezeichnet: Elerdt Ratlow, Kaye von Ahlefeld, Sivert Schack, Marquardt Brocktorff, Christian Frederichssen, Jürgen von Ahlefeld, Jakob Rantzow, Jürgen Blanck, Hans Hebbens, Peter Schemann, Markus Bonhoff, Samuel Govig, Ewalt Kruse, Hans Havemann und der reisige Knecht auf dem Hofe.

Unterdessen, weil der Nachrichter von Kiel, Herr Christian, Abel Laverentzen aus den Eisen und Fesseln los gemachet, hat der Edelmann sie angeredet: ‚Hörest du, was waren das für Schwalben, welche diese vergangen Nacht hie so geflogen haben, dass die Kerle, die Wächter, das Licht für ihnen kaum erhalten können?‘ Sie antwortete mit starken Worten: ‚Die mögen fliegen, wo sie wollen, ich weiß von keinen Schwalben, ich habe geschlafen.‘ Den Nachrichter auch, welcher ihr etwas hart zugeredet, hat sie mit trotzigen Worten, welche salvo pudore nicht zu setzen, abgerichtet. Wie sie nun von ihrer Lagerstätte zum Ort der Tortur geführt, hat sie sich gutwillig niedergesetzt und gesprochen: ‚Hilf Vater, Sohn und heiliger Geist, der wird mir dieses helfen überwinden.‘ Darauf der Edelmann sie mit etzlichen Worten ermahnet, die Wahrheit zu sagen. Dann hat der Nachrichter ihr mit einem Messer die Zehe an den Füßen gewundet und das Blut in ein blaues Glas aufgefaßt und ihr hernach mit Wein gemischt zu trinken gegeben, auch hat er ihr in dem Mund an der Zungen etwas gelöset. Hernach hat er ihr das Hemd ausgezogen, unter den Armen und an heimlichen Orten mit Schwefel verbrannt, Stiefeln auf ein Schienbein geschroben und dabei erinnert, sie sollte bekennen. Sie aber hat geantwortet, sie wolle nichts bekennen, denn sie wüßte nichts, Gott solle es Sophien Magnussen vergeben und solle ihr für dem Gerichte Gottes Rechenschaft geben. Darnach hat er ihr die Hände fest gemacht und auf den schlechten Boden ausgerecket. Und wie er sie gefraget, wer ihr die Kunst gelehret, hat sie gesagt: ‚Kein Mensch oder auch Jesus‘, hat in der Tortur die Artikel des christlichen Glaubens gebetet und nachdem der Henker ungefähr neunmal zugerucket und ihr die Stiefeln viermal angeschroben, einen zugerichteten Trunk eingegeben, eine Suffumigation für die Nase gehalten, das Haar vom Kopf mit Schwefel gebrannt, dann hat er sie auf ihr Lager niederlegt. Es ist aber mit grausamer Verwunderung der Anwesenden angesehen worden, daß sie nicht allein für keiner Pein nicht erschrocken, sondern auch wann sie angeholet worden, hat sie als in einen tiefen Schlaf gefallen. Und wann sie etwas losgelassen und niedergesetzet worden, hat sie als ein natürlicher schlafender Mensch müssen ermuntert werden und wann sie wieder zu sich selbst gekommen, hat sie gesagt, das belohne euch Gott. Wie ihr der Kopf mit Schwefel gebrannt ist, hat man nicht das geringste Zeichen des Fühlens, vielweniger einiges Schmerzes an ihr merken können, daß auch der Nachrichter gesagt, sie fühle nichts, ihr Abgott halte alle Pein für sie aus. Wie sie auf dem Lager gelegen, ist sie unterschiedlich gefragt worden, aber weniger dann nichts zugestanden. Auf dem Bette liegend hat sie zu trinken begehret, hat der Henker ihr einen Trunk gemischet, ein Pulver darein getan und damit eine Zeitlang hinter den Schornstein gegangen und ihr hernacher eingegeben, welches doch per Vomition wieder von ihr gegangen.

Wie sie ungefähr eine Stunde stille gelegen und zum andern Mal zur Tortur hat sollen geführet werden, hat sie denn der Henker mit guten Worten zur Bekennnis und unter andern, ihm folgendes Wort nachzusprechen, ermahnet: ‚Weich ab du unreiner Geist, gib Raum dem heiligen Geist'. Sie hat sich fürerst geweigert und gesagt, wäre ein unreiner Geist bei ihr, muchte er wohl weichen, weil aber der Henker auf die Formalia gedrungen, hat sie ihm nachgesprochen, aber das Wort ‚unreiner' nicht recht aussprechen wollen. Darauf hat er sie an einer Latten gezogen und weil sie also gehangen, noch einmal mit Schwefel gebrannt, hernach nieder gelassen und weil sie nichts sagen wollen als ‚Jesus', zum andern Mal angerüttelt, aber bald wieder los gemacht, niedergesetzt und gefraget, wer ihr die Kunst gelehret. Da hörte man kein verständlich Wort mehr als ‚Jesus', welches der Nachrichter deuten wollen; wie er nichts von ihr erzwingen können, hat er sie Gott befohlen und auf ihre Bitte niedergelegt. Da hat sie zu trinken begehret, meines Wissens nicht mehr gesprochen und hernacher unvorsehens, also, dass keiner gewahr geworden, verschieden."[219]

Man gönnte der Verstorbenen nicht die Ruhe auf dem Kirchhof, aber die Verwandten setzten es durch, daß die Sache vom Herzog untersucht wurde. Herzog Johann Adolph schrieb, dass „Abel Laverentzen als ein unüberwunden unschuldige Person an den Ort, da sie hingelegt, wiederum aufzunehmen und auf den Kirchhof zu Eckernförde ehrlich begraben zu lassen ist".[220]

Detlev Brockdorff besaß in Eckernförde seit 1581 ein Haus und seit 1586 mehrere Buden am Kirchhof, für die er der Kirche „Erdheuer" zahlte[221]. Detlevs Vetter Friedrich, auch ein Enkel des großen Detlev, hatte eine folgenschwere Gewalttat verübt. 1580 tötete er während der Feiern zur Lehnshuldigung in Odense im Duell den wohl hoffnungsvollsten Spross von Paul und Beate Rantzau auf Kohöved, ihren ältesten Sohn Gerhard. Der „gelehrte junge Edelmann"[222] hatte zuerst in Wittenberg und dann in Paris studiert, wo er 1572 die Bartholomäusnacht er- und überlebte, dann seine Studien in Straßburg und Siena fortgesetzt, so „dass er der lateinischen, frantzösischen und italiänischen Sprache nicht allein völlig mächtig ward, sondern auch in andern Wissenschaften guten grund legte."[223]

Erst acht Jahre später fand die Aussöhnung zwischen den Familien Rantzau und Brockdorff statt, nachdem die Brockdorff 1000 Mark lübsch als Buße an das Kieler Armenhaus „Vieff Huse" gezahlt und mit je zwölf Frauen, Jungfrauen und Junkern im Chor der Kieler Nikolaikirche „solenne Abbitte" geleistet hatten. Darunter waren aus Eckernförde der Windebyer Detlev Brockdorff selbst, Paul Brockdorff mit Ehefrau Anna und den Töchtern Anna und Ida und dem Sohn Moritz Paul zu Möhlhorst.

Hans Brockdorff zu Rosenhof und Manhagen übrigens, des Rantzaumörders Friedrich Bruder, lieferte einen kaum zu überbietenden Beweis für die Neigung der Brockdorffs zu Gewalttaten: Er kastrierte seinen Hirten „im Wahnsinn", wie es Danmarks Adels Aarbog überliefert[224].

1.3.3 St. Nicolai mitgestaltende Adelsfamilien

Im Folgenden wollen wir uns der Gruppe von Adelsfamilien zuwenden, deren enge Bindung an Eckernförde noch heute in der St. Nicolai Kirche in Einrichtungsstiftungen, Epitaphien und Gruftgewölben sichtbar ist, die aber im Gegensatz zur vorigen Gruppe der alteingesessenen Geschlechter erst nach der Reformation in Erscheinung getreten sind und entsprechend weniger Einfluss auf das Leben in der „Adelsstadt" genommen haben. Es sind dies die Buchwaldt, Krummendiek, Meinstorff, Rumohr und Pogwisch. Dabei wird zur künstlerischen, kunsthistorischen und künstlerbiographischen Bedeutung der Ausstattungsstücke, über die eine eingehende und umfassende Literatur vorliegt[225], nur dann Stellung genommen werden, wenn sich aus der familien- und stadtgeschichtlichen Einordnung Erkenntnisse ergeben, die mit den Darlegungen der kunstgeschichtlichen Literatur nicht in Einklang zu bringen sind.

Buchwaldt (Bockwoldt) (DAA 1913)

Der erste dieses ostholsteinischen (wagrischen) Geschlechtes[226], den es nach Eckernförde zog, war Hans von Bockwoldt. Er führte den Familiennamen noch in der ursprünglichen niederdeutschen Form. Der Wandel zu „Buchwaldt" vollzog sich erst im Zuge einer sehr weitgehenden Verhochdeutschung von Orts- und Familiennamen in der ersten Hälfte des 17. Jahrhunderts, die teilweise auch wieder rückgängig gemacht worden ist. Hans v. B. war ein Sohn von Detlev v. B. zu Pronstorf, am Wardersee östlich von Segeberg gelegen. Detlev lebte in einer aus einem Erbstreit entstandenen Fehde mit seinem gewalttätigen Bruder Lorenz von Bockwoldt zu Wulfsfelde, aus der er sich nach seiner Verehelichung mit Anne Reventlow nach dem erheirateten Gut Gram in Nordschleswig zurückgezogen hatte.

Hans von Bockwoldt, dritter von 5 Söhnen Detlevs, hatte in den 1580er Jahren Dorothea Ahlefeldt zu Haseldorf geehelicht und war dadurch Schwager von Benedikt Sehestedt zu Kluvensiek geworden, der Dorotheas Schwester Anne geheiratet hatte. Die Schwäger tauschten ihre Besitzungen. Benedikt erhielt Syderholt bei Schwesing östlich von Husum. Hans wurde 1591 Eigentümer von Kluvensiek. Dadurch ging auf ihn auch die enge Beziehung der Kluvensiek'schen Sehestedt zu Eckernförde über. Er ist der Erste, der in St. Nicolai für seine Familie ein Gruftgewölbe anlegen durfte. Wann das geschehen ist, lässt sich aus der Reihenfolge der Namen auf den an der östlichen Wand des Gruftgewölbes befindlichen Namensschilder in der Südwestecke der Kirche erschließen (Abb. 39).

Das früheste bekannte Todesdatum ist das von dem an 3. Stelle stehenden Frederich v. B., 5. Sohn des Gründers der Gruft. Er fiel am 22. August 1611 im Kalmarkrieg gegen Schweden als Quartiermeister im dänischen Heer in Schonen. Vor ihm sind in der Schilderfolge noch Jochim und als erster „AN ... N B ..." verzeichnet. Von Jochim heißt es in Danmarks Adels Aarbog[227], dass er „lille" verstorben sei. Den in der Reihenfolge noch vor ihm rangierenden Vornamen wird man zu HANS ergänzen können, da bei dem Namen des 1625 verstorbenen Gruftstifters Hans v. B. offenbar zu Unterscheidung „DE VADER" hinzugesetzt ist. Die beiden früh verstorbenen Söhne von Hans v. B. müssen also vor dem 1611 mindestens 20-jährigen Frederich also vor 1590 geboren und früh gestorben sein, was schon bald nach dem Buchwaldt'schen Erwerb von Kluvensiek in den frühen 1590er Jahren zur Anlage der Gruft geführt haben wird. Sie wäre damit auch älter als die nach 1602 durch Mette von Ahlefeldt in der ehemali-

Abb. 39
Wappen- und Namenschilde am älteren Buchwaldt'schen Grabgewölbe in der St.-Nicolai-Kirche zu Eckernförde

gen Sakristei eingerichtete Familiengruft. In den späten 20er Jahren des neuen Jahrhunderts wurde auch Hans von B.'s Ehefrau Dorothea geb. Ahlefeldt zu Haselau neben ihrem Ehemann beigesetzt, ihrer Herkunft wegen unter dem Ahlefeldt'schen Wappen. An siebenter Stelle ist Benedictus v. B. verzeichnet. Er war der neunte und letzte Sohn Hans v. B.'s, wohnte in Eckernförde und starb schon 1635. Damit kann als gesichert angesehen werden, dass die Namenstäfelchen von links nach rechts chronologisch nach dem Beisetzungszeitpunkt angeordnet sind, und zwar nur auf dem noch heute freien Feld neben der Pogwischgruft.

Aus einer im Eckernförder Kirchenarchiv verwahrten Urkunde[228] erfahren wir, dass Claus von Buchwaldt, Lorenz' Sohn, 1605 ein Erbbegräbnis in St. Nicolai für seine Schwiegermutter Dorothea Rantzau seligen Wulfs weiland zu Wittenberg (nordöstlich von Preetz) Witwe „unter der Orgell oder Taufstein" für 65 Reichsthaler gekauft hatte. Er war über seinen Vater Lorenz und dessen Bruder Detlev Vetter von Detlevs Sohn Hans v. B., dem Gründer der älteren Buchwaldtgruft. Zu Eckernförde stand er aber auch über seine 1594 verstorbene Mutter Magdalene in Verbindung. Er war also mit deren (Halb-)Brüdern Siewert und Hans von der Wisch aus der Linie Grünholz-Damp verwandt, die beide in Eckernförde wohnten und zusammen mit ihren Ehefrauen und den Ehepaaren Mangelsen und Ahlefeldt-Quarnbek im gleichen Jahr 1605 die vom älteren Gudewerdt gefertigte Kanzel gestiftet hatten. Gegen Ende seines langen Lebens erwarb Claus v. B. das Gut Nedergaard im Norden Langelands und war dort Auftraggeber für die in den Jahren 1634/35 von Hans Gudewerdt d. J. verfertigten Kanzeln in den benachbarten Kirchen von Snöde und

Stoense, möglicherweise auch für die Kanzel in der Kirche zu Böstrup, die ebenfalls dem großen Gudewerdt zugeschrieben wird.[229] Der einst zwischen den Vätern von Hans und Claus um Pronstorf entbrannte Erbstreit scheint in der Folgegeneration beigelegt worden zu sein. Denn der kinderlose Claus vermachte seinen Besitz den Söhnen seiner Brüder. So erhielt Friedrich von Buchwaldt zu Bülk, Knoop, Seekamp und Holtenau 1638 das langeländische Nedergaard und damit wohl auch den Patronat über die drei nordlangeländischen Kirchen mit den Gudewerdtkanzeln. Als Vormund der Töchter Henneke Meinstorfs (gest. 1637) in Eckernförde, deren Mutter seine Kusine Magdalene geb. Buchwaldt a. d. H. Borstel war, mag er auf deren Entscheidung Einfluss genommen haben, Hans Gudewerdt d. J. mit der Verfertigung des Eckernförder Altars zu beauftragen. Friedrich v. B. hatte den Eckernförder Schnitzkünstler auch selbst beschäftigt, zumindest mit der seit 1650 geplanten Familiengruft in der Kirche zu Dänischenhagen, wenn nicht gar mit deren heute in Preetz befindlichem Altar von 1656. Bei allen vom jüngeren Hans Gudewerdt geschaffenen Altarretabeln (Eckernförde, Kappeln, Schönkirchen und Dänischenhagen) handelt es sich zweifellos um Adelsstiftungen. Das Eckernförder Altarblatt unterscheidet sich indes in einem wesentlichen Punkt: es ist zugleich ein Epitaph, das zudem auch noch in der Umgebung von anspruchsvollen Adelsepitaphien aufgestellt worden ist. Dies ist auch bei der in der Literatur kontrovers diskutierten Frage zu berücksichtigen, ob denn einzelne Figuren neben ihrer biblischen oder allegorischen Bedeutung auch Abbilder der Stifter und des Schnitzmeisters sind[230]. Ist doch der Eckernförder Altar ausdrücklich dem Gedächtnis des Ehemannes der Stifterin, ihrerselbst und ihrer Töchter gewidmet. An Hans Gudewerdts Eckernförder Altar fällt in diesem Zusammenhang ins Auge, dass die Caritasbüste unter der Stiftungsinschrift und zwischen den Stifternamen und -wappen individuellen Porträtcharakter hat. Sie stellt eine ältere Dame in Witwentracht (?) dar und bildet somit wohl die Stifterin ab. Auch zeigen die Figuren der nach christlicher Lehre identischen Personen von Johannes dem Evangelisten und Johannes dem Jünger unter dem Kreuz zwar beide die zeitgenössische Barttracht, den Spitzbart, doch deutlich unterschiedliche Physiognomien, sodass die Überlieferung, derzufolge Meister Hans Gudewerdt sich im oberen Johannes, dem Evangelisten, der nach dänisch-schleswigschem Brauch auch der Namenspatron für Hans ist, gar nicht so abwegig zu sein braucht. Johannes der Jünger könnte für den verstorbenen Ehemann der Stifterin Henneke Meinstorff stehen, dessen Vorname nach sächsisch-holsteinischem Brauch eine Koseform für Johannes ist.

Wie der Altar geht auch das jüngste Gruftgewölbe in St. Nicolai (im nördlichen Seitenschiff vor der Meinstorff'schen Gruft) auf die Familie Buchwaldt zurück. Jürgen (Georg) von Buchwaldt kaufte den Gruftplatz 1635. Wie sein Oheim Hans, dem Gründer der älteren Buchwaldtgruft, entstammte er der Linie Wensin und Muggesfelde dieses Geschlechtes, dessen ursprüngliche Besitzungen im Osten Segebergs um den Wardersee herum gelegen hatten. Da sein Vater nicht viel für diesen vierten Sohn tun konnte, hatte sich ein Freund der Familie, der kinderlose Emeke van Damme zu Sehestedt und Hohenlieth, seiner angenommen. Er vermachte ihm je ein Haus in Kiel und Eckernförde. Jürgen schloss 1622 die Ehe mit Emerentia, Otto von der Wischs Tochter, die bei ihrem Vater in Eckernförde lebte, das auch der Wohnsitz des neuen Ehepaares wurde. Georg v. B. wurde 1629 Staller von Eiderstedt und 1631 Landrat Herzog Friedrichs und gleichzeitig Hofmeister der Herzogin Maria Elisabeth. 1636 bis 1641 war er Amtmann in Cismar. Er verstarb 1642[231] und wurde in dem 1636 errichteten Gruftgewölbe beigesetzt. Dieses hatte zunächst etwa dieselbe Gestalt wie die 1632 gegenüber im südlichen Seitenschiff erbaute Pogwisch-Gruft. Georg v. Buchwaldts Ehefrau Emerenz, deren Mutter Margarete v. d. Wisch auch eine Buchwaldt war (Tochter von Claus v. B. zu Bülk), setzte ihrem verstorbenen Ehemann nicht nur die eindrucksvolle, barocke Frömmigkeit widerspiegelnde Inschrift auf dem vermauerten Grufteingang nach, sondern auch ein Legat von 1000 Thalern aus, dessen Zinsen neben der Versorgung von Predigern und Predigerwitwen auch zu einem Drittel dem Unterhalt des Grabgewölbes dienen sollten. Dies ermöglichte nach der Beisetzung ihrer aus Eckernförde stammenden Mutter (1658) eine reichere Ausschmückung der Gruft, die um 1660 von Hans Gudewerdt d. J. vorgenommen wurde. Seine Gruftbekrönung mit ihren freistehenden Figuren „ist im Lande einmalig...“[232], doch leider sehr ramponiert und auseinander gerissen. Die Stifterin, Emerenz von Buchwaldt, wurde 1674 nach ihrem Tode neben Ehemann und Mutter in der Gruft beigesetzt. Noch in ihren letzten Lebensjahren hatte sie sich um den Erhalt des heute ältesten und künstlerisch bedeutendsten Ausstattungsstückes der Kieler Nikolaikirche verdient gemacht. Als die Kieler Nikolaigemeinde 1670 die alte, vom großen Meister Johannes Grapengeter gegossene Bronzetaufe von 1344 durch eine neue Barocktaufe ersetzen wollte, hatte Emerenz von Buchwaldt „die vor Jahren in der Kirche gestandene kupferne Tauf“ erworben und aufarbeiten und vergolden lassen[233]. Die Gemeinde scheint sich daraufhin doch für eine Weiterbenutzung der Grapengeterschen Taufe entschieden zu haben, obwohl eine neue Taufe schon gekauft war.

In der frommen und kunstsinnigen Emerenz von Buchwaldt geb. von der Wisch verbanden sich die beiden Adelsfamilien, die am meisten für Aufträge an Vater und Sohn Gudewerdt getan haben. Die Buchwaldt beschäftigten diese Eckernförder Bildschnitzer schon an ihren Stammsitzen Pronstorf und Wensin, später auf Langeland und schließlich in Eckernförde und in Dänischenhagen. Die von der Wisch haben von Hans Gudewerdt d. Ä. Kanzeln in Schwansen und Eckernförde, vom jüngeren die Taufe zu Gelting anfertigen lassen. Unter die bedeutenden Förderer der Gudewerdts sind auch noch die Rumohr zu rechnen, die vom älteren Gudewerdt die Kirchenstühle in Ostangeln, vom jüngeren Gudewerdt die Gruftbekrönung der Eckernförder Pogwisch-Gruft (durch Eibe geb. Rumohr) und schließlich den Altar in Kappeln arbeiten ließen. Bei allen drei Geschlechtern ist die von Vater Gudewerth angeknüpfte Verbindung auf den Sohn übergegangen. Hans Gudewerdt der Ältere hat also der Entfaltung des künstlerischen Genies seines Sohnes den Weg bereitet. Am Beispiel der jüngeren Buchwaldt-Gruft wird deutlich, dass es vor allem Adelsdamen waren, die aus eigenem Antrieb für die künstlerische Ausgestaltung der St. Nicolai Kirche zu Zeiten der Adelsdominanz gesorgt haben. Dies gilt also vor allem für

Clara Sehestedt geb. Ahlefeldt
Beate Rantzau geb. Sehestedt
Sophie Krummendiek
Mette von Ahlefeldt geb. Lausen
Magdalene Meinstorff geb. Buchwaldt
Eibe Pogwisch geb. Rumohr
Emerenz Buchwaldt geb. v. d. Wisch.

Krummendiek (DAA 1900)
Sophie Krummendiek, Stifterin der Dibler-Taufe von 1588, starb 1586 unverheiratet.
Sie war mit Clara Sehestedt befreundet und wohnte neben ihr in der Frau-Clara-Straße. Sie entstammte der Linie Beke (heute Bekdorf) ihres Geschlechtes, die mit ihrer
Generation ausstarb. Historisch bedeutsamster Krummendiek war Erich (gest. 1439)
zu Rundtoft (Rundhof). Er war zunächst herzoglicher Rat und Drost, einer der Vormünder der Söhne Herzoginwitwe Elisabeths, ging 1416 auf die dänische Seite über
und wurde wichtigster Rat von König Erik von Pommern, als welcher er 1421 den Bau
einer Burg bei Eckernförde als Waffenstillstandsverletzung beanstandete. 1431 verlor
er Rundhof an die siegreichen Holsten. Erik gilt als Begründer der dänischen Linie
Krummendiek („Krummedige"). Seine Tochter Margarete heiratete Schwedens
Reichsdrost Christian Nielsen Wasa und wurde damit Stammmutter dieses späteren
Königsgeschlechtes. Der sich in der Taufe von St. Nicolai ausdrückende besondere
Adelsstolz der Sophie Krummendiek mag damit zu tun haben.

Meinstorff (DAA 1904)
Auch die Meinstorff (ursprünglich Meynerstorp) gehörten zu den ganz alten holstei-
nischen Adelsgeschlechtern. Sie erwarben schon früh Besitzungen im Herzogtum
Schleswig (auf Alsen). Die unmittelbaren Vorfahren der Eckernförder Meinstorffs
waren Herren auf Oppendorf bei Bordesholm. Christoffer Meinstorff erwarb Seegard
auf Pellworm, heiratete als Amtmann von Kiel und Rieseby Margarethe Josts Tochter
Wonsfleth a. d. H. Krieseby und Klein Norby, woran sich eine Orientierung der
Meinstorff, insbesondere Christoffers Sohnes Henneke (Johann) Meinstorff nach
Eckernförde ergab, wo dieser über 40 Jahre, von 1595 bis 1637, seinen Wohnsitz
gehabt hat.

Zur Hochzeit von Christoffer Meinstorff und Margarethe Wonsfleth wurde um
1560 eine Hochzeitstruhe verfertigt, die beider Wappen trägt und sich im Landesmu-

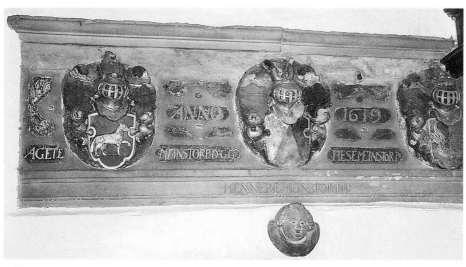

Abb. 40
Wappen- und Namenstafel über der Meinstorff-Gruft in St. Nicolai

seum Schloss Gottorf befindet. Aus den entschieden auf Eckernförde bezogenen Lebensumständen des Ehepaares ist zu schließen, dass diese Truhe auch in Eckernförde verfertigt wurde und damit neben den Überresten von Kirchenstühlen adeliger Familien in St. Nicolai (heute Städtisches Museum Flensburg, s. Band I., S. 196 und 201) zu den ältesten Zeugnissen Eckernförder Holzschnitzkunst gehört.

Henneke Meinstorff richtete 1619 in der Nordwestecke von St. Nicolai ein Gruftgewölbe ein. Anlass wird der frühe Tod der Ehefrau seines Sohnes Heinrich gewesen sein. Hese Meinstorff (1588–1619) war eine Tochter von Detlev Rumohr zu Düttebüll. Ihrer wird mit dem Rumohr'schen Wappen rechts über dem Grufteingang (Abb. 40) gedacht. In der Mitte befindet sich das Meinstorff'sche Wappen für den Gruftgründer. Der Name und das Pogwisch-Wappen links erinnern an Henneke Meinstorffs erste Ehefrau, Agathe („Agete"), Tochter Henning Pogwischs zu Farve. Der Zusatz D. G. G. („der Gott gnade") lässt erkennen, dass Agathe Meinstorff schon vor der Einrichtung der Gruft verstorben war. 1637 starb Henneke Meinstorff. Es ist nicht bekannt, ob er hier auch beigesetzt wurde. Erhalten sind allerdings neben sechs späteren die Särge von Hennekes Sohn aus erster Ehe, Christoffer Meinstorff, mit dem das Geschlecht 1664 ausstarb, und seiner ersten Ehefrau Ludomilla geb. Hoeken (1620–1644).

Auch wo Hennekes zweite Ehefrau, Magdalene geb. Buchwald (gest. 1643 in Kiel), die Stifterin des Gudewerdt-Altares, und ihre zwei Töchter Hese (1621–1666) und Katrin (1624–1662) beigesetzt wurden, wissen wir nicht. Hese, gleichen Vornamens wie ihres Vaters offenbar sehr verehrte Schwiegertochter, blieb unverheiratet. Katrin heiratete 1650 Gosche von Thienen zu Kühren (südlich von Preetz). Ihr Sohn Henning zu Warleberg kaufte 1695 den nach ihm benannten Warleberger Hof zu Kiel.

Der plötzliche Tod der 21-jährigen Hese Meinstorff hat nicht nur ihre Familie sehr erschüttert. Auch Asmus Bremer nimmt ihn in seine Chronik auf. Sie sei an einem Morgen frisch und gesund aufgestanden, habe, während sie sich gegen Mittag ein Warmbier machte, noch „viele Schertzworte mit ihren Junckern gewechselt", sei dann „plötzlich krank geworden und um 2 Uhr verstorben"[234].

Rumohr (DAA 1937)

Stadtchronist Hanssen berichtete 1833 im Abschnitt „Die Kirche", dass in Eckernförde Religionsstreitigkeiten nicht stattfanden, „außer mit wiedertäuferisch Gesinnten, die 1574 ein Herr von Rumohr aus der Stadt vertrieb …"[235]. Leider erfahren wir nicht, welcher Rumohr dies war. Die vor allem in Ostangeln begüterte Familie (Rundhof, Roest, Drült, Düttebüll) unterhielt enge Beziehungen zu Eckernförde, was sich etwa in der Beschäftigung von Vater und Sohn Gudewerdt mit Schnitzaufträgen für Kirchen in Angeln manifestierte. Von den elf Kindern des Detlev R. zu Düttebüll (1554–1609), der von seinem Lebensweg und Charakter her als Wiedertäufervertreiber in Betracht kommt, haben sich allein vier (Eibe, Margarethe, Hese und Ida) fest in Eckernförde niedergelassen. Eibe, verehelichte Pogwisch, im von ihr gestifteten Gruftgewölbe, und die früh verstorbene Hese, Schwiegertochter von Henneke Meinstorff, in dessen Gruft, sind in St. Nicolai beigesetzt worden.

Pogwisch (DAA 1931)

Mit dem alten und vor allem im 15. Jahrhundert sehr einflussreichen Geschlecht Pogwisch kam Eckernförde schon früh in Berührung. Die Holstengrafen verpfändeten ihre Einnahmen aus der Stadt 1431 für einen Kredit, den ihnen der damalige Herr auf Windeby, Otto Pogwisch Hartwigssohn, gewährt hatte. Doch der erste in Eckernför-

Abb. 41
Pogwisch/Rantzau-Grabplatte
in St. Nicolai

de wohnhafte Pogwisch ist Claus, der 1589 in St. Nicolai Kirchenstühle jeweils auf Lebenszeit erwarb, und zwar für seine Ehefrau Mette geb. Blome den vor dem Chore gelegenen ehemaligen Stuhl von Frau Clara Sehestedt, für sich einen solchen unter der alten Orgel nahe der Südseite bei dem Begräbnis des Kindes Benedikt von Ahlefeldt – Benedikts zu Noer und Mette Lausens Sohn – und schließlich für seine Schwester Anna Wensin einen Stuhl ebenfalls unter der alten Orgel, der früher Sophie Krummendiek gehört hatte[236]. Alle Personen, auf die sich die Kirchenstuhlstandorte beziehen, sind uns inzwischen wohlbekannt.

Die Urkunde vermittelt einen gewissen Eindruck vom damaligen Bild des Kircheninneren. Kirchenstühle des Adels mit großem Raumbedarf im Parterre der Kirche und überall „Begräbnisse", wie hier des kleinen Benedikts, den seine Mutter wohl erst kurz zuvor mit den Überresten vieler seiner Geschwister und denen seines Vaters von Tondern nach Eckernförde gebracht hatte. Sein Name fehlt auf dem später an Stelle der „alten Orgel" über der zum Ahlefeldt'schen Gruftgewölbe umgebauten ehemaligen Sakristei angebrachten Epitaph, erklärt aber auch, warum dort der Name seines Vaters Benedikt mit dem ausdrücklichen Zusatz „Vater" erscheint. Der Name des Sohnes Benedikt stand also auf einem der zerstörten Namensschilder. –

Claus Pogwisch und seine Ehefrau werden die Kirchenstühle nicht lange benutzt haben können. Bereits im folgenden Jahre kaufte Claus das Gut Övelgönne bei Neustadt i. H. und dürfte damit dem Verkäufer, Hans von Buchwaldt, dazu verholfen haben, sich seinerseits über den Kauf von Kluvensiek nach Eckernförde zu orientieren. Claus' Witwe Mette aus der seit langem mit Eckernförde verbundenen Familie Blome besaß dort 1604 noch zwei Häuser. Mettes Sohn Henning Pogwisch war mit Catharine Rantzau verheiratet. Er starb vor 1630. Die Orientierung dieses Ehepaares nach Kiel und Eckernförde macht es wahrscheinlich, dass die im Turmraum von St. Nicolai versenkte „Pogwischplatte"[237], die ein Allianzwappen Pogwisch/Rantzau zeigt, seine Grabstätte deckte. Sie würde auch stilistisch in die Zeit um 1630 passen, wo der Manierismus ins frühe Barock überging (Abb. 41). Auch zwei Kinder dieses Ehepaares sind in Eckernförde begraben[238]: Dorothea, verehelichte v. d. Wisch zu Grönholt (gest. 1670), und Henning Pogwisch zu Grönholt (gest. 1660) in einem Grab, das dieser 1642 von seinem Schwager Johann v. d. Wisch gekauft hatte.

Eine noch engere Beziehung zu Eckernförde ging Hans Pogwisch aus der Linie Doberstorf dieser Familie ein. Seine Mutter Ida war eine Blome und Schwester der vorerwähnten Kirchenstuhlbesitzerin Mette. Hans Pogwisch heiratete Eibe Rumohr

Abb. 42
Wappen- und Namenstafel an der Ostwand der Pogwischgruft in St. Nicolai

a. d. H. Düttebüll. Das Ehepaar verbrachte den größten Teil seines Lebens in Eckernförde. Nur kurze Zeit (1622–1624) besaß Hans Pogwisch Buckhagen. Er starb 1627.
Seine Witwe kaufte 1631 eine Grabstelle in St. Nicolai, auf der sie im südlichen Seitenschiff vor der älteren Buchwaldt-Gruft ein Gruftgewölbe errichten ließ, das die Jahreszahl 1632 mit Namen und Wappen der Eheleute trägt (Abb. 42). Die Gruftbekrönung
stammt von Hans Gudewerdt dem Jüngeren.

Im Innern der Gruft waren neben der Jahreszahl 1634 und den Wappen des Stifter-
ehepaares auch die Namen und Wappen von dessen beiden Töchtern Ida, die in zweiter Ehe mit Hinrich von Qualen, und Anne, die mit Dietrich Blome zu Oppendorf und
Schönhorst verheiratet waren[239]. Anne Blome wurde in Schönkirchen beigesetzt. Sie
war Mitstifterin des Gudewerdt-Altares in der dortigen Kirche.

1.3.4. Die übrigen Eckernförder Adelsfamilien

Zum Schluss unserer Betrachtung der in Eckernförde bedeutsam gewordenen Adelsgeschlechter erwähnen wir noch die Familien, die, ohne besondere Spuren zu hinterlassen, in den Zeiten der „Adelsstadt" mit dazugehörten, nämlich die van Damme, von
Qualen, Rathlau und Wonsfleth.

van Damme (DAA 1920)
Die Familie van Damme, seit langem „erbgesessen" zu Sehestedt und Hohenlieth, traf
erstmals 1551 zu Eckernförde in engere Beziehung, als Otto van Damme von Herzog
Adolf das Haus erhielt, das dessen Vater König Friedrich 1521 als Eckernförder Resi-

denz erworben hatte und das, am Südende des heutigen „Ochsenkopf" gelegen, diesem Straßenzug vorübergehend den Namen Königstraße gegeben hatte[240]. Dieses Haus ging auf seinen Sohn Wolf über. Dessen Tochter Anna heiratete Benedikt Wonsfleth, mit dem sie an der Stelle der heutigen Nr. 13 ein Haus in der Langenbrückstraße bewohnte, wovon sich bis ins erste Drittel des 20. Jahrhunderts[241] eine Gedenktafel

„BENDICTUS VONSFLED – ANNA WONSFLEDT"

erhalten hatte.

Ottos Sohn Emeke van Damme war uns schon als Ziehvater des späteren Amtmanns Georg von Buchwaldt begegnet. 1587 trat er bei Kauf eines Erbbegräbnisses für den verstorbenen Hinrich Brockdorff in St. Nicolai als Vormund für dessen minderjährige Söhne auf.

Auch Emeke van Damme besaß ein Haus in Eckernförde (1608). Seine Schwester Catherine war mit dem Feldherrn Daniel Rantzau verlobt gewesen, ehe dieser im Dreikronenkrieg vor Warberg fiel. Sie heiratete dann Daniels Bruder Peter (zu Ahrensburg, Troyburg, Schierensee und Möllendorff). Emeke van Damme, der Daniel Rantzau im Felde begleitet hatte, erbte dessen große Goldkette.

von Qualen (DAA 1925)

Als erster seiner Familie tritt Otto von Qualen zu Noer (1541–1604) in Eckernförde in Erscheinung, und zwar 1587 als Unterhändler für die Söhne Detlev und Theodosius des verstorbenen Hinrich Brockdorff zu Windeby wegen einer Grabstelle in St. Nicolai. Er hatte 1592 in zweiter Ehe die 17-jährige Lucia geheiratet, eine Tochter des gerade von Eckernförde in sein von Hans von Buchwaldt erworbenes Gut Övelgönne bei Neustadt i. H. übersiedelten Claus Pogwisch. Nach dem Großvater wurde auch ihr fünftes Kind Claus von Qualen (1602–1664) benannt, der es zum Landrat und führenden Diplomaten Herzog Friedrichs III. brachte. Sein Sohn Otto kaufte 1694 Windeby, das nun für ein Jahrhundert (bis 1797) im Besitz dieses Geschlechtes blieb.

Otto von Qualen, der das Gut Noer nur als Pfand besaß und es bei Einlösung nicht herausgeben wollte, hatte einen älteren Bruder Josias (gest. 1586), der es als Kriegsmann zum Feldmarschall brachte. Er war mit Öllegaard, Tochter von Claus von Ahlefeldt zu Gelting, einem der Goschhoferneuerer von 1578, verheiratet. Auch seine Enkel traten zu Eckernförde in engere Beziehung: Hinrich von Qualen, Herr auf Klein-Nordsee, wurde Ehemann von Ida Pogwisch, Tochter des in der Pogwischgruft zu St. Nicolai beigesetzten Ehepaares, und Lucia von Qualen heiratete Markwardt Brockdorff, der Herr auf Möhlhorst war und in Eckernförde lebte, wo Lucia auch ihren Witwenstand verbrachte.

Am Beispiel der Familie von Qualen, einem der kleinsten Adelsgeschlechter Schleswig-Holsteins, ist zu ersehen, wie stark die ehelichen Verknüpfungen der Adelsfamilien untereinander, aber auch wie attraktiv offenbar Eckernförde als Wohnsitz war. Hausbesitz in Eckernförde bedeutete für den Adel im 16. und beginnenden 17. Jahrhundert, in der Regel in der Stadt festen Wohnsitz zu nehmen, wo man sich dann auch den größten Teil des Jahres aufhielt.

Rathlau (Rathlou) (DAA 1911)

Mit Eckernförde ist vor allem die rathlousche Linie Arlewatt (nordöstlich von Husum) in Berührung gekommen. Gut Arlewatt hatte Eler R. 1543 von seinem Schwiegervater Jakob Friis erworben. Sein Sohn Otte verkaufte es an Paul Rantzau und zog mit seinen Söhnen Eler und Cai nach Eckernförde, was sicher damit zusammenhing, dass Ottes Frau eine von der Wisch von Grünholz war. Eler(t) Rathlau kaufte 1613 ein Haus in der Eckernförder Königstraße, deren Namen wir aus der Urkunde erfahren, die 1619 den Wiederverkauf belegt[242]. Elert R. verkaufte, um die Stadt wohl wegen der drohenden Kriegswirren zu verlassen[243].

Eine Rathlau (a. d. H. Lindau an der Schlei) war auch Ida, verheiratet mit Johann Ahlefeldt (ehedem) zu Stubbe und Gereby. Nach dessen Tod 1612 ließ sie für sie beide eine Grabplatte arbeiten, die heute am Nordende des südlichen Seitenschiffes von St. Nicolai steht. Wohl unter dem Eindruck des 1614 entstandenen aufwendigen Epitaphs für Hans von der Wisch ließ sie ein ähnliches anfertigen, das 1617 im Chor dem der von der Wisch gegenüber aufgehängt wurde. Ida von Ahlefeldt lebte bis zu ihrem Tode (nach 1618) im ehelichen Domizil zu Eckernförde und wurde wie ihr Ehemann in der St. Nicolai Kirche beigesetzt.

Wonsfleth (DAA 1929)

Das altholsteinische Adelsgeschlecht gehört eigentlich mit zu den ersten Familien, die sich in Eckernförde niederließen. Den Wonsfleth gehörten in der Zeit um 1500 die Güter Saxtorf und Eschelsmark. Emeke Wonsfleth besaß zu der Zeit ein Haus in Eckernförde, das er (vor) 1532 an Gosche von Ahlefeldt verkaufte, welcher schon vor 1500 Saxtorf von Emekes Brudersohn Karsten erworben hatte und den ehemals Wohnsfleth'schen Besitz in Eckernförde (am Hafenende der Frau-Clara-Straße gegenüber der Schiffbrücke) zum größten Wohngebäude der Stadt ausbaute. Karstens Sohn Vollmer (Waldemar) „zu Eschelsmark" (1512) übertrug dieses Gut 1540 an seinen Schwiegersohn Heinrich Rantzau und zog nach Sönderbyhof, einem Erbe seiner Frau. Beide sind in der Kirche zu Rieseby beigesetzt; ihre Grabplatte von 1556 ist erhalten[244]. Vollmers Sohn Henneke nannte sich erstmals 1544 zu Krieseby, welches Gut dann 200 Jahre lang im Besitz der Familie bleiben sollte. Henneke Wonsfleth erhob 1560 gegen Ilse Piepgras aus Patermeß Anklage wegen Zauberei. Sie wurde auf dem Galgenberg bei Sönderbyhof verbrannt[245]. Hennekes Sohn Woldemar (1565–1609) stiftete der Kirche zu Sieseby 100 Reichsthaler und ließ darüber eine noch heute in der Kirche hängende Stiftungstafel anfertigen. Erst mit seinem Sohn Benedikt treten die Wonsfleth wieder deutlicher in Eckernförde in Erscheinung. Wir haben Benedikts als Eigentümer eines Hauses in der Langebrückstraße (Nr. 13, heutiges „Lutherhaus") gedacht. Seine Witwe lebte von 1623 bis 1633 in Eckernförde. Über Eheschließungen mit Wonsfleth-Töchtern sind auch die Familien Meinstorff und Thienen nach Eckernförde gekommen[246]. So war der in Eckernförde sesshafte Henneke Meinstorff, dessen Andenken das Gudewerdt'sche Altarretabel gewidmet ist und der 1619 das Meinstorff'sche Grabgewölbe einrichtete, ein Sohn von Christopher Meinstorff zu Seegard (Pellworm) und Auenbüllgard (Sundewitt) und der Margarethe geb. Wonsfleth zu Krieseby. Cecilie Wonsfleth, auch aus dem Hause Krieseby, zog nach dem Tode ihres Ehemannes, Hans von Thienen zu Walstorf und Nehmten, nach Eckernförde. Ihr jüngster Sohn Siewert machte Eckernförde zu seiner Lebensmitte. Er wurde in St. Nicolai begraben.

Die Familie Wonsfleth, bis zu ihrem Aussterben Mitte des 18. Jahrhunderts Eckernförde eng verbunden, lieferte somit ein kennzeichnendes Beispiel für die starke Anziehungskraft, die Eckernförde im 16. und zu Anfang des 17. Jahrhunderts auf den im Herzogtum Schleswig begüterten Adel ausübte.

Zur „Adelsstadt Eckernförde", der Überschrift dieses Kapitels, wollen wir zum Schluss Bürgermeister und Rat der Stadt zu Worte kommen lassen. Angesichts der drohenden Gefahr, in den im Süden Deutschlands wütenden Dreißigjährigen Krieg hineingezogen zu werden, musste die Stadt 1623 dem Herzog das wehrfähige Aufgebot der Stadt, den „Ausschuss", melden. In dem Schreiben, dem die „Rolle Des ausschüsses der 50 Männe zu Eckernförhde. 1623" beigefügt war, machte das Stadtregiment Bedenken gegen die Höhe des Aufgebotes geltend: „Obzwar in dießer gemeine ein Zimbliche antzahll Bürgerschaft vorhanden sein magh, So seint dennoch die großesten und bequembsten Plätze mit Adelichen Häußern, deren ungefehr Viertzich an der Zahl, bebawet und eingenommen, und dießelben vom Adel, von welchen sie bewohnet werden, einen Man Zu schaffen, dahero dass sie ohne dass mit F.(ürstliche) G.(naden) aufziehen mußen, sich weigern."[247]

Es war der alte Streit: Weil er dem Landesherrn Heerfolge leistete, war der Adel einst von den Grundsteuern und -lasten befreit worden. Das hatte ihm die Anhäufung von Grundbesitz – auch in den Städten – erleichtert, dessen Lastenbefreiung Anfang des 17. Jahrhunderts in keinem vertretbaren Verhältnis mehr zu den militärischen Leistungen des Adels stand und somit zu großen Ungerechtigkeiten führte. Schrittweise hatten die Städte die Gleichstellung des in den Städten ansässigen Adels mit den nichtadeligen Einwohnern durchgesetzt, bis es dann im Eckernförder Stadtrecht von 1635 von den Edelleuten heißen konnte (Caput II, Art. l): Wer „in der Stadt Planken wohnen will, der sey pflichtig dem Stadtrechte unterthänig sein, und trage auch mit aller Beschwerungen so auf der Stadt kommen."

1.4 Eckernförder Chronik 1542–1624

11. 10. 1542	Erster Besuch eines evangelischen Bischofs in Eckernförde: Tilemann von Hussen
15. 2. 1543	König Christian III. verleiht der Stadt erneut das Schleswiger Stadtrecht.
9. 8. 1544	Zweite Landesteilung: Eckernförde fällt an Herzog Adolf und wird damit „gottorfisch".
11. 8. 1545	Herzog Adolf bestätigt Eckernfördes Stadtprivilegien.
20. 3. 1547	Herzog Adolf schenkt seinem Rat, dem Amtmann zu Gottorf, Heinrich Rantzau (zu Eschelsmark) ein Haus in Eckernförde, das zuvor der verstorbene Matthias Glocke (auf Lebenszeit) besessen hatte (am 8. 4. 1640 bestätigt).
4.–11. 3. 1548	Wilhelm Tolner zu Hadersleben verschreibt dem Goschhof 4 $^1/_2$ Mark Zinsen jährlich.
29. 9.–6. 10. 1548	Gregorius Smyt zu Hadersleben verschreibt dem Goschhof 3 Mark Zinsen jährlich.
1549	dendrochronologisch frühester Zeitpunkt für das Fällen der Holzprobe aus dem Kernbereich des alten Rathauses.
um 1550	Entstehung der Reliefs am Singechor in St. Nicolai.
1551	Clawes Bornsen ist Bürgermeister.
1551	Der in Eckernförde tätige Doktor oder „Kunstener" Christoph Smyth klagt Caterina Eggerdes aus Schleswig als Hexe an (Kellenbenz, S. 102).
27.6.1552	Neufassung der Eckernförder Böttcheramtsrolle.
26.9.1552	Schuldbrief des Hartuch Holck zugunsten des Goschhofes.

1553	Epitaph für Claus Ruge (nicht mehr vorhanden).
22. 2. 1554	Beschluss, wonach die von Adeligen gekauften Kirchenstühle nach deren Tode von den Erben neu erworben werden müssen, ausgenommen Bürger der Stadt und kirchenrechtlich als Einwohner geltende Personen.
19. 3. 1554	Herzog Adolf schenkt dem Heinrich Rantzau zu Eschelsmark 5 Bunden und 2 Lansten in Gammelby.
27. 4. 1554	Das von ihr bewohnte Haus mit Hof in der Königstraße (heute Ochsenkopf) vermacht Dorothea Blome, geb. Røllike, Otto Blomes Witwe, ihrer Tochter Margarethe (spätere Ehefrau des Gottorfer Hausvogtes Valentin Kruckow).
18. 10. 1554	Herzog Adolf schlichtet Streit zwischen der Stadt Eckernförde und Otto Sehestedt zu Kohöved wegen der „Blomenburg". Auch vermittelt der Herzog Vergleich zwischen der Stadt und den buchtanliegenden Gutsherren über Fischereirechte (Einführung des „Mattfisches").
30. 11. 1554	Clawes Gudewerth zahlt Ackerpacht an Caeso Emynga, Domlektor in Schleswig.
1554	B. Moritzen als Pastor Nachfolger von G. Rese.
1556	Erste Erwähnung einer Lateinschule in Eckernförde.
10. 7. 1558	Äbtissin Katharina Pogwisch fordert den Eckernförder Kaplan Georg Brun auf, an die Pfarrkirche zu Itzehoe zu kommen.
1558	ab 1558 liegen Kirchenrechnungen für St. Nicolai vor, und zwar für 1558, 1559, 1564, 1566, 1568, 1570–1575 und 1585–1587.
1558	Hinrich Holste Bürgermeister (vordem Stadtvogt).
1559	Otto Sehestedt (Blomenburg und Kohöved) nimmt am Feldzug gegen die Dithmarscher teil.
18. 5. 1561	Herzogliche Bestätigung des Ratsbeschlusses, wonach in Eckernförde die Tore an Sonn- und Feiertagen erst nach der Predigt geöffnet werden dürfen.
21. 5. 1561	Heinrich v. d. Wisch tritt Herzog Adolf alle seine Rechte, besonders das Patronatsrecht an den beiden Vicarien an den Katharinenaltären, in den Pfarrkirchen zu Rendsburg und Eckernförde ab.
1561	Paul Kremer ist Bürgermeister.
6.–13. 1. 1563	Stellanus Sehestedt verkauft Gut Tegelhof an Herzog Adolf (so gelangte das spätere Louisenlund in landesherrschaftlichen Besitz).
2. 6. 1563	urkundlich bezeugt: die Nicolai-Kirche in Schleswig liegt wüst.
21. 4. 1564	Melchior Sehestedt zu Kohöved stirbt 21-jährig und wird in St. Nicolai beigesetzt (letzter Sehestedt zu Kohöved).
30. 1. 1565	Bürgermeister und Rat der Stadt werden nach Schleswig geladen, um zu der von Hans Rantzau zu Eschelsmark vorgebrachten Klage Stellung zu nehmen, sie hätten seinen verstorbenen Vater beleidigt, indem sie behaupteten, dieser habe zu Unrecht das Herzog Adolf gehörige Gehölz Grasholz niedergeschlagen (StAE: Urkunden und Abschriften [Stahlschrank]).
30. 7. 1565	Siewert Brockdorff aus Eckernförde wird auf Fünen erstochen.
1565	Clara Sehestedt stiftet der St. Nicolai Kirche einen vergoldeten Kelch (vom Altar der 11 000 Jungfrauen in St. Marien zu Hadersleben).

1566	Detherus Mauritii, Bruder des Pastors, wird Lehrer („Schulgehilfe") an der Eckernförder Lateinschule.
23. 5. 1567	Tönnies Sehestedt zu Kluvensiek verstorben. Seine Witwe Clara, geb. Ahlefeldt zu Gelting, ehrt ihn durch ein Epitaph in St. Nicolai.
1568	Wohl zur Geburt des ersten Kindes lässt Hans Rantzau zu Eschelsmark in Eckernförde für seine 1566 geehelichte Ehefrau Margarethe, geb. Ahlefeldt zu Saxtorf, eine Wappentruhe mit Verkündigungsszene verfertigen.
25.–31. 7. 1570	Carsten Tymme, Bürger zu Eckernförde, bekennt sich gegenüber Cornelius van Brugge zu Rendsburg zu einer Schuld von 160 Mark und einer jährlichen Verzinsung von 9 Mark 10 Schilling (6 $^2/_3$%). (LAS, Urk. Stadt Rendsburg Nr. 106)
1570	Stiftung der Eckernförder Schützen-, Brand- und Totengilde (Pfingstgilde).
30. 3. 1571	Todestag der Magdalene Sehestedt, geb. Rantzau, Mutter von Beate Rantzau, geb. Sehestedt zu Kohöved, die ihr im Chor von St. Nicolai ein Epitaph setzen lässt.
1571	Clara Sehestedt stiftet eine Altartafel, die sie von den „Hern Vicarien" zu Schleswig gekauft hat, und zudem „dat herlike Capitel bawen den Predigtstool". Unterzeichnet: B. Mauritii
23. 1. 1574	Streit zwischen Rendsburg und Eckernförde wegen „Gästehandel", entschieden durch die Herzöge Johann und Adolf.
11. 4. 1575	Dingeswinde der Bergharde über den Grenzverlauf zwischen dem Eigentum der Eckernförder Kirche an Grund und Boden und Hölzung Ravenshorst und dem landesherrlichen Dorf Gosefeld. Hardesvogt: Hans Blome
1575	Wiedertäufer, die sich in Eckernförde niederlassen wollen, werden durch einen Herrn von Rumohr verjagt.
1575	Pastor Joh. Bostel(ius) folgt dem 1574 verstorbenen B. Mauritii (Moritzen).
1578	Rantzaugestühl gefertigt durch Ciriakus Dierks, gestiftet durch Paul und Beate Rantzau zu Kohöved, die auch das Chorgewölbe von St. Nicolai ausmalen lassen.
1578	Beginn Schmiedeamtsbuch. Beisitzer die Ratsherren Jürgen Ruge und Franz Ludt.
1580	Wulf Rantzau zu Salzau ersticht Hinrich v. Thienen in Eckernförde (Bremer Nr. 117);
1581	Goschhofglocke gestiftet von Benedikt von Ahlefeldt zu Lindau und Claus von Ahlefeldt zu Gelting.
27. 3. 1582	Mette von Ahlefeldt gibt Schuldbrief über 500 Mark an den Goschhof.
8. 9. 1582	Der 21-jährige Eckernförder Claus Ruge, Jürgens Sohn, wird „schelmscher wise" erstochen und durch ein Epitaph in St. Nicolai geehrt. (Vater Jürgen war Ratsherr)
27. 9. 1585	Erster Beleg über Besoldung des Kirchenpersonals. Die Ratsherren Hans Holmer und Peter Mandixß zahlen an – Pastor Johannes Bostelius 61 M 8 sh – Kaplan Hindrichsen 40 M

	– Schulmeister Peter Jacobus 15 M
	(KAE, Register vom 18. 9. 1585)
29. 9. 1585	ältestes Verzeichnis der Schuldner der St.-Nicolai-Kirchengemeinde. („Hillige Leichams und Kirche geldt")
1585	Christoffer Pate aus Berlin wird in Eckernförde hingerichtet (gerädert), weil er in Kiel den Armenkasten von St. Nicolai aufgebrochen und bestohlen hatte. (Bremer Nr. 174)
1586	Magdalena Rantzau vergiftet ihre Mutter Beate (geb. Sehestedt) zu Bothkamp. Ihre Brüder setzen sie gefangen.
13. 3. 1587	Vertrag zwischen dem Rat der Stadt und Emeke van Damme zu Sehestedt und Otto von Qualen zu Noer als Vormündern der minderjährigen Detlev und Theodosius Brockdorff zu Windeby und Altenhof wegen eines Erbbegräbnisses für deren Vater in St. Nicolai.
30. 8. 1587	Siewert Brocktorff jun. verstorben. Die Mutter stiftet Epitaph in St. Nicolai für Ehemann Siewert († 1565), Tochter Elsebe († 1567) und diesen Sohn.
7.–13. 1. 1588	Aus dem Nachlass des Asmus von Ahlefeldt zu Noer erhält Gabriel Sehestedt zu Eckernförde für seine erbberechtigte Ehefrau das Ahlefeldt'sche Haus vor Eckernförde.
1588	Die von der 1586 verstorbenen Sophie Krummendiek gestiftete Taufe wird aufgestellt.
1588	Unter den 36 adeligen Personen, die für Friedrich Brockdorffs Mord an Gerhard Rantzau zu Kohöved, Hemmelmark und Bothkamp, feierliche Abbitte leisten müssen, befinden sich die Eckernförder Paul Brockdorff, seine Frau Anna und seine Töchter Anna und Ida.
1589	Melcher-Lucas-Glocke fertig gestellt: Widmung durch: Pastor Bostelius, Kaplan Lude, die Bürgermeister Jürgen Kremer und Jürgen Maes.
1589	Claus Pogwisch erwirbt vom Rat („alße Vorwesern und Patronen der Kirchen") einen Kirchenstuhlplatz („so Clara Sestenden vormals gehadt") für seine Ehefrau auf Lebenszeit. Ferner für seine eigene Person einen Platz „under der oldenn Orgell nha der Süder Sid: Kindeß Benedictus van Aleuelden greffniße" auf Lebenszeit und zwar für seine Schwester Anna Wensin den Platz für einen Frauenstuhl, den früher Sophie Krummendiek inne gehabt hat, auf Lebenszeit.
10. 3. 1590	Hans v. Buchwaldt verkauft dem Claus Pogwisch zu Eckernförde das Gut Övelgönne (bei Neustadt i. H.).
1591	Grundstein der Anne und C. Witt in der Langebrückstraße.
1592 ff.	Amtsbuch der Schneider, Bäcker und Overscherer („Esche uunde Bröke Bock", eröffnet am 24. 4. 1592).
20. 9. 1594	Johann Moritzen, Sohn des Eckernförder Pastors B. Mauritii, wird Pastor an der Christkirche zu Tondern, 18. 2. 1595 Propst (Andresen, S. 161).
10. 7. 1595	Blitzschlag zerstört den Turm der Borbyer Kirche (EZ v. 23. 8. 1995).
1595	Johannes Canarius als Rektor der Eckernförder Lateinschule genannt. (JbE 33/1975, S. 95)

26. 9. 1596	Otto Rantzau verkauft die beiden Kirchengestühle, die seine Eltern Paul und Beate Rantzau errichten ließen, an seine Schwester Margarete von Ahlefeldt, Gosche von Ahlefeldts (zu Quarnbeck) Ehefrau.
23. 8. 1597	Haftbefehl des Herzogs an Bürgermeister und Rat der Stadt Eckernförde gegen den („dollen") Otto Rantzau zu Kohöved.
1598	Die Kinder von Hans († 1592) und Margareta Blome setzen aus Anlass des Todes ihrer Mutter den Eltern ein Epitaph. Hans Blome war fürstl. Amtmann zu Hütten, Schwiegersohn Ludwig Heidtman Domherr zu Schleswig.
23. 8. 1600	Landesherrliches Privileg für Eckernförde: Polizei- und Strafgewalt auch über Adlige, so Mutwillen treiben.
1601	Reparatur der langen Brücke.
März 1602	Erich Lange heiratet in St. Nicolai Sophie Brahe, Tycho Brahes Schwester (Thomsen (JbE 40/1982), S. 204).
17. 4. 1602	Mette v. d. Wisch, verw. Ahlefeldt, erwirbt ehemalige Sakristei in St. Nicolai als Grabgewölbe für Benedikt von Ahlefeldt und Familie. Über den vermauerten Eingang lässt sie einige Jahre später ein Epitaph hängen. (erste in Eckernförde in Hochdeutsch abgefasste bekannte Urkunde).
6.–13. 1. 1603	Im Umschlag zu Kiel verschreibt Ewerdt Schippmann, Bürger zu Eckernförde, dem Goschhof 150 Mark.
1604	Maueranker am Ostgiebel von St. Nicolai mit Jahreszahl und Bürgermeisterinitialen: J(ürgen) K(remer) P(eter) M(andixß). Reparatur (?)
20. 2. 1605	Beginn des frühesten Meisterbuches des Eckernförder Tischleramtes (Jessen [1931], S. 9).
9. 5. 1605	Christopher Rantzau zu Quarnbeck kauft das Rantzaugestühl in der Pfarrkirche zu Eckernförde von Gosche von Ahlefeldt zu Quarnbeck auf Lebenszeit (LAS, Adl. Gut Warleberg, Abt. 195).
1605	Notschlachtung des erkrankten Stadtbullen. (JbE 25/1967, S. 159)
1605	Hans Gudewerth d. Ä. schnitzt die Kanzel in St. Nicolai, gestiftet von: Siewert und Abel v. d. Wisch zu Bienebeck, Gosche und Margaretha von Ahlefeldt zu Quarnbeck, Hans und Magdalene v. d. Wisch zu Damp und Otto und Sophia Mangelsen zu Blansgaard und Melvitgaard.
1605	Claus von Bockwoldt erwirbt Erbbegräbnis in St. Nicolai für seine Schwiegermutter Dorothea Rantzau (geb. v.d. Wisch).
29. 9.–6. 10. 1606	Schuldverschreibung des Timmo Buck z. G. St. Nicolai über 50 Mark, Bürgen: Lex Hartich und Markus Priese. (KAE HA 6)
1606	Die kleine „Melchior-Lucas"-Glocke für St. Nicolai gegossen (1927 in die neu erbaute Kapelle zu Owschlag). (KDME, S. 118)
22. 2. 1608	Kirchengestühlrechte von Hans v. d. Wisch eingetragen. (KAE HA 3)
6. 10. 1608	Herzog Johann Adolf entscheidet über Eckernfördes Bittschrift wegen fremder Biere, Gosefelder Holz, Abgaben Adliger und Kostenerstattung für nach Schweden gesandte Soldaten.
19. 12. 1608	Die Landesherren Christian IV. und Johann Adolf erkennen auf Gleichstellung der adligen Einwohner mit den übrigen wegen ihrer Zahlungspflichten, falls sie nicht über alte Privilegien verfügen. Betrifft u. a. Hans Rantzau zu Eschelsmark, Bertram Rantzau zu Kohöved, Siewert und Hans v. d. Wisch.

1. 12. 1609	Herzog Adolf kauft von der Stadt zwei Lansten in Gammelby, das Recht zum dortigen Holzeinschlag zur Reparatur der langen Brücke bleibt der Stadt erhalten.
1609	Epitaph für Ratsherrn Hans Blancke († 27. 8. 1606) von seinen Kindern gesetzt.
22. 3. 1610	Johannes Ruelius wird anstelle von Johann Mösing Pastor an St. Nicolai.
6. 9. 1610	Büchsenmacher Harder Hovenschildt verträgt sich mit dem Schmiedeamte, mit dem er in Streit geraten war, nach Intervention von Siewert von der Wisch und Hans Pogwisch.
Ende 1610	Bertram Reventlow zu Wittenberg, Waterneverstorf und Lammershagen, Neffe von Abel v. d. Wisch zu Bienebeck, wird bei einem Tanz in Eckernförde (im Hause der Tante?) von Moritz Winter aus Kehdingen getötet. (DAA 1939, S. 27 f.)
10. 5. 1611	Tod von Bürgermeister Peter Mandixß, Epitaph in St. Nicolai.
29. 5. 1611	Die herzogliche Regierung auf Gottorf verbietet Eckernförder Bürgern, Holz von außerhalb der Stadt gemieteten Höfen aus zu verkaufen (statt auf der Schiffbrücke).
16. 11. 1611	Dorothea v. d. Wisch (geb. v. d. Wisch) setzt ihre (unverheiratete) Tochter Magdalene v. d. Wisch zur alleinigen Vorerbin ihres Hauses in der Langebrückstraße zu Eckernförde ein. Nach dem Aufgebot („Lachbieten") am 11. 1. 1612 im Stadtbuch eingetragen.
4. 12. 1611	Herzog Johann Adolf sagt der Stadt zu: 1. Eckernförde darf zukünftig (nach Michaelis) noch einen zweiten Jahrmarkt am Mittwoch nach Estomihi (Aschermittwoch) abhalten. 2. Zukünftig dürfen in Eckernförde keine Häuser mehr von den städtischen Abgaben freigestellt werden.
1611	Melchior Witte Bürgermeister (lt. Schmiedeamtsbuch).
1612	Errichtung des „Kak" auf dem Rathausplatz.
1612	Blitz schlägt in den Turm von St. Nicolai, dessen Spitze abbrennt.
12. 3. 1613	Stadtvogt Simon Christian wird auf herzoglichen Befehl als neuer Bürgermeister eingesetzt.
13. 9. 1613	Landesherrliches Urteil betr. Klage der Stadt gegen Siewert v. d. Wisch: Beklagter braucht nur die außerordentlichen, nicht die ordentlichen städtischen Abgaben zu leisten.
1613	Pastor Cornelius Selmer Nachfolger von Johannes Ruelius.
1614	Epitaph für Hans v. d. Wisch zu Damp und Grünholz († 1613), besaß Haus in der Langebrückstraße (heute Nr. 11 – Jessen [1931] S. 147).
1614	Im Haderslebener Rezeß verbieten die Landesherren den Städten und Landschaften die Aufnahme entlaufener gutsherrlicher Bauern.
13. 7. 1615	Auf herzoglichen Befehl Bestellung des Ratsherrn Heinrich Stadtlander zum neuen Bürgermeister.
13. 9. 1615	Herzog Johann Adolf verbietet den Adligen zu Eckernförde den Kornhandel. Gerichtet an Bertram Rantzau zu Kohöved, Kai und Johann von Ahlefeldt zu Eckernförde und Norby und an Moritz Brockdorff.
1615	Detlev Brockdorff zu Windeby und Altenhof verfolgt die Eckernförderin Abel Laverentzen wegen Hexerei und macht ihr den Pro-

zess. Sie stirbt in der Folter, wird aber von Herzog Johann Adolf für unschuldig erklärt und auf dem Eckernförder Kirchhof „ehrlich" begraben.

1615	Aufhebung der Ämter durch Herzog Johann Adolf.
15. 8. 1616	Herzoginwitwe Augusta erteilt Paul Moritz Brockdorff Ausnahmegenehmigung zur Ausschiffung von Korn an der Schiffbrücke.
1616	Epitaph für Bürgermeister Simon Christian († 1615) an der südlichen Außenwand von St. Nicolai.
1616	Herzog Friedrich III. erlangt von Rat und Bürgerschaft Huldigungseid. (GSH 5, S. 197)
7.–13. 1. 1617	Die Vormünder der saxtorfischen Erben verpflichten sich, den Eckernfördern das Abschlagen von Pfählen aus den Hölzungen der beiden früher nach Eckernförde, jetzt nach Saxtorf gehörigen Gammelbyer Lansten zu gestatten.
16. 12. 1617	Ausschließlichkeitsprivileg für die Apotheke des Johannes Erman (heutige Löwen-Apotheke).
1617	Epitaph für Johann Ahlefeldt zu Stubbe und Gereby († 1612).
1618	Kapstühle (Emporen) in St. Nicolai eingerichtet.
2. 3. 1619	Schiffbauer Pauwel Eschel leistet den Bürgereid eines Ortsfremden.
22. 3. 1619	Die Eckernförderin Margarete Hindt wird durch Landgerichtsurteil vom Vorwurf, eine „Zauberische" und „Hexe" zu sein, freigesprochen. Beschuldigt hatte sie Sophia Rantzau anlässlich des Eckernförder Michaelismarktes 1616 (Hubrich-Messow, S. 15).
10. 5. 1619	urkundliche Erwähnung der Königstraße (heutiger Ochsenkopf) (StbE S. 273).
21. 6. 1619	Claus v. Ahlefeldt schenkt dem Goschhof 2000 Reichsthaler und gibt genaue Bestimmungen über deren Verwendung (Archiv Olpenitz, Goschenhof Nr. 19).
1619	Bürgermeister Stadtlander stiftet Kronleuchter in St. Nicolai.
1619	Einrichtung der Meinstorff-Gruft in St. Nicolai aus Anlass des plötzlichen Todes der 21-jährigen Hese Meinstorff, geb. Rumohr (Schwiegertochter Henneke Meinstorffs).
1619	Maueranker (1)619 in der Ostgiebelspitze von St. Nicolai (Baujahr des Dachreiters?).
um 1620	Entstehung des „Ekelenforda"-Stiches in Buch V des Braun-Hogenbergschen Städtebuches.
1621	Hinrich von Ahlefeldt zu Grönwohld wird in Eckernförde auf der Straße erschlagen (Rumohr [1987], S. 336).
1621	Eckernförder Kronengeter Jochim Schmidt verfertigt die Löwenköpfe an den Eingangstüren von St. Nicolai (KDME, S. 100).
22. 5. 1622	Herzog Friedrich III. verwendet sich bei den Patronen des Goschhofes, den Gebrüdern Ahlefeldt (Carl zu Koselau, Dietrich zu Bülk und Claus zu Gelting) zu Gunsten des Eckernförder Pastors Cornelius Selmer, dass er auch für die Goschhofkapelle zuständig bleibe (KAE HA 8ª).
1622	König Christian IV. von Dänemark verbietet Einfuhr „ausländischer" Biere, was auch das Eckernförder Kakebille betraf und traf.
1622	Revidierte und verbesserte Brückenordnung von Eckernförde.

1622	Bäcker Engel Rasch trägt sich in die Amtsrolle der Schneider, Bäcker und Overscherer ein (Stifter der Altarleuchter [1629] und des Epitaphs für seine Familie [1641] in St. Nicolai).
13. 2. 1623	Dorothea v. d. Wisch überträgt ihr Haus in der Langebrückstraße an ihre Tochter Drude Pogwisch (StbE S. 302).
November 1623	Die „böse" Mette von Ahlefeldt stirbt fast 90-jährig und wird in ihrer Gruft in St. Nicolai beigesetzt.
5. 2. 1624	Schiffszimmermann Hans Jacobsen leistet den Bürgereid eines Ortsfremden.
29. 7. 1624	„General mandat" für Bürgermeister und Rat der Stadt Eckernförde, von der Kanzel zu verlesen, wonach und wie gegen tumultuierende junge Leute von „Adel und Unadel" polizeilich und notfalls mit bewaffneter Bürgerschaft vorzugehen sei. Erteilt durch Herzog Friedrich III. anschließend an ähnliche Verfügungen seines Vaters von 1600 und 1608.
29. 7. 1624	Begleitschreiben Herzog Friedrichs III. zu Anordnungen betreffend die Polizeigewalt der Stadt gegenüber tumultuierenden Bürgern, Schiffsvolk und auch Adligen. (s. „General mandat" vom 29. 7. 1624).
28. 9. 1624	Vertrag über ein dem Herzog Friedrich III. durch die Stadt Eckernförde zu gewährendes Darlehen in Höhe von 7000 Reichsthalern.
30. 9. 1624	Antwort des Herzogs Friedrich III. auf Beschwerden der Stadt Eckernförde, erhoben in Zusammenhang mit dem Darlehensvertrag vom 28. 9. 1624 bezüglich des Kirchenpatronats, der Durchfuhrrechte, der Holzausfuhr, der Aufhebung der Ämter, der Brückenordnung, des Jagdrechtes, der Schweinemast, der Adelskontribution, des Weinausschanks, des Wegerechtes und des Appellationsrechtes.

2. Kapitel

Unter dem Hause Gottorf (II) –
Eckernfördes bitterste Zeit
(1624–1714)

2.1 Im Dreißigjährigen Krieg (1624–1648)

Während der Protestantismus lutherischer Prägung seine Position zu Anfang des 17. Jahrhunderts im Norden Deutschlands weiter festigen konnte und auch zur Stärkung der Fürstenmacht beitrug, gewann die Gegenreformation unter jesuitischer Führung im Süden des Reiches gegen das dort in sich zerstrittene evangelische Lager zunehmend an Boden. Der geschlossenen katholischen Liga unter Herzog Maximilian von Bayern standen die in der evangelischen Union nur mühsam zusammengehaltenen Calvinisten und Lutheraner unter Kurfürst Friedrich von der Pfalz gegenüber. Starken Rückhalt hatte die Liga an dem zum Nachfolger des Kaisers Matthias bestimmten Erzherzog Ferdinand, der entschieden für einen Sieg des Katholizismus kämpfte und sich nicht an die Schutzzusagen für die Evangelischen halten wollte. Als eine entsprechende Beschwerde der protestantischen „Defensoren" vom Kaiser schroff zurückgewiesen wurde, erschienen die Abgeordneten der reformierten („utraquistischen") böhmischen Stände bewaffnet auf der Schlosskanzlei zu Prag, um die zur Verwaltung seines Königreiches Böhmen vom Kaiser eingesetzten katholischen Räte zur Rechenschaft zu ziehen. Man sah in ihnen die Verfasser des parteiischen kaiserlichen Bescheides und warf die beiden nach einem heftigen Wortwechsel mit ihrem Geheimschreiber zum Fenster hinaus. Wie durch ein Wunder überlebten sie den „Prager Fenstersturz". Die böhmischen Stände übernahmen die Regierung des Königreiches und rüsteten ein Heer aus, das vor Wien zog. Nach Kaiser Matthias' Tode 1619 riefen sie anstelle von Ferdinand den Führer der protestantischen Union, Kurfürst Friedrich von der Pfalz, zum König von Böhmen aus. Doch während sich die katholische Liga unter Herzog Maximilian von Bayern militärisch schlagkräftig organisierte, versäumte die protestantische Union die Gelegenheit zu einem wirkungsvollen Auftritt im Reich, ließ schließlich den böhmischen „Winterkönig" Friedrich im Stich und löste sich nach dessen Niederlage am Weißen Berge bei Prag (8. November 1620) gänzlich auf.

So lag der größere protestantische Teil des Reiches ziemlich wehrlos vor der von Tilly geführten ligistischen Armee. Tilly besetzte die Pfalz, und Herzog Maximilian bekam die pfälzische Kurwürde übertragen. Nachdem der militärische Widerstand des protestantischen Lagers unter den Heerführern Herzog Christian von Braunschweig, Graf Ernst von Mansfeld und Markgraf Georg Friedrich von Baden zusammengebrochen war, und Tilly die Rekatholisierung der Bistümer Halberstadt, Hildesheim, Minden und Osnabrück erzwungen hatte, fühlte sich Dänemarks König Christian IV., der als Herzog von Holstein Oberster (Militärbefehlshaber) des niedersächsischen Kreises geworden war, 1625 dazu berufen, für die evangelische Sache ins Feld zu ziehen. Doch nur vordergründig ging es ihm um die „Restitution der Phaldtz"[1]. In Wahrheit wollte er seine norddeutschen Erwerbungen gegen den Zugriff des Kai-

Abb. 43
Das Landwehraufgebot der Stadt Eckernförde im Jahre 1623

sers sichern. Mit Herzog Friedrich III. von Schleswig-Holstein-Gottorf verband Christian IV. dabei nicht nur die 1623 erneuerte Verteidigungsunion, sondern auch das gemeinsame Interesse, die in Norddeutschland gewonnenen Kirchengüter zu behaupten. Denn die Gottorfer hielten das Erzbistum Bremen und das Bistum Lübeck (Eutin), Christians Haus besaß die Anwartschaft auf das Erzstift Bremen und die Administratur der Bistümer Verden, Schwerin und Halberstadt.

Die Behauptung seiner norddeutschen Position war für Christian IV. umso wichtiger, als er 1624 im Vertrag von Knæröd dem schwedischen Konkurrenten, König Gustav II. Adolf, nur widerwillig seinem Reichsrat folgend, die Gleichberechtigung in der Ostsee und die Sundzollfreiheit kampflos zugestehen musste.

Die von Süden drohende Kriegsgefahr bekam Eckernförde alsbald zu spüren. Schon zu Anfang des Jahres 1623 setzte Herzog Friedrich III. das Landwehraufgebot der Stadt, den „Ausschuss", von 20 auf 50 Mann herauf. Die Stadt meldete 50 waffenfähige Männer auf einer Rolle (Abb. 43) namentlich, die Waffen und Ausrüstung selber stellen mussten, dafür aber ein Wartegeld erhielten. Bürgermeister und Rat baten gleichwohl um Herabsetzung des Ausschusssolls und begründeten dies mit der Bevölkerungsstruktur. Zwar habe die Gemeinde eine „Zimblicke antzahll Bürgerschaft", doch seien die größten und bequemsten Plätze – etwa 40 an der Zahl – mit adeligen

Häusern bebaut, deren Insassen sich weigerten, zum Ausschuss beizutragen, da sie als Angehörige der Ritterschaft ohnehin mit dem Herzog selbst ins Feld ziehen müssten. Auch sei der Anteil der unbemittelten Einwohner, der Seeleute, Fischer und Tagelöhner, sehr hoch. Diese seien wohl starke und wohlgewachsene Kerle, doch könnten sie sich die Ausrüstung nicht leisten. Die Aushebung des Ausschusses richtete sich also nach dem Grundvermögen. Da die Stadt damals „über 400 Feürstädten und Bürger"[2] hatte, war mindestens 10 % des Grundvermögens im Besitze des nicht zum Ausschuss beisteuern wollenden Adels. Es meldeten sich auch gleich weitere Partikularinteressen. Nachdem die Anzahl des zu stellenden Landwehraufgebotes schon von 50 auf 30 herabgesetzt worden war, versuchten am 8. 3. 1623 Jacob Kistemacher, Thomas Börnsen, Markus Schröder, Detlef Nissen, Claus Brun, Harmen Segelmaker, Jürgen von Lübeck und Hans Knöhll, die sich als „semptliche Schifferr ihn Eckernförde" bezeichneten, um Freistellung von der Dienstpflicht im Ausschuss, „zu diesem bevohrstehenden Kriegesbehuef", weil sie seefahrende Leute seien und diese Stadt „alle ihre Nahrung aus der Sehefardt haben muß …"[3].

Die Eingabe wurde nach einer negativen Stellungnahme von Bürgermeistern und Rat[4] abgelehnt[5].

Dass es sich bei den Antragstellern nicht um „semptliche" Eckernförder Schiffer (= Schiffseigner) gehandelt haben kann, wie es Bürgermeister und Rat auch in Abrede stellten, wird auch aus der Zusammensetzung des Kollegiums der „Brückenherren" deutlich. Sie kamen aus dem Kreis der Seehandelskaufleute und Reeder und hießen in den Jahren ab 1622[6]: Markus Kistemaker (de Elder), Pawell Schroder, Otto Kistemaker und Melchior Bornßen. Die Sorge, dass der „Ausschuss" gegen fremder Kriegsleute Einfall an der Elbe „alspalt aufziehen und die Hant daraus strecken" müsse, war eben groß und das Vertrauen in die eigene Abwehrkraft klein[7].

Am 7. Juni 1625 war es dann so weit. König Christian IV. setzte mit seinem Heer bei Haseldorf über die Unterelbe nach Stade über. Er musste diesen umständlichen Weg zur Verteidigung des niedersächsischen Kreises wählen, weil er die Neutralität Hamburgs und des Herzogtums Braunschweig-Lüneburg zu respektieren hatte. Auch sonst stand er mit seiner überwiegend aus deutschen Söldnern bestehenden Armee ziemlich allein der ligistischen Streitmacht unter Tilly gegenüber, die von Bielefeld aus das linke Weserufer beherrschte, also schon tief im von König Christian zu verteidigenden Wehrkreis stand. Christian besetzte das rechte Weserufer. Ihn bedrohte nun auch die von Wallenstein in Böhmen neu aufgestellte kaiserliche Armee, die im Laufe des Sommers 1625 über Thüringen und Hessen in Richtung Magdeburg und Halberstadt vorrückte. Zum Vorteil Christians stand einer Vereinigung der beiden katholischen Heere die Rivalität ihrer Befehlshaber entgegen. So nahm Tilly südwestlich und Wallenstein südöstlich des Harzes eine gegen Niedersachsen sichernde Aufstellung ein.

Am 9. Juni 1625 hatte Herzog Friedrich III. ein Mandat zur allgemeinen Kriegsbereitschaft in den Herzogtümern Schleswig und Holstein ergehen lassen. Er genügte damit seiner Bündnispflicht gegenüber Dänemark, wenngleich ihn die norddeutsche Politik des dänischen Königs misstrauisch gemacht hatte, seitdem Christian IV. Anstalten traf, dem Hause Gottorf das Erzstift Bremen abspenstig zu machen.

Christian IV. hatte sich zwar um eine gute Rüstung seiner Armee bemüht, war jedoch nicht sicher, ob sie sich gegen Tillys kampferprobte Truppen in offener Feldschlacht würde behaupten können. So wich er zunächst einer Entscheidung aus.

Als Truppenführer dienten dem Dänenkönig auch Angehörige der schleswig-holsteinischen Ritterschaft, so Siewert Pogwisch, Markward Pentz und Wolf von Buchwaldt. Gerd Rantzau, königlicher Statthalter in den Herzogtümern, stand dem König im ersten Kriegsjahr als eine Art Stabschef zur Seite[8].

Anfang Juli eröffnete Tilly die Kampfhandlungen an der Weser. Doch ein schwerer Sturz Christians am 20. Juli 1625 auf den Wällen der Stadt Hameln, der dem König, der „voll" gewesen sein soll, für mehrere Tage die Besinnung raubte, gab Anlass zu einem vorübergehenden Waffenstillstand[9]. Doch auch nach dessen Ablauf kam es im zu Ende gehenden Jahr zu keinen bedeutenderen Kampfhandlungen mehr.

Der Herbst des Jahres 1625 hatte derweilen an der Ostseeküste Schleswig-Holsteins mit einer Sturmflut am 13. und 14. Oktober Nöte gebracht, die im Nachhinein, wie auf dem Sintflutbild in der St. Nicolai Kirche zu Eckernförde dargestellt, als Auftakt zu noch schrecklicheren Strafen des Himmels empfunden wurde. Es „ERHUB SICH SCHLEVNIG / AN DIESEN ORT VNERHÖRTES / WASER HOCH UND VIEL STVRM STVRTZUNG DER BEŸM / OHNE ZIEL" Von Kiels Chronisten Asmus Bremer erfahren wir, dass „das saltze Wasser hieselbst so hoch gestiegen (ist), daß es in 2 Tag und Nächten den Sand und Unflaht aus der See in dem Schuhmacher Thor ellenhoch aufgeworfen"[10]. Das Hochwasser fand auch seinen Niederschlag in der Brückengeldabrechnung für die Eckernförder Schiffbrücke des Jahres 1625. Die Ausgabenseite ist voll von Entlohnungen für die Säuberungs-, Aufräum-, Ausbesserungs- und Aufbauarbeiten, die das „hooge water" erforderlich gemacht hatte. Diese konnten auch nicht annähernd aus den Brückengeldeinnahmen des Jahres bezahlt werden. Das Einnahmen-/Ausgaben-Verhältnis betrug 1 : 4 (79 : 331 Mark). Der Fehlbetrag konnte nur durch Vorschüsse der Brückenherren Martens, Kistemaker, Melchior Bornssen und Pawell Schroder („… hefft tho der gebuwette der Schippbrüge uth gelecht") gedeckt werden[11].

Die Eckernförder Bürgerschaft hatte sich in diesen Jahren ohnehin finanziell sehr anstrengen müssen und über die Verteilung dieser Lasten heftig gestritten. Dies betraf einmal die Kosten des (Hexen-)Prozesses gegen Abel Kruse, die auf Drängen einer Mehrheit der Bürgerschaft 1624 verbrannt worden war[12]. Dann war die Aufbringung der Finanzhilfe an den Herzog in Höhe von 7000 Reichstalern umstritten. Während die hierfür von den Bürgern zu leistenden Abgaben sich bisher vor allem nach deren Grundvermögen bemaßen, sollten nun auch Renten (verzinsliche Geldforderungen) und Schiffe als Bemessungsgrundlage herangezogen werden. Dies hatte am 23. 11. 1624 der für die Finanzen der Stadt zuständige Ausschuss der Sechzehn beschlossen. Dagegen gab es einen von dem Schiffer Jochim Blancke angezettelten Aufstand der „sehefarenden Leute". Gegen deren Beschuldigung, dass Bürgermeister Heinrich Brocktorf und die Ratsherren Melchior Witte, Heinrich Budde und Jochim Tylbeer nicht ihrem Vermögen entsprechend abgegeben hätten „und die Armuet die bewilligte Contribution allein abtragen" müsste, verteidigten sich diese mit Hinweis auf ihre tatsächlichen Leistungen, die allein den 10. Teil der Contribution ausmachten. Man muss ihnen wohl auch ihr Einkommen aus dem Braugewerbe vorgehalten haben, wozu sie auf dessen „größre Unkosten" hinwiesen[13]. Wir erhalten damit erstmals einen Hinweis, wer in Eckernförde das berühmte Kakebille-Bier gebraut hat: Mitglieder des Rates. Auch mit dem „Ausschuss", dem Landwehraufgebot der Stadt, gab es immer wieder Streit über dessen Besoldung und dessen vergebliche Forderung nach Freistellung von den städtischen Abgaben. Als dann Ende 1625 mit dem niedersächsischen Kreis auch Schleswig-Holstein vom Kriege bedroht war, verweigerte der Eckernförder Ausschuss den Dienst und verlangte, „einen andern außschuß zu machen"[14]. Dies mag beispielhaft für den mangelnden Verteidigungswillen des protestantischen Nordens sein.

Während des Winters 1625/26, der an der Ostseeküste Schleswig-Holsteins mit einer so schweren Sturmflut begonnen hatte, liefen in Haag Verhandlungen, die ein Bündnis der protestantischen Staaten herbeiführen sollten. Außer Dänemark und den (niederländischen) Generalstaaten waren England, Brandenburg und der zum König von Ungarn gewählte Fürst von Siebenbürgen, Bethlen Gabor, vertreten. Zustande kam nur eine Vereinbarung zwischen England, den Generalstaaten und Dänemark. Während England, dessen junger König Karl (I.) eine Schwester Christians IV. zur Mutter hatte und Schwager des vertriebenen Pfälzer Kurfürsten war, den Dänenkönig direkt unterstützte, rüsteten die Niederländer den Grafen Mansfeld mit einer neuen Armee aus.

1626 rückte dann Wallenstein an die Elbe vor. Als Mansfeld dem kaiserlichen Feldherrn den wichtigen Elbübergang der „Dessauer Brücke" bei Rosslau wieder zu entreißen versuchte, erlitt er eine schwere Niederlage. Von Wallenstein verfolgt, zogen die Mansfelder, von einem dänischen Kontingent begleitet, durch Brandenburg, Schlesien und Mähren nach Ungarn, um sich mit Bethlen Gabor zu vereinigen, der mit türkischer Rückendeckung gegen den Kaiser im Felde lag. Doch der wankelmütige Fürst arrangierte sich mit dem Kaiser, als die Türken ihre Truppen von Ungarn gegen Persien abziehen mussten. Daraufhin entließ Mansfeld seinen Heeresverband. Auf der Flucht nach Venedig ereilte ihn der Tod. Des Kaisers Sohn wurde zum König von Ungarn gekrönt. Wallenstein war mit seiner Hauptmacht nachgezogen. So stand Tillys Armee nun, von einer ihm unterstellten kleinen Wallensteinschen Hilfstruppe abgesehen, dem Heer des Dänenkönigs allein gegenüber.

Nachdem der Kaiser die evangelischen Wolfenbütteler Herzöge, Neffen König Christians, geächtet und abgesetzt hatte, war Christian im Februar 1626 in Eilmärschen nach Wolfenbüttel gezogen, um die Stadt im Handstreich zu nehmen und zu seinem Hauptquartier zu machen. Von Wolfenbüttel aus operierte Christian im Sommer 1626 westlich am Harz vorbei, um Tilly zurückzudrängen und das wallensteinische Kontingent an seiner Vereinigung mit der ligistischen Armee zu hindern. Weder gelang ihm dies, noch konnte er das sieben Wochen lang belagerte Göttingen entsetzen. Vor der zunehmend spürbaren taktischen Überlegenheit der Tilly'schen Verbände im offenen Felde wich Christian nun zurück, musste mehrfach am Rande des Harzes gegen den nachdringenden Feind Front machen, bis er sich am 17. August 1626 entschloss, im norddeutschen Vorfeld des Harzes bei Lutter am Barenberge die Entscheidung zu suchen. Die beiden Heere waren zahlenmäßig etwa gleich groß, jeweils an die 15- bis 20-tausend Mann stark. Nach massierter Artillerievorbereitung griff Tillys Infanterie die Königlichen in einer Bachniederung an, wurde aber fast bis auf die eigenen Geschütze zurückgeworfen. Doch nach heftigem Kampf gewannen die Angreifer die Oberhand. Die ligistische Reiterei hatte an den Flügeln und im Rücken der Königlichen mit zunächst wechselndem Erfolg gestritten. Als nun Christians Infanterie zu weichen begann, geriet sie „durch die in ihrem Rücken fechtenden Reiter in völlige Unordnung, die bald in allgemeine Flucht ausartete"[15]. Die Verluste an Toten und Gefangenen waren hoch. Die ganze Artillerie ging verloren. Mehrere hohe Truppenführer fielen im Kampf, darunter auch der Generalkriegskommissar Siewert Pogwisch, Christophs Sohn, vom Gut Hagen bei Kiel. Nach Asmus Bremer ist seine Leiche nie gefunden worden. Er galt als gelehrter und verständiger Mann[16]. Mit seinem Tod hat die Schlacht bei Lutter auch persönliche Trauer nach Eckernförde gebracht. Seine verwitwete Mutter lebte dort[17] wie auch sein Vatersbruder Hans Pogwisch, der 1627 starb und 1632 in der Pogwischgruft in der St. Nicolai Kirche beigesetzt wurde. –

Nur mit Mühe entging König Christian der Gefangennahme. Mit seinen zersprengten Truppen musste er sich hinter die Elbe zurückziehen.

Noch kämpfte freilich das mit Mansfeld nach Ungarn gezogene dänische Truppenkontingent. Es hatte sich in Oberschlesien festgesetzt und durch Werbungen verstärkt. Doch konnte Wallenstein diese dänische Heerschar im Juni 1627 bei Kosel schlagen. Nur die Reiterei entkam und überrannte dabei das für den Kaiser fechtende Regiment des Gottorfer Herzogs Adolf, des jüngeren Bruders des regierenden Herzogs Friedrich. Doch am 24. Juli 1627 wurde auch dieser letzte intakte Verband der königlich dänischen Kriegsmacht bei Bernstein in der Neumark geschlagen. Seinem Führer, Wolf Heinrich Baudissin, gelang die Flucht nach Holstein.

Wallenstein konnte sich nun ganz auf den Kampf mit dem Dänenkönig konzentrieren. Dessen Niederlage bei Lutter hatte das evangelische Lager in Norddeutschland demoralisiert, auch wenn sich Christian zunächst noch an der Elbe halten konnte. Die Wolfenbütteler unterwarfen sich Tilly, der Lüneburger Herzog ging mit neu geworbenen Truppen ganz zu Tilly über. Der Erzbischof von Bremen hatte sich schon kurz vor der Schlacht bei Lutter auf die Seite des Kaisers geschlagen und war ein Feind König Christians geworden. Auch der regierende Gottorfer Herzog Friedrich III. suchte nach einer Möglichkeit, mit dem Kaiser Frieden zu schließen. Dazu kamen für den Dänenkönig auch noch Schwierigkeiten in der eigenen Familie. Der erwählte Thronfolger, Erbprinz Christian, hatte sich seinem Amt als Statthalter nicht gewachsen gezeigt. So musste der König in Kopenhagen für Ordnung sorgen. Auf der Rückreise traf er Herzog Friedrich auf Schloss Gottorf. Das Verhältnis der beiden war inzwischen so gespannt, dass es dabei zu Tätlichkeiten gekommen sein soll[18].

Nachdem Frühjahr und Frühsommer 1627 mit allerlei Geplänkel an der Elbe vergangen waren, gab Wallensteins Erscheinen auf dem norddeutschen Kriegsschauplatz den Ausschlag für den weiteren Kriegsverlauf. Tilly setzte bei Lauenburg über die Elbe, die Mecklenburger unterwarfen sich Wallenstein, der sich bei Lauenburg mit Tilly vereinigt hatte. Versuche, die Herzogtümer zu verteidigen, blieben in den Anfängen stecken. Die Armee des Königs zog sich kampflos zurück, der Rückzug wurde zur kopflosen Flucht. Ohne auf offenem Felde noch Widerstand zu finden, ergoss sich die kaiserliche Armee nach Verwundung Tillys unter dem alleinigen Oberbefehl Wallensteins auch über ganz Jütland. Von den Festungen des Landes hielt sich letztlich nur Glückstadt, das mit Krempe, das sich erst im November 1628 ergab, eine fortifikatorische Einheit gebildet hatte. Glückstadts und Krempes tapfere Verteidiger wurden von Markward Rantzau bzw. Jürgen von Ahlefeldt befehligt. Oberst Jürgen von Ahlefeldt war ein Sohn von Gosche von Ahlefeldt zu Quarnbeck und dessen Ehefrau Margarete, geb. Rantzau, die zu den Mitstiftern der Kanzel in St. Nicolai Eckernförde gehörten und denen dort seit 1596 die Kirchenstühle von Margaretes Eltern, Paul und Beate Rantzau, gehörten.

Der Rantzschau'sche Stammsitz Breitenburg, zu einer kleinen Festung ausgebaut, widerstand sechs Tage lang der mit schwerem Geschütz betriebenen Belagerung, die Wallenstein von Itzehoe aus persönlich leitete. 400 Schotten und etwa 150 Rantzau'sche Hintersassen verteidigten das Haus des erst Anfang des Jahres verstorbenen königlichen Statthalters Gert Rantzau mit großer Hartnäckigkeit. Dies ließ Wallenstein die überwundenen Gegner freilich bitter büßen. Alles Männliche, das seine Truppen nach der Erstürmung am 29. September 1627 noch lebend vorfanden, wurde niedergemacht. Die berühmte Bibliothek Heinrich Rantzaus ließ Wallenstein, soweit sie die Belagerung überstanden hatte, als Geschenk für den Beichtvater des Kaisers nach Wien bringen.

Das nächste Hindernis auf dem Weg nach Norden stellte die Festung Rendsburg dar. Wallenstein langte am 2. Oktober vor der Stadt an. Die dänische Reiterei war schon vorher auf freiem Felde geschlagen worden und flüchtete nach Jütland. Sie hinterließ verbrannte Erde, auch ein verbranntes Rendsburg, dessen überwiegend französische Besatzung am 6. Oktober kapitulierte. Wallenstein überließ die weitere Besetzung der kimbrischen Halbinsel seinem Feldmarschall Graf Schlick. Da man verhindern wollte, dass sich die flüchtenden königlichen Truppen noch mal zum Widerstand formierten, setzte man dem dänischen Gegner auf dem alten Heerweg über die königlichen Plätze Flensburg und Hadersleben schnell nach und ließ das herzogliche Eckernförde, aber auch Kiel und Schleswig, links oder besser gesagt: rechts liegen. Damit wurden wohl auch die herzoglichen Bemühungen um weitgehende Neutralität honoriert[19]. Zeugnisse aus der ersten Oktoberdekade des Jahres 1627 aus Eckernförde[20] und Kiel[21] belegen, dass diese Städte bis dahin noch nicht von kaiserlichen Truppen „plündernd durchzogen" worden waren, wie es in einer gängigen Darstellung heißt[22].

Eckernförde gehörte nicht zu den von Einquartierung befreiten herzoglichen Gebieten und Plätzen, sodass die Stadt ab Dezember 1627 kaiserliche Truppenteile in Quartier nehmen musste.

Wie es dort aussah, wo die kämpfenden kaiserlichen Verbände durchgezogen waren, wird in einem Brief des Flemhuder Pastors Wagner an seine Schwiegermutter, eine Eckernförderin, ergreifend geschildert. Die Adressatin erhielt ihn in Tondern, wo sie sich bei ihrem Bruder aufhielt[23]. Sie war die Witwe des Johannes Pertius, ehedem Diakon an St. Nicolai Eckernförde, und Tochter des Eckernförder Pastors Bernhard Mauritii. Ihr Sohn Detherus Pertius hatte gerade sein Amt als Pastor in Borby angetreten, das er 50 Jahre lang, bis 1676, versehen sollte. Magdalene Pertius weilte in dieser schlimmen Zeit bei ihrem Bruder Johannes Mauritii, der Propst in Tondern war. Sie erhielt diesen Brief von ihrem Schwiegersohn Georg Wagner, von dem Kaiserlichen vertriebenem Pastor zu Flemhude. Er schreibt an seine Schwiegermutter:

„Meinen freundlichen grues, beneven Zuwünschung zeitlicher und ewiger wolfart zuvor. Hertzliebe Mutter. Nachdem gegenwertiger Tundernsche bote alhier zum Kiel angekommen, wie ich erfaren, so habe ich nicht unterlassen können, unsern zustandt zu berichten, das leider, Gott geklaget, dieser unvermutliche einfal des feindes uns so wehe gethan, das wir es wol so leicht nicht verwinnen werden. Doch danken wir Gott, das wir in ihre grausame handt noch nicht gekommen sein, wie der Pastor zu Bovenau, mit dem sie so erbarmlichen umbgangen, das sie ihn gefangengenommen, jemmerlich geplaget, ja, noch aufhengen wolden, wen ihn Gott nicht sonderbar durch außflucht und entrennen gereddet hette. Unvermutlich seindt sie zu Lutken- und Großen-Norsee angekommen und also balde auf Flemhude und Quarnbeke gesprenget. Ja, do sie in der haste zu Flemhude einkommen, seint wir, ich, meine Frau Geschke und lütke Marine, achter nach der Flemhuder Sehe gelaufen und nach unser kokoppel uns verföget, dar wir wol 2 stundt im wasser gestan, bis unser köster mit Annike Kutschers mit dem kane gekommen und auf die see gefüret. Unser meistes guet an bedde (2 von unsern bedden), saltz, moltz, grütte, flesch und metwurst und viel Ding mer ist bei dem wasser ligen gepliben, den wir es so baldt nicht haben wechfüren kunnen. Das haben sie zu schanden gebracht. Wir aber zu Flemhude semptlich bis auf Lensike seindt in 2 kanen auf der see gefaren 2 tag und nacht. Darnach haben wir, ich, meine Frau Geschke und Marine des nachts über nachm Kiel gegangen, dar wir, Gott lob, noch sein bey Peter Petersen, bis es Gott endert und bessert. Kessel, Grapen und etlich zeuch mer haben wir 3 tag zuvor sampt 12 schefl moltz nachm Kiel führen lassen. Wen wir das gedacht hetten, das es so erschrecklich solte zugangen haben, wir wollten uns wol was besser nachm Kiel versorget haben. Aber wir meinten, es sol nur ein durchstreifen geschehen sein und denn wieder still geworden sein. Aber Gott besser! Also haus gehalten, dass weder auf allen hofe – höfen und in allen kirchen nichts nachgepliben. Sol sich noch an allen orten bey vielen hunderten gehalden und nicht gedenken zu weichen. Gott endere es und bessere und gebe rat und trost! Sie haben alle unsere 10 haupt quickes. als 6 ko und 3 sterkh und ein 3 wochen altes kalf sampt den 10 schweinen hinwech bald danach, alse sie al das guet von Quarnbeke wechgetrieben, nemblich in die 200 ko und starken, dass dar auch nichts nachgeplieben. Derhalben sie so hausen, dass nicht ein stock sten bleibt. Ock ist Annike Kutschers eine tweßke*, als mit namen Matlenike, up dem wasser thot gepliben und hernacher zur Achterwer in einem kolhof heimlich begraben. Andern ihre kinder haben ock die pockhen und leiden große hungersnoth. Auch wir, ob wir wol noch ein weinig gelt haben, kunnen wir nicht vor einen soßling salz kauf bekommen, welches zu erbarmen ist. Es hatte zwar Claus Lensike was gereth auf ein warder gefürt, dar er sich mit den seinen erhalten bey 14 Tagen. Aber entlich sindt die feindt hergekommen, alles zerhauen und entlich aufgebrent, das sie itz so wenig und noch weiniger, alse wir, geredtet haben. Gott bessere es! Dieses habe ich euch in der eyl nit unvermeldet wollen sein lassen. Und befelen uns und euch aldar hiemit in den gnedigen schutz des allmechtigen Gottes getreulich, der wolde uns und euch vor allem unglück gnediglich behüten. Wie es umb Herrn Detero Pertio mach sten, wissen wir nicht, den wir nichts können von zu wissen krigen. Anna Moritzen hat unser hausgeret auf ihr schip verdinget, vor welches ich zu meinen theil 36 Mark (?) geben mus. Gott erhalte es bei volmacht. Datum eilich zum Kiel sontag nach Michaelis Anno 1627.

E. L. S. sampt allen Kindern H. Georg Wagner, gewesener Pastor zu Flemhude.

Sagt Herrn Johannes und seinen Kindern samptlich viel dausent gueter nacht.

Ich habe bey meinem Dienst aufgewart mit meiner Frauen bis auf den letzten man. Hette ich ehr gewichen, es besser vor uns gewest, aber ich habe ein gut gewissen.

Auch lest euch semptlich Geschke, mein sohn und meine beide töchter viel guete nacht zu entbieden; were wol gern wieder hinüber, aber er kan so nicht hinüber kommen."

*) Tweßke – Tweseke = Zwilling

Bei Anna Moritzen wird es sich um Magdalenes Schwägerin, die Ehefrau des Eckernförder Stadtvogts Tönnies (Antonius) Moritzen gehandelt haben, der auch ein Sohn des Eckernförder Pastors Bernhard Mauritii (Moritzen) war. Die familiären Zusammenhänge, die in diesem Briefe sichtbar werden, liefern auch ein gutes Beispiel für die sich vielerorts im evangelischen Deutschland bildenden Pastorendynastien. Auch ein jüngerer Bruder des Eckernförder Pastors Bernhard Mauritii war zunächst Lehrer in Eckernförde und später Hauptpastor und Propst an St. Nikolai in Kiel geworden.

Bis zum November 1627 war das ganze kimbrische Festland im Besitz der Kaiserlichen, die überall im Land ihre Winterquartiere bezogen. Nach Eckernförde wurden etwa 250 Infanteristen und 250 Dragoner gelegt. Die Bewohner Kimbriens begrüßten die Kaiserlichen vielfach als Befreier. Denn die eigenen königlichen Truppen hatten nach ihrem Verständnis der verbrannten Erde brutal und disziplinlos geraubt, verwüstet und gebrannt. Graf Schlick, Wallensteins Platzhalter, hielt dagegen auf strikte Ordnung und suchte die Bevölkerung wieder zu einem geregelten Erwerbsleben zurückzuführen, damit sie die hohen Kontributionen aufbringen konnte. Aus den Akten des Gottorfer Hofes ist zu ersehen, dass die Verwaltung des herzoglichen Anteils von dort das Wirken der Besatzung einigermaßen regelnd begleitete und zu steuern versuchte. Die Kommunikation mit den die Einquartierung tragenden Städten funktionierte anscheinend ungestört. So wies der Herzog am 3. 3. 1628 die Stadt Eckernförde an, unverzüglich ihren Anteil zum Unterhalt des Generalstabes zu leisten, da sonst „gleichsam zur Ahndung" zusätzlich Truppen in die herzoglichen Lande gelegt werden würden, deren Unterhalt zugleich höher käme, als was auf den Generalstab gewendet werden müsse[24]. Immerhin waren für den Generalstab wöchentlich (!) 3000 Gulden, dazu für die Bediensteten Lager, Holz, Salz und Licht und für 286 Pferde Hafer, Stroh und Heu aufzubringen. Die von Graf Schlick am 26. 11. 1627 in Rendsburg getroffene Verfügung lässt auch die Rangordnung der Generalität und der Waffengattungen erkennen. An der Spitze steht der General, ihm folgen der Feldmarschall (Graf Schlick), die Generale der Artillerie und der Kavallerie und der Generalwachtmeister der Infanterie[25].

Die Eckernförder scheinen säumig geblieben zu sein. Es wurden doch Truppen in die Stadt gelegt, vielleicht auch weil dort Landungen befürchtet wurden. Dass Schlick den Herzog in Grenzen weiter regieren ließ und sichtlich Rücksichten übte, wird auf den Schutzbrief zurückzuführen sein, den der Herzog bei Wallenstein erwirkt hatte und der zumindest einigen Schutz gegen Ausschreitungen und disziplinloses Beutemachen bot. Aus diesen Kontakten mit der Besatzungsmacht erwuchs dann auch ein gemeinsames Vorgehen gegen die Bewohner der Insel Strand, die sich mit Rückhalt an König Christians Flotte einer Besetzung ihrer zum herzoglichen Teil Schleswigs gehörenden Insel widersetzten. Sie schlugen Ende 1627 Wallenstein'sche und im Sommer 1628 auch gottorfische Truppen zurück, mussten aber im Spätsommer des Jahres 1628 eine gottorfische Besetzung hinnehmen.

Den Besitz einer Flotte spielte Christian IV. auch in der Ostsee gegen die rein festländische Macht des Kaisers aus. Dieser hatte seinen siegreichen Feldherrn nicht nur anstelle der beiden evangelischen Teilherzöge von Güstrow und Schwerin zum Herzog von Mecklenburg gemacht, sondern im April 1628 auch zum „General der ozeanischen und baltischen Gewässer" ernannt. Vergeblich hatte man von katholischer Seite versucht, die Hansestädte dazu zu bewegen, dem General zur See Wallenstein auch die nötige Flotte zu stellen.

So konnte Christian IV. im März 1628 Fehmarn besetzen und am 5. April dieses Jahres vor Eckernförde landen und nach kurzem Kampf die Stadt besetzen. Am Angriff waren schottische Hilfstruppen führend beteiligt. Deren Chef, der Major Robert Monro, hat einen eingehenden Bericht hinterlassen, in welchem der spätere Oberst 1637 die Teilnahme seines Regimentes am Dreißigjährigen Kriege unter dem Oberbefehl erst König Christians IV. und später König Gustavs II. Adolf von Schweden, lebhaft schildert[26]. In „Aikilfourd" habe sich eine Garnison Kaiserlicher befunden, 500 Mann stark, je zur Hälfte Dragoner und Fußvolk. Die Dragoner machten sich angesichts der Truppenlandung davon. Die verbleibenden Infanteristen versuchten die Stadt in einer außerhalb (südlich) gelegenen Schanze zu verteidigen, die über einen Laufgraben mit dem (Kieler) Stadttor verbunden war. Die Angreifer, aus etwa gleich großen englischen, schottischen, niederländischen und französischen Kontingenten bestehend, waren an die 2000 Mann stark. Monro führte die schottische Avantgarde. Nach einem kurzen Feuergefecht räumten die Kaiserlichen die Schanze, um nicht vom Rückzug in die Stadt abgeschnitten zu werden.

Das Kieler Tor konnte noch geschlossen werden, bevor es die Angreifer erreichten. Diese brachen die Palisaden neben dem Tore nieder – Mauern besaß die Stadt ja nicht – und strebten dem Rathausmarkt zu, wo sie auf die Verteidiger zu treffen erwarteten. Doch diese hatten sich in die St. Nicolai Kirche zurückgezogen und die Kirchentüren verrammelt. Mit Gewehrfeuer aus der Kirche heraus fügten die Kaiserlichen den Angreifern empfindliche Verluste zu. Die Angreifer, entschlossen, dem Gegner in Erinnerung an seine Grausamkeiten bei der Einnahme von Breitenburg kein Pardon zu geben, rammten die Kirchentür mit einer großen schweren Leiter ein. Im Innenraum der Kirche war jedoch kein Feind auszumachen, wohl aber eine große Menge Pulver, das quer durch die Kirche ausgestreut war. Ehe sich die Eindringlinge noch in Sicherheit bringen konnten, explodierte das Pulver, „blowing up the top of the church", und tötete über 100 Mann der Angreifer. Die Verteidiger, die sich zum Schutz gegen die Explosion „to a Loft apart in the church" zurückgezogen hatten, wurden aufgespürt und (fast) alle 250 niedergemacht. Wo die Kaiserlichen in Deckung gegangen waren, geht aus Monros Bericht nicht zweifelsfrei hervor. „Loft" kann sowohl Chor wie auch Empore oder (Ober-)Geschoss bedeuten. Bei der Konstruktion der St. Nicolai Kirche kommt am ehesten der neue Kapstuhl oder eines der Geschosse des in der Kirche stehenden Turmstumpfes in Betracht. Welcher Teil der Kirche als „the top of the church" durch die Explosion zersprengt wurde, bleibt ebenfalls unklar. Am ehesten wäre an die Decken der Kirchenschiffe zu denken. Nach diesem Gemetzel plünderten die Sieger die Stadt, zogen sich aber alsbald auf Befehl König Christians IV. auf die Schiffe zurück, weil mit einer baldigen Rückkehr der schwer bewaffneten Reiterei zu rechnen war.

Des Königs Flottenverband lief als nächstes Kiel an. Seine Landungstruppen attakkierten am folgenden Tage das von Österreichern verteidigte Kieler Schloss, wurden diesmal jedoch blutig abgeschlagen.

Das unglückliche Eckernförde hatte nun die Kriegsfurie binnen kurzem zum zweiten Mal über sich ergehen lassen müssen, und die drückende feindliche Besetzung dauerte fort. Viele Einwohner verließen die Stadt, deren Wirtschaftsleben zum Erliegen kam. Verzweifelt wandten sich Bürgermeister und Rat im September 1628 an den Landesherrn, Herzog Friedrich III., der sich zu dieser Zeit auf der Insel Strand im Dorfe Lieth aufhielt. Dort befanden sich dem nordfriesischen Festland gegenüber die „Liether Schanzen", die gegen Landungsversuche errichtet worden waren.

Zwei Listen reichten die Eckernförder ihrem Herzog ein:
ein „Vortekenis der Heuser in Eckernförde so leddich stehen, davon die Leute wechgezogen sein, auch ein Teils dodt" und
das „Vortekenis der Borger, so ahn itzo noch zu Hauß sein"[27].
Nach der ersten Liste standen im Herbst 1628 in Eckernförde 140 Häuser und 66 Buden leer, weil ihre Bewohner weggezogen oder auch verstorben waren. Nur 76 Häuser und 106 Buden waren der zweiten Liste zufolge noch bewohnt, wobei bezüglich der Buden (kleinere hölzerne Wohnhäuser in Seitenstraßen und Höfen, auch Verkaufsstände) angemerkt ist: „Under diesen Boden seintt meher den 30, de der Almosehen leben." Gut die Hälfte der Einwohner hatte die Stadt also verlassen, darunter fast alle dort sesshaft gewesenen Adligen. Magdalene von der Wisch, Stifterin des Epitaphs von 1614 an der Südwand des Chores von St. Nicolai, ließ bereits 1620 ihren Hausstand verschiffen[28]. Ihr „Hoff" stand 1628 leer, und „davon komett nichtes" (an Einnahmen für die Stadt), „Eheler Rattlouw (ein Neffe ihres verstorbenen Mannes) ist darauff"[29].

110

Die beiden Listen schließen mit vom Briefschreiber gezogenen Summen:

I   leerstehend   Häuser 140
                   Buden   66
II bewohnt   Häuser 76
                   Buden 106

Die Listen selbst enthalten weniger Namen als diesen Summen entsprochen hätten. Geht man von den dem Herzog mitgeteilten Summen aus, so gab es zu der Zeit 388 Wohngebäude in Eckernförde, von denen weniger als die Hälfte, nur noch 182, bewohnt waren.

Relativ mehr Häuser – zwei Drittel – waren verlassen worden als Buden, von denen 30 noch bewohnte Almosenempfängern gehörten. Im wirtschaftlichen Sinne war der Substanzverlust der Stadt sogar noch größer. Ihre Steuerkraft dürfte sich auf ein Drittel des Vorkriegsstandes reduziert haben. Dies war die eigentliche Botschaft an den Herzog.

Den Nachteil, an einer langen Küste gegen die Inhaber der Seeherrschaft kämpfen zu müssen, bekam Wallenstein vor allem bei der Belagerung der Stadt Stralsund zu spüren. Die beiden protestantischen baltischen Seemächte, Dänemark und Schweden, wirkten hier zusammen, das einzige Mal übrigens während des ganzen Dreißigjährigen Krieges. Die Stadt wurde nicht nur von den Seemächten von See her versorgt, sondern bei ihrer Verteidigung gegen die heftigen Angriffe der Belagerer wirkten auch schwedische und dänische Truppen innerhalb der Stadt mit. Die dreimonatige Belagerung (April bis Juli 1628) brach Wallenstein nach hohen Verlusten vor allem aus der Sorge ab, ihre Fortführung könnte seine beiden großen Gegner, Dänemark und Schweden, noch enger zusammenführen und unter Überwindung ihrer baltischen Rivalität geschlossen in den Kampf um Deutschland eingreifen lassen. Das hätte für Wallenstein mit Sicherheit den Verlust seines Herzogtums Mecklenburg bedeutet. Die relativ günstigen Bedingungen, die Christian IV. im Mai 1629 im Frieden zu Lübeck erreichen konnte, erklären sich aus dieser Sorge seines Gegners und aus Wallensteins Erkenntnis, dass die eroberten landfesten, aber küstennahen Gebiete des dänischen Herrschaftsbereiches auf der kimbrischen Halbinsel ohne eine schlagkräftige Flotte nicht zu halten sein würden.

So erhielt Christian IV. im Mai 1629 Jütland und zusammen mit Herzog Friedrich III. auch die Herzogtümer Schleswig und Holstein zurück. Verzichten musste der dänische König auf die Bistümer Bremen und Verden. Sein (vorgeschobener) Kriegsgrund von 1625, die „Restitution der Pfalz", wurde im Friedensvertrag nicht einmal mehr erwähnt.

In den Sommermonaten des Jahres 1629 räumten die kaiserlichen Regimenter die besetzten Gebiete. Eines von ihnen, das Scharffenbergische Reiterregiment, hatte an der Belagerung der Stadt Krempe teilgenommen[30]. Nach der Kapitulation der von der Pest befallenen Stadt im November 1628 war das Regiment nach Schleswig ins Winterquartier verlegt worden und hatte die Pest dorthin mitgebracht, an der viele Einwohner starben[31]. So wird die Pest auch nach Eckernförde gekommen sein, die im Friedensjahr 1629 die Stadt mit der Folge heimsuchte „DAS VBER FVNFHVNDERT MENSCHEN GESCHWIND AUS DIESER STADT WECH GERISEN SINT"[32]. In der stadtgeschichtlichen Literatur[33] wird „wech gerisen" als vom Tode wech gerissen (= verstorben) gelesen, was in der Tat bedeuten würde, dass die Stadt „fast gänzlich entvölkert(e)"[34] worden wäre. Doch „gerisen" folgt nicht aus einem Schreibfehler, sondern ist das Perfektpartizip des ursprünglich starken Zeitwortes „reisen"[35]; über

500 Menschen sind also vor der Pest weggereist, geflohen. In dieser für das damalige Eckernförde gewaltigen Zahl werden schon manche der Kriegsflüchtigen eingerechnet sein, deren Häuser nach der dem Herzog 1628 zugestellten Liste „leddich stehen, davon die Leute wechgezogen sein ..."[36]. Wie noch zu zeigen sein wird, kehrten viele davon nach dem Friedensschluss in ihre Heimatstadt zurück. So waren die auf dem Sintflutbild genannten Bürger nicht die Einzigen, die „nach geblieben" waren. Deren Zahl wird in der stadtgeschichtlichen Literatur mit 39 angegeben[37]. Tatsächlich sind auf dem an der Westwand des Südschiffes von St. Nicolai hängenden Bilde 41 Namen verzeichnet, und zwar am oberen Rand in acht Zeilen. Dort ist zu lesen (auch offensichtliche Schreibfehler belassen):

(1. Zeile)	H. HENRICH BROCKTORP D. G.
	DETLEF ISENTRVDT
	CLAVWES BVCK
	IVRGEN MEIER
	FREDERICH IOHANSEN
	IOCHIM SMIDT
(2. Zeile)	H. PETER VOS
	IOCHEM BLANCKE
	DETLEF BORNERSEN (wohl Borgersen)
	IACOB HERR
	HANS MÖLLER
(3. Zeile)	H. IVRGEN BLANCK D.G.
	IVRGEN RVGE DGG
	TONNIES MEIER
	CLAWES OTTE
	IACOB MÖLLER
	HANS BLANCK
(4. Zeile)	H. IVRGEN GREN DGG
	IVRGEN RVGE
	MARCKVS MOLHE
	GOSKE SICKE
	HENRICH KRVGER
	IVREN KISTEMAKER
(5. Zeile)	THOMAS MEIER DGG
	SAMUEL BLANCKE DGG
	IOHAN AWERBARCH
	HANS TANCKE
	CASTEN OLDEROGGE
	HENRICH DOV
(6. Zeile)	ARENT MELINCK
	FREDRICH PIPER

Abb. 44 Das Sintflutbild von 1632 in St. Nicolai Eckernförde

113

KORT RATKENS
ASMUS LASSEN
ELIES BECKER
LUDER BORGERSEN

(7. Zeile)   AD. ADOLF VON DER LIPPE
ANDREAS OLRICH
MICHEL WIELKEN
IOHAN HOLLANDER
ANDREAS WECHTER

(8. Zeile)   HNS MEIBOHM

Das Sintflutbild enthält also 41 Stifternamen, von denen sechs als bereits (seit 1629?) verstorben gekennzeichnet sind („D.G." oder „DGG" nachgesetzt). Unter den Verstorbenen sind allein drei von vier der aufgeführten Ratsherren, vor deren Name ein „Herr" gesetzt ist. Von den verbleibenden 35 1632 noch lebenden Stiftern gehörten mehrere führenden Familien an (Blanck(e), Buck, Börnsen, Ruge, Kistemaker), allein 20 erscheinen im Eckernförder Stadtbuch 1542–1681 in Zusammenhang mit Grundstücksgeschäften, sodass man folgern darf, dass es sich bei den Stiftern des Bildes um eine Gruppe besser gestellter Bürger der Stadt gehandelt hat. Einige von ihnen treten auch an anderer Stelle besonders hervor. Ratsherr Peter Vos („Fos") gehört wie auch der spätere Ratsherr Hans Blanck zu den Stiftern der Peter-Melchiors-Glocke von 1647, Jochim Smidt ist der Rotgießer, der 1621 die Löwenköpfe an den Portalen von St. Nicolai verfertigte, und Jochem Blancke war derjenige Schiffer, der 1624 „die sehe farenden leute" zu einem Aufstand gegen eine Beteiligung an der landesherrlichen Steuerforderung aufgewiegelt hatte[38]. Bci Buck (ab 1635 Brückenschreiber), Meier (Zimmermann), Johansen (Steinhauer), Hans Möller (Kutscher), Jacob Möller (Reepschläger), Molhe (Böttcher), Sicke (Schneider), Awerbarch (Stoffhändler), Tancke (Vergolder), Melinck (Weinhändler), Ratkens (Freischuster) und Becker (Kannengießer) kennen wir dazu noch die Berufe. Die Sintflutbildstifter waren also ganz überwiegend Kaufleute und Handwerker und sicher nicht die einzigen 1632 noch lebenden (Voll-)Bürger der Stadt. So hat in diesem Jahr etwa Hans Gudewerdt II auf dem Wege zur Meisterwürde zum ersten Mal das Schnitkeramt „geeschet"[39] und die Bekrönung der Pogwischgruft in St. Nicolai geschaffen. Im Stadtbuch 1542 ff. sind in den Jahren 1631/32 weitere 18 Bürger im Zusammenhang mit Grundstücksgeschäften genannt, die nicht zu den Stiftern des Sintflutbildes gehören. Die Stadt während der Kriegs- und Katastrophenjahre zu verlassen, war natürlich mit Risiken (Besitzverlust) und Kosten verbunden, was sich nur einigermaßen gutsituierte Einwohner leisten konnten. Zu diesen Kriegsflüchtigen gehörten in Eckernförde bezeichnenderweise alle dort bis dahin sesshaften Adligen. Deren Namen sind in den Landregistern für Anfang 1626 und November 1630 überliefert[40]. Anfang 1626 lebten 26 Adlige in der Stadt, womit Eckernförde übrigens zahlenmäßig an der Spitze der schleswig-holsteinischen Städte lag, und im November 1630, also im Jahr nach der Pest, wohnten wieder 14 Adlige (mit ihrem Hausstand) in Eckernförde, unter ihnen zwölf, die schon Einwohner der Stadt gewesen, also echte Rückkehrer waren, nämlich: Eibe Pogwisch, Margarete Brocktorff, Hennecke Meinstorff, Heinrich Rantzau, Siewert Schack, Eibe Rantzau, Margarethe von der Wisch, Ide Reventlow, Anna Wonsfleth, Hennecke Wonsfleth, Anna Wensin und Siewert Thienen. Zwischen 1626 und 1630 sind davon Eibe Pogwisch, Margarete Brocktorff und Margarethe von der Wisch Witwen geworden. Eibe Rantzau und Anna Wensin waren es schon vorher. Der Verbleib der übrigen elf adligen Einwohner von 1626 erklärt sich folgendermaßen: Drei sind vor 1629 verstorben, sechs lebten anderswo und zwei könnten im Pestjahr verstorben sein. Doch nur bei Kai von Ahlefeldt, der nach Seeland (Næstvæd) geflohen war, ist das Pestjahr 1629 ausdrücklich als Todesjahr genannt. In der stadtgeschichtlichen Überlieferung der Nachbarstädte Kiel und Rendsburg[41] findet sich übrigens kein Hinweis auf eine Pest großen Ausmaßes, die ja nicht auf Eckernförde (und Schleswig) hätte beschränkt bleiben können. Als vager Hinweis wäre allenfalls anzusehen, dass 1629 das einzige Jahr des Dreißigjährigen Krieges ist, für das sich bei Kiels Chronisten Asmus Bremer keine Eintragung findet.

Dass Eckernförde in diesen Jahren gleichwohl eine schwere Zeit durchmachte, wird vor allem am weitgehenden Fehlen einer aktenmäßigen Überlieferung deutlich. Die letzte protokollierte Sitzung des Schmiedeamtes war am 3. 9. 1626. Die Dingprotokolle enden mit dem 16. 7. 1627. Das Stadtbuch von 1542 bis 1681 bleibt zwischen dem 22. 5. 1626 (S. 313) und dem 7. 2. 1631 (S. 315) ohne Eintragungen. Im Kirchenarchiv gibt es keine Unterlagen für die Jahre 1626 bis 1630. Auch Brückenrechnungen fehlen für die Jahre 1626 bis 1633. Zuverlässige Datierungen für 1629 bringen die erwähnten Altarleuchter, die Bäckermeister Engel Rasch in diesem Jahr gestiftet hatte[42] und ein leider verloren gegangener Klingelbeutel, unter dessen Boden sich eine Inschrift befand, derzufolge er 1629 von (Apotheker) John Erasmi der Kirche „vorehret" worden war[43]. Dafür, dass das Leben in der Stadt dennoch weiter ging, spricht die Berufung von Daniel Bornemann aus Mengeringhausen im Pestjahr 1629 zum Diakon, wie es sich rechnerisch aus der Unterschrift unter seinem (Pastoren-)Bild in St. Nicolai ergibt (Abb. 45). Dort werden dem am 23. Juni 1664 verstorbenen Theologen zwei Jahre als Schulkollege, 20 Jahre als Diakon und 15 Jahre als Pastor, zusammen also 37 Jahre der Tätigkeit in Eckernförde zugerechnet, deren Beginn demnach im Jahre 1627 gelegen haben muss[44].

Über die Tätigkeit des damaligen Hauptpastors von St. Nicolai Selmer liegt uns aus einer späteren Pestzeit ein Bericht des Sohnes von Pastor Daniel Bornemann vom 19. 12. 1712 vor[45]: „Wie denn, als Anno 1629 die Pest allhier grassiret, hinter des damaligen Pastors, Cornelii. Selmers Hauß, Tisch und Stüle gesetzet, wo die betrübten Patienten hingebracht, da ihnen die Absolution gesprochen, und das hochwürdige Abendmahl gereichet." Mit diesem Bericht verteidigte sich Bornemann jun. gegen den Vorwurf, pestverseuchte Häuser nicht betreten zu wollen.

Nach dem Abzug der kaiserlichen Besatzungsmacht stellte sich im besonders hart geprüften Eckernförde nur allmählich wieder Normalität ein. Die Gründung der Eckernförder Beliebung („Totengilde") nur wenige Tage nach dem Friedensschluss zeigte, dass man sein Schicksal wieder in die eigene Hand nahm.

Der Friede zu Lübeck ließ die Lehnshoheit des dänischen Königs über das Herzogtum Schleswig unangetastet, was angesichts der Unabhängigkeitsbestrebungen des Gottorfer Herzogs nicht selbstverständlich war. Dessen Tendenz zur Neutra-

Abb. 45
Bild von Pastor Daniel Borne-
mann in St. Nicolai

lität, die ihn zeitweise sogar mit den Kaiserlichen zusammengehen ließ, hatte Christian nicht vergessen. So führte er noch unmittelbar vor dem Friedensschluss einen Doppelschlag gegen Herzog Friedrich III. Von Föhr aus ließ er das herzogliche Nordstrand wieder besetzen und über Dagebüll ins nordfriesische Festland und nach Tondern vorrücken. Gleichzeitig landete der König bei Düttebüll nördlich der Schleimündung und schlug bei Gut Öhe auf der Halbinsel Maas sein Lager auf. Von dort marschierte er gegen Schleswig und Gottorf. Kaiserlicher Entsatz wurde zurückgeschlagen und ein Sturmangriff auf Schloss Gottorf vorbereitet. Da ließ Herzog Friedrich dem König versichern, dass er alle kaiserlichen Truppen aus seinen Gebieten entfernen werde, worauf die Belagerung Gottorfs aufgehoben wurde. Am 27. Mai 1629 (nach dem alten, julianischen Kalender) wurde der Friede zu Lübeck besiegelt.

Doch die Beschwernisse des Krieges hatten damit noch kein Ende genommen. Noch im Sommer 1629, also nach Friedensschluss, war ein königlich dänischer Oberst mit seiner „Soldatesca" über Eckernförde nach Kiel marschiert, wohl um seine Artillerie nach Kopenhagen einzuschiffen. Man ging in Kiel ins Quartier und verlangte von Kiel und Eckernförde Kontributionen. Der Kieler Rat hatte es mit Unterstützung des Amtschreibers von Kiel und Bordesholm geschafft, dass

Eckernförde die Hälfte der in Geld zu leistenden Kontributionen auferlegt wurde. Dagegen machte man Front und bearbeitete mit mehreren Eingaben[46] das Hofgericht auf Gottorf, das wohl auf Seiten seines Amtschreibers stand. Natürlich haben die Eckernförder ihre Lage schwarz in schwarz gemalt, um möglichst wenig zahlen zu müssen. Doch konnten sie sich um ihrer Glaubwürdigkeit willen nicht allzu weit von der Wahrheit entfernen. Ihre Aussagen aus dem Spätjahr 1629 wollen wir hier als Lagebeschreibung wiedergeben: Über 200 Häuser seien im Laufe der Kriegshandlungen ruiniert worden. Die Kleidung der verarmten Bevölkerung sei abgerissen, und viele hätten keinen Mantel für die Kirche. Gegen die Gleichsetzung der Steuerkraft beider Städte spreche, „das Kiel woll 5. maall soviel Heußer hat, und Volckreicher ist, als Unser armes geringes Stadtlein, darinnen noch izo woll 10 ... Heußer leddich stehen, ...“ Den Kieler Hinweisen auf ihre Schäden durch Einquartierung und die Belagerung von 1628 hielten die Eckernförder die Verluste aus der Plünderung in Höhe von etlichen Tausend Reichsthalern und der Einquartierung entgegen, die sie bei 40 000 Reichsthaler gekostet habe. Der Einfall (vom 5. 4. 1628) habe an ihrer Kirche einen Schaden von über 1000 Reichsthalern verursacht. Danach sei die Besatzung der Stadt verdoppelt worden. Zwei Kompanien vom Lüneburgischen Regiment unter den Hauptleuten Rentorf und Schlütter seien in die Stadt gelegt worden. Um der Eingabe Nachdruck zu verleihen, schickten die Ratsherren Melchior Witte und Joachim Tilber im Abstand von einem Tag Bittschreiben hinterher. Es gebe in Eckernförde keine 20 wohlhabenden Bürger mehr, die meisten Leute seien während der Kriegszeit weggezogen und nur zum Teil wiedergekommen, dann aber wieder vor der grassierenden Pest geflüchtet. Sollte die Kontribution dennoch eingefordert werden, „so kann es doch wegen der giftigen umb sich fressenden Peste nicht collegiret werden“. In der Gottorfer Kanzlei hatten die Überbringer dann erfahren, dass der Herzog wegen der Kontributionen dem König schreiben wollte, und sich in einem zweiten Schreiben erboten, das Schreiben des Herzogs auf Kosten der Bittsteller zu expedieren, um die drohende Exekution zu vermeiden und wenigstens bis zur endgültigen Entscheidung Aufschub zu erlangen. Es ist unklar, wohl eher zweifelhaft, ob die Bittsteller Erfolg gehabt haben. Der Vorgang bestätigt indes die Ereignisse und Folgen der Kriegsjahre 1627 bis 1629. Die Stadt hat vor allem an dem Überfall vom 5. April 1628 und der anschließenden Plünderung schwer gelitten und ist von ihrer Bevölkerung wegen der exponierten Lage, aber auch wegen der Pest in großer Zahl verlassen worden. Die St.-Nicolai-Kirche nahm erheblichen Schaden. Offenbar ist die Pest erst gegen Ende des Jahres 1629 ausgebrochen. Dafür spricht das gänzliche Fehlen von Urkunden auch aus dem Folgejahr 1630. Die Beliebung, schon im Juni (26.) 1629 gegründet, ginge demnach nicht auf die Pest, sondern auf die kriegsbedingte Armut zurück.

Um eine der Stadt auferlegte Kontribution ging es auch 1631. Diesmal stritt sich das Stadtregiment mit dem in der Stadt lebenden Adel um dessen Beitrag zu einer sechsjährigen Kontribution an den Herzog zur Abdeckung der landesweiten Kosten der kaiserlichen Einquartierung und anderer Staatsschulden und deren Verzinsung in den Jahren 1627 bis 1629. Beide Parteien wurden zur Anhörung auf den 5. 9. 1631 in die Kanzlei nach Gottorf zitiert. Geladen wurden sämtliche vom Adel, so ihre Häuser, Wohnungen und Höfe in Eckernförde hatten[47], nämlich (alphabetisch nach Familiennamen geordnet):

†	Benedikt von Ahlefeldt (Stubbe)	†	Heilwig Rantzaus Erben
†	Franz von Ahlefeldt	††	Sophia Rantzau (Witwe)
	Johann von Ahlefeldts Witwe	†	Dorothea Ratlow
†	Kay von Ahlefeldt	††	Ide Reventlow (Witwe)
††	Lucia Brocktorff	††	Elisabeth Rumohr
	Margarete von Brocktorff	††	Siegfried Schack
	Jürgen von Buchwaldt	††	Siegfried von Tinen
	Dorothea van Damme		Anna Wensin
††	Henneke Meinstorf	†	Dorothea von der Wischs Erben
††	Anna Pogwisch (Witwe)	†	Margarete von der Wischs Erben
	Benedikt Pogwischs Witwe		Otto von der Wisch
	Eibe Pogwisch		Siegfried von der Wischs Erben
†	Dietrich Pogwisch (Erben)	††	Henneke Wonsfleth
	Burckhard Rantzau	††	Wulf Wonsfleth
††	Eibe Rantzau (Witwe)		

Da es um das Grundeigentum als Steuerbemessungsgrundlage ging, wird man davon ausgehen können, dass es 1631 29 Grundbesitztümer von Adligen gab mit mindestens ebenso vielen adligen Bewohnern. Die Kriegsereignisse hatten also nichts daran ändern können, dass Eckernförde bevorzugter Adelssitz war und blieb. Die Stadt muss mit ihrer Forderung durchgedrungen sein; denn gegen acht aus dieser Schuldnerliste (durch † gekennzeichnet) und „den Adelichen Erben zu Sehestette" haben Bürgermeister und Rat Vollstreckung in deren Häuser beantragt[48]. Einer Eingabe elf anderer Adligen aus diesem Kreise (durch †† gekennzeichnet) zufolge haben der Rat der Stadt mit einer Anzahl Bürger und den Stadtknechten in die Häuser dieser Adligen vollstreckt, nachdem sie deren anteilige Kontributionen vorgelegt hatten[49]. Die betroffenen Adligen erklärten die Forderungen für überhöht und forderten eine angemessene Berücksichtigung des Umstandes, dass sie mit ihren Häusern von der kaiserlichen Einquartierung besonders hart betroffen worden seien. Auch war ihnen zu Ohren gekommen, dass zwei zum Hofstaat gehörende Eckernförder Adlige, Otto von der Wisch und Jürgen von Buchwaldt, herzoglicher Rat und Hofmeister der Herzogin, sich mit den „Impetranten" zu günstigen Bedingungen verständigt hatten, und verlangten nun Offenlegung dieser Bedingungen als Grundlage einer gütlichen Regelung. Der herzogliche Kanzler Dr. Erich Hedeman bestärkte die „Supplicanten" in dieser Tendenz.

Der Vorgang lässt erkennen, wie sehr sich die Gewichte zwischen Herzog, Adel und Stadtregiment seit dem Beginn des 17. Jahrhunderts verschoben hatten. Mit Unterstützung des Landesherrn, der in zunehmendem Maße auf die städtischen Kontributionen angewiesen war, konnten Bürgermeister und Rat den Einfluss des eingesessenen Adels zurückdrängen. Dem Adel ging es dabei nicht mehr um Vorrechte, sondern um Gleichberechtigung mit den Bürgern. Sie forderten für sich „das Commodum Civitatis, des Bürgers Recht vund Freyheit ...."

Was in einem Adelshaus in Folge der kaiserlichen Einquartierung für Kosten angefallen waren, rechnete Eibe Pogwisch, Stifterin der Pogwischgruft in St. Nicolai, dem Hofgericht zu Gottorf vor[50], (nur die Positionen): auf dem Boden gedroschener Hafer, Roggen, gedroschener Hafer mit Stroh zu Häcksel geschnitten, Heu im Stall, einen Hauptmann fünf Wochen mit vier Pferden logiert, einen Marketender mit sieben Pferden logiert, einen Fähnrich vier Wochen mit zwei Pferden unterhalten, noch einen

Marketender mit vier Pferden für sechs Wochen, bare Kontribution 75 Mark, einen neuen „beschlagenen" Wagen, den der 1. Marketender mitgenommen hatte, von (ihrem Pächter?) Severin Witte einen großen beschlagenen Kornwagen weggenommen, Stoff für den Marketender gekauft, „noch zu Kranken Soldaten so in meinem Hause gelegen überschiket 7m 4ß". Zu ihren Kosten rechnete Eibe Pogwisch auch den Wert der Eichen- und Föhrenbretter, die Bürgermeister und Rat zum Bau der Schanze (vor dem Kieler Tor, 1628) requirieren ließen und das, was die „Konigschen" mitgehen ließen: zwei Betten mit allem Zubehör und das zinnerne und kupferne Küchengerät. Die Rechnung schließt, beschränkt auf die Schäden im Kaiserkrieg, mit 646 Mark 4 Schilling und vermittelt einen Eindruck von Art und Größe eines Adelshauses. Sie macht verständlich, warum Adelshäuser bevorzugte Objekte der Einquartierung waren: Sie konnten Pferde aufnehmen und versorgen.

Der Lübecker Friede von 1629 konnte nicht von Dauer sein, nicht einmal zwischen König und Herzog, in deren Beziehungen der Keim zu einem immer wieder aufflammenden Gegensatz zwischen den beiden Linien des Oldenburger Fürstenhauses gelegt worden war. Erst recht konnte der Friede in Deutschland keinen Bestand haben, nachdem Kaiser Ferdinand II. auf Betreiben der geistlichen Kurfürsten am 6. März 1629 das Restitutionsedikt erlassen hatte, demzufolge alle seit dem Passauer Vertrag von 1552 eingezogenen Stifte und geistlichen Güter der katholischen Kirche zurückzugeben waren, die Kalvinisten vom Religionsfrieden ausgeschlossen bleiben sollten und die katholischen Stände an der Rekatholisierung ihrer Untertanen nicht gehindert werden durften. Es betraf fast alle norddeutschen Stifte und Abteien, die unter weltliche Verwaltung gestellt worden waren, und legte damit „dem ganzen Reformationswerk die Axt an die Wurzel ..."[51]. Die Folge war, dass sich König Christian für weitere militärische Auseinandersetzungen im Süden zu wappnen suchte. Wesentlicher Anstoß war, dass der Rivale Schweden 1630 in den deutschen Krieg eingegriffen hatte und in fast ganz Niedersachsen festen Fuß fassen konnte. Von König Christians weit reichenden festländischen Befestigungsplänen blieb zwar nur Christianspries, das spätere Friedrichsort, allein übrig. Dazu hatte Christian 1631 von seinem Generalkriegskommissar für die Herzogtümer, Kai von Ahlefeldt zu Mehlbek, die Güter Knoop, Bülck und Seekamp erworben. Vom Erlös kaufte Kai von Ahlefeldt, ein Enkel des großen Heinrich Rantzau, von seinem Schwiegervater Marquard Rantzau die Schwansener Güter Saxtorf, Eschelsmark und Ornum.

Über die rechtlichen Grundlagen des Eckernförder Stadtregimentes dieser Zeit liefert ein Schreiben an den Landesherrn, Herzog Friedrich III., Aufschluss, das in Abteilung 7 des Landesarchivs „Herzöge von Schleswig-Holstein-Gottorf 1544– 1713" verwahrt wird. Dieser Aktenbestand betrifft vor allem die innere Verwaltung des herzoglichen Anteils, für deren erstaunlich gutes Funktionieren er Zeugnis ablegt. Im Schreiben vom 1. September 1632 (Gottorfer Bearbeitungsdatum) aus dem Aktenkonvolut Nr. 5467 fragten Bürgermeister und Rat an, wie wegen der Wiederbesetzung einer Bürgermeisterstelle zu verfahren sei, nachdem der Amtsinhaber Heinrich Stadtlander „bei iungst entstandener Kriegs Unruhe mit todt abgegangen" sei. Sie bringen das alte Recht vom „nachgeblieben" Bürgermeister und Rat in Erinnerung, einen neuen Bürgermeister aus ihrer Mitte zu wählen. Doch den Briefschreibern ist auch bewusst, dass des Herzogs Vater Johann Adolf in die Stellenbesetzung mit eigenen Wünschen eingegriffen hatte, wie etwa 1613 beim von ihm bestimmten Bürgermeister Simon Christian. Darum ersuchten die Eckernförder um Bestätigung des alten Wahlrechtes, was auch nach dem Vorschlag im Gottorfer Bearbeitungsvermerk geschehen sein dürfte.

Wir haben diesen Vorgang aus der inneren Landesverwaltung so ausführlich dargestellt, weil er einerseits für die städtische Selbstverwaltung Eckernfördes bedeutsam
war, andererseits aber auch ein helles Licht auf die stadtgeschichtlich wichtige Quelle
dieser Gottorfer Akten wirft. Sie tragen wesentlich dazu bei, die auch in dieser Periode immer noch bestehenden Lücken im Stadtarchiv zu überbrücken, in dem etwa die
Eckernförder Seite der Korrespondenz mit Gottorf fast vollständig fehlt.

Im Übrigen lässt auch dieser Vorgang erkennen, wie weit die Normalisierung der
Lebensverhältnisse in Eckernförde 1632 vorangeschritten war.

Aus den Gottorfer Akten gehen auch die „gravamina" (Beschwerden) der Stadt hervor, deretwegen sie um eine erneute Stadtrechtsverleihung einkam[52]. Auch hier wird
darauf verwiesen, dass „bei unseren Vorfahren Zeiten, Ihn dehme Jüngsten Brande,
Somith alle privilegien Und Confirmatien" mit verbrannt seien. Die Eckernförder
baten nun ausdrücklich darum, dass das ihnen erneut zu verleihende Schleswiger
Stadtrecht Regelungen enthalte, die ihren wesentlichen „Beschwerungen" abhelfe. An
erster Stelle stand der sattsam bekannte Ärger mit den vorenthaltenen Abgaben auf die
Häuser des Adels. Da die Stadt sich im Wesentlichen aus den Abgaben auf den Hausbesitz finanzierte, sollte der Adel auf jeden Fall bei aus Bürgerhand erworbenen Häusern für diese auch Steuern zahlen und im Übrigen eine althergebrachte individuelle
Steuerfreistellung nachweisen. Zum Zweiten ging es um den Missbrauch der Rendsburger und Husumer Sonderrechte, Korn unter Ausschaltung des Stapelrechtes durch
Eckernförde hindurchzuführen. Dies übertrugen die Rendsburger und Husumer
heimlich auch auf Leute aus Itzehoe, Krempe und Wilstermarsch, wodurch der verbo-
tene Handel von Gast zu Gast möglich würde. Dritter Wunsch war, die Zollbefreiung
der Schleswiger für ihre Ausfuhr aus Eckernförde aufzuheben. Viertens kamen die
Eckernförder für eine Einschränkung des Rechtes ein, gegen ein Urteil ihres Rates ans
Hofgericht zu Gottorf zu appellieren.

Schließlich ging es fünftens noch einmal gegen den Adel, der über den zugelassenen
Kauf für den eigenen Bedarf hinaus sich von seinen Häusern und Speichern aus am
regelrechten Warenhandel beteiligte und damit den Bürgern der Stadt Schaden zufügte.

Die erneute Begnadung mit dem Schleswiger Stadtrecht ließ auf sich warten. Im
Wege standen zunächst wohl die Bemühungen des Landesherrn, die Rechte der
Landstände, also des Adels, des Klerus' und der Städte, einzuschränken und das Erb-
fürstentum durchzusetzen. Es folgte der Regierungswechsel auf Herzog Friedrich
III., und dann der große Krieg, der für Jahre die Regierungstätigkeit lahm legte.

So mussten die Eckernförder noch bis 1635 auf ein neues Stadtrecht warten.

Mit den schwedischen Erfolgen in Deutschland und dem dadurch bewirkten relati-
ven Frieden in der Ostsee und in den Herzogtümern lebte auch der Eckernförder Seehandel schnell wieder auf. Ein Vergleich der Brückenrechnungen der Jahre 1620 und
1635[53], die etwa den gleichen Abstand zur Schreckenszeit von 1625 bis 1629 haben,
zeigt sogar eine Verdoppelung der abgerechneten Ladungspartien und eine reichliche
Verdreifachung der Brückengeldeinnahmen im Jahre 1635 gegenüber 1620 (163 : 78
bzw. 273 M ^{ß} : 83 M ^{ßß}). Die Schiffe kamen in erster Linie aus Häfen der Herzogtümer,
dort vor allem aus Fehmarn, dann aus Dänemark, aus Nakskov und Langeland vor
allem, schließlich von den Hansestädten, unter denen Lübeck und Danzig obenan
standen. „Upgeschepet" wurden vor allem Roggen, Gerste, Erbsen, Wicken, Weizen,
Malz, Hopfen, Hafer, Butter, Speck, Fisch, Salz, Holz und Haustiere. Die Zunahme
der einnahmeträchtigen „Einfuhren" im Vergleich zum Jahre 1620 ging bei etwa
gleichgebliebenen Anteilen dänischer Herkunftshäfen auf einen verstärkten Waren-

eingang aus den deutschen Ostseehäfen zurück[54]. Dies lässt sich damit erklären, dass der Ostseeverkehr 1635 nicht mehr, wie 1620, vom unausgetragenen dänisch-schwedischen Gegensatz und dem drohenden Aufmarsch der katholischen Heere beeinträchtigt war.

Welche Güter den Eckernförder Hafen verließen, „afgeschepet" wurden, ist nicht so genau verzeichnet, wohl weil hier nicht immer Brückengeld erhoben wurde und es auch keine Brückengeld-Differenzierung gab, wie etwa bei den hohen Durchfuhrtarifen für die für Rendsburg bestimmten Ladungen. Nach den nur gelegentlichen Aufzeichnungen zu urteilen, verließen den Hafen zu Schiff Bier, Met, Wein, Hopfen, Holz, Hering, Räder und einmal Schubkarren nach Prieserort, wo die Festung Christianspries gebaut wurde.

Im gleichen Jahr 1635 wurde auch endlich das Eckernförder Stadtrecht „nachdem es sehr dunckel und unrichtig befunden verbessert in richtiger Ordnung gebracht, und von dem ... Herzog ... confirmiret ..."[55].

Das verbesserte und neu geordnete Stadtrecht hatte sich natürlich weit vom Schleswiger Vorbild entfernt, auf das es sich immer noch berief. Über die in Deutschland ausgebildeten Gottorfer Juristen hatten Normen des römischen, des kaiserlichen und des sächsischen Rechtes Einzug gehalten. Auch auf die neue schleswig-holsteinische Landgerichtsordnung wurde Bezug genommen.

Von den 34 Kapiteln handelten die ersten drei von Rechten und Pflichten der Richter (Bürgermeister und Rat), des Stadtschreibers, der als Notar fungierte, der in der Stadt wohnenden Edelleute und ihrer Bürger: Das neue Stadtrecht galt nun uneingeschränkt auch für die Adeligen, die alle Lasten der städtischen Lebensgemeinschaft mitzutragen hatten.

Kapitel IV bis IX regelten die Strafgerichtsbarkeit des Rates bei Gewaltverbrechen, Ehebruch und Bigamie. Die Strafen waren hart. Ein verheirateter Notzüchtiger wurde mit dem Tode bestraft. War er unverheiratet, kam er damit davon, dass er die Genotzüchtigte ehelichte.

Die Kapitel X bis XII betrafen die familienrechtlichen Konsequenzen eines Todesfalls (Vormundschaft, Testament und Erbschaft). Nicht nur Kinder, auch alle ledigen und verwitweten Frauen bedurften eines männlichen Vormunds. Nach Kapitel XIII und XIV wurden Raub und Diebstahl mit der in Handelsstädten nötigen und üblichen Schärfe geahndet.

Kapitel XV bis XVII regelten das Prozess-, das Kauf- und das Gewährleistungsrecht, das auch nach den Bedürfnissen einer Handelsstadt gestaltet war. So durfte alles Gut, das zu Wagen in die Stadt zum Verkauf gebracht wurde, nur auf dem Markt angeboten werden.

Das sehr kurze Kapitel XIX „Vom Ehestande" sollte wohl das Besitzbürgertum vor Mitgiftjägern schützen. Danach verwirkte eine „FrauenPerson", die ohne Konsens und Vollmacht ihrer Eltern oder ihres Vormundes heiratete, ihr Gut. Kapitel XX bis XXIX lassen sich zum städtischen Schuldrecht zusammenfassen, das durch die starke Stellung des Gläubigers gekennzeichnet war. Vom heutigen Rechtsverständnis weicht dabei ganz besonders das Kapitel XXVIII ab, demzufolge der Käufer von Grundbesitz darüber abgeschlossene Mietverträge nicht zu halten brauchte. Der Mieter war in solchem Falle ungeschützt. Kapitel XXX stellte „Maße, Gewichte und Ellen" unter die Ratshoheit und die Anwendung falscher Maße unter Strafe. Nach Kapitel XXXII war die Verleumdung strafbar, Kapitel XXXIII schützte vor falscher Anschuldigung. Strafrechtliche Urteile sollten nur dann ergehen, wenn klare Beweise oder Geständnisse vorlagen. Eine Straftat, für die es keinen Kläger gab, sollte laut Artikel III dieses Kapitels XXXIII „Von Peinlicher anklage" von Amts wegen verfolgt werden.

Das letzte Kapitel (XXXIV) regelte das Berufungs-(Appellations-)Recht. Die Berufungsfrist war zehn Tage. Im Falle der Anrufung der Berufungsinstanz (des Gottorfer Hofgerichtes) musste für das vorinstanzliche Urteil Sicherheit geleistet werden. Berufung gegen das Urteil des Rates in Zivilsachen war seit 1624 nur möglich, wenn der Streitwert 60 Mark überstieg. Die Berufung musste mit einem Eid verbunden werden, dass der Appellant von seinem bisher noch nicht erlangten Recht ehrlich überzeugt sei.

Die 34 Kapitel („caput", capita) des Stadtrechtes von 1635 zählten 83 Artikel. 43, also mehr als die Hälfte, und zwar in den Kapiteln XIII bis XVIII, XX bis XXX und XXXIV stellen rechtliche Rahmenbedingungen für eine kaufmännische Tätigkeit dar, zeigen also deutlich, dass Eckernfördes Haupt-„Nahrung" der Handel war. Der dänische Rechtsexperte Thygesen vermisst in diesem Stadtrecht Regeln für Fischerei und Seefahrt, „der dog vas byens vigtigste erhverv"[56]. Dagegen ist, was die Seefahrt anlangt, auf die Brückenordnung von 1622 zu verweisen. Ob der Eckernförder Fischerei eine solch regelungsbedürftige Bedeutung zukam, ist aus bereits dargelegten Gründen sehr zu bezweifeln.

Fraglich ist auch, ob das in diesem Jahr 1635 gegen die alte Abel Kruse angestrengte Verfahren mit dem „Caput XXIII" Art. 2 des Stadtrechtes vereinbar war: „In Peinlichen Sachen müssen helle klare Beweiß oder einige Bekanntnuße sein. Sonst soll man nicht richten." Abel Kruse wurde allein auf Grund der mit Folter erpressten Aussagen anderer der Hexerei beschuldigten Frauen, Abel könne zaubern, der (Hexen-)Prozess gemacht. Als Wortführer der Gemeinde verlangte Kaspar Kolhoff vom Bürgermeister und Rat, das Verfahren gegen Abel Kruse zu eröffnen, nachdem diese erneut durch zwei auf Hemmelmark verbrannte vermeintliche Hexen belastet worden war. Nachdem sich 30 und später noch weitere 115 Bürger bereit erklärt hatten, die Prozesskosten zu übernehmen, eröffnete der Rat auf Drängen Kaspar Kolhoffs das Verfahren und sandte den Kaplan Daniel Bornemann, den Ratsherrn Heinrich Ripenauw, Stadtschreiber Simon Crusius, Jacob Dieckhoff und Hans Christian zu Abel Kruse. Sie forderten die vermeintliche Hexe auf, um ihrer Seligkeit willen und um der Tortur zu entgehen, zu bekennen. Doch sie schwor, unschuldig zu sein und nicht zaubern zu können. Sie bat, die Rückkehr ihrer noch drei Tage ortsabwesenden Söhne abzuwarten. Auf Drängen zauberfürchtiger Eckernförder Bürger wurde sie dennoch sofort dreimal zwei Stunden lang gefoltert. Ohne bekannt zu haben, starb sie eine Stunde danach. Bürgermeister und Rat, die in dieser Sache dem Drängen der Gemeinde nachgegeben hatten, mussten schließlich auch zulassen, dass Abel Kruse ein ehrliches Begräbnis versagt und sie vom Henker vor dem Tor verbrannt wurde. Eine unrühmliche Rolle hatte dabei der Herr auf Hemmelmark, Rittmeister Heinrich Brockdorff, gespielt. Er bestätigte die mit Folter erpressten, Abel Kruse belastenden „Geständnisse" der beiden unter seiner Gerichtsherrschaft verbrannten Hexen[57]. Heinrich Brockdorff war der Sohn Detlev Brockdorffs, der 1615 Abel Laverentzen als angebliche Hexe auf Altenhof hatte zu Tode foltern lassen[58].

Noch ein Ereignis des Jahres 1635 kann dafür angeführt werden, dass sich das Leben der Stadt nach den leidvollen Jahren 1625 bis 1629 einigermaßen normalisiert hatte. Am 9. Juni 1635 wurde die Amtsrolle des Eckernförder Tischleramtes, zu dem die berühmten Bildschnitzer gehörten, revidiert und verbessert und durch Herzog Friedrich (III.) erlassen[59]. Sein Vater hatte die Handwerksämter um eines besseren Wettbewerbs willen abgeschafft; der Sohn musste sie 1624 auf Betreiben der Städte wieder zulassen. Danach wurden die Tischler (und Schnitzer) wieder als „geschlossenes" Amt eingerichtet, in dem es höchstens acht Meister geben durfte. Dass diese schon 1605 eingeführte Schließung des Amtes trotz zwischenzeitlicher Liberalisierungsbestrebungen der Landesherrschaft erneuert wurde, lässt den Schluss zu, dass es 1635 auch schon Meister gegeben hatte. 1632, zur Zeit der Stiftung des Sintflutbildes, lebten von diesen mit Sicherheit sechs, nämlich Clawes Neue (Nef), Claus Wichman, Ratke Ratkens, Jürgen Faget (Vogt), Friedrich Johansen und Jochen Remeke. Dazu kommt noch der angehende Meister Hans Gudewerdt (II) und möglicherweise auch dessen Vater[60], von dem wir zuverlässig nur wissen, dass er zwischen 1628 und 1642 verstorben ist.

Nur einer von den genannten Meistern, Johansen, ist unter den 41 „nachgeblieben" Bürgern auf dem Sintflutbild aufgeführt.

Wir können resümieren. Schiffsverkehr, Erneuerung des Stadtrechts, Hexenprozess und Erneuerung der Amtsrollen zeigen für 1635 ein intaktes und einigermaßen lebendiges Gemeinwesen, das nicht sechs Jahre zuvor durch die Pest auf Dauer fast gänzlich entvölkert worden sein kann. Die Einwohner, die vor der Pest geflohen („wech gerisen") waren, hatten ihren Platz im Eckernförder Gemeinwesen zum größten Teil wieder eingenommen. Die Stadt war auf gutem Wege, sich von den auf dem Sintflutbild vermerkten Heimsuchungen und den Folgen der blutigen Landung vom 5. April 1628 zu erholen.

Im Jahr 1634, in dem Hans Gudewerdt (II) (Voll-)Meister des Tischleramtes wurde, brach über den schleswigschen Anteil des Gottorfer Herzogs erneut eine Katastrophe herein. In der Nacht vom 11. auf den 12. Oktober zerriss eine Sturmflut die Insel (Nord-)Strand. 6123 Menschen ertranken, mit ihnen über 50 000 Stück Vieh. Dazu kamen in Eiderstedt noch einmal 2107 Menschen und etwa 13 000 Stück Vieh. Eine wesentliche Ursache für das schreckliche Ausmaß der Verluste an Land, Menschen und Tieren war nicht nur eine besonders ungünstige Konstellation der Naturkräfte. Das in der Dunkelheit bei heftigem Sturm ganz plötzlich hereinbrechende Unheil traf dazu auf einen Küsten- und Deichschutz, der von der durch Krieg und wechselnde Besatzung wirtschaftlich und politisch geschwächten Bevölkerung vernachlässigt worden war[61]. In einer Bittschrift an den Herzog hatten die Bevollmächtigten und Einwohner der Insel Nordstrand schon am 24. März 1628 zur Begründung ihres Ersuchens um Befreiung von Kriegskontributionen darauf hingewiesen, dass fast ein Drittel des Landes unter Wasser stehe und sie andernfalls nicht in der Lage seien, die eingebrochenen Deiche wieder aufzubauen und die übrigen zu reparieren[62].

In Eckernförde war Henneke Meinstorff als Herr auf Seegard, dem einzigen adligen Gut auf Pellworm, von der Sturmflut betroffen. Seegard war 1589 in weiblicher Erbfolge über die Ehe seines Großvaters Jakob auf seinen Vater Christoph, zeitweise Amtmann in Kiel und Bordesholm, und dessen Bruder Claus übergegangen. Henneke Meinstorff lebte seit 1595 in Eckernförde. Nach dem Tode seines Vetters Jakob Claussen Meinstorff war ihm Seegard ganz zugefallen. Das Gut lag im „Großen Koog" Pellworms, der zwar auch von der „Burchardiflut" vom 11. Oktober 1634 überschwemmt worden war, aber nach Schließung der drei Deichbruchstellen im folgenden Sommer erhalten werden konnte[63]. Es ist nicht ersichtlich, welchen Einfluss dies auf Henneke Meinstorffs wirtschaftliche Situation gehabt hatte. Er starb 1637; seine Witwe Magdalene konnte immerhin das kostbare Altarblatt in St. Nicolai zu Eckernförde dem Andenken ihres „seligen Junckeren" widmen. Eine Spur Meinstorffschen Besitzes auf Pellworm befindet sich auf J. Meyers „Landtcarte von Nordergoesharde Ambt Husum-Lundenberg undt dem Nordstrande" von 1649[64]. Dort ist, Pellworm und Gut Seegard östlich vorgelagert, die „Meinsdorper Hallig" eingezeichnet.

Henneke Meinstorffs Sohn Christoph aus erster Ehe mit Agathe Pogwisch starb 1664 „als letzter aus selbigem uhralten Adel", wie sich seine Ehefrau ausdrückte[65], und wurde in der Meinstorffschen Gruft in St. Nicolai beigesetzt.

Das Recht, eine eigene Grabkammer vor die Meinstorff'sche zu setzen, erwarb am 12. August 1635 der herzogliche Landrat Georg von Buchwald[66]. Erstmals erschienen auf der Kaufurkunde die zwölf Deputierten, die als Kontrolleure der öffentlichen Finanzen und der Finanzgebarung des Rates eingesetzt worden waren. Die Liste der zwölf führte Johan Remeke an. Der Tischlermeister erhielt 1637 von der Kirchengemeinde 200 Mark für die Empore, die er in das nördliche Seitenschiff eingebaut hatte[67]. Sie wurde 1876 auf beide Seiten der Orgel umgesetzt.

Wie sehr sich die Verhältnisse in den Herzogtümern normalisiert hatten, obwohl im Süden des Reiches der Dreißigjährige Krieg fortwütete, wurde auch in einer gemeinsamen Verordnung der Landesherren vom 9. April 1636 sichtbar, mit welcher kirchliche Generalsuperintendenten eingesetzt wurden[68]. Jakob Fabricius für den herzoglichen und Stefan Klotz für den königlichen Anteil sollten für eine verbesserte Kirchenzucht sorgen und den Missbrauch adliger Kirchenpatronatsrechte verhindern. Auch sollten Verschwendung und Prunk eingedämmt werden. Die Gesellschaftsstruktur des Barockzeitalters wird in einer Polizeiverordnung beider Landesherren für Schleswig sichtbar, wonach die Stadtbevölkerung in mindestens sechs Klassen zu unterteilen war[69]:

1. Gelehrte Räte und Geistlichkeit
2. Bürgermeister und Rat
3. Bürger mit mindestens 9000 Mark Jahreseinkommen und die Großkaufleute
4. Kleinere Kaufleute und vornehmere Handwerker
5. Gemeine Bürger und Handwerker
6. Dienstboten, Tagelöhner und dergleichen

Dass zu gleicher Zeit die adligen Gutsbesitzer ihre Rechte an ihren Hintersassen (Leibeigenen) stärken konnten, ist an einem Zusatz zur „Revidierten Landgerichtsordnung" von 1636 erkennbar, wonach das Recht auf Auslieferung entflohener Leibeigener bei Verheirateten erst nach zehn, bei Unverheirateten gar erst nach 30 Jahren verjähren sollte[70]. Damit war der mittelalterliche Grundsatz „Stadtluft macht frei" (nach „Jahr und Tag") endgültig außer Kraft gesetzt, die Leibeigenschaft rechtlich anerkannt.

Eckernförde, von dem nach den Worten von Bürgermeister und Rat in dieser Zeit (1635) „der dritte Theil ... noch öhde undt wüste lieget"[71,] musste um seine Rechte und Privilegien kämpfen. Dem Umlandadel gegenüber, der sich zusätzliche Einnahmequellen erschließen wollte und sich nicht nur als Produzent von, sondern auch als Händler in landwirtschaftlichen Produkten betätigte, musste das Stapelrecht der Stadt für alle Einfuhren verteidigt werden. Grundsätzliche Bedeutung hatte es auch, dass Detlev Brocktorff auf Windeby im Winter 1636 von den im Noor auf Aale fischenden Eckernförder Fischern als Eigentümer des Ufers wieder eine („Mattfisch"-)Abgabe forderte, die jahrzehntelang nicht mehr erhoben worden war, und die Leistung schließlich mit Gewalt erzwang[72]. Doch die Stadt konnte sich bei der herzoglichen Regierung mit der dem Jydske Lov entsprechenden Rechtsfassung durchsetzen, dass das Noor als Gewässer dem Landesherrn zustehe und damit zur landesherrlichen Stadt Eckernförde gehöre.

Probleme ergaben sich auch in der Mühlenversorgung der Stadt. Für Eckernförde waren zuständig die Borbyer Mühlen (eine Wind- und eine Wassermühle), aber auch die Schnaaper Wassermühle; die das Gefälle zwischen den Schnaaper Seen und dem

Abb. 46
Epitaph für die Familie des Rats-
herrn Heinrich Ripenauw in St.
Nicolai zu Eckernförde (um 1650)
(Rahmen Hans Gudewerdt [II]
zugeschrieben)

Noor nutzte. Die Borbyer Mühlen hatten wohl unter den kriegerischen Ereignissen der Jahre 1627 bis 1629 stark gelitten, sodass die Gottorfer Regierung 1631 ihre Niederlegung verfügte und die Eckernförder an die Schnaaper Mühle verwies. Dagegen wandte der Rat der Stadt ein, dass dies die ohnehin knappen Kornprodukte wegen des längeren Fuhrweges weiter verteuern würde. Auch sei „... die halbe Zeit im Sommer zue Snap kein Wasser ...“ Nach langem Hin und Her wurde 1639 vereinbart, dass die Stadt die Borbyer Windmühle einmalig mit vom Landesherrn (als Eigentümer) zu lieferndem Baumaterial in Stand zu setzen habe. Den laufenden Unterhalt wolle der Landesherr tragen bis auf die von der Stadt zu besorgenden Segel der Mühle. Die Verhandlungen der Stadt mit dem Gottorfer Amtmann Jürgen von der Wisch führte für Eckernförde im Wesentlichen der Ratsherr Hinrich Riepenow[73] (Abb. 46). Schwierigkeiten gab es 1642 wieder bei der Bestellung eines neuen Bürgermeisters, der den verstorbenen Joachim Thielber ersetzen sollte. Dabei setzte sich der Landrat und Amtmann auf Gottorf Jürgen von der Wisch[74] über das Präsentationsrecht des Eckernförder Rates hinweg und schlug dem Herzog den Eckernförder Bürger und Schiffer Hans Schiring vor. Der andere Bürgermeister Simon Kruse und der Rat setzten sich gegen die Verletzung ihres Rechtes und gegen die Person des Kandidaten heftig zur Wehr, den sie damit herabzusetzen suchten, dass er „sich zu Zeiten des

Fischens und aallstechens gebrauchet ...", „das dieser Schiring ein zanksüchtiger Kerll ist, der fast teglich, wan ehr zu Hause ist, in gemeinen Bier Kruegen lieget undt daselbst mit andern oftersmall sich schlecht hadert undt zankt, furret mit seiner frauwen ein sehr ergerliches leben, welche unter sich ein solch gebris und gezenck haben das die nachbahren mannichmahl gennug zu steuren haben, hatt von (Stadt-)Regimentssachen und anderem gerichtlichen Handeln gantz keinen Verstandt, und kann kaum nach notdurft lesen und schreiben ...".[75] Doch auch der Hinweis des Rates auf die lange Reihe von Bürgermeistern – Jürgen Krahmer, Jürgen Maß, Peter Mandix, Melchior Witte, Heinrich Stadtlander und Joachim Thielber, die aus der Mitte des Rates stammend, auf dessen Vorschlag Bürgermeister geworden seien[76], brachte nur einen vorübergehenden Aufschub[77]. Letztendlich ist Schiring doch Bürgermeister geworden. Doch scheint die Stadt tatsächlich nicht gut mit ihm gefahren zu sein. Während der folgenden Kriegswirren (1643–45) verließ er die Stadt und musste danach durch Zahlungsbefehl („mandatum poenale de solvendo") gezwungen werden, seinen Anteil an der Kriegskostenumlage der Stadt zu entrichten[78]. In der Folge ist er wohl seines Amtes verlustig gegangen; denn in einem weiteren Aktenstück in gleicher Sache vom 6. 3. 1646 (Gottorfer Eingang) lassen Bürgermeister und Rat als Antragsteller den Bürgermeistertitel weg[79].

Wir wissen nicht, warum Jürgen von der Wisch Hans Schiring unbedingt zum Bürgermeister machen wollte, müssen aber auch bei den Ablehnungsgründen des Rates vorsichtig sein, sofern sie in der Person des Hans Schiring liegen sollten. Dass es dem Rat in seine abschätzige Argumentation passt, dass er mal dem Fischen und Aale-Stechen oblegen habe, wirft ein Licht auf das geringe Ansehen, das diese Tätigkeit im Eckernförde des 17. Jahrhunderts genoss. Der Zweifel an seiner fachliche Qualifikation will nicht ganz überzeugen: Er ist in den sechs Jahren vor seiner Einsetzung als Bürgermeister einer der vier für den Hafenbetrieb verantwortlichen „Brückenherren" gewesen, die aus dem Kreis der Eckernförder Schiffer kamen. Ein erfolgreicher Schiffer (und Kaufmann) war er gewiss; denn er konnte 1639 aus dem Konkurs seines Schifferkollegen Detlef Isentrut dessen Haus unter Befriedigung aller vorrangigen Gläubiger erwerben[80]. Sicher war Hans Schiring nicht nach dem Geschmack der Ratsfamilien, die gewohnt waren, die Besetzung der Rats- und Bürgermeisterposten unter sich auszumachen. Über die Vetternwirtschaft im Stadtregiment gibt es einen undatierten Beleg wohl aus der Zeit kurz vor dem Tode des Bürgermeisters Joachim Thielber, der etwa 1641 erfolgt sein muss und zu der Schiring-Affäre führte. Damals setzte sich der Rat aus den Bürgermeistern Simon Kruse und Joachim Thielber und aus den Räten Heinrich Riepenouw, Nicolai Clausen, Peter Voss sen., Hans Blancke, Detlev Brocktorff und Laverentz Bock zusammen. Nachdem ein Urteil des Rates gegen ihn zu Gunsten seines Prozessgegners Johan Lude ergangen war, beschwerte sich der Berufungskläger Claus Otte beim Gottorfer Kanzler über die verwandtschaftliche Befangenheit der Mehrheit des Rates in Bezug auf seinen Prozessgegner: „... (1) ist wahr, dass der H. Bürgermeister zu Eckernförde Joachim Thileberen Sohnes frauwe und Johan Lude Schwester und Bruderkinder sein. (2) Der Ratvorwandter H. Niculai Claussen hat des Bürgermeisters Thileberen Tochter zum weibe (3) der Ratsherr Olde Peter Vossen Sohn hat auch Thileberen Tochter im Ehebette. (4) des Ratsherr Hans Blanken Mutter und Harmen Scheve ein Schwester und Bruder Kinder der Harmen Scheven hat Johan Luden Schwester gefreyet (5) Der Ratsherr H. Detlef Brocktorff ist des Bürgermeisters Joachim Thileberen frauwen Bruder (6) Der Her Laverentz Bock Radtsher ist gleichfalls vorigen Radespersonen mit schwigerschaft vorknüpft."[81]

Es bleibe dem interessierten Leser überlassen, dieses Verschwägerungsknäuel zu entwirren. Doch wird auch ohnedies deutlich, wie schwer es für neue Leute gewesen sein muss, in den engeren Führungskreis der Stadt vorzudringen.

Während es also in den Jahren 1630 bis 1642 in Dänemark und in den Herzogtümern relativ friedlich zuging, der Eckernförder Schiffsverkehr lag gemessen an den Brückengeldeinnahmen auf hohem Niveau, hatte der südlich der Elbe in Deutschland tobende „Dreißigjährige" Krieg ständig an Härte zugenommen und sich durch das Eingreifen von Schweden und Frankreich zu einem europäischen Konflikt ausgeweitet.

Mit dem Eingreifen König Gustav Adolfs von Schweden 1630 und seinem Siegeszug gegen die kaiserlichen Armeen erhielt die schwer darnieder liegende protestantische Sache wieder Auftrieb. Doch der Schwedenkönig, der seinen Vormarsch in das Reich hinein sichern musste und nur mühsam die protestantischen Fürsten für sich gewinnen konnte, vermochte nicht die Eroberung und vollständige Zerstörung Magdeburgs durch die Kaiserlichen unter Tilly und Pappenheim zu verhindern. Erst mit dem Sieg bei Leipzig und Breitenfeld (7. 9. 1631) setzte sich das überlegene Feldherrntalent des Königs und die Kampfkraft seines schwedischen Bauernheeres durch. Bei Breitenfeld fiel als kaiserlicher Oberst der jüngere Bruder Herzog Friedrichs III. von Schleswig-Holstein-Gottorf, der als „Erbe zu Norwegen" nach der Krone des zur dänischen Provinz herabgesunkenen Landes getrachtet hatte[82]. Bei Rain am Lech erzwangen die Schweden am 15. 4. 1631 den Übergang in das bisher vom Krieg verschonte Bayern. Tilly wurde tödlich verwundet. So musste der Kaiser Wallenstein, den er auf Drängen der deutschen Fürsten wegen seiner barbarischen, auch Freundesland nicht verschonenden Kriegsweise abberufen hatte, als Generalissimus mit fast unbeschränkten Vollmachten wieder einsetzen. Der „Friedländer" eroberte Böhmen und Sachsen zurück und zog dann den Schweden nach Bayern entgegen. Diese stellten ihn bei Lützen südwestlich von Leipzig am 16. November 1632 zur Schlacht und behaupteten das Feld, verloren jedoch ihren auch von den deutschen Protestanten hoch verehrten König, der an der Spitze seiner „Smaaländer" den Soldatentod erlitt. Unter dem politisch sehr befähigten Kanzler Oxenstierna setzten die Schweden den Krieg um Deutschland und für die protestantische Sache fort. Im Heilbronner Bündnis vom 13. April 1633 konnte Oxenstierna die protestantischen Stände von Franken, Schwaben, Ober- und Niederrhein, nicht jedoch die eigene Ziele verfolgenden evangelischen Kurfürsten von Sachsen und Brandenburg hinter sich bringen. Schwedens Feldherren Bernhard von Sachsen-Weimar und Georg von Braunschweig-Lüneburg operierten erfolgreich in Süd- bzw. Norddeutschland, während sich Wallenstein nach Böhmen und Schlesien zurückgezogen hatte, um von dort aus eine eigene, auf friedlichen Ausgleich mit den Protestanten strebende Politik zu betreiben. Als er sich seiner erneuten Absetzung durch den Kaiser mit dem ihm treuen Teil seines Heeres in Böhmen zu entziehen suchte, wurde er auf Betreiben seiner Gegner am Hofe zu Wien am 25. Februar 1634 zu Eger ermordet.

Am 6. September 1634 unterlagen die Schweden mit ihren Verbündeten bei Nördlingen der von Spaniern verstärkten kaiserlichen Armee. Im Frieden von Prag (30. Mai 1635) kam es zum Ausgleich zwischen Kaiser und dem sächsischen Kurfürsten, dem sich die Mehrzahl der vom Kriege ausgebluteten Reichsstände anschloss. Das Restitutionsedikt von 1629 wurde aufgehoben. Dem die Schweden gegen das Haus Österreich unterstützenden Frankreich erklärte der Kaiser am 18. September 1635 den Krieg. Die Schweden, die auf die Ostseeküste zurückgeworfen waren, gewannen in Norddeutschland wieder die Oberhand. Ihr General Banér besiegte am 4. Oktober

1636 beim brandenburgischen Wittstock die mit den Sachsen verbündeten Kaiserlichen. Aus den einst als Befreier gefeierten Schweden waren nun allerdings grausame Ausbeuter und Unterdrücker geworden. Mit Kaiser Ferdinand II., der als Fanatiker der Gegenreformation einem konfessionellen Ausgleich entgegenstand und damit unendliches Leid über das deutsche Volk heraufbeschworen hatte, starb am 15. Februar 1637 der Hauptverantwortliche für die Katastrophe des Dreißigjährigen Krieges.

Sein Sohn und Nachfolger Ferdinand III. war zwar gleichen Sinnes wie sein Vater, aber doch dem Frieden geneigter als jener. So wurden auf dem Reichstag zu Regensburg 1640/41 Friedensverhandlungen mit Schweden und Frankreich beschlossen. Sie kamen nur langsam in Gang, während die Franzosen am Rhein und die Schweden im Norden und Osten des Reiches militärisch erfolgreich waren. Banérs Nachfolger Torstenson errang am 2. November 1642 bei Leipzig einen vollständigen Sieg über den kaiserlichen Feldherrn Piccolomini.

1643, noch in der 14-jährigen Friedensperiode im Norden, stiftete Anna Catrina Crusia[83], Ehefrau des Bürgermeisters Simon Crusius, eine Taufschüssel aus Messing. Spätestens von dieser Zeit an wird also in St. Nicolai die Taufe im Wege der „Immersion" (des Eintauchens), wie sie die Fünte von 1588 noch ermöglichte, durch die noch heute übliche Form der „Infusion" (das Abgießen über das Haupt) ersetzt.

König Christian IV. hatte am militärischen Geschehen dieser Jahre keinen Anteil, ließ aber keine Gelegenheit verstreichen, dem auf dem Wege zur Großmacht fortschreitenden schwedischen Konkurrenten auf diplomatischem oder handelpolitischem Felde zu schaden. Es gelang ihm, in den anlaufenden Friedensverhandlungen als Vermittler zwischen den gegnerischen Mächten zumindest auf kaiserlicher Seite akzeptiert zu werden, was für Schweden nichts Gutes bedeuten konnte. Als Christian dann auch noch, angeblich gegen Hamburg, militärisch rüstete und sich zunehmend in innerschwedische Angelegenheiten einmischte, erging im Mai 1643 an Torstenson, der in Schlesien dem kaiserlichen General Gallas gegenüber lag, die Weisung, sich für das Spätjahr auf einen Zug nach Norden vorzubereiten, um so tief wie möglich nach Dänemark einzudringen. Endgültig beschlossen wurde der Krieg gegen Dänemark am 16. November 1643. Bereits am 12. Dezember 1643 überschritt Torstenson bei Ratzeburg Holsteins und Anfang 1644 bereits Jütlands Grenze. Herzog Friedrich schloss mit Torstenson einen Neutralitätsvertrag, worin er seine Lande für 100 000 Reichsthaler von den Einquartierungslasten freikaufte.

Die Grenzfeste Trittau und die Häfen Kiel und Eckernförde wurden den Schweden als Stützpunkte eingeräumt[84]. Doch Torstensons im deutschen Krieg verwilderte Soldaten hielten sich durchaus nicht immer an den Neutralitätspakt. Zum Nachteil der Bevölkerung Schleswig-Holsteins wirkte sich auch aus, dass sich Herzog und König, die Landesherren, noch feindseliger gegenüberstanden als dies schon 1627 bis 1629 der Fall gewesen war. Der Herzog tendierte pro-schwedisch, der König neigte dem Kaiser zu. So hatten die königlichen Anteile vor allem unter den Schweden, die herzoglichen nicht nur unter den kaiserlichen, sondern auch noch unter den königlich-dänischen Truppen zu leiden.

Schon im Januar 1644 hatten die Schweden ganz Jütland besetzt. Eine dänische Reitertruppe, die sich unter Führung von Oberstleutnant Friedrich von Buchwaldt am Brückenkopf Snoghoi, Fünen gegenüber, den Schweden zum Kampf gestellt hatte, wurde völlig zersprengt. Buchwaldt, ein Neffe von Hans von Buchwaldt zu Kluvensiek und Vormund der Töchter von Henneke und Magdalene Meinstorf, geriet in schwedische Gefangenschaft.

Im Februar 1644 überschritt ein schwedisches Heer unter Gustav Horn die dänische Grenze in Schonen von Osten her. Das dänische Inselreich war damit in die Zange genommen. Nun ergriffen auch noch die Niederländer Partei für Schweden. Sie hatten sich durch ihren Seesieg über die Spanier bei Dover am 21. 10. 1639 vom spanischen Druck befreien können und wollten nun Dänemarks Schwäche für den Ausbau des lukrativen Ostseehandels nutzen.

Torstenson bereitete sich in Ostholstein auf eine Landung auf den dänischen Inseln vor. Da es an Schiffsraum mangelte, musste er sich zunächst mit der Besetzung Fehmarns begnügen. Die schwedische Flotte erwartete den Feind im Fehmarnbelt. Die dänische Flotte, etwa gleichstark wie die schwedische, war Christians IV. letzter Trumpf in der Auseinandersetzung mit dem Konkurrenten um die Vorherrschaft in der Ostsee. Am 1. Juli 1644 kam es in der Kieler Bucht zur „Schlacht auf der Kolberger Heide". Es gab keinen eindeutigen Sieger. Ihre historiografische Bedeutung hat diese Schlacht durch „die Erzählung von des Königs schwerer Verwundung" erlangt, „die von Johannes Ewald in einem schwungvollen, ... zum Nationalliede gewordenen Gedichte besungen ward". Die in Wort und Bild verherrlichte Begebenheit („Kong Christian stod ved hojen mast") hat Christian Brunn, seinerzeit Leiter der königlichen Bibliothek in Kopenhagen, klargestellt[85]: „Der einzige Schuß, von dem des Königs Admiralschiff ‚Dreifaltigkeit' getroffen wurde, fuhr in die Batterie, wo der König hinter einem Geschütze stand. Er tötete an des Königs Seite Eiler Ulfeld, der im Fallen den König mit zu Boden riß. Dieser blieb aber ‚frisch und gesund', außer daß sein rechtes Ohrläppchen durchschnitten wurde, sein rechtes Auge eine Kontusion erlitt, einige Splitter und Metallstücke ihm leichte Verletzungen zufügten und das Geschütz durch den Stoß blaue Flecken am Oberkörper hervorrief. Nachteilige Folgen hat der König zunächst nicht gespürt, in den nächsten Monaten sich in seiner Thätigkeit nicht stören lassen; er kam am 13. August 1644 heim nach Kopenhagen ‚glücklich und wohl zu Paß', wie er selbst schrieb, und ist gleich wieder nach Schonen hinübergegangen. Erst im Dezember klagte er über Übel, die er mit den erlittenen Beschädigungen in Zusammenhang brachte, und in der That ist ihm als spätere Folge derselben die Sehkraft des rechten Auges verlorengegangen."

Nach der zehnstündigen Schlacht auf der Kolberger Heide, in der sie unter leichten Vorteilen das Schlachtfeld behaupten konnten, zogen die Schweden sich zur Reparatur der Gefechtsschäden in die Kieler Förde zurück und ankerten zwischen der im Dezember zuvor von Torstenson eroberten dänischen Festung Christianspries und Laboe. Die dänische Flotte, die die Schweden zunächst vor Eckernförde gesucht hatte, legte sich nunmehr sperrend vor die Kieler Außenförde und schiffte an deren Ostufer Landungstruppen aus. Diese besetzten das Fördeufer bis zur Schwentine und legten Christianspries gegenüber in der heutigen Gemarkung „Dänenkate" eine Artilleriestellung an, von der sie die schwedische Flotte beschossen und dabei den schwedischen Flottenchef töteten. Fast hätte der von Süden heranrückende kaiserliche General Gallas auch noch die als schwedischer Stützpunkt dienende Stadt Kiel überrumpeln können, sodass die Lage der schwedischen Flotte kritisch wurde. Doch am 28. Juli 1644 besetzte Torstenson das Ostufer der Kieler Förde und warf die dänische Marineinfanterie auf ihre Flotte zurück. So konnte der Nachfolger des schwedischen Flottenchefs, der 30-jährige Generalmajor Graf Gustav Wrangel, den Ausbruch wagen, was in der Nacht zum 2. August 1644 fast ohne Verluste gelang. Damit war Dänemarks Chance, die Seeherrschaft in der Ostsee zurückzugewinnen, vertan, was Christian IV. seinen Admiral Peder Galt grausam entgelten ließ. Der 70-Jährige wurde mit dem Tode durch Enthaupten bestraft. Die eine Hälfte der dänischen Seestreitkräfte verfolgte vergeblich die aus der Kieler Förde ausgebrochene schwedische Flotte. Die andere Hälfte ging unter dem Oberbefehl des Königs auf der „Trefoldighed" nach Kopenhagen. Sie traf auf einen neuen holländischen Konvoi unter Admiral Martin Thijssen, war aber zu schwach, diesen Verband aufzuhalten, der den Sund gewaltsam und natürlich ohne Sundzoll zu entrichten, durchfahren hatte.

Es erwies sich als schwerer strategischer Fehler, dass König Christian nach dem Ausbruch der Schweden aus der Kieler Förde seine Flotte geteilt hatte. Denn die beiden Flotten, die niederländische und die schwedische, gegen die er einzeln mit seiner gesamten Flotte noch eine gute Chance gehabt hätte, sollten noch im selben Jahr vereint seiner Seeherrschaft in der Ostsee endgültig ein Ende bereiten. Den Ruf als großen Seehelden, „als welchen ihn das Nationallied preist", hat Christian also „keineswegs verdient".[86]

Nachdem die schwedische Flotte in Sicherheit war, sammelte Torstenson seine Truppen bei Rendsburg und marschierte an Gallas vorbei zurück ins Reich. In Aalborg, Aarhus, Ripen, Hadersleben, Christianspries, Breitenburg, Pinneberg und Trittau ließ er Besatzungen zurück. Bereits im September 1644 sandte er eine Heeresabteilung wieder nach Norden, sodass zwar Jütland von den Dänen besetzt werden konnte, die Herzogtümer jedoch in schwedischer Hand blieben. Aus dem nicht mehr von schwedischer Landung bedrohten Fünen warf Christian Truppen nach Schonen, um die dort eingedrungenen Schweden unter General Horn zu vertreiben, was freilich nicht entschieden genug betrieben wurde. Den Seekrieg des Jahres 1644 hatte man Anfang Oktober dänischerseits bereits als beendet angesehen und viele Schiffe aufgelegt. Was in See blieb, war unzulänglich bemannt. Als daher eine vereinigte holländisch-schwedische Flotte am 13. Oktober 1644 bei Fehmarn auf die Dänen traf, waren diese, die nur mit dem zurückkehrenden holländischen Konvoi gerechnet hatten, auf eine Seeschlacht unvorbereitet und wurden völlig vernichtet. Der Krieg war damit für Dänemark aussichtslos geworden.

Unter Vermittlung von Niederländern und Franzosen begannen Ende 1644 Friedensverhandlungen an der Grenze zwischen Schonen und Schweden in Brömsebro. König Christian, der immer noch auf eine Wende des Kriegsglücks hoffte, verzögerte jedoch den Abschluss eines Friedensvertrages. Schließlich schlugen sich die Niederländer ganz auf die Seite ihres schwedischen Verbündeten. Am 5. Juni 1645 durchfuhr ein starker niederländischer Konvoi von 37 Kriegsschiffen und 300 Handelsfahrzeugen ohne dänische Genehmigung und ohne Zollzahlung den Sund, ohne dass die unzureichend bemannten restlichen dänischen Kriegsschiffe dies verhindern konnten. Das brachte die Verhandlungen zu Brömsebro wieder in Gang, die schließlich im August 1645 zum Abschluss kamen. Schweden erhielt die Ostseeinseln Gotland und Öland und die norwegischen Landschaften Jemtland und Herjedalen, dazu als Pfand für die Sundzollfreiheit das schonensche Halland auf 30 Jahre. Das Erbbistum Bremen blieb schwedisch. Dem Gottorfer Herzog wurde Schutz gegen dänische Strafaktionen zugesagt.

Die Festung Rendsburg, durch königliche Truppen und die Bevölkerung verteidigt, konnte sich nach 20-wöchiger Belagerung durch die Schweden unübergeben in den Frieden retten. Die Belagerung hatte Oberst Helmuth Wrangel, der „tolle" Wrangel, geleitet, der zunächst sein Quartier in dem als schwedischer Stützpunkt dienenden Eckernförde aufgeschlagen hatte. Die Stadt hatte auch für den Unterhalt der Festung Christianspries aufzukommen[87] und für die schwedische Artillerie dort, wie auch für die vor Rendsburg, handwerkliche Dienste zu leisten[88].

Für die Stadt Eckernförde, die auch nach dem Friedensmonat August 1645 noch für Christianspries monatlich 200 Reichsthaler (= 600 Mark) kontribuieren musste, wird es eine Erleichterung gewesen sein, dass diese Festung nach Abzug der Schweden auf Dringen der schleswig-holsteinischen Stände geschleift wurde[89]. Das Festungsgelände mit Bülk, Knoop, Seekamp und Holtenau erwarb Friedrich von Buchwaldt zur Wiedereinrichtung dieser Güter. Er wurde damit Patron der Kirche zu Slabbenhagen (Dänischenhagen). Als Kavallerieoffizier war er im Kriege viel herumgekommen, hatte in kaiserlichen, sächsischen, schwedischen und schließlich dänischen Diensten gestanden und stiftete seiner Kirche Kelch, Patene und Oblatendose. Kelch und Dose tragen die bemerkenswerte Inschrift „DER DURCH UNBEDACHTSAME THAT / ANDERS / WO DIS ENTWENDET HAT / HAT NUN ZUR KIRCHEN WIEDERBRACHT / WAS ER IM KRIEGE DRAUS GERAFT" (mit Friedrichs Initialen).[90]

Auch die schwedischen Soldaten hatten während ihres Aufenthaltes im Eckernförder Umland kräftig Beute gemacht und diese dann versilbert. Im Kirchenarchiv Borby ist zu lesen: „... auch von den Schwedischen Völkern AD 1643, 1644 u. 1645 unter andern zugleich die Kirchen hin und wieder uffgebrochen, selbige, sowoll auch der Hrn. Prediger Häuser spoliret, Und also Vieles Von dem, was in Vorigen Jahren bey den Kirchen Vorhanden gewest, hinweggenommen."[91] In der Borbyer Kirche war sicher etwas zu holen. Hatte die Gemeinde sich es doch gerade erst leisten können, den 1595 durch Blitz zerstörten Kirchturm in den Jahren 1642/43 zu erneuern. Die Stadt Eckernförde, die auf Befehl des Herzogs zu diesem Bauvorhaben 60 Reichsthaler beitragen sollte, musste zu dieser Nachbarschaftshilfe erst durch Strafandrohung gezwungen werden[92].

Reparaturbedürftig war auch wieder eine für Eckernförde zuständige Mühle. Diesmal war die Schnaaper Wassermühle betroffen, deren Damm wohl durch Soldaten durchstochen worden war, was zum Stillstand der Mühle führte. Die Gottorfer Regierung verständigte sich mit dem Rat der Stadt dahingehend, dass dieser ausnahmsweise für die Handarbeit zur Schließung des Dammes sorge, die herzogliche Regierung für das nötige Material, „Busch und Pfalen", stellen wolle[93]. An sich hätte der Landesherr die ganzen Instandsetzungskosten tragen müssen, da er ja auch die „Matte", den Mahllohn, erhielt. So sollte die Übernahme von Reparaturaufwendungen durch die Stadt auch kein Präjudiz sein. Die reparierte Mühle wollte der Herzog durch die „Schwedischen" salvaguardiren lassen, die man dann auch schon um entsprechenden Schutz während der Reparaturarbeiten bitten könnte.

Die Jahre der vorwiegend in den Herzogtümern ausgetragenen kriegerischen Auseinandersetzungen brachten nicht nur erneut die Last der Kontributionen, der Einquartierungen und der gelegentlichen Plünderungen mit sich. Die allgemeine Verwilderung der Kriegssitten teilte sich auch der Bevölkerung mit. So wurde auch die Stadt Eckernförde verdächtigt, einige ihrer Bürger, die sich als „Schnapphähne" (= berittene Wegelagerer) betätigten, zu decken oder zumindest nicht nachdrücklich zu verfolgen und festzusetzen. Die Aktivitäten der Schnapphähne richteten sich vor allem gegen die schwedische Armee, die beim Herzog entsprechend Klage führte. So sollten vier Eckernförder einen schwedischen Marketender ausgeraubt und getötet haben. Als Täter genannt wurden der Kramer Andres Wechter (Mitstifter des Sintflutbildes), der Tischler Claus Neve (1630 als neuer Meister ins Eckernförder Tischleramt aufgenommen), ein Töpfergesell und ein gewisser Evert. Sie konnten nicht dingfest gemacht werden, weil sie sich entweder gut versteckt oder die Stadt mit Familie verlassen hatten[94]. In der Tat hatten viele wieder der Stadt den Rücken gekehrt. Briefe an den Herzog sind mit „die noch vorhandenen Eingesessenen zu Eckernförde" oder „die anwesenden Rahtsverwandten zu Eckernförde" unterzeichnet[95]. Das Stadtbuch weist zwischen dem 27. 3. 1643 und dem 10. 12. 1646

(S. 421 und S. 423) keine Eintragungen auf. Kehrten die „absentes" dann zurück, lehnten sie, wie Ex-Bürgermeister Hans Schiring, eine Beteiligung an den Kriegskosten der Stadt mit dem Bemerken ab, draußen alles verloren zu haben. Darunter waren auch recht prominente Bürger der Stadt: Detlef Nissen und Claus Tunder waren Schiffer und Brückenherren, Arent Mehling war Weinhändler und gehörte zu den Mitstiftern des Sintflutbildes. Der Herzog musste gebeten werden, diese „halsstarrigen" Schuldner „durch höhere Zwangsmittel zu Leistung ihrer Schuldigkeit anzuweisen ..."[96].

Die Einnahmen der Stadt aus dem Schiffsverkehr, die bei etwa 300 Mark jährlich gelegen hatten, sanken in den Kriegsjahren auf magere 100 Mark im Durchschnitt. Nach Kriegsende wurden dann die Rechnungen aufgemacht. Paul Rantzau, Enkel des gleichnamigen ersten Rantzau auf Kohöved, verdächtigte Eckernförder Bürger, ihm Hausgerät, Vieh, Pferde und Heu weggenommen zu haben. Den Schiffer Nicolaus oder Claus Kruse (Brückenherr 1643 ff.) verdächtigte er, eine kupferne Malzdarre (Trockengerät) entwendet zu haben[97]. Die Stadt hielt entgegen, dass der Kläger bereits „in der Schwedischen Zeit" nach seinem Gut in der Stadt gefahndet habe und dieserhalb mit den Reitern und Marketendern gehandelt, es also von den Schweden zurückgekauft habe. Holz sei hingegen in großen Mengen vom schwedischen Oberst Daniel Völker requiriert und weggeführt worden. Wegen der Darre habe es schließlich in Lübeck längst ein rechtskräftiges Urteil zu Gunsten Claus Kruses gegeben. Paul Rantzaus Klage war also gegenstandslos[98].

Erfolgreicher war dagegen Margarete Brocktorff auf Windeby. Während der „Schwedischen Unruhe" war eine ihrer Untergehörigen in die Dienste des Eckernförder Ratsherrn Johann Witte getreten. Ostern 1647 holte dann Margarete Brocktorff die Magd in ihre Dienste zurück. Nun wurde freilich offenbar, dass sie in ihrer Eckernförder Dienstzeit schwanger geworden war. Beim Kirchgang nach Eckernförde wurde sie vom Rat verhaftet, in Eisen gelegt und von Johan Witte, „ihrem gewesenen Herrn", im Gefängnis „Braun und Blau geschlagen". Auf Margarete Brocktorffs Antrag verfügte der Herzog, dass die Windebyer Untergehörige sofort frei zu lassen sei, da sie nicht der Gerichtsbarkeit der Stadt, sondern der der Windebyer Gutherrschaft unterstehe[99]. Das Vorgehen der Stadt war ohnehin nicht durch das Stadtrecht gedeckt, das von Gottorf scharf missbilligte Verhalten des Ratsherrn Witte danach sogar strafbar gewesen.

Nach dem Frieden von Brömsebro erreichte der Eckernförder Schiffsverkehr wieder das Niveau der Jahre vor den „Schwedischen Unruhen". Doch waren in der Handhabung der Brückenordnung von 1622 zum Schaden der Stadt allerhand „mißbräuche eingerissen", sodass 1647 eine revidierte Brückenordnung erlassen werden musste[100]. Die Veränderungen betrafen im Wesentlichen (lateinische Artikelnummer in Klammern): die Deklarationspflicht wurde erweitert. Dem wortführenden Bürgermeister sei ein Verzeichnis der Waren zuzuleiten, in dem zu erklären sei, was und wie viel die Ladung enthalte und für wen sie bestimmt sei. Sodann wird ggf. ein Freizettel erteilt (II). Unter die am Markte feilzubietenden „toten" Waren wurde nun auch spanisches und Lüneburger Salz gerechnet (XIII). Gelockert wurden die mit Holzmangel begründeten Schiffbaubeschränkungen. Wer sein Schiff vor Ablauf der 4-jährigen Halterfrist an Freunde verkaufte, konnte nun auch vor Ablauf dieser Frist mit Erlaubnis von Bürgermeister und Rat ein neues Schiff bauen lassen (XVII).

Die wichtigste Änderung war der Fortfall der gebührenmäßigen Diskriminierung vor allem der Rendsburger, aber auch der Schleswiger und Husumer Durchfuhren. Sie wurden nun nur nach Warenarten differenziert und kräftig heraufgesetzt (XIX). Drastisch erhöht wurden auch alle Geldstrafen.

Dass es der Stadt wieder relativ gut ging, ließ auch die Stiftung einer weiteren Glocke erkennen. Sie wies in ihrer Umschrift die Honoratioren der Gemeinde von St. Nicolai aus[101]:

– die Pastoren	Cornelius Selmer
	Daniel Bornemann
– den Diakon	Christian Schultz
– den Bürgermeister	Simon Crusius
– die Kirchengeschworenen	Johan Boniche
	Hans Ucke
– und die Ratsherren	Peter Fos
	Heinrich Ripenow
	Hans Blanck
	Nicolaus Clausen
	Matthias Borensen
	Johan Witte

Gegossen wurde sie von Peter Melchiors (Melchior Lucas' Sohn) in Husum. Hans Ucke war Holzhändler, sein Sohn starb 1713 als Pastor in Borby[102]. Die Ratsherren Fos (Vos) und Blanck gehörten zu den Stiftern des Sintflutbildes und waren wie die Ratsherren Matthias Borensen (Börnsen) und Johan Witte Kaufleute und Reeder. Simon Crusius war, was selten vorkam und 1711 ausgeschlossen wurde, vom Stadtsekretär zum Bürgermeister aufgestiegen und nach dem Abgang von Hans Schiring während des Schwedenkrieges vorübergehend alleiniger Bürgermeister.

Noch ehe der Dreißigjährige Krieg, der Dänemark die Vormachtstellung im Norden gekostet hatte, am 24. Oktober 1648 mit dem Frieden zu Münster und Osnabrück ein Ende fand, starb Christian IV. im Februar des Friedensjahres. Ihm folgte Friedrich III., der ein Jahr zuvor königlicher Statthalter in den Herzogtümern geworden war. Der Friedensvertrag mit Schweden zu Osnabrück brachte die wichtigsten Veränderungen für den Norden: Schweden erhielt Vorpommern und Rügen, dazu die Städte Stettin und Wismar und auch die Belehnung mit den Fürstbistümern Bremen und Verden. Die Gottorfer Herzöge hatten bereits 1647 von den Lübecker Domherren eine Erklärung erwirkt, dass diese die nächsten sechs Anwärter aus dem Gottorfer Hause zu Bischöfen von Lübeck wählen würden.

2.2 Unter dänischem Druck

Vom Westfälischen Frieden bis zum Altonaer Vergleich (1648–1689)

In seiner „Neuen Landesbeschreibung" von 1652 sagt Caspar Dankwerth von Eckernförde:

„Es hat sonsten vor Jahren einen ziemlichen Handel in dieser Stadt gehabt, der anitzo durch Unvermögen der Einwohner, worin diese böse Zeit sie gestecket, sehr darnieder lieget."[103] Diese Behauptung, die sich auf die Zeit nach dem Ende des Dreißigjährigen Krieges bezieht, wird durch die Brückenrechnungen der Jahre 1648 folgende nicht bestätigt. Schon 1649 erreichten die Einnahmen der Brücke nachhaltig das hohe Niveau der Zeiten vor dem dänisch-schwedischen Kriege. Auch der Erlass einer neuen Brückenordnung im Jahre 1647 spricht nicht gerade für ein Darniederliegen des Handels. Am 20. 6. 1650 genehmigte Herzog Friedrich III. schließlich die Einrichtung eines dritten Eckernförder Marktes auf Johannis Baptistae (24. Juni).

Auch für den Adel blieb Eckernförde attraktiv. 1649 wurde der im Alter von 55 Jahren verstorbene Jürgen von der Wisch in der vordem Ahlefeldt'schen Gruft beigesetzt. Der ehemalige Landrat und Amtmann auf Gottorf (bis 1646) hatte die zur Gruft umgebaute alte Sakristei 1636 erworben. 1642 hatte er der Stadt unter Missachtung des Präsentationsrechtes des Rates den Schiffer Hans Schiring als Bürgermeister aufoktroyiert. Jürgen von der Wisch hatte mit Magdalene Rantzau zu Salzau sechs Kinder, alles Töchter. Vier von ihnen wurden bei ihrem Vater in St. Nicolai beigesetzt, darunter Augusta, die mit Friedrich von Ahlefeldt zu Maasleben und Bienebeck verheiratet war, der sich als Verteidiger Kopenhagens (1658/59) militärischen Ruhm erwarb. Auch er wurde in St. Nicolai beigesetzt. Die Särge dieses Ehepaares und der ihres Neffen Franz wurden 1895 in die Gruft ihrer Nachkommen, der Grafen Ahlefeldt-Laurvig in Tranekjær auf Langeland überführt. Auch Franz von Ahlefeldts Mutter Magdalene war eine Tochter Jürgens von der Wisch. Die in der Sakristei eingerichtete Gruft ist also im Erbgang wieder eine Ahlefeldtsche geworden. Noch heute gibt es in Kopenhagen eine Ahlefeldt-Straße. Sie trägt ihren Namen zu Ehren Friedrich von Ahlefeldts.

Die Streitigkeiten mit dem im Eckernförder Umland ansässigen Adel setzten sich auch im Frieden fort, vor allem mit der Familie Brockdorff, die – rings um Eckernförde –, auf Altenhof, Windeby, Hemmelmark und Möhlhorst saß. Zwei Tage vor Weihnachten 1649 hatte eine Frau ihr Neugeborenes in der Barkelsbyer Aue ertränkt. Dies hatten die Barkelsbyer ihrem Hemmelmarker Grundherrn, dem Obersten Hinrich Brocktorff, gemeldet. Dieser hatte dann vom Bürgermeister Christian Meckelnburgh die Auslieferung der in Eckernförde inhaftierten Kindsmörderin als seine „außegetrettene Unterthänin" gefordert und sich für die Strafverfolgungskosten verbürgt. Da jedoch die Straftäterin ihre Hemmelmarker Unterhörigkeit bestritt und Hinrich Brocktorff den Beweis dafür schuldig blieb, meldeten Bürgermeister und Rat von Eckernförde nach Gottorf, dass sie die Kindsmörderin „so vor Sieben oder Achte Jahren, alhie in der Statt, nach der Zeit aber ohngefehr 2 Jahr zum Altenhofe bei des Herrn Obersten Mutter gewest, und alda Junckher Hinrich Rumohren Kindt gesäuget", in eigener Zuständigkeit nach Abschluss des Verfahrens auf des Herrn Obersten Kosten hinrichten lassen würden[104]. Die Delinquentin war demnach Amme eines Kindes der Ida Rumohr, geborene Brocktorff, gewesen, die mit ihrem Ehemann Heinrich 1641 den Kappelner Gudewerdt-Altar gestiftet hatte.

Oberst Heinrichs und Idas jüngerer Bruder Theodosius Brockdorff, der seinem verstorbenen Bruder Detlev als Herr auf Windeby nachgefolgt war, bereitete dann 1652 dem Eckernförder Stadtregiment weitere Probleme. Unter Umgehung der Eckernförder Schiffsbrücke verkaufte er Brennholz, an dem in der Stadt stets Mangel war, über See, was zu einer weiteren Verknappung in der Stadt führte, da es an der Schiffbrücke zunächst den Eckernfördern hätte angeboten werden müssen. Doch die Eckernförder Versuche, hier ihr Stapelrecht durchzusetzen, fanden keine Billigung des Gottorfer Hofgerichtes[105].

Als Patron der Kirche zu Borby stiftete Theodosius Brocktorff im gleichen Jahre einen „ziemlich großen vergoldeten Kelch samt der Patene" und seine Ehefrau eine Altardecke[106]. Als landesgeschichtlich wichtiges Ereignis dieses Jahres 1652 muss gelten, dass Kaiser Ferdinand III. Herzog Friedrich III. das Recht verlieh, im Herzogtum Holstein eine Universität zu gründen[107], wovon freilich erst sein Sohn Christian Albrecht mit der Gründung der Kieler Universität 1665 Gebrauch machte.

Das Jahr 1654 sollte für das Herzogtum Schleswig, aber auch für Eckernförde sehr bedeutsam werden. Es begann mit einem Darlehen von 10.000 Reichsthalern, das Ida Rumohr zu Roest, geborene Brockdorff, im Kieler Umschlag Herzog Friedrich III. zu 6 % Zinsen gewährte. Die Mitstifterin des Gudewerdt-Altares zu Kappeln wollte ganz sicher gehen und verlangte und erhielt die Bürgschaft mit der Verpflichtung zum „Einlager" (zur Schuldhaft) von allen der Ritterschaft entstammenden Amtmännern des Herzogs, nämlich[108] von

– Wulf Blome   Amtmann von Tondern
– Claus von Qualen   Amtmann von Cismar und Oldenburg
– Paul Rantzau   Amtmann von Kiel
– Friedrich von Ahlefeldt Amtmann von Trittau und Reinbeck

Es fehlte nur das Amt Apenrade, das vom nächsten Jahr (1655) an Idas Bruder Heinrich Brocktorff inne haben sollte[109]. Der Vorgang beleuchtet deutlich die schlechte finanzielle Lage des Gottorfer Herzogs und lässt eine wichtige Funktion der Amtmänner aus der schleswig-holsteinischen Ritterschaft erkennen, nämlich den Hof durch Kredite oder Bürgschaften zu finanzieren.

Das einschneidende Ereignis dieses Jahres 1654 war indes der Rücktritt der regierenden Königin von Schweden Christine am 6. Juni. Die unverheiratete und so bleiben wollende Tochter Gustavs II. Adolf hatte vorgesorgt. 1649 hatte sie ihren Vetter (Sohn der Schwester ihres Vaters), den Generalissimus der schwedischen Armee in Deutschland, zum Thronfolger und 1650 zum Erbfürsten bestimmen lassen, was eine schwedische Dynastie Pfalz-Zweibrücken begründete. Eine der ersten Maßnahmen des neuen Königs Carl X. Gustav war seine Werbung um Prinzessin Hedwig Eleonore, Tochter Herzog Friedrichs III. von Schleswig-Holstein-Gottorf, die bereits im August angenommen wurde. Dynastischer Hintergrund dieser Werbung war, dass in dem polnischen König Johann Kasimir noch ein männlicher Spross des Hauses Wasa existierte, der die Krone Schwedens beanspruchte und Carl Gustavs Thronfolge nicht anerkannte. Carl Gustav musste daher zur Sicherung seines Thrones die Verbindung zu einem alten nordischen Fürstenhaus suchen, das dem Hause Wasa familiär eng verbunden war. Das galt besonders für das Haus Gottorf. Denn König Carl IX. hatte Herzog Adolfs Tochter Christine geheiratet, die den Namen ihres Vaters an ihren Sohn Gustav Adolf weitergab, der seine Tochter zur Trägerin des Namens ihrer Großmutter machte. Die Verbindung mit einer Urenkelin des Begründers des Hauses Gottorf und engen Verwandten des Hauses Wasa war besonders zur Festigung der dynastischen Position Carls X. Gustav geeignet. Aus Gottorfer Sicht war diese Verbindung auch durchaus nicht gegen Schwedens Rivalen Dänemark gerichtet, mit dem man auch erst kürzlich die Verteidigungs-Union erneuert hatte[110].

Die große Bedeutung, die Schweden dieser Verbindung beimaß, wurde am 23. September 1654 sichtbar, als ein Verband von fünf Kriegsschiffen (Linienschiffen) und zwei Bojern (einmastige Transportsegler mit geringem Tiefgang, zum Verkehr zwischen den auf Reede liegenden Großkampfschiffen und der Schiffbrücke geeignet) vor Eckernförde erschien, um die königliche Braut heimzuholen[111]. An Bord waren der schwedische Kanzler Eric Graf Oxenstierna, der Sohn des berühmten, erst zwei Wochen zuvor verstorbenen Reichskanzlers Axel Oxenstierna, der als Vorsitzender des Regentschaftsrates nach Gustav II. Adolfs Tod Schweden zur Großmacht geführt hatte, ferner der schwedische Flottenchef, Reichsrat und Admiral Clas Bielkenstierna und dessen Stellvertreter Vizeadmiral Martin Tiesen Gyldenanker. Was das Gefolge („Comitat") anlangte, erteilen wir hier dem versierten Hofmann Olearius das Wort[112]:

„Es befunden sich im selben Comitat, besage die von ihm übergebene Liste Verzeichniß und zwar von I. Kön. Maj. der Ambassade Zugeordnete der Herr Marschal mit 10. Cammer Herren sampt 38. Dienern. Zwene

Schencken mit 4. Dienern. Zwölff Hoff Junckern mit 38. Dienern. Zwene Schencken mit 4. Dienern. Zwölff Hoff Junckern mit 24. Dienern. 8. Adeliche Volunteurs mit 16. Dienern. Sechs Gelehrten mit 6. Dienern. 12. Trabanten. 6. Pagen. 9. Trompeter mit dem Heerpaucker. 8. Lacqueyen. Noch etliche Unter Officirer, Jtem 22. Personen so zur Tafelgeräth Küch und Keller auffwarteten, Ihr Excel. des Königl. Gesandten eigene Hoffleute als: Hoffmeister Secretarius mit 4. Dienern 4. Junckern 1. Chirurgus, 2. Trompeter 2. Cammerdiener 2. Leibdiener 6. Bagen 10. Lacqueyen."

Graf Oxenstierna wurde im Namen des Herzogs von Landrat Friedrich von Ahlefeldt empfangen und in einer von den 12 Trabanten geleiteten Kutsche in sein Eckernförder Quartier geführt.

Der Eckernförder Schiffer Lafrenz Müller (ab 1661 Brückenherr) war vom Gottorfer Hofe beauftragt worden, nach dem schwedischen Verband regelmäßig Ausschau zu halten, um seine Ankunft möglichst frühzeitig melden zu können[113]. Eckernförde fungierte also wieder als Hafen der Gottorfer Residenz.

Am Abend des Ankunftstages kam Pfalzgraf Philipp von Sulzbach, ein Vetter des schwedischen Königs[114], geleitet von zwei herzoglichen Prinzen mit einem großen Teil des herzoglichen Hofstaats nach Eckernförde, um den königlichen Gesandten nach einer gemeinsamen Mahlzeit nach Gottorf zu geleiten, wo am 29. September der Ehevertrag abgeschlossen wurde. Am 4. Oktober traf die königliche Braut mit ihren Eltern, dem Gesandten, dem Hofstaat und dem größten Teil des schleswig-holsteinischen Adels in Eckernförde ein. Während der schwedische Gesandte mit seinem Gefolge gleich an Bord ging, nahmen die Braut und ihre Eltern mit ihrer Suite Quartier in der Stadt. Am folgenden Tag holte Graf Oxenstierna Prinzessin Hedwig Eleonore, ihre Eltern und andere vornehme Anwesende zu einem Festmahl auf das größte Schiff des Verbandes, die „Scepter", um voneinander Abschied zu nehmen. Am 6. Oktober schließlich ging die königliche Braut, geleitet von den herzoglichen Gesandten, den Landräten Claus von Qualen und Friedrich von Ahlefeldt, und dem Marschall Hans Christopher von Uchteritz, nach Schweden in See.

Die Schilderung lässt erkennen, dass Eckernförde zu der Zeit über eine erhebliche quantitative und qualitative Beherbergungskapazität verfügte, sich also von den Belastungen des Dreißigjährigen Krieges gut erholt haben musste.

Die „entrée solennelle" der königlichen Braut in Eckernförde brachte einem Eckernförder ein ganz besonderes Hochgefühl: die ornamentale und skulpturale Ausgestaltung des Brautwagens mit Schnitzwerk war ihm übertragen worden[115]. Hans Gudewerdts (II) Werk wird zwar erst in Stockholm anlässlich der Vermählung und der Krönung Hedwig Eleonores, die am 25. und 26. Oktober erfolgten, benutzt worden sein; doch musste der Brautwagen in diesen ersten Oktobertagen auf den schwedischen Flottenverband verladen werden.

Als Witwenversorgung verschrieb Karls X. Gustav am Hochzeitstage Hedwig Eleonore Schloss und Lehn Gripsholm. Sie würde es brauchen können; denn ihr stand nach Karls frühem Tode 1660 eine 55-jährige Witwenzeit bevor.

Die seit dem Regierungsantritt Karl X. Gustav angespannte Situation im Ostseeraum drückte sich auch darin aus, dass der Eckernförder Schiffer Claus Börnsen in Gottorf einen Seepass beantragte, der sein Schiff auf dem Wege ins schwedische Stralsund, von wo er Malz holen wollte, schützen sollte. Der Seepass wurde am 12. 3. 1655 ausgestellt[116]. Claus Börnsen, Mitglied einer alten, ratsfähigen Eckernförder Kaufmanns- und Schifferfamilie, war dann seit 1661 einige Jahre als Brückenherr tätig.

Im Juli 1655 griff Karl X. Gustav von der Oder her Polen an und erzielte gegen das Heer seines Vetters aus dem Hause Wasa, König Johann Kasimir, schnelle Erfolge. Sie nötigten den Brandenburger ("Großen") Kurfürsten zum Bündnis mit Schweden am 16. Januar 1656 in Königsberg. Gemeinsam schlugen Schweden und Brandenburger in der Dreitagesschlacht bei Warschau (28. bis 30. Juli 1656) die Polen. Als nun Russland dem geschwächten Polen zu Hilfe kam und die Schweden durch die polnische Besetzung Danzigs von Pommern abgeschnitten wurden, erkannten sie im Vertrage von Labiau am 10. November 1656 den Großen Kurfürsten als souveränen Fürsten des Herzogtums Preußen an, das bis dahin polnisches Lehen gewesen war und dessen Souveränität für den weiteren Verlauf der preußisch-deutschen Geschichte so große Bedeutung gewinnen sollte. In Labiau verpflichteten sich die Vertragspartner zu gegenseitiger Hilfeleistung, was für die Schweden vor allem Hilfe für Brandenburg in der Behauptung Preußens heißen sollte.

Schwedens Bindung in Polen schien König Friedrich III. von Dänemark eine günstige Gelegenheit zur Wiedergewinnung der 1648 an Schweden verlorenen Bistümer Bremen und Verden zu bieten, deren Administrator dieser Friedrich gewesen war. Durch Österreich ermutigt, hatte König Friedrich III. Ende 1656 die innenpolitischen Vorbereitungen in die Wege geleitet und im März 1657 auch die Zustimmung der schleswig-holsteinischen Ständeversammlung zum Aufgebot der Reiterkontingente und der Erhebung der Steuern (des Pflugschatzes) für die Söldnerwerbung erlangt. Diese Kriegsvorbereitungen hatte freilich Herzog Friedrich III. zum Anlass genommen, mit dem schwedischen General Wrangel vorsorglich am 6. 4. 1657 einen Schutzvertrag für seine Lande abzuschließen.

Am 1. Juni 1657 erklärte König Friedrich III. Schweden den Krieg und besetzte die Bistümer Bremen und Verden. Der Schwedenkönig, der sich inzwischen in Polen auch gegen die Russen militärisch durchsetzen konnte, warf seine Streitkräfte in Eilmärschen nach Holstein, wodurch er die Dänen zum Rückzug nach Jütland zwang, aber auch entgegen dem Labiauer Schutzbündnis Brandenburg den Polen preisgab.

Die Dänen leisteten erst in der Festung Friedrichsodde, dem späteren Fredericia, Widerstand, wo sie eingeschlossen wurden. Kiel wurde schwedisches Hauptquartier. Dort wurde am 10. 9. 1657 das Schutzbündnis mit dem Gottorfer Herzog erneuert und um Abreden über die Gottorfer "Satisfaktion" nach Niederwerfung Dänemarks erweitert.

Rendsburg, das mit einer Garnison von 550 Mann in Verteidigungsbereitschaft gesetzt worden war, sparten die Schweden bei der Besetzung der Herzogtümer und Jütlands bis an den Limfjord zunächst noch aus. Ende Oktober 1657 eroberten sie Friedrichsodde. Die dadurch ausgelösten Truppenbewegungen bereiteten in Eckernförde große Sorge. Am 30. Oktober 1657 schrieben sie dem Herzog, dass 3000 Mann zu Ross und zu Fuß im Anzug seien und bei ihnen über Nacht bleiben wollten, was der Stadt "Das gahrauß" machen würde, da sie durch die täglichen Truppenbewegungen (wohl im Vorfeld des schwedischen Hauptquartiers zu Kiel) ohnehin schon stark mitgenommen worden seien. Dabei hätten die wenigsten noch Brot im Hause, "des Hafers und des Heus nicht zu gedenken!"

Sie baten daher den Herzog, diese Einquartierung von ihnen abwenden zu helfen. Sie seien auch bereit, Brot und Bier bereit zu halten. Doch wenn es nicht abzuwenden wäre, so möchte doch Heu und Hafer für die Kavallerie aus der Nachbarschaft herangeführt

werden[117]. Wie es den „Bürgermeistern und Rath auch gantze Gemeine zu Eckernförde"
weiter ergangen ist, wissen wir nicht. Viel war wohl der schwedische Schutzbrief für die
herzoglichen Lande letztlich nicht wert. Die königliche Festung Rendsburg erwies sich
als ein Pfahl in schwedischem Fleische. Die Versorgung des schwedischen Hauptquartiers in Kiel aus Schwansen und Angeln wurde durch Ausfälle der Rendsburger Garnison
mehrfach gestört. Bei Schnellmark fingen die Dänen Transporte ab, die einmal aus 80
Wagen mit Hafer, Malz, Mehl, Speck und weiterem, ein anderes Mal aus 40 Wagen mit
gleicher Fracht bestanden[118]. In der kurzen Zeit der Waffenruhe nach dem Frieden von
Roskilde versuchten die Schweden sich mit Unterstützung des Gottorfer Herzogs durch
List und Überredung schließlich auch durch eine Blockade schwedischer Kavallerie unter
Pfalzgraf Philipp von Sulzbach in den Besitz Rendsburgs zu setzen. Die Festung hielt
indessen stand und wurde am 12. September 1658 durch die Armee des mit Rendsburgs
Stadtherrn, dem dänischen König, verbündete Armee des Großen Kurfürsten entsetzt[119].

Den von Karl X. Ende 1657 vorbereiteten Angriff auf die dänischen Inseln erleichterte ein besonders kalter Winter. Im Januar 1658 froren die Ostseezugänge zu und Karl
konnte über Fünen, Taasinge, Langeland, Lolland und Falster übers Eis nach Seeland
marschieren, wo sich die überraschten Dänen bereits am 24. Februar 1658 zum Frieden von Roskilde bereitfanden, in dem sie Schonen, Blekinge, Halland, Bohus- und
Drontheim-Lehn und die Insel Bornholm an Schweden abtraten, wodurch deren
Reich die größte Ausdehnung seiner Geschichte gewann. Auch musste der dänische
König zur „Satisfaktion" Gottorfs seine Lehnshoheit über Schleswig und die Gemeinschaftliche Regierung über die Herzogtümer aufgeben und das Amt Schwabstedt an
den Gottorfer Herzog abtreten.

Die historische Tatsache einer totalen Vereisung der (westlichen) Ostsee, die Karl X.
seinen viel bewunderten Blitzkrieg über das Eis ins seeländische Herz von Dänemark
ermöglichte, bestätigt auch eine lokale Überlieferung, wonach Benedikt von Blome,
Herr auf Dänisch Nienhof, im Winter 1658 versucht haben soll, auf dem Wege nach
Schwansen zur Abkürzung vierspännig über die vereiste Eckernförder Bucht zu fahren. Die Vorderpferde brachen zwar ein, doch wurde er durch die Geistesgegenwart
seines Kutschers, der die beiden Pferde losschnitt, gerettet[120]. Ohne Zwischenfälle ging
es übrigens auch bei König Karls Eispartie nicht ab: Im Kleinen Belt sollen vor seinen
Augen zwei Schwadronen Kavallerie eingebrochen und er selbst in große Lebensge-
fahr geraten sein[121].

Derweil hatten die Eckernförder wieder Ärger mit der Besetzung einer Bürgermeisterstelle, die durch den Tod von Bürgermeister Christian Mecklenburg im Frühjahr 1658
freigeworden war. Es berühmte sich nämlich Joachim Wichman, vom Herzog bereits als
Nachfolger designiert worden zu sein, was auch zutreffend war. Damit war wiederum das
städtische Privileg, den Bürgermeister aus der Mitte des Rats zu wählen und dem Herzog
vorzuschlagen, verletzt worden, worauf der andere Bürgermeister Jürgen Thielbehr und
der Rat nachdrücklich hinwiesen[122]. Sie wandten sich auch gegen die Person des Joachim
Wichman, „die den übrigen membris Senatus und fast der gantzen bürgerschaft gar verdrießlich und zur wiedern ist." Um ihrem Petitum Nachdruck zu verleihen, baten sie um
eine Frist von drei Wochen, binnen derer sie die einschlägigen Urkunden über ihre Privilegien vorlegen wollten, die der Kriegsunruhen wegen im Vorjahr nach Lübeck ausgelagert worden seien, was sich als notwendig erwiesen hatte, „da wir durch die Vielfeltige
Krieges Durchzüge einen großen Teil unser zeitlichen güter zugesetzt."

Das Hofgericht holte daraufhin über Joachim Wichman ein Leumundszeugnis bei
dem Eckernförder Pastor Daniel Bornemann und seinem Diakon Christian Schultz

ein, das uneingeschränkt positiv ausfiel[123]. Wichman und die Seinen führten danach einen untadelig christlichen Lebenswandel. Sie wüssten nicht, dass und worin Wichman der Gemeinde verdrießlich oder zuwider sei. Er sei ein ehrliebender Mann und frommer Christ. Daraufhin bekräftigte der Herzog seine Entscheidung, wogegen freilich Bürgermeister und Rat noch einmal Front machten[124] und jetzt zu bedenken gaben, „das besagter Joachim Wichman mit dehnen bei und umb Uns wohnenden Vom Adell ziemlich vertraulich lebet, und zumahl mit denselben am meisten, mit welchen wir wegen gemeiner Stadt freyheit, unser Kirchen Gerechtigkeit, und gueten theils Bürger in prozeß leben. Dahero wir nicht woll absehen können, was für einigkeit es zwischen uns setzen, was dieser Stadt nutz und frommen schaffen werde." Es nutzte nichts. Joachim Wichman wurde Bürgermeister, womöglich gerade wegen seiner guten Beziehungen zum Adel. Denn zumindest zwei Adlige aus dem Eckernförder Umfeld, mit denen die Eckernförder auch schon Streit und Ärger gehabt hatten, besaßen großen Einfluss bei Hofe. Paul Rantzau zu Kohöved und Bienebeck war herzoglicher Landrat und Amtmann in Kiel. Er galt als der bedeutendste Bürge für den hoch verschuldeten Herzog Friedrich III.[125] und Oberst Hinrich Brockdorff zu Hemmelmark und Möhlhorst war herzoglicher Amtmann in Apenrade und militärischer Kommandant auf Schloss Gottorf[126], dessen Familie auch auf den Gütern Altenhof und Windeby saß. Beide, Paul Rantzau und Hinrich Brockdorff, waren gewohnt, ihre Interessen ziemlich rücksichtslos durchzusetzen.

Herzog Christian Albrecht, der 1659 seinem Vater folgte, empfing die Erbhuldigung erst 1661. Für Eckernförde leisteten sie die Bürgermeister Jürgen Thielbehr und Joachim Wichman[127].

Der Friede von Roskilde sollte nicht lange Bestand haben. Ohnehin behielten die Schweden Jütland bis zur Erfüllung der Friedensvertragsbedingungen und einer entsprechenden Übereinkunft der Dänen mit Herzog Friedrich III. von Schleswig-Holstein-Gottorf besetzt. Doch war der Ehrgeiz Karls X. Gustav von Schweden durch das leichte Spiel, das er mit Dänemark gehabt hatte, zu einem weiteren Gewaltstreich geweckt, der seine vollständige Herrschaft über die drei skandinavischen Königreiche zum Ziel hatte. Seine kampferprobte, durch deutsche Söldner verstärkte Bauernarmee schien ihm dafür ein geeignetes Instrument zu sein, das er nicht gern in den Frieden entlassen wollte. Zunächst verhandelte er mit dem Dänenkönig über ein Bündnis mit dem Ziel, die Ostsee für fremde Flotten und fremden Handel zu sperren. Die Holländer, gegen die sich dieses Vorhaben richtete, hintertrieben Karls Plan und stärkten Dänemark den Rücken. Eine holländische Flotte wurde in die Nordsee gelegt. Karl X. Gustav handelte wieder blitzschnell. Mit dem Kriegsziel, Dänemark und Norwegen zu schwedischen Provinzen zu machen, ging am 5. August eine Landungsflotte mit 8 000 Mann von Kiel aus in See. Schon am nächsten Tage landeten die Schweden auf Seeland und schlossen Kopenhagen ein, das von der Seeseite durch die schwedische Flotte blockiert wurde. Die zur Belagerung erforderlichen schweren Geschütze wurden durch die Eroberung Kronborgs gewonnen.

Friedrich Wilhelm, („Großer") Kurfürst von Brandenburg und Herzog von Preußen, hatte sich militärisch mit Österreich und Polen gegen die Schweden und zur Unterstützung Dänemarks verbunden und marschierte in Schleswig-Holstein ein. Noch im September war die ganze kimbrische Halbinsel besetzt. Am 29. Oktober 1658 stießen die schwedische und die holländische Flotte im Sund zusammen. Die Schlacht ging unentschieden aus. Doch konnten die Holländer die Durchfahrt nach Kopenhagen erzwingen und die Seeblockade der Stadt beenden. Aus Sorge vor ihren Rivalen zur

See, den Engländern, hielten sie sich aber in der weiteren Unterstützung Dänemarks und seiner Verbündeten zurück, sodass der Große Kurfürst beim Versuch, nach Fünen überzusetzen zwar scheiterte, wohl aber im Dezember 1658 Alsen erobern konnte. Nach Einsetzen des Frostes versuchte Karl am 11. und 12. Februar 1659, den Krieg durch die Erstürmung Kopenhagens zu beenden. Die Schweden scheiterten am entschlossenen Widerstand dänischer und brandenburgischer Soldaten, die von holländischen Matrosen und der Kopenhagener Bevölkerung unterstützt wurden. An die Stelle entscheidender militärischer Aktionen trat jetzt das diplomatische Kräfte- und Ränkespiel der europäischen Großmächte Österreich, Spanien, Frankreich, Holland und England, deren Gleichgewichtsvorstellungen weder einen schwedischen noch einen dänischen Sieg zuließen. Als die Verbündeten durch einen Sieg über die Schweden unter Pfalzgraf Philipp von Sulzbach bei Nyborg am 25. November 1659 auch die Herrschaft über Fünen gewannen, war Karl X. Gustav zum Frieden bereit. Während der Verhandlungen erkrankte Karl an einem Fieber schwer und verstarb am 13. Februar 1660. Die schwedischen Interessen wurden nachdrücklich von Frankreich vertreten, sodass im Frieden zu Kopenhagen (27. 5.) und Oliva (30. 4.) Schweden vom Ergebnis des Friedens von Roskilde nur geringe Abstriche machen musste: Drontheim und Bornholm, die sich ohnehin der schwedischen Herrschaft entzogen hatten, waren zurückzugeben. Der Große Kurfürst erhielt die Souveränität über Preußen bestätigt und das Recht, auf der Ostsee Kriegsschiffe zu unterhalten. Schweden, dessen hohes militärisches Ansehen zum relativ günstigen Frieden beigetragen hatte, bekam für den vierjährigen Thronfolger Karl (XI.) eine vormundschaftliche Regierung unter dem Vorsitz der 24-jährigen Königin Hedwig Eleonore.

Die Herzogtümer dienten der Dänemark im September 1658 gegen den schwedischen Überfall zu Hilfe eilenden brandenburgisch-kaiserlich österreichisch-polnischen Armee als Aufmarschgebiet und Versorgungsbasis. Nachdem Kurfürst Friedrich Wilhelm als Oberbefehlshaber der alliierten pro-dänischen Streitmacht die Schweden vom kimbrischen Festland verjagt hatte, schloss er mit dem vom schwedischen Bundesgenossen verlassenen Herzog Friedrich III. von Schleswig-Holstein-Gottorf im November 1658 ein Neutralitätsabkommen, das dieser mit der Übergabe von Schloss Gottorf besiegeln musste[128]. Der herzogliche Hof zog sich in das seit 1644 befestigte Tönning zurück, wo er von einem schwedischen Regiment beschützt wurde.

Da es der alliierten Streitmacht an Schiffen fehlte, vermochte sie gegen die Schweden, die die dänischen Inseln besetzt hielten, nicht viel mehr auszurichten, außer dass es, wie schon erwähnt, im Dezember 1658 dem Kurfürsten gelang, Alsen zu erobern. Im Übrigen aber blieben die brandenburgisch-kaiserlich-polnischen Truppen zwischen 1658 und 1660 damit beschäftigt, das Land auszupressen und die Bevölkerung zu drangsalieren. Dabei tat sich das polnische Kontingent besonders hervor. Lassen wir zu den Schrecken dieses „Polackenkrieges" im Historiographen des Gottorfer Hofes Adam Olearius für den Herbst 1658 einen Zeitzeugen zu Worte kommen:

„Den 29. als am Tage Michaelis / ist auch der Churfürst von Brandeburg mit dero Armee vor Gottorff angekommen. Bey I. Churfürstl. Durchl. befunden sich auch Herzog Frantz Carl von Sachsen Lauenburg / und der Fürst von Anhalt / so neulich sich von der Schwedischen / zu der Brandeburgischen Partey gewendet. Folgenden Tag gingen sie sämbtlich nach Husum / nahmen daselbst Qvartier / und ließ der Churf. hinter Husum auff dem Damme gegen Eiderstedt eine starcke Schanze setzen / brandschatzte die umbliegende Oerter und satzte sie in unvermuthliche hohe Contribution. Den 3. Octob. ist der Polnische General Czernecki mit seiner Armee 5000. Mann starck zu Neumünster / und den 5. dieses vor Gottorff angekommen / sich daselbst und auf umbliegende Dorffer einquartiret. Waren meist Hussaren / und etliche Compagnien Tartarn mit Türcken vermischet. Sie lagen gantzer 3. Wochen daselbst / thaten in Holstein sehr grossen Schaden / stachen die Fischreichen Teiche durch / achteten nicht wie sehr der Fürstl. Fischmeister darwider strebete: Plünderten und verwüsteten die Häuser / raubeten Pferde und Viehe / schendeten das Weibes Volck jung und alt; Ergriffen die ihren Quartieren vorbeygehende Baur Mägde / und behielten sie etliche Tage bey sich verschlossen.

Bey Ankunfft der Polen / trieben die Bauren ihre Pferde und Viehe vor Gottorff unter die Stücke / die Polen folgeten nach / und weil sie sahen / daß ihnen von der Festung kein Widerstand gethan würde / jagten sie mit blossen Sebelen die Bauren in den Burg-Graben ins Wasser / nahmen von Pferden und Viehe was ihnen beliebete.

Bey ihrem Auffbruch auß den Quartiren / welcher geschahe den 23. Octob. verweilten sich etliche von den Polen in ihren Qartiren. Das gemeine Weibes Volck aber / so sich auff die Festung salviret hatte / eileten zu den Häusern / zu sehen / ob nicht etwas so ihnen zur Beute werden könnte / nach geblieben / sie wurden aber ergriffen / und theils an ihren Kleidern beraubet / worbey sie noch das Glück gehabt / das keine / wie jegliche sagte / an ihren Ehren Schiffbruch erlitten.

Als die Polen auß Holstein in Jütland gangen / kamen den 27. Octob. die Käyserl. und Brandeburgische nach / theils gingen nach Flenßburg und in des Königes zu Dennem. Land / theils und die meisten blieben im Fürstlichen Theile / sonderlich die Generals Personen / in der Stadt Schleßwig stehen / brandtschatzten die Fürstlichen auffs hefftigste. Das Ambt Gottorff wurde biß auff den äussersten Grad außgesogen und verwüstet.

Den. 30. Octob. frühe / plünderten die Käyserliche die Schloß Mühle / Item den gegen überliegenden alten Schloß Garten / nahmen den alten Gärtener Clodio, welchen sie auß dem Bette getrieben / all das Seine / daß er mit Weib und Kindern nur in blossen Kleidern auffs Schloß sich salviren müssen. Imgleichen fiehlen sie auch das daran stossende Hauß des Fürstl. Bibliothecarij an / brachen durch das Planckwerck / unangesehen / daß eine von I. Churf. D. zu Brandeb. ertheilte und gedruckte Salvaguardie an der Pforten angeschlagen stund / hieben alle Schlösser und Hänge auß den Thüren / rissen alle Eiserne Stäbe auß den Fenstern / schlugen die Kisten entzwey / so die Bauren und Dorff Priester hinein geflihet / namen alles hinweg / und jagten die Bauren auß."[129]

Herzog Friedrich III. starb am 10. August 1659 in der Feste Tönning. Sein Sohn und Nachfolger Christian Albrecht befand sich derzeit im Heerlager seines schwedischen Vetters vor Kopenhagen. So konnte er die Huldigung der schleswig-holsteinischen Stände erst im Februar 1661 entgegennehmen.

Eckernförde bekam die Härte des Krieges schon bald zu spüren. Nach Michaelis 1658 waren brandenburgische und kaiserlich-österreichische Truppen für sieben Wochen in die Stadt gelegt worden, die in solchem Maße für sie aufkommen musste, dass die Versorgung der eigenen Bevölkerung Not litt[130]. Auch weiterhin hatte die Stadt unter dem „Polackenkrieg" zu leiden. Die meisten Eckernförder Akten über Kontributionen, Einquartierungen und andere Kriegslasten und -schäden sind verloren gegangen[131]. Die Ereignisse lassen sich nur indirekt erschließen. So hat der Polackenkrieg in den Kirchenbüchern der St.-Nicolai-Gemeinde deutliche Spuren hinterlassen[132]. Sie verzeichneten im Jahre 1658 (dem weitest zurückliegenden Jahr der Aufzeichnungen) nur eine Trauung am 11. Januar, 1659 nur sieben „Copulatio-

Abb. 47
Epitaph für Thomas Börnsen von
1661

nen" mit einer großen Lücke zwischen dem 22. Juni und dem 20. November. Erst mit
1660 normalisierte sich die Zahl der Trauungen wieder mit 22, 1661 waren es 24. Beerdigungen gab es dagegen überdurchschnittlich viele. 1658 waren es 87, 1659: 84, 1660
dagegen wieder 38 (Durchschnitt 1661–65 = 37). Unter den Beerdigungen waren ein
schwedischer Reiter, der „draußen" erschossen worden war (27. 1. 1658), ein weiterer
am 17. 10. 1658, ein brandenburgischer Leutnant am 12. 12. 1658 und ein waldeck-
scher Soldat am 24. 12. 1659.

Auch der Schiffsverkehr litt Not. Der Brückenschreiber Johan Reutter, der das
magere Ergebnis von drei Jahren in einer Rechnung für die Zeit vom 2. 3. 1658 bis zum
5. 3. 1661 zusammenfasste, überschrieb diese mit dem Bemerken: „Zu gedenken daß
Mir de pallackken haben Von das Brüge gelt genomen 5 M 9 sh". Die Einnahmen dieser
drei Jahre beliefen sich mit 166 M nicht einmal auf den Ertrag eines Normaljahres. Die
Ausgaben in Höhe von 267 M überstiegen diese geringen Einnahmen erheblich, sodass
sich Johan Reutter genötigt sah, auf ein Jahres-Salär von 50 M zu verzichten[133]. Im Jahr
1659 war Eckernförde von polnischen Truppen besetzt und ausgeplündert worden,
obwohl die Stadt durch einen ansehnlichen Brandschatz sich freigekauft zu haben
meinte[134]. Wieder erschien das Leben in der Stadt wie gelähmt. Zwischen dem 5. 7. 1658
und dem 16. 12. 1661 fehlt jede Eintragung im Stadtbuch. Diese zeitliche Lücke ist noch

heute in der St. Nicolai Kirche sichtbar. Dem am 24. 2. 1657 verstorbenen Thomas Börnsen konnte seine Frau erst 1661 ein Epitaph „nachsetzen" lassen (Abb. 47).

Auch im übrigen Werk des Bildschnitzers Gudewerdt klafft diese Lücke. Als das Tischler- und Schnitzeramt nach der Kriegsunruhe der Vorjahre am 27. 12. 1660 erstmals wieder zusammenkam, beklagte man im neu angelegten Gesellenbuch, dass die Polacken bei ihrer gewaltsamen Quartiernahme auch die Gesellenbörse hätten mitgehen lassen[135].

Am 20. Oktober 1659 war Eckernförde dann Schauplatz eines Zusammentreffens der beiden ranghöchsten dänischen Militärbefehlshaber, Eberstein und Schack. Sie sollten auf Befehl des dänischen Königs sich über ihre Vorgehensweise bei der Rückeroberung der dänischen Insel Fünen abstimmen, die von schwedischen Truppen unter dem Befehl des Pfalzgrafen von Sulzbach besetzt gehalten wurde. Dabei sollte Eberstein den Übergang über den kleinen Belt erzwingen, während Schack mit einer holländischen Landungsflotte die Insel von Osten her anzugreifen den Auftrag bekam. Zu einer durchgreifenden Verständigung scheint es zwischen den beiden Feldmarschällen nicht gekommen zu sein. Denn jeder operierte auch nachher auf eigene Faust weiter, was dem Schack'schen Landungskorps nach der Landung bei Kerteminde fast zum Verhängnis geworden wäre[136].

Auch nach dem Friedensschluss vom 27. Mai 1660 hatte Eckernförde noch lange an den Nachwehen des Krieges zu leiden. So wollte der dänische König im Juni alle Schiffe für den Rücktransport seiner Soldaten beschlagnahmen. Dabei hatten die Eckernförder schon alles bis auf zwei Schuten hergegeben[137], und im August 1660 beklagten sich Bürgermeister und Rat bitter beim Herzog über die fortdauernde „harte" Einquartierung durch das Regiment des kaiserlichen Obersten Graf von der Nath, der wohl persönlich in Eckernförde ein angenehmes Unterkommen gefunden hatte und nicht nur die Versorgung seiner Küche, sondern auch eine geldliche Kontribution verlangte, derentwegen militärische Exekution angedroht worden war[138]. Erst im Oktober zog das Regiment von der Nath nach Süden ab, nicht ohne noch einmal gründlich in Eckernförde Station gemacht zu haben. Der Oberst blieb mit 90 Pferden zur Nacht, sein Stellvertreter mit 50 Pferden auf drei Tage, erhebliche Schäden in den Gärten, an den Scheunen und an der Wasserleitung der Stadt hinterlassend. Da Eckernförde mit einem bestimmten Kontingent für die Versorgung dieses Regiments schlechthin zuständig war, konnte der Kirchspielvogt von Neumünster, Caspar von Salleren, die Verpflegungskosten, die beim dortigen Aufenthalt des abziehenden Regimentes entstanden waren, anteilig in Eckernförde geltend machen[139].

Bürgermeister, Rat und Deputierte der Stadt hatten nach der Wiederkehr friedlicher Verhältnisse große Mühe, die städtischen Finanzen nach dem gewaltigen Aderlass der Kriegszeit einigermaßen in Ordnung zu bringen. Wieder waren es, wie schon 1643 bis 1645, die Stadtflüchtigen, die die finanziellen Lasten der Zeit ihrer Abwesenheit nicht mittragen wollten, allen voran der ehemalige Bürgermeister Hans Schiring, der sich nach Lübeck „absentirt" hatte und erst Anfang 1661 zurückgekehrt war. Auch diesmal verfingen alle gütlichen Vorstellungen nichts, obwohl die aufgelaufenen Belastungen aus dem „Polackenkrieg", wie es in der Klageschrift heißt, „Viell hoher" gewesen waren als im Schwedenkrieg 1643 bis 1645. Die Stadt musste also rechtliche Schritte beim Gottorfer Hofgericht in die Wege leiten[140].

Auch mit dem Umlandadel, vor allem mit den Brocktorff, ging das Streiten weiter. Am 8. Mai 1661 war Theodosius Brocktorff auf Windeby verstorben und in St. Nicolai beigesetzt worden. Sein Bruder, Oberst Hinrich Brocktorff auf Hemmelmark und

Altenhof, hatte dazu läuten lassen, wollte aber das Läutegeld von 59 Reichsthalern nicht zahlen. König Friedrich III., Herzog Christian Albrecht und adlige Beisitzer verurteilten Hinrich Brocktorff, der 1660 erneut Amtmann in Apenrade geworden war und 1661 Hemmelmark verkauft hatte, in ihrer auf Gottorf am 3. Oktober 1661 abgehaltenen Sitzung zur unverzüglichen Zahlung an Bürgermeister und Rat der Stadt Eckernförde[141].

Beraten durch seinen Kanzler Johann Adolf Kielman von Kielmansegk begann der 1641 geborene Herzog Christian Albrecht mit der Erneuerung des Beistands- und Loyalitätsbündnisses von 1657 mit Schweden. Als eine Antwort König Friedrichs III. darauf kann man den Wiederaufbau der Festung Christianspries, jetzt unter dem Namen Friedrichsort, ansehen. Mit dem Wiedererwerb des Festungsgeländes hatte es eine besondere Bewandtnis. Es war 1648 von Friedrich von Buchwaldt für die Wiedererrichtung der Güter Bülck, Knoop, Seekamp und Holtenau erworben worden. Der dänische Offizier, der seit 1642 dem dänischen Adel angehörte, war 1657 Befehlshaber der dänischen Reiterei geworden und führte in der Abwesenheit von Reichsmarschall von Eberstein das Kommando über die dänischen Truppen in Schleswig-Holstein, worüber es zu Meinungsverschiedenheiten kam. Er verließ eigenmächtig das dänische Heer und wurde 1662 von einem Kriegsgericht wegen seines Verhaltens während des Krieges zum Verlust von Ehre, Leben und Gütern verurteilt. Der Urteilsvollstreckung konnte er sich nur durch Flucht aus Kopenhagen entziehen. Gegen die Hergabe von Seekamp und Holtenau an den König konnte er dessen Vergebung erlangen, womit sich der König wieder im Besitz des Festungsgeländes befand. Friedrich von Buchwaldt starb 1671 und wurde im von ihm eingerichteten Erbbegräbnis der Kirche von Dänischenhagen beigesetzt, dessen Eingangstor Hans Gudewerdt (II), wie auch den wohl ebenfalls von Friedrich von Buchwaldt gestifteten Altar der Kirche von 1656 (heute im Kloster Preetz), geschnitzt hat[142]. Friedrich von Buchwaldt hatte wohl für das klägliche Versagen des dänischen Heeres und vor allem der Reiterei 1657 in den Herzogtümern und in Jütland büßen müssen, als den von Süden vordringenden Schweden in einem von Dänemark erklärten und entsprechend vorbereiteten Kriege so gut wie kein Widerstand geleistet worden war. Auch bekam er hier die harte Hand eines seit 1660 absolutistisch regierenden dänischen Königs zu spüren.

Die langen Kriegszeiten hatten viel Unordnung hinterlassen, sodass der Gottorfer Landesherr die alten Rechte und Privilegien erst wieder herstellen musste. Auf Beschwerde der Stadt Husum verfügte er, was auf die Eckernförder Situation anwendbar ist, am 28. April 1663:
1. dass eine Meile (7 Kilometer) im Umkreise um die Stadt keine Handeltreibenden und Handwerker, ausgenommen Schmiede und Leineweber, sich auf dem Lande aufhalten dürfen,
2. dass das Mälzen und Brauen auf den Dörfern nur zu eigenem Gebrauch und der Ausschank nur da, wo es rechtlich hergebracht, Bierausfuhr aber nicht gestattet sein soll,
3. dass das Husumer Bier in alle benachbarten fürstlichen Städte und in das Amt Schwabstedt ausgeführt werden darf[143].

Die Einschränkungen nach Ziffer 1 und 2 brachten im Eckernförder Fall manchen Streit mit dem benachbarten Dorfe Borby.

Die Kriegszeiten hatten zu einem Rückgang des Adelseinflusses geführt, dem sein wichtigstes Recht, die Wahl des Landesherrn schon 1608 genommen worden war. In Eckernförde zeigte sich dies daran, dass in der St. Nicolai Kirche keine weiteren Grabgewölbe für Adelsfamilien eingerichtet wurden. Dass Detlev von Thienen sich 1662 im Hause seiner Mutter Bertha, geb. von der Wisch, zu Eckernförde erschoss, weil diese ihm kein Geld geben wollte[144], wird nicht zum Ansehen des Adels beigetragen haben. Er war der Enkel von Cecilie Wonsfleth, die 40 Jahre zuvor als Witwe Hans von Thienens dessen Geschlecht nach Eckernförde gebracht hatte. Dagegen gelang es den Geistlichen, im rangbewussten Barockzeitalter die oberste Stufe zu erringen, was sich in lebens- und überlebensgroßen Bildern verstorbener Pastoren ausdrückte. Diese Ehre wurde in Eckernförde erstmals 1664 Daniel Bornemann zuteil, womit auch das Zeitalter der Epitaphien ein Ende fand. Um die unrechtmäßige Bestellung eines Geistlichen, nämlich des „Schulkollegen", und um andere „Gravamina" ging es bei einem Rechtsstreit, den die Deputierten der Stadt vor das Gottorfer Hofgericht 1667 gegen Bürgermeister und Rat gebracht hatten. Unter Berufung auf das fürstliche Dekret von 1624, mit dem die Deputierten als weiteres Element des Stadtregimentes neben Bürgermeistern, Rat und Vogt eingeführt worden waren, beanstandeten sie, dass die Stelle eines Schulkollegen ohne „vorwißen undt consens der Deputirten" besetzt worden sei; dabei müsse dieser doch im Wesentlichen aus den Mitteln der Gemeinde bezahlt werden, wofür die Deputierten zuständig seien.

Zum Zweiten beanstandeten sie, dass Hauptpastor Thamm die (Sonntag-)Nachmittagspredigt, die er nach seinem Berufungsvertrag im Wechsel mit dem Diakon alle 14 Tage zu halten habe, sich bei dieser von einem Schulkollegen vertreten lasse, „die gemeine aber an dessen Gaben also vergnüget ist, daß wenig Zuhörer alsdann in die Kirche zu finden seyn."

Als Drittes missfiel den Deputierten, dass Bürgermeister und Rat die nach Maßgabe des Katasters fälligen Abgaben ohne Abstimmung mit den Deputierten nach Gutdünken herabsetzen oder gar erlassen, statt die angesetzten Abgaben notfalls durch Exekution beitreiben zu lassen, und dass viertens Bürgermeister und Rat die Abgaben nicht dafür verwendeten, wofür sie erhoben würden, und dass dann die Stadt mit dem dem Landesherrn zustehenden Pflugschatz in Verzug geraten sei, der dann mit großen Kosten in militärischer Exekution beigetrieben würde.

Auch bekümmerten sich Rat und Bürgermeister fünftens nicht um die anstehende Bestätigung der städtischen Privilegien durch den neuen Landesherrn. Schließlich beanstandeten die Deputierten, dass sie über die Stadtschulden und deren Tilgung unzulänglich unterrichtet und ihre Anfragen in ungebührlicher Weise beschieden würden[145]. Das nach einem halben Jahr ergangene Urteil fiel, dem Geist der Zeit entsprechend, zu Gunsten der (städtischen) Obrigkeit aus, wobei der Umstand, dass der eine der beiden Bürgermeister, Joachim Thielbehr, von Gottorf eingesetzt worden war, mitgespielt haben mag. Bei der Bestellung der Schulkollegen solle es genügen, wenn Bürgermeister und Rat sie unter Beiziehung des Hauptpastors bestellten. Letzterer solle auch nicht zum Nachmittagsgottesdienst verpflichtet sein, den der von ihm mitbezahlte Schulkollege abhalten könne. Bei der Festlegung der städtischen Abgaben sollten zwar die Deputierten hinzugezogen werden, doch bliebe es Bürgermeister und Rat unbenommen, dem einen oder anderen Abgabenschuldner wegen eingeschränkter Leistungskraft geringe Zugeständnisse zu machen.

Bürgermeister Jürgen Thielbehr wurde in diesem Zusammenhang gestattet, „die bey der Pohlen Einfall zu Conservierung der gemeine" dem jüngeren Czernetzky aus eigenem Vermögen gegebenen 600 Reichsthaler aus der Stadtkasse zu entnehmen. Auch wurden beide Bürgermeister ermächtigt, die Bezüge für den nicht besetzten Posten eines Stadtschreibers selber zu kassieren. Das Urteil, dessen Kosten gegeneinander aufgehoben wurden, endete mit einer Ermahnung der Deputierten, der Bürger und Einwohner zum Gehorsam gegenüber Bürgermeister und Rat, die hinwiederum zu gebührlicher Bescheidenheit aufgefordert wurden[146].

Wesentliche Veränderungen zeichneten sich Mitte der Sechzigerjahre des 17. Jahrhunderts in den drei Linien – der königlichen, der herzoglichen und der gräflichen – des Hauses Oldenburg ab. Die in den Stammgrafschaften Oldenburg und Delmenhorst regierende gräfliche Linie bestand nur noch aus dem kinderlosen Grafen Anton Günther. Er übertrug die Grafschaften 1664 an König Friedrich III. und Herzog Christian Albrecht. König Friedrich III. erließ 1665 die Lex regia, die aus Dänemark ein Erbkönigtum machte, das auch kognatisch, also durch eine Frau, weiter vererbt werden können sollte. 1666 wurde August Friedrich aus der herzoglichen Linie zum Bischof von Lübeck gewählt. Er erbaute nach 1689 das Eutiner Schloss. 1667 kam es zu einer Verbindung zwischen der herzoglichen und der königlichen Linie: Herzog Christian Albrecht heiratete Friederike Amalie, eine Tochter König Friedrichs III. von Dänemark. Mit der Gründung der Christian-Albrechts-Universität im Jahre 1665 erfüllte der Herzog einen Wunsch seines Vaters und leistete einen wichtigen Beitrag zur kulturellen Selbstständigkeit Schleswig-Holsteins.

Welch positive Wirkungen die für das 17. Jahrhundert schon lange Friedenszeit von einem Dutzend Jahren hatte, zeigte sich 1672 zu Eckernförde mit der Anschaffung einer Viertelstundenglocke für St. Nicolai. Sie musste an das Uhrwerk der Kirchenuhr angeschlossen werden. Verzeichnet wurden auf ihr die Namen von[147]:

(Bürgermeister)

B. Jürgen Thielbehr	M. Georgius Thamen P. (Magister, Pastor)
B. Joachimus Wichman	H. Johannes Borneman D. (Diakon)

H. Otto Tielbehr
H. Otto Witte
H. Nicolaus Becker
H. Paul Höckel
Rhaetsverwandte

Wie es in Eckernförde damals aussah, lässt eine am 27. Februar 1673 in Gottorf eingegangene Bittschrift der Stadt erkennen[148]. Sie wünschte an erster Stelle eine Herabsetzung der Bemessungsgrundlage für die Abgaben an den Landesherrn von 70 auf 30 Pflüge und begründete dies mit den noch immer nicht aufgeholten Kriegsschäden. Gegenüber vormals über 400 Feuerstätten und entsprechend vielen Inhabern des Bürgerrechts hatte die Stadt jetzt nicht einmal mehr 200 bewohnte Feuerstätten (Häuser) und Bürger darinnen und unter diesen nicht einmal 30, die zur Leistung der Kontribution an den Landesherrn fähig seien. Sicher waren die Angaben zum gegenwärtigen Zustand der Stadt ins Negative übertrieben, da der Herzog zur Ermäßigung seiner Forderungen bewogen werden sollte. Doch vermitteln sie ein deutliches Bild von der vormaligen Größe der Stadt und eine Vorstellung von den derzeitigen Lasten der kriegsgeschädigten Stadt, zu denen die Bittschrift den Unterhalt der Prediger und Schulbedienten und deren Wohnungen wie auch der Kirche und des Schulgebäudes zählt. Auch die Schiffbrücke wird ausdrücklich neben dem Schuldendienst erwähnt. Das zweite Beschwernis der Stadt sind Zoll und Lizenzen, die auf alle Waren erhoben werden, die die Eckernförder an Landeskinder verkaufen, während die Dörfer Kappeln und Arnis wie auch der benachbarte Adel von ihren Vorständen aus Korn, Butter und Käse verschiffen und Eisen, Salz, Flachs und anderes anschiffen lassen und auch ihre Holländer (Milchviehpächter) damit versorgen, ohne Zoll und Lizenzen zahlen zu müssen. Auch erkennten der Amtsschreiber zu Kiel und der Bürgermeister von Rendsburg die Bescheinigung des Eckernförder Stadtvogts über gezahlte Abgaben nicht an und verlangten bei der Durchfuhr nochmalige Zahlung.

Eine weitere Minderung der bürgerlichen Nahrung der Stadt wurde darin gesehen, dass Brauer, Bäcker, Schuster, Schneider, Leineweber und Rademacher innerhalb der Bannmeile der Stadt ihr Handwerk in Nachbardörfern abgabenfrei ausüben und dem städtischen Handwerk Geschäft entziehen. Andererseits sei den Untertanen des Amtes Hütten untersagt, auch nur kleinste Mengen an Bier und Wein aus Eckernförde zu beziehen. An vierter Stelle beklagt sich das Stadtregiment über Graf Burchard von Ahlefeldt zu Eschelsmark und Saxtorf, weil er für Häuser, in denen seine Leute („Heuerlinge") in der Stadt zur Miete wohnen, keine Abgaben leiste, diese Leute selbst auch nichts beitrügen, und er unberechtigterweise in Wohnungen vor der Stadt („in dem Vogelsange") Handwerker einsetze.

Als fünftes Gravamen bringt die Stadt die alte Klage vor, dass einige Einwohner von Stand sich hinsichtlich ihrer Hausabgaben zu Unrecht auf alte Ausnahmeregelungen berufen und darauf vertrauen, dass Bürgermeister und Rat deswegen schon nicht exekutieren lassen würden. So solche fürstlichen Privilegien tatsächlich bestünden, wie bei Frau Lucia von Brocktorff, die 30 Jahre lang davon gut gehabt hätte, sollten sie aber doch jedenfalls nicht vererbbar sein. Zumindest die Klage über Graf Ahlefeldt ist vom Herzog aufgegriffen und entsprechende Weisung erteilt worden.

Eine weitere Beschwerde der Stadt über den Umlandadel vom gleichen Jahre trug geradezu groteske Züge. Danach hatte Claus Pogwisch zu Grünholz das Rantzaugestühl in St. Nicolai immer wieder (dreimal) von einem Schubyer Schmied mit Überfallbeschlägen und Vorhängeschlössern bestücken lassen, welche der Rat als Kirchenpatron jeweils wieder hatte entfernen lassen[149].

Die 15-jährige Friedensperiode neigte sich ihrem Ende zu. 1670 hatte König Christian V. die Regierung in Kopenhagen übernommen. Das dänische Staatswesen und seine militärische Kraft hatten sich seit der Entmachtung des Adels gefestigt, und der junge König brannte darauf, die Scharten der Verträge von Roskilde und Kopenhagen auszuwetzen. Die Rückgewinnung Schonens und die Wiederherstellung der Lehnshoheit über Schleswig waren seine Ziele. 1674 schien sich eine günstige Gelegenheit zu bieten. Der Erbfeind Schweden hatte im europäischen Konflikt zwischen dem Kaiser, den Niederlanden und Brandenburg einerseits und König Ludwig XIV. von Frankreich andererseits vertragsgemäß für Frankreich Partei ergriffen und ließ seine Truppen an der brandenburgischen Grenze aufmarschieren. Der dänische König bereitete sich auf einen Krieg gegen Schweden vor. Der schleswig-holsteinische Landtag wurde im Frühjahr 1675 nach Kiel einberufen. Doch König und Herzog konnten sich nicht auf eine gemeinsame landesherrliche Vorlage über eine Steuerforderung zur Verteidigung der Herzogtümer einigen. Als der König daraufhin widerrechtlich eine eigene Vorlage einbringen ließ, machte Herzog Christian Albrecht von seinem Recht als in diesem Jahr die gemeinschaftliche Regierung leitender Fürst Gebrauch, den Landtag auszusetzen. Es sollte auch dessen letztes Zusammentreten gewesen sein.

Unter anhaltenden Spannungen versuchten die beiden landesherrlichen Parteien im Juni 1675 in Rendsburg ihre Streitpunkte im Verhandlungswege zu lösen. Dies betraf auch die Erbschaft an den Grafschaften Oldenburg und Delmenhorst. Beide Landesherren hatten sich persönlich in der zum königlichen Anteil gehörigen Stadt Rendsburg eingefunden.

Auf die Nachricht vom großen Siege des Kurfürsten, seines Verbündeten, über die Schweden bei Fehrbellin (2. 7. 1675) setzte König Christian V. seinen Schwager, Herzog Christian Albrecht, gefangen und zwang ihm seine Bedingungen im so genannten Rendsburger Vergleich rücksichtslos auf. Christian Albrecht musste auf die Souveränität für Schleswig verzichten und dem König seine Festungen Tönning und Gottorf und die Stapelholmer Schanze ausliefern. Der Herzog musste sich verpflichten, ohne Zustimmung des Königs keine Bündnisse abzuschließen und bestehende nicht zum Nachteil des Königs zu benutzen. Das Amt Schwabstedt und dessen Anteil am Domkapitel Schleswig nahm der König dem Herzog ab.

König Christian V. erklärte nun Schweden den Krieg, welches in Norddeutschland durch die Niederlage bei Fehrbellin geschwächt war und dessen Flotte gegen Dänemark sehr unglücklich operierte. Die zur Schwedenpartei am Gottorfer Hof gerechneten Vater und drei Söhne Kielmann von Kielmansegg ließ König Christian nach Kopenhagen verbringen, wo Vater Kielmansegg wenige Monate später in der Haft verstarb. Die Festung Tönning wurde geschleift. Der Herzog, der sich auf Gottorf nicht mehr sicher fühlen konnte, floh nach Hamburg. Konstant blieb er bei seiner Weigerung, um die Belehnung mit Schleswig nachzusuchen. Daraufhin sequestrierte Christian den herzoglichen Anteil Schleswigs.

Die Eckernförder bekamen den Rendsburger Gewaltstreich unmittelbar durch „Königl. Dänische Einquartierung" zu spüren. Vom 1. Juli bis zum 20. August 1675 waren in Eckernförde zwei Regimenter Infanterie, vom 25. Dezember 1677 bis zum 6. Februar 1678 ein Bataillon Infanterie, vom 9. Februar bis zum 23. März 1678 ein (Reiter-)Regiment, vom 18. Juni 1679 das Leibregiment der dänischen Königin unter dem Baron von Schulenburg, vom 30. August bis zum 23. September 1679 zwei Kompanien Dragoner einquartiert, wofür insgesamt 4964 Reichsthaler aufgebracht werden mussten, wobei die Kosten der zusätzlich vorgekommenen gelegentlichen Nachtlager und Durchmärsche königlich dänischer Truppen nicht gerechnet waren[150].

Auf einer Schuldverschreibung der Stadt gegenüber dem Mitbürger Carsten Möltje vom 7. Juli 1675 ist denn auch „Königl. dähnische Einquartierung" als Grund für die Geldaufnahme angegeben, für die die Bürgermeister Wilhelm Valentin und Otto Witte, der Worthalter der Deputierten Peter Voß, der Stadtvogt David Rehmke und Johann Clausen mit ihren Unterschriften einstehen[151]. Die Stadt hatte sich in dieser Zeit stark verschulden müssen. Das Schuldenbuch der Stadt wies für die Zeit von 1673 bis 1695 über 70 Gläubiger auf. Es befanden sich darunter der Goschhof, die Kirchen zu Bovenau, Sehestedt und Eckernförde, die Pfingstgilde, einzelne Bürger aus Osterrode, Bovenau, Wittensee, Bastorf, Dobersdorf und Owschlag und auffallend viele Pastoren und Hofbeamte[152]. Der rückläufige Einfluss des Adels ist auch in dieser Gläubigerliste erkennbar: nur noch die Töchter von Siewert Wonsfleth sind verzeichnet.

Auch der Eckernförder Seehandel litt wieder unter den dänisch-schwedischen Auseinandersetzungen, die nach dem Streitobjekt den Namen Schonenscher Krieg (1675–1679) erhielten. Während die Dänen mit holländischer Unterstützung die Oberhand auf See behielten, konnten die Schweden sich im Landkrieg auf Schonen behaupten. Bei Lund wurde am 4. Dezember 1676 die blutigste Schlacht geschlagen, die sich die beiden nordischen Mächte je geliefert hatten. Das dänische Heer verlor etwa zwei Drittel seines Mannschaftsbestandes (5000 Tote, 3000 Verwundete und 2000 Gefangene). Die Einnahmen der Eckernförder Schiffbrücke fielen deutlich unter die erforderlichen Ausgaben, eine dringende Reparatur konnte 1679 nur mit einem Darlehen des Brückenherrn Hans Schiring bezahlt werden.

Auch dieser Krieg wurde aber letztlich wieder in Mitteleuropa durch Frankreich entschieden. Ludwigs XIV. Diplomatie hatte die Gegner zu trennen verstanden und ihnen seine Friedensbedingungen im Frieden zu Nymwegen 1679 aufgedrückt. Diesem diplomatischen Sieg Frankreichs folgte am 13. August der Friede mit Dänemark und am 26. September 1679 der zu Lund zwischen Dänemark und Schweden. Allen dänischen Erfolgen im Seekrieg zum Trotz musste Dänemark den Zustand vor Kriegsbeginn wiederherstellen. Schonen blieb schwedisch und Herzog Christian Albrecht in Schleswig souverän. Er kehrte nach Gottorf zurück. Doch die Spannungen zwischen den fürstlichen Schwägern blieben bestehen.

Christian V. hatte es verstanden, den Erbstreit über die Grafschaften Oldenburg und Delmenhorst zu seinen Gunsten zu entscheiden, indem er sich hinter dem Rücken von Christian Albrecht den offenbar besseren Anspruch der Glücksburger Linie hatte verkaufen lassen. 1680 wurde er vom Kaiser mit den Grafschaften belehnt. In Konsequenz seiner diplomatischen Niederlagen gegen Frankreich suchte Christian V. um Anschluss an den mächtigen Ludwig, während Schweden in die antifranzösische Koalition wechselte. Von Ludwig XIV. erhielt Christian freie Hand gegenüber dem Gottorfer Herzog mit der Folge, dass Christian Albrecht bei einer erneuten Besetzung seines schleswigschen Anteils 1682 wieder Zuflucht in Hamburg suchen musste. Die Streitigkeiten über die Auslegung der Friedensvertragsbedingungen spitzten sich so zu, dass König Christian 1684 erneut den schleswigschen Anteil des Herzogs sequestrierte und mit dem königlichen vereinte. Der König setzte seine Parteigänger als Amtleute ein. So wurde Konrad von Reventlow (aus der mecklenburgischen Linie) Amtmann von Gottorf, womit der große Einfluss, den dieses Geschlecht in den kommenden Jahrzehnten auf die dänische Politik haben sollte, begründet wurde.

Mit der Besetzung durch dänische Truppen wurden Eckernförde wieder Kontributionen nach Maßgabe des Pflugschatzes auferlegt, die mit Exekution eingetrieben wurden. Über die Perioden vom 16. 10. bis 31. 12. 1682 und vom 1. 1. bis 28. 2. 1683 liegen Verzeichnisse vor. Für diese Zeit musste die sich demonstrativ als „fürstl." bezeichnende Stadt 2630 Reichsthaler und 59 Schillinge zahlen. In dieser Summe waren auch die Positionen enthalten: „An Exekution Gebühr, Zehrungskosten, Fuhrundt Bothenlohn und abgenöthigten Quitungsgebühr"[153]. Um diese Zahlungen leisten zu können, musste sich die Stadt weiter verschulden. An Fastnacht 1683 lieh sie sich von Adam Manneke, Pastor zu Bovenau, 200 Reichsthaler auf ein Jahr mit beiderseits halbjähriger Kündigungsfrist und 5 % Zinsen. Die Urkunde ist von den Bürgermeistern Wilhelm Valentin und Paul Höckell, dem Deputiertenworthalter Peter Voß und den Deputierten Hans Schiringh und Claus Knoll unterschrieben. Zu gleichen Bedingungen verschuldete sich die Stadt bei Alexander Zeschen, Pastor in Ulsnis[154].

Anfang 1685 wurde auch das Hofgericht zu Gottorf vom König durch eine Justizkanzlei unter Andreas Pauli von Liliencron ersetzt. Das mag die Erklärung dafür sein, dass die Gottorfer Gerichtsakten für die Zeit bis zum Ende der dänisch-gottorfischen Streitigkeiten 1689 weitgehend fehlen und damit auch für Eckernförde eine wichtige historische Informationsquelle ausfällt. Nachdem König Christian V. 1684 den gottorfischen Anteil Schleswigs zum zweiten Male hatte sequestrieren lassen, was nicht nur schwedischen, sondern auch kaiserlichen Protest auslöste, hatte er sich 1686 auch an den holsteinischen Besitzungen Christian Albrechts, den Ämtern Tremsbüttel und Steinhorst, vergriffen. Dabei hatte sein einziger Verbündeter unter den Großmächten, Frankreich, schon 1685 erklären lassen, dass es sich nicht in den gottorfischen Streit einmischen würde. Ludwig XIV. hatte auf das Wiedererstarken der Kaisermacht nach der Abwehr der Türken vor Wien und deren folgenden Niederlagen in Ungarn Rücksicht nehmen müssen. Als schließlich Christian glaubte, sich 1686 auch noch der von inneren Unruhen geschwächten Stadt Hamburg bemächtigen zu können[155], wandten sich auch seine norddeutschen Verbündeten von ihm ab. Kurfürst Friedrich Wilhelm von Brandenburg schickte den Hamburgern sogar Truppen zu Hilfe, was den Dänenkönig zur Aufhebung der Belagerung zwang. Gänzlich isoliert stand Dänemark nun einem Bündnis von Kaiser, Brandenburg und Schweden gegenüber, sodass es am 20. Juli 1689 in den „Altonaer Vergleich" einwilligen musste, der den Herzog in all seine Rechte wieder einsetzte, die er nach den Verträgen von Roskilde, Kopenhagen und Lund besessen hatte.

Der 14-jährige Streit um Schleswig (1675–1689) hatte dem Wirtschaftsleben des Herzogtums schwer geschadet. Nimmt man für Eckernförde die jährlichen Einnahmen der Schiffbrücke[156] als Indikator, so ergibt sich das folgende Bild:

Für die Friedensperiode vom „Polackenkrieg" bis zum Rendsburger Vergleich
1661–1674 ergab sich ein Jahresdurchschnitt von   177 Mark
im Schonenkrieg
1675–1679   "   94 Mark
in der Zwischenphase
von dem Vertrag von Lund bis zur
2. Sequestrierung Schleswigs
1680–1684   "   151 Mark
von der 2. Sequestrierung
bis zum Altonaer Vergleich
1685–1688   "   88 Mark
danach bis Christian Albrechts Tod
1689–1694   "   219 Mark.

So hatte Eckernförde gerade in der Zeit nach der 2. Sequestrierung des Gottorfer Anteils am Herzogtum Schleswig eine besonders schwere Zeit durchzustehen. Aus dieser Phase unmittelbarer Herrschaft Christians V. über die Stadt (1684–1688) sind uns zwei Belege überliefert. Pfingsten 1686 lieh sich die Stadt 204 Mark von der „hiesigen löbl. Pfingstgilde" auf 5 % Zinsen und halbjährliche Kündigung, rückzahlbar „an den zu der Zeit verordneten Eltermann und Beysitzer". Es unterschrieben für die Stadt die Bürgermeister Wilhelm Valentin und Paul Höckell, der (Deputierten-)Worthalter Ewaldt Ruge und die Deputierten Peter Voß und Johan Schultz[157].

Am 26. 11. 1687 trat der dänische König als Stadtherr in Erscheinung. Ein Jahr zuvor hatte er die Aufhebung der „Immunitäten" verfügt, wonach bestimmte Häuser von den städtischen Lasten wie Kontributionen und Einquartierung befreit waren, sich aber von Fall zu Fall eine erneute Privilegierung vorbehalten. Davon machte er jetzt bei der „Blomenburg" Gebrauch. Dieses alte herausragende Adelshaus am Hafenende der Fischerstraße hatte Peter Gudehaußen erworben. Er verwaltete für die „Maîtresse en titre" König Christians, die Gräfin zu Samsö, deren Gut Rixtorff bei Plön. Für diese Vergünstigung, Freistellung von allen städtischen Lasten und Abgaben, war ihr Bruder, der Etats- und Kantzeley Rath Moth, eingekommen[158]. Sophie Amalie Gräfin zu Samsö hatte dem König zwei Söhne geboren, die der Tradition des Hofes entsprechend als „natürliche" Söhne des Königs Grafen Gyldenlöwe hießen[159].

Die „Blomenburg" war über die Rantzau auf Kohöved an die Brocktorff gekommen, welche noch zur Mitte des Jahrhunderts Eigentümer aller Eckernförde umrahmenden

Güter gewesen waren. Doch nach dem Tode der Brüder Hinrich und Theodosius Brocktorff im Jahre 1671 fanden sich keine männlichen Erben, die Hemmelmark, Windeby und Altenhof weiter geführt hätten. Die Güter wurden verkauft[160]. Damit wurde auch das Brocktorffsche Erbbegräbnis in St. Nicolai nicht mehr in Anspruch genommen. Anfang der 1680er Jahre war es mit zwei anderen adeligen Begräbnissen eingefallen. Der Totengräber hatte sie heimlich nach Wertsachen durchsucht und „Pretiosa an Gold, Diamanten" an sich genommen[161]. Aus dem Brocktorff'schen hatte der „Kuhlengräber" Schmuckbeigaben an die Frau des Bürgermeisters Valentin verkauft. Doch in einem Verfahren vor dem Gottorfer Hofgericht wurde entschieden, dass diese Pretiosen, wenn sie denn von den Eigentümern des Begräbnisses nicht beansprucht würden, an den „Advocato fisci" abgeführt werden müssten[162].

Von Peter Gudehausen erwarb die Blomenburg Otto Ernst Ernesti, königlicher Kommissarius. „Was dann aus dem Hause ward, ist nicht bekannt, vermutlich ist es vom Feuer zerstört, denn es wird nicht mehr genannt"[163].

2.3 An der Seite Schwedens

Vom Altonaer Vergleich bis zur Kapitulation der Festung Tönning (1689–1714)

Nach dem Altonaer Vergleich bezog Christian Albrecht wieder seine Residenz auf Schloss Gottorf. Am 30. Oktober 1689 hielt er dort feierlichen Einzug. Wenn auch die aus dem „gottorpske spörgsmål" erwachsenden Spannungen andauerten, so kehrten doch wieder einigermaßen friedliche Verhältnisse im Lande ein. Und die Gottorfer Herrschaft über den herzoglichen Anteil an Schleswig blieb einstweilen unangetastet. Damit konnte Eckernförde als Hafen der herzoglichen Residenz und von der wieder hergestellten Freiheit des Seeverkehrs nur gewinnen.

Zu einem profitablen Seeverkehr gehörte vor allem der Handelsaustausch mit dem mächtigen Schweden, in dem jedoch schwedische Staatsbürger bevorzugt wurden. So kamen 1690 die Eckernförder Schiffer unter Führung von Peter Becker auf den Gedanken, sich um das wismarische Bürgerrecht zu bewerben. Denn Wismar war seit 1648 schwedisch. Sie trugen diesen Wunsch an den Herzog heran, der seinen Gesandten in Stockholm entsprechend beauftragte[164]. Ob Johann Ludwig Pincier, später auch schwedischer Freiherr von Königstein, Erfolg hatte, wissen wir nicht. Doch verdanken wir dieser Bemühung von „Peter Becker & Consortes" eine (komplette?) Liste der damaligen Schiffer und Schiffe von Eckernförde (Abb. 48).

Die an den steigenden Einnahmen an Brückengeld ablesbare Erholung des Handelsverkehrs reichte gleichwohl nicht aus, die städtischen Finanzen zu konsolidieren. 1692 musste die Stadt ihren beiden Geistlichen, Pastor Thamm und Diakon Bornemann, erneut die „salaria" schuldig bleiben, dem Pastor Thamm den aufgelaufenen Rückstand von 400 Mark sogar in einer Schuldurkunde verbriefen[165].

Streit gab es wieder wegen zweier Borbyer Katen, die mit Erlaubnis des Hüttener Amtschreibers im Bereich des Ballastberges (Vogelsang) errichtet worden waren. Die Eckernförder verlangten, dass hier zum Schaden der Stadtnahrung „keine Handwerker noch trafiquirende Persohnen, sondern nur Haußleute oder Fischer" wohnen sollten, und bekamen damit Recht.[166].

Zu allem Überfluss wurde die Stadt in der Nacht vom 10. auf 11. Februar 1694 nach viertägigem Nordoststurm von einer Jahrhundertflut heimgesucht, die selbst die Flut von 1625 noch übertraf. Die (Schiff-)Brücke wurde „ruiniert", der Hafen „zuge-schlemmt"[167]. In der Kirche soll das Wasser einen Meter („über eine Elle") hoch gestan-den haben[168]. An Pfingsten dieses Unglücksjahres musste die Stadt der „Pfingstgilde", die sich erst 1690 eine „revidierte" und „renovierte" Satzung gegeben hatte[169], einen Schuldschein über 168 Mark „an bishero auffgeschwollenem Kruthe" ausstellen, wohl weil sie der Gilde wiederum (?) nicht, wie üblich, das Pulver für ihr Schießen bezahlen konnte[170]. Natürlich drückten unter diesen Umständen die Abgaben (Kontributionen) an den Landesherrn besonders hart. So erging in diesem Jahr an diesen ein umfassend begründetes Bittschreiben, mit dem Bürgermeister und Rat um Ermäßigung der monatlichen Kontribution von 240 Mark auf höchstens den Satz der Stadt Schleswig von 200 Mark einkamen. Die Begründung dieses Ansuchens wirft grelles Licht auf den elenden Zustand der Stadt. Obenan stand natürlich die Flut, die „die halbe Stat ... ver-dorben" habe, weswegen Bürger die Stadt verlassen hätten. Auch führte die Stadt wie-der Klage über den Amtschreiber zu Hütten, „welcher mit Brauen, Mälzen, Schenken, und allerley Sorte Handwergen, der armen Stat, biß an den Schlagbaum das Brodt außem Munde nimbt." Darüber hinaus wollte dieser sogar einen eigenen Seehandel (über das Borbyer Ufer) erzwingen. Über den Umlandadel wurde, wie schon so oft, Klage geführt, dass er den Privilegien der Stadt zuwider brauen, backen und Brannt-wein brennen und alle möglichen städtischen Handwerke wie Schuster, Schneider, Klein- und Grobschmiede, Leineweber, Rademacher, Tischler, Feldschere und Kramer praktizieren und deren Erzeugnisse und den Branntwein heimlich oder öffentlich zum Verkauf in die Stadt bringen ließe. Beklagt wurde auch die Konkurrenz des Flensburger Hafens, von wo Eiderstedt und Dithmarschen mit Hanf, Flachs, Eisen, Teer, Brettern und Latten versorgt würden, was damit den Eckernfördern abginge[171].

Außer der Februarflut hielt das Jahr 1694 noch ein weiteres einschneidendes Ereignis für Eckernförde bereit: Am 27. Dezember starb erst 53-jährig sein Stadtherr Herzog Christian Albrecht und dessen Sohn Friedrich IV., Enkel beider dritten Friedriche, des Herzogs wie des Königs, übernahm das Regiment. Christian Albrecht hatte in Zeiten großer Bedrängnis Standfestigkeit gegen seinen Schwager König Christian V. bewiesen, war aber im Grunde ein friedliebender Mensch gewesen. Neben einer steten Pflege der existenziell unverzichtbaren Beziehungen des Gottorfer Staates zu Schweden war Christian Albrecht nachhaltig um einen Ausgleich mit Dänemark bemüht gewesen.

Ganz anders Herzog Friedrich IV. Für ihn stand die militärische Selbstbehauptung und Repräsentation seines Staates im Vordergrund, und er bevorzugte einseitig die Beziehungen zu Schweden, um dessen Königstochter Hedwig Sophie er sich bewarb. Die Souveränität in Schleswig kehrte er deutlich heraus. Die Formel: „Supremus Dux Slesvici Dux Holsatiae"[172] war eine Kampfansage an die Adresse der dänischen Verwandtschaft.

Noch an die Adresse des verstorbenen Herzogs richtete sich die Eingabe der Eckernförder Schiffer Claus Hitzscher, Jochim Buck und Frenß Krantz von Ende 1694. Sie hatten mit ihren Schiffen daran mitgewirkt, zurückgerufene schwedische Truppen aus dem Gottorfischen über Eckernförde nach Wismar zu bringen. Entgegen der Zusage hatten sie dort Hafengebühren entrichten müssen. Auch mussten sie wegen der fortgeschrittenen Jahreszeit ihre Schiffe dort überwintern lassen, wodurch ihnen zusätzliche Kosten für die Ab- und Wiederanreise ihrer Mannschaft entstanden. Ihrer Bitte um Kostenerstattung wurde entsprochen[173].

Den Regierungswechsel nahmen Bürgermeister und Rat traditionsgemäß zum Anlass, um Bestätigung ihrer städtischen Privilegien zu ersuchen und ihre anstehenden Beschwerden („Gravamina") vorzutragen[174].

Wegen der Bestätigung ihrer Privilegien wurden die Eckernförder jedoch auf den Zeitpunkt der Huldigung verwiesen, zu der sich die Eckernförder Abordnung die Spesen – 600 Reichsthaler – erst bei Landrat Detlev Reventlow auf Hemmelmark zu 18 Reichsthalern Zinsen bis zum nächsten Umschlag leihen musste[175]. Von den übrigen 15 „Gravamina" wurden nur acht positiv beschieden, und zwar

- wegen der an der Westseite baufällig gewordenen Kirche sollte den Eckernfördern „unter die Arme gegriffen werden"
- die Kirchenhufe Ravenshorst bei Goosefeld sollte zur besseren Nutzung bebaut werden dürfen
- sollten die Einwohner von Dithmarschen und Eiderstedt angewiesen werden, ihre Kaufmannswaren bei sonst gleichen Bedingungen in Eckernförde (und nicht in Flensburg) zu beziehen
- sollten die von der Wasserflut ruinierten Begräbnisse in der Kirche wie die Kirchenstühle nicht mehr gekauft, sondern nur noch gemietet werden können
- sollten Hausverlöbnisse und -trauungen zur Vermeidung der Kirchengebühr verboten werden
- sollten die (adligen) Besitzer von angeblich abgabenfreien Häusern dies belegen und ihre entsprechenden Titel dem Herzog zur Prüfung vorlegen
- sollte der „Königl. Entrepreneur" (Gemeint ist der Rendsburger Festungsbaumeister Pelli, der das Kalkbrennpriveleg der Kirchengemeinde St. Nicolai gepachtet hatte) Holz und Heu nicht von den Bezugsquellen der Einwohnerschaft beziehen, um deren Feuerung nicht zu verknappen und damit zu verteuern

– sollte der Pächter der Schnaaper Mühle die ihm zuständige Borbyer Wassermühle in guten Zustand bringen, damit die Eckernförder Bürger ihr Malz daselbst mahlen lassen könnten.

Aufschlussreich ist es, zu welchen Beschwerden eine Entscheidung erst „nach eingezogener Nachricht und befindenden Umständen" erfolgen sollte, also zurückgestellt wurde. Es waren dies die die Staatsfinanzen oder die Interessen anderer Untertanen berührenden Gravamina, wie

– die gewerbliche Tätigkeit innerhalb der Bannmeile (1–2 Meilen) der Stadt, wie sie den städtischen Vorrechten zuwider der Umlandadel und der Amtsschreiber von Hütten in Fleckeby praktizierten,
– die Herabsetzung der Pflugzahl als Steuerbemessungsgrundlage und der entsprechende Erlass der Steuerrückstände
– den Rendsburgern das seit 1575 erlaubte „freie Anschiffen" (d. h. das Eckernförder Stapelrecht umgehen zu dürfen) zu verbieten, da ihnen von ihrem königlichen Stadtherrn auch bei Strafe verboten worden sei, bei Eckernfördern Malz zu kaufen
– den Kappelern die gleichen (städtischen) Abgaben aufzuerlegen, wenn sie denn schon Seehandel trieben
– da man (binnen kurzem) die lange Brücke habe zweimal neu erbauen müssen, doch auf die Abführung des dem Herzog zustehenden Brückengeldes auf einige Jahre zu verzichten
– die mit Borby strittigen Stadtfeldhufen ganz zur Stadt zu legen, für die dann auch 30 Reichsthaler an die herzogliche Kammer statt der bisherigen 20 bezahlt werden würden[176].

Im Gegensatz zu diesen unbeschiedenen Eckernförder Sorgen gab es in einem wichtigen Punkt eine schnelle Entscheidung in Form eines herzoglichen „Patents" zur Erleichterung des Handels Auswärtiger und ihrer dauerhaften Niederlassung in Eckernförde zum Ausgleich der Kriegs- und Wasserschäden.

Doch konnte der Herzog sich offenbar nicht entschließen, den potenziellen Neubürgern volle Religionsfreiheit zu gewähren, wie es das Eckernförder Stadtregiment vorgeschlagen hatte und wie es nach dem Erlass des Potsdamer Toleranzediktes durch Kurfürst Friedrich Wilhelm 1685 zeitgemäß gewesen wäre[177]. Das herzogliche Patent wurde im Übrigen damit begründet, dass „selbige Stadt durch ausgestandene vieljährige Kriegspressuren erlittene ungewöhnliche Waßer-Schaden, mithin auch durch eingeschlichene missbräuche und Unordnungen, in gar großen Abgang ihrer Nahrung gerathen, und dermaßen verdorben, daß ungeachtet der bequemen herrlichen Situation, womit selbiger Ohrt für (vor) andern begabet ..., darnieder liege ..."

Über die städtischen Finanzen lagen die Deputierten mit Bürgermeister Valentin im Streit, wobei ein Punkt des dazu ergangenen hofgerichtlichen Urteils ein schlechtes Licht auf diesen Stadtvater wirft. Die angespannte Finanzlage der Stadt hatte er dazu genutzt, umlaufende städtische Obligationen unter dem Nominalwert aufzukaufen. Den Wertabschlag musste er nun der Bürgerschaft zukommen lassen[178].

Auf das geringe Einkommen der Stadt bezog sich auch eine herzogliche Verfügung vom 4. Juli 1696[179], mit der die Rechte an den durch die Flut von 1694 zerstörten Begräbnissen in der Kirche und auf dem Kirchhof sowie an den Kirchenstühlen endgültig geregelt werden sollten. Die Besitzer müssten sie neu „festen" (mieten) und sich auf Grund von Belegen zuschreiben lassen. Dabei würde die Zuschreibung immer erneut fällig,

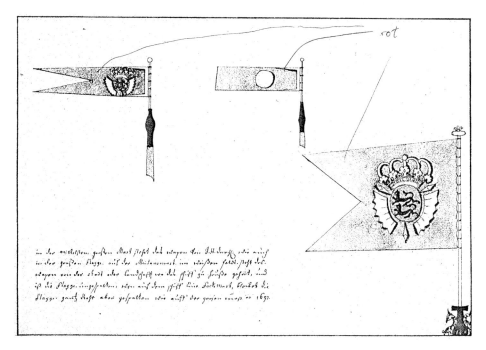

Abb. 49 Schleswig-Holsteinische Flagge von 1696

wenn die Person des Besitzers – auch im Erbgang – wechselte. Der Begründung dieser „Constitutio" zufolge mussten viele Begräbnisse nach der Überschwemmung eingesunken sein. Dies hatte seine Ursache auch darin, dass viele der in den Kirchenboden eingelassenen gemauerten gruftartigen Begräbnisse von den einstigen meist adeligen Besitzern praktisch aufgegeben worden waren. In den Jahren auch vor der großen Flut von 1694 häuften sich die Nachrichten von eingestürzten adeligen Gräbern, deren kupferne und zinnerne Särge oftmals einen kostbaren Inhalt offenbarten. „Einige Pretiosa an Gold, Diamanten sind gehoben worden." Der Totengräber musste entsprechend kontrolliert werden, auf dass diese Kostbarkeiten zum Wohle der Armen verkauft werden konnten[180]. Es wurden offenbar auch keine Erb- und Eigentumsansprüche aus dem Kreise der ehedem in Eckernförde ansässigen Adelsfamilien geltend gemacht, die diese Begräbnisse einst mit großem Aufwand und Geltungsanspruch hatten anlegen lassen. Die Bedeutung des Adels für Eckernförde war sichtlich zurückgegangen. Sicher hatte die Stadt infolge der vielen kriegsbedingten Heimsuchungen für den Adel auch an Attraktivität verloren.

Dabei waren die ersten Regierungsjahre Herzog Friedrichs IV. ökonomisch für Eckernförde durchaus positiv zu bewerten. Dies belegt die rege Schiffbautätigkeit auf der Schiffbrücke. Die im Herzogtum Schleswig beheimateten Schiffe profitierten von der Neutralität ihres Heimatlandes im 3. Orleanischen Krieg (1688–1697), in dem sich Frankreich einer Koalition der Seemächte mit dem Reich erwehren musste. In dem von Gottorf ausgestellten Seepässen jener Zeit ist ausdrücklich hervorgehoben, dass das Herzogtum Schleswig nicht zum Römischen Reich gehöre[181]. Die Entschiedenheit, die Handelsschifffahrt zu fördern, drückte sich auch in der 1696 eingeführten Flagge für die Gottorfer Anteile an den Herzogtümern aus, die dann gut 150 Jahre

Bestand haben sollte. In der „gesplitteten" roten Flagge (einem Doppelstander) sollten in einem gekrönten Nesselblatt die zwei „Nordischen Leuen", blau auf goldenem Grund, gezeigt werden (Abb. 49). Der Entwurf stammte von Zacharias Wolf (1667–1726), dem Erbauer und seit 1703 Kommandanten der Festung Tönning[182].

Die Einführung einer Flagge wurde folgendermaßen begründet: „Nachdem wir bey unsern vielfältigen Regierungsgeschäften unsere Landesväterl. Sorgfalt unter anderen auch dahin gehen lassen, daß das Commercium in unseren Fürstenthümern und Landen auf guten Fueß gesetzt und wol reguliret werde, so haben wir der Nothdurft ermessen, damit unserer Unterthanen Schiffe von anderen distinguiret werden können ..." Die Vorteile der Neutralität in einem kriegerischen Umfeld und der landesherrlichen Förderung drückten sich im Eckernförder Schiffbau aus:

In den Jahren 1694 bis 1697 wurden auf der Eckernförder Schiffbrücke 18 Schiffe, davon allein 15 für Eckernförder Kaufleute, gebaut. Mit jeweils zwei Bauten traten dabei Johann Schiring, Daniel Clausen, Hinrich Frahm und Carsten Selmer besonders hervor[183]. Es kam sicher nicht von ungefähr, dass in den folgenden Jahren ab 1698, wo in Europa wieder Frieden herrschte, im nicht mehr von seinem neutralen Stand begünstigten Eckernförde zunächst kein weiterer Schiffbau zu beobachten war. Dagegen gab es immer wieder Bemühungen, den Eckernförder Ost-West-Handel über Friedrichstadt und Husum etwa durch Zollsenkungen zu fördern[184].

Innerhalb des Stadtregimentes von Eckernförde entstand in diesen ersten Jahren der Herrschaft Friedrichs IV. immer wieder Streit. Im Mittelpunkt stand der wohl ziemlich unbeherrschte Bürgermeister Wilhelm Valentin, der sich „beym Truncke" und auch nüchtern etwa gegen seinen Kollegen Kistenmacher und andere beleidigend äußerte, wohl auch keinen besonders sorgfältigen Umgang mit den Stadtgeldern und anderem anvertrauten Gut pflegte. Hier musste der Herzog und sein Geheimer Rat von Pincier schlichtend eingreifen[185]. Auch in einem für die Barockzeit so typischen Rangstreit zwischen den beiden Bürgermeistern ging es nicht ohne hofgerichtliche Entscheidung ab. Die Frage war, ob der jeweils worthaltende Bürgermeister in Kirche und Rathaus auch dann den Vortritt habe, wenn er der dienstjüngere sei. Das hatte dem dienstälteren Bürgermeister Rhenius nicht gepasst. Doch der dienstjüngere Kistenmacher bekam für diesen Fall Recht[186].

Häufiger stand auch Bürgermeister Kistenmacher im Mittelpunkt der Kritik. Um dieser zu steuern, verfügte der Herzog am 12. August 1697 auf Antrag der 16 vereidigten Männer, dass der selbstherrliche Bürgermeister und andere, auf die dieses zutreffe, „Höfde und Nothgänge", also öffentliche Verkehrsflächen, die sie sich angeeignet hatten, der Stadt binnen sechs Wochen bei 100 Reichsthalern Strafe wieder zurückgeben mussten. Auch sollten den „XVI Männern" effektive Kontrollrechte gegenüber Bürgermeistern und Rat und auch Deputierten eingeräumt werden, und zwar:
– ihnen sollte ein Schlüssel zur Stadtkasse ausgefolgt und sie zu Einnahmen und Ausgaben hinzugezogen werden
– an der Verteilung von Einquartierungen sollten sie zur Sicherstellung einer größeren Gerechtigkeit mitwirken
– an der Festsetzung der Kontributionen und der Rechnungslegung sollten sie beteiligt werden
Zukünftig sollten die städtischen Finanzen angesichts einer erheblichen verzinslichen Verschuldung, deren tatsächlicher Umfang Deputierten und Bürgerschaft verborgen geblieben sei, von einer Kommission aus vier aus den „XVI" und vier aus Bürgermeistern und Rat erwählten verwaltet werden[187]. Die Gottorfer Entscheidung hatte sichtlich das Ziel, die „XVI" gegen Bürgermeister und Rat zu stärken, nachdem die

zwölf Deputierten ihre Kontrollpflichten nicht genügend wahrgenommen hatten. Zur Behebung dieser Missstände im Eckernförder Stadtregiment hatte bereits eine von der herzoglichen Verwaltung eingesetzte Kommission entsprechende Beschlüsse gefasst, die jedoch nicht befolgt wurden.

Um die Verwaltung der verarmten Stadt Eckernförde war es offenbar in den letzten Jahren des 17. Jahrhunderts und vor dem großen Nordischen Kriege nicht gut bestellt. Der langjährige Bürgermeister Valentin, eigennützig, unbeherrscht und dem Trunke ergeben, war zwar 1696 verstorben und durch Ewald Kistenmacher ersetzt worden, der sich jedoch nicht mit dem Kollegen Rhenius vertragen konnte. Beide regierten an den Deputierten und den 16 vereidigten Männern, der Repräsentanz der Bürgerschaft, vorbei und nutzten öffentliches Grundeigentum privat. Auch sie ließen die Lasten der Einquartierung vornehmlich Minderbemittelte ausbaden. Mit ihrer kritischen Opposition gegen Bürgermeister und Rat entsprachen die „16 Männer" auch durchaus ihrem Eid „Ich gelobe und schwere zu Gott dem Allmächtigen einen leibh(aftigen) Eid, daß ich in Sezzung der Contribution und Einquartierung niemanden auch nicht mich selbst weder aus Liebe noch Gunst, Freundschaft oder Feindschaft, Haß oder Neid übersezzen in sondern nach meinem Besten Verstande in allen die Gleichheit und Billigkeit observieren will So wahr mir Gott helffe und Sein Heil(iges) wortt"[188].

Am 5. April 1697 starb der mächtige Protektor des gottorfischen Staates, König Karl XI. von Schweden. Sein Sohn, Karl XII., war erst 15 Jahre alt, wurde freilich schon ein halbes Jahr später für regierungsmündig erklärt. König Christian V. von Dänemark glaubte, nun mit dem jungen Gottorfer Herzog leichteres Spiel zu haben, und ließ die im Wiederaufbau begriffenen Holmer und Sorger Schanzen, die den Zugang zur Festung Tönning decken sollten, zerstören. Dies wurde von den europäischen Seemächten missbilligt, die argwöhnisch auf jede Veränderung des Kräfteverhältnisses im Raum des Öresundes reagierten. Christian V. musste wieder einmal zurückstecken und, ehe er 1699 starb, noch erleben, dass der Gottorfer Gegenspieler 1698 ein Bündnis mit Braunschweig-Lüneburg und mit Schweden schloss und im gleichen Jahr die auch vom dänischen Hofe umworbene schwedische Prinzessin Hedwig Sophie heiratete.

Kiels Bürgermeister, Asmus Bremer (~ 1650–1720) berichtet, dass ein Feuerwerk, das zur Ankunft des jungen Paares in Kiel abgebrannt werden sollte, bei seiner vorzeitigen Entzündung am 10. 11. 1698 drei Menschen in den Tod gerissen habe. Das mag Prinzessin Hedwig Sophie als böses Omen angesehen haben[189].

Den Ärger, den die Eckernförder mit der Nachfolge des kränklichen und bald verstorbenen (Haupt-)Pastors Georg Thamm hatten, trugen sie zum Herzog nach Gottorf. Der langjährige Diakon Johan Bornemann, Sohn des Vorgängers von Thamm, hatte sich durch seinen übertriebenen Ranganspruch (möglichst Vortritt noch vor den Bürgermeistern zu haben), missliebig gemacht, sodass der Rat dem zum Pastor aufrücken wollenden den neuen zweiten Mann, Georg-Friedrich Bachmann, der schon 20 Jahre auf der „Insel" Arnis Pastor gewesen war, als Compastor gleichberechtigt an die Seite stellen wollte. Das lehnte Bornemann ab und fand dabei die Unterstützung des Herzogs[190]. So wurde Bornemann am 3. 3. 1699 Hauptpastor und machte bis zu seinem Tode 1718 die 50 Jahre als „Minister" in St. Nicolai nahezu voll, wie auf seinem Bild (Abb. 50) nachzulesen ist[191]. Bachmann starb schon drei Jahre später, sodass 1702 Johan Dame zum Diakon gewählt wurde. Das Wahlprotokoll ist erhalten: Dame erhielt die Stimmen von 135 Bürgern, die beiden Gegenkandidaten zusammen nur 29[192].

Nach dem Tode König Christians V. übernahm sein Sohn als Friedrich IV. die Regierung in Kopenhagen. Konrad Reventlow wurde sein Großkanzler. Mit Kurfürst

Abb. 50
Bild des St.-Nicolai-Hauptpastors
Johan Bornemann (1641–1718)

(Friedrich) August von Sachsen, inzwischen auch König von Polen, und Zar Peter von Russland schloss er ein Bündnis gegen den gemeinsamen Feind Schweden. Mit dieser Rückendeckung fühlte sich König Friedrich IV. stark genug, die „Gottorfer Frage" gewaltsam zu lösen. Er rückte im Frühjahr 1700 in die herzoglichen Ämter ein und schritt zur Belagerung der Festung Tönning, in die sich der herzogliche Hof zurückgezogen hatte. Wie schon seine Vorväter handelte der schwedische König Karl XII. schnell und entschlossen. Während ein schwedisch-lüneburgisches Heer von Süden in Holstein einrückte, landete Karl auf Seeland. Er wurde dabei von einer Flotte der Seemächte Holland und England unterstützt, die einer Störung des Kräftegleichgewichtes im Norden entgegenwirken wollten. Wieder musste sich Dänemark zu einem demütigenden Frieden bereit finden. In Traventhal wurde am 18. August 1700 Souveränität und Gleichberechtigung des Gottorfer Herzogs mit dem dänischen König als Mitherzog in Schleswig-Holstein bestätigt und dabei das entscheidende „ius armorum" des Herzogs in seinem Sinne genau festgelegt. Der „Supremus Dux" stand – mit schwedischer Hilfe freilich – auf der Höhe seiner Macht.

Die Zugehörigkeit zu einem kriegerischen Staat machte sich in Eckernförde in der Einrichtung eines „Krieges Mannes Hauß", eines Invalidenheimes, bemerkbar. Die Fürsorge dafür hatte der Herzog Postmeister und Ratsmitglied Harmen Kaß anvertraut. Unter ihm sollte ein Vizeentmeister und Zahlkommissar feststellen, „waß zu unterhaltung solcher Blessirten erfordert wird", und darüber dem Herzog über Harmen Kaß Nachricht geben[193].

Die Verfügung des Herzogs lässt erkennen, dass es unter seinen Landeskindern schon Verwundete gab. Sie werden kaum aus den unbedeutenden inländischen Kämpfen der herzoglichen Verbände herrühren. Wahrscheinlicher ist, dass sie aus den an die Niederlande für den 3. Orleanischen Krieg gegen Frankreich ausgeliehenen Truppenkontingenten stammten, die 1697 zurückgekehrt waren, und schon aus moralischen Gründen, weil nicht zur Landesverteidigung eingesetzt, einer besonderen landesherrlichen Fürsorge bedurften.

Nach einer angehängten Verfügung zu Baumaßnahmen muss das Kriegsmannshaus eigens zu diesem Zweck und wohl nah am Wasser erbaut worden sein. Denn der Grund sollte erhöht „und auf eine gewisse distantz eine Stein Brücke geleget" werden. Damit wird ein Steinwall gegen die Flut gemeint sein, die man von 1694 her noch in schlimmer Erinnerung hatte. Die herzogliche Verfügung wurde am 14. Juni 1701 in Hamburg getroffen, wohin die gottorfische Verwaltung ausgewichen war. Hier hatte der Herzog am 12. Juli 1701 mit Dänemark einen den Frieden von Traventhal spezifizierenden Vergleich geschlossen und sich am 18. Oktober noch durch militärische Zusagen französische Subsidien verschafft. Sodann zog er als Befehlshaber der schwedischen Reiterei mit seinem Schwager König Karl XII. gegen Russland und Sachsen-Polen zu Felde. Am 19. Juli 1702 fiel er in der für Schweden siegreichen Schlacht bei Klissow. Seine Leiche geleitete der Rittmeister Christian Detlev Wonsfleth zu Krieseby zurück nach Schloss Gottorf[194], das diesem Herzog seine heutige Gestalt verdankt. Als letzter Gottorfer Herzog wurde er im Oktober 1702 in der Fürstengruft des Schleswiger Doms beigesetzt.

Wie schon zu Zeiten König Friedrichs I. war der Import des Baumaterials für die Erweiterung Schloss Gottorfs über Eckernförde gelaufen. So wurde durch herzogliche Verfügung das auf diesem Wege angelieferte Tannenholz 1701 ausdrücklich von Brückengeld und Zoll freigestellt[195]. Des Herzogs Tod schlug sich am 30. 9. 1702 im Stadtprotokoll mit „Hochfürstl. Trauer-Unkosten" nieder[196]. Für die Kirche galt ein ganzes Trauerjahr, in dem täglich drei Stunden geläutet werden musste, keine Musik gemacht werden durfte und die Gemeinde von der Kanzel zu „unterthänigstem Mitleiden" angehalten wurde[197].

Thronfolger Herzog Friedrichs war sein erst zweijähriger Sohn Karl Friedrich, den seine verwitwete Mutter mit nach Stockholm in ihre schwedische Heimat genommen hatte. Unter dem Vorsitz von Christian August, dem jüngeren Bruder des verstorbenen Herzogs und Bischof von Lübeck, wurde eine Vormundschaftsregierung eingerichtet, die in den Friedensjahren bis 1712 eine beachtliche Aktivität entwickelte. Das 1670 eingerichtete Commerz-Collegium bemühte sich verstärkt um die Förderung von Schifffahrt und Handel in den herzoglichen Landen.

Von 1706 bis 1713 war in Eckernförde wieder eine verstärkte Schiffbautätigkeit zu beobachten. In diesen acht Jahren wurden auf der Eckernförder Schiffbrücke 33 Schiffe mit zusammen 760 Lasten gebaut, und zwar durchweg auf Rechnung von Eckernfördern, wobei Max Cruse mit fünf Neubauten die Spitze hielt, zumal da es sich bei seinen Aufträgen um relativ große Schiffe handelte (durchschnittliche Größe 35 Lasten). Mit je drei Schiffen stehen Frentz Badendick und Claus Schmidt an zweiter Stelle. Mit je zwei Neubauten folgen dann Christian Otte, seit 1710 Brückeninspektor, Johann Schiering, Bürgermeister Deichmann, Claus Koch und Daniel Clausens Sohn[198].

Max Cruse war Partenreeder. Seine Aufträge ergingen also immer für eine Reedergemeinschaft, was auch die Zahl und die Größe der von ihm georderten Schiffe erklärt. Zu den bestellten Schiffstypen lässt sich etwas vereinfachend sagen, dass Kreyer dreimastig, Galioten zweimastig und Schuten einmastig waren. Kreyer und Galioten waren kombiniert rah- und (beim Besanmast) gaffelgetakelt; die Schuten hatten nur Gaffel- und Stagsegel. Der hochseegängige Kreyer hatte sechs bis zehn Mann Besatzung. Der 1710 von Hinrich Hinrichsen für Claus Hitziger gebaute Kreyer „Der ringende Jacob" wurde, nachdem Claus Hitziger am 5. Mai 1712 verstorben war, seit 1713 von seinen damals 17- und 14-jährigen Söhnen Claus Christopher und Matthias Friedrich als Schiffer bzw. Koch gefahren, die sich verniederdeutscht „Hitscher" nannten. Weiter gehörten noch ein Steuermann und drei Bootsleute, im Ganzen also sechs Mann zur Besatzung[199]. Einsatzgebiet der Kreyer waren vornehmlich Nord- und Ostsee. Es kamen aber auch Fahrten in die Biscaya (Bordeaux) und ins Mittelmeer (Malaga) vor. Die Reisen in die „Westsee" durch den Öresund waren freilich umständlich, nicht zuletzt wegen des Sundzolls kostspielig und auch gefährlich, weswegen die Landpassage durch herzogliches Gebiet nach Dithmarschen, Tönning oder Husum gefördert wurde. Sie sollte möglichst am Erzrivalen im Ost-West-Handel, dem königlichen Rendsburg, vorbeiführen.

Im gleichzeitig mit dem Nordischen Krieg (1700–1720) Mittel- und Westeuropa heimsuchenden Spanischen Erbfolgekrieg (1701–1714) erwies sich die Neutralität des nicht zum kriegführenden Römischen (deutschen) Reiche gehörenden Herzogtums Schleswig wieder als handelspolitischer Vorteil. 1705 wurde sogar die Einführung einer eigenen Schleswiger Flagge erwogen. Sie sollte im oberen größeren Teil blau, im unteren kleineren Teil rot sein und oben auf gelbem Schild die beiden blauen Löwen führen[200]. Die Sache scheint freilich über eine Empfehlung des Commerz-Collegiums nicht hinausgelangt zu sein. Eine gleichzeitige Anregung dieses Gremiums wurde sofort in die Tat umgesetzt. Jede Stadt sollte eine „des Commerce-Wesens und Seehandels erfahrene" Person zur Aufsicht und Berichterstattung über Handel und Wandel bestellen. In Eckernförde wurde dies der Deputierte Claus Meggersee[201].

1705 konnte endlich die seit der Flut von 1694 und wegen des baufälligen Westgiebels anstehende Reparatur der St. Nicolai Kirche in Angriff genommen werden. Zweimal waren der Kosten wegen landesweite Kirchenkollekten ausgeschrieben worden[202].

Am 6. Oktober 1705 bestellten Eckernförder Bürgermeister, der Kirchenkämmerer, der Worthalter und ein weiterer Depurtierter bei Cay Brocktorff auf Hohenlieth, der dort eine Ziegelei betrieb, je 12 000 Ziegelsteine und Dachpfannen[203]. Den Bedarf an gelöschtem oder ungelöschtem Kalk für die Reparaturarbeiten am Kirchengebäude konnte die Gemeinde günstig aus ihrem Kalkbrenn- und Handelsprivileg decken, das sie 1704 an drei Ratsherren auf zehn Jahre mit der Maßgabe verpachtet hatte, dass Eckernförder Bürger und somit auch die Kirche den Kalk zu einem niedrigen Festpreis beziehen können sollten, „an fremde aber wieviel sie kriegen können."[204]

Wohl auch auf die zerstörerische Flut von 1694 ging ein Reparaturbedarf zurück, den das Stadtregiment 1701 anging. Die „Pipen-Bäume", ausgehöhlte Baumstämme zur Wasserversorgung der Stadt, waren undicht geworden oder verstopft, entsprechender Wassermangel war zu beklagen. Die Pipen leiteten das Wasser des Kakabellenbaches zu den „Sood" genannten, als Zieh- oder Pumpbrunnen ausgestaltete Wasserreservoirs an zentralen Plätzen der Stadt[205], wie sie auf dem Stich Braun/Hogenbergs in der Kurze- und Langebrückstraße zu sehen sind. Belastet war die Stadt nach wie vor mit der Einquartierung herzoglicher Streitkräfte. So wurde am 12. 2. 1706 die 3. Kompanie des herzoglichen Leibregiments nach Eckernförde gelegt[206]. Sie bestand aus vier Sergeanten, vier Trommlern und Pfeifern, vier Korporälen und 48 Grenadieren, zusammen also 60 Mann, wozu noch weitere sechs angeworben werden sollten[207].

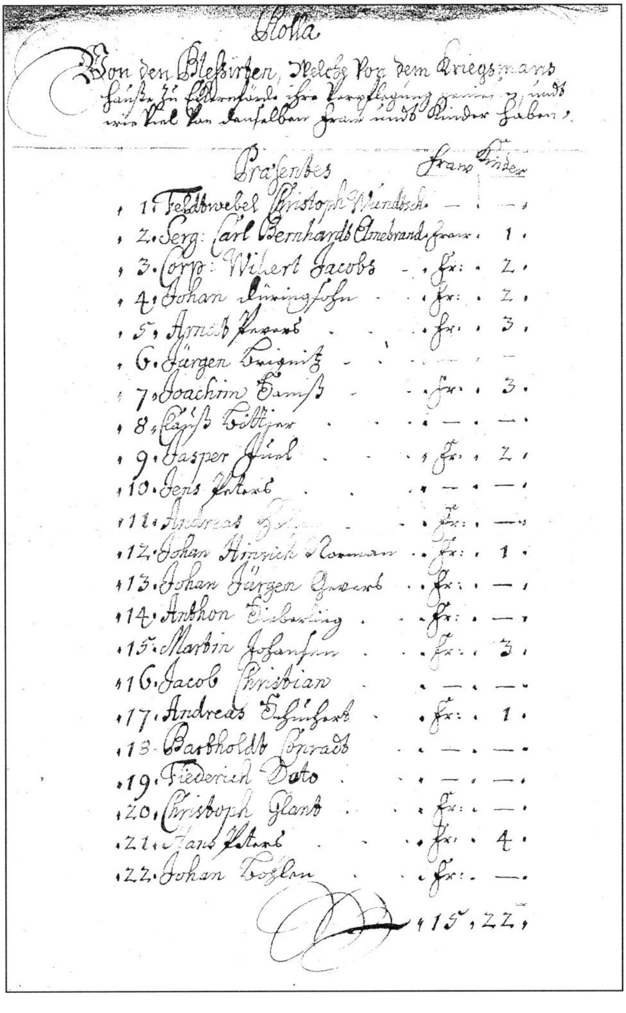
Rolla

Von den Blessirten, welche vor dem Kriegsmans hause zu [illegible] ihre Verpflegung [illegible] und wie viel sie derselben Frau und Kinder haben.

Praesentes	Frau	Kinder
1. Feldtwebel Christoph Wendtsch	—	—
2. Serg: Carl Bernhardt [illegible]	Frau	1
3. Corp: Wibert Jacobs	Fr:	2
4. Johan [illegible]	Fr:	2
5. Arndt [illegible]	Fr:	3
6. Jürgen [illegible]	—	—
7. Joachim [illegible]	Fr:	3
8. [illegible]	—	—
9. Jasper [illegible]	Fr:	2
10. Jens [illegible]	—	—
11. Andreas [illegible]	Fr:	—
12. Johan Hinrich [illegible]	Fr:	1
13. Johan Jürgen [illegible]	Fr:	—
14. Anthon [illegible]	Fr:	—
15. Martin Johansen	Fr:	3
16. Jacob Christian	—	—
17. Andreas [illegible]	Fr:	1
18. Barthold Conradt	—	—
19. Friederich [illegible]	—	—
20. Christoph Glant	Fr:	—
21. Hans [illegible]	Fr:	4
22. Johan [illegible]	Fr:	—
	15	22

Abb. 51
Liste der Insassen des Kriegsmannshauses zu Eckernförde vom 24. 2. 1706

Bereits am 11. 3. des Jahres trat an die Stelle dieser Kompanie das Regiment zu Pferde des Obersten von der Osten[208].

Zur Garnison gehörte natürlich auch die Belegschaft des Kriegsmannshauses, wenn sie auch keine Einquartierungslasten verursachte. Nach einer Liste vom 24. 2. 1706[209], die Abb. 51 zeigt, befanden sich in der Obhut des von Herzog Friedrich IV. gegründeten Hauses 22 Invaliden mit 15 Ehefrauen und 22 Kindern.

Doch schon am 27. Mai desselben Jahres wurde das Kriegsmannshaus mit seinen Insassen nach Tönning verlegt. Im Zuge der Konzentration militärischer Einrichtungen in die gottorfische Landesfestung war dort ein „Kriegshospital" für Invaliden und Militärwaisenkinder entstanden[210].

Dabei hatte Eckernförde unter der Einquartierung gottorfischer Truppen weiter zu leiden. Zu den Klagen über ungleichmäßige Lastenverteilung kamen auch solche über Übergriffe der einquartierten Soldaten[211].

Am 18. April 1706 erließ der Magistrat (Bürgermeister und Rat) eine Gebührenordnung für die Stadtweide, wonach für Kühe jährlich acht, für Starken und Jungvieh
sechs und für Pferde eine Mark jährlich zu entrichten waren. Schafe und Ziegen sollten
überhaupt nicht, Gänse nur an einem bestimmten Ort zugelassen werden. Für die beiden Stadtbullen sollten diejenigen, die Kühe hielten, aufkommen, die Weide am Sandkrug sollte eingefriedigt und an den Meistbietenden verpachtet werden[212].

Im Jahre 1707 war Eckernförde im besonderen Maße Umschlagsplatz für Baumate-
rial. Der Rendsburger Festungsbaumeister, „Entrepreneur" Pelli, bezog zu Schiff
Holz aus Dänemark, von dem er auch Teile an den Grafen von Dernath für dessen
Palais in Friedrichsberg (das heutige „Prinzenpalais") weiterverkaufte[213]. Auch war die
große Reparatur der Nicolai-Kirche (Westgiebel) im vollen Gange. Der Pächter der
„Langen Brücke" klagte zudem über die vielen „adeligen" Bauwagen aus Kohöft,
Hemmelmark, Damp, Saxtorf und anderen Plätzen, die ohne Brückengeld zu zahlen
passieren wollten, und bat um entsprechende Ermäßigung der Pachtsumme[214].

1709 war Eckernförde dann wieder von Einquartierung frei. Doch verfügte die
Gottorfer Regierung, dass die Stadt mit einer etatmäßigen Belegung von 100 Mann im
Falle der Nichtbelegung Quartiergelder an die „Kriegs-Cassa" abzuführen habe und
zwar monatlich

auf 25 „Beweibete" à 1 Rthlr   =   25   Rthlr
und auf 75 „unbeweibete à 24 sh   =   37   Rthlr 24 sh
zusammen also monatlich   62   Rthlr 24 sh,
im Jahr also Quartiergelder in Höhe von   750   Rthlr.

Dazu kamen die Pflugsteuern, bei denen von einer von 70 auf 40 fiktive Pflüge verminderten Berechnungsgrundlage ausgegangen wurde, von zwei Rthlr monatlich à Pflug, was
jährlich zu 960 Rthlr auflief. Deputierte und „16 Männer" beschlossen, an die Gottorfer
Regierung eine Eingabe auf Erlass der Quartiergelder zu richten[215]. Das Gesuch vom
15. April 1709 malte denn auch die Situation der Stadt in den schwärzesten Farben[216]. Doch
sind die Argumente aufschlussreich genug, um zu einem Bild der Stadt kurz vor dem
Wiederaufflammen des Nordischen Krieges im Raume der westlichen Ostsee beizutragen.

Die Kontributionen wurden auf die Häuser der Stadt erhoben. Neu Hinzuziehen-
de waren indes auf zehn Jahre mit ihren Häusern freigestellt. Die auf den alten Häusern
ruhende Steuerlast hatte dazu geführt, dass viele Häuser aufgegeben worden waren,
also „wüste und ledig" waren, „wie solches der klägliche augenschein bezeuget."

Die drei ansehnlichsten Häuser, das zu Eschelsmark – ehedem Rantzau – gehörige,
das des seel. Kommissars Ernesti (Blomenburg) und das des seel. Bürgermeisters
Valentin († 1706.) waren durch herzogliches Privileg von der Kontribution befreit.

Wie schon häufig beklagt, machten auf den umliegenden Gütern Handwerker aller
Art den städtischen Betrieben Konkurrenz und schmälerten deren Steuerkraft.

Auch machte die Brauerei des Amtes Hütten, die auf die Familie des seel. Amtschreibers übergegangen war, gleichfalls der Stadt eine steuerkraftschädliche Konkurrenz.

Gelitten hatte die Stadt auch an der „kontinuierlich harten Einquartierung" und vielen Durchmärschen.

Aufgeführt wurden auch „die schweren Abgiften an die alhie in Garnison gelegene
Officiers".

Belastet hatte die Stadt auch, dass über die Hinterlassenschaft zweier Bürgermeister,
Kistenmacher († 1705) und Deichmann († 1708), Konkurs eröffnet werden musste,
was vielen Bürgern Verluste und der Stadt Schaden an ihrem Kredit gebracht habe.

Aus all diesen Gründen sei die finanzielle Leistungsfähigkeit der Stadt, die zudem an den Zinsen für ihre erheblichen Schulden schwer zu tragen habe, mit der ordinären Kontribution von 80 Rthlr monatlich voll ausgeschöpft.

Es hat nicht den Anschein, als hätten sich die Gottorfer erweichen lassen. Dem stand auch die politische Großwetterlage entgegen. Der Garant des gottorfischen Staatswesens, der schwedische König Karl XII., wurde am 8. Juli 1709 von Zar Peter dem Großen bei Poltawa in der Ukraine vernichtend geschlagen, worauf sich Dänemark ermutigt fühlte, wieder in den Krieg mit Schweden einzutreten. Das bedeutete aber auch, dass das Gottorfer Herzogtum, Schweden auch weiterhin innerlich verbunden, wieder dänische Repressalien und Interventionen fürchten und sich dagegen rüsten musste. Die Kriegskasse als Gläubiger auch der Eckernförder Quartiergelder konnte also auf nichts verzichten.

Wie ernst man die neue Lage nahm, ließ eine Anordnung aus Gottorf vom 18. 10. 1709 erkennen. Der Stadt wurde eine Getreidebevorratung in Höhe eines Zweimonatsbedarfes befohlen. Sie wurde in der Weise realisiert, dass alle, die mit Roggen oder Gerste handelten, immerhin 38 Bürger der Stadt, ihrem Geschäftsumfang entsprechende Vorräte zu halten verpflichtet wurden[217]. Auch die Schwesterplage des Krieges, die Pest, zeigte wieder von Osten und Norden kommend, ihr grässliches Gesicht. Pestwachen an den Toren der Stadt, am Kieler und am Langebrücktor und Patrouillen an den Küsten zwischen Schönhagen und Christianspries wurden eingerichtet; den aus den preußischen Häfen, wie Königsberg und Danzig kommenden Schiffen, die als besonders gefährdet und gefährlich galten, wurde eine Quarantäne auf Reede abverlangt.

Man kann es dem Stadtsekretär Dürer nachfühlen, dass er im Stadtprotokoll das Jahr 1710 überschrieb: „Pacem et tranquillitatem da nobis domine in futuris."

Dass das gottorfische Herzogtum im erweiterten Spannungsfeld des Nordischen Krieges formell neutral blieb, hatte für Eckernförde auch eine gute Seite. Nachdem Dänemark wieder in den Krieg eingetreten war, blieb die Gottorfer Flagge die einzige neutrale im Norden. Entsprechend stieg die Nachfrage nach Frachten unter dieser Flagge. Auf der Eckernförder Schiffbrücke wurden daher wieder mehr Schiffe gebaut. Von 1706 bis 1713 mit einer Spitze im Jahr 1709 waren es 33 Schiffe zu 760 Lasten[218]. Die in Eckernförde beheimatete Flotte erreichte 1712 daraufhin einen Höchststand[219] (s. S. 164).

Für ihre Fahrten wurden diesen Schiffen Seepässe ausgestellt, deren Abschriften noch heute im Stadtarchiv aufbewahrt werden. Sie geben Auskunft über die Reeder, die Zielorte, die Fracht und die Rückfracht[220]. Für das herausragende Jahr 1712 wurden 105 Seepässe ausgestellt. Die Reisen lagen zwischen dem 9. Februar und dem 20. Dezember. Der häufigste Zielort war Kopenhagen, die Fracht dorthin fast immer Brennholz. Das übrige Dänemark erscheint 16-mal, Norwegen wurde 12-mal und interessanterweise Bordeaux und die übrige Biscaya ebenso häufig angelaufen, fast immer nur, um Wein und Branntwein zu holen. Weitere häufig angelaufene Ziele waren Schweden und Lübeck, die je 9-mal erscheinen. Wichtig ist auch eine Aufschlüsselung nach Reedern, die freilich über Partenreedereien über Kreuz verflochten waren, um die Risiken zu verteilen, die gerade in Kriegszeiten mit der Gefahr, wegen des Führens von Konterbande von Kapern aufgebracht zu werden, groß waren. Wir nennen daher nur die jeweils erst genannten, die jeweilige Fahrtzahl in Klammern: Christian und Otto Otte (22), Markus Kruse (12), Vater und Sohn Claus Meggersee (8), Hans Thamsen und Hinrich Witt (6), Johann Sellmer (6), Behrend Wieck (6), Phi-

Liste der 1712 in Eckernförde beheimateten Schiffe

Nr.	Reeder	Schiff	Lasten	Bemerkungen
1	Hermann Kaß	Friederich	31	
2	Herrn Claus Meggersee	Hoffnung	12	
3	dto.	S Johannes	20	
4	Marcus Kruse, ¹/₄ Part.	Fru Amalia	6	
5	dto.	Christina Maria	16	
6	Christian Otte	Die Sonne	32	Ist aufgebracht
7	dto.	Der halbe Mond	21	
8	Herr Otto Ottesen	Mercurius	21	
9	Hinrich Fram	S Anna	34	
10	dto.	Der ringende Jacob	28	
11	Claus Hitziger	Der ringende Jacob	24	
12	Franz Badendick	Hoffnung	11	
13	Hinrich Thambsen	Der junge Tobias	31	
14	Cornelius Hinr. Kruse	Delphin	3	
15	Nicolaus Schlichting	Die Hoffnung	9	
16	Franz Ploen	Der junge Tobias	33	
17	Franz Müller	Die Weintraube	14	
18	Friedrich Hartig	Der ringende Jacob	7	
19	Hinr. Grefen Ww.	Patientia	24	
20	Johann Schiering	Hoffnung	12	Ist vor ¹/₂ Jahr aufgebracht
21	Hinrich Meggersee	Dreifaltigkeit	20	
22	Hans Bruhn	Friederich	12	
23	Hans Thambsen	Nesselblatt	8	
24	Hans Kornap	Kleine Jacht	4	
25	Hans Grage	S Jacob	7	
26	Claus Müller	Der junge Tobias	20	
27	Hinrich Clausen	Nordstern	25	
28	Johann Sellmer	Charitas	20	
29	dto.	Einigkeit	10	
30	Claus Kock	Raphael	16	
31	Hinrich Gräfe	Fortuna	12	
32	Johann Schmidt sen.	St. Margaretha	8	
33	Johann Schmidt jun.	Maria	7	
34	Thomas Gräfe	Emaus	7	
35	Sr Hochwohlg der Herr Landrat von Brockdorff	–	6	
36	Johann Schiering	Nordstern	6	
37	Behrend Wieck sen. Im Kiehl	Nesselblatt	6	
38	dto.	Gruß Mariä	6	
		Summa	577	

lipp Johannsen (5) und Claus Hitscher (4). Auffallend häufig, bei jedem dritten Mal, hatten die auslaufenden Schiffe Ballast geladen, woraus auch die Bedeutung des „Ballastberges" auf der Borbyer Seite erhellt und weswegen auch Artikel 20 der Brückenordnung vorsah, dass die mit Ballast einlaufenden Schiffe diesen doch recht wertvollen Stoff dem Brückenschreiber anbieten mussten.

Bei einem Fünftel aller Fahrten war angegeben, dass Zwischenfracht zwischen zwei anderen Häfen transportiert werden sollte. Es war diese Frachtschifffahrt, ohne Eckernförde zu berühren und überwiegend für fremde Rechnung, die den Eckernförder Seehandel in der Otte-Zeit groß machen sollte. Dass man es gerade auf diese Frachtfahrt abgesehen hatte, verdeutlicht die Eintragung des schlichten Zielortes Ostsee, „nur mit unverbotenen Waren Nahrung zu suchen", wie der Schiffer einer Galiot vermerkte, die dazu passend auch noch „Hoffnung" hieß[221].

Eine permanente Beeinträchtigung der Stadtrechte hatte Eckernförde auch durch Handwerker erfahren, die in Stadtnähe, aber nicht unter Stadtrecht und Abgabenpflicht, den in der Stadt tätigen und kontribuierenden Handwerkern Konkurrenz machten. Das galt ganz besonders für die dem Amt Hütten unterstehenden sieben Borbyer Insten auf dem Vogelsang. Nach langem Hin und Her wurden diese schließlich mit dem 3. Oktober 1708 zu Eckernförde gelegt[222]. Es protestierte nicht nur der Hüttener Amtmann Christian August von Berkenthin, der den „Borbyern vor dem Schlagbaum" auch noch ausdrücklich verbot, sich der Eckernförder Jurisdiktion zu unterwerfen. Gegen Marx Schröder, Peter Brodersen, Claus Bock, Berthold Bartelsen, Bertram Meggersee, Sen Küster und Hans Vogt musste schließlich „wegen restierender Contrib. an die Stadt cassa exequiert" werden[223].

Der über 200 Jahre alte Streit mit Rendsburg über die Modalitäten und die Gebühren für die Nutzung des Eckernförder Hafens im Ost-West-Verkehr lebte im Jahre 1711 wieder auf.

Im Kern ging es darum, dass die Eckernförder nicht nur als Ostseehafen Rendsburgs, sondern als eigenständiger Handelsplatz fungieren wollten. Eine nachhaltige Beilegung dieses Streits war schon deshalb kaum zu erreichen, weil Rendsburg königlich, Eckernförde aber herzoglich war. Den Rendsburgern in Eckernförde günstige Einkaufsmöglichkeiten zu schaffen, war schon 1481 das Anliegen ihrer Stadtherrin Königin Dorothea, Witwe Christians I., gewesen. Die Rendsburger sollten dafür den Eckernfördern die gleichen Rechte einräumen[224]. Das Problem war nur, dass diese Rechte nicht annähernd so viel wert waren, wie die von den Rendsburgern in Eckernförde erstrebten, und die Unterhaltung der in Eckernförde der offenen See ausgesetzten Hafenanlagen erheblich teurer war als die des Rendsburger Eiderhafens. Bei der zu Rendsburg zusammengetretenen Schlichtungskommission aus königlichen und herzoglichen Vertretern drangen Bürgermeister und Rat der Stadt Rendsburg mit ihren Beschwerden gegen die Stadt Eckernförde nicht durch. Gegenüber der Rendsburger Forderung, nach ausgehaltenen drei Liegetagen dem Stapelrecht Eckernfördes, also in Eckernförde mit den aus der Ostsee ankommenden Schiffen und Waren „eine freye Handlung und Einkauff zu ihrer Nothdurft (zu) haben", hielten der Eckernförder Rat und die „comercierenden" Bürger mit Schreiben vom 4. 6. 1711[225] den Artikel 4 der 1647 vom Herzog genehmigten Brückenordnung entgegen, wonach nur vereidigte Bürger und Einwohner der Stadt Eckernförde das Recht haben sollten, an der Schiffbrücke zu handeln. Natürlich konnten die Rendsburger Waren, die sie vor der Anlandung gekauft hatten, ihr Eigentum also, nach Erlegung des Brückengeldes weiter nach Rendsburg bringen lassen. Nur beanstandeten die Rendsburger, dass das Brückengeld 1706 auf einen Reichsthaler pro Last erhöht worden war. Doch auch das war von der herzoglichen Seite im Hinblick auf den hohen Reparaturbedarf der Schiffbrücke sanktioniert worden. Der Satz von einem Reichsthaler pro Last Schiffsgröße sollte freilich nur von Schiffen genommen werden, deren Heimatstandorte Eckernfördern den freien Malzhandel bei sich verboten. Das war nun speziell auf Rendsburg gemünzt, das ein solches Verbot mit königlicher Zustimmung erlassen hatte. Dem Rendsburger Argument, dass sie an ihrer Schiffbrücke nur zwei Schilling pro Last rechneten und doch seit Königin Dorothea gleiche Bedingungen gelten sollten, begegneten die Eckernförder mit der Aufforderung, das Brückengeld doch ebenfalls auf 1 Rthlr zu erhöhen.

Natürlich wirkten sich diese Gegensätze und Streitigkeiten auch auf den Eckernförder Handel mit den herzoglichen Gebieten im Westen, besonders mit Norderdithmarschen, nachteilig aus. So wurde nach einer nördlichen Landumgehung Rendsburgs gesucht und schließlich 1708 auf der Linie Büdelsdorf–Fockbeck–Hamdorf–Wrohm–Tellingstedt–Heide gefunden, die bei Lexfähre über die Eider ging[226], womit der Grund für die heutige Bundesstraße 203 Eckernförde–Heide gelegt war.

Es lag im Zuge der Zeit, dass die Regierungen immer stärker in die städtische Selbstverwaltung eingriffen. Die Gottorfer vormundschaftliche Regierung hatte dazu bei Eckernförde auch allen Anlass. Die Stadt hatte mit ihren Bürgermeistern Ende des 17. und zu Beginn des 18. Jahrhunderts nicht gerade großes Glück gehabt. Bei zweien von ihnen, Kistenmacher und Deichmann, musste nach ihrem Tode der Konkurs über ihr Vermögen eröffnet werden. Der langjährige Bürgermeister Rhenius blieb der Stadt eine überzeugende Führungsleistung schuldig.

Zwei Bürgermeister und fünf weitere Ratsmitglieder leiteten die Stadtgeschäfte und bildeten das Stadtgericht, das in Straf- und Zivilsachen die erste Instanz darstellte. Bei einem Streitwert von mehr als 60 Mark konnte an das Hofgericht zu Gottorf appelliert werden. Hatte bis zum Beginn des 17. Jahrhunderts noch die Versammlung der (Voll-)Bürger, das Allemannsthing, mitregiert, so war dessen Funktion später durch die zwölf Deputierten ersetzt worden, die den Bürgerwillen vor allem in Angelegenheiten der städtischen Finanzen zur Geltung bringen sollten. Im 17. Jahrhundert waren mit etwa gleicher Aufgabe die „16 Männer" hinzugekommen, die mit den Deputierten auf die gleichmäßige Belastung der Bürger mit Abgaben und Einquartierung achten sollten. Nicht immer ließ der Rat die beiden Kontrollgremien den nötigen Einblick in die städtischen Geschäfte nehmen. Die Deputierten waren wie die Ratsmitglieder Kaufleute; wie der Rat rekrutierten sie sich durch Zuwahl. Ihr Wortführer genoss als „Stadtworthalter" besonderes Ansehen.

Fest angestellt waren der Stadtsekretär, der als studierter Jurist dem rechtsprechenden Rat zur Hand ging und die Schriftsachen der Stadt erledigte, und der Gerichtsdiener, der Strafurteile des Rats exekutierte, also Bütteldienste leistete und für Rechnung des Rates dessen einnahmeträchtige Privilegien, den Weinausschank und die Stadtwaage, besorgte. Alles befand sich im oder am Erdgeschoss des Rathauses, wo der Gerichtsdiener auch seine freie Wohnung hatte. So wird auch ein Bericht Asmus Bremers verständlich, bei dem es heißt[227]:

„Anno 1707 den 5. September., an einem Montage, hat sich's in Eckernförde begeben, daß ein Reepschläger ein neugemachtes Schiffstau seinem Kaufmann überliefern und solches vorhero auf der Waage wegen lassen will. Er gehet zu dem Ende zu einem Rahtsdiener ins Hauß, welcher eben am Tische sitzet und speiset, setzt sich auch daselbst bey ihm nieder und leistet Geselschafft. Als nun der Reepschläger etwa mit schmutzigen Fingern die Agurken aus der Schüßel langet, wird er von dem Diener, der sonst allezeit sein guter Freund gewesen, erinnert, er möchte die Agurken mit einem Meßer zu sich nehmen und die besudelten Finger aus der Schüssel lassen. Der Reepschläger aber kehret sich hiran nicht, sondern fähret fort wie vorhin etc. Darüber den Diener der Eiffer so sehr übernommen, daß er den Reepschläger alsobald mit einem Meßer vorn in die Brust gestochen, daß er schleunig gestorben. Der Thäter ist nach gemachtem Proceß Anno 1708 den 7. Febr. In Eckernförde enthauptet worden."

Im Stadtprotokoll vom 4. 7. 1708 finden wir den Vorgang mit einer Eintragung Stadtsekretär Dürers bestätigt[228]: „... ist produziert worden Hr. Doct. Eversons Rechnung wegen fiscalischer Bedienung contra Joh. Lorentzen Gerichtsdiener verübeten homicidii." Doktor Everson fungierte in dem Verfahren als Fiskal, mit dem heutigen Staatsanwalt vergleichbar, der bei Kapitalverbrechen, wie hier bei Mord (= homicidium), eingeschaltet wurde. Wegen seiner Nähe zur Strafexekution waren die Meinungen darüber, ob die Tätigkeit des Gerichtsdieners auch eine „ehrliche" sei, geteilt. Denn als Lorentzens Nachfolger Johann Hofmann am 6. Februar 1708 unter Berufung auf die Zusage, sein Dienst sei ein „ehrlicher", verlangte, in Gilde und Beliebung aufgenommen zu werden, wollten die anwesenden Gildebrüder der „Löbl. Pfingstgilde" nicht gleich zustimmen. Sie verwiesen trotz Befürwortung beider Bürgermeister auf das alleinige Aufnahmerecht der Vollversammlung[229]. Der Gerichtsdiener Hofmann, der im Hinblick auf die Vorbehalte in der Bürgerschaft schon gedroht hatte, seinen Dienst unter Rückgabe der (Gefängnis-) Schlüssel wieder aufzusagen, wird seine Drohung wahrgemacht haben. Denn der Gerichtsdiener, der am 2. 7. 1713 „wegen üblen Comportement" entlassen werden musste, hieß laut Stadtprotokoll Johann Johns. Dem Nachfolger wurden Waage und Weinausschank verpachtet.

Über Verpachtung versuchte man in diesen Jahren so manche städtische Einnahmequelle zu stabilisieren. Verpachtet waren die Lange Brücke, deren Benutzer am Schlagbaum auf der Nordseite der Norderhake, wo sich auch Langebrücktor und Wachthäuschen befanden, Benutzungsgebühr zahlen mussten, und die Zoll- und Lizenteinnahmen, die vier Kaufleute gepachtet hatten. Die schlechte Finanzlage der Stadt, die bei Darlehenskündigungen stets in voller Schärfe sichtbar wurde, bereitete auch der Regierung in Gottorf Sorge. So schlug sie am 16. 2. 1706 vor, die Fischer für die Benutzung des Noors, jedes Mal wenn sie unter der Langen Brücke hindurchführen, bezahlen zu lassen, was doch „Einige 100 M jährl." erbringen könnte. Dies sei umso berechtigter, als sie ansonsten ohnehin nur wenig kontribuieren würden[230]. Die Probleme der Stadt lagen offenbar in der ungleichen Lastenverteilung. Eine zu einseitige Steuererhebung nach dem Hausbesitz, an dem sich auch die Kirchensteuer, das „Pastorengeld", orientierte, führte zur Aufgabe von Häusern. Die Konzessionierung von „Freihäusern" hatte für viel berechtigten Unmut gesorgt, ein Zugeständnis, das, freilich befristet, auch Neubürgern gemacht wurde. Dazu kam die ebenfalls als ungleich empfundene Einquartierung. Hier wie auch bei dem Einzug von Steuer-„Restanten" schien der Rat unterschiedliche Maßstäbe anzulegen, wobei Freundschaft und Verwandtschaft eine gewisse Rolle spielen sollten.

Die öffentlichen Finanzen wurden durch vier verschiedene Haushalte bestimmt: die eigentlichen städtischen Einnahmen und Ausgaben, auf denen eine erhebliche verzinsliche Verschuldung lastete, die vom Kirchenvorstand im Namen des Rates als Kirchenpatron verwalteten Kirchengelder, deren Einnahmen sich nicht unwesentlich aus Pfandrechten speisten, die ebenfalls den bürgerlichen Grundbesitz betrafen, den

Schiffbrücken-Etat und schließlich noch die Zoll- und Lizenteneinnahmen, aus denen nach einer fiktiven Pflugzahl die landesherrlichen Gefälle abzuführen waren.

Reserven standen der Stadt nicht zur Verfügung. Das zeigte sich am deutlichsten an der Behandlung des Reparaturbedarfes an der St. Nicolai Kirche. Die erheblichen Schäden, die die Flut von 1694 verursacht hatte, wurden nur sehr schleppend behoben. In den folgenden Jahren wurde, wie schon mitgeteilt, der Westgiebel baufällig. Zur Finanzierung ließ der Herzog zweimal eine landesweite Kollekte aufbieten[231]. 1705 schloss die Kirchengemeinde mit dem Herrn auf Hohenlieth, Cai Brocktorff, einen Kaufvertrag über die Lieferung von je 12 000 Ziegelsteinen und Dachpfannen, die im Folgejahr zu liefern waren. Wie schlecht Brocktorff die Kreditwürdigkeit Eckernfördes einschätzte, ergab sich aus seiner Forderung nach selbstschuldnerischer Bürgschaft des Bürgermeisters Rhenius und des Kirchenkämmerers Bürgerworthalters Härtel[232]. Den reparierten Kirchengiebel ließ man 1707 sicherheitshalber auch noch zweimal mit guter Ölfarbe und dreimal mit Firnis streichen und zwar so, dass die Steine rot und die Fugen weiß erscheinen sollten[233].

Zur Untersuchung des offenbar unzulänglich funktionierenden Eckernförder Stadtwesens hatte die Gottorfer Regierung 1706 eine Kommission eingesetzt[234]. Dabei ging es um die Modalitäten des Einzugs von Steuer und Zoll, um das Brauereiwesen, die schon erwähnten Borbyer Insten, die nicht kontribuierenden, den Steuer zahlenden städtischen Handwerkern Konkurrenz machenden Landhandwerker auf den umliegenden Gütern, um die Kostentragung bei Prozessen zwischen den Organen der Stadt und um die Kosten und die Kontrolle der Stadtkassenführung. Verfügt wurde, dass das verpachtete Kirchenprivileg des Kalkhandels von dem Pächter zum Wohle der Kirche durch Entrichtung der Pacht und zum Wohle der Stadt durch ausreichende Vorratshaltung betrieben werden sollte. Der Bau von Kirchenstühlen sollte nur erlaubt sein, wenn Bürgermeister und Rat und Kirchenvorsteher einen Platz angewiesen, das Bauvorhaben genehmigt hätten und der Kirche eine angemessene „recognition", sprich Miete, gezahlt würde.

Für den Gebrauch der Gemeindeweiden wurden die erwähnten neuen Regeln aufgestellt: Schafe und Ziegen sollten dort künftig nicht mehr gelitten sein, Schweinen und Gänsen ein separates Gebiet zugewiesen werden, für Kühe und Pferde sollte Weidegeld gezahlt werden, wobei das Weiderecht nur Bürgern für ihnen selbst gehörendes Vieh zustehen sollte.

Juden sollten mit „spezialer fürstl. Concession" admittiert, zum Bau neuer Häuser angehalten, „sonst aber nach ihrer Nahrung a part taxiert werden."

Die Zahl der Ratsverwandten – bisher neben den beiden Bürgermeistern fünf – sollte auf vier reduziert werden. Verboten wurde, das der Stadtsekretär Ratsherr oder ein Ratsherr Stadtsekretär würde. Niemand sollte zukünftig in der Stadt seine Nahrung suchen und Handel und Wandel treiben dürfen, ohne den Bürgereid abgelegt zu haben.

Das Brückengeld sollte zukünftig direkt an die Stadtkasse abgeführt werden, Reparaturaufwendungen nach Besichtigung durch die Brückeninspektoren und ein Ratsmitglied von dort bezahlt werden. Alle sonstigen vorfallenden Brückensachen sollten von zwei Inspektoren bei dem worthaltenden Bürgermeister entschieden werden.

Dass jedoch die erstrebte Neuordnung des Stadtwesens nicht vorankommen wollte, zeigte eine massive Beschwerde von 70 Bürgern der Stadt unter Führung von Claus Meggersee im besonderen gegen Bürgermeister Rhenius, die am 4. 3. 1709 an die vormundschaftliche Regierung gerichtet wurde[235]. Von Bürgermeister Rhenius hieß es darin einleitend, dass sie über „dessen oftmaligen harten proceduren, in dem der Selbe unter andern die Bürger mit dem Stock aus dem Gerichte (will heißen: aus der Ratsstube) weiset" schon öfter zu klagen Ursache gehabt hätten. Konkret ging es diesmal darum, dass im Dezember des Vorjahres die allmonatlichen Kontributionen („Schatzungen") vom Stadtkassierer nach üblicher Abkündigung von der Kanzel in doppelter Höhe eingezogen wurden und sich später herausstellte, dass dies ohne Bewilligung durch die städtischen Gremien (Rat, Deputierte, 16 Männer) eigenmächtig vom Stadtkassierer in die Wege geleitet worden war.

Als dieser zur Rede gestellt wurde, habe er geantwortet, dass der Rat und der Bürgerworthalter von dieser doppelten Schatzung gewusst hätten. Gegen diesen Eingriff in die Rechte der Deputierten und der 16 Männer protestierten die Unterzeichner und verlangten Einblicke in die Stadtrechnung. Darüber sei es zu harten Auseinandersetzungen gekommen, die den Unterzeichnern Anlass zur Sorge über den Umgang des Rates mit den Stadtfinanzen gegeben habe, zumal da sie erfahren hätten, dass für die Stadt im Umschlag zu 10 % jährlichen Zinsen Gelder aufgenommen worden seien.

Bei ihrer Forderung nach bürgerlicher Mitwirkung habe sie Bürgermeister Rhenius hart angefahren „und unter andern gesaget daß er nicht nötig halte uns ein Wort gehör zu geben". Die Beschwerde endete mit der Bitte um Bestrafung des Stadtkassierers und um Gewährung einer Audienz „da wir ein weit mehres vorzutragen haben als hierin verfasset."

Am 25. November des gleichen Jahres 1709 ging nochmals eine Beschwerde Claus Meggersees und dreier weiterer Bürger, auch, wie es hieß, im Namen einiger der 16 Männer, wider Bürgermeister und Rat der Stadt Eckernförde an den „Bischof und Herzog" mit der dringenden Bitte, eine Sonderkommission zur Untersuchung der Stadt-, Kirchen- und Armenrechnung und zur Einführung „besserer Stadtoeconomie" zu berufen[236]. Nach Ansicht der „Petentes" war die Eckernförder Misere vor allem auf die vielen Steuerrückstände (Restanten) zurückzuführen, die nicht beigetrieben worden seien, und die Stadt jetzt nötigten, beim bevorstehenden Kieler Umschlag zu 20 % Jahreszinsen Gelder aufzunehmen.

Nach längerem Zögern entschloss sich die herzogliche (vormundschaftliche) Regierung am 12. 3. 1711 zu doch erstaunlich energischem Handeln. Dies mag mit der Veränderung der Machtverhältnisse in der gottorfischen Regierung zu erklären sein. Der Präsident des herzoglichen Geheimen Rats, Magnus von Wedderkop, war Ende 1709 von Georg Heinrich Freiherr von Schlitz gen. von Görtz entmachtet und in Tönning gefangen gesetzt worden. Görtz' zupackender und sehr autoritären Art entsprach es, dass die beiden Eckernförder Bürgermeister, Rhenius und Semmelhack, kurzerhand abgesetzt und auch die weiteren Ratsmitglieder (Clasen, Wölner, Ruge, Cruse und Brammer) und der Bürgerworthalter Sölver statt einer Bestrafung entlassen wurden, weil, „wann der itzige Rath und besagter Bürgerworthalter bleiben sollten, alle weiter gegen der Stadt Wohlsein zu machende Verordnungen ohne effect sein würden". Beanstandet wurde insbesondere das Fehlen eines ordentlichen Abschlusses der Stadt-, Kirchen- und Armenrechnung und die unzulänglichen Bemühungen um Beitreibung der restierenden Steuer- und Strafgelder („Brüche), die nun weitgehend uneintreibbar geworden seien.

Als neuer Stadtkommissar (kommissarischer Bürgermeister) wurde Hinrich Fick und als neue Ratsherren Hermann Kas und Jacob Tanck eingesetzt. Stadtsekretär Duerer wurde in seinem Amt bestätigt[237]. Fick, 1679 in Hamburg geboren, war zunächst in schwedischen Militärdiensten gewesen, ehe er 1710 in gottorfische Dienste trat, von wo er somit in Eckernförde eingesetzt wurde[238]. Hermann Kas, aus Lübeck gebürtig, war der erste Eckernförder Schiffer, der 1704 die Fahrt nach Bordeaux gewagt hatte. Noch heute erinnert ein von ihm gestifteter Wandleuchter von 1701 in St. Nicolai über der Kanzeltreppe an den erfolgreichen Reeder und Ratsherrn[239]. Jacob Tanck trat nicht weiter in Erscheinung und wurde schon bald durch den schon mehrfach hervorgetretenen Claus Meggersee ersetzt, der als Wirtschaftsrepräsentant der Stadt tätig war und den die Gottorfer Regierung schon lange als Ratsherrn ausersehen hatte. Bürgerworthalter wurde wieder Joachim Friedrich Härtel. Die in diesen Maßnahmen liegende Aufhebung der offenbar nicht mehr funktionierenden städtischen Selbstverwaltung wurde widerspruchslos hingenommen.

Dem neuen Stadtregiment gab die Gottorfer Regierung eine Reihe von Weisungen mit auf den Weg, die einer Verbreiterung der Bürgerbeteiligung und einer Verbesserung der Kontrollen bei den Stadtfinanzen dienen sollten. Die Steuerbemessung sollte sich zukünftig neben dem bisher allein maßgeblichen Hausbesitz auch am Gewerbe und den übrigen Ländereien des pflichtigen Bürgers orientieren. Mit der sich daraus ergebenden Ermäßigung des Hausschatzes hoffte man, die Wiederbelegung der 36 teils wüst liegenden, teils unbewohnten Häuser zu erleichtern.

Die Restanten sollten zur Schuldanerkenntnis gebracht und dann mit ihnen Zahlungstermine vereinbart werden, bis zu welchen 6 % jährliche Zinsen zu zahlen wären. Zur Verbesserung des Stadtkredites sollte ein öffentliches Schuldbuch eingerichtet werden. Eine alle Sonnabend abzuhaltender Wochenmarkt sei neben den drei Jahrmärkten einzurichten.

Der Magistrat bliebe zwar erste Rechtsinstanz, doch solle es keine Appellationsinstanz als zweite Tatsacheninstanz, sondern nur noch eine verfahrensbezogene Revisionsstelle geben, die der Gottorfer Amtmann Brocktorff einnehmen würde, dessen Funktionen als Aufsichtsinstanz für die Stadtverwaltung ohnehin stark herausgestrichen wurden. Das neue Stadtregiment schritt auch gleich zur konsequenten Disziplinierung der Bürgerschaft. Zukünftig solle es bei Strafe verboten sein, sich direkt an die Gottorfer Regierung zu wenden[240].

Es erwies sich indes als schwierig, Übersicht und Ordnung in die Restanten zu bringen. Es fehlte ein entsprechendes Register. Zu diesem Zweck fand am 4. August des Jahres 1711 eine Konferenz zwischen Amtmann, kommissarischem Bürgermeister (Stadtkommissar) und den beiden Ratsherren statt, deren Verlauf und Ergebnisse im Stadtprotokoll verzeichnet wurden und einen guten Überblick über Verhältnisse und Probleme der Stadt Eckernförde gegen Ende der gottorfischen Herrschaft bieten[241].

Hauptdiskussionspunkt war die Vorgehensweise beim Einzug der Restanten, die bis 1664 zurückreichten. Sie würden sich in drei Klassen einteilen lassen:

1. diejenigen Schuldner, die aus wahrem Unvermögen („armuth") nicht gezahlt hätten,
2. solche, die beim Zahlungsverzug von der Nachsicht, wenn nicht sogar vom Interesse des alten Rates profitiert hätten, und schließlich
3. die böswilligen („gottlosen") Schuldner, denen nur „mit force" beizukommen sei.

Auf jede dieser drei Gruppen seien unterschiedliche Verfahren anzuwenden, deren Ausführung bei Stadtkommissar, Ratsherren und vier Deputierten liegen solle.

Die Anwesenheit des offenbar wegen seiner Weitsicht sehr angesehenen Amtmanns wurde genutzt, ihm auch weitere Fragen vorzulegen., die die Verwaltung der Stadt betrafen. Wir erfahren hierbei, dass es eine „Stadthebamme" gab und ein Schornsteinfeger in die Stadt geholt werden sollte. Bei der Einrichtung eines „Stadt-Privat-Schuld-Protokolls" gab es zwar Bedenken, dass dadurch der Kredit vieler Verschuldeter „keinen geringen Stoß" erleiden würde, dieser Kommissionsschluss jedoch ausgeführt werden müsse, „da ... Eckernförde eine Handel-Stadt seyn soll, worinnen der Credit nothwendig mus observiret werden".

Neu war auch, dass zukünftig auch die Schiffe als Kontributions-Bemessungsgrundlage herangezogen werden sollten, und zwar hatten die Reeder zukünftig acht Mark pro Last Schiffsgröße zu zahlen, freilich erst nach Ablauf der Saison zu Martini oder Weihnachten, damit nicht von verunglückten Schiffen Zahlung geleistet würde. Sollte ein Schiff von einer anderen Nation aufgebracht werden, so sei für die Zeit der Aufbringung nichts zu zahlen. Bestätigt wurde, dass die Gremien der Deputierten und der 16 Männer bestehen bleiben, dass indes Beschlüsse durch Nichterscheinen nicht verhindert werden könnten, wenn ordnungsgemäß geladen wurde.

Drei Arten von Gefängniszellen hatte die Stadt:
1. den „Bürgergehorsam" für diejenigen, die sich gegen die Obrigkeit oder gegen Mitbürger mit Worten vergriffen hatten, oder sonst etwas Strafwürdiges begangen hatten, was nicht ehrenrührig war,
2. die Kammer bei Wasser und Brot für diejenigen, die sich hart vergriffen hatten und darum unter Verschluss gehalten wurden,
3. die „Büttelei" schließlich war für unehrliche Leute oder die es durch ihre Tat geworden waren und welchen die Tortur zuerkannt war oder die auf Leben und Tod saßen.

Auch für die Familien und das Gesinde der herzoglichen Offiziere und Bedienten sollte das Stadtrecht nach dem Grundsatz gelten: „Ubi locus delicti ibi judicium".

Geringfügige Rechtsstreitigkeiten sollten von dem jüngsten Ratsherrn und dem Stadtsekretär entschieden werden können.

Haftstrafen konnten nach der Formel „1 Reichsthaler für 24 Stunden" abgegolten werden.

Die Stadt war seit 1709 von Osten her von der Pest bedroht. Sie sicherte sich durch Quarantäne für aus Preußen kommende Schiffe durch Patrouillen an der Küste und durch Pestwachen an den Toren der Stadt und der Schiffbrücke. Im September 1712 wurden alle Häuser auf Kranke und auf Personen und Waren aus von der Pest heimgesuchten Orten kontrolliert[242]. Der Seuche wegen durfte nicht nach Kiel und Christianspries gegangen werden. Jeder Haushalt hatte sich mit Brotkorn für sechs Monate zu verproviantieren.

Der Hof des dänischen Königs hatte sich Ende 1711 vor der Pest in Kopenhagen, wo 30 000 Menschen hinweggerafft wurden, nach Kolding auf das Schloss Koldinghus abgesetzt. Hier verliebte sich Friedrich IV. beim Silvesterball in Anna Sophie Reventlow, die Tochter des verstorbenen Großkanzlers. Er ließ sie im Juni 1712 vom reventlowschen Familiensitz in Clausholm, 13 Kilometer südöstlich von Randers, nach seinem Schloss Skanderborg entführen, wo sie ihm vom Flensburger Konrektor Thomas Clausen als Herzogin von Schleswig zur linken Hand angetraut wurde. Diese Verbindung machte Anna Sophie nach dem Tod der Königin Luise 1721 zur einzigen dänischen Königin nichtfürstlichen Geschlechtes.

Das Jahr 1712 hatte für die Eckernförder merkwürdig begonnen. Zwischen dem 5. und 6. Januar erlebten sie den Durchzug des herzoglichen Hofes, der vom Gottorfer ins Kieler Schloss umzog. Nach dem „Fourier-Zettel" des Hütteners Amtschreibers in Fleckeby waren dazu 252 Pferde und 82 Fuhrwerke zu stellen gewesen[243]. Etwa 60 Personen mit ihrem Besitz und ihren Vorräten waren zu befördern, neben dem herzoglichen Paar und einer Prinzessin auch der Baron von Görtz und die übrigen Hofleute und Bediensteten bis hin zu Tanzmeister, Silberdiener, Konditor und Bettmeister. Die herzogliche Familie hatte sich also schon Anfang 1712 aus ihrem schleswigschen Besitz zurückgezogen, in das dänische Truppen einmarschiert waren.

Gegen Ende des Jahres 1712 näherte sich wieder der offene Krieg den schleswig-holsteinischen Landen. Dänische Truppen hatten die Schweden gehörenden Fürstbistümer Bremen und Verden besetzt. Ein in Mecklenburg nach Westen vorrückendes schwedisches Heer unter General Stenbock schlug die Dänen am 20. 12. 1712 bei Gadebusch. Als Vergeltung für das bei der Eroberung durch die Dänen in Brand geschossene Stade hatte Stenbock den Befehl erhalten, das unbefestigte Altona niederzubrennen. Dessen Ausführung am 8. Januar 1713 stieß auf allgemeine Missbilligung. Stenbock musste vor den von Osten nachdrängenden Dänen und ihren sächsischen und russischen Bundesgenossen nach Eiderstedt ausweichen. Am 17. und 18. Februar öffnete der Kommandant der Festung Tönning dem bedrängten Stenbock die Tore. Allen gottorfischen Unschulds- und Neutralitätsbeteuerungen zum Trotz erließ König Friedrich IV. daraufhin am 13. März 1713 ein Okkupations-Patent, wonach er die herzoglichen Anteile in den Herzogtümern wegen Vertragsbruchs und Lehnsuntreue in Besitz genommen habe. Im Jahre zuvor hatte er sich regelmäßig bei seinen Truppen aufgehalten. Zweimal war er dabei mit seinem Gefolge durch Eckernförde gekommen, wobei die Eckernförder Fuhr- und Vorspanndienste leisten mussten. Bei dem dänischen Oberkommandierenden Jobst Scholten hatte Bürgermeister Fick am 6. 2. 1713 in Kropp einen Schutzbrief („Salvegarde") für Eckernförde erlangt, der jedoch nicht wirksam wurde, weil die Deputierten für dessen Kosten nicht aufkommen wollten[244].

Für das Doppelspiel der gottorfischen Regierung zu Gunsten des schwedischen Generals Stenbock glaubte König Friedrich IV. ein sicheres Indiz zu haben. Gottorfs Hauptakteure, Görtz und Dernath, die noch eben dem König ihre strikte Neutralität versichert hatten, ließen nämlich Ende Januar 1713 ihre Habe in Schleswig verladen, um sie vor feindlichen Maßnahmen des dänischen Königs in Sicherheit zu bringen. Ähnliches planten Anfang Februar Ex-Bürgermeister Rhenius und andere Mitglieder des alten Rates in Eckernförde, als sie ihre Güter auf Schiffe verladen ließen, wogegen der neue Magistrat beim Amtmann Protest einlegte. Denn man befürchtete, dass sich Bürgermeister Rhenius und der alte Rat den Forderungen der Stadt nach Schadenersatz entziehen wollten, falls sich ihre Schuld an dem nachlässigen Einzug der Steuerrestanten erweisen sollte[245].

Nach der Öffnung Tönnings für die Schweden ließ König Friedrich zur Vergeltung Gottorf, Kiel und Eckernförde besetzen.

Noch lange blieb die Stadt Eckernförde mit dem leidigen Restantenproblem befasst. So wurde sichergestellt, dass sich die Erben verstorbener Ratsmitglieder und Rechnungsführer mit dem Erbe für Schadenersatzforderungen zur Verfügung hielten.

Am 20. 5. 1713 kapitulierte Stenbock mit seinem etwa 12 000 Mann starken Heer vor König Friedrich und dem russischen General Fürst Menschikoff bei Hoyersworth. Die so von den Schweden befreite Festung Tönning ergab sich jedoch noch nicht und wurde weiter belagert. Es war allerdings vereinbart, dass die befestigte Stadt nicht vor Ablauf des Jahres 1713 angegriffen werden sollte. Die Verhältnisse in der belagerten Stadt waren schlimm genug; 1713 starb mehr als ein Drittel der Bevölkerung und der Garnison[246].

Im August nahm Generalleutnant Legard in Eckernförde Quartier[247]. Im Oktober kamen noch Offiziere des dänischen Grenadierkorps' und des Römblings Regiments hinzu[248]. Am 23. Oktober verließ die Galiot „Der halbe Mond", deren Partenreeder Hinrich Thamsen und Christian und Otto Otte waren, Eckernförde mit einer ganz besonderen Fracht nach Königsberg. Es war der große Gottorfer Globus, „das erste begehbare Planetarium der Geschichte", „so Ihro hochfürstliche Durchlaucht zu Schleswig-Holstein zugehöret"[249]. Zar Peter I. hatte sich anlässlich eines Besuches seiner vor Tönning von Rendsburg aus eingesetzten Truppen zu Anfang 1713 mit König Friedrich IV. auf Schloss Gottorf getroffen und dabei sein großes Interesse an diesem einzigartigen Stück bekundet. Als Friedrich dann über das Gottorfer Inventar verfügen konnte, verehrte er seinem wichtigen Verbündeten den berühmten Globus und verfrachtete ihn über Eckernförde, Gottorfs Hafen. Am Zielort St. Petersburg langte der Globus erst 1717 an[250]. Der Eigentumshinweis in den Schiffspapieren „so Ihro hochfürstliche Durchlaucht zu Schleswig-Holstein zugehöret" ist bemerkenswert: selbst wenn der König berechtigt gewesen wäre, die herzoglichen Anteile an Schleswig wegen Lehnsuntreue einzuziehen, so hätte er sich doch nicht am persönlichen Eigentum des 13-jährigen Herzogs vergreifen dürfen.

Das verarmte Eckernförde war der neuen Herrschaft auf Gottorf die Kontribution seit Juni 1713 schuldig geblieben. Zur Beitreibung wurden im November vier Grenadiere in die Stadt gelegt[251]. Am 7. Februar 1714 ergab sich Tönnings Garnison unter ihrem Obersten Zacharias Wolff. Die nur noch 400 marschfähigen Soldaten erhielten freien Abzug ins neutrale Fürstbistum Lübeck-Eutin. Noch am selben Tage wurde Eckernfördes Bürgermeister Fick durch Ex-Bürgermeister August Valentin Rhenius ersetzt[252]. Denn Fick war natürlich zu „schwedisch". Er hatte gleichwohl noch eine bemerkenswerte Karriere vor sich. Im Auftrage Zar Peters des Großen übertrug er schwedische Verwaltungspraktiken auf Russland. 1750 ist Fick – inzwischen in Livland und Estland reich begütert und geadelt – auf seinem livländischen Gut Oberpahlen gestorben[253].

Die Eckernförder Deputierten baten nach Ficks Absetzung um ihre Entlassung, da sie noch dem administrierenden Herzog gegenüber in Eid und Pflicht stünden, Bürgermeister Rhenius jedoch durch den König eingesetzt worden sei. Ihrem Gesuch wurde nicht entsprochen. Sie blieben in Funktion, wollten sich jedoch nicht zu regelmäßigem Erscheinen verpflichten, weil die meisten von ihnen „von der Handelung lebten"[254]. Die Ratsherren Meggersee und Kas blieben weiter als einzige Ratsherren im Amt, Kas auch als nunmehr königlicher Postmeister[255].

Die Brückenrechnung für die Jahre 1712 und 1713, erstattet durch den Brückeninspektor Christian Otte, verzeichnete neben Ausgaben von 313 Mark für eine Brückenreparatur im Jahre 1712 ein Darlehen an die Stadt in Höhe von 300 Mark, „weiln dieselbe zu der Brandschatzung und anderen vielen Kriegsausgaben der Gelder höchstens benöhtiget ..."[256].

Im Juli 1714 eroberte das dänische in Glückstadt stationierte Elbgeschwader die Insel Helgoland. Damit war das ganze Herzogtum Schleswig in der Hand des dänischen Königs.

3. Kapitel
Friedliche Zeiten im Gesamtstaat
(1714–1797)

3.1 Eckernförde im Übergang von Kriegs- zu Friedenszeiten, von herzoglich-gottorfischer zu königlich-dänischer Herrschaft (1714–1740)

Bei der 1714 durch den dänischen König vorgenommenen Wiedereinsetzung des erst 1711 im Zuge einer Neuordnung des Stadtwesens abgesetzten Bürgermeisters Rhenius („weil er, der Stadt wollseyn ... nur schlecht besorget")[1] war gleichwohl die mit dem „Commissional-Schluß" von 1711 bewirkte Neuordnung des Stadtwesens im Wesentlichen in Kraft geblieben, ja, begann sich jetzt erst eigentlich auszuwirken. Es blieb nunmehr endgültig bei nur einem Bürgermeister. Ratsherr Kaß blieb im Amt, und zukünftig sollte es nur noch einen weiteren „Ratsverwandten" geben. Bis 1731 stand über dem Magistrat der Amtmann von Gottorf als Stadtpräsident. Dessen Funktionen gingen dann auf den Statthalter des Königs in den Herzogtümern über. Die „16 Männer" verschwanden ganz als Vertreter der Bürgerschaft, die Zahl der Deputierten reduzierte sich auf sechs. Sie hatten die gewichtigeren finanziellen Maßnahmen des „Magistrats", wie sich Bürgermeister und Rat nun nannten, zu genehmigen, wobei das Amt ihres Sprechers, des „Worthalters", seit 1736 jährlich alternierend, ein besonderes Ansehen genoss. Die neue Struktur sollte für lange Zeit Bestand haben. Es kristallisierte sich heraus, dass jeweils ein Deputierter für eines der fünf Tätigkeitsfelder der Stadtverwaltung zuständig wurde, nämlich je für das Brand-, Armen-, Weide-, Bau- und das Wasserwesen. Die Deputierten waren in der Regel Kaufleute, vielfach auch Reeder; sie ergänzten sich mit Zustimmung des Magistrats aus dem Kreis der „bemittelten" Bürger, welche bei Entscheidungen von großer städtischer und geschäftlicher Bedeutung in ihrer Gesamtheit hinzugezogen wurden. Die Ratsherren ergänzten sich gewöhnlich aus dem Deputierten-Gremium, ihre Ernennung bedurfte aber landesherrlicher Zustimmung. Ganz durchgesetzt hatte sich inzwischen das landesherrschaftliche Einsetzungsrecht für den Bürgermeister. Diese königliche Prärogative galt nun auch für das Hauptpastorat an St. Nicolai. Das Patronatsrecht des Rates war auf die Auswahl der Kandidaten für das Amt des zweiten Pastors, des Diakons, beschränkt worden. Unter drei vom Rat vorgeschlagenen Bewerbern hatte dann die Gemeinde die endgültige Auswahl zu treffen. Zwar wurde gewöhnlich der Diakon dann Nachfolger des Hauptpastors. Doch behielt sich der Landesherr, jetzt der König in Kopenhagen, die Bestätigung vor. So konnte es geschehen, dass 1718 gegen den erklärten Wunsch der Gemeinde nicht der langjährige Diakon Dame, sondern Martin Friedrich Sternhagen, der als vormaliger Feldprediger der Leibgarde durch König Friedrich IV. eingesetzt wurde, Hauptpastor an St. Nicolai werden konnte.[2]

Die Tätigkeit von Magistrat und Deputierten war ursprünglich ehrenamtlich. Bürgermeister und den zwei Ratsherren standen freilich die Einkünfte aus Rats-(wein)keller und Ratswaage zu, die mit ihren Einnahmen verpachtet waren. Sie teilten sich die Pachten im Verhältnis 2 : 1 : 1. Hauptamtlich waren dagegen der Stadtsekretär, der juristisch gebildet sein musste, um dem Magistrat als Stadtgericht zur Hand zu gehen, der Stadtvogt, der Stadtkassierer, der Marktvogt, die zwei, später drei Nachtwächter, der Stadtmusiker, der Rinder- und der Schweinehirt. Andere öffentliche Aufgaben suchte man in private Hände zu legen. So wurden etwa die lange Brücke und die (2–3) Stadtbullen mit dem Gebührenkasso, hier für die Passage, dort fürs Bespringen, über ein öffentliches Ausbietungsverfahren alle paar Jahre neu verpachtet.

Nach dem „Commissional-Schluß" von 1711 hatte auch die Schiffbrücke verpachtet werden sollen. Doch die dortige Abwicklung des für die Stadt lebenswichtigen Schiffs- und Warenverkehrs und die Unterhaltung der Brückenanlage ließen sich nicht in das Schema einer Verpachtung zwängen. So blieb die Schiffbrücke mit ihren bis zu vier Inspektoren und ihrem hauptamtlichen Brückenschreiber ein städtischer Betrieb eigenen Rechts, der ein wichtiger Arbeitgeber war und einen eigenen Nachtwächter beschäftigte.

Natürlich verlangte die Landesherrschaft – als Gottorfer Obergericht oder als Deutsche Kanzlei in Kopenhagen – Abgaben. Sie bemaßen sich von alters her an einer fiktiven Pflugzahl als Bemessungsgrundlage. Aber auch von Einkommen und Vermögen der Einwohner war ein kleiner Prozentsatz abzuführen. Das galt auch vom landwirtschaftlichen Grundvermögen im Stadtgebiet. Die Steuerbemessungsgrundlage von 40 Pflügen war 1721 auf 20 herabgesetzt worden, um der durch den Krieg verminderten Steuerkraft Rechnung zu tragen. Um diese Landessteuern aufzubringen und das Stadtwesen zu finanzieren, erhob die Stadt je einen „Schatz" auf den Hausbesitz und die „bürgerliche Nahrung". In finanziell besonders engen Zeiten wurde auch von allen über 12-jährigen Einwohnern ein fester Monatsbetrag als Kopfsteuer eingezogen.

Aufgrund des „Commissional-Schlusses" von 1711 war für die Obrigkeit ein Verzeichnis („catastrum") für die Besteuerung („Contribution") des Hausbesitzes und der bürgerlichen Nahrung angelegt worden, die ein umfassendes Bild vom Eckernförde des frühen 18. Jahrhunderts vermittelt[3].

Die Nahrungskontribution bemaß sich nach dem Berufsstand. Sie ist im Folgenden nach der Höhe gestaffelt aufgeführt:

10 Reichsthaler (Rt.) jährlich zahlten
5 Branntweinbrenner
(bei bestehendem Einfuhrverbot
für Branntwein ein besonders
einträglicher Beruf)

6 Rt. zahlten
12 Kaufleute („Commercirende")
1. Klasse mit Schiffen

5 Rt. zahlten
8 Kaufleute 2. Klasse mit Schiffen

4 Rt. zahlten
11 Kaufleute 3. Klasse mit Schiffen
(auch Schiffsparten)
4 Gastwirte („Gastgeber")

3 Rt. zahlten
12 Kaufleute ohne Schiffe
36 Mälzer
18 kleine Kaufleute und Krämer
3 Weißgerber
2 Apotheker
1 Reepschläger
3 Färber
1 Rinner

2 Rt. zahlten
7 Tischler
36 Brauer
4 Glaser
33 Höker
5 Salzschiffer
1 Schütter
(Weidewächter)

1 ½ Rt. zahlten
6 Weber
3 Barbiere
14 Schneider
12 Weißbecker
17 Schuster
8 Schmiede
5 Mauerleute
5 Böttcher
4 Zimmerleute
6 Schiffzimmer-
leute

1 Rt. zahlten

26 Fuhrleute	2 Kannengießer
10 Herbergierer	2 Töpfer
13 Heringsräucherer	2 Hutstaffierer
2 Segelmacher	2 Drechsler
11 Muscheleinmacher	31 Branntweinschenker
1 Maler	5 Altflicker
2 Goldschmiede	9 Grützmacher
2 Sattler	4 Radmacher
1 Uhrmacher	4 Schlachter
49 Bootsleute und Fischer	4 Tagelöhner

Zusammen 464 selbstständige und nicht in festen Arbeitsverhältnissen stehende Erwerbspersonen erlegten eine Nahrungskontribution von jährlich 924 Reichsthalern.

Hauskontribution zahlten jährlich

8 Rt.	82 „ganze" Häuser
6 Rt.	60 3/4 „
4 Rt.	107 1/2 Häuser („große Buden")
2 oder 3 Rt.	66 1/4 Häuser („kleine Buden")

Zusammen wurde für 315 Häuser jährlich 1576 Reichsthaler kontribuiert, wobei zu berücksichtigen ist, dass 1711 noch „36 = gantze halbe und viertel Häußer ... theils wüste theils doch unbewohnt stehen"[4]. Bürgern, die solche Häuser wieder bewohnbar machten, wurde die Hauskontribution auf einige Jahre ermäßigt oder erlassen.

Das Bruttosteueraufkommen der Stadt Eckernförde lag also damals bei

Nahrungskontribution	924 Rt.
Hauskontribution	1576 Rt.
Stadtgrundsteuer	100 Rt.
Insgesamt	2600 Reichsthaler,

woraus die Steuern an die Landesherrschaft und die Kosten der Stadtverwaltung zu bestreiten waren.

Es ist im Übrigen nicht vorstellbar, dass eine Stadt so beschränkter Steuerkraft selbst unter militärischem Druck die gewaltige Summe von 6000 Reichsthalern 1713 als Brandschatzung an die Schweden hätte aufbringen können, wie bei dem Stadtchronisten Carl Gottlieb Hanssen nachzulesen ist[5]. Damit wäre auch schwer zu vereinbaren, dass die Schiffbrücke in diesem Jahr der Stadt 300 Mark, also den vergleichsweise geringen Betrag von 100 Reichsthalern leiht, weil diese den Betrag „zu der Brandschatzung und anderen vielen Kriegsausgaben ... höchstens benöhtigt". Auch ist eine solche Behandlung einer mit Schweden verbündeten Stadt mit einem schwedisch orientierten Bürgermeister ohnehin unglaubhaft, umso weniger als sich in den noch reichlich vorhandenen städtischen Papieren dieser Jahre außer der Buchung in der erwähnten Schiffbrückenrechnung[6] nichts Entsprechendes finden lässt. Wahrscheinlich ist in der stadtgeschichtlichen Überlieferung an die Talerzahl der Brandschatzung eine Null angehängt worden.

Die große Zahl der Mälzer und Brauer (je 36) lässt die erhebliche Bedeutung des Bierbrauens für Eckernförde erkennen. Deswegen reagierte die Stadt empfindlich auf das Verbot des Rendsburger Magistrates, Eckernförder Malz zu kaufen[7]. Der unangenehmen Konkurrenz, die die Hüttener Amtsbrauerei machte, versuchte man durch ihre Ersteigerung durch Eckernförder Bürger zu begegnen[8].

Der Streit mit Rendsburg über dessen angemessene Beteiligung an den Kosten der Unterhaltung der Schiffbrücke und die Respektierung des Eckernförder Stapelrechtes, wie auch die Beeinträchtigung der „bürgerlichen Nahrung" Eckernfördes durch die Konkurrenz des Amtes Hütten über die gewerbetreibenden Einwohner Borbys blieben über lange Strecken des 18. Jahrhunderts Sorgen der Ostseestadt.

Zu den Kontributionen von Hausbesitz und Gewerbe der Eckernförder Bürger kamen auch für lange Zeit die Lasten der Einquartierung hinzu. Sie mussten in natura geleistet oder mit Geld abgegolten werden; Letzteres auch, wenn sich in der Stadt gar kein Militär befand. Der jeweilige Anteil wurde den einzelnen Bürgern durch den „Billetierer" schriftlich auf einem „Billet" mitgeteilt. Dabei gab es immer wieder Klagen über ungerechte Verteilung der Einquartierungen zu Lasten der ärmeren Mitbürger der Stadt[9]. Weitere militärische Lasten wie Hartbrot backen durch die zwölf Bäcker der Stadt und der Bau einer Floßbrücke zu den auf Reede liegenden großen Kriegsschiffen für den Rücktransport von Geschützen nach Kopenhagen kamen hinzu und wurden nicht immer angemessen abgegolten[10].

Bis weit in die zweite Hälfte des 18. Jahrhunderts hinein blieb Eckernförde mit der gegen die Bedrohung des Gesamtstaates von Süden her notwendigen Militärpräsenz belastet, wobei sich die Soldaten regelrecht häuslich einrichteten und auch ihre Frauen mitbrachten[11]. Der Seefahrerstadt Eckernförde wurde überdies zugemutet, für den Nachwuchs der königlichen Flotte mit „Aufläufern" zu sorgen[12]. Selbst das eingefahrene Personal der Eckernförder Handelsflotte war vor dem Zugriff der Admiralität nicht sicher. Eckernförde erhielt wie die anderen Ostseestädte eine bestimmte Zahl vorgeschrieben, die es für diesen Zweck zu ermitteln und im Bedarfsfall zu stellen hatte[13]. Dies war die Vorstufe der späteren „Enrollierung" des gesamten seemännischen Personals.

Die ersten Verordnungen der neuen, nunmehr königlichen Obrigkeit waren bezeichnend. Am 30. 12. 1713 erging ein Verbot aus Kopenhagen, dem Hause Gottorf Geldzahlungen zu leisten, weder als Vorschuss noch als Zinsen oder Kapital auf dessen Forderungen, und das Obergericht in Gottorf als neuer Repräsentant der Landesherrschaft verbot am 9. 1. 1714, Schulden zwangsweise beizutreiben oder dafür mehr als 6 % p.a. Zinsen zu verlangen[14]. Wie schlecht es damals um die Finanzen der Stadt Eckernförde bestellt war, erhellt daraus, dass sie 1000 Reichsthaler, die sie erst 1714 aufgenommen hatte und die zum Umschlag 1715 gekündigt worden waren, nicht voll zurückzahlen konnte. Den Abschlag von 600 Rt. konnte sie nur dadurch leisten, dass sie sich diesen Betrag von einer Erbengemeinschaft lieh. Der Gläubiger der Restschuld von 400 Rt. musste auf den nächsten Umschlag gegen eine Provision von 1 % und Erstattung der Kosten vertröstet werden[15]. Die Stadt war so verschuldet, dass sie zum Umschlag 1714 allein fast 900 Rt. Zinsen zu zahlen hatte[16].

Schließlich war noch Krieg. Zwar ging der Spanische Erbfolgekrieg mit den Friedensschlüssen von Utrecht und Rastatt 1713 bzw. 1714 zu Ende, doch der Nordische Krieg, unter dem Eckernförde schon schwer gelitten hatte, wütete fort. Nunmehr zum zur Gänze königlich gewordenen Schleswig gehörig, waren Eckernfördes Schiffe auch nicht mehr durch die Gottorfer Neutralität gegenüber schwedischen Kapern geschützt. Viele Schiffe lagen daher untätig im Hafen. Entsprechend lag der Schiffbau darnieder. Waren in den Jahren 1704–1713 noch im

Durchschnitt jährlich drei Neubauten abgeliefert worden, war es 1714 nur einer und 1715 gar keiner[17].

Am 24. 4. 1715 fand in der Kieler Bucht eine Seeschlacht zwischen einem dänischen und einem schwedischen Flottenverband unter den Schoutbynachts (Konteradmiralen) Gabel bzw. Wachtmeister statt. Die Schweden wurden vernichtend geschlagen. Sie hatten in der Kieler Förde Zuflucht gesucht, und nachdem Gabel ihnen den Fluchtweg abgeschnitten hatte – er war dazu wohl nächtens auf „Gabels"-Flach vor Anker gegangen –, ihre Schiffe zwischen Bülk und Strande auf Strand gesetzt, wo sie sich dem mit seiner Fregatte nachsetzenden dänischen Kapitän Peter Wessel, dem späteren Admiral Tordenskiöld, kampflos ergaben. Für die annähernd 300 Gefechtstoten war der nahe gelegene Friedhof von Dänischenhagen zu klein. Auf dem Gutsgelände von Dänisch Nienhof wurde daher ein Soldatenfriedhof angelegt, der der heutigen Gemeinde an der Ostspitze des Dänischen Wohlds den Namen Schwedeneck gab[18].

Zwei Tage nach der Schlacht erschien in Eckernförde der „Königl. See-Capitain Heklau von der dänischen Flotte" und verlangte einen Wagen zum „Feld-Commissariat" nach Schleswig und zurück nach Friedrichsort oder Bülck. Wie sich bald herausstellte, hatte er dort Matrosen angefordert, die die erbeuteten schwedischen Schiffe nach Kopenhagen bringen sollten. Entsprechende Weisung erging am 6. 5. 1715 von Schleswig auch nach Eckernförde, die sämtliche anwesenden Matrosen und Bootsleute erfasste. Die aufs Rathaus bestellten Seeleute sträubten sich zunächst, weil sie befürchteten, zum Dienst in der Flotte einbehalten zu werden. Von den zehn gemusterten Eckernfördern haben sich vier heimlich ihrem Eid zuwider davongemacht, einer hat sich von der Kavallerie anmustern lassen und einer ist ins Wasser gefallen und darüber krank geworden. Doch die vier Entlaufenen stellten sich in den nächsten Tagen wieder ein, sodass insgesamt acht Eckernförder Bootsleute nach Friedrichsort gehen konnten, nachdem sie die schriftliche Versicherung erhalten hatten, in Kopenhagen nicht in den Flottendienst eingezogen zu werden, sondern frei nach Eckernförde zurückgehen zu können.

Im folgenden Winter litt Kopenhagen an Feuerungsmangel. Zum Transport von Holz wollte die dänische Armee am 5. 12. 1715 Eckernförder Schiffe requirieren. Die im Hafen liegenden Schiffe wurden auf ihre Seetüchtigkeit begutachtet. Es waren elf Schiffe vorhanden, ein (Voll-)Schiff, acht Galiothen, ein Kreyer und eine Schute. Nur eine Galioth war uneingeschränkt fahrbereit. Bei den anderen verwiesen die Schiffer auf nicht behobene Seeschäden, auf Bindungen an andere königliche Order oder an geleistete Dienste, die bisher nicht abgegolten wurden[19].

Der andauernde Krieg veranlasste das Stadtregiment zu weiteren Vorsorgemaßnahmen. Die zwölf Bäcker der Stadt mussten im Juni 1716 wöchentlich 66 Tonnen (1 Tonne ≈ 100 kg) Hartbrot zur Nahrungsreserve backen[20]. Im September des gleichen Jahres wurden auf königlichem Befehl sämtliche Fischerboote für Kopenhagen requiriert. Sechs Boote im Durchschnittswert von 8 1/2 Rt. (zum Vergleich: eine Galioth wurde auf 400–600 Rt. taxiert.) wurden nach Kopenhagen versandt. Bürgermeister Rhenius gab dem Rat, den Deputierten und der einberufenen „vornehmsten Bürgerschaft" zu bedenken, ob „denen Fischern als armen leuten" von der Stadt nicht Ersatz geleistet werden müsste[21]. Konkurrenz bekamen die Eckernförder Fischer vor allem zur Winterszeit von untätigen fremden Bootsleuten, die sich mit Fischen und Muschelharken etwas zum Lebensunterhalt dazuverdienten. Der Magistrat sah sich genötigt, dies zu verbieten und die Lange Brücke zum Noor hin durch Latten vernageln zu lassen.

Dabei konnte eine der gesperrten Passagen auch geöffnet werden. Jedem Bürger und Bürgerkind blieb es freilich auch weiterhin erlaubt, dem Fisch- und Muschelfang nachzugehen[22]. Denn dies stand ja nach dem Jütischen Recht jedem Bürger zu.

Anfang 1717 verlor Eckernförde seinen Schulrektor an Rendsburg. Nach dem Willen der Bürgerschaft sollte er durch einen guten Rechen- und Schreibmeister ersetzt werden, nachdem der Arbeitsschwerpunkt der beiden Lehrer an der Lateinschule bisher in der „pieté und latinité" gelegen hatte. Zwar wurden Kenntnisse in diesen traditionellen Fächern und in der Musik (die Lehrer waren auch für den Kirchengesang zuständig) vorausgesetzt, doch verschob sich damit das Lehrprogramm zu weltlichen Fächern[23]. In den unruhigen Zeiten hatten „sowohl die heilsame Information als die notwendige disciplin" stark abgenommen, sodass der Magistrat 1726 eine neue Schulordnung erlassen musste[24]. Danach wurde alle Werktage Schule gehalten. Sie begann um sieben Uhr. Morgens wurde an drei, nachmittags, außer an den freien Mittwoch- und Sonnabendnachmittagen, ebenfalls an drei Stunden, insgesamt also an 30 Wochenstunden unterrichtet. Die Unterrichtsstunden teilten sich auf Latein 8, Singen 10, Schreiben 4, Rechnen 4 und Religion 4 Stunden. Finanziert wurde der Schulbetrieb teilweise durch das dreimal jährlich stattfindende Umsingen, die „Kurrende". Die Schuljungen zogen mit ihren Lehrern von Haus zu Haus, um das Schulgeld einzusammeln. Da es dabei, von der Witterungsunbill ganz abgesehen, zu unliebsamen, ja demütigenden Zwischenfällen mit den Eltern kam, mussten der Magistrat und die Deputierten schließlich diesen Teil der Lehrerbesoldung auf die Stadtkasse nehmen. Der andere Teil der sehr bescheidenen Schulmeisterbesoldung wurde über Kirchenkollekten aufgebracht. Schon seit Anfang des 18. Jahrhunderts gab es praktisch eine Schulpflicht, da Eltern, die ihre Kinder nicht zur Schule schickten, Strafe angedroht wurde[25].

Die Schulaufsicht lag bei dem Magistrat und dem „Ministerium", der Pastorenschaft. Pastor Johann Bornemann (1641–1718) wird auf seinem Gedächtnisbild in der St. Nicolai Kirche ausdrücklich als Schulinspektor bezeichnet (Abb. 50). Die Pastoren hielten auch zweimal jährlich Examina ab. Neben der amtlichen Latein- und Stadtschule gab es noch eine Armenschule und einige Neben- oder „Klipp"-Schulen. Diese Nebenschulen waren nicht gern gesehen und konnten schließlich auf nur eine beschränkt werden. Eine weitere sollte nur Mädchen aufnehmen[26] und schließlich auch nur hauswirtschaftliche Fächer unterrichten dürfen.

Das Gesundheitswesen der Stadt stand unter der Aufsicht des Stadtphysikus, der als Dr. med. praktizierte. Zur medizinischen Versorgung gehörten noch zwei Chirurgen, zwei Apotheken und einige auf der Hebammenschule in Flensburg ausgebildete Hebammen.

Am 8. 11. 1718 erschienen die Pastoren Schröder aus Bünsdorf und Cyriacus Gudewerth, ein Sohn des großen Bildschnitzers, aus Sehestedt beim Rat der Stadt Eckernförde, um für den fast 77-jährigen Pastor Bornemann seiner „unvermögsahmkeit" wegen die Emeritierung zu erwirken, die, nachdem sie wunschgemäß ein schriftliches Memorial eingereicht hatten, dann auch gewährt wurde. Bornemann starb schon wenige Tage später, am 20. 11. 1718. Sein Wunsch, sein Sohn Daniel möge in dritter Generation als Pastor an St. Nicolai angestellt werden, erfüllte sich nicht[27]. Johann Bornemann ist nicht nur der Einzige in Eckernförde gebürtige Hauptpastor an St. Nicolai gewesen, sondern auch der mit der längsten dortigen pastoralen Wirkungszeit von 49 Jahren und 11 Monaten, also von fast vollen 50 Jahren, das Diakonat eingerechnet.

In den letzten Jahren seiner Amtszeit hatte Bornemann Ärger mit dem bei ihm eingepfarrten Gut Altenhof. Dort war gegen Ende des 17. Jahrhunderts das Dorf Selmersdorf „gelegt", also in die Gutwirtschaft einbezogen und die Einwohner zu Leibeigenen gemacht worden. Auch wurden ihnen aus Rationalisierungsgründen andere Wohnplätze angewiesen. Henning Reventlow, der das Gut 1691 erworben hatte, leistete die auf das Gut übergangenen kirchlichen Verpflichtungen des Dorfes auch weiter. Doch nach seinem Tode 1705 stellte sein Sohn Cay Friedrich Reventlow die Zahlungen ein, beteiligte sich auch nicht an der großen Reparatur von St. Nicolai 1707, die 1200 Rt. gekostet hatte. Auch die seit alters her auf Selmersdorf lastenden Kirchendienste wurden nicht mehr erfüllt, obwohl die ehemaligen Dorfbewohner weiter einen Frauen- und einen Mannsstuhl benutzten und die Amtshandlungen wie Taufen, Kopulationen und Beerdigungen auf dem St.-Nicolai-Kirchhof in Anspruch nahmen. 1718 kam es zur gerichtlichen Auseinandersetzung, wobei die St. Nicolai Gemeinde dem Gutsherren eine Rechnung von 160 Mark aufmachte[28]. Cay Friedrich Reventlow mangelte es sicher nicht am Gelde. 1711 konnte er das heute noch bestehende Kuhhaus, in den Jahren 1722–1728 den Kernbau des heutigen Herrenhauses errichten.

Es war nicht der einzige Streit, in den Eckernförde mit dem Umlandadel verwickelt war. Es waren freilich nicht mehr adelige Stadtbewohner, die sich seit den Kriegen der letzten 100 Jahre weitgehend aus der Stadt zurückgezogen hatten, allenfalls die St. Nicolai Kirche noch als Beisetzungsstätte nutzten, sondern die nahen Anrainer unter ihnen. Die Qualen auf Windeby machten, wie vordem die Brockdorff, für das Windebyer Ufer des Noors Strandrecht geltend, etwa wenn dort Fischerboote angetrieben waren, oder es gab Grenzstreitigkeiten, etwa wenn die Qualen eigenmächtig öffentliche Wege verlegten[29].

Streit gab es auch mit dem Herrn auf Noer, dem Konferenzrat Wulf von Brocktorff. Als Eigentümer eines in Eckernförde beheimateten Schiffes wollte er hinsichtlich der städtischen Abgaben so günstig wie ein Eckernförder Bürger behandelt werden. Tatsächlich hatte er einmal für das Eckernförder Gemeinwesen eine wichtige Rolle gespielt. In herzoglicher Zeit war er als Landrat und Amtmann von Gottorf im Zuge der Städtereform von 1711 und der Entsetzung des Stadtregimentes unter Bürgermeister Rhenius Stadtpräsident von Eckernförde gewesen[30]. Er hatte sich für die Stadt dabei sehr nützlich gemacht, wie das Stadtprotokoll vom 4. August 1711 eindrucksvoll belegt, in dem er zu 33 Fragen der Stadtverwaltung, wie Hebamme, Bürgereid, Armenwesen, Schuldprotokoll, Brückengeld, Gefängnisse, Kontributionen und Lastgelder für Schiffsneubauten, treffende Entscheidungshilfen gab.

Doch Magistrat, Deputierte und „commercirende" Bürger wollten ihm nicht willfahren, machten aber den Kompromissvorschlag, seinen Schiffer Bürger werden zu lassen, der dann als Schiffer und Kommerzierender Kontribution und für das Schiff und die Schiffbrückenbenutzung wie ein „würckl. Bürger dieser Stadt" zahlen solle. Man wolle dann auch darüber hinwegsehen, dass von Brocktorffs Häusern in der Stadt nur die Mieter, nicht aber Brocktorff selber, kontribuierten.

Diese Angaben werfen auch Licht auf den sprichwörtlichen Reichtum Brocktorffs, dem außer Noer und Grönwold auch die Güter Dänisch-Lindau, Sierhagen und Wensin gehörten. Dank guter Beziehungen zum dänischen Königshaus – seine Schwiegertochter war eine Nichte der Königin Anna Sophie – schaffte er auch die Wende von herzoglicher zu königlicher Herrschaft und konnte in seinen letzten Lebensjahren das schlossähnliche Noerer Herrenhaus errichten, dessen Gestalt bis auf den heutigen Tag erhalten ist. Sein Sohn Joachim ist der Erbauer der Krusendorfer Kirche.

König Friedrich IV. hatte Anna Sophie, jüngste Tochter des verstorbenen Großkanzlers Conrad von Reventlow, mit der er schon bis zum Tode seiner ersten Frau zur linken Hand verehelicht war, am 4. April 1721 zur rechten Hand geheiratet und am 30. Mai 1721 zur Königin von Dänemark gekrönt. –

Von den in diesen Jahren in Gruften von St. Nicolai weiterhin beigesetzten Adligen ist vor allem Joachim von Ahlefeldt auf Buckhagen (1646–1717) zu erwähnen. Er war zuletzt Vizestatthalter des dänischen Königs in den Herzogtümern. Er wurde in einem Prunksarg in der Ahlefeldtschen Gruft im Südosten der Kirche beigesetzt. Der Sarg befindet sich heute in der Meinstorf'schen Gruft am weitesten links und enthält auch die Insignien des Sarges seiner Frau[31]. Zu Joachim von Ahlefeldts Hinterlassenschaft gehört eine Serie von 15 emblematischen Bildern, die den besonderen Reiz der Innenausstattung des Herrenhauses von Buckhagen ausmachen[32].

Über die „Begräbnis in der Kirch unter der Erde" befindet sich im Archiv von St. Nicolai ein nach 1728 entstandenes Verzeichnis[33], wonach dort 47 Begräbnisse dieser Art vorhanden waren. Davon waren freilich nur noch drei im nicht einmal unumstrittenen Besitz adliger Güter: Sehestedt, Kohöved und Qualen von Windeby. Viele ehemals in adligem Besitz befindliche Begräbnisse waren von Bürgerlichen übernommen worden oder an die Kirche zurückgefallen. Unter den erwähnten früheren Belegungen waren noch Hans von der Wisch und Ahlefeldt (Stubbe) genannt, deren Epitaphien erhalten sind, ferner Brocktorff, von Thienen und zwei weitere ehemals Ahlefeldtsche Begräbnisse. Als weiterbestehend galten damals die Grabstätten vieler ehemaliger Bürgermeister, wie Semmelhack, Thielbehr, Witte, Kistenmacher, Hoeckel, Cremer, Mandix, Schiering, Valentin, Wichmann und Ratsherren wie Kaß, Duerer, Meggersee, Ruge und Ripenow. Auch der sogar zweimal durch Epitaph geehrte Thomas Börnsen findet sich auf dieser Liste. Unter den damals lebenden Eigentümern eines Begräbnisses in der Kirche war Christian Otte der bekannteste (seit 1704). Es lässt sich also sagen, dass um 1730 die Tradition von St. Nicolai als Adelsnekropole allenfalls noch in den fünf Grabgewölben fortgeführt wurde. Im Übrigen dominierte das bürgerliche Element, wie es sinnfällig am ehemaligen in St. Nicolai aufgestellten Grabstein von Johann von Ahlefeldt (Stubbe) sichtbar wird, den der Eckernförder Kaufmann und Deputierte Johann Daniel Schmidt in der zweiten Hälfte des 18. Jahrhundert für sich erwarb und in den er in großen Lettern seinen Namen einmeißeln ließ. Das Interesse des Adels an der Stadt Eckernförde war sichtlich zurückgegangen. Die von Kriegen und Einquartierung gebeutelte Stadt hatte an Wohnqualität verloren, Nahrungsmittelkonjunktur und fortschreitende Leibeigenschaft hatten dem Gutsadel den Bau komfortabler Herrenhäuser ermöglicht.

Mit dem Frieden zu Fredensborg war am 3. Juli 1720 der Nordische Krieg zu Ende gegangen. Das Abenteuer, in das König Karl XII. Schweden hineingezwungen und das alle Ostseeanrainer zu Feinden Schwedens gemacht hatte, endete für Schweden mit einer empfindlichen Niederlage und dem Verlust der Großmachtstellung, die nunmehr Zar Peters des Großen Russland übernahm. Schweden musste auch die Einverleibung des gottorfischen in den königlichen Anteil des Herzogtums Schleswig anerkennen und sich jeder Einmischung zu Gunsten der Gottorfer Herzöge enthalten. Die königliche „Inkorporation" wurde durch die friedensvermittelnden Mächte England und Frankreich garantiert. Damit wurde auch deutlich, dass die Verhältnisse im Herzogtum Schleswig (und auch in Holstein) bei den europäischen Großmächten große Beachtung fanden, was gerade für den Rechtsstatus Schleswigs galt. Mit der Formulierung der Erbhuldigung vom 3. und 4. September 1721 – für Magistrat, Deputierte und

Geistliche von Eckernförde erst am 6. Dezember 1721 zu Schleswig vollzogen – wurde zwar von dänischer Seite der vorsichtige Versuch unternommen, diesen Akt zu einer Inkorporation Schleswigs nach Dänemark hinzubiegen. Offen anpacken wollte man das heiße Eisen europäischer Politik doch nicht. Wenn auch die politisch voreingenommene dänische Geschichtsschreibung immer wieder versucht hat, Schleswig seitdem als einen wiedergewonnenen Teil Dänemarks darzustellen, so steht die politische und administrative Praxis der Folgezeit dazu in deutlichem Widerspruch. Das neue dänische Recht endete an der Königsau; in Schleswig galt weiter das Jütische Recht. Beide Herzogtümer, also auch Schleswig, unterstanden der Deutschen Kanzlei in Kopenhagen. Als der König am 10. 5. 1721 den Eckernfördern einen Handel wegen der Einquartierungsgelder vorschlug, bezeichnete er sich nach wie vor als Herzog von Schleswig, Holstein, Stormarn und der Dithmarschen und sprach davon, dass die schleswig-holsteinischen Kaufstädte auf denselben Fuß gesetzt werden sollten, wie es in Dänemark verfügt worden sei. Es sollten die einquartierten Offiziere ihr Quartiergeld selber zahlen, die Stadt dafür pauschal monatlich einen Reichsthaler pro Pflug, Eckernförde also 20 Rt. geben. In einer Abstimmung von Magistrat, Deputierten und „bemittelsten" Bürgern votierten 31 mit Ja und sechs mit Nein[34].

Die bedrohliche Präsenz des königlichen Landesherrn bekamen die Eckernförder in dieser Zeit in unmittelbarer Nähe vorgeführt. Der Herr auf Hemmelmark, Christian von Leuenburg, trat das ihm zuständige Dorf Borby an den dänischen König ab, nachdem dieser ihn, „der das Leben verwirkt hatte", begnadigt hatte[35]. Was das so strafwürdige Vergehen Leuenburgs anlangt, sind wir auf Mutmaßungen angewiesen. Er hatte seit 1682 eine Offizierskarriere in der dänischen Armee durchlaufen, war aber 1701 mit dem Charakter eines Oberstleutnants verabschiedet worden. Der in Mecklenburg Begüterte besaß vorübergehend die Güter Schierensee und Annenhof am Westensee, ehe er 1704 Herr auf Hemmelmark wurde. 1711 erreichte er die Rezeption in die Schleswig-Holsteinische Ritterschaft, zu der er durch seine Verehelichung mit einer Ahlefeldt in Kontakt gekommen war. Der dazu vorgelegte Adelsbrief war 1668 von der damals für ihren minderjährigen Sohn regierenden Königin Hedwig Eleonore von Schweden für Leuenburgs Vater ausgestellt worden. Hedwig Eleonore, geborene Gottorfer Prinzessin, war 1654 als Königsbraut über Eckernförde nach Stockholm eingeholt worden[36]. Da Christian von Leuenburg seinen Abschied 1701 von der dänischen Armee zu Beginn des Nordischen Krieges nahm oder bekam, wird er wohl mit Schweden mindestens sympathisiert und dabei etwas getan haben, was ihm König Friedrich IV. als Bruch seines dänischen Offizierseides vorwerfen konnte.

Leuenburg starb 1722. Über sein Vermögen musste Konkurs eröffnet werden. Leuenburg wurde im Erbbegräbnis in der Kirche zu Borby beigesetzt, das er 1718 gekauft hatte. Sein Sarkophag, „eine einmalige Arbeit barocker Steinbildhauerei ..., die in Schleswig-Holstein ihresgleichen sucht"[37], steht heute im „Alten Turmraum" der Borbyer Kirche.

Eckernförde erholte sich schnell von den Nöten des Nordischen Krieges. Wenn auch die Einquartierung schwer auf der Stadt lastete, so zog sie doch insofern auch Vorteil aus der Vereinigung des herzoglichen mit dem königlichen Anteil Schleswigs, als es nun mit der Festungsstadt Rendsburg einen gemeinsamen Landesherrn hatte. Die Stadt an der Eider behielt weiterhin eine starke Garnison, die den Gesamtstaat nach Süden sichern sollte, von wo weiterhin wegen der ungelösten Gottorfer Frage Gefahr drohte. Rendsburg wurde nun über Eckernförde versorgt, über das auch die schnellste Seeverbindung nach Kopenhagen, der anderen großen Festungsstadt des

Reiches, führte. Eckernförde wurde Stapelplatz für die Versorgung der Rendsburger Garnison[38]. Christian Otte, mittlerweile führender Kaufmann und Reeder der Stadt, errichtete dazu ein dreistöckiges Lagerhaus an der Langebrückstraße, das noch heute steht und seine Initialen und die seiner Ehefrau Elsabe mit der Jahreszahl 1723 trägt. Deutliches Kennzeichen für die Konsolidierung der wirtschaftlichen Verhältnisse war auch der sinkende Zins für die von der Stadt aufgenommenen Gelder, der zu dieser Zeit von 6 auf 5 % p.a.[39] und bald auch auf 4 % p.a. sank[40]. Mit (Alt-)Goosefeld wurde in diesen Jahren nach Hemmelmark und Selmersdorf (Altenhof) das dritte Dorf in Eckernfördes Nachbarschaft durch die Gutsherrschaft „gelegt". Es fiel der Restrukturierung des Gutes Windeby zum Opfer, bei der die „Talhöfe" Westertal, Friedenstal, Hoffnungstal und eben das an die Stelle Goosefelds tretende, nach der Mutter des Gutsherren Otto von Qualen benannte Marienthal als Meierhöfe entstanden[41].

Ein eher makabres Zeichen der Erholung der Stadt war die feierliche Wiedererrichtung des in Verfall geratenen Galgens im Süden der Stadt am 18. und 19. 9. 1726, zu der die Bürgerschaft unter Gewehr mit klingendem Spiel ausmarschierte. Bürgermeister Thamm musste als Erster an das Bauholz Hand anlegen, um die tätigen Zimmerleute, Tischler und Schmiede vor dem Vorwurf einer „unehrlichen" Tätigkeit, wie die des Henkers, zu bewahren. Es waren aber gerade die maßgebenden („principalisten") Bürger der Stadt nicht erschienen, darunter Otto und Christian Otte und der Deputierte und Reeder Hinrich Thamsen, denen die Sache wohl zu dumm gewesen war und die die für das Nichterscheinen vom Magistrat verhängte Strafe von einem Reichsthaler ohne weiteres zahlen konnten. Am 8. 11. 1726 legte Meister Johann Haß die Rechnung vor. Für Essen und Trinken – Arbeitslohn hatten die Handwerker ausdrücklich nicht verlangt – waren für zwölf Zimmerleute, acht Tischler, sieben Rademacher, 20 Fuhrleute und 16 Tagelöhner 87 Mark ausgegeben worden, wozu noch Materialien und Tagelöhnerarbeit mit 19 Mark 7 Schilling kamen; insgesamt hatte also die Wiederaufrichtung des Galgens, der auch Wahrzeichen der Stadtgerechtigkeit war, 106 Mark 7 Schilling gekostet[42].

Nachdem in den letzten drei Jahren des Nordischen Krieges in Eckernförde nur sechs Schiffe mit zusammen 95 Kommerzlasten (1 KL = 40–50 Zentner) gebaut worden waren, entstanden dort in den sieben Folgejahren bis 1727 in jedem Jahr allein durchschnittlich acht Schiffe mit 163 KL. Bis 1717 waren die Auftraggeber zugleich auch die Reeder der Neubauten[43].

Dabei traten neben Christian Otte, bei welchem der Gottorfer Amtmann und Eckernförder Stadtpräsident von Münch anlässlich seiner Besuche zur Teilnahme an den Magistratssitzungen zu logieren pflegte, auch der Deputierte Hinrich Thamsen mit sieben, Hinrich Frahm Bergenhusen mit ebenfalls sieben und die meist partenbereederte Schiffe ordernde Familie Marx und J. C. Kruse mit zusammen 16 Schiffen deutlich in einem Konzentrationsprozess hervor, in dem sich regelrechte Reedereien bildeten, die angestellte Schiffer (Kapitäne) einsetzten. Die bei den Mitgliedern der Familie Kruse in diesen Jahren zu beobachtende Tendenz zum Weiterverkauf der georderten Neubauten verstärkte sich ab 1728 ganz allgemein. Von 53 Neubauten der Jahre 1728 bis 1739 wurden 21 weiterverkauft und zwar hauptsächlich nach Bremen (7), Kopenhagen (4) und Flensburg (3). Es hat den Anschein, als habe mit dem Jahr des großen Brandes von Kopenhagen (am 20. 10. 1728) eine Intensivierung der Zusammenarbeit mit der oder auch der Beaufsichtigung durch die Regierungsmetropole stattgefunden. Es mag damit zusammenhängen, dass am 21 .2. 1728 zu Kiel Karl Friedrich von Holstein-Gottorf von seiner Ehefrau, der russischen Prinzessin Anna

Petrowna, ein Sohn geboren worden war, für den der römische und der russische Kaiser Karl VI. und Peter II. sowie die regierende schwedische Königin Ulrike Eleonore und die spätere Zarin Elisabeth die Patenschaft übernahmen. Dieser Carl Peter Ulrich vereinigte in seiner Person Ansprüche und Anwartschaften auf den russischen und den schwedischen Thron. Sein Vater, zu dessen Gunsten sich Schweden und Russland verbündet hatten, erneuerte und bekräftigte 1728 auf dem Friedenskongress zu Soissons seine Forderungen auf Restitution des herzoglichen Anteils an Schleswig. Er wollte sogar so weit gehen, einen Verbindungskanal von der Nord- zur Ostsee bauen zu lassen, um englischen und holländischen Schiffen die Sundpassage zu ersparen, „wo ferne England und Holland mir die Restitution des Hertzogthums Schleswig zu wege bringen, und in dem Besitze mainteniren würde"[44].

Derweilen ließ sich der neue Landesherr König Friedrich IV. 1727 die Bestätigung der städtischen Privilegien gut bezahlen[45]. Bezahlen musste nicht nur die Stadt selbst, sondern je für sich die Ämter der Chirurgen, Schneider, Schuster, Tischler und Leineweber je 15 1/2 Reichsthaler. Jeder der beiden Apotheker musste sogar 23 1/2 Reichsthaler entrichten. Dass Eckernförde zwei privilegierte Apotheken besaß, zu viel für die kleine Stadt, hatte historische Gründe. Im August 1701 richtete der Apotheker Tamm aus Hamburg Briefe an den Herzog und den Magistrat der Stadt, in welchem er auf die seiner Meinung nach mangelhafte Versorgung der Bevölkerung Eckernfördes und der Umgebung mit Medikamenten durch die bestehende Löwen-Apotheke und ihren 70-jährigen Inhaber Johannes Schlange hinwies. Obwohl die Stadt Tamms Gesuch, eine weitere Apotheke anzulegen, ablehnte, öffnete er dennoch am 6. 8. 1701 in der Langebrückstraße (heutige Nummer 17) die Hirsch-Apotheke. Doch auch nach dem Tode des Löwen-Apothekers konnte Tamm nicht das städtische Privileg erlangen. Das gelang erst seinem Schwiegersohn Gleibstein am 4. 4. 1710. Das herzogliche Privileg wurde dann nach Zahlung der Bestätigungsgebühr am 22. 7. 1727 königlich bestätigt. Nachfolger wurde 1744 Gleibsteins Schwiegersohn Franziskus Erdmann, der die Apotheke 1788 an seinen Neffen Joh. Chr. Erdmann Runge verkaufte[46].

Zur Behebung der großen Schäden, die der Brand Kopenhagens am 20. Oktober 1728 verursacht hatte – fast ein Drittel der Stadt brannte nieder –, wurden Dänemark und Norwegen mit einer Brandsteuer belegt, die bezeichnenderweise nicht auf die Herzogtümer ausgedehnt wurde. Das „eingezogene"[47] Schleswig wurde wiederum nicht mit Reichsdänemark, sondern mit Holstein gleichgesetzt. Die deutschen „Provinzen" sollten ihre Hilfe freiwillig aufbringen. Die Ritterschaft stiftete Baumaterialien, hauptsächlich Mauersteine[48]. Auf einen Appell des Amtes Gottorf vom 29. 1. 1729 an die Eckernförder Schiffer, die Baumaterialien „für einen resonablen acord" nach Kopenhagen zu transportieren, wollten sich nur die Schiffer Hinrich Thamsen und Claus und Matthias Hitscher, Gebrüder, „bequemen", Folge zu leisten. Daraufhin wurden die renitenten Schiffer „und interessen oder Rehder" aufs Amtshaus in Gottorf befohlen, um ihr Verhalten zu rechtfertigen[49]. Doch scheint dabei nicht viel herausgekommen zu sein. Die Eckernförder Schiffer redeten sich mit bestehenden Frachtverträgen heraus oder verwiesen wegen der Mauersteine, die aus Flensburg abzutransportieren waren, auf die günstiger gelegenen Hafenstädte Apenrade und Sonderburg. Auch weigerten sie sich, Steine von Gutsziegeleien zu holen, die sich zwar in Seenähe befänden, doch nur über gefährliche Strände, wie über den Vorstrand von Schmoel, zu erreichen seien[50].

So wurden dann die Eckernförder Schiffer am 12. 12. 1729 zu einer eingehenden Befragung ins Rathaus zitiert. Sie sollten Auskunft geben, wie viele Schiffe welcher

Größe sie besäßen, inwieweit sie fürs kommende Frühjahr schon destiniert seien und wie viel sie für den Transport von je 1000 Mauersteinen oder Dachpfannen von Eckernförde „oder der Gegend" nach Kopenhagen nehmen würden.

Die Antworten bieten ein gutes Bild von Größe und Struktur der Eckernförder Handelsflotte an der Wende zum Jahre 1730. Von 26 Schiffen waren 21 zu Hause, es war ja Winter, von den abwesenden fünf lagen immerhin vier in Kopenhagen, einer war auf Frankreichfahrt (Wein aus Bordeaux holen). Christian Otte war schon damals der überragende Kaufmann und Reeder seiner Stadt; ihm gehörten sechs Schiffe, bei einem siebenten war er zur Hälfte Partenreeder. Sonst besaßen nur noch Johann Cornelius Kruse und Hinrich Frahm Bergenhusener mehr als ein Schiff, nämlich je zwei. Nur die wenigsten hatten schon Frachten fürs Frühjahr: Korn aus Riga, Balken nach Irland und Salz aus Oldesloe[51]. So standen dann am 1. Februar 1730 20 Eckernförder Schiffe mit einer Transportkapazität von nahezu einer halben Million Steinen zur Fahrt nach Kopenhagen bereit[52]. Die meisten Steine wurden am Sandkrug verladen, wohin sie die bei Marienthal belegene Windebyer Ziegelei lieferte, die der am Ausbau Rendsburgs zur Festungsstadt maßgeblich beteiligte Bauunternehmer Dominicus Pelli seit 1703 gepachtet hatte und die nach seinem Tode 1729 von seinem Brudersohn Cyprian Pelli weitergeführt wurde. Pelli sen. hatte 1704 eine kleine Hütte, das „Inselhaus", für den Bewacher der am Strand lagernden Ziegelsteine gebaut, wohin sie über Kanäle und den Goossee gebracht wurden[53].

Nachdem sich die städtischen Verhältnisse nach einem Jahrzehnt des Friedens gefestigt hatten, waren Magistrat und Ministerium (die Pastoren) bemüht, das Schulwesen weiter zu verbessern. Dabei ging es zunächst darum, die Eltern anzuhalten, die Kinder auf die Schule und eben die Stadtschule und nicht auf Nebenschulen zu schicken. Daher sollte der Rechenunterricht gefördert werden, wobei zunächst einmal die Rechenkenntnisse der Schulkollegen (Lehrer) verbessert werden mussten. Die Schreibaufgaben der Schüler waren regelmäßig zu kontrollieren. Die Schuldisziplin war verbesserungsbedürftig. So durften jetzt im Sommer nicht mehr als vier Knaben gleichzeitig „nach dem Sande", also an den Strand zum Baden. Ostern und Michaelis waren öffentlich Schulprüfungen abzuhalten.

Zur Verbesserung des Brandwesens wurde eine weitere Löschspritze angeschafft. Die erste war bereits 1721 angefertigt worden. Damals hatte der Brand des Semmelhack'schen Hauses den dringenden Anlass dazu geliefert. Neben der Spritze waren zwei „Schlangen" (Schläuche), 100 Löscheimer, zwei bis drei Leitern und die nötigen Hacken zur Feuerbekämpfung in Auftrag gegeben und eine Feuerordnung erlassen worden[54]. Sie enthielt das Verbot des Heringräucherns in Wohnhäusern und sah die Bedienung der Spritze durch je einen Glaser, Tischler, Zimmer- und Mauermeister und Schmied vor, „welche die Stadtarbeit haben", also die von Stadt, Kirche und Schiffbrücke ergehenden Aufträge erhielten[55].

Lebenswichtig für die Stadt war und blieb die Landwirtschaft der Ackerbürger. Sie unterhielten fast 300 Stück Rindvieh, für dessen Nachwuchs zwei bis drei Stadtbullen zuständig waren, ferner Pferde, Schafe, Schweine und auch Federvieh. Das Weiderecht war an die Größe des Hauseigentums gebunden. Pro Viertelhaus (=1 Fach) konnte ein Stück Rindvieh gehalten werden. Auf diese Bestimmung musste seit 1736 wieder genau geachtet werden, weil „diese Stadt an Einwohnern in einigen Jahren vermehret hat"[56]. Für das Stallfutter gab es Wiesen, die nicht beweidet werden durften, und auch die Weiden mussten nachts geschont werden, weswegen der Kuhhirte das Vieh abends in die Ställe zu treiben und morgens wieder kontrolliert auf die Stadtweide zu führen hatte[57].

Viehwirtschaft und Trinkwasserversorgung der Stadt gerieten freilich immer wieder in Konflikt. Das nötige Wasser bezog die Stadt immer noch über den Kakebillenbach, dem wieder und wieder die Verschmutzung durch Schweine und Gänse drohte, deren Abschaffung darum gefordert wurde. Wenigstens sollten die Schweine nicht mehr „außerm Kurtzen Thor", sondern nur „außerm langen Thor" geweidet werden[58]. Vom kurzen (Kieler) Tor war der Zufluss aus dem Bach in „Pipen" verrohrt, wodurch die Brunnen („Soods") (in den beiden -brück- und Frau-Clara-Straße) versorgt wurden, deren jeder einen Anlieger zum Inspektor hatte. Die ständige Kontrolle des ungehinderten Wasserzuflusses war auch zur eventuellen Feuerbekämpfung dringend geboten[59].

Um die Bürgerbeteiligung und die Möglichkeit der Kontrolle des Stadtregiments durch die Bürger wurde heftig gerungen. So gaben die beiden Ratsverwandten (= Rats-„zugehörigen") Christensen und Voß am 10. 12. 1739 eine Beschwerde über den Bürgermeister Thamm zu Stadtprotokoll, dass dieser die Stadt-, Kirchen-, Armen- und Einquartierungsrechnungen nicht, wie im „Commissional-Schluss" gefordert, von der Kanzel publizieren und dann 14 Tage lang zur Einsicht der Bürger im Rathaus aufliegen lasse und auch sonst bei der Ausstellung von Urkunden im Ratsnamen eigenmächtig vorgehe, wobei Bielbriefe und Arrestbeschlüsse ausdrücklich genannt wurden.

Ein Zeugnis ausgeprägten Bürgersinns und umfassender Eigeninitiative bot in diesen Jahren auch die „Beliebung" genannte Eckernförder Totengilde von 1629, die ihre – aus der Zeit davor nicht erhaltene – Satzung 1735 in zweiter Revision verabschiedete[60]. Die „Beliebungs-Articul" sollten den Mitgliedern vor allem ein würdiges Begräbnis sicherstellen, wozu das den Sarg deckende Laken, die Bestimmung der zwölf Leichenträger, die Regelung der Leichenfolge und die Kleiderordnung dienten (Art. 5–7). Die Jahrestreffen fanden jedes Jahr am Mittwoch nach Pfingsten auf dem Rathaus statt und wurden am Himmelfahrtstage wegen des Bierbrauens und der Wahl der „Schaffer" vorbereitet (Art. 11). Von der Aufnahme in die Beliebung waren „alte abgelebte Leute über 50 Jahren …, Gebrechliche oder Tagelöhner" ausgeschlossen (Art. 15). An die Entstehung der Beliebung in einer Pestzeit erinnerte Artikel 17: Im Falle „anklebender Seuchen" mussten die zu bestattenden Leichen vor die Tür des Trauerhauses gestellt werden, bei Überhandnehmen der Seuche sollte der Leichentransport „von Stadtwegen" erfolgen. Aber auch einen Feuerschaden wollte man gemeinsam durch eine Umlage tragen (Art. 21).

Die Satzung wurde unterschrieben durch den Ältermann, zwei Beisitzer, den Schreiber und 185 weitere Mitglieder. Artikel 18 regelte auch den Fall der offenbar möglichen Doppelmitgliedschaft in Beliebung und „Pfingstgilde". Da auch Letztere für ein würdiges Begräbnis ihrer Mitglieder aufkam, sollte es im Belieben des Mitglieds stehen, welche Gilde die „Gerätschaft" und die Träger stellte. Nur sollte dann auch die „Todten Bittersche", die den Todesfall von Haus zu Haus bekannt gab und zum Begräbnis einlud, von der gleichen Gilde kommen.

Mit dem Jahre 1735 begann im dänischen Gesamtstaat so etwas wie eine systematische Wirtschaftspolitik, natürlich im herrschenden Geiste des Merkantilismus', also in einem Ineinander von wirtschaftlichem Nationalismus und staatlichem Dirigismus. In Kopenhagen wurde ein General-Landesökonomie- und Kommerzkollegium gegründet, das sich um die Förderung von Industrie und Handel vor allem in den Städten kümmern sollte. Es begann mit einer entsprechenden Befragung der Städte durch den Statthalter. Die Befragung Eckernfördes fand am 12. 8. 1735 statt[61]. Wieder erfahren wir, dass die Stadt jenseits des Kieler Tors Ländereien und eine Viehweide, nach Schleswig hin ebenfalls Ländereien besaß, welche es freilich mit Einwohnern von Borby teilen musste, woraus „öftere Verdrießlichkeiten" entstanden. Beschaffenheit und Situation der Stadt gebe „zu einem kleinen Commercio und zur Schiffahrt Anlaß", Produkte des Ortes seien die der Fischerei und des wenigen Ackerbaus. Der Handel betreffe den Verkauf von Brennholz nach Kopenhagen und den Ankauf schwedischer Waren und die Frachtfahrt, die hier zum ersten Mal ausdrücklich genannt wurde. An Gewerben wurden angeführt Mälzen, Branntweinbrennen, Bierbrauen, Seefahrt, Fuhrwesen, welch Letzteres allerdings gegen die Konkurrenz in Kiel, Rendsburg, Schleswig und Flensburg einen schweren Stand habe. Neben dem Brennholz würden auf Eckernförder Schiffen auch Mauersteine verschifft, während die Braugerste von Schiffen der Herkunftsorte Fehmarn, Heiligenhafen und Dänemark abgeladen würde. Frachtfahrt ginge von Kopenhagen auf Island und die Finmarken (Nordnorwegen) hin. Einem beiliegenden Verzeichnis ist zu entnehmen, dass 32 Schiffe (31 Galiothen, 1 Jacht) in Eckernförde beheimatet waren. Mehr als ein Schiff besaßen Christian Otte (8), Familie Kruse (3), Familie Thamsen (3), Gebrüder Hitscher (3), H. J. Thöming (2), V. Volckers (2) und J. Hasse (2). Sie waren zwischen 8 und 45 Lasten groß. An Gilden wurden die Vogel-Schützengilde (zugleich Brandgilde) mit 72 Gildebrüdern und die Beliebung als Brand- und Totengilde mit 178 Männern und 15 Witwen genannt. An Ämtern wurden aufgeführt (Zahlen für 1711 in Klammern):

Das Schmiedeamt (Grob- und Kleinschmiede, dabei 1 Nagel- und 1 Büchsenschmied) mit	9	(8)
Das Schusteramt mit	17	(17)
Das Bäckeramt mit	9	(12)
Das Schneideramt mit	11	(14)
Das Leineweberamt mit	4	(6)
Das Tischleramt mit	5	(7)
Das Böttcheramt mit	6 Mann	(5)
Die Zunft der Vollfuhrleute mit	15 zweispännigen Fuhrwerken	(19)

Im Vergleich mit den Zahlen über die kontribuierenden Bürger von 1711 (Vgl. S. 175f. und Anmerkung 3) hat sich die Besetzung der Ämter in fünf von acht Fällen (1711 in obiger Aufstellung in Klammern) vermindert. Nur bei Schmieden und Böttchern ist eine leichte Zunahme um je eine Person (Meister?) eingetreten. Das Schustergewerbe ist mit 17 Mitgliedern (für 1735 zwei Freischuster mitgerechnet) unverändert stark vertreten geblieben.

Die die Zünfte betreffenden Zahlen werden durch eine Anlage („Lit.: B") ergänzt, aus der die freien Gewerbetreibenden ersichtlich sind. Dort heißt es:

„Verzeichniß von der Anzahl der itzo in der Stadt Eckernförde seyenden Kaufleute, Krähmer, Handel- und Nahrung treibende Leute, auch Handwerker, so kein Amt halten."

13 Commercirende
6 Krahmers
1 Hutstaffirer
6 Tobackspinner
23 Schiffer, wovon einige Commercium treiben
3 Reepschläger, wovon 2 mit commerciren
8 Branntwein Brenner, wovon einige auch andere Nahrung mit treiben

2 privilegierte Apotheker
10 Brauers
 2 Gastgebers
10 Möltzer
 1 Leinwants Krahmer
 1 Kesselhändler
41 Bootsleute und Fischer so verheiratet und alhir wohnen
 5 Höckers
 5 Straßen-Fahrer
 3 Herbergirer
 4 Heringräucher
 2 grob-Becker und Grützmacher.

Professionarii und Handwerker, so alhir kein Amt halten:

4 Barbiers	4 Zimmerleute
2 Farbers	1 Sattler
3 Glasers	1 Ledertanner
6 Altflicker	1 Kupferschmied
1 Nadelmacher	4 Schiffzimmerleute
1 Paruquenmacher	3 Drechsler
4 Schlachter	1 Buchbinder
1 Blechen-Schläger	1 Hutmacher
1 Kannengießer	2 Knopfmacher
1 Büchsenschäfter	2 Segelmacher
1 Handschuhmacher	1 Mahler
1 Goldschmidt	2 Rademacher
2 Schuster	4 Mauerleute
4 Weißgärber	1 Schwerdfeger
4 Töpfer	1 Rothgießer

Auch hier ist im Ganzen ein Rückgang der gewerblichen Tätigkeit zwischen 1711 und 1735 zu erkennen. Auffällig ist die starke Verminderung der Zahl der „Commercirenden", der eine neue, in etwa vergleichbare Position „Schiffer, wovon einige Commercium treiben" entspricht. Die meisten der 23 Schiffer dürften nun also im Dienste der größer gewordenen Kaufleute, vor allem Christian Ottes, stehen, in deren Händen sich Eckernfördes Seehandel und Frachtfahrt konzentriert hatten. Ins Auge springt eine wesentliche Verringerung der Anzahl im Braugewerbe Tätiger. Statt je 36 Brauer und Mälzer sind es nur noch je zehn, was die wiederholten Klagen des Magistrats über die Braukonkurrenz der adeligen Güter und des Amtes Hütten illustriert. Gleiches gilt für den Detailhandel („Höckerei") und einige Handwerke (z.B. Weber), in die ebenfalls die abgabenfreie Konkurrenz aus den Dörfern und Gütern eingebrochen sei. An Dörfern werden Fleckeby, Osterby und wie immer auch Borby ausdrücklich genannt.

Der Magistrat sähe es im Übrigen gern, wenn sich ein Ankerschmied, ein Bildhauer und ein Schornsteinfeger in Eckernförde niederließen, und benannte für das städtische „Commerce-Collegium" am 9. 2. 1736 Christian Otte, Hinrich Thamsen, Peter Johann Schade, Volckert Volckerts und Johann Lüders[62], wobei die Reihenfolge auch eine Rangordnung ist: auf Platz 1, 2 und 4 stehen Reeder.

Mit der verschärften Konkurrenz und der für städtisches Leben typischen allmählichen Auflösung der die schwachen Glieder mittragenden Großfamilie nahm die Zahl derjenigen Einwohner, die nicht mehr für sich sorgen konnten, stetig zu. Die Sorge für die aus familiärer Fürsorge herausfallenden Armen, Alten und Kranken musste, auch um der überhand nehmenden Bettelei zu begegnen, das Gemeinwesen übernehmen. Darum war auch das Armenwesen 1736 in den Herzogtümern zur öffentlichen Angelegenheit erklärt worden[63].

Von alters her gab es in Eckernförde zwei Einrichtungen, die sich die Versorgung der Armen und Alten angelegen sein ließen, das Stadtarmenhaus oder Nicolaistift und den Goschhof. Der städtischen Jurisdiktion unterstand indessen nur das Nicolaistift. So kam es dem Stadtregiment sehr gelegen, dass Christian Otte seit 1735 die Einrichtung eines eigenen Armenhauses plante und 1739 in die Tat umsetzte. Ottes Motive waren nicht ganz uneigennützig. Mit der Stiftung konnte er die Stadt bewegen, in seinem Falle auf die Erhebung einer Vermögenssteuer ("decimation") zu verzichten, die bei Ausfuhr von Vermögensteilen, etwa bei Mitgiften, fällig gewesen wäre[64]. In dem vom königlichen Statthalter genehmigten "Fundations-Brief" vom 18. 9. 1739[65] ist sowohl das Gebäude für acht Personen wie auch das Kapital für deren Unterhalt vorgesehen. Das Stiftsgebäude wurde in der "Neuen Wohnung", der heutigen Ottestraße, errichtet und hat bis zum Ersatz durch das bestehende Stiftsgebäude 1891 der Stiftung gedient. Vorbedingung für die Aufnahme in Ottes Armenhaus war, dass die Aspiranten in Eckernförde geboren waren oder sich dort lange aufgehalten hatten und dass sie

Abb. 52
Torhaus von Krieseby
mit den Initialen von Johann Nikolaus und Christian Otte

ein Zeugnis des Hauptpastors vorweisen konnten, wonach „sie ein frommes, christliches, Gott und den Menschen wohlgefälliges Leben und Wandel geführet" hätten und ihr Brot zu verdienen altershalber nicht mehr imstande seien. Von den aufgenommenen Armen wurde erwartet, dass sie „alle Morgen, Mittag und Abend öffentlich Beth-Stunde" hielten und den öffentlichen Gottesdienst fleißig besuchten. Auch darüber sollte der Hauptpastor wachen und dafür ein angemessenes Entgelt erhalten.

Die Administration des Armenhauses lag und liegt jeweils beim ältesten männlichen Nachkommen Christian Ottes, wobei in der königlichen Konfirmation der Stiftung noch verfügt wurde, dass Eckernfördes Bürgermeister und der Hauptpastor von St. Nicolai die Aufsicht („Inspection") über die Stiftungsadministration führen und bei Unregelmäßigkeiten das Gottorfer Obergericht verständigen sollten. Da bisher noch keiner der inzwischen in achter Generation tätigen Administratoren in Eckernförde wohnte, werden die laufenden Geschäfte „gemäß stillschweigender Übereinkünfte" von Beamten der Stadtverwaltung geführt[66].

Im „Fundations-Brief" gedachte Christian Otte auch der Untertanen seines Gutes Krieseby, die, wenn alt und verarmt, die gleichen Rechte wie die Eckernförder haben sollten. Krieseby hatte er 1735 erworben. Dass ein Bürgerlicher ein adliges Gut übernahm, war damals ein ganz ungewöhnlicher Vorgang. Ungewöhnlich war auch sein weiteres Vorgehen als Gutsherr. Er ließ die gesamte Hofanlage abbrechen und gab mit dem großzügigen Neuaufbau dem Anwesen sein heutiges, geradezu klassisches Aussehen[67]. Das repräsentative Torhaus wurde freilich erst nach Christian Ottes Tod 1749 von seinem Sohn Johann Nikolaus errichtet (Abb. 52).

3.2 Im Zeichen Friedrich Wilhelm Ottes (1740 – 1766)[68]

Als Christian Otte 1740 sein Amt als Brückeninspektor altershalber an seinen Sohn Friedrich Wilhelm abtrat, war er nicht nur Eckernfördes reichster und angesehenster Bürger, sondern auch weit im Lande ein hochgeachteter Mann. Sein 25-jähriger Sohn strebte über seine kaufmännische Tätigkeit in den Unternehmungen seines Vaters hinaus nach stärkerem Einfluss auf die Eckernförder Kommunalpolitik. Es gelang ihm 1741, dem alternden Bürgermeister Thamm als Bürgermeister adjunctus beigegeben zu werden, als welcher er sich bis zur zugesagten Nachfolge mit den Bezügen eines Ratsherrn zufrieden geben wollte. Der weitere Gang der Dinge im Eckernförder Gemeinwesen wurde entscheidend mitbestimmt durch die große machtpolitische Wende, die sich in Europa um das Jahr 1740 anbahnte und das Gesicht der damaligen Welt nachhaltig veränderte.

1739 starb erst 37-jährig Herzog Karl Friedrich von Holstein-Gottorf. Damit wurde sein elfjähriger Sohn Karl Peter Ulrich Nachfolger im holsteinischen Restfürstentum um Kiel und Neumünster. Ungewöhnliches dynastisches Gewicht erhielt der menschlich eher unbedeutende Gottorfer dadurch, dass er einziger Urenkel König Karl XI. von Schweden und einziger Enkel Zar Peters des Großen war. Er wuchs in dem Bewusstsein auf, den seinem Vater durch den dänischen König entrissenen herzoglichen Anteil von Schleswig wieder zurückholen zu müssen, und stellte damit durch seine bloße Existenz eine latente Bedrohung des dänischen Gesamtstaates dar. Sie wurde manifest, als seine Tante Elisabeth sich 1741 des Zarenthrones bemächtigte und ihren Neffen unter dem Namen Peter zum Großfürsten und Thronfolger machte.

Am 31. Mai 1740 starb König Friedrich Wilhelm von Preußen. Ihm folgte sein Sohn als Friedrich II. (seit etwa 1745 „der Große"). Als am 20. 8. des Jahres 1740 auch Kai-

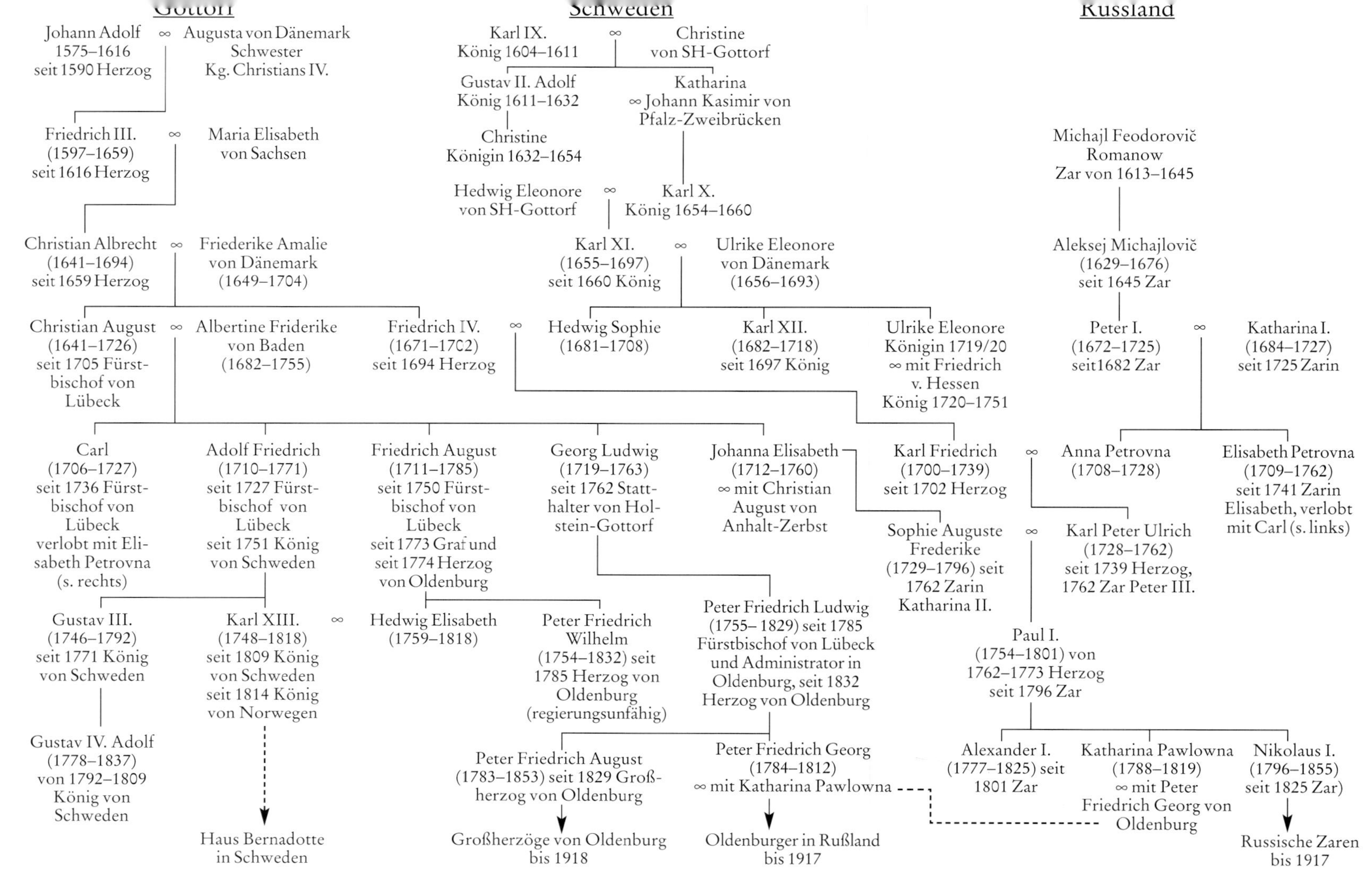

Gottorf

Schweden

Johann Adolf
1575–1616
seit 1590 Herzog
∞ Augusta von Dänemark
Schwester
Kg. Christians IV.

Friedrich III.
(1597–1659)
seit 1616 Herzog
∞ Maria Elisabeth
von Sachsen

Karl IX.
König 1604–1611
∞ Christine
von SH-Gottorf

Gustav II. Adolf
König 1611–1632

Katharina
∞ Johann Kasimir von
Pfalz-Zweibrücken

Christine
Königin 1632–1654

Karl X.
König 1654–1660

Hedwig Eleonore
von SH-Gottorf
∞

Michajl Feodorovič
Romanow
Zar von 1613–1645

Aleksej Michajlovič
(1629–1676)
seit 1645 Zar

Christian Albrecht
(1641–1694)
seit 1659 Herzog
∞ Friederike Amalie
von Dänemark
(1649–1704)

Karl XI.
(1655–1697)
seit 1660 König
∞ Ulrike Eleonore
von Dänemark
(1656–1693)

Katharina I.
(1684–1727)
seit 1725 Zarin

Peter I.
(1672–1725)
seit 1682 Zar

Christian August
(1641–1726)
seit 1705 Fürst-
bischof von Lübeck
∞ Albertine Friderike
von Baden
(1682–1755)

Friedrich IV.
(1671–1702)
seit 1694 Herzog

Hedwig Sophie
(1681–1708)
∞

Ulrike Eleonore
Königin 1719/20
∞ mit Friedrich
v. Hessen
König 1720–1751

Karl XII.
(1682–1718)
seit 1697 König

Anna Petrovna
(1708–1728)

Elisabeth Petrovna
(1709–1762)
seit 1741 Zarin
Elisabeth, verlobt
mit Carl (s. links)

Carl
(1706–1727)
seit 1736 Fürst-
bischof von
Lübeck
verlobt mit Eli-
sabeth Petrovna
(s. rechts)

Friedrich August
(1711–1785)
seit 1750 Fürst-
bischof von
Lübeck
seit 1773 Graf und
seit 1774 Herzog
von Oldenburg

Karl Friedrich
(1700–1739)
seit 1702 Herzog

Johanna Elisabeth
(1712–1760)
∞ mit Christian
August von
Anhalt-Zerbst

Karl Peter Ulrich
(1728–1762)
seit 1739 Herzog,
1762 Zar Peter III.

Adolf Friedrich
(1710–1771)
seit 1727 Fürst-
bischof von Lübeck
seit 1751 König
von Schweden

Georg Ludwig
(1719–1763)
seit 1762 Statt-
halter von Hol-
stein-Gottorf

Sophie Auguste
Frederike
(1729–1796) seit
1762 Zarin
Katharina II.

Paul I.
(1754–1801) von
1762–1773 Herzog
seit 1796 Zar

Gustav III.
(1746–1792)
seit 1771 König
von Schweden

Karl XIII.
(1748–1818)
seit 1809 König
von Schweden
seit 1814 König
von Norwegen

Hedwig Elisabeth
(1759–1818)
∞

Peter Friedrich
Wilhelm
(1754–1832) seit
1785 Herzog von
Oldenburg
(regierungsunfähig)

Peter Friedrich Ludwig
(1755–1829) seit 1785
Fürstbischof von Lübeck
und Administrator in
Oldenburg, seit 1832
Herzog von Oldenburg

Peter Friedrich Georg
(1784–1812)
∞ mit Katharina Pawlowna

Alexander I.
(1777–1825) seit
1801 Zar

Katharina Pawlowna
(1788–1819)
∞ mit Peter
Friedrich Georg von
Oldenburg

Nikolaus I.
(1796–1855)
seit 1825 Zar

→ Russische Zaren
bis 1917

Gustav IV. Adolf
(1778–1837)
von 1792–1809
König von
Schweden

Peter Friedrich August
(1783–1853) seit 1829 Großherzog von Oldenburg

→ Oldenburger in Rußland
bis 1917

→ Haus Bernadotte
in Schweden

→ Großherzöge von Oldenburg
bis 1918

Abb. 53
Stammtafel zur verwandtschaftlichen Verknüpfung der Herrscherhäuser in Schleswig-Holstein, (Dänemark), Schweden und Russland seit 1600

ser Karl VI. verschied und seine Tochter und Nachfolgerin Maria Theresia Mühe hatte, sich auf der Grundlage der von ihrem Vater erwirkten „Pragmatischen Sanktion" als Königin von Böhmen und Ungarn und alleinerbende Erzherzogin von Österreich im europäischen Mächtekonzert zu behaupten, entriss Friedrich der durch den verlorenen „Vierten Türkenkrieg" (1737–1739) ohnehin geschwächten österreichischen Krone kurzerhand ihr Erbland Schlesien. Auf den Kaiserthron konnte Maria Theresia ihrem Vater als Frau nicht nachfolgen. Diesen beanspruchte Kurfürst Karl Albrecht von Bayern, der als Gemahl einer österreichischen Erzherzogin auch Anspruch auf die österreichischen Erblande erhob. Er fand bei Österreichs altem Widersacher Frankreich Unterstützung zu gemeinsamem Vorgehen im österreichischen Erbfolgekrieg (1741–1748), in dessen europäischen Rahmen auch die beiden schlesischen Kriege Friedrichs des Großen gehören. Die französisch-bayerischen Erfolge in diesem Krieg, die 1742 in der Kaiserwahl des bayerischen Kurfürsten gipfelten, führten auch zur Verschärfung des französisch-englischen Gegensatzes, der zunehmend in den Kolonialreichen dieser Mächte in Amerika und Indien ausgetragen wurde. 1742 brachte auch einen Wechsel in der dänischen Politik. Nicht mehr England, sondern Frankreich wurde wichtigste Garantiemacht des Gesamtstaates.

Russland konnte noch nicht in das mitteleuropäische Kräftespiel eingreifen; es musste sich eines schwedischen Revanchekrieges erwehren und war damit auch erfolgreich. Mit seinem Sieg konnte es auch auf die schwedische Thronfolge Einfluss nehmen: Zarin Elisabeth, die über den eigentlichen schwedischen Kronerben, ihren Neffen Peter, schon disponiert hatte, vermochte den schwedischen Adel zu bestimmen, Herzog Adolf Friedrich aus der jüngeren, fürstbischöflichen Gottorfer Linie zum Thronfolger zu wählen. Er war der Bruder ihres früh verstorbenen Verlobten Carl, dem sie eine Zuneigung über den Tod hinaus bewahrte und offenbar auf das ganze Haus Gottorf übertrug. So wählte sie schließlich auch ihrem Thronfolger Peter eine Gattin aus, die über ihre Mutter ebenfalls diesem Hause entstammte: Sophie Auguste Friederike von Anhalt-Zerbst, die als russische Großfürstin den Namen Katharina annahm. Die geschichtsträchtige Hochzeit von Peter und Katharina fand 1745 statt (Abb. 54).

Was bedeuteten nun die europäischen Machtverschiebungen um 1740 für den Gesamtstaat und insbesondere für Eckernförde? Die latente gottorfische Bedrohung von Süden her erforderte eine permanente Verteidigungsbereitschaft. Die Last der Einquartierung bestand fort und verstärkte sich sogar. Andererseits bewirkte eine erfolgreiche dänische Neutralitätspolitik, die 1745 auch noch durch Sonderverträge mit den nordafrikanischen Barbaresken-(Seeräuber-)Staaten abgesichert wurde, dass Schiffe unter dem Danebrog, also auch die Eckernförder Schiffe, ziemlich unbehindert der Frachtfahrt bis ins Mittelmeer hinein nachgehen konnten und damit in das Geschäft der großen, einander verfeindeten Seemächte einbrachen, die ihre Kauffahrtei durch gegenseitige Kaperei schwer schädigten.

Eckernfördes neuer Brückeninspektor Friedrich Wilhelm Otte erreichte noch in seinem ersten Amtsjahr eine Neufassung der Brückenordnung, die eine verbesserte Aufzeichnung der Angaben über die einlaufenden Schiffe und darauf fußend eine präzisere Erhebung der Hafengebühren vorsah. Vor allem wurde im Gegensatz zur bisherigen Regelung anerkannt, dass der Schiffbau ein wichtiger Erwerbszweig der Stadt („ein der ganzen Stadt die benöthigte Nahrung zubringendes Mittel") sei und deshalb alle Beschränkungen entfallen sollten, sofern das Bauholz von den adeligen Gütern und nicht aus den königlichen Hölzungen stammte (die wohl dem Kriegsschiffbau vorbehalten waren). Auch wurde nun die Aufnahme fremder Partenreeder erlaubt,

Abb. 54
Großfürstenpaar Peter und Katharina von Russland

sofern sie die anteiligen städtischen Abgaben leisteten. Verschärft wurden auch die Bestimmungen über die Handhabung des Ballastes, der Liegeplätze und der Verbringung des Unrats, um den Hafen vor „Ausschleimung" zu schützen und den Warenumschlag zu beschleunigen. Die Rechnungslegung der Brückeninspektoren hatte nun vor dem neu geschaffenen „Commerz-Collegium" zu erfolgen[69].

Ein Aufschwung des Eckernförder Schiffbaus ließ nicht lange auf sich warten. In dem Jahrfünft vor dem Wirksamwerden der neuen Brückenordnung (1737–1741) wurden 19, im Jahrfünft danach (1742–1746) 47 Schiffe abgeliefert. Natürlich wurde dadurch auch eine Erweiterung der Schiffbrücke notwendig, die man mit einem Darlehen Georg Christian Ottes, des älteren Bruders Friedrich Wilhelms und Bürgermeisters von Schleswig, finanzierte[70]. Der am 27. 7. 1741 bei Magistrat und Deputierten eingeführte und vereidigte „consul adjunctus" Otte nahm bereits am 18. August des Jahres die konkrete Bürgermeisterarbeit auf, indem er die Steuerkataster der Jahre 1736 und 1738 des Deputierten Kruse „zur Nachsicht" in Empfang nahm[71]. Sicher wird er auch wesentlichen Anteil an der Marktordnung haben, die am 11. 5. 1742 für die Stadt Eckernförde erlassen würde[72]. Sie sollte sicherstellen, dass alle in die Stadt gebrachte Ware während festgesetzter Zeiten auf dem offenen Markt gehandelt würde und ein verteuernder Zwischenhandel durch Aufkäufer und Hausierer unterbliebe. Auch sollten auf dem Markte wie schon auf der Schiffbrücke nicht Fremde mit Fremden handeln dürfen. Für die Wägung sollte allein die Ratswaage zuständig sein.

In einem Punkte mag F. W. Ottes Ordnungssinn zu weit gegangen sein. 1742 veranlasste er ein Verbot der „Fastnachts-Lustigkeit". Bis dahin hatten sich die „Bauknechte" (Bauarbeiter) mit den Dienstmägden zum Tanz und zu ausgelassenem Treiben getroffen. „Gleichwie nun, die Ahrt und Weise auf welche diese Lustigkeit betrieben wird mit der Ehrbarkeit und allen guten Gründen streitet", hielt der Magistrat ein mit empfindlichen Strafen belegtes Verbot für erforderlich[73].

Die Wade-Fischer, in der Ausübung ihres Gewerbes nicht durch eine Amtsordnung geschützt, ersuchten nun auch den Magistrat, ihre überkommenen Fanggründe festzuschreiben und sicherzustellen, dass fremde Fischer nicht innerhalb von „Fuhlbeck-Orth" zugelassen würden[74]. Von Friedrich Wilhelm Ottes Handschrift ist die von ihm auch als „Consul" (Bürgermeister) unterschriebene sehr aufschlussreiche Erhebung: „Generale Rolle und Protokoll derer in der Stadt Eckernförde sich befindenden ... Seefahrende, als Schiffere, Steuer Leuthe alte und schwache Leute wirklich enrollirte und mit Patenta versehene Matrosen und schließl. Junge Leute zum Anwachs pro anno 1743"[75]. Es ging um die Erfassung des seemännischen Personals, das erforderlichenfalls zur königlichen Marine einberufen werden sollte. Die Generalrolle liefert einen guten Einblick in den Umfang und die Bedeutung des Seehandwerks für Eckernförde. Es gab damals in Eckernförde 39 Schiffer, davon 30 in Eckernförde gebürtig, 22 von ihnen führten in Eckernförde beheimatete Schiffe, ferner zwei Steuerleute (ein Eckernförder), 14 alte und schwache, waren alle Eckernförder, vier mit Patent, 70 Matrosen (56 Eckernförder), zwölf junge Leute als Nachwuchs („Anwachs"), davon elf Eckernförder. Das seemännische Personal der Stadt belief sich also 1743 auf 139 Mann, von denen 112 gebürtige Eckernförder waren.

Die Reihe der Neuordnungen wurde 1744 durch eine Brandordnung fortgesetzt[76]. Wichtigste Bestimmung war die Festlegung der hausgrößenabhängigen „Taxa", die die Hausbewohner in die „Brand-Cassa" zu zahlen hatten. Ihre weiteren Verpflichtungen bestanden im Bereithalten von Brandbekämpfungsgerät wie lederne Eimer, Leitern, Feuerhaken, Äxte, Handleuchten, Herdstülper, härene Decken und Handspritzen. Verlangt wurde auch ein ordentlicher Zustand der Treppen, Leitern und Stiegen, sowie der Hauswinden in und an den Häusern. Feueralarm wurde vom Küster durch Läuten der Sturmglocke angeschlagen und zwar so lange der Brand dauerte, und je nach seiner Entwicklung schneller oder langsamer. Auch die Stadt- und Garnisonstamboure sollten die Trommel beim Gang durch die Gassen rühren. Sodann hatte jeder Hauswirt in der Nähe der Brandstelle eine Tonne Wasser bereitzustellen und stets wieder aufzufüllen. Den unmittelbaren Nachbarn wurde aufgegeben, Wasser auf ihre Böden zu bringen und das Flugfeuer zu bekämpfen. Die Branddeputierten waren ermächtigt, alle Mannspersonen in der Nähe des Feuerherds zur Feuerbekämpfung heranzuziehen. Insbesondere die Handwerker waren zum Löschdienst verpflichtet.

Erneuert wurde auch die Ordnung der Schützen- oder Pfingstgilde als eine der ältesten Einrichtungen der Stadt mit ihren 24 „renovirten und revidirten" Artikeln[77]. Die Satzung war in dem Sinne modernisiert worden, dass viele den Ablauf des Vogelschießens regelnde Artikel wie Tanz- und Ausschankvorschriften entfielen, dafür aber das Verhalten bei Pest und Todesfällen (Totenkasse) neu „articulirt" wurde. Nach wie vor stand das Gesellschaftliche vor allem beim Vogelschießen im Mittelpunkt, doch wird die geldliche Hilfe an Gildebrüder, die in Armut, Krankheit, Feuers- oder Wassernot geraten sind, wie auch das Eintreten bei Todesfällen festgelegt. Erneuert wurde auch die Befreiung des Schützenkönigs von allen Steuern und Abgaben im Königsjahr.

Otte bemühte sich auch um eine Verbesserung des Bildungswesens der Stadt. Er ermöglichte die Anstellung eines dritten Lehrers in der Lateinschule, und zwar eines Schreib- und Rechenmeisters, gründete mit seiner Familie einen Fonds für die Finanzierung der Armenschule und betrieb schließlich zur Behebung des Mangels an qualifiziertem Schiffsvolk die Einrichtung einer Navigationsschule[78], die allerdings nicht verwirklicht wurde.

Friedrich Wilhelm Otte, auf dessen Wirken diese Reformen direkt oder indirekt zurückgingen, war inzwischen selbst wie sein Vater Christian Reeder geworden. Als sein Vater 1747 starb, besaß er drei große für die Atlantikfahrt geeignete Schiffe. Die Erbteilung machte ihn zunächst mit seinem Bruder Daniel zum Mitbesitzer von insgesamt neun Schiffen. So reflektierten seine 1748 an König Friedrich V. gerichteten „alleruntertänigsten Vorschläge" zur Verbesserung der wirtschaftlichen Lage der Stadt Eckernförde[79] nicht nur die Sicht des Bürgermeisters, sondern auch die Interessenlage des größten Reeders und Kaufmanns der Stadt. Der 32-seitige, von Otte eigenhändig verfasste Entwurf einer Denkschrift wird im Stadtarchiv aufbewahrt.

Otte ging es um Steuervereinfachung und -senkung. Die landesherrlichen Steuern (Zoll und Lizenten) sollten an „die commercirende Bürgerschaft" verpachtet werden, wie es in Flensburg praktiziert werde. Ferner sollten ausländische Waren wie Wein, Branntwein, Pflaumen, Sirup und Salz aus Frankreich, sowie auch englisches Salz, die von hiesigen Kaufleuten auf eigenen Schiffen zum Weiterverkauf auch in andere Ostseehäfen transportiert würden, wenn dies binnen Jahresfrist erfolgte, nur mit einem ermäßigten, einmaligen Steuersatz von 1 % unter Berücksichtigung einer Leckage (Wertverlust durch Schwund) von pauschal 12 % belegt sein. Eine solche Regelung galt bisher schon für den unmittelbaren Transit, wenn also die Ware, ohne das Land zu berühren, in Eckernförde von einem Schiff ins andere umgeladen wurde. Dies sei freilich bei Wein nicht möglich, weil dieser in den Fässern an Land gebracht werden müsse, um vor dem Weiterverkauf abgestochen und klarifiziert, also von Trübstoffen getrennt zu werden. Apenrade und Flensburg würden bereits den Vorzug eines ermäßigten Steuersatzes für durchgehandelte Partien genießen. Völlige Steuerfreiheit beim Transit von der Ost- zur Westsee und umgekehrt habe die Stadt bereits unter der „fürstlichen" (herzoglichen) Landesherrschaft genossen. Schließlich habe König Friedrich IV. „bei Occupirung der fürstlichen Lande" deren Untertanen die Versicherung gegeben, „daß dieselben in den Genuß aller Freiheiten, Immunitéten und Gerechtigkeiten, so wie sie solche zu fürstlichen Zeiten genossen unveränderlich verbleiben sollten"[80].

Weiter sprach sich Otte für eine liberale Einwanderungspolitik aus. Wenn ansiedlungswillige Einwanderer nur Vermögen und wertvolle Fertigkeiten besäßen, solle es auf ihre Nationalität und ihr Bekenntnis nicht ankommen, wie dies bereits in Altona praktiziert werde. Die Ansiedlung könnte auch durch befristete Haussteuerfreiheit attraktiv gemacht werden. Er denke vor allem an eine Wollmannfaktur (Stofffabrik), der durch Ausfuhrverbot für Wolle zu einem günstigen Einkauf verholfen werden könnte.

Die Schwierigkeit, Matrosen für die ganze Seefahrtsaison, also auch im unfreundlichen Herbst, zu bekommen, wollte er durch eine Dienstverpflichtung des ohnehin für die Kriegsmarine erfassten („enrollirten") seemännischen Personals entgegenwirken, wobei ihn besonders störte, dass die Seeleute zu Haus bleiben, „weil sie bei dem zur Herbstzeit angehenden Heringsfang ... öfters mehr verdienen, und des Nachts geruhig auf ihrem Bette schlafen können". Dabei sei in der Frachtfahrt im Herbst das Meiste zu verdienen. Auch wollte er den hiesigen Schiffbau, der ohnehin wegen verfügbaren Bauholzes unter günstigen Bedingungen arbeite, verpflichten, für Tauwerk, Segel und Eisenteile die hiesigen Reepschläger, Segelmacher und Grobschmiede zu beschäftigen.

Ein weiteres Thema waren die Jahrmarktsprivilegien der Stadt, vor allem deren Verletzung durch das dem Landrat von Ahlefeldt auf Lindau unterstehende Gettorf. Auch sollten die städtischen Jahrmärkte nicht von unzünftigen und Landhandwerkern oder Soldaten bezogen werden dürfen. Wenn denn schon der Gettorfer Markt weiter gehalten werden dürfte, so sollte er nicht, wie praktiziert, just am Tage vor dem Eckernförder Markt, sondern am gleichen Tage stattfinden.

Otte brachte auch in Erinnerung, dass die Städte ohne ihre alten Gründungsprivilegien des Malzens, Brauens, Branntweinbrennens, des Handels und des Handwerks nicht existieren könnten, und ersuchte, deren Beachtung in einem bestimmten Gebiet um die Stadt herum zu sichern.

Schwere Klage führte Otte über die adeligen Güter, deren Handwerker und Bedienstete, die eigentlich nur für den Gutsbedarf arbeiten dürften, sich mit ihren Produkten und Diensten in der Stadt verdingten. Er nannte ausdrücklich die Gutsdistrikte von Angeln, Schwansen und Dänisch Wohld. Den Angler Landschustern sagte er nach, dass sie „mit gantzen Säcken voll Schuhen allenthalben ... hausieren". Otte meinte abschließend, dass, wenn es gelänge, die Tätigkeit der Landhandwerker auf die Befriedigung der Bedürfnisse der Guts- und Amtangehörigen zu beschränken, „solches von größerem Effect seyn würde als alle vorherigen Verfügungen, maaßen sich so denn die Land-Handwerker von selbst bald verlieren würden".

Es war verständlich, dass das stürmische Drängen des jungen Otte nicht den ungeteilten Beifall der übrigen schon recht angejahrten Herren im Magistrat finden konnte, zumal da Otte sie oft wie Befehlsempfänger behandelte oder ganz überging. Doch in den Auseinandersetzungen für seine Reformpolitik fand Otte Rückhalt bei der Regierung in Kopenhagen. Für seine „pflichtbewussten Bestrebungen, das allgemeine Beste zu befördern" wurde er 1748 zum „wirklichen Kanzleirath" ernannt, wohl auch eine Folge seiner umfassenden Denkschrift zur Verbesserung der städtischen Verhältnisse aus dem gleichen Jahr[81]. Von nun an wurde bei Anträgen an den Magistrat der „Hochwohlgebohrene" Kanzleirat vor Bürgermeister Thamm genannt, wie etwa in dem Antrag der Deputierten vom 22. April 1749, mit welchem sie sich für eine „perpetuirliche Führung der hiesigen Stadt-Ämbter" einsetzten, dem der Magistrat auch zustimmte mit der Folge, dass nunmehr die Deputierten

Carl Friderich Rohde als Wortführer der Stadt,
Cornelius Hinrich Kruse für das Bauwesen,

Ludolph Anton Bergmann als Weide-Inspektor vor dem „Schleswiger Thor",
Jürgen Lorentzen für die Einquartierung,
Peter Frelsen für die Brandkasse
und Johann Hinrich Staack als Weideinspektor vor dem Kieler Tor
auf Dauer, also nicht mehr alternierend, zuständig sein sollten. Der Magistrat ordnete die Zuständigkeiten unter sich entsprechend. Fortan war der Ratsverwandte
Völckers für das Bau- und Brandwesen, der „Rathsv." Thöming für das Weidewesen
verantwortlich.

Neu war die Teilung der Weideinspektion auf Deputiertenebene nach nördlicher
und südlicher Weide. Die Bevölkerung war gewachsen, die Nachfrage nach Weide-
möglichkeiten auch. Das erforderte eine größere Aufsichtsarbeit und Sorgfalt, gerade
beim Einzug des nach Tiergröße gestaffelten Weidegeldes. Dabei war das Weiderecht
hausgebunden. Auch mussten die Inspektoren auf Einhaltung der Grenzen gerade auf
dem Borbyer Stadtfelde achten, um das es ständig Rangeleien bis hin zur Verrückung
von Grenzsteinen gab. Dies galt auch für das einzelnen Bürgern gehörende „unter-
und nebeneinander" belegene gemeinsame Ackerland, dessen einzelne Partien von
alters her die Namen „Thum-Herrn-, Raths-Herrn-, Kirchen- und Kalands-Acker"
führten. Daraus standen Eckernförde acht, Borby achteinhalb und Hemmelmark eine
halbe Hufe zu. Das Stadtfeld auf der Südseite der Stadt von 60 1/2 Acker (Hufen) Größe nannte sich „Dohmstag", inmitten dessen sich außer einer Gut Windeby gehörenden Wiese kein Fremdland befand[82].

Von den Weideinspektoren musste auch darauf gesehen werden, dass die öffentlichen Heerwege (nach Rendsburg und nach Schleswig) nicht zu Pflugland gemacht,
verlegt oder anders eingeschränkt wurden. Auch war die Schneebeseitigung auf den
Wegen im Winter zu besorgen, was sonst vor allem „auf dem hohlen Wege auf
Dohmstag" zu erheblichen Behinderungen führen konnte. Das oft bei Hochwasser
vor der Stadt (vor dem Kieler Tor) „tief" stehende Wasser war abzuleiten. Daneben
hatten die Weideinspektoren mit dem zuständigen Ratsverwandten unter Hinzuzie-
hung von zwei kundigen Fuhrleuten die Grenzen der Stadt zu kontrollieren. Auch
durfte die Weide nicht durch Lehm- oder Steingraben oder durch Fuhrwerke beschädigt werden. Für das Lehmgraben war ein unschädlicher Ort auszusuchen[83]. Zu achten war auch darauf, dass die in unmittelbarer Stadtnähe gelegene Stadtwiese nur von
Pferden, die schnell greifbar sein mussten, Kälbern und kranken Kühen benutzt wurde. Häufig kam es vor, dass Vieh in bebaute Ländereien einbrach und diese schädigte.
Dann konnte dies Vieh gepfändet („geschüttet") werden, bis der Eigentümer zur Scha-
densbehebung das „Schüttgeld" bezahlt hatte. Auch der für das Inkasso zuständige
Schüttevogt unterstand den Weideinspektoren. Gänse durften nicht auf die Stadtweide. Ihnen war die Weidegegend außerhalb des Kieler Tors um den Soldatenfriedhof
vorbehalten. Die Eigentümer mussten dafür einen Hüter stellen[84]. Große Probleme
gab es schließlich mit den in den Häusern gehaltenen und von Abfällen und der Wald-
weide genährten Schweinen. Es musste ausdrücklich verboten werden, dass manche
Einwohner sie frei auf den Straßen herumlaufen ließen, sodass man nicht mehr die
Haustüren offen lassen konnte. Den Eigentümern wurde angedroht, im Wiederholungsfalle die Schweine zu konfiszieren und ins Armenhaus zu bringen[85].

Obwohl das Kieler Tor gemäß einem Beschluss vom 9. 7. 1748 niedergelegt wurde,
behielt man die Ortsbezeichnung „vor dem Kieler Tore" bei und sprach gelegentlich
auch analog von dem Raum jenseits des „Steindammes" (heute Gaehtjestraße) als „vor
dem Schleswiger Tore", obwohl es ein solches in der Realität nie gegeben hatte.

1749 war Otte Schützenkönig der Pfingstgilde geworden und verlangte nun die entsprechende, für ihn etwa 70 Reichsthaler ausmachende Befreiung von den Abgabelasten[86]. Die Deputierten wiesen diese Forderung mit dem Bemerken zurück, dass diese Vergünstigung laut Satzung nur „würkl(ichen)" Mitgliedern der Gilde zustehe. Otte sei aber kein wirklicher Gildebruder, sondern nur „von der Gilde erbethener Gilde-Interessent". Obwohl die Deputierten eine „höheren Orts" zu erteilende Genehmigung immer noch für möglich hielten, zog sich Otte doch aus der Affäre, indem er die Stadt lediglich um die Gefälligkeit bat, ihm eine auf dem „Borgwall" belegene Koppel zu übereignen, die bisher der Stadt gehörte und deren Pachteinnahmen dem 1. Stadtrat zustanden. Otte erklärte sich bereit, stattdessen der Stadt ein Kapital von 50 Reichsthalern zu übertragen, dessen Zinsen der erste Stadtrat zum Ausgleich erhalten sollte. Der Magistrat stimmte zu[87], und Otte konnte seinen am Burgwall gelegenen Besitz arrondieren. Auf die Lastenfreiheit als Schützenkönig verzichtete er. Im gleichen Jahre 1750 baute er das Pack- und zeitweilige Wohnhaus in der Frau-Clara-Straße (Nr. 5). Die Erörterungen über den von Friedrich Wilhelm Otte vorgeschlagenen Handel verdienen auch insofern besonderes stadtrechtliches Interesse, als laut Stadtprotokoll (S. 880) „die Herren Deputierten ihr Collegium als den Stamm ansähen, woraus die künftigen Rathsverwandten zu wählen" seien.

Wie sehr die lange Friedenszeit auch zur Verbesserung der städtischen Finanzlage beigetragen hatte, zeigte die Abrechnung des Stadtkassierers Kruse vom 8. 6. 1750[88]. Danach war der Durchschnittszins auf 4,2 % p.a. gesunken, sodass die Stadt auf rd. 22 000 Rt. Verbindlichkeiten nicht mehr Zinsen (rd. 900 Rt.) zu zahlen brauchte als 1714 auf rd. 17 000 Rt. Dabei waren unter den Hauptgläubigern Einrichtungen der Stadt wie die St.-Nicolai Gemeinde mit 3300, das Stadtarmenhaus mit 1600 und das Otte-Stift samt Otte-Legat für die Armenschule mit 1100 und das gestiftete Kapital zur Besoldung des Schreib- und Rechenmeisters Thede mit rd. 400 Rt. Unter den privaten Kreditoren befanden sich viele prominente Bürger der Stadt und deren Familien, die man als am Wohle der Stadt interessierte und damit wohlwollende Gläubiger ansehen konnte. (Ratsherr Thöming und Frau, Stadtsekretär Jördening, Hitschers Erben, Ratsherrn Dürers Witwe, Bürgermeister Otte, Cornelius Hinrich Kruses Witwe, Mathias Christian Ploehn). Sie hatten mit 8700 Rt. über ein Drittel der von der Stadt aufgenommenen Gelder gegeben.

Wie genau es Friedrich Wilhelm Otte auch mit ganz alltäglichen Bürgermeisterpflichten nahm, wurde am 5. 8. 1750 deutlich, als er die Nachtwächter einbestellte, um sie wegen mangelhafter „nächtl. Abruffung" (der Stunden) zu rügen, und ihnen im Wiederholungsfalle sofortige Entlassung androhte. Auch verbot er ihnen ausdrücklich, tagsüber Handarbeit oder Hofdienste anzunehmen, damit sie ihre Nachtarbeit ausgeruht tun könnten. Im Falle des Nachtwächters Mathias von Acken wurde damit am 20. 7. 1751 Ernst gemacht und der „dem Gesöffe ergebene" entlassen.

Otte musste zu Anfang der 1750er Jahre das Amt des Bürgermeisters häufig allein wahrnehmen, da der alternde 1. Bürgermeister Thamm wegen Krankheit länger dienstunfähig war. Unter Ottes alleiniger Bürgermeisterschaft wurde das Kataster für die Haus- und Gewerbe-Steuer aktualisiert[89]. Bestätigt wurde die Steuerfreistellung von Heringshändlern und Muscheleinmachern. Zur Gewerbesteuer herangezogen werden sollten dagegen zukünftig alle Gewürzkrämer, die Verarbeiter von Honig (auch Metbrauer), die schon immer pflichtigen Partenreeder, die von Gewerbetreibenden bewohnten, seit 1711 neu erbauten Buden und die bisher nicht registrierten „Herbergirer" (Zimmervermieter).

Es kann nicht wundernehmen, dass auch die offenbar ins Hintertreffen geratene „Beliebung" sogleich wie die Pfingstgilde von dem Organisationstalent Ottes profitie-ren wollte und ihn daher um Unterstützung bei der neuerlichen Abfassung ihrer Satzung ersuchte. Vorbehaltlich der Zustimmung des Magistrats erklärte sich Otte bereit. Seiner Meinung nach war es freilich nötig, der Beliebung zuerst ein besseres Ansehen zu verschaffen, was am wirkungsvollsten dadurch geschehen könnte, dass ein Ratsherr das Amt des Ältermannes übernehme. Bei der Pfingstgilde habe sich doch gezeigt, dass, solange das Amt des Ältermannes durch einen Ratsherrn verwaltet wurde, „es noch ziemlich ordentl. dabey hergegangen …". So schlug Otte dem Ratsherrn Völckers vor, als Ältermann den Vorsitz in der Beliebung zu übernehmen, wozu sich dieser „nach geschener guter Einrichtung" (durch Otte) bereit erklärte[90].

Die am 28. 8. 1753 vom Magistrat erlassene präliminare Verfügung zur Revision der Schulordnung lässt Ottes auf die praktischen Bedürfnisse gerichteten Sinn erkennen. Von Interesse sind vor allem die auf die Lernziele der Lateinschule gerichteten inhaltlichen Vorgaben für die drei Schulkollegen (Rektor, Cantor, Schreib- und Rechenmeister). Der Rechenmeister könne zwar in der untersten Klasse auch „den Catechismus tractiren und ein Capittel aus der Bibel lesen lassen", solle sich aber ansonsten ausschließlich mit dem ihm allein anvertrauten Unterricht im Schreiben und Rechnen befassen. Rektor und Cantor werden daran erinnert, dass die Jugend vor allem darin zu üben sei, „einen vernehmlichen fließenden teutschen Briff zu schreiben", wie die beruflichen Verhältnisse bei einem Schiffer, Matrosen oder Handwerker dafür Anleitung geben könnten. Vom Latein sei die Deklination das Wichtigste, weil die lateinischen Casus am ehesten Verständnis für die deutschen Casus ermöglichten. Knaben, die sich zukünftig dem Handwerk oder dem Seewesen widmeten oder keine besondere Begabung erkennen ließen, sollten nicht unnötig mit Latein gequält werden, sondern diese Zeit stattdessen auf Briefschreiben, Geographie oder andere Wissenschaften gewendet werden; die ihnen „in jeglichem Stande bey erlangtem Alter nützlich sein können[91]. Auf der Basis der „präliminaren Verfügung" wurde am 20. 9. 1753 nach Abstimmung mit den Pastoren eine neue Schulordnung erlassen, die von allen Magistratsmitgliedern unterschrieben wurde.

Zum letzten Male konnte sich Friedrich Wilhelm Otte am 19. Dezember 1754 aus dem Amte eines Bürgermeisters heraus um die Stadt Eckernförde besonders verdient machen, als er unter seinem alleinigen Vorsitz Magistrat und Deputierten sein Projekt einer dringend notwendigen, grundlegenden Verbesserung der städtischen Wasserversorgung vorschlug, dem diese Gremien dann auch zustimmten[92]. Es ging um folgende Punkte:

1. Reinigung des Quellgebietes („Teiches") Bornbrock zur dafür besonders geeigneten Winterszeit, das voller „Mudde" war.
2. Prüfung des Wasserreichtums der Quellen, ob sie stark genug seien, das Wasser durch Röhren unmittelbar und nicht mehr wie bisher über den offenen „Cacebüllen Beck" bis zum Kieler Tor zu schaffen. Mit einem positiven Ergebnis war zu rechnen, da der junge Drechsler Peter Schmidt ermittelt hatte, dass die Quelle alle 24 Stunden 400 Tonnen Wasser (die Tonne zu 100–120 Liter) selbst in der schlechten Zeit abgebe.
3. Das durch Röhren in die Stadt geleitete Wasser sollte dort „springend" gemacht werden, sodass auf die „Söte" (Brunnen) verzichtet und stattdessen „aufstehende Pfosten" (Hydranten) aufgestellt werden könnten.
4. Erforderlichenfalls sollten „gedoppelte Pfeiffen Röhren" gelegt werden, um genügend Wasser zu transportieren. Otte hatte dazu vorgeschlagen, dass die Holzröhren, um Eisenverbindungen zu sparen, an einem Ende „zugeschärffet" (angespitzt) werden sollten, um sie ineinander zu stecken – ein bereits erprobtes Verfahren.

Voraussetzung für die Durchführbarkeit der Otteschen Reform war offenbar die vom Drechsler Peter Christian 1751 erfundene und verfertigte, vom Stadtregiment mit 14 Mark prämierte Maschine, „wodurch das Wasser mit vieler Bequemlichkeit in hiesige Stadt durch Röhre geleitet werden könnte"[93]. Otte und dem Deputierten Bergmann, in deren Vertretung einem Ratsherrn und dem Stadtworthalter, wurden „die Direction und Ausführung dieses gantzen Werks" übertragen, das ein Segen für die Stadt sein würde, „da man jetzo nichts als faules Mose-Wasser hätte". Seinem Vorschlag hatte Otte auch einen sich über vier Jahre erstreckenden Finanzierungsplan beigefügt, der das Projekt für die Einwohner finanziell tragbar machte.

Zunehmende Spannungen zwischen den großen Seemächten England und Frankreich ließen die dänische Admiralität im Frühjahr 1755 Personalvorsorge treffen. Enrollierte Matrosen, die noch zu Hause waren, wurden auch aus Eckernförde zur königlichen Flotte einberufen. Um die Lücken, die sie auf den Handelsschiffen hinterließen, zu schließen, wurde auf derzeit nicht mehr aktive Seefahrer zurückgegriffen.

Im Frühjahr 1756 kam es im Kanal und im Mittelmeer zu offenen Feindseligkeiten, denen blutige Zusammenstöße zwischen französischen und englischen Kolonisten in Nordamerika vorausgegangen waren. Am 20. Mai 1756 fand die erste Seeschlacht bei Port Mahon, Menorca, statt, bei welcher die Engländer vergeblich versuchten, ihre in der Hafenstadt von Franzosen belagerte Garnison zu entsetzen. Drei Tage später – am 23. Mai – erklärte England Frankreich den Krieg.

Friedrich Wilhelm Otte hatte sich angesichts der zunehmenden Spannungen zwischen den großen See-, Handels- und Kolonialmächten am 7. Mai 1756 von seinem Amt als Bürgermeister entbinden lassen, um freie Hand bei der Wahrnehmung seiner Seehandelsinteressen zu haben. Bot sich doch jetzt wieder in der Frachtfahrt eine große Chance für neutrale Flaggen wie den Danebrog. Otte wollte freilich seinen kommunalen Einfluss beibehalten. Um seine Nachfolge bewarb sich im Einvernehmen mit Otte der candidatus juris Thomas Hinrich Claßen. Daraufhin war Otte sogar bereit, Claßen „ex propriis", also aus eigenen Mitteln zu besolden[94]. Doch in Claßens Bestallung als Bürgermeister adjunctus hieß es nur, dass Claßen sich wie zuvor Otte mit den Bezügen eines Ratsverwandten begnügen müsse, bis er die Nachfolge Thamms bei dessen Tod oder Rücktritt antreten könne, wozu es keiner weiteren Bestallung bedürfen werde[95]. Die Frage, wer Claßens Adjunktur bezahlte, erledigte sich freilich schon bald, da Thamm noch im gleichen Jahr verstarb und Claßen damit voll ins alleinige Bürgermeisteramt mit dessen Bezügen eintrat. Otte behielt Sitz und Stimme im Magistrat bei, ohne Bezüge versteht sich, und konnte auch weiterhin im Commerzkollegium und in der Schiffbrückeninspektion mitarbeiten. Er wurde zum Ehrenbürgermeister („consul honorarius") ernannt[96].

Auch Ottes langjähriger Freund, der Stadtsekretär Jördening, verschied in diesem Jahr 1756.

Viel Zeit blieb Otte zur Mitarbeit in den städtischen Gremien wohl nicht. Am 18. 4. 1757 war er das letzte Mal kontinuierlich im Magistrat anwesend gewesen; am 3. 5. 1757 wurde seine Zustimmung mit den folgenden Worten vermerkt: „... weilen er nicht zu Hause gewesen, ist die intimation (Unterrichtung) durch den Gerichtsdiener d. 10. May ad domum geschehen."

Inzwischen hatte der Krieg der Seemächte auch auf das Festland übergegriffen. Friedrich der Große eröffnete die Feindseligkeiten am 28. August 1756, um der gegen ihn formierten österreichisch-russisch-französischen Koalition im Angriff zuvorzukommen. Nun konnte er sich auch auf England stützen, das Preußen gegen seinen Erzfeind Frankreich auf dem Kontinent einsetzen wollte und mit Subsidien unterhielt: Es ging dabei um Preußens Überleben, dem Friedrich seine persönliche Existenz unterordnete.

In Eckernförde endete das Jahr mit einem Streit zwischen dem seit kurzem hier niedergelassenen Arzt Dr. Ferdinand Georg Wegener und den fünf Chirurgen der Stadt. Unter Berufung auf die königliche Medizinverordnung protestierte Dr. Wegener gegen das medizinische (internistische) Praktizieren der zwei Apotheker und der Chirurgen, was ihnen an Orten mit einem studierten Arzt verboten war. Ein Kompromiss wurde dergestalt gefunden, dass dort, wo neben dem chirurgischen Eingriff auch eine innere Behandlung erforderlich werde, diese vom behandelnden Chirurgen praktiziert werden dürfe[97].

Der Krieg, der einmal der Siebenjährige genannt werden sollte, weitete sich aus und verschärfte sich. Die Russen marschierten durch Preußen auf die Oder zu, und die Schweden rückten nach der Kriegserklärung an Preußen in die Uckermark ein. Auch Mecklenburg befand sich mit Preußen im Kriege; das Kurfürstentum Hannover, in Personalunion mit Großbritannien, wurde durch Frankreich bedroht. Wegen der Gefahr, von Süden her in den Konflikt hineingezogen zu werden, musste die Regierung in Kopenhagen dringend militärische Vorkehrungen treffen. Im Frühjahr 1758 wurden Infanterieregimenter aus Dänemark und Norwegen nach Schleswig-Holstein verlegt. Der Proviantkommissar fragte aus Rendsburg in Eckernförde an, wie viel „Commis Brodt" dort zu welchen Bedingungen gebacken werden könne. Für die elf Bäcker nannte man eine Tageskapazität von 820 Stück Roggenbrot. Das Mehl dafür sollte auf der Schnaaper Wasser- und der Borbyer Windmühle gemahlen werden. Den Müllern war pro Tonne (200–210) Pfund) eine „Matte" von 6–7 Pfund und ein Sackgeld von 1 Schilling zu lassen, das Backgeld der Bäcker betrug 16 Schilling pro 40 Stück Brot[98]. Die erstaunlich große gewerbliche Backkapazität der Stadt erklärt sich daraus, dass sich die Bevölkerung in diesem Bereich aus Sicherheitsgründen (Feuergefahr) nicht selbst versorgen konnte und das Brot als Hauptnahrungsmittel noch keine Konkurrenz durch die Kartoffel bekommen hatte.

Ende Juni sollten dann die erwarteten Truppentransporte mit drei Kriegs- und vier Transportschiffen in Eckernförde eintreffen. Ein Vorrat von 4000 Stück Brot war anzulegen und vier Lotsen mussten gestellt werden. Die Lotsen sollten „draußen" auf einer Jacht kreuzen und dann auf den Kriegsschiffen abgesetzt werden[99]. Doch Eckernförde wurde nicht nur von durchziehenden Truppen belastet, sondern musste auch wieder für deren ständige Unterbringung sorgen. Drei Kompanien und der Stab des Schleswigschen Kürassierregimentes gingen mit ihren Pferden in Eckernförde in die Winterquartiere[100].

Für Friedrich Wilhelm Otte hatte mit dem Ausbruch des Krieges zwischen den großen Seemächten ein goldenes Zeitalter begonnen. Er vergrößerte seine Flotte durch Neubauaufträge und Zukäufe. Den Borbyer Schiffbaumeister Gosch Friedrich Haack konnte er veranlassen, seine Werft an die Grenze zum Gut Bienebek zu verlegen, welches sich seit 1748 im Besitz der Familie Otte, seit 1758 im alleinigen Besitz Friedrich Wilhelm Ottes befand. Östlich der Siesebyer Anlegebrücke unterhalb einer zu Bienebek gehörigen Kate fand sich ein geeigneter Platz[101]. So hatte er eine Werft für sich, die ihm jährlich an die zwei Schiffe lieferte. Etwa zwei weitere ließ er jährlich in Eckernförde bauen. Er verstärkte vor allem den Anteil der großen hochseegängigen Schiffe. 1759 besaß er 17 der 35 in Eckernförde beheimateten Schiffe. Ihre Tragfähigkeit von 664 Lasten machte 54 % der Eckernförder Tonnage aus. Diese Zahlen sind noch nicht einmal vollständig, da eine ganze Reihe von Ottes Schiffen an anderen Orten registriert war. Nimmt man diese hinzu, so wuchs Ottes Reederei von 16 Schiffen mit 814 Lasten in 1755 auf 24 Schiffe mit 1237 Lasten in 1758[102]. Sie waren hauptsächlich im Mittelmeer in der lukrativen Frachtfahrt eingesetzt. Die außerordentlichen Gewinne, die Otte dabei erzielte, drückten sich auch in seinem Verhalten gegenüber seiner Heimatstadt aus. Mit erheblichen Beträgen richtete Otte in Eckernförde drei Stiftungen ein. Die Stadt nahm von ihm eine ewige Rente von 1000 Rt. entgegen, deren Zinsen von 5 % dem Otteschen Armenhaus und zwei weiteren Stadtarmen zugute kommen sollten[103]. Unter der Voraussetzung, dass die Stadt die Planierungskosten übernehme, stiftete er die Bäume und deren Anpflanzung für eine Allee „auf dem Sande", dem späteren Jungfernstieg[104]; sie sollte etwa 215 Meter lang sein. Seine bedeutendste Leistung war eine schließlich brieflich im November 1760 erteilte Zusage, einen für eine neue Orgel eingerichteten Fonds, in dem sich 100 Rt. befanden, auf den erforderlichen Gesamtbetrag aufzufüllen, wenn ihm gestattet würde, unter der Orgel für sich und seine Familie einen Kirchenstuhl einzurichten, der für alle Zeiten von Kirchenabgaben freigestellt werden müsse. Er habe bereits mit dem Plöner Orgelbauer Hesseler über diesen Orgelbau gesprochen und ihm bei Übersiedlung nach Eckernförde eine 10-jährige Befreiung von der Gewerbesteuer („Narungs-Schaz") in Aussicht gestellt. Ottes Bedingungen für sich und den Orgelbauer wurden akzeptiert[105].

Im vorausgegangenen Winter hatte Otte wieder gelegentlich an Magistratssitzungen teilgenommen. In einem Fall ging es um die Wahl eines neuen Diakonen, im anderen um den Beitritt Eckernfördes zu einer neu gegründeten Landesbrandkasse, die Ottes Freund Caspar von Saldern, Herr auf Schiersensee und holsteinischer Politiker, ins Leben gerufen hatte, um eine breitere Verteilung des Brandrisikos zu bewirken. Diese Notwendigkeit war erst kürzlich durch den Brand von Hadersleben allen vor Augen geführt worden[106]. Otte und Saldern waren sich über ihre Gutsherreninteressen näher gekommen. Dabei ging es um den Vertrieb landwirtschaftlicher Produkte und eben um eine breit gestreute Feuerversicherung, die sie für alle schleswig-holsteinischen Güter einrichteten. Beide wurden Ältermänner dieser Brandgilde[107].

Doch die günstigen Bedingungen für die Frachtfahrt, die Otte großzügige Spenden an die Stadt erlaubt hatten, sollten nicht anhalten. England hatte seinen Rivalen Frankreich nicht nur in Nordamerika und Indien, sondern auch in den heimischen Gewässern (bei Quiberon am 20. 11. 1759) besiegt, und auch Spanien, das 1760 gegen England an die Seite Frankreichs trat, verlor seine ohnehin nicht mehr sehr große Seemacht in Mittelamerika (Cuba). Die Folge war, dass der britische Seehandel, nur noch gestört durch französische Kaper, sich wieder voll entfalten konnte und sich folglich die Frachtraten gerade auf Ottes Routen deutlich verschlechterten. Dabei wären die Gewinne aus der Frachtfahrt sehr nötig gewesen, um die Übersiedlung der „Wollmanufaktur" (Tuchfabrik) von Bienebek nach Eckernförde und deren weiteren Ausbau in neuen Gebäuden vor dem Kieler Tor auf beiden Seiten des „Rendsburger Weges" zu finanzieren. Friedrich Wilhelm Otte und sein Bruder Johann Nikolaus hofften, ihr ständiges Arbeitskräfteproblem beim Verspinnen der Wolle mithilfe der Eckernförder Armen und deren Kinder zu lösen. In der Erwartung positiver ökonomischer Wirkungen auf das Stadtganze stimmten die städtischen Gremien auch Ottes Wünschen nach weitgehender Freistellung der Fabrikbauten und der Arbeiterwohngebäude und auch der angeworbenen Arbeiter von kommunalen Abgaben zu.

Der Verzicht auf Einnahmen fiel der Stadt schwer. Denn Ende 1760 war mit dem nach Osten gerichteten Anbau des Rathauses begonnen worden[108], der bis 1762 fertig gestellt war. In diesem Jahr geriet der dänische Gesamtstaat in große Bedrängnis, als mit Peter III. am 6. 1. 1762 ein Gottorfer auf den russischen Zaren- und Kaiserthron gelangte, der die russische Militärmacht zur Wiedergewinnung Schleswigs einsetzte. Die Folge für Eckernförde war verstärkte Einquartierung. Auch musste die Stadt 24 Artilleriepferde und 17 Mann als Artillerieknechte und Hilfspersonal stellen[109].

Der Umschwung in Russland bedrohte natürlich auch Ottes geschäftliche Existenz. Ein nach Schleswig-Holstein getragener Krieg würde die Eckernförder Basis seiner Unternehmungen zerstören können. So ist es verständlich, dass Otte am 16. 4. 1762 beim König um eine „facultas testandi", eine Erlaubnis zu einer letztwilligen Verfügung, einkam. In dem Begleitschreiben an das Mitglied des Geheimen Regierungs-Conseil in Kopenhagen, Joachim Hartwig Ernst Freiherrn von Bernstorff, der Otte sehr gefördert hatte, führte er dazu aus: „Die immer mehr und mehr anwachsende Verwickelung in Fabriquen- und Commercien-Sachen hat mich veranlasset bei annoch gesunden Gemüts- und Leibes-Kräften auf eine Disposition bedacht zu seyn. In welcher Absicht empfehle die Anlage der gnädigen Fürsprache meines größten Gönners ...“[110].

Mit der Entmachtung Peters III. durch seine Ehefrau Katharina am 28. 6. 1762 entspannte sich die Lage, da Katharina auf friedlichen Ausgleich mit Dänemark bedacht war. Diese Entspannung schlug sich auch im Eckernförder Stadtprotokoll nieder. Am 6. 10. erhielten acht Eckernförder Lotsen zusammen 324 Rt. dafür, dass sie ein Geschwader dänischer Kriegsschiffe aus dem „Hafen" gelotst hatten, und am 9. 11. begründete die Stadt ihre Bitte um Herabsetzung des Betrages einer Zwangsanleihe damit, dass „die Ursachen cessiren welche damahlen die Aufbringung des Geldes notwendig gemacht haben". Am 26. 11. verfügte das „Feld-General-Commissariat", dass die als Reserve bereitgehaltenen 22 Säcke Hartbrot öffentlich versteigert werden sollten.

So konnte das Jahr, in dem der dänisch-norwegisch-schleswig-holsteinische Staat fast in den Siebenjährigen Krieg hineingezogen worden war, friedlich ausklingen. Die alte Wache auf dem Markt konnte abgebaut werden, da nunmehr ein Wachlokal im neuen Rathausanbau entstanden war. Es wurde beschlossen (7. 12. 1762), bei der Gelegenheit auch den Pranger („Kaak"), „weil er fast gar nicht mehr gebrauchet", mit zu beseitigen, der genau 150 Jahre lang auf dem Markt gestanden hatte. Alte Wache und Kaak wurden versteigert, zum Erlös das übliche Armengeld von $1/2$ % erlegt.

Auf die verfügte Zwangsanleihe[111] reagierte die Stadt mit einer Kopfsteuer[112]. Dass Geld knapp wurde, war auch an der Zinsentwicklung zu erkennen. Bis 1763 stiegen die Zinsen von 3 auf 5 % p.a..

Im Krisenjahr 1762 wurde auch die von Friedrich Wilhelm Otte und seiner Frau gestiftete Orgel fertig. Sie erhielt neben den Initialen der Stifter die Inschrift: „D.O.M. ORGANA NOVVMQ. OPVS TECTORIVM VIRI GENEROSI FRIDERICI WILHELMI OTTE CONSIL. REG. ET CONS HONOR. EJVSQ. CONJVGIS. DOROTHEAE CHARL. A. REVENTLOV MVNERA. D.D.D. MAGISTRAT. CIVESQ ECKERNFOERD. MDCCLXII."[113]. Danach haben Eckernförder Magistrat und Bürgerschaft die Orgel und die neue Stuckdecke, eine Stiftung des hochherzigen Mannes Friedrich Wilhelm Otte, königlichen Rats und Ehrenbürgermeisters, und seiner Ehefrau Dorothea Charlotte von Reventlow, Gott dem Besten und Größten zum Geschenk gegeben. Die Tafel mit dieser Inschrift war an der Orgelbühne befestigt, die ursprünglich über dem Otteschen Gestühl angebracht gewesen war. Sie befindet sich jetzt in der Mitte des Orgelprospekts. Bei der Entfernung der alten Orgel vom Chorbogen wurde der Singechor von dort an die Empore („Kapstuhl") im nördlichen Seitenschiff versetzt. Die Brüstung des Singechores kam 1875 an den Otteschen Stuhl,

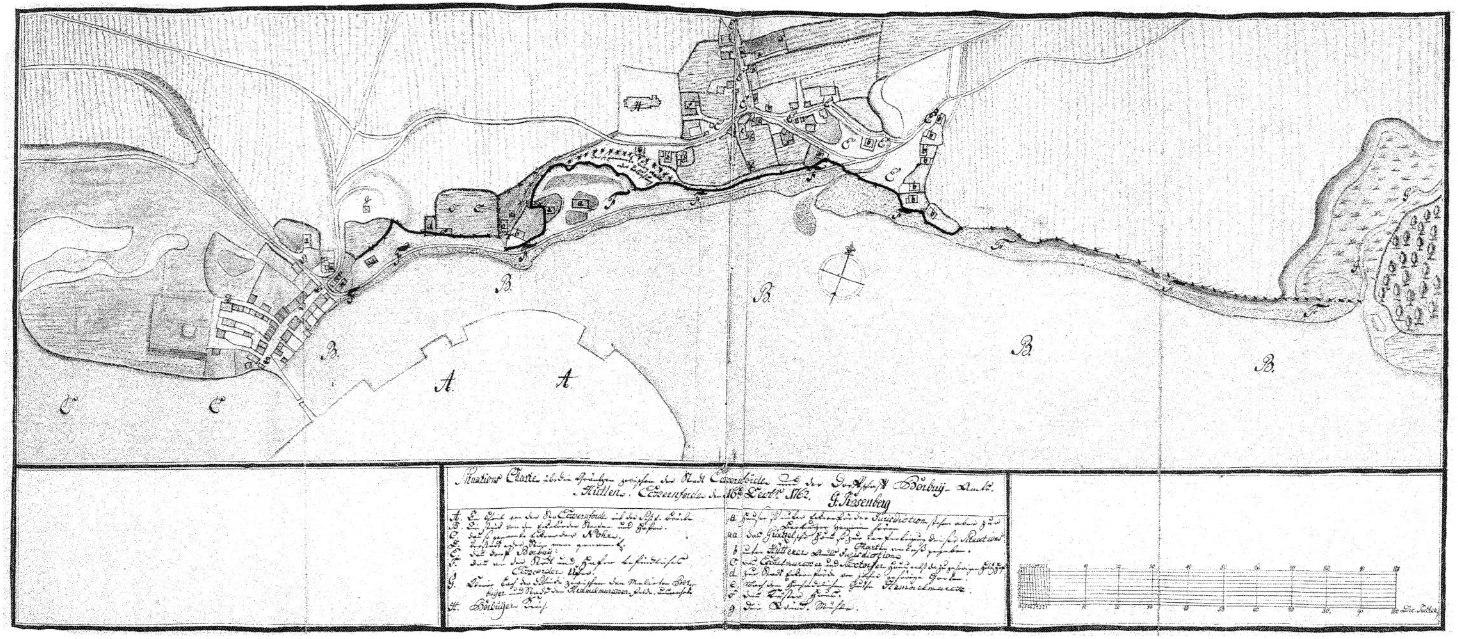

Abb. 55
„*Situations Charte über die Gräntzen zwischen der Stadt Eckernförde und der Dorfschaft Borbuy*" *vom 16. Dezember 1762*

204

nach dessen Beseitigung 1929 an die neue Orgelempore. Zwei seitliche Anschlussfelder sind neu.

Der Anlage der Wollmannfaktur gedachten die Ottes mit einer weiteren Gedenktafel: „1761 im Martio haben die Gebrüder Daniel, Johann Nicoläes und Friedrich Wilhelm Otte dies Gebäude unter verhoffenden göttlichen Segen zu einer Wollen-Manufaktur erbauen lassen"[114].

Mit den Friedensverträgen von Paris (10. 2.) und vom sächsischen Hubertusburg (15. 2.) war zu Anfang 1763 der Siebenjährige Krieg zu Wasser und zu Lande zu Ende gegangen. In Paris mussten Frankreich und Spanien als Verlierer des See- und Kolonialkrieges große Zugeständnisse in Indien, in Nord- und Mittelamerika und im Mittelmeer (Menorca) an Großbritannien machen, das auf dieser Grundlage das „British Empire" errichtete und die weltweit dominierende See- und Handelsmacht wurde. In Hubertusburg hatte Österreich den Verlust Schlesiens zu besiegeln, nachdem Russland und Frankreich schon 1762 Frieden mit Preußen geschlossen hatten, das nunmehr nach Frankreich, England, Russland und Österreich unbestritten fünfte europäische Großmacht geworden war.

Laut Stadtprotokoll vom 11. 2. 1763 stellte Friedrich Wilhelm Otte der Stadt einen Wechsel über 1193 Reichsthaler aus, der im Kieler Umschlag 1764 einzulösen war. Man ist versucht, darin ein Anzeichen für die finanziellen Schwierigkeiten zu sehen, denen der Reeder Otte durch die gewachsene Konkurrenz im Frachtgeschäft und in Folge seiner industriellen Investitionen ausgesetzt war.

Das Jahr 1763 stand bei den Brüdern Otte (Johann Nicolaus und Friedrich Wilhelm) im Zeichen der Konzentration ihrer Fabriken auf Eckernförde, wo sich bisher nur die „Wollmanufaktur" (Tuchfabrik) befand. Dahin sollte nun auch die Kriesebyer Fayence-Manufaktur verlegt werden, ein Vorhaben, das die städtischen Gremien „auf alle mögliche Art und Weise erleichtern würden" und wofür ebenfalls vor dem Kieler Tor ein Platz bereit gestellt werden sollte[115].

Noch einmal machte sich Friedrich Wilhelm Otte, der am 5. November 1763 Witwer geworden war, um die Stadt verdient. Am 27. Dezember 1763 kam auf Grund seiner Bemühungen die königliche Verfügung zu Stande, nach welcher das Borbyer Ufer von der Eckernförder Vorstadt und dem Mühlenberg an bis zu dem Bach, der Borby vom Hemmelmarker Hoffeld trennt, – heute: „letzte Pappel" – Eckernförde gänzlich zu überlassen war. Zwar waren die dort im „Vogelsang" wohnenden Insten schon 1708 der städtischen Gerichtsbarkeit unterstellt worden, da sie städtischem Gewerbe nachgingen. Doch hatte es über die Nutzung des Ufers und seine Bebauung immer wieder Streit gegeben, da die Stadt dort keine nicht ihrem Steueranspruch unterstehende Gewerbetätigkeit dulden wollte, und das Ufer zum Schiffbau nutzte. Nun sollte also ein Uferstreifen gemäß der „Situations Charte" vom 16. 12. 1762 (Abb. 55) regelrecht abgetreten werden, und zwar ausdrücklich „zur Aufnahme des Commercii und Bequemlichkeit des Schiff = Baues[116]. Einbezogen in die Abtretung war auch „der Burgwall oder Ballastberg", der noch bis 1843 von der Eckernförder Schifffahrt genutzt wurde.

In diese Zeit fiel auch eine wichtige Vorentscheidung für die anstehende „Verkoppelung" der Stadtländereien. Damit war eine im Gesamtstaat seit Mitte des Jahrhunderts betriebene Umwandlung von Gemeinbesitz an landwirtschaftlich genutztem Boden in Eigenbesitz auch in Eckernförde angekommen. Der vermessungstechnisch erfahrene Verwalter von Gut Saxtorf Valenkamp wurde beauftragt, die freie Weide der Stadt zu vermessen. Das Ergebnis ist im Stadtprotokoll vom 22. 8. 1764 in Quadratruten verzeichnet. Rechnet man die Rute zu 16 Fuß à 12 Zoll zu 2,4 cm = 4,608 m, so ergeben sich für die Quadratrute 21,234 m² [117]. Daraus errechnen sich für die Eckernförder Ländereien folgende Werte in Hektar:

Bullenkoppel	3,2 ha	
Galgenberg (Domstaggelände)	43,7 ha	46,9 ha
Wiesen beim Galgenberg in allem		21,3 ha
auf der freien Weide an der anderen Seite		
über der langen Brücke	21,4 ha	
am Grasholz	6,7 ha	28,1 ha
insgesamt		96,3 ha

Die Bürgerschaft besaß also im Süden 68 und im Norden 28 Hektar Weideland, die sie nach Maßgabe der Größe ihrer Häuser nutzen konnte. Diese Rechte sollten nun in unmittelbares Eigentum der Hauseigentümer umgewandelt werden. –

Im Sommer 1765 beschäftigte Friedrich Wilhelm Otte noch zweimal die städtischen Gremien: Am 22. 6. ging es um die Fluchtlinie des am Kirchhofe (an der Nordgrenze des Kirchplatzes) belegenen Nebenhauses zu dem im gleichen Jahr entstandenen Haupthaus (heute Kieler Straße 4). Es trägt noch heute Ottes Initialen F. W. O. mit der Jahreszahl 1765. Am 21. 8. und 4. 9. war dann der Platz zu bezeichnen, auf welchem die Fayence-Fabrik errichtet werden sollte. Die Deputierten stimmten einer Errichtung der Fabrik „auf der anderen (Wasser-)Seite des Rendsburger Weges" zu. Doch über Details der Ansiedlung der Fabrik gab es Meinungsverschiedenheiten mit dem Stadtregiment. Sie betrafen vor allem das Maß der Ausdehnung der Fayence-Fabrik in die südliche Stadtweide, an der sich in Folge des Bevölkerungswachstums ohnehin steigender Bedarf ergab, und auch darüber, ob die Fabrikarbeiter Handwerkerleistungen an die Einwohnerschaft erbringen durften. Friedrich Wilhelm Otte, der mit gewohntem Elan in die Fayence-Fabrik seines Bruders eingestiegen war, musste sich bei deren Verlegung nach Eckernförde vom Stadtregiment Grenzen setzen lassen, was sicher Zeit und Kraft gekostet hat. Erst am 29. 10. 1765 war die Bahn frei für den Umzug nach Eckernförde. Im Juli 1766 erkrankte der tüchtige Handelsherr, Reeder und Fabrikant. Als er am 24. August verstarb, wurde dieses Ereignis aber in der Wahrnehmung der Einwohnerschaft Eckernfördes vom Erscheinen des großen „Finnfisches" überschattet, der sich am 17. August in den Hafen der Stadt verirrt hatte und dort nach siebenstündiger Jagd erlegt wurde. Er maß in der Länge zehn und im Umfang sechs Meter (34 Fuß 7 Zoll bzw. 21 Fuß), war also vermutlich ein noch junger Finnwal. Seine Erscheinung erregte bei den Menschen aus Eckernförde und Umgebung und aus den Nachbarstädten ungeheures Aufsehen. Die Fischer ließen den Kadaver drei Tage lang für Geld sehen, dann musste er beseitigt werden.

Der Magistrat der Stadt zeigte Ottes Tod dem Otte auch persönlich nahestehenden Statthalter Friedrich Ludwig von Dehn an, indem er Otte als „unsern würdigen und verdienten consulem honorarium'" bezeichnete und von „den Schmertzen, welchen das Gefühl dieses für uns sowie für die gantze Stadt besonders wichtigen Verlustes" sprach. Wie noch zu Anfang des Jahres für den verstorbenen Landesherrn König Friedrich V. [118] wurde nun für Otte eine große Trauer angeordnet, bei welcher Altartisch, Kanzel und Orgel mit schwarzem Flanell, die Altarleuchten mit schwarzem Flor drapiert wurden. Am 26. August 1765 fand unter großer Anteilnahme der Bevölkerung ein feierliches Leichenbegräbnis statt, bei welchem Otte in der von ihm erworbenen ehedem älteren Buchwaldt'schen Gruft beigesetzt wurde[119].

Mit Friedrich Wilhelm Otte hatte die Stadt ihren fähigsten Mitbürger verloren, der sich nicht nur als Handelsherr, Reeder und Fabrikant, sondern auch als Bürgermeister um die Stadt verdient gemacht hatte. Sein früher Tod, Otte stand im 52. Lebensjahr, war wohl auch die Folge einer anhaltenden Überanstrengung und der Sorgen gewesen, die ihm mittlerweile die Reederei und vor allem die Fabriken bereiteten. Natürlich hatte es in seinem kaufmännischen Leben auch Misserfolge gegeben. Ein solcher war die „Vestindisk og Guineisk Interessentskab", an der sich Otte 1756 mit einem Drittel beteiligte[120]. Er war hierzu von dem befreundeten, ihm sehr wohlwollenden ersten Minister Johann Hartwig Ernst Bernstorff gedrängt worden, nachdem der Handel mit Dänisch-Westindien vom König freigegeben worden war. Dabei wurden vor allem Sklaven aus Guinea nach Westindien verfrachtet und für den Erlös Rohzucker von dort nach Kopenhagen gebracht. Otte widerstrebte zunächst, weil es ihm in diesem Geschäft an Erfahrung mangelte und zu der Zeit seine eigenen Schiffe vollauf mit der Frachtfahrt nach und in Südeuropa beschäftigt waren. Wohl der Umstand, dass in der Partnerschaft das ihm nahestehende bedeutende Kopenhagener Handelshaus Ryberg & Thygesen die Geschäftsführung inne hatte – Ryberg wurde 1765 sein Schwiegersohn –, machte ihn schließlich doch zu einer stillen Beteiligung bereit. Das Vorhaben endete in einem Fiasko. Nur eins der beiden angekauften Schiffe wurde einmal im Sklavenhandel eingesetzt. Von den 449 übernommenen Sklaven überlebten die Reise nur 181. Beide Schiffe wurden 1758 mit Ladungen von Zucker, Kaffee und Baumwolle von den Engländern aufgebracht. Da auch die ausstehenden Forderungen in Westindien sich als uneinbringlich erwiesen, wurde die „Interessentenschaft" zahlungsunfähig. Otte hat sich nie wieder auf diesem Gebiete versucht.

Otte hinterließ acht Kinder und seine erst 1765 geheiratete Witwe Edel Augusta, geb. v. Türckenstein. Für den großen Nachlass[121] wurden als Testamentsvollstrecker tätig der Eckernförder Bürgermeister Classen, der Schleswiger Bürgermeister Gottfried Petersen, Ottes Neffe Georg Bruyn (späterer Bürgermeister von Schleswig) und seine Brüder Johann Nicolaus und Georg Christian. Der größte Aktivposten war die Reederei. Deren Schiffe fuhren zunächst weiter und wurden nur bei günstigen Gelegenheiten verkauft. Erst 1771 war dies Aktivum ganz abgewickelt.

Das Handelshaus übernahm 1767 Ottes Neffe Christian Bruyn, der der Familie auch durch seine Ehe mit Georg Christian Ottes Tochter Elisabeth Catrina besonders verbunden war. Er kaufte zunächst in Partnerschaft mit einem Kontoristen der Firma die drei großen Packhäuser und die drei Wohnhäuser, darunter das „Lusthaus" auf dem „Burgwall". Ab 1770 war er Alleinbesitzer der Firma, die vor allem Handel und Schiffbau betrieb. Das Gut Bienebek konnte 1773/74 verkauft werden. Das eigentliche Problem blieben die Fabriken. Das galt vor allem für die Wollmanufaktur in Eckernförde, die unrentabel war. Sie wurde stillgelegt; nach einer sinnvollen Nutzung der wertvollen Gebäude wurde gesucht.

Allein die Fayence-Fabrik wurde mit Nachdruck weiterbetrieben. Insofern war der Besuch des jungen Königs Christian VII. zusammen mit Staatsminister Bernstorff und Gefolge am 25. Juni 1767 ein willkommener Ansporn, zumal es gelang, den König zur Zeichnung von Aktien der geplanten Aktiengesellschaft zu bewegen.

Des Königs Statthalter Friedrich Ludwig Freiherr von Dehn bewies ebenfalls sein Interesse am Ottéschen Nachlass. Er hatte laut Mitteilung an den Magistrat der Stadt vom 21. 12. 1767 eine königliche Entscheidung erwirkt, wonach die Vorbedingungen, die Ottes Neffe Christian Bruyn für seine Übersiedlung nach Eckernförde zur Übernahme des Otte'schen Handelhauses gestellt hatte, erfüllt werden sollten. Bruyn brauchte keinen Bürgereid, nur eine Verpflichtung durch Handschlag, und auch keine persönlichen Steuern zu leisten. Mit einer jährlichen „Recognition", einer vom Magistrat festzusetzenden Anerkennungsgebühr an die Stadtkasse, sollte es abgetan sein[122].

Um den epochengeschichtlich interessanten Lebenslauf dieses Friedrich Ludwig von Dehn und seine besondere Bedeutung für Eckernförde soll es im nächsten Abschnitt gehen.

3.3 Friedrich Ludwig von Dehn, Herr auf Kohöved, königlicher Statthalter in den Herzogtümern (1762–1768)

Friedrich Ludwig von Dehn wurde am 7. September 1698 geboren[123]. Sein Vater Georg August, Rittmeister im 2. seeländischen Reiterregiment, hatte am 5. Januar 1688 in Preetz die Konventualin (Klosterjungfrau) Eibe Wonsfleth aus dem Hause Krieseby geheiratet. Die Wonsfleth waren der Landschaft Schwansen und der Stadt Eckernförde Jahrhunderte lang besonders eng verbunden gewesen[124]. Eibes Vater Siewert war als Herr auf Gut Krieseby in finanzielle Schwierigkeiten geraten. Seine Gläubiger verkauften das Gut an seinen Neffen Gosche Wonsfleth und legten Siewert ins Haus des Eckernförder Stadttrompeters und später zu Burchard von Ahlefeldt auf Saxtorf in Schuldhaft[125]. Eibe wurde 1671, wie auch zwei ihrer Schwestern, aus Versorgungsgründen ins Kloster Preetz gegeben. Die Vormundschaft lag bei dem Eckernförder Juristen Dr. Nicolai Friesen, aus der entlassen zu werden, die drei Schwestern 1674 den Herzog mit den Worten baten, „daß wir klosterjungfräulich zur Hebung gekommen und in den Jahren seyn, daß wir unser Geld selber administrieren können, zumahl solches gering"[126].

Noch im Jahre der Hochzeit gebar Eibe 1688 ihren ersten Sohn, Conrad Detlev, in Preetz. Da alle Söhne Eibes später enge Beziehungen zu den Reventlows unterhielten und von ihnen Förderung erfuhren, fallen die Vornamen des ersten Sohnes auf. Denn Conrad, der Vorname des mächtigsten Reventlow und späteren Großkanzlers (seit 1698), kam weder bei Dehns noch bei Wonsfleths vor, und Detlev war der Vorname des damaligen Klosterprobsten von Preetz, eines Bruders von Conrad Reventlow. Noch im nächsten Jahr 1689 gebar Eibe ihren zweiten Sohn, Ferdinand August; im gleichen Jahr ging Vater Georg August in englisch-holländischem Sold als Major in einem Reiterregiment nach Irland und dann als Oberstleutnant von 1692 bis 1697 in den 3. Orleanischen Krieg gegen Frankreich. Eibes dritter Sohn, Friedrich Ludwig, wurde wie erwähnt am 7. September 1698 geboren. Schon zwei Jahre später starb der Vater in der dänischen Garnisonsstadt Glückstadt[127]. Der Oberst hinterließ nicht nur drei minderjährige Söhne aus der Ehe mit Eibe Wonsfleth, sondern auch noch einen 16-jährigen Sohn Friedrich Gustav aus erster Ehe.

Für die vier vaterlosen Söhne ist erstaunlich gut gesorgt worden. Während Friedrich Gustav 1702 eine Offizierskarriere beginnen konnte, die ihn über dänische und schwedische in gottorfische Dienste führte, sorgten für die drei Wonsfleth-Abkömmlinge deren Verwandte am Gottorfer Hof. Dort waren ihrer Mutter Eibes Brüder Detlev und Siewert in einflussreichen Ämtern, und deren Neffe Christian Detlev Wonsfleth folgte Herzog Friedrich IV. als Rittmeister im Nordischen Krieg nach Polen und gelei-

Abb. 56
*Herzog August Wilhelm von Braun-schweig-Wolfenbüttel,
Bild im Herrenhaus Ludwigsburg*

Abb. 57
*Elisabeth Ernestine Antonie Fürstäbtissin
des Stiftes Gandersheim,
Bild im Herrenhaus Ludwigsburg*

tete die Leiche des bei Klissow 1702 gefallenen Herzogs nach Gottorf zurück. Alle drei Söhne Eibes wurden Pagen an fürstlichen Höfen und erhielten damit auch die für die Einnahme von Hofämtern notwendige Erziehung[128].

Conrad Detlev von Dehn folgte noch vor 1703[129] Herzog Friedrichs IV. Schwester Sophie Amalie nach Wolfenbüttel, wo sie 1695 Herzog August Wilhelm von Braunschweig-Lüneburg geheiratet hatte, und Friedrich Ludwig von Dehn ging bald nach dem 1707 erfolgten Tode seiner Mutter an den fürstbischöflichen Hof des Gottorfer Administrators Christian August. Dort erreichte den Pagen durch Vermittlung seines Bruders Conrad Detlev 1716 eine Ernennung zum Fähnrich im Leibregiment des seit 1714 regierenden Herzogs August Wilhelm in Wolfenbüttel. Conrad Detlev hatte die Gunst des Herzogs gewinnen können, der ihm neben der Pagen- auch eine universitäre Ausbildung zuteil werden ließ. Der „Günstling", wie man ihn in Wolfenbüttel nannte, gewann rasch an Einfluss und wurde 1716 zum Staatsrat befördert. Nun konnte er auch seinen ältesten Bruder nachholen, der zu seinem in Eutin erreichten Majorsdienstgrad ins braunschweigische Militär übernommen wurde. Er brachte eine Familie mit drei Kindern mit; das vierte wurde wohl unter der Patenschaft des Herzogs als August Wilhelm von Dehn 1716 in Wolfenbüttel geboren. Bruder Ferdinand August konnte sich seit 1717 braunschweigischer Kammerjunker nennen, blieb aber in dänischen Militärdiensten. Friedrich Ludwig von Dehn wurde 1718 zum Leutnant befördert und zum Hofjunker ernannt. Von den vier Brüdern Dehn gehörten nun drei

Abb. 58
Conrad Detlev von Dehn als braunschweigischer Gesandter in Paris, Gemälde von Nicolas de Largillière
(Herzog-Anton-Ulrich-Museum in Braunschweig)

direkt zum Hofstaat Herzog August Wilhelms von Braunschweig, der vierte immerhin nominell[130].

Das Herrenhaus des adligen Gutes Kohöved (sprich: Kohöft) in Schwansen, dem Friedrich Ludwig von Dehn seine heutige Gestalt gegeben und das nach ihm Ludwigsburg genannt wurde, ist mit einer ganzen Reihe von zum Teil mit der Einrichtung fest verbundenen, in Öl gemalten Porträts ausgestattet, die aus der Zeit Friedrich Ludwig von Dehns stammen und deren Identität weitgehend in Vergessenheit geraten war, aber über die Lebensgeschichte Dehns wieder erinnerlich gemacht werden kann. Zu beginnen ist mit Conrad Detlev von Dehns Gönner Herzog August Wilhelm (Abb. 56). Standorte von bekannten Bildern der fraglichen Personen sind im Bildnachweis angegeben.

Im Jahre 1720 konnte Conrad Detlev Herzog August Wilhelms Nichte, die Fürstäbtissin Elisabeth Ernestine Antonie des hochadligen Stiftes Gandersheim (Abb. 57) zur Wiedereinführung des seit dem Mittelalter nicht mehr vergebenen Erbschenkenamtes bewegen. Sie belehnte damit ihn und seine drei Brüder. Conrad Detlev war inzwischen Geheimrat und des Herzogs wichtigster Mann in auswärtigen Angelegenheiten; Friedrich Ludwig hatte es derweil zum Kapitän (Hauptmann) gebracht.

Das Erbschenkenamt in Gandersheim war von großer Bedeutung für den gesellschaftlichen Aufstieg der Gebrüder Dehn, weil seit 1696 nur noch Damen aus regierenden Fürstenhäusern und aus altreichsgräflichen Geschlechtern, welche 16 „stiftsmässige" Ahnen hatten, aufgenommen wurden[131], und das Kanonissenstift reichsunmittelbar war.

In den folgenden Jahren bereiste Conrad Detlev von Dehn als „envoyé Extraordinaire" seines Herzogs die wichtigsten europäischen Höfe. So war er 1723 in Paris, wo er sich von dem berühmten Porträtmaler Largillière malen ließ. (Abb. 58)

In Wien gelang es ihm, das Vertrauen der Kaiserin Elisabeth Christine, einer braunschweigischen Prinzessin, zu gewinnen. Er schloss dort 1726 einen Bündnisvertrag ab, der Braunschweig-Wolfenbüttel eng an Wien band und die Subsidien zum Ausbau der Festung Braunschweig erhöhte, die in Niedersachsen eine beherrschende Stellung einnahm, weshalb auch der Hof von London und Hannover Wolfenbüttel umwarb. Conrad Detlev von Dehn wurde daraufhin vom Kaiser in den Reichsgrafenstand erhoben. Als nächstes ging er nach London, um auch dort über einen Bündnisvertrag zu verhandeln. Da er nun einen zuverlässigen Sachwalter brauchte, der ihm für seine gewagte und im braunschweigischen Fürstenhaus sehr umstrittene Schaukelpolitik den Rücken freihalten konnte, veranlasste er seinen Bruder Friedrich Ludwig, seinen militärischen Dienst als Major zu quittieren, und erwirkte 1727 seine Entsendung nach Wien auf den Platz, den er gerade verlassen hatte. Die Interessen Wolfenbüttels und die seines Bruders zu vertreten, bemühte sich Friedrich Ludwig von Dehn das ganze Jahr 1727 hindurch. Da er nach dieser Zeit als Freiherr bezeichnet wird, ist er wohl in Wien in den Freiherrenstand erhoben worden. Von seiner Zeit am kaiserlichen Hofe künden noch heute die überlebensgroßen Bilder des Kaiserpaares im Festsaal von Ludwigsburg. Karl VI. und Elisabeth Christine sind die Eltern Maria Theresias (Abb. 59 und 60).

Abb. 59 und 60
Kaiser Karl VI. *Kaiserin Elisabeth Christine*
Bilder im Herrenhaus Ludwigsburg

211

Die Personen auf diesen Bildern identifizieren sich durch die drei abgebildeten Kronen (römisch-deutsche Kaiserkrone, böhmische und ungarische Königskronen).

Friedrich Ludwig von Dehn wurde noch in Wien zum Geheimen Etatsrat befördert, dann allerdings zu den Generalstaaten nach Den Haag entsandt. In Wien war es für den braunschweigischen Repräsentanten sicher schwierig geworden, nachdem Conrad Detlev von Dehn am 25. November 1727 mit England ein Freundschaftsbündnis abgeschlossen hatte. Das kaiserliche Lager in Wolfenbüttel war empört und sann auf des „Günstlings" Entmachtung. Graf Dehn blieb zunächst in England und nahm am 8. 2. 1728 in Oxford den zivilrechtlichen Doktorhut entgegen. Doch in Wolfenbüttel wurde offenbar, dass er seinen verschwenderischen Lebensstil trotz großer Mittel aus dem Erbe seiner früh verstorbenen ersten Ehefrau und aus einer ganzen Reihe von Pfründen schließlich nur noch unter Zuhilfenahme unredlicher Mittel finanzieren konnte, was im Herbst 1730 zu seiner Suspendierung und einer peinlichen Untersuchung führte. Dazu kam noch eine Affäre des Wiederverheirateten mit einer Konventualin, die sich öffentlich seines Eheversprechens berühmte. Schließlich blieb ihm nichts anderes übrig, als sich der Gnade Herzog August Wilhelms, seines gutmütigen Gönners, zu empfehlen, der ihn am 23. März 1731 mit einer jährlichen Pension von 1000 Reichsthalern „in Gnaden" entließ, die freilich von August Wilhelms Nachfolger gestrichen wurde. Doch Conrad Detlev hatte vorgesorgt. Schon 1727 war es ihm durch geschicktes Taktieren bei den Spitzen der Deutschen Kanzlei in Kopenhagen gelungen, von König Friedrich IV. von Dänemark den Danebrog-Orden verliehen zu bekommen. Im Dankschreiben wies er nachdrücklich darauf hin, dass er sich schon vor der Verleihung von seiner Geburt an „durch Namen, Blut und Geist" in die Zahl der treuen Diener seiner Majestät „vor unauslöschlich eingeschrieben gehalten habe"[132].

König Friedrich war am 12. Oktober 1730 gestorben. Als sich Graf Dehn nach seiner Entlassung aus braunschweigischen Diensten nach Kopenhagen begab, regierte der neue König Christian VI. erst wenige Monate und ernannte den nicht gerade gut beleumundeten braunschweigischen Ex-Minister und Diplomaten am 11. 9. 1731 zum dänischen Geheimrat.

Die positive Einstellung der dänischen Regierung zum Grafen Dehn ist erstaunlich. Eine Erklärung dürfte darin zu suchen sein, dass König Christian VI. alle Anhänger seiner Stiefmutter, der Königin Anna Sophie, geborene Comtesse Reventlow, aus den hohen Staatsämter entfernt hatte und dadurch ein großer Bedarf an Personen mit Erfahrung in der Staatsverwaltung und dem auswärtigen Dienst entstanden war. Andererseits könnte die Dienstverpflichtung Graf Dehns gerade noch zu Zeiten des mit der Reventlow-Familie regierenden Königs Friedrich IV. geschehen und in der Zeit des in seinen Folgen noch unübersichtlichen Machtwechsels einfach so weitergelaufen sein. Dafür sprechen sowohl Anzeichen im Umfeld des Grafen wie auch das Verhalten Friedrich Ludwig von Dehns.

Graf Dehn kannte persönlich Friedrichs IV. Großkanzler Graf Holstein, der ein Schwager Königin Anna Sophies war, und vor allem den Leiter der auch für den auswärtigen Dienst zuständigen „Deutschen Kanzlei", Obersekretär Franz von Hagen, der erst 1735 abgelöst wurde, obwohl er 1721 mit der Erhebung Anna Sophies zur Königin zu seinem Amt gelangt war[133].

Die engen Beziehungen Graf Dehns zu den Reventlows waren auch in der Porträtsammlung in seinem Haus am Walle in Braunschweig erkennbar, deren „Schildereyen" 1751 beim Verkauf des Hauses inventarisiert wurden[134]. In der nach dem kaiserlichen Saale an zweiter Stelle aufgeführten „Cour de Dannemarc" befanden sich Bilder von den Königen Christian VI. und Friedrich IV. und der Königin Sophie Magdalene, von Friedrichs IV. Bruder Prinz Carl und Königin Anna Sophie, von deren Schwägern Graf Holstein und Graf Daneskiold und von den Geheimräten von Jessen und von Lerche aus der engeren Umgebung Friedrichs IV.[135] Die „Reventlowbande", wie dieser Personenkreis am nachfolgenden Hofe König Christians VI. und seiner Ehefrau Sophie Magdalene genannt wurde, war also bei Conrad Detlev von Dehn in bildlicher Darstellung auffallend stark präsent. In der „Cour Impériale" hing auch noch ein Bild von Henning Reventlow, der ein Sohn jenes Klosterprobsten Detlev Reventlow war, dem die Konventualin Eibe Wonsfleth, verehelichte von Dehn, vielleicht so nahe stand, dass Conrad Detlev Hennings leiblicher Bruder war.

Friedrich Ludwig von Dehn war Anfang 1728 als geheimer Staatsrat von Wien nach Den Haag gewechselt, um Wolfenbüttels Interessen bei den Generalstaaten zu vertreten. Dort lernte er die Witwe seines Ende 1727 verstorbenen Vorgängers Petronella Siegel, geb. van Assendelft, kennen. Sie war im Dezember 1694 geboren und hatte am 20. März 1713 Johann Valentin Siegel geheiratet. Die Ehe mit dem wesentlich älteren Mann, er war seit 1675 braunschweigischer Resident in Den Haag, blieb kinderlos. Petronellas Vater war Paulus van Assendelft, Bürgermeister in Den Haag. Dehn und Petronella Siegel heirateten bereits am 24. Juli 1728. Petronella von Dehn starb nur ein Jahr nach ihrer Verehelichung am 19. Juli 1729 in Den Haag[136] und hinterließ ihrem Ehemann ein großes Vermögen. Da ihr Vater erst nach Petronella, nämlich am 27. August 1729, verstarb und zudem viele Erben hatte, kann Frau von Dehn das große Vermögen nur von ihrem ersten Mann geerbt haben. Dass Friedrich Ludwig von Dehn es dann von ihr ererbte, ergibt sich aus einer späteren Briefstelle, als er am 15. Januar 1753 aus Kopenhagen nach Braun-

Abb. 61
Damenporträt im Herrenhaus Ludwigsburg (Petronella von Dehn?)

Abb. 62
Königin Anna Sophie von Dänemark geb. Comtesse Reventlow (1693–1743) Bild im Herrenhaus Ludwigsburg

schweig an den Hofrat Schrader von Schliestedt schrieb: „... diejenigen Mittel welche mir Gott durch meine in Holland gethane Heyrath zugeworfen hatte ..."[137].

Es gibt im Herrenhaus Ludwigsburg ein bisher nicht identifiziertes Damenporträt (Abb. 61), das Petronella von Dehn darstellen könnte. Ihm fehlen als Einzigem die fürstlichen Insignien und Merkmale, und die Tracht entspricht dem, was Anfang des 18. Jahrhunderts üblich war. Auch das Alter der Dargestellten könnte mit Mitte 30 dem Alter Petronellas in ihrer Ehe mit Dehn entsprechen. Bei Friedrich Ludwig von Dehns menschenfreundlichem und treuen Wesen ist es kaum vorstellbar, dass er nicht eine sichtbare Erinnerung an die, soweit man sehen kann, einzige Frau in seinem Leben bewahrt hätte. In seinem Nachlass[138] befanden sich zwei goldene Ringe, der eine mit dem Buchstaben F (Friedrich?), der andere mit dem Spruch: „ce cœur n'est qu'à vous", gewiss Erinnerungsstücke an diese Frau, die man also auch in dem fraglichen Bilde erkennen möchte.

Spätestens in Petronellas Todesjahr 1729 muss Friedrich Ludwig von Dehn auch von den Schwierigkeiten erfahren haben, in die sich sein Bruder gebracht hatte. Er schrieb dazu: „daß ich in A° 1730 durch meine unkritige gutherzigkeit bewogen worden bin, mich in das Schuld- und Credit-Wesens meines Seel. Bruders des Grafen einzulassen und darüber den größesten Theil meines Vermögens einzubüßen"[139]. Er hatte also gebürgt und war aus dieser Bürgschaft in Anspruch genommen worden. Seines Bruders Eskapaden mussten auch seinem Ruf abträglich sein, eine Neuorientierung war also angezeigt, für die sein Bruder schon die Richtung vorgegeben hatte: den vom Reventlow-Clan bestimmten Hof Friedrichs IV. von Dänemark und seiner Ehefrau Anna Sophie (Abb. 62).

Wohl schon in der Gewissheit, dass auch seine Dienste in Dänemark willkommen sein würden, erwarb Friedrich Ludwig von Dehn zur Jahreswende 1729/30 das Gut Kohöved in der Landschaft Schwansen des Herzogtums Schleswig unweit der Stadt Eckernförde. Im Januar 1730 zahlte er dafür im Kieler Umschlag die gewaltige Summe von 112 000 Reichsthalern (mit einer Kaufkraft von heute etwa 10 Millionen Euro) an ein Dreierkonsortium, das vermutlich als Gläubiger des in Konkurs geratenen Vorbesitzers Johann von Temming das Gut zur Rettung seiner Forderungen übernommen hatte. Einer der Übernehmer war ein Mitglied der dänischen Diplomatie: Heinrich Friedrich Freiherr von Söhlenthal, im Waabser Taufregister am 29. 8. 1728 als Kammerherr und Envoyé bezeichnet. Von ihm wird Dehn erfahren haben, dass Kohöved zum Verkauf stand. Zugleich wäre dies auch ein weiterer Hinweis auf Dehns frühzeitige Kontakte zu den führenden Kopenhagener Kreisen. Söhlenthal war übrigens 1750 dänischer Gesandter in London, welchen Posten Dehn zuvor abgelehnt hatte[140].

Doch ehe Dehn seine braunschweigische Mission in Den Haag zu Ende geführt hatte – noch bis in den Spätsommer 1730 sandte er Gesandtschaftsberichte nach Wolfenbüttel[141] –, starb am 12. 10. 1730 König Friedrich IV. von Dänemark. Sein Sohn und Nachfolger Christian VI. (1730–1746) setzte der reventlowschen Herrlichkeit ein abruptes Ende. Fast alle Mitglieder der „Reventlow-Bande" verloren ihre Ämter; Königin Anna Sophie musste auf Gut Claußholm in Jütland, wo sie ihre Kindheit verbracht hatte und das ihr Friedrich IV. geschenkt hatte, ins Exil gehen.

Dehn wollte wohl erst einmal die weitere Entwicklung am dänischen Hof abwarten und wandte sich der Verwaltung seines großen und sicher nicht in gutem Zustand befindlichen Gutes zu. Dass er von seinen Untertanen gern als Pate gebeten wurde und zur Übernahme der Patenschaft sehr häufig bereit war, ist aus dem

Waabser Kirchenbuch gut abzulesen. So ist auch zu erkennen, wann er auf Kohöved war und manchmal auch, was er dort tat. Bis 1731 nannte er sich noch „braunschweigisch-lüneburgischer Envoyé Extraordinaire bei denen hochmögenden Generalständen". Am 10. 9. 1732 stand er dann Pate mit dem Baumeister Otto Müller aus Eckernförde, „der damals den Bau auf Kohöved dirigierte", wozu der dendrochronologische Befund passt, dass das Bauholz für den Umbau 1729 und 1730 geschlagen wurde[142].

Der noch in den 1730er Jahren erfolgende Einsatz von Conrad Detlev und Friedrich Ludwig von Dehn in wichtigen diplomatischen Missionen, dem keine weitere vorbereitende Tätigkeit in Dänemark vorausging, macht deutlich, dass Verwendungen dieser Art von vornherein beabsichtigt waren, wobei der offenbar gute Ruf der Dehns in Kopenhagen noch durch die militärische Karriere ihres Bruders Ferdinand August gestützt wurde. Der also ziemlich reibungslose und damit überaus glückliche Übergang der beiden in hohen braunschweigischen Staatsämtern gestanden habenden und im Falle Conrad Detlevs auch gescheiterten Brüder Dehn in eine dänische Karriere, hat unter den Zeitgenossen Anlass zu Spekulationen gegeben. Man erzählte sich, dass eine schöne Schwester der Dehns die Geliebte König Friedrichs IV. von Dänemark gewesen sei und von daher das Glück ihrer Brüder bewirkt habe[143]. Da Conrad Detlev vermutlich ein leiblicher Vetter der als Geliebte Friedrichs IV. zur Königin aufsteigenden Anna Sophie Reventlow gewesen ist, war das Gerücht wohl gar nicht so weit von der Wahrheit entfernt.

Conrad Detlev von Dehn wurde durch die Kopenhagener Regierung erstmals 1734 als Gesandter in St. Petersburg eingesetzt, wo er bis 1736 blieb, um dann als Amtmann von Steinburg in Holstein tätig zu werden. An Friedrich Ludwig von Dehn trat man erst 1739 mit einer Mission nach Madrid heran. Dänemark hatte zur Sicherung seines mittelmeerischen Seehandels mit den Seeräuberstaaten (Tripolis, Tunis, Algier und Marokko), die alte Feinde Spaniens waren, Schutzverträge abgeschlossen, was zu einer Verstimmung in Madrid geführt hatte. Dehn bekam daher den Danebrog-Orden schon im Voraus für den Fall zugesichert, dass er zu einer Audienz beim spanischen König vorgelassen würde. Dies war sehr bald der Fall, und Dehn konnte auch einen für Dänemark günstigen Handelsvertrag mit Spanien abschließen. Weil er das Klima nicht vertrug, kehrte er am 24. November 1742 nach Kohöved zurück. Das genaue Datum ergibt sich aus dem Waabser Kirchenbuch. Denn Pastor Havenstein machte ihn, um die Rückkehr seines Patrons zu feiern, zum Paten seines am Vortage geborenen Sohnes. Dehns Nachfolge in Madrid trat sein Bruder Conrad Detlev an.

Friedrich Ludwig konnte sich nun, auch durch seine spanische Mission mit weiteren Mitteln versehen, dem Neubau des Herrenhauses seines Gutes widmen. In den Jahren 1743 und 1744 erhielt es sein heutiges Gesicht, das mit seiner schlossähnlichen Gestalt den hohen Anspruch seines Erbauers erkennen lässt. Sein Bruder Ferdinand August, nach seinen Waabser Patenschaften zu urteilen, häufiger Gast und gelegentlich auch Platzhalter seines Bruders, hatte derweil auch seinerseits für den guten Klang des Namens Dehn im Gesamtstaat gesorgt. Als Kommandeur des neu aufzustellenden schleswigschen Regimentes sah er sich 1740 mit einem Aufstand der dafür in Süderdithmarschen und Eiderstedt eingezogenen Bauernsöhne konfrontiert. Die Dienstpflicht war neu und auf entsprechenden Widerstand gestoßen. Zur großen Befriedigung König Christians VI. wurde er mit den Unruhen ohne Blutvergießen fertig. Der König machte ihn zum Kammerherrn. Er stieg weiter zum Generalmajor und Divisionskommandeur auf und war daneben noch Kommandant der Festung Rendsburg, wo er 1760 als Generalleutnant verstarb.

Abb. 63
Friedrich Ludwig Freiherr von Dehn
(Privatbesitz)

Abb. 64
Zarin Elisabeth Petrowna von Russland
(1709–1741–1762)
Bild im Herrenhaus Ludwigsburg

Friedrich Ludwig von Dehns Karriere sollte sich erst unter König Friedrich V. (1746–1766) vollenden. An seinem Krönungstage 1747 ernannte dieser ihn zum Geheimen Rat. Dehn sanierte die Companie Générale de Commerce[144]. 1750 wurde er ins Geheime Conseil, also in die dänische Regierung berufen. Hier war er für das Erwerbswesen, also für die Wirtschaft, zuständig, ab 1751 führte er den Vorsitz in der Companie Générale de Commerce. Als Friedrich V. 1752 um Juliane Marie von Braunschweig warb, um sie zu seiner zweiten Ehefrau zu machen, wurde Dehn nach Wolfenbüttel entsandt, um dort, wo er sich immer noch dank seiner zur dortigen Regierung gepflegten Kontakte[145] gut auskannte, die entsprechenden Verhandlungen zu führen. Den erfolgreichen Abschluss honorierte der König mit dem Elefantenorden (Abb. 63). Die Bedeutung dieser Auszeichnung ist daran abzulesen, dass auch erst zu diesem Termin der langjährige engste Vertraute des Königs Oberhofmarschall Adam Gottlob Graf Moltke (Herr auf Noer und Grönwold) und der faktische erste Minister im Regierungsconseil Joachim Hartwig Ernst Bernstorff zu Elefantenrittern gemacht wurden.

Die finanziellen Mittel, die Dehn mit dem Abschluss der Wolfenbütteler Ehepakten zugeflossen sein werden, nutzte er, um sich in den Folgejahren an der Bredgade in Kopenhagen spiegelbildlich zu dem gegenüberliegenden Bau seines Conseil- Kollegen und Freundes Joachim Hartwig Ernst Berntorff, nur durch die Frederiksgade getrennt, ein Palais zu bauen, das 1755 fertig wurde. Auch erwarb er sich als Sommersitz Söllerödgaard außerhalb Kopenhagens.

1753 war sein Bruder Conrad Detlev in Den Haag gestorben, wo er seit 1748 dänischer Gesandter gewesen war. Er hinterließ 22 000 bis 23 000 Gulden Schulden, die er auf Schmuck aufgenommen hatte.

216

Friedrich Ludwig von Dehn wurde 1758 Präses des Ökonomie- und Commerz-Kollegiums und 1759 daneben noch Direktor des Armenwesens. Es liegt nahe, Dehns Tätigkeit im Regierungsconseil in Anbetracht seiner großen diplomatischen Erfahrung auch im Zusammenhang mit der dänischen Außenpolitik J. H. E. Bernstorffs, mit dem er auch menschlich eng verbunden war, zu sehen. Das galt vor allem für den Hof in St. Petersburg, wo der Schlüssel zum größten Problem des Gesamtstaats lag, der Gottorfer Frage. Für Dehns entsprechende Kontakte nach St. Petersburg spricht das noch vorhandene Porträt der Zarin Elisabeth (1709–1762), das sie in fortgeschrittenem Alter zeigt, also wohl aus den 50er Jahren des 18. Jahrhunderts stammt (Abb. 64).

Die Verhältnisse am Petersburger Hof sprach Dehn mehrfach in Briefen an Bernstorff an[146]. Auch war sein Bruder Conrad Detlev 1734–1736 dänischer Gesandter am Zarenhof gewesen. Im Übrigen war die Zarin Elisabeth mit dem früh verstorbenen Prinzen Carl aus der jüngeren Gottorfer (Eutiner) Linie verlobt gewesen, an deren Hof Dehn seine Pagenerziehung genossen hatte.

Am 6. 1. 1762 starb Zarin Elisabeth. Sie hatte ihren Neffen Carl Peter Ulrich von Schleswig-Holstein-Gottorf zum Nachfolger bestimmt. Sein Regierungsantritt als Zar Peter III. brachte den Gesamtstaat in seine schwerste Krise. Denn Peter war entschlossen, die gewonnene Macht zur Wiedererlangung des gottorfischen Anteils an Schleswig einzusetzen.

Am 23. 6. 1762 starb auch der Statthalter des dänischen Königs in den Herzogtümern Schleswig und Holstein Friedrich Ernst Markgraf von Brandenburg-Culmbach. Nachfolger des Oheims von König Friedrich V. in diesem zwar ranghohen, aber nicht sehr einflussreichen Amt wurde im August 1762 Friedrich Ludwig von Dehn, der damit aus dem Geheimen Regierungsconseil in Kopenhagen ausschied.

Der dänisch-russische Konflikt um Schleswig-Holstein war angesichts des schlechten Gesundheitszustandes der Zarin Elisabeth und der gottorfischen Tendenzen ihres designierten Nachfolgers Großfürst Peter schon lange vorauszusehen gewesen. Um ihm vorzubauen, war der am Wohle Schleswig-Holsteins politisch aktiv interessierte Caspar von Saldern im Juni 1761 insgeheim nach St. Petersburg gereist. Die Schiffspassage hatte ihm sein Freund Friedrich Wilhelm Otte auf eigenem Schiff ermöglicht. Es gelang Saldern, das Vertrauen seines Landesherrn, des Großfürsten Peter, zu gewinnen. Bei seinem Regierungsantritt im Januar 1762 machte Zar Peter III. Saldern zum Mitglied des holsteinischen Regierungsconseils in Kiel. Friedrich Wilhelm Otte unterstützte auch weiterhin Salderns Friedensbemühungen. Er setzte seine guten Beziehungen zu dem für die dänische Außenpolitik zuständigen Joachim Hartwig Ernst Bernstorff ein und stellte Saldern das notwendige Geld zur Verfügung. Doch es erwies sich, sehr zu Bernstorffs Ärger und Enttäuschung, als unmöglich, Zar Peter von seinem revanchistischen Kurs abzubringen. Auch war es nicht gelungen, Bernstorff von der Ehrlichkeit der Salderschen Vermittlertätigkeit zu überzeugen[147]. Saldern wurde von St. Petersburg zu einem Friedenskongress in Berlin entsandt, der freilich dem zu militärischem Vorgehen gegen Dänemark wild entschlossenen Zaren nur ein moralisches Deckblatt liefern sollte. Doch Salderns Vermittlungsbemühungen fanden ein jähes Ende, als sein Dienstherr, Zar Peter III., durch seine Ehefrau Katharina am 28. Juni 1762 gestürzt wurde. Die neue Monarchin rief die in Norddeutschland gegen Dänemark operierenden russischen Truppen zurück und beendete auch die Unterstützung Preußens gegen Österreich. Ihre neu gewonnene Macht wurde durch den ungeklärten gewaltsamen Tod Peters am 6. Juli 1762 noch gefestigt.

Erstaunlicherweise gelang es Saldern, auch das Vertrauen Katharinas, die ihm zunächst sehr reserviert gegenübergestanden hatte, zu gewinnen. Die Friedensbemühungen, für die bei Katharina bessere Voraussetzungen gegeben waren, konnten also fortgesetzt werden. Dafür musste nun auch Bernstorff gewonnen werden. Wieder operierten Saldern und Otte gemeinsam. Sie schalteten Schleswig-Holsteins neuen Statthalter Dehn ein. Dieser schrieb seinem Freunde Bernstorff am 11. Juni 1762: „... me trouvant mercredi passé a Kohoefft, j'y recus une visite de Monsr – de Saldern de Kiel, qui vint me voir avec ses deux Amis Les Freres Otte" und weiter „... la grande envie que je lui ai remarqué de rendre encore plus de services au Roi qu'il n'a pu faire jusqu'ici pourroit bien être mis à profit de maniere ou d'autre".

Im weiteren Verlauf seines Briefes[148] spricht Dehn von Saldern als einem „personnage singulier" und von dessen guten Beziehungen zu einem weiteren Mitglied des Kieler Conseils, welches Gremium nach Salderns Aussage alles täte, was diese beiden wollten. Bernstorff muss diese behutsame Empfehlung, die Saldernschen Dienste anzunehmen, positiv aufgenommen haben. Denn Dehn schrieb am folgenden 22. Juli: „Je trouve au reste dans la chère Lettre de Votre Excellence un petit mot confident qui anime beaucoup mon espérance que tout le Holstein sera sous la domination du Roi"[149].

So kam es dann im folgenden Herbst zu einem direkten Kontakt zwischen Saldern und Bernstorff. Das Ergebnis war schließlich ein dänisch-russisches Bündnis, in welchem Katharina ihre Unterstützung bei einer friedlichen Lösung der Gottorfer Frage zusicherte. Sie wurde dann vorgezeichnet in einem Vorvertrag vom 22. April 1767 über den Eintausch des großfürstlichen Holstein gegen die Grafschaften Oldenburg und Delmenhorst, welcher mit der Volljährigkeit Großfürsts Paul, Katharinas Sohn, 1773 durch diesen endgültig vollzogen werden sollte.'

In den weiteren Jahren der Dehnschen Statthalterschaft hat es noch zwei Entscheidungen gegeben, die, von Dehn angestoßen, für Eckernförde bedeutsam waren: So wurde am 1. Januar 1764 in Eckernförde eine Poststation eingerichtet[150]. Sie war eine Konsequenz der 1762 erfolgten Verstaatlichung des Postwesens, mit der den bis dahin für die Beförderung von Briefen, Paketen und Personen zuständigen Rollfuhrleuten angeboten wurde, sich in den Dienst der königlichen Post zu stellen. Der Verstaatlichung der Post war eine Verbesserung des Wegenetzes vorausgegangen, sodass nun ein regelmäßiger Postverkehr möglich wurde. Die ordinäre Post verkehrte zwei- bis dreimal wöchentlich zu bestimmten Zeiten vom Posthause. Extraposten holten gegen höheres Entgelt den Reisenden auf Anforderung von seinem Hause ab.

Am 18. August 1765 forderte Dehn den Eckernförder Magistrat auf, Vorschläge zur Einrichtung eines Leihhauses in Eckernförde zu machen. Die „Lombard" genannte Institution wurde schließlich am 3. September 1768 durch König Christian VII. genehmigt, zugleich um die Bürger davon zu befreien, bei der Behebung von Geldverlegenheiten auf Wucherer angewiesen zu sein, und um damit auch der Stadtkasse, die den Lombard finanzierte, eine Einnahme zu verschaffen. Das städtische Leihhaus hat bis 1874 bestanden[151].

Am 25. Juni 1767 besuchte der junge König Christian VII. Dehn auf „Kohoeft" (aussprachegemäße Schreibung im Eckernförder Stadtprotokoll). Der Besuch war

auch für Eckernförde ein bedeutendes Ereignis. Denn auf dem weiteren Wege nach Rendsburg passierte der König Eckernförde und wollte dort die Fayence-Fabrik „in hohen augschein nehmen". Zum feierlichen Empfang des Königs war vorbereitet, dass
- sich die Bürgerschaft in zwei Kompanien aufgeteilt in zwei Reihen bei der Langen Brücke aufstellte und den König durchpassieren ließe,
- der Magistrat samt Stadtvogt den König an der Langen Brücke empfinge,
- der Organist Sachsenberg die benötigte Musik machen und dazu vier Musikanten und zwei Tambours aus Kiel engagieren solle,
- auf dem Burgwall 18 der „Ottischen" Kanonen gepflanzt und daraus beim Durchzuge des Königs zur Fabrik 27 Salutschüsse gefeuert und bei der Abreise noch einmal so viel Schüsse abgegeben werden,
- die „Ottische Lust-Jagd" vom Wasser aus mit Kanonen die nötigen Signale geben solle,
- für die Kompanien Captains, Lieutnants und Fahndrichs ernannt und die Schuster- wie auch die Borbyer Gilde um ihre Fahnen gebeten wurden[152].

Der König wird Dehn darauf vorbereitet haben, dass er die Statthalterschaft an des Königs Schwager, den Landgrafen Carl von Hessen, abgeben müsse. König Christian VII. wollte damit seine Lieblingsschwester Louise, deren Ehemann sich mit ihr vom Kopenhagener Hofe abgewandt hatte, wieder in seinen Machtbereich zurückholen. Carl von Hessen wurde am 9. November 1767 zum Statthalter ernannt, trat aber das Amt erst später an, sodass Dehn noch eine Zeitlang weiter amtierte. Gut Kohöved „legte der König den Namen Ludwigsburg bei"[153] und erhob Dehn in den Lehngrafenstand.

1768 trat König Christian VII. eine große Auslandsreise an. Wieder führte ihn sein Weg durch Eckernförde. Am 28. Mai erwiesen ihm dabei die Eckernförder die gleichen Ehren wie ein Jahr zuvor. Über Kiel fuhr der König mit großem Reisegefolge nach Ahrensburg, wo ihm am 6. Juni sein neuer Reisearzt Johann Friedrich Struensee vorgestellt wurde. Ahrensburgs Hausherr, Schatzmeister Schimmelmann, hatte erst kurz zuvor, am 27. Mai zu Gottorf, mit der Stadt Hamburg einen Vergleich abgeschlossen. Es ging um die zur Rückzahlung fällige Anleihe von einer Million Reichsthalern, die Dänemark bei Hamburg aufgenommen hatte, wohl um die militärischen Maßnahmen zu finanzieren, die Anfang der 60er Jahre der Abwehr eines drohenden russischen Angriffs dienen sollten. Auch der andere nominelle Stadtherr von Hamburg, das „großfürstliche" Holstein, hatte, vertreten durch Caspar von Saldern, für seine Schulden an den Verhandlungen teilgenommen. Im Ergebnis verzichtete die Stadt Hamburg auf ihre Forderungen, gewann dafür aber die Anerkennung ihrer Reichsfreiheit.

Auf dem weiteren Wege nach Köln machte der König mit kleinem Gefolge einen ungeplanten Abstecher nach Hanau, um seine Schwester und seinen Schwager, die Landgräfin und den Landgrafen von Hessen, die sich wegen des verletzenden Verhaltens des Königs vom Kopenhagener Hofe zu Carls Mutter zurückgezogen hatten, zur Rückkehr und den Landgrafen zum Antritt des Statthalteramtes in den Herzogtümern zu bewegen[154]. Er hatte Erfolg: Carl von Hessen übernahm sein Amt 1769, der Ehefrau Louise, seiner Schwester, schenkte der König das Gut Tegelhof an der Schlei, das nach ihr Louisenlund genannt wurde.

Friedrich Ludwig von Dehn war in der Folge viel auf Reisen, die „der Bevestigung seiner Gesundheit" dienen sollten. Erst Ende 1770 kehrte er endgültig nach Ludwigsburg zurück. Dort starb er am 2. Juli 1771 und wurde in seinem Begräbnis in der Kirche zu Waabs beigesetzt; der Todeseintragung im Kirchenbuch fügte Pastor Timotheus von Minden den folgenden Nachruf an:

„Der hochselige Graf hinterläßt keine Kinder, aber er hinterläßt den Nachruhm eines weisen Ministers, eines großen Menschenfreundes und eines rechtschaffenen Christen. Wenig Personen von seinem Range haben das einnehmende und leutselige Wesen, das ihm eigen war. Die Religion, die seinen Wandel schmückte, die kröne ihn nun mit einer Seligkeit, welche keine Grenzen kennet!"

Sein Freund J. H. E. Bernstorff, mit dem er bis zuletzt in brieflichem Kontakt gestanden hatte, sagte 1770 von ihm: „Er ist ein Mann, dessen Herz so gut, dessen Geist so gerade und dessen Ansichten so sauber sind, daß man ihn liebhaben muß"[155].

Zu den geschilderten positiven Wesenszügen Dehns gehörte notwendig die Bescheidenheit. Er machte nicht viel von sich her. Daraus darf nicht auf seine politische Unbedeutendheit geschlossen werden. Zu Recht wies der dänische Historiker der Bernstorffzeit Aage Friis darauf hin, dass sich in der Verwaltung der Monarchie das Wirken des einzelnen von dem eines gesamten Kollegiums nicht unterscheiden ließe[156], was auch für Dehn gelten muss. Am Erfolg der Friedenspolitik des Gesamtstaates im 18. Jahrhundert wird man ihm seinen Anteil nicht bestreiten dürfen.

3.4 Unter dem Struensee-König im dänisch vereinten Schleswig-Holstein (1766–1797)

Am 29. Dezember 1766 bestätigte der neue König Christian VII. als Herr des Herzogtums Schleswig der Stadt Eckernförde ihre althergebrachten Privilegien, „so in gebührender Administrierung der Justiz, in sorgfältiger Beobachtung und Beybehaltung des Polizey und Commerz-Wesens, der Prediger und Rathsglieder, auch Kirchen und Schulbedienten Wahl bestehen ..."[157].

Welchen Verlust die Stadt mit Friedrich Wilhelm Ottes Tod erlitten hatte, war den Eckernfördern sicher noch nicht bewusst geworden, zumal da wohl Neid das beherrschende Gefühl gegenüber dem Lebenden gewesen war. Welcher Geist die Stadt beherrschte, machten die Deputierten deutlich, als sie es am 20. Mai 1767 ablehnten, die Stadtkirche freiwillig in die Brandversicherung einzubeziehen. Dies war nämlich nur bei den Landgemeinden Pflicht und eine Landkirche war St. Nicolai nur in Bezug auf Altenhof. Die Deputierten begründeten die Ablehnung damit, dass die Stadtkasse die erforderlichen Abgaben nicht tragen könne, „und der liebe Gott, der diese Kirche so lange bewahret habe, selbige auch noch ferner für Feuer bewahren und in seinem Schutz nehmen würde".

Es traf sich gut, dass die Stadt gerade zu einer Zeit, als die lange Friedensperiode und der Ottesche Aufschwung zu einem bis dahin nicht gekannten Wohlstand geführt hatten, für den zu verlegenden „atlas Daniae" im Sommer 1768 von sich eine historische Beschreibung nebst Prospekt und Grundriss liefern sollte[158]. Die Beschreibung hatte Diakon Kirchhoff übernommen. Was den Grundriss anlangte, so war der Capitain von Woisolofski bereit, diese Arbeit bei freiem Quartier für „geringe" zwölf Reichsthaler zu übernehmen, wenn ihm die anstehende große Arbeit der Verkoppelung (der Vermessung zur Aufteilung des Stadtfeldes) übertragen werden würde. Als Ablieferungstermin nannte Woisolofski Michaelis (den 29. September, s. auch Abb. 66).

In Kirchhoffs Beschreibung, die sich in einer Abschrift im Stadtarchiv befindet[159] und „worüber beyde Collegia (Magistrat und Deputierte) ein besonderes Wohlgefallen bezeugten" (24. 11. 1768), ist die damalige Gegenwart von besonderem Interesse. Dem Rathaus wurde danach 1763 nach Osten hin ein neuer Flügel angebaut, der im oberen Stockwerk die Audienz (des Bürgermeisters) und die Deputiertenstube enthielt. Im alten Teil befand sich in diesem Stockwerk „ein sehr großer geräumiger Vorsaal". Das untere Stockwerk des erweiterten Gebäudes nahm die Ratswaage und nach dem Kirchhofe hin eine Predigerwitwenwohnung, wie auch den Schwibbogen auf, neben welchem in einem besonderen Raum die Feuerspritzen aufbewahrt wurden. Im unteren Geschoss des Neubaus waren die Polizei-Wache und einige Gefängniszellen untergebracht.

Im Rathaus residierte der Magistrat, der, aus einem Bürgermeister, zwei Ratsherren und dem Stadtsekretär bestehend, nach dem Schleswigschen Stadtrecht, dem Jütschen „Low Buch", der Landgerichtsordnung und nach den königlichen Verordnungen Recht sprach. Dienstag und Donnerstag waren die Gerichtstage. Die Bürgerschaft wurde durch sechs Deputierte repräsentiert, die unter sich einen „Worthalter" wählten und für die Genehmigung städtischer Geldanlagen und -ausgaben zuständig waren. Der Tag ihrer Mitwirkung im Stadtregiment war der Mittwoch.

Zu den weiteren öffentlichen Einrichtungen gehörten „zwei sehr gut eingerichtete Apotheken", ein Zoll- und ein Postkontor und eine Poststation für den Reiseverkehr mit Ordinären und Extraposten. Auch das erst kürzlich eingerichtete Leihhaus („Lombard") wurde erwähnt. Beliehen wurden Obligationen, Pretiosen, Silber und Möbel.

Ein weiterer Abschnitt war den Privathäusern gewidmet. Einige größere waren einmal Adelssitze gewesen. Wohl mehr als die Hälfte der Häuser war nur von mittelmäßiger Größe und nur ein Stockwerk hoch. „Die andere Hälfte (bestehe) aus guten und wohlgebauten Häusern". Alle Häuser waren mit Dachziegeln gedeckt, „und die immermehr üblich werdende große Fensterscheiben mit höltzeren Rahmen geben ihnen ein gutes Aussehen". Die Zahl der Häuser, die aus vollen, dreiviertel und halben Häusern und Buden bestanden, belief sich, „die Häuser der Kirchen- und Schulbedienten, wie auch einiger Raths-Unterbedienten ausgenommen" auf 370. Ein Ratsherr, der Stadtvogt, ein Deputierter und zwei Bürger bildeten das Brandkollegium, das nach Maßgabe der königlichen Brandordnung alljährlich die Häuser und Feuerstellen auf Feuersicherheit und das Vorhandensein des vorgeschriebenen Feuerbekämpfungsgeräts überprüfte.Es führte auch die Aufsicht über die drei Feuerspritzen und das Bedienungspersonal. Bei diesem Collegium lag auch die Taxierung des Brandversicherungswertes der einzelnen Häuser für die Zwecke der schleswig-holsteinischen BrandCassa.

1450 Einwohner waren über zwölf Jahre alt, also im damals kopfsteuerpflichtigen Alter. Da in den zehn Jahren vor dem Berichtszeitpunkt 1768 749 Kinder geboren wurden, wird man die Gesamtzahl der Einwohner auf 2000 ansetzen können. Die im Bericht angegebenen Geburts- und Sterbezahlen zeigen im Übrigen eine deutliche Zäsur nach dem Jahre 1763, dem Ende des Siebenjährigen Krieges, dessen Nöte (Nahrungsmangel, Einquartierung und allgemeine Unsicherheit) den militärisch unbeteiligten Gesamtstaat, insbesondere die in erhöhter Abwehrbereitschaft befindlichen Herzogtümer, nicht verschonten. In den sechs Jahren bis einschließlich 1763 wurden in Eckernförde im Durchschnitt jährlich 66 Kinder geboren, es starben aber 70 Menschen im Durchschnitt dieser Jahre. In den vier Friedensjahren danach war wieder ein deutlicher Geburtenüberschuss zu verzeichnen. Im jährlichen Durchschnitt wurden 87 Geburten, aber nur 57 Todesfälle verzeichnet.

Dass wieder richtiger Frieden herrschte, lässt eine kleine Bemerkung Kirchhoffs erkennen, die Pontoppidan nicht in den „dänischen Atlas" übernommen hat: „Beyderley Geschlecht gebrauchet sich der hier zu Lande gewöhnlichen Kleidung und kleidet sich insonderheit das angesehene Frauenzimmer, nach denen im Schwange gehenden neuesten Moden."

Kirchhoff spezifizierte sodann Berufe und Gewerbe der Einwohnerschaft. Sie ist so aufschlussreich für das Leben in der Stadt, dass sie vollständig wiedergegeben wird. Die notwendigen Erläuterungen werden im Anschluss gegeben. Die Liste beginnt mit einer versteckten Rangfrage: Wer hat den Vortritt: die Geistlichkeit oder der Magistrat? Um dies nicht zu entscheiden, setzt der Kopist des Kirchhoffschen Originals nebeneinander:

„Geistliche	*Der Magistrat*
oder Kirchen und Schul-Bediente die in der Stadt sind.	1 Bürger Meister
2 Prediger	2 Raths-Herren
3 Schul Collegen	1 Stadt-Secretaire"
1 Küster und Schulmeister	
1 Armen Schulmeister	

und setzt dann fort:

„Post-Bediente	*Zoll-Bediente*
1 Post-Meister	1 Zoll-Verwalter
1 Post-Halter	1 Controlleur

Bediente bey der Stadt	*Zum Arzeney-Wesen gehörig*
1 Stadt-Voigt	1 Physicus und M. Doct.
1 Stadt-Cassierer	2 Apothecker
1 Lombard-Verwalter	5 Chirurgi

Die keine Nahrung treiben, und von ihren Mitteln oder Pensionen Leben sind 4 Familien Commercirende die in 3 Classen eingetheilet sind, kleine Kauffleute und Krahmers derselben sind in allen 68

Diejenigen so verschiedene Nahrung treiben

34 Möltzere	11 Hering-Raucherer
32 Bier Brauers	15 Fischers
5 Essige Brauers	1 Muschel-Einmacher
45 Brandwein Brenner u. Schencker	17 Schiffer
7 Bierschencker	1 Gast-Geber
20 Höckers	10 Herbergierer
5 Tobacks Spinners	15 Fuhrleute zur extra Post
7 Grütz Machers	11 andere Fuhrleute

Künstler & Professions Verwandte und Handwerker

1 Stadt Musicus auch Organist	1 Knochen oder Kunstdrechsler
1 privilegirter Glocken Giesser	1 Gerber
4 Gold Schmiede	2 Weißgerber
2 Uhr Macher	2 Gläser
2 Seegel Macher	2 Hut Macher
3 Paruquen Macher	2 Kürschner
3 Mahler	2 Kupfer Schmiede
14 Becker	1 Zinn Gießer
2 Buchbinder	4 Gelb Gießer
2 Färber	1 Blech- Schläger od. Klemptner
3 Seiler	1 Nagel Schmidt
2 Sattler	2 Töpfer
1 Riemer	2 Knopf Macher
2 Stell Macher	8 Schlächter
1 Stuhl-Macher	4 Drechsler
1 Gypser	7 Maurer

7 Hauß Zimmerleute Meister	16 Schneider
3 Schiffs Zimmer Meister	4 Leine Weber
10 Schreiner	4 Faß Binder
25 Schusters	1 Bleicher
4 Grob-Schmiede	1 Schornstein-Feger
4 Schlößer	

Raths Bediente
1 Raths-Waage Meister
1 Gerichts-Diener
1 Marckt-Voigt

Noch andere unterbediente die von Stadts wegen bestellet werden nebst den Hirten machen 5 zusammen."

Es kommen Doppelzählungen vor, vor allem bei der Gruppe der „verschiedene Nahrung" Treibenden. Unter den Kaufleuten bildeten die Krämer und Gewand-(Tuch-)Händler ein eigenes Amt, zu deren Privilegien es gehörte, dass es auf zwei Meilen (15 km) um die Stadt keine Konkurrenz geben durfte und fremde Krämer oder Gewandhändler außerhalb der Jahrmärkte keinen Handel in der Stadt treiben durften. Handwerksämter (Zünfte) mit königlicher Konfirmation bestanden für Schreiner, Schuster, Grobschmiede, Schlosser, Schneider, Leineweber, Bäcker und Fassbinder.

345 Einwohner besaßen das Bürgerrecht (= hausbesitzende Familienväter). Versucht man, die Erwerbsquellen der Eckernförder Bevölkerung zu gruppieren, dann ergibt sich folgendes Bild: Aus einer erstaunlich weit gefächerten handwerklichen Tätigkeit (ohne Schiffbau) zogen 135 der knapp 500 Erwerbstätigen ihr Einkommen. Die nächst größere Gruppe waren die Hersteller und Vertreiber von Genussmitteln (Bier, Branntwein, Tabak) mit 120 Nennungen. Es folgte danach schon der in Eckernförde besonders stark vertretene Handel (einschließlich der Höker) mit 88 Personen,

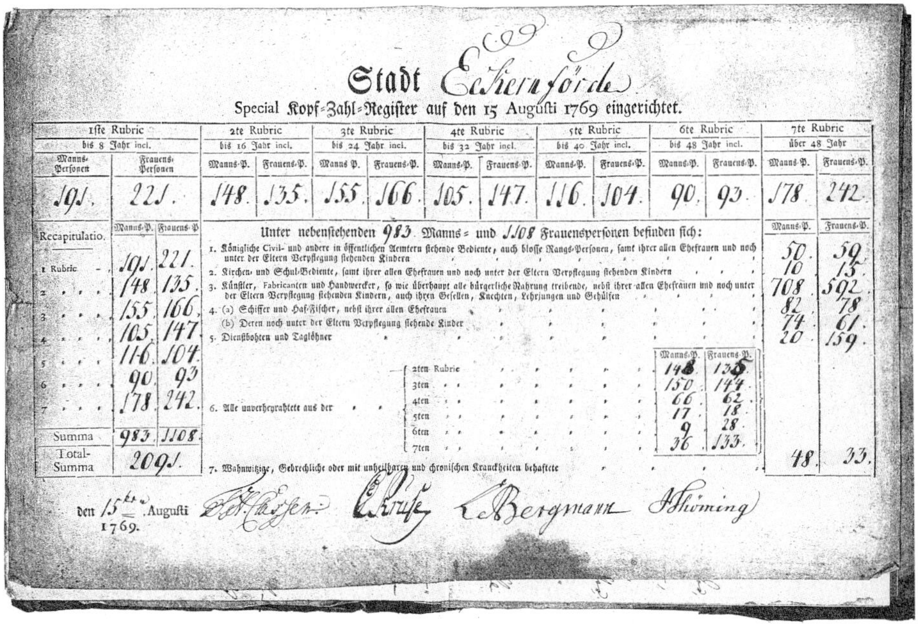

Stadt Eckernförde

Special Kopf=Zahl=Register auf den 15 Augusti 1769 eingerichtet.

1ste Rubric		2te Rubric		3te Rubric		4te Rubric		5te Rubric		6te Rubric		7te Rubric	
bis 8 Jahr incl.		bis 16 Jahr incl.		bis 24 Jahr incl.		bis 32 Jahr incl.		bis 40 Jahr incl.		bis 48 Jahr incl.		über 48 Jahr	
Manns-Personen	Frauens-Personen	Manns-P.	Frauens-P.	Manns P.	Frauens-P.	Manns-P.	Frauens-P.	Manns-P.	Frauens-P.	Manns-P.	Frauens-P.	Manns-P.	Frauens-P.
191.	221.	148.	135.	155.	166.	105.	147.	116.	104.	90.	93.	178.	242.

Recapitulatio.	Manns-P.	Frauens-P.
1 Rubric	191.	221.
2	148.	135.
3	155.	166.
4	105.	147.
5	116.	104.
6	90.	93.
7	178.	242.
Summa	983.	1108.
Total-Summa	2091.	

Unter nebenstehenden 983. Manns= und 1108 Frauenspersonen befinden sich:

	Manns-P.	Frauens-P.
1. Königliche Civil- und andere in öffentlichen Aemtern stehende Bediente, auch blosse Rangs-Personen, samt ihrer allen Ehefrauen und noch unter der Eltern Verpflegung stehenden Kindern	50.	59.
2. Kirchen- und Schul-Bediente, samt ihrer allen Ehefrauen und noch unter der Eltern Verpflegung stehenden Kindern	10.	15.
3. Künstler, Fabricanten und Handwercker, so wie überhaupt alle bürgerliche Nahrung treibende, nebst ihrer allen Ehefrauen und noch unter der Eltern Verpflegung stehenden Kindern, auch ihren Gesellen, Knechten, Lehrjungen und Gehülfen	708.	592.
4. (a) Schiffer und Haf-Fischer, nebst ihrer allen Ehefrauen	82.	78.
(b) Deren noch unter der Eltern Verpflegung stehende Kinder	74.	61.
5. Dienstbohten und Taglöhner	20.	159.
7. Wahnwitzige, Gebrechliche oder mit unheilbaren und chronischen Kranckheiten behaftete	48.	33.

6. Alle unverheyrahtete aus der	Manns-P.	Frauens-P.
2ten Rubric	148.	135.
3ten	150.	144.
4ten	66.	62.
5ten	17.	18.
6ten	9.	28.
7ten	36.	133.

den 15ten Augusti 1769. … Bergmann …

Abb. 65
Kopf-Zahl-Register von Eckernförde 1769

wobei unter den „Commercirenden" auch die Reeder zu suchen sind. Auf die Nahrungsmittelherstellung entfallen einschließlich der (nur) 15 Fischer 56 und auf den Verkehr (einschließlich Schifffahrt und Gastgewerbe) 54 Nennungen. Auf die genannten Gruppen (Handwerk, Genussmittel, Handel, Nahrungsmittel und Verkehr) entfielen also über 90 % aller Erwerbsquellen in Eckernförde.

Um die Förderung der Erwerbstätigkeit insgesamt kümmerte sich das „Commerce-Collegium", bestehend aus dem Bürgermeister, dem ältesten Ratsherrn und drei angesehenen Kaufleuten. Der Handel der Stadt lief im Wesentlichen über See. Ausgeführt wurden die Landesprodukte Korn, Speck, Butter, Käse und dergleichen vor allem nach Kopenhagen und anderen Ostseestädten, und die Einfuhr bestand aus französischen Weinen, Branntwein, Salz, Flachs, Hanf, Eisen, Kalk, Teer, Gerste und Bauholz. Die Aufsicht über die Schifffahrt der Stadt lag beim Brückenkollegium. Den vier zu Brückeninspektoren gewählten Kaufleuten saß der Bürgermeister vor. Kirchhoff führte 29 Schiffe als in Eckernförde beheimatet an. Davon stammten immer noch mindestens 14 aus der Otteschen Flotte, darunter fast alle größeren und auch die Galioth Cathrine Sophie, die 1761 Caspar von Saldern auf seiner denkwürdigen Fahrt nach St. Petersburg transportiert hatte. Möglicherweise ist Kirchhoffs Liste nicht einmal vollständig. Denn aus der Otteschen Flotte legten die hier nicht genannten „Crieseby", „Mutter Elschen" und „Olpenitz" noch in der zweiten Hälfte 1767[160] ihre Consulat-Quittungen über im Mittelmeer angelaufene Häfen vor. „Mutter Elschen" kehrte erst im November 1768 nach Eckernförde zurück[161], was vielleicht erklärt, warum Kirchhoff die Fregatte nicht aufführte. Tatsächlich werden also die aus der Otteschen Flotte stammenden Eckernförder Schiffe 1768 zahlenmäßig die Mehrheit dargestellt haben, nach der Tragfähigkeit überwogen sie ohnehin.

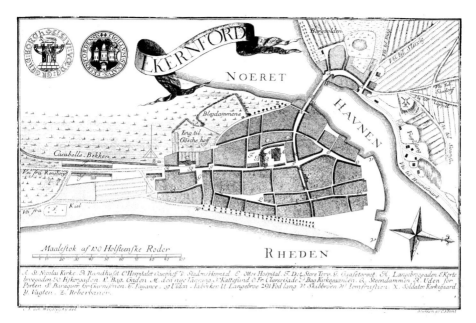

Abb. 66
Stadtplan „EKERNFÖRDE" von C. F. von Woisolofsky von 1768

Die Stadtbeschreibung widmete auch einige Zeilen der Fischerei. Die Dorsche und Makrelen seien vorzüglich, die Heringe würden größtenteils geräuchert und „gehen sodann nach Deutschland hinein". Muscheln würden häufig in kleinen Fässern verschickt. Seehunde fügten der Fischerei vielen Schaden zu.

Ein letztes Wort galt den Märkten: Jahrmärkte fanden auf Fastnacht, an Johannis (24. 6.) und an Michaelis (29. 9.) jedes Mal acht Tage lang statt, wo fremde Kaufleute Waren aller Art feilbieten konnten. Wochenmarkt war jeweils sonnabends, wobei nur Esswaren von „umliegenden Land-Leuten" angeboten wurden.

Eine gute Ergänzung der Stadtbeschreibung von 1768 stellt das „Special Kopf-Zahl-Register vom 15. August 1769" (Abb. 65) dar.

Es gab damals 2091 Einwohner in Eckernförde, 13 % mehr Frauen als Männer. Der Frauenüberschuss ging zur Hälfte auf die nach damaligen Begriffen Betagten, die über 48-Jährigen, zurück. 4 % der Bevölkerung waren „wahnwitzig, gebrechlich oder mit unheilbaren oder chronischen Krankheiten" behaftet, deutlich mehr Männer übrigens als Frauen. Etwa die Hälfte der Bevölkerung war unverheiratet oder verwitwet, sodass die Reproduktion der Einwohnerschaft bei verhältnismäßig wenigen Verheirateten lag. Die entsprechenden Kategorien von männlich über 16 bis unter 48 Jahren = 224 und weiblich über 16 bis unter 40 Jahren = 193 Verheiratete, machten also ein Fünftel der Bevölkerung aus. Es wurde verhältnismäßig spät geheiratet; von den 16 bis 24-Jährigen waren nur fünf Männer und auch nur 22 Frauen (3 bzw. 13 %) verheiratet. Die Gründung eines ehelichen Hausstandes konnten sich längst nicht alle leisten, allein 14 % der Frauen waren Dienstboten oder Tagelöhner. Man sieht, warum es selbst in Friedenszeiten kein wesentliches Bevölkerungswachstum gab. Dies wurde erst durch die industrielle Produktivitätssteigerung und den medizinischen Fortschritt ermöglicht.

Im Kapitel XX seiner Beschreibung der Stadt Eckernförde kommt Kirchhoff auch auf die Hinterlassenschaft Friedrich Wilhelm Ottes zu sprechen, die der Stadt die meisten Sorgen bereitete. Es ist die „mit sehr großen Unkosten gemachte weitläufige Anlage zu verschiedenen Fabriquen, ..., die gleichsam eine kleine Vorstadt ausmachen ...“ In dieser südlichen Vorstadt (Abb. 66) gab es eine Wollmanufaktur mit Färberei, die verschiedene Stoffe „Manchester" (Cord) und „Frieß" (Mantelstoff) herstellte und Strümpfe wirkte. Die bedeutendste Anlage war die Fayence-Fabrik, die von Ottes Bruder Johann Nikolaus mit einigem Erfolg an die Spitze der schleswig-holsteinischen Zierkeramik gehoben wurde. 1767 beschäftigte sie unter ihrem Direktor J. Buchwald etwa 80 Personen, darunter die hervorragenden Maler Johann und Abraham Leihamer, Johann Cornelius Ewald und Johann August Jahn[162]. Doch der Absatz reichte nicht, das Unternehmen wirklich rentabel zu machen. Eine Sanierung durch Umwandlung in eine Aktiengesellschaft scheiterte. Die besten Arbeitskräfte wanderten ab, und die Fabrik konnte sich nur durch Umstellung auf reine Gebrauchskeramik über Wasser halten. Dagegen musste die Wollmanufaktur stillgelegt werden. Die Gebäude nahmen eine Amidam-(Stärke-)Fabrik auf, die bis zu Johann Nikolaus Ottes Tode im Jahre 1780 noch in bescheidenem Umfang weiterarbeitete. Das Stadtprotokoll verzeichnete bereits am 2. November 1769 den Verkauf des „am äußersten Ende rechter Hand belegene(n) Fabrique-Gebäude(s)".

Zu den Vormündern der Otteschen Erben gehörte auch Bürgermeister Claßen. Den beiden planmäßigen Ratsherren Kruse und Bergmann wurde nun am 23. 8. 1769 von hoher Hand ein weiterer „supernumerairer" (überzähliger) Ratsverwandter beigegeben, „unter ausdrücklichem Vorbehalt des dem Magistrat zustehenden Wahl-Rechtes", was wohl nur noch eine Leerformel war. Der neue Ratsherr war der Kaufmann Johann Thöming, der ein Geschäftspartner und auch persönlicher Freund Friedrich Wilhelm Ottes gewesen war und dessen Familie sich auch als Mitreeder der Ottes engagiert hatte[163]. Der Magistrat brauchte wohl Verstärkung. Neben der Bewältigung der Probleme, die sich für die Stadt aus dem Ausfall F. W. Ottes ergeben hatten, stand nun die Umsetzung der unter dem Namen „Verkoppelung" in die Landesgeschichte eingegangenen großen Flurbereinigung auch in den Eckernförder Ländereien nördlich und südlich der Stadt an. Dazu mussten die landwirtschaftlich genutzten Flächen im Borbyer Stadtfeld und auf dem Domstag aufgemessen und bonitiert werden. Auch war der „alte Audienz" genannte, zum Kirchhof gehende Anbau des Rathauses erneuerungsbedürftig. 1769 wurde er abgerissen und durch einen Neubau ersetzt, der im Erdgeschoss die Predigerwitwenwohnung und im Obergeschoss einen heizbaren Saal aufnahm[164].

Dass die absolute Regierungsform nun auch ganz in die ehedem selbstverwalteten Städte durchgeschlagen hatte, wurde aus einer königlichen Verfügung deutlich, in der dem Bürgermeister Claßen eine beantragte Erhöhung seiner Dienstbezüge um 50 Reichsthaler jährlich aus der Stadtkasse zugestanden wurde. Damit war ein weiterer Schritt zur Verbeamtung der Stadtverwaltung getan[165]. Nicht mehr erfahrene und vermögende Kaufleute aus alteingesessenen Familien, aus und von dem Rat zu Bürgermeistern erwählt, standen wie noch im 17. Jahrhundert der Stadt vor, sondern oft ortsfremde Verwaltungsjuristen und -fachleute führten als alleinige Bürgermeister das Stadtregiment. Dieses war freilich auch komplizierter geworden. Die Aufsicht über das Schul- und das Gesundheitswesen, über den Feuerschutz und die Armenfürsorge erforderte gründliche Kenntnis gerade auch der landesherrlichen (königlichen) Verordnungen. So wurden am 6. 2. 1771 die Älterleute der acht Handwerksämter (Schmiede, Bäcker,

Tischler, Schneider, Böttcher, Schuster, Weber und Schlachter) ins Rathaus „vorgefordert", um das überhandnehmende Betteln der Handwerksburschen abzustellen, wie es eine königliche Verordnung verlangte. Eine im Jahre 1737 vom Statthalter veranlasste „Specification von denen im Stadtarchiv zu Eckernförde befindlichen Constitutionen und Verordnungen"[166] enthielt bereits 200 derartige Positionen.

Am 28. April 1772 wurden wieder wie alljährlich die Verkaufsplätze der Schlachter unter dem „Schwibbogen" des Rathauses, dem Durchgang zum Kirchplatz, verlost. An diesem Tage waren in Kopenhagen auf dem Osterfeld Menschenschlachter am Werk. Am Geheimen Kabinettminister Graf Johann Friedrich Struensee und dem Hofmarschall Graf Enevold Brandt[167], beide deutschen Herkommens, entlud sich lang aufgestauter Deutschenhass des dänischen Bürgertums, der freilich von deutschen Widersachern auf die beiden durch einen Staatsstreich entmachteten Vertrauten des Königs hingelenkt worden war. Auf dem Blutgerüst wurde den beiden in der Blüte ihrer Jahre stehenden Männern die Grafenwürde aberkannt, die rechte Hand, dann der Kopf abgeschlagen; die Leichen wurden geviertelt auf das Rad geflochten und die Köpfe auf Stangen gesteckt. 30 000 Menschen, darunter viele Frauen und Kinder, wurden Zeuge der blutrünstigen Prozedur. Beiden Männern wurde vor allem Majestätsbeleidigung vorgeworfen. Brandt hatte, zu einem Faustkampf mit dem rauflustigen König herausgefordert, diesem dabei in die Hand gebissen, Struensee sollte ein Liebensverhältnis mit der Königin unterhalten haben. Mit Sicherheit hatte sich der König weder in dem einen noch in dem anderen Falle beleidigt gefühlt.

Die dominierende Rolle von Deutschen und des Deutschen hatte ihren Ursprung in der Entmachtung des dänischen Adels durch das damit zum absoluten Erbkönigtum gelangten ursprünglich deutsche Haus Oldenburg im 17. Jahrhundert. Die schlechten Erfahrungen der dänischen Könige mit dem landeseigenen Adel hatten bei der Vergabe von Staatsämtern zu einer starken Berücksichtigung erst des holsteinischen und dann des weiteren norddeutschen Adels geführt. Auch wählten die dänischen Könige vorzugsweise Ehefrauen aus deutschen protestantischen Fürstenhäusern. So wurde bei Hofe und in den Regierungskanzleien vorwiegend deutsch gesprochen. Auch die Kommandosprache im Heer war deutsch. Nur in der Marine herrschte die Landessprache vor. Dank der engen politisch-kulturellen Verknüpfung zwischen beiden Sprachräumen hat dies zu einer sprachlichen Gegenbewegung des Dänischen in die deutsche Seemannssprache geführt, was in der Fachsprache deutscher Segler, Marinesoldaten und Seefahrer viele Spuren hinterlassen hat[168].

Struensee, Armenarzt von Dänemarks zweitgrößter Stadt Altona und Landphysicus der Herrschaft Pinneberg und der Grafschaft Rantzau, war als Reisearzt des schwächlichen und psychisch gefährdeten blutjungen Königs Christians VII. an den dänischen Hof gekommen und hatte sich das Vertrauen des Königs und auch der Königin, deren Leibarzt er auf ausdrücklichen Wunsch ihres Ehemannes geworden war, erworben. Er brachte das zerstrittene Königspaar wieder zusammen und half der Königin bei der Fürsorge und gesunden Erziehung des schwächlichen Kronprinzen. Er erkannte sehr bald, dass der geistige Verfall des Königs nur aufzuhalten war, wenn es gelang, ihn stärker an die Staatsgeschäfte heranzuführen. Auf diese Weise kam er selbst mit den Regierungsaufgaben in Berührung, die ihm der König unter Entmachtung des von J. H. E. Bernstorff geführten Geheimen Regierungs-Conseils schließlich doch zunehmend überließ.

Struensees kurze, nur 16-monatige Regierungszeit, in der er über 1800 Verordnungen erließ, ist nur auf dem Hintergrund seiner 10-jährigen aufklärerisch gestimmten amtsärztlichen Tätigkeit und der dabei aus den Missständen seiner Zeit gewonnenen sozialmedizinischen Erkenntnisse zu verstehen[169]. Die eigentlichen Krankheiten der Zeit waren der Aberglaube breiter Bevölkerungsschichten, die dadurch begünstigte Quacksalberei, die Scharlatanerie und das Kurpfuschertum auch studierter, überholten Lehren anhängender Ärzte. Schwer lastete gerade auf den Armen die Verteufelung der Sexualität und ihrer Folgen durch eine religiös verbrämte Intoleranz der Geistlichkeit. Die Quelle der Volksgesundheit, ein sesshaftes, freies und eigenständiges Bauerntum, war durch die Sklaverei der Leibeigenschaft zerrüttet. Zur nötigen Aufklärung der Menschen verfügte Struensee Pressefreiheit. Zur Verbilligung, Verschlankung und Verbesserung des Staatsapparates erließ er Verfügungen gegen die Rang- und Titelsucht, gegen den „Lakajismus" (Einschleusung Abhängiger in den Staatsapparat durch den Adel), gegen den Vorrang Adliger in der höheren Beamtenschaft, für Einschränkung von Pensionen und Privilegien und der höfischen Etikette. Er verminderte die Zahl der religiösen Feiertage und schloss unrentable Manufakturen. Er sprach sich gegen die Beerdigung in Kirchen und überhaupt innerhalb der Stadtmauern aus. Er stellte die Bestrafung unehelicher Mütter und die Benachteiligung unehelicher Kinder ab, verbot die Folter und ging gegen die Prozessverschleppung vor, die der „Sporteln" der Richter wegen von diesen betrieben wurde. Die Leibeigenschaft schränkte er durch Begrenzung der Frondienste an die Gutsherren und die Aufhebung von deren Gerichtsbarkeit über die Leibeigenen ein. Die militärisch unbrauchbaren Garden schaffte er ab und verfuhr ebenso mit der die Armen besonders belastenden Salzsteuer. Den zwischen Guinea und dem westindischen Inselbesitz Dänemarks praktizierten Sklavenhandel verbot er und verlangte strenge Rechtlichkeit gegenüber der farbigen Inselbevölkerung. Auch um die Reform der Kopenhagener Universität bemühte er sich. Dänisch sollte Latein als Unterrichtssprache ersetzen, die mittelalterliche Disputation bei akademischen Prüfungen abgeschafft und die Naturwissenschaften gefördert werden. Zur Hebung der Volksgesundheit sollten die bisher nur handwerklich geschulten Chirurgen mit den angehenden Ärzten zusammen ausgebildet werden. Er richtete Hebammen- und Geburtshelferschulen ein. Dem überhand nehmenden Vertrieb auswärtiger Lotterien setzte er ein staatlich kontrolliertes Zahlenlotto entgegen, dessen Überschüsse den Findelhäusern zugute kommen sollten.

Struensee wurde in der Nacht zum 17. Januar 1772 nach einem Maskenball durch eine Hofcamarilla um Königinwitwe Juliane Marie, ihren Sohn Friedrich und seinen Lehrer Guldberg gestürzt. Eine unübersehbare belletristische und dramatische Literatur hat ihn zu der außerhalb Dänemarks bekanntesten Person der dänischen Geschichte gemacht. Dabei stand freilich seine Rolle als Leibarzt (und vermeintlicher Geliebter) der seinetwegen später geschiedenen und nach Celle verbannten Königin Caroline Mathilde im Vordergrund des Interesses. Dies hat auch auf die offizielle Geschichtsschreibung abgefärbt. In der „Geschichte Schleswig-Holsteins" wird er abschätzig als „jener Abenteurer"[170] bezeichnet und damit für das 18. Jahrhundert so typischen Glücksrittern wie Cagliostro, Casanova und (dem Alchimisten) St. Germain gleichgestellt. Doch Abenteurer leben von Frechheit und Täuschung und sind auf den eigenen Vorteil bedacht. Nichts davon trifft auf Struensee zu.

So sieht es auch die nationale dänische Geschichtsschreibung, die sich im Übrigen mit der Bewertung dieser schändlichen „Affaire in Kopenhagen, die ganz Europa in Bestürzung versetzte" (Voltaire an Zarin Katharina)[171], schwer tut. Dort wird auf das Kapitel IV des 6. Buches des „Danske Lov" von 1683 verwiesen, wo mit der an Brandt und Struensee vollstreckten Strafe bedroht ist, „wer den König oder die Königin schimpflich lästert, oder ihnen und ihren Kindern nach dem Leben trachtet"[172]. Besser noch für die Zwecke des mit Struensees Gegnern besetzten[173] Gerichts ließ sich § 26 des Königsgesetzes von 1665 anwenden, der es schädlich nennt, „wenn der Könige ... milde und fromme Gesinnung so mißbraucht wird, daß ihnen ihre Macht ... von ihren eigenen ... Dienern auf fast unsichtbare Weise beschränkt wird, und solchergestalt das gemeine Beste eben sowohl wie die Könige selbst den größten Eintrag und Abbruch leiden ...". Darum soll alles, „was der ... Alleinherrschaftsgewalt des Königs auf eine oder andere Weise zum Abbruch oder Eintrag gereichen könnte" und „was auf solche Art zugesagt oder erlangt seyn möchte, für ungesagt und ungeschehen gehalten werden, und die welche sich Solches erworben oder erschlichen haben, gestraft werden, wie die, welche die Majestät beleidigt ... haben."[174].

Struensees sozialmedizinische, rechtliche und sozialpolitische Reformen, die von der national-reaktionären Guldberg-Regierung zunächst weitgehend außer Kraft gesetzt wurden, sind schon gegen Ende des 18. und dann auf breiter Front im 19. Jahrhundert wieder eingeführt worden. Struensee gehört damit zu den großen Gestalten des Jahrhunderts der Aufklärung.

Eckernförde ist sogar Heimstatt einer Randfigur des Struensee-Dramas geworden. Graf Holck, der im Juli 1770 auf einer Schleswig-Holstein-Reise des dänischen Hofes aus seinem Amt als Hofmarschall entlassen und durch Enevold Brandt ersetzt wurde, ließ sich in Eckernförde nieder. Das Stadtprotokoll führte ihn am 7. November 1770 unter den Honoratioren auf, die von der Bürgerpflicht ausgenommen waren, als Wachen gegen eine vom Osten drohende Pest zu fungieren. Diese Befreiung betraf im Wesentlichen Amtsträger und Standespersonen. Bezeichnenderweise zählten zu dieser Zeit außer Holck keine weiteren Adligen zu den entsprechend bevorzugten Einwohnern der Stadt.

Das Struensee'sche Zwischenspiel und die Entlassung J. H. E. Bernstorffs hatten einen Schatten auf die dänisch-russischen Beziehungen und damit auch auf den noch ausstehenden gültigen Abschluss des vorläufigen Tauschvertrages von 1767 geworfen. Struensee wollte die dänische Außenpolitik aus dem allzu russischen Fahrwasser herausbringen, konnte aber doch von der Notwendigkeit des Tauschvertrages überzeugt werden. Am 1. Oktober 1772 war Großfürst Paul nach den Gottorfer Hausgesetzen volljährig geworden, was seine Mutter, die Zarin, für den endgültigen Abschluss hatte abwarten wollen. Erst die Berufung Andreas Peter Bernstorffs, Neffe des J. H. E. Bernstorff, am 12. Juli 1773 zum Leiter der dänischen Außenpolitik machte den Weg frei. Dabei hatte Caspar von Saldern, der die Verhandlungen auf russischer Seite führte, im Interesse Schleswig-Holsteins verlangt, dass die für die Herzogtümer zuständige Deutsche Kanzlei von einem Mitglied der schleswig-holsteinischen Ritterschaft geleitet werde. Diesem von dänischer Seite als Zumutung empfundenen Ansinnen konnte letztlich durch Andreas Peter Bernstorffs Ernennung zum Direktor dieser Kanzlei und seine Rezeption in die Ritterschaft Genüge getan werden. Am 16. November 1773 wurde im Kieler Schloss der herzogliche Anteil von Holstein an den dänischen König als Herzog von Holstein übergeben. Im Gegenzug wurden die Grafschaften Oldenburg und Delmenhorst im Dezember 1773 an das Haus Gottorf und zwar dem Wunsche des Zarenhauses entsprechend der jüngeren Linie übertragen. Fürstbischof Friedrich August wurde 1774 vom Kaiser zum Herzog erhoben und mit den zum Herzogtum Oldenburg zusammengefassten Grafschaften belehnt. Im Tauschvertrag verzichtete das Haus Gottorf endgültig auch auf seine Ansprüche auf das Herzogtum Schleswig, womit die „Gottorfer Frage", die über 100 Jahre lang die nordische Politik belastet hatte, ihre Erledigung gefunden hatte.

Nimmt man noch die 1779 nach dem Aussterben der Linie Sonderburg-Glücksburg an den König heimfallenden Glücksburger Besitzungen hinzu, so war jetzt der dänische König Herzog von ganz Schleswig-Holstein. Denn 1726 hatte bereits König Friedrich IV. die Grafschaft Rantzau eingezogen. 1722 und 1729 waren der südliche bzw. nördliche Teil von Norburg an den König gefallen. 1749 hatte der König auch den ehedem herzoglichen Teil von Ärrö erworben und 1762 wurde das Herzogtum Plön mit dem königlichen Anteil von Holstein vereinigt. Damit waren alle früheren Besitzungen der Sonderburger Linie des Hauses Oldenburg, der „abgeteilten Herren" des 16. Jahrhunderts, in königlich-dänischer Hand.

Die Herzogtümer Schleswig und Holstein waren damit unter einem Herzog vereint, der auch die dänische Krone trug und die „deutschen Provinzen" von einer eigenen Kanzlei unter Andreas Peter Bernstorff regieren ließ. Ob freilich dieser König, der siebente Christian des Oldenburger Hauses, dies alles noch begreifen konnte, ist fraglich. Einer, der mit für den verstört furchtsamen Charakter dieses Königs verantwortlich gemacht wird, war der Herr auf Altenhof, Detlev Reventlow[175]. Er war 1757 zum Erzieher des sechsjährigen Kronprinzen ernannt worden. Dieser dankte es ihm immerhin 1767 nach seinem Regierungsantritt mit der Erhebung in den Grafenstand. Freilich wurde auch Reventlow 1770 durch Struensee entlassen und kehrte erst nach dessen Sturz als Kurator der Christian-Albrechts-Universität in den Staatsdienst zurück. Mit seinem Vater Cay Friedrich gilt er als derjenige, dem die noch heute vorhandene großzügige Anlage und Ausstattung Altenhofs zu verdanken ist. Insbesondere trifft dies für die Haupträume des Herrenhauses zu[176].

Ende 1773 war aus Kopenhagen die Weisung ergangen, dass alle Häuser in der Stadt Eckernförde nummeriert werden sollten. Am 3 .3. 1774 wurde diese Kennzeichnung der Häuser, die Struensee in der Hauptstadt eingeführt hatte, mit Zahlen und Buchstaben schwarz auf weiß angeordnet. Maßgeblich waren die Nummern nach dem Brandkataster.

Am 8. März 1775 konnte schließlich auch in Eckernförde nach langen Vorbereitungen und Vorarbeiten für die Stadtländereien die Feldgemeinschaft aufgehoben und die einzukoppelnden individuellen Felder verlost werden. Maßgeblich war der § 21 der königlichen Verordnung zur Aufhebung der Feldgemeinschaften und der Beförderung der Einkoppelungen im Herzogtum Schleswig vom 26. 1. 1770[177]. Danach sollte diese an sich für die Dorfgemeinschaften erlassene Verordnung auch für die Städte „in Ansehung ihrer Stadtfelder, in so weit es auf selbige applicabel ist, zur Nachachtung dienen".

Die Eckernförder Ländereien in den Arealen des Borbyer Stadtfeldes und des Domstages hatten dazu vermessen, bonitiert und eingeteilt werden müssen. Zu- und Durchgangswege waren einzurichten und deren Unterhaltung zu klären. So waren 52 Koppeln gebildet worden, 19 auf der Schleswiger und 33 auf der Kieler Seite, die nun unter die Anspruchsberechtigten verlost wurden. Der Anteilsbesitz an den Stadtländereien bestimmte sich nach dem steuerpflichtigen „contribuierenden" Eigentum an den Häusern und nach deren in Fach gerechneter Größe. Danach hatte sich für die Stadt eine Gesamtzahl von 1665 $\frac{1}{3}$ Fach errechnet, sodass auf jede der 52 Koppeln 32 Fach (1 „volles" Haus = 8 Fach) entfielen. Der mit 1 $\frac{1}{3}$ Fach überhängende Schuster Kayser wurde abgefunden. Das Ergebnis der Verlosung unter den Bevollmächtigten der Koppelgemeinschaften hielt man im Stadtprotokoll fest und ordnete die Namen der Berechtigten den 33 Nummern nach der Kieler und den 19 Nummern nach der Schleswiger Seite zu.

Doch mit der Bewältigung der lang anstehenden Verkoppelung der Stadtländereien – die einzelnen Koppeln waren mit Wällen, Gräben, Buschwerk oder auch „Steinbefriedigungen" zu versehen – änderte sich nichts an der offenbar schwierigen Wirtschaftslage der Stadt. Mit einer über den Statthalter an den König eingereichten Bittschrift vom 1. Juni 1774[178] wiesen Magistrat und Deputierte in bewegten Worten auf „den bevorstehenden Verfall dieser armen, und in den letzten Zügen liegenden Stadt" hin. Obwohl die Stadt von der Natur mit dem schönsten Hafen Schleswig-Holsteins „beglückt" sei, lägen doch Handel, Schifffahrt, Fischerei und alle Arten von Gewerbe darnieder. Während noch vor wenigen Jahren ein einziges Handelsunternehmen (natürlich ist Otte gemeint) über 30 Schiffe in Fahrt gehalten habe, seien es nun für die ganze Stadt nur noch 14. Während ehedem Mälzerei und Weinbrennerei die einträglichsten Erwerbszweige darstellten, begännen auch diese zu „verdorren", weil es ihnen teils an Absatzmöglichkeiten fehle, teils aber auch von den umliegenden Gütern Konkurrenz gemacht werde, in deren Dörfern sich überdies fast überall auch Krämer niedergelassen hätten, die in Gewürzen und in Ellen-(= Meter-)Ware handelten. Dabei müssten diese wie auch die Dorfhandwerker keine Steuern und Abgaben, keine Einquartierung und andere städtische Lasten tragen, wozu auch die für städtische Krämer geltende Vorschrift gehöre, mindestens für 100 Reichsthaler jährlich inländische Fabrikware zu übernehmen. Folglich habe es binnen Jahresfrist in der aus nur 369 Feuerstellen bestehenden Stadt 20 Konkurse gegeben.

Eine große Hoffnung der Stadt richtete sich auf den geplanten Schleswig-Holsteinischen Kanal und darauf, dass man sich für die Streckenführung Husum–Eckernförde entscheiden werde.

Dass die Stadtverwaltung nicht nur lamentierte, um weniger Steuern zahlen zu müssen, sondern dass es der Stadt nach dem Otte-Boom tatsächlich schlecht ging, ist an der Bitte zu erkennen, der König möge doch, wenn keine andere Hilfe mehr möglich sei, das Bataillon des jütischen Infanterieregimentes, das nach Flensburg gehen sollte, nach Eckernförde in Garnison legen. Die dafür zu empfangenden Quartiergelder würden gerade dem bedürftigeren Teil der Einwohnerschaft finanzielle Erleichterung bedeuten.

Eckernfördes Bitten blieben weithin ungehört. Der Schleswig-Holsteinische Kanal, mit dessen Bau 1777 begonnen wurde, brachte mit seiner Streckenführung Holtenau–Rendsburg–Tönning nicht nur keine Verbesserung für Eckernförde, sondern sollte dessen Position als Seehandelsstadt sogar noch verschlechtern. Und auf eine Garnisonierung von königlichen Truppen würde die „in den letzten Zügen liegende Stadt" noch lange warten müssen.

Es blieb auch das Problem der Otteschen Liegenschaften vor dem Kieler Tor. Es handelte sich um die Fayence-Fabrik, die Wollmanufaktur und die Amidam-(Stärke-)Fabrik. Am 28. 8. 1774 erstattete der Eckernförder Magistrat in einem Fragebogen Bericht „von dem jetzigen Zustande der Fabriquen"[179], die sich damals alle im Besitz von J. N. Otte befanden und an die 40 Personen beschäftigten. Wegen der Möglichkeit, ungelernte Arbeitskräfte, gerade auch Alte und Arme, zu beschäftigen, war der Magistrat vor allem an der Wollmanufaktur interessiert. Sie sollte schon einmal 21 Gesellen, sieben Lehrjungen, zwei Wollkämmer, 20 Spuler und 500 Spinner (Letztere in Heimarbeit) beschäftigt haben. Jetzt fehlte es ihr an „Vorschuss" (Betriebsmittelkredit). Tatsächlich stand die Wollmanufaktur vor dem Ende; denn seinem Bericht fügte der Magistrat einen ausführlichen Vorschlag bei, wie man das solide und geräumige Gebäude als Zucht- und Werkhaus für arbeitsfähige Bettler nutzen könne. Die Fayence-

Fabrik sei dem Eigner wohl nützlicher als dem Gemeinwesen. Sie habe Schwierigkeiten, in Qualität und Preis mit ausländischen Produzenten zu konkurrieren. Ihre Erzeugnisse gingen in die umliegenden Städte und nach Hamburg. Die Facharbeit liege bei drei Familien mit acht Erwachsenen und ebenso vielen Kindern.

Einen von städtischen Eigeninteressen freien Bericht über Eckernfördes Lage in dieser kritischen Übergangszeit lieferte am 23. 11. 1775 der „Fabrikkommissionär" Johann Friedrich Becker[180]. Er war vom Kopenhagener Kommerzkollegium ausgesandt worden, um in den Städten und Flecken der Herzogtümer den Zustand des Handels und der Industrie zu untersuchen und deren Handelsverkehr mit Dänemark und Norwegen zu verbessern. Auch er stellte eine allgemeine Verschlechterung der Eckernförder Verhältnisse fest, die durch Friedrich Wilhelm Ottes frühen Tod noch verschlimmert worden waren. Das könnten auch die reederischen Bemühungen von Hofagent C. Bruyn und dem Ratsverwandten Johann Thöming nicht ausgleichen. „Sonsten gehören noch zu dieser Stadt ungefehr 15 mäßige Schiffe, so meist auf Frachten ... gehalten werden. Wollene und seidene Fabricke Waren beziehet man ... von außen her sowohl als Specereyen; Weine, Caffee, Pflaumen von Bordeaux". Weiter ist von Johann Nicolaus Ottes Stärke- und Fayencefabrik die Rede. Eingegangen sei die „wollene Zeug Fabricke", deren Arbeiter zum Teil noch weiterarbeitend zur Stelle seien, auch „viele Hände, so zuvor gesponnen", es fehle aber an geeigneten Unternehmern. „Schade, daß dieses Werck in der besten Erziehung und just dem Zeitpunkt, da sich die angewandte grose Kosten nach und nach wieder bezahlen sollten, seinen guten PflegeVater verlohren".

Doch nach J. N. Ottes Tod 1780 musste auch die Fayence-Fabrik schließen, von der ein Kenner schreibt, dass sie den Namen Eckernförde fest im Bewusstsein der Fayence-Liebhaber auf der ganzen Welt verankert habe[181].

Zu denen, die die Ottesche Lücke auszufüllen trachteten, gehörte auch der gerade für die Städte zuständige königliche Statthalter in den Herzogtümern. Carl von Hessen hatte, angeregt durch seinen Leibarzt Lossen, Interesse an der Alchimie entwickelt. 1779 lernte er in Altona den Grafen von St. Germain kennen, der Verfahren zur Verschönerung von Farben und zur Verbesserung von Metallen zu kennen vorgab und Carl von Hessen von seinen Fähigkeiten zu überzeugen vermochte. Carl kaufte 1780 die ehemalige Fayence-Fabrik in Eckernförde, ließ sie den Wünschen St. Germains entsprechend zur Farbenfabrik umbauen und machte den Farbenverschönerer zu deren Direktor. Über den weiteren Fortgang schrieb der Landgraf in seinen Memoiren: „Ich kaufte Seide, Wolle etc. Es waren viele Gerätschaften nötig, um eine solche Fabrik zu betreiben. Ich sah dort, wie 15 Pfund Seide in einem großen Kessel gefärbt wurden in einem Verfahren, wie ich es (von St. Germain) gelernt und in einer Tasse ausprobiert hatte. Es gelang vollkommen ... Das Unglück wollte, dass der Graf von St. Germain nach seiner Ankunft in Eckernförde in einem tiefgelegenen, feuchten Zimmer wohnte, wo er einen sehr starken Rheumatismus bekam, von dem er sich trotz seiner Heilmittel nie wieder ganz erholte."[182]

Carl hat St. Germain in der Folge oft in Eckernförde besucht, um sich unterrichten zu lassen. Er nannte ihn einen der größten Philosophen, die je gelebt hätten, einen Menschen- und Tierfreund, dem es nur um das Glück der anderen gegangen sei, und pries seine Gelehrsamkeit, gerade in der alten Geschichte. Seine umfassenden naturkundlichen Kenntnisse habe St. Germain zur Verbesserung der (lebenden und toten) Materie nutzen wollen. Er behauptete, der älteste Sohn (Leopold Georg) des Fürsten (Franz II.) Ragozky (Ragoczi) von Transsylvanien (Siebenbürgen) mit einer Tékély

(Tökely = ungarisches Fürstengeschlecht) zu sein, dem der letzte Medici (Gian Gastone) Schutz (vor der habsburgischen Verfolgung in den Kämpfen um die ungarische Krone) gewährte und dem er seine Bildung verdanke. Die beiden Söhne aus der zweiten Ehe seines Vaters hätten sich Kaiser Karl VI. unterworfen und dann nach dem Kaiserpaar die Beinamen St. Charles und St. Elisabeth bekommen. Daraufhin habe er, St. Germain, sich Sanctus Germanus, der heilige Bruder, genannt.

Carl war in Kassel, als sein alchimistischer Lehrmeister am 27. 2. 1784 in Eckernförde verstarb und am 2. März im nicht mehr lokalisierbaren Grab Nr. 1 in der St.-Nicolai-Kirche beigesetzt wurde. Die Todeseintragung im Kirchenbuch ist denkbar zurückhaltend. „Der sich so nennende Graf von St. Germain und Weldona, weitere Nachrichten sind nicht bekannt worden in hiesiger Kirche still beygesetzt." Die sonst übliche Altersangabe fehlt. Von früheren Angaben St. Germains ausgehend setzte Carl von Hessen das Sterbealter mit 92 oder 93 Jahren an[183], welches Alter Carl übrigens auch selbst fast erreichte (19. 12. 1744 – 19 . 8. 1836). Die Todeseintragungen für 1784 wurden von Hauptpastor Kirchhoff im Eckernförder Kirchenbuch ausdrücklich bestätigt.

Der „sich so nennende" Graf von St. Germain hat noch heute eine große Verehrergemeinde, die seinetwegen nach Eckernförde wallfahrtet, um sein Grab zu besuchen. Die Okkultisten unter ihnen glauben nicht an seinen Tod. Manche von ihnen wollen ihm begegnet sein. Einer hat sogar noch 1972 im französischen Fernsehen behauptet, selbst der Graf von St. Germain zu sein[184].

In seltsam banalem Gegensatz zu diesen wunderfrommen Spekulationen stand das Gesuch einer 1796 aus den Niederlanden gekommenen Französin, die als Witwe St. Germains in das Otte-Stift aufgenommen werden wollte. Dem wurde stattgegeben, weil St. Germain zeitweise in Otteschen Diensten gestanden habe[185].

Der berühmte Abenteurer dürfte wohl einer der Letzten gewesen sein, die in der St. Nicolai Kirche beigesetzt wurden. Denn nach Bürgermeister Fürsens schriftlicher Bekundung seien in seiner 28-jährigen Amtszeit (1787–1815) nur noch zwei Leichen in der Kirche bestattet worden[186]. Da diese Praxis 1815 vom Schleswig-Holsteinischen Sanitätskollegium beanstandet wurde, dürfte es danach jedenfalls keine Beisetzungen in der Kirche mehr gegeben haben.

St. Germains Todesjahr 1784 brachte für den Gesamtstaat, für Schleswig-Holstein und schließlich auch für Eckernförde immerhin eine Wende zum Besseren.

Am 14. April hatte sich der 16-jährige Kronprinz Friedrich von seinem Vater als Regent einsetzen lassen und die Hofcamarilla, die zwölf Jahre zuvor gegen Struensee geputscht hatte, handstreichartig entmachtet. Damit hatten Königin Juliane Marie und der Geheimkabinettsekretär Guldberg das Nachsehen. Sie hatten des Kronprinzen Konfirmation, von der ab er regierungsfähig und zur Teilnahme am Staatsrat berechtigt war, drei Jahre lang hinausgezögert. Jetzt war sie nicht mehr aufzuhalten gewesen. Carl von Hessen, dessen Memoiren mit dieser „Revolution" schließen, bewunderte die Geheimhaltung und die ungewöhnliche Klugheit, mit der sie ausgeführt wurde[187]. Wichtigste personelle Entscheidung war die Rückberufung des 1780 entlassenen, in Hannover geborenen Andreas Peter Bernstorff, womit auch die markanteste Entscheidung des Kabinetts Guldberg relativiert worden war, nämlich das Indigenatsgesetz von 1776, wonach zukünftig nur noch in den Ländern des Gesamtstaates Geborene Staatsbeamte werden können sollten. Mit diesem Gesetz, das überdies dem § 4 des Königsgesetzes (uneingeschränktes Personaleinsetzungsrecht des Königs) zuwiderlief, war der Keim des Nationalismus in das Rechtswesen des Gesamtstaates eingesenkt worden, dessen Entfaltung zu seiner Zerstörung führen sollte.

Der neue Staatsrat, in dem A. P. Bernstorff den Ton angab und in dem zwei Militärs, Generalleutnant von Huth und der Flottenchef Rosenkrantz, vertreten waren, wandte sich angesichts der neuen schwedischen Bedrohung unter dem selbstherrlichen König Gustav III. einer Heeresreform zu, in deren Zuge das Invaliden-, Witwen- und Waisenpflegehaus der Armee in Kopenhagen vergrößert und verbessert werden sollte. Carl von Hessen, der als Generalissimus der Reformkommission vorsaß, bot an, das Pflegehaus statt in einen Kopenhagener Neubau in seine aus dem Otteschen Nachlass in Eckernförde erworbenen Baulichkeiten zu verlegen, die er dem Staat zu schenken bereit war. Nach den nötigen Veränderungen und Einrichtungen wurde das Christians-Pflegehaus mit zehn Beamten und Officianten und 317 Pfleglingen und Zöglingen am 10. 9. 1785 tatsächlich nach Eckernförde verlegt[188]. Statthalter Carl von Hessen übernahm die Oberdirektion des Pflegehauses und behielt diese bis zu seinem Tode 1836 bei. Ihm und indirekt auch dem Grafen von St. Germain verdankte Eckernförde also eine Einrichtung, die seine Wirtschaftskraft stärkte und die Einbußen ein wenig kompensierte, die das dritte erwähnenswerte Ereignis des Jahres 1784 mit sich brachte. Im Oktober wurde nach siebenjähriger Bauzeit der Schleswig-Holsteinische Kanal eröffnet. So vorteilhaft er für die Schifffahrt zwischen Nord- und Ostsee und damit für die Herzogtümer in ihrer Gesamtheit war, so benachteiligte seine Streckenführung von Holtenau über sechs Schleusen nach Rendsburg und dann über die teilweise kanalisierte Untereider nach Tönning Eckernförde erheblich, hatte doch vor allem der Ost-West-Transitverkehr über Rendsburg den Eckernförder Handel befördert.

Die für Eckernförde ungünstige Inbetriebnahme des Schleswig-Holsteinischen Kanals war freilich in etwa mit einer Entwicklung zusammengefallen, die sich noch spürbar negativer auf die Eckernförder Handelsschifffahrt auswirken sollte. Der aus der Unabhängigkeitserklärung der Vereinigten Staaten von Amerika 1776 entstandene Seekrieg zwischen den europäischen Seemächten, der wieder einmal dem neutralen Seehandel, also auch dem Eckernfördes, erheblichen Auftrieb gab, war mit Friedensschlüssen in den Jahren 1783 und 1784 zu Ende gegangen. Das hatte auf Eckernfördes ohnehin durch Abwanderung zum Kanal geschwächten Seehandel einen weiteren negativen Effekt. Auch der Schiffbau, der in den Kriegsjahren floriert hatte, war in Mitleidenschaft gezogen worden. Einen Klage- und Bittbrief von 60 Bürgern der Stadt an den König mit etwa gleichlautendem Begleitschreiben des Magistrats vom 14. 10. 1786 bzw. 15. 2. 1787 leitete der Statthalter zwar unter dem 15. 6. 1787[189] an die Deutsche Kanzlei in Kopenhagen weiter, doch mit dem Bemerken, dass die erbetenen Hilfen (Stationierung eines Bataillons Infanterie oder einiger Kriegsfregatten, Verlegung des Amtes Hütten nach Eckernförde oder Kriegschiffbauaufträge an die Eckernförder Werften) kaum geeignet seien, „einen Ersatz der vormaligen temporairen Vohrteile (zu) gewähren". Die Eckernförder sollten „den etwaigen Verlust ihres auf Rendsburg gehabten Gewerbes nun durch Ausfindigmachung anderer erlaubten Nahrungs-Wege und durch eigene Betriebsahmkeit und Thätigkeit zu ersetzen suchen ..." Mag sein, dass es Carl von Hessen missfallen hatte, dass sich die Eckernförder auch über die Insassen des von ihm nach Eckernförde verlegten Christianspflegehauses beklagten. Diese, für deren Unterhalt ja der König sorge, würden sich zu geringen Sätzen für Tagelohnarbeiten verdingen, zu denen die Einheimischen ihre Arbeit nicht verkaufen könnten. Auf diesen Punkt ging der Statthalter gar nicht erst ein.

Eingeweiht wurde der Kanal mit einem dafür eigens in Eckernförde gebauten Kanalschiff. An Planung und Ausführung des Kanalbaus war der Generalmajor von Wegener maßgeblich beteiligt. Er war ein Bruder des Eckernförder Stadtphysikus Dr.

Wegener[190]. Die Oberleitung des Kanalbaus hatte beim Statthalter Carl von Hessen gelegen.

In den Jahren des Kanalbaus hatte es in Eckernförde personelle Veränderungen gegeben. Pastor Kirchhoff war 1777 Hauptpastor geworden, an seiner Stelle wählte die Kirchengemeinde C. H. Wriedt 1778 zum Diakon. 1779 wurde der Schreib- und Rechenmeister Jürgen Kroymann in der Lateinschule angestellt. Bis er 1794 in das Altonaer Gymnasium berufen wurde, schrieb er neben seinem Lehramt Rechenbücher, die eine große und nachhaltige Verbreitung in Schleswig-Holstein, aber auch in Dänemark fanden. Seine 1787 erschienene „Anleitung zum gemeinnützlichen Rechnen" erhielt später den Titel „Gemeinnützliches Rechenbuch" und erlebte bis 1866 mehrere Auflagen. Es enthielt neben den vier Grundrechenarten Dreisatz-, Zins-, Wechsel-, Gewinn- und Verlustrechnung, Mischrechnung und Geometrie. Zusammen mit diesem Buch ließ Kroymann eine Anleitung zur Algebra erscheinen[191]. Ihm wurde 1781 in Eckernförde sein Sohn Carl Friedrich geboren, der es in Altona zu einem angesehenen Porträtmaler brachte[192].

Nach dreißigjähriger Tätigkeit verstarb 1786 Bürgermeister Claussen, der noch von F. W. Otte eingesetzt worden war. Zum Nachfolger wurde 1787 Johann Nikolaus Fürsen bestimmt. Er hatte in Kiel und Göttingen Jura studiert und war zuvor Auditeur (Ankläger) beim Fünenschen Dragonerregiment in Schleswig gewesen[193].

Am 6. Oktober 1779 war der Eckernförder deputierte Bürger Gottfried Zettwach zum „Supernumerairen" Ratsverwandten gewählt worden. Er konnte sein Amt freilich noch nicht antreten, da der in Köslin geborene nach dem Indigenatsgesetz von 1776 als Ausländer galt, für den eine allerhöchste Sondergenehmigung, eine „Naturalisation", beantragt werden musste, die bis zum 1. März 1781 auf sich warten ließ, wohl weil der zuständige Leiter der Deutschen Kanzlei A. P. Bernstorff im November 1780 auf russischen Druck entlassen worden war und sich die für Schleswig-Holstein zuständige Behörde erst wieder neu formieren musste. Eine andere Ausnahmegenehmigung war schon am 6. 10. 1779 wegen der Wahl des Stadtsekretärs Claussen zum ordentlichen Ratsherrn erteilt worden, da nach dem „Commissional-Schluss" von 1711 ein Stadtsekretär eigentlich nicht zugleich Ratsherr sein durfte.

Abb. 67 zeigt die Unterschriften aller Mitglieder des Stadtregimentes unter einem ins Stadtprotokoll vom 16. 10. 1782 eingefügten Vertrage mit dem „commercirenden" Bürger Johann Friedrich Hitscher. Ihm war damit erlaubt worden, gegen eine jährliche Gebühr von zwei Reichsthalern eine Fischkiste mit den Abmessungen von 16 x 4 x 4 Fuß (zur Fischhälterung) in den Cacabellen-Bach zu setzen. Die am 18. 3. 1778 in die Wege geleitete Reinigung des Bornbrooks und die Reparatur der unbrauchbar gewordenen, 1756 von F. W. Otte eingerichtete 2000 Meter langen Wasserleitung hatte also die Wasserqualität des Cacabellen-Baches so weit verbessert, dass in seinem Wasser Fische „gehältert" werden konnten. Dazu war es auch notwendig gewesen, die Einleitung von Fabrikabwässern und das Viehtränken im Bach zu unterbinden[194].

Im folgenden Jahr 1779 drohte der Einsturz des „Kirchen-Turms" (Dachreiters). Es waren Stücke heruntergeweht worden. Auch neigte sich der Turm zur Wasserseite mehr als 18 Zoll (fast 50 cm). Es zeigte sich, dass das Holz der Pfeiler, auf denen der Turm ruhte, vermodert war und erneuert werden musste. Das galt auch für den Glockenboden und „den untersten Boden am Uhrwerk". Zimmermeister Friedrich Möller erhielt den Reparaturauftrag[195].

Im Oktober 1790 wurde das „Schleswig-Holsteinische Jäger Corps" von der Stadt Schleswig nach Eckernförde verlegt und blieb hier bis zum 27. 4. 1842. Bahnsons ent-

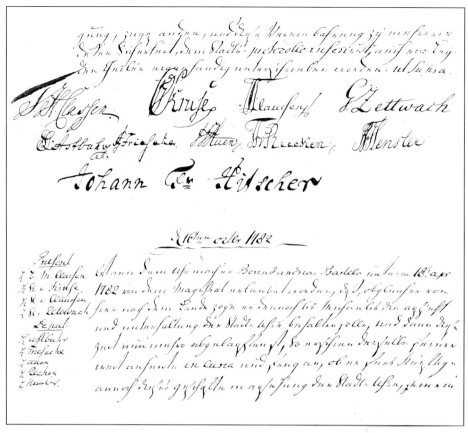

Abb. 67
Auszug aus dem Stadtprotokoll vom 16. 10. 1782

sprechende Angaben zur Verlegung nach Eckernförde, von denen es zeitlich abwei-
chende Nachrichten gibt[196], werden durch das Eckernförder Stadtprotokoll bestätigt,
in welchem das Jägercorps erstmals am 14. 10. 1790 erwähnt wurde. Es ging um eine
Witwe, „die ein liederliches Leben führt". Schon das vorige Garnisonskommando
hatte sich über sie beschwert und das gegenwärtige „den Jägern" verboten, deren Haus
zu betreten. Nun sollte sie der Stadt verwiesen werden.

Die wiederholten Bitten der Stadt um dauerhafte Garnisonierung eines Infanteriebataillons waren offenbar erhört worden. Das aus vier Kompanien mit einer Kriegs-
stärke von je 140 Mann bestehende Corps war am 12. 9. 1788 errichtet worden, um
innerhalb eines Hilfscorps' von 12 000 Mann von Norwegen aus gegen Schweden zu
ziehen. Der von kriegerischem Ehrgeiz besessene Schwedenkönig Gustav III. hatte
1787 Russland angegriffen, dem gegenüber sich Dänemark in dem Tauschvertrag von
1773 zu militärischem Beistand verpflichtet hatte. Zu dem Feldzug gegen Schweden
kam das Jägercorps jedoch nicht mehr rechtzeitig. Carl von Hessen hatte als Befehlshaber des dänischen Hilfscorps' bei Koistrum bro einen Sieg über die Schweden errun-
gen, und 1790 kam bereits durch britische Vermittlung ein Frieden zustande.

Kommandeur des Jägercorps', das die Stärke eines Infanteriebataillons hatte, war der Oberstleutnant Johann von Ewald. Neben wachsenden übergeordneten Aufgaben führte er es bis zu seinem Tode 1813 und stieg bis zum Generalleutnant auf. In Friedenszeiten unterhielt jede Kompanie des Jägercorps' nur einen Stamm von etwa 40 Mann, die in Bürgerquartieren untergebracht waren. Ewald war nicht nur ein im Siebenjährigen und im amerikanischen Unabhängigkeitskrieg (als hessischer Offizier auf preußischer bzw. britischer Seite) ein erfolgreicher Truppenführer, sondern machte sich auch als Militärtheoretiker einen Namen, der für eine offene, auseinander gezogene Kampfesweise eintrat, die sich gerade für die leichte Infanterie (Jäger) besonders eignete. Zum Schluss seiner Karriere erhielt er 1812 das Kommando über die in den Herzogtümern operierende dänische „Bewegliche Armeedivision" von 10 000 Mann, die sich nach Ewalds Tode am 25. 6. 1813 in den Gefechten bei Bornhöved und Sehestedt noch einmal bewähren sollte[197].

1793 kaufte die Stadt das „von qualensche Haus" (das Stadthaus von Gut Windeby), heute Kieler Straße 29[198] für 1400 Reichsthaler, um dem Chef des Jägercorps' eine angemessene Unterkunft zu bieten[199].

Der letzte Qualen auf Windeby, Rittmeister Claus Otto Christopher von Qualen, konnte nicht wirtschaften und versuchte offenbar durch Verkäufe von Vermögensteilen sich über Wasser zu halten. So veräußerte er im gleichen Jahre 1793 auch Marienthal mit Wilhelmstal und Hoffnungstal[200].

Ob die Aufhebung der Leibeigenschaft auf Windeby am 2. 5. 1795 so ganz freiwillig erfolgte, muss bezweifelt werden. Schon unter Claus O. C. von Qualens Vater war es unter den Hofdienst leisten sollenden Knechten wegen überzogener Forderungen des Gutsherrn zu Unruhen und Aufsässigkeiten gekommen[201], und dem Noorfischer Föh gegenüber, der im Jahr der Aufhebung der Leibeigenschaft in der Gegend von Windeby Krabben fischte, erwies sich Claus von Qualen nicht gerade als Menschenfreund. Er nahm dem Fischer das Boot und sämtliche Fischgeräte, sodass der Eckernförder Magistrat gegen den Gutsherrn gerichtlich vorgehen musste. Denn er hatte sich damit an den Gerechtsamen der Stadt vergriffen, deren Bürger das uneingeschränkte Fischrecht auf den umgebenden, im Eigentum des Landesherrn stehenden Gewässern besaßen[202]. Wir wissen nicht, ob die Sache noch zum Austrag gekommen ist. Denn 1797 verkaufte Qualen auch das Stammgut Windeby[203].

Die Französische Revolution von 1789 hatte auch in der „Ruhe des Nordens" eine intellektuelle Überprüfung der Sozialordnung angestoßen. Dies galt ganz besonders für die Leibeigenschaft, über deren Aufhebung eine mächtige Diskussion in Gang gesetzt worden war, die in den 1790er Jahren zu vielen Vorarbeiten führte, wenn es denn auch erst zum 1. Januar 1805 in den Herzogtümern zu einer definitiven gesetzlichen Aufhebung der Leibeigenschaft gekommen ist.

Gleiches galt für die Armenfürsorge, die bereits 1788 eine feste Ordnung erhalten hatte[204]. Älteste Einrichtung in Eckernförde war das auf eine Stiftung Bischof Nikolaus Wulfs zurückgehende Stadtarmenhaus (Nicolaistift), zu dem auch der Bleicherhof gehörte. Dort konnten zwölf Arme aufgenommen werden. Dazu kamen der erst 1773 durch seinen Vorsteher Henning Joachim von Ahelfeldt renovierte Goschhof, in dem 14 Bedürftige Aufnahme und Versorgung fanden, und das Ottesche Armenhaus, das neun Armen zu einer Bleibe verhalf. Magistrat und „Ministerium" (die Pastoren an St, Nicolai) sprachen darüber hinaus in gemeinsamer Sitzung alljährlich bestimmte Bar- oder Sachzuwendungen etwa 60 notleidenden Eckernfördern zu. Es waren also 100 Personen oder knapp 5 % der Bevölkerung auf öffentliche oder stiftungsgebundene Hilfe angewiesen. Die öffentliche Hilfe wurde aus dem Inhalt der Armenblöcke und -büchsen, aus dem Überschuss aus verkauften Lombardpfändern, aus Geldern, mit denen sich Bürger von öffentlichen Pflichten freikauften, aus der Hälfte der verhängten Geldstrafen („Brüche") bei Verstößen wider die Marktordnung, aus einer $1/2\%$-igen Armensteuer bei Vertragsabschlüssen mit der Stadt, aus der Verwertung von Nachlässen verstorbener Armen und natürlich sehr wesentlich aus wohltätigen Spenden gespeist. Der Inhalt der Klingelbeutel stand allein dem Stadtarmenhaus zu. Auf einer Stiftung der Familie Otte beruhte auch die Armenschulkinderkasse, aus der der Armenschullehrer bezahlt wurde.

Unter den Bedürftigen der Stadt waren auffallend viele Witwen. Mit einem Antrag auf geldliche Unterstützung erschien im Stadtprotokoll vom 1. 7. 1777 sogar die Witwe eines Ratsverwandten. Waisenkinder (Vollwaisen) wurden gegen Zahlung eines Kostgeldes aus der Stadtkasse in anderen Familien untergebracht[205]. Den 15 „Herbergierern" der Stadt musste der Magistrat am 14. 10. 1790 eindringlich bedeuten, dass sie zur Aufnahme armer Durchreisender verpflichtet seien, die das Quartiersgeld nicht zahlen könnten, das den Wirten doch aus der Armenkasse erstattet würde. Es war vorgekommen, dass solche Leute die Nacht auf der Straße hatten verbringen müssen.

Auch für die medizinische Versorgung der eigenen Armen stand die Stadt ein. So vereinbarte sie am 14. 12. 1790 mit dem Chirurgen Ehrhard, dass er die mittellosen Einwohner gegen eine aus der Armenkasse zu leistende Jahrespauschale von 20 Rt. behandelte.

Der Verehrung der königlichen Familie hatte der revolutionäre Geist freilich noch keinen Abbruch getan. Als für den 7. Juni 1790 die Durchreise der Schwester des Kronprinzen Louise Augusta angekündigt worden war, die von den Kopenhagenern „Prinzessin Struensee" getauft worden war und die mit ihrem Ehemann, dem Erbprinzen Friedrich Christian von Augustenburg, nach Kiel „und so weiter" reisen wollte, da wurde wieder ein großer Empfang vorbereitet. Freilich standen dafür nicht mehr wie bei den Besuchen des königlichen Erbprinzen Friedrich, Sohn von Struensees Gegenspielerin Königin Juliane Marie, am 8. 7. 1785 und des Kronprinzen am 5. 7. 1787 noch aus der Otteschen Zeit stammende Salutkanonen zur Verfügung, sondern die 19-jährige Prinzessin musste sich damit begnügen, dass die im Hafen liegenden Schiffe die Flaggen wehen ließen. Natürlich stand die Bürgerschaft wieder in zwei Kompanien mit den Fahnen der Gilden, dem Direktor des Pflegehauses und vier Trommelschlägern und der vom Organisten Sachsenberg arrangierten Musik Spalier[206]. Es ist nicht überliefert, wie die hohen Herrschaften die Huldigung des Volkes von Eckernförde aufgenommen haben, hatten sie doch ein knappes Jahr zuvor noch „Tränen der Freude über den Ausbruch der Französischen Revolution vergossen"[207].

Das Augustenburger Ehepaar wird vor dem Eckernförder Spalier die „Lange Brücke" passiert haben. Dieses Sorgenkind des Eckernförder Magistrates musste etwa alle zwei Jahre einer grundlegenden Reparatur unterzogen werden, deren Kosten durch die Brückenpacht, die der Brückenpächter zu zahlen hatte, nicht voll gedeckt wurden. Brückenreparatur und Brückenpacht wurden nach einem öffentlichen Ausbietungsverfahren vergeben[208]. Um zu einer besseren Kostendeckung bei dem etwa 100 Meter langen Verkehrsträger zu kommen, ließ sich die Stadt eine neue Brückentaxe genehmigen, die unter dem 21. Oktober 1795 im „Altonaischen Mercurius" veröffentlicht wurde. Brückengeld wurde nur von Fahrzeugen und erwachsenen Tieren erhoben, wobei es bei großen Fahrzeugen auf die Zahl der benötigten Pferde ankam. Bei Reitpferden war es unerheblich, ob sie geritten oder geführt wurden. Wenn Hin-

und Rückkunft an einem Tage erfolgten, brauchte nur einmal gezahlt zu werden. Befreit waren die Eckernförder und Borbyer Wagen und Tiere, wobei die Borbyer bei Brückenreparaturen zu Handdiensten verpflichtet waren. Die Befreiung galt auch für die zur Borbyer Kirche eingepfarrten Bewohner der Güter Windeby und Marienthal. Das Brückengeld schwankte zwischen ¹/₂ und 3 Schillingen. Der dies erhebende Brückenpächter, der auch für die Reinigung der Brücke und ihrer Anschlussstücke verantwortlich war, musste sehen, daraus auf seine (Pacht-)Kosten zu kommen[209].

Ab 1797 sollte nun das Verpachtungsverfahren auf einen weiteren städtischen Bereich ausgedehnt werden: die Ratswaage und den Ratskeller. Diese beiden Einkunftsquellen, deren Erträge von alters her Bürgermeister und Rat zustanden, waren an den Gerichts-(Rats-)diener Lammers verpachtet gewesen, der sich auch noch als Kornmakler betätigt hatte und damit pleite gegangen war[210]. Der Magistrat hatte daher beschlossen, dass die Funktion des Gerichtsdieners von der des Pächters von Ratswaage und Ratskeller getrennt werden sollte und dazu die separate Verpachtung der beiden Ratseinkunftsquellen beschlossen. Die Ausbietung[211] enthält in 21 Paragraphen eine detaillierte Beschreibung des Rathauses, seiner Einrichtung und Nutzung. Sie wird im Folgenden zusammengefasst wiedergegeben, da sie ein aufschlussreiches Zeitbild des historischen Gebäudes vermittelt.

§ 1 beschreibt den Gegenstand der Verpachtung: die Waage zum Wiegen der zollpflichtigen Waren und die „Bewohnung und Benutzung" des Ratskellers nebst Pferdestall und Billardsaal, dazu das freie Schenkrecht für Wein, Bier und Branntwein nebst „sonstigen zur Wirtschaft gehörigen Sachen", jedoch ohne Beherbergung oder ein anderes bürgerliches Gewerbe. Den Handel mit Wein und anderem steht dem Pächter frei, sobald er das Bürgerrecht erworben hat und damit steuerpflichtig geworden ist. § 4 enthält die zu übernehmende Einrichtung.

Der Pächter kann sie gemäß § 5 nach Ablauf der zehnjährigen Pacht auf seine Kosten entfernen und mitnehmen, muss allerdings die Öffnungen der beiden Treppen nach dem ersten und zweiten Boden (zum Billardsaal bzw. zum Boden über dem Billardsaal) „hinwieder einzulegen und ebnen" lassen.

Die von den Kaufleuten der Stadt eingerichtete Winde zum Wiegen der „großen und schweren Packen und Waaren" muss der Pächter unterhalten (§ 7). Da „der Eingang des besten und sichersten Criminalgefängnisses durch die Raths-Waage" geht, hat der Pächter sich aller Gespräche mit den Arrestanten zu enthalten.

Die Schützengilde soll nach wie vor berechtigt sein, den Billardsaal für ihre Versammlungen zu benutzen; die vom Rathaus dahin führende Tür bleibt unverschlossen (§ 9).

Der für das gesellige Leben im Eckernförde des ausgehenden 18. Jahrhunderts besonders informative § 12 soll hier wörtlich zitiert werden: „Wenn aber etwann Masqueraden, Balle, Concerte, Klubs- oder sonstige Vergnügungen, auf dem Rathause, oder dem Concert-Saale ... gehalten werden sollen, ... so kann ihm (dem Pächter) auch darzu sowohl der obere große Vorsaal als auch der Concert-Saal, nebst den dabey vorhandenen Zimmern, so wie die obere Küche eingeräumet werden, ..., auch muß entrepreneur (der Pächter) sich gefallen lassen, daß auch andere Lustbarkeiten, die er nicht übernommen, daselbst gehalten würden."

Wie schon bei der langen Brücke war auch die Pacht für die Ratswaage und den Ratskeller in „neuer Schleswig-Holsteinischer Courant Müntze" zu entrichten. Das neue Geld war erstmals am 15. Mai 1793 im Stadtprotokoll erwähnt worden, als die städtischen Gremien daran erinnerten, dass sie „bereits längstens den Wunsch geäußert, gegenwärtig und nach der im Jahre 1788 erfolgten Müntz-Veränderung, auch die annoch bey der Stadt respective in dänischen Banco-Noten und in Klein-Courant belegten Capitalien zu der gegenwärtig eintzig und allein coursirenden Schleswig Holsteinischen Courant Müntze zu redouciren ..."

Es waren nämlich die Währungsverhältnisse im Gesamtstaat in der zweiten Hälfte des 18. Jahrhunderts in eine Papiergeldkrise geraten. Diese hatte die Kopenhagener „Assignations-, Wechsel- und Leihebank" von 1736 ausgelöst, deren Notenmission keine Grenze gesetzt war und die überdies Noten auch auf als Notengegenwert ungeeignete, weil schwer verwertbare Aktiva ausgab. Die Bareinlösung der Noten („Zettel") in konkretem Silbergeld („Spezies") musste daher 1757 eingestellt werden, womit das Geld der Königreiche Dänemark und Norwegen zur Papierwährung geworden war[212].

Die Herzogtümer Schleswig und Holstein hingegen blieben davon einigermaßen unberührt, weil ihr Geldwesen auf Grund der Ripener Privilegien von 1460 eng an das solide Münzwesen der Hansestädte Lübeck und Hamburg gebunden war. Doch verdrängte das schlechte dänische Papiergeld das gute Silbergeld nicht nur in den Königreichen, sondern begann auch in die Herzogtümer einzudringen. Die entsprechenden inflationären Tendenzen wurden noch durch eine defizitäre, extrem merkantilistische Finanzpolitik des Kabinetts Guldberg verstärkt. Nach dessen Sturz im Jahre 1784 strebte die neue vom Kronprinz geführte Regierung eine Sanierung der Staatsfinanzen und der Reichswährung an. Doch dies war nicht auf einen Schlag im Gesamtstaat zu schaffen. So machte man damit in den Herzogtümern den Anfang, wo es um den Geldwert ohnehin besser stand. 1788 wurde die Altonaer „Spezies-Giro und Leihebank" zur Notenbank umgegründet. Sie erhielt den Namen „Schleswig-Holsteinische Speziesbank". Sie emittierte Noten nur gegen entsprechendes Silbergelddepot. Um die in den Herzogtümern kursierenden Kopenhagener „Courant-Zettel" aufzusaugen, legte die Schleswig-Holsteinische Speziesbank eine Anleihe zum Kurs von 125 % auf, was in etwa der Hamburger Notierung des alten dänischen Papierthalers für einen Speziesthaler entsprach.

1791 begann man auch das Geldwesen in den Königreichen zu reformieren und den Reichsthaler auf Spezies umzustellen. Eine dänisch-norwegische Spezialbank wurde in Kopenhagen gegründet. Sie betrieb freilich keine so solide Geldpolitik wie ihre Altonaer Schwester. Während in Altona ein Deckungsverhältnis von mindestens 5 : 9 (Speziesvorrat zu Notenumlauf) beachtet werden musste und der Überschuss allenfalls in guten Handelswechseln oder Edelmetallbarren auf höchstens drei Monate angelegt werden durfte, war die Kopenhagener Bank neben ihrer Währungsverantwortung weit stärker auf das Kreditgeschäft ausgerichtet. Sie durfte auch Wertpapiere, Grundstücke und sogar Waren auf sechs Monate beleihen und war nicht so strikt an ein bestimmtes Deckungsverhältnis ihres Notenumlaufes zum Silbergeldvorrat gebunden. Der Umlauf ihrer Noten war schließlich nicht einmal mehr zur Hälfte durch Spezies gedeckt. Entsprechend litt der Wert der Noten, sodass sie in Schleswig-Holstein schließlich nur mit einem Abschlag von 10 % angenommen wurden.

Um den Übergang zur neuen Spezies zu beschleunigen, war 1790 für Schleswig-Holstein dekretiert worden, dass Forderungen nur dann noch einklagbar sein sollten, wenn sie auf die neue schleswig-holsteinische Währung lauteten. Darum wurden die in dänischen Banknoten der neuen Regierung eingegangenen Verbindlichkeiten der Stadt Eckernförde 1793 im Verhältnis 100 : 90 auf Spezies umgestellt. Die in „Klein-Courant" aufgenommenen „Capitalien" rührten noch aus den alten Währungsverhältnissen her. Ein in unterwichtigen kleinen schleswig-holsteinischen Scheidemünzen gewährtes Darlehen war natürlich nicht die volle Spezies wert. Hier betrug der Abschlag etwa 6 %.

Mit der Währungsumstellung von 1788 war nun aus der Zollgrenze an der Königsau, die sich aus der im Tauschvertrag von 1773 zugesicherten Sonderstellung der Herzogtümer ergeben hatte, auch noch eine Währungsgrenze geworden[213], aller angeblichen „Inkorporation" Schleswigs zum Trotz.

Die Versteigerung der Pacht von Ratswaage und Ratskeller brachte 212 neue schleswig-holsteinische Reichsthaler. Die erste pränumerando zu leistende Zahlung Anfang Januar 1797 konnte nicht voll nach dem alten Schlüssel 2 : 1 : 1 zwischen Bürgermeister und den zwei Ratsherren verteilt werden. Vorab war zu berücksichtigen, dass der Gerichtsdiener nun keine freie Wohnung im Ratskeller mehr hatte und mit der Neuregelung auch die freie Wohnung des Bürgermeisters entfallen war[214].

Im Ausbietungsverfahren wurde auch regelmäßig die Stadtreinigung vergeben. Dazu war die Stadt in sechs Reinigungsbezirke aufgeteilt:

1. Steindamm und die „beiden Nebengassen" (heutige Gasstraße und Burgwall)
2. Langebrückstraße „bis H. Agent Bruynen und Hinr. Wilms Häuser inclusive H. Duën Gang, und des sogenandten Rhodengang, bis an den ehemaligen Ochsenkopf"
3. „Die Straße hinterm Kirchhofe" (heutige Nicolaistraße) nebst dem Gange „zwischen Mad(ame) Astbahr und H. von Reecken Häuser, den Markt mit dem Gange zwischen H. Krusen beyden Häuser und den Gang zwischen dem Rathause und Beckers Erben."
4. Kurzebrückstraße (heutige Kieler Straße) „angehend zwischen Köhns und Lichtappels-Hause bis an H. Gragen und H. Wulffen Häuser in dem Gänse-Markt, und den davon abgehenden Gängen, bei H. Arends und H. Auen Häusern.
5. Übriger Teil der Kurzebrückstraße „der Gang zwischen dem Windebuyer = und dem Schulhause, den Gang zwischen Secret(air) Claussen und H. Posthalter Sticken Hause". bis an die Hinterstraße (heutige Gudewerdtstraße), die Frau-Clara-Straße „benebst dem Gange zwischen H. Fr. Hinrichsen, und H. Kreyenberg" bis an den Kattsund und die Neue Wohnung (heutige Ottestraße).
6. Ganze Hinter- und Fischerstraße, „von Ahrends Stall, bis an die Schiffbrücke", den Kattsund „nebst dem Gange der nach dem Krugerschen Hause gehet, den Gang zwischen den Pahlenschen und Schliemanschen Wohnhäuser, bis an Joachim Arpen Witwen Haus", auch längs den Häusern, die an der Schiffbrücke und am „Sande" (Jungfernstieg) liegen, „so weit daselbst gefeget wird"[215].

Es ist schwierig, die Reinigungsbezirke zu lokalisieren, soweit sie durch die Eigentümer bestimmter Häuser markiert und beschrieben werden. Die Schrift von Stadtsekretär Claussen, der mit zu diesen Eigentümern gehörte, ist so schwer zu lesen, dass es sinnvoll erscheint, den Klartext dieser Art von Stadtbeschreibung festzuhalten. Natürlich zielte das Ausbietungsverfahren, die „Licitation", in diesem Falle darauf ab, den „Entrepreneur" zu ermitteln, der das Wenigste für diese Reinigungsarbeit haben wollte.

Am 5. September 1796 wurde der gebürtige Eckernförder Johann Wilhelm Thöming (1763–1827) anstelle des wegen einer Berufung zum Pastor ausscheidenden Joh. Nic. Reuter zum Rektor der Lateinschule gewählt. Mit zwei Mitbewerbern hatte er eine „Probe in den erforderlichen Wissenschaften und der Lehr-Methode" ablegen müssen. Das Auditorium bestand nicht nur aus den Wahlberechtigten – Magistrat,

Pastoren und Deputierte –, sondern auch gemäß königlichem Reskript aus den „in der Stadt vorhandenen litterati, den königlichen Bedienten und ein nicht geringen Antheil der angesehensten Bürger". Thöming wurde mit acht von elf Stimmen gewählt. Seine über 30-jährige Tätigkeit sollte sich auf das geistige und kulturelle Leben der Stadt sehr positiv auswirken. Dazu gehörte auch die in Gang befindliche Neuordnung des Schulwesens. Bereits im September 1793 war in Eckernförde die Schulreform vom 1. 12. 1791 von Magistrat und „Ministerio" in die Wege geleitet worden. Danach durften zukünftig Klipp- oder Winkelschulen nur noch mit Erlaubnis der beiden Gremien betrieben werden. Auch mit Erlaubnis sollten sie nur Kinder beiderlei Geschlechts bis zum Alter von fünf Jahren unterrichten dürfen, und zwar nur in „Buchstaben Kenntnis", nicht im Buchstabieren, Lesen, Schreiben, Rechnen und „im Christenthume". In von Frauen gehaltenen Mädchenschulen galt für Mädchen die Ausnahme, dass sie dort bis zu ihrem zwölften Lebensjahr das gesamte Lehrprogramm erfahren durften, wenn sich die Lehrerinnen einer Prüfung durch den Hauptpastor unterzogen hatten. Ab dem 13. Lebensjahr mussten die Mädchen, wie die Knaben schon ab dem sechsten, die öffentliche Schule bis zur Konfirmation besuchen[216]. Es galt mittlerweile die Schulpflicht. Säumige Eltern wurden zur Verantwortung gezogen[217]. Die fachliche Aufsicht über die Schulen lag immer noch bei den Pastoren von St. Nicolai, und zwar seit dem 1. 11. 1791 bei Hauptpastor Wriedt und Diakon Volquardt Hansen. Hansen wurde 1796 zum Pastor in Borby berufen und an seiner Stelle wurde Peter Carstens aus Ahrenviöl, Amt Husum, zum Diakon gewählt[218].

Besonderes Augenmerk ließ Eckernfördes Stadtverwaltung auch weiterhin dem Brandschutz zukommen. Dem Schornsteinfeger stand eine freie Wohnung und Steuerfreiheit zu[219]. Immer noch wurden beim Bau neuer Häuser „Strohwippen"(-bündel) „untergewippt", also wohl zur Auskleidung der Dachböden verwendet. Die auf solche Weise gegen die königliche Brandordnung Verstoßenden wurden auf Anzeige der Branddeputierten vom Magistrat vorgeladen und verwarnt[220]. Die Sorge vor der Brandgefahr spielte auch bei dem Antrag der Deputierten vom 14. 8. 1795 mit, „die Zahl der Nachtwächter, die auch auf Brände zu achten hatten, von zwei auf vier zu erhöhen". Wegen der Kosten einigte man sich dann dahingehend, dass ein weiterer Nachtwächter eingestellt wurde und die Wachgänge dieser drei mit der des Schiffbrückenwächters zusammengelegt wurden. Alle vier sollten von anderen Tätigkeiten freigestellt werden. Im Sommer freilich, bei geringerem Wachbedarf, sollte einer der Nachtwächter als Schweinehirt fungieren[221]. Die hierarchischen Verhältnisse und die Personalwirtschaft im städtischen Dienst beleuchteten die Beförderung eines Nachtwächters zum Marktvogt. Als Ersatzmann bewarb sich ein Tagelöhner aus Schleswig. Er konnte ein gutes Zeugnis seines Pastors vorlegen, der ihm einen unbescholtenen Lebenswandel attestierte. Auch hatte sich der Schleswiger Bürgermeister bereit erklärt, den Bewerber nach Ablauf der Anstellungszeit erforderlichenfalls in Schleswig wieder aufzunehmen. Er würde also der Eckernförder Armenkasse nicht zur Last fallen[222].

Die Verbesserung des Brandschutzes durch bauliche Vorschriften und deren Überwachung durch Schornsteinpflege und Feuerstellenüberwachung, Früherkennung von Bränden und die organisatorischen und technischen Vorkehrungen zu deren Bekämpfung hatte offenbar Erfolg. Die im ausgehenden 18. Jahrhundert vorkommenden Brände waren jedenfalls nicht so erheblich, dass sie einen Niederschlag in der städtischen Protokollierung und Überlieferung gefunden hätten.

Dafür hatte die Stadt wieder Schäden hinzunehmen, die die Natur verursacht hatte. Am 22. 9. 1793 überschwemmte das Wasser der Ostsee den ohnehin nicht mehr sehr gepflegten Jungfernstieg, das Christianspflegehaus und den Kakabellenbach. Der aufs Ufer stehende Sturm trieb auch ein Schiff auf den Strand[223].

Am 21. 6. 1797 starb Andreas Peter Graf Bernstorff, überzeugter und überzeugender Gesamtstaatspatriot. Ihm war es gelungen, seinem Vaterland in der umstürzlerischen Unruhe, in die die Französische Revolution ganz Europa versetzt hatte, den inneren und äußeren Frieden zu bewahren, was nur mit großer staatsmännischer Behutsamkeit, Weitsicht und Integrität zu schaffen war. Ihm hatte sich der regierende Kronprinz, der spätere König Friedrich VI., auch noch unterordnen wollen. Die Bauernbefreiung von 1788 in Dänemark, die in Schleswig-Holstein wegen des in dieser Frage zunächst zerstrittenen Adels erst später verwirklicht werden konnte, die innere Freiheit überhaupt, die das gesamtstaatliche Leben gegen Ende des 18. Jahrhunderts wie sonst nirgendwo in Europa bestimmte, war der Bernstorffschen Politik zu verdanken, mit der er sich in gewissem Sinne zum Vollstrecker des philanthropischen Vermächtnisses von Johann Friedrich Struensee gemacht hatte.

Kronprinz Friedrich nahm nach Bernstorffs Tod die politischen Geschäfte selbst in die Hand. Sein Denken war stark militärisch und dänisch-national geprägt. Die schwierige Balance zwischen den sich auf Leben und Tod bekriegenden Groß- und Seemächten Großbritannien und Frankreich vermochte Friedrich nicht zu halten. Seine Orientierung an Frankreich, wovon er die Bewahrung der Herrschaft über Norwegen erhoffte, brachte ihn in Gegensatz zu seinen deutschen Untertanen, die mit den im Kampf mit dem revolutionären Frankreich stehenden Deutschen des alten Reiches sympathisierten. So wird man den Tod Bernstorffs als einen Wendepunkt ansehen können, welcher den Beginn des Verfalls des Gesamtstaates und der Loslösung Schleswig-Holsteins von der dänischen Krone markierte.

Eckernfördes Situation in diesem Schicksalsjahr ist abzulesen an der an die Regierung in Kopenhagen gerichteten „Nachricht von dem itzigen Zustande der Fabriquen in der Stadt Eckernförde". Nur noch eine Fabrik, die Wollmanufaktur, wurde aufgeführt. Sie beschäftigte an drei Stühlen zwei Gesellen, 20 Spinner und zwei Spuler. Die anderen Fabriken seien an der schlechten Qualität und höheren Preisen, als sie die Konkurrenz verlangte, gescheitert. Auf die Frage (des Fragebogens der Regierung) „Welche Mittel die gegenwärtigen Fabriquen sowohl als auch neue Anlagen in Aufnahme bringen würden?" heißt es „Diejenigen Theile der Einwohner, welche etwas zu deren Anlegung Lust und Neigung finden mögten, fehlet es gemeinigl. an dem darzu nötigen Gelde"[224].

Und eine andere Zahl, die Stadtchronist Hanssen überlieferte[225], zeigte noch deutlicher, wie schlecht es um die Wohlfahrt der noch vor einer Generation blühenden Stadt bestellt war: 1797 waren in Eckernförde nur noch acht Schiffe beheimatet. Dabei war mit dem Ausbruch der Revolutionskriege 1793 auf See eine Situation entstanden, in der der Gesamtstaat seine Neutralität lange Zeit bewahren und dadurch wieder seinen Seehandel, insbesondere zur Belieferung der Ostseeanrainer mit Kolonialwaren, erheblich ausbauen konnte. Wie sehr fehlte offenbar ein Otte in Eckernförde!

4. Kapitel
Loslösung von Dänemark (1797–1848)

4.1 In den napoleonischen Kriegen (1797–1815)

1797, das Jahr des tief in die Geschichte des Gesamtstaates einschneidenden Todes von Andreas Peter Bernstorff, war von zwei Ereignissen eingerahmt, in denen schon Entwicklungen sichtbar wurden, die zur Auflösung des dänisch-norwegisch-schleswig-holsteinischen Staatsgebildes führen sollten. Am 2. 12. 1796 war durch königliches Reskript eine neue Kirchenagende zur Einführung in die Herzogtümer empfohlen worden, die als Angriff Kopenhagener Aufklärer auf den alten Glauben lutherischer Prägung empfunden wurde. Und im Januar 1798 beschloss der Staatsrat, dänische Konvois zukünftig durch Kriegsschiffe geleiten zu lassen, womit Bernstorffs defensive Neutralitätspolitik aufgegeben und eine englandfeindliche und damit letztlich profranzösische Parteinahme Dänemarks in den in Gang befindlichen militärischen Auseinandersetzungen der europäischen Großmächte eingeleitet wurde.

Die vom Generalsuperintendenten für das Herzogtum Schleswig Dr. Adler verfasste neue Agende sollte das Kirchenbuch des Hofpredigers Adam Olearius aus dem Jahre 1665 ersetzen, dessen „veraltete Sprache, und, der unsern Zeiten nicht mehr angemessene Inhalt und Ausdruck" ... „die preiswürdige dänische Regierung auf das Bedürfnis einer neuen verbesserten Kirchen-Agende aufmerksam gemacht"[1] hatte. In Sprache und Inhalt atmete die neue Agende den vernunftgläubigen Geist der Aufklärung, der „Religion" und „Gottesverehrung" – dort mit einer gewissen intellektuellen Distanz gebrauchte Begriffe – von Aberglauben und mittelalterlich-katholischen Überresten reinigen wollte. Das richtete sich indes in vielen Punkten gegen christliche Traditionen, auf die das Kirchenvolk nicht verzichten wollte. Man empfand wohl irritiert die in den Neuerungen spürbare Tendenz zu einer abstrakten, vernunftbestimmten Tugendlehre, in der nicht mehr die christliche frohe Botschaft von der göttlichen Liebe und der gnädigen Sündenvergebung im Mittelpunkt stand, sondern die Erziehung zum „gemeinnützig" handelnden Bürger. Der breite Widerstand vor allem im Landvolk und in der städtischen Handwerkerschaft wurde im „Emkendorfer Kreis" gebündelt und artikuliert. Diesem Adelskreis gehörten u. a. an: Fritz und Julia Reventlow auf Emkendorf, Reventlows Bruder Cay auf Altenhof, der Bernstorffs Nachfolge als Präsident der deutschen Kanzlei angetreten hatte, Reventlows Schwager H. F. Baudissin auf Knoop und Matthias Claudius aus Wandsbek. Ihr Wortführer im Agendenstreit war Friedrich Leopold Graf zu Stolberg, ein Schwager des verstorbenen Bernstorff. Mit seinem anonymen Sendschreiben[2] „eines holsteinischen Kirchspielvogts" hat er die überzeugendste Kritik des Adlerschen Reformversuches geliefert. Auf 75 Seiten nahm sich Stolberg die für ihn anstößigen Stellen der neuen Agende vor, zitierte sie exakt und belegte seine Kritik mit ebenso genau angeführten Bibelstellen. Er wollte zeigen, dass die „Religionsbegriffe" der neuen Agende „weder übereinstimmend mit der Augsburgischen Confession, noch bestehend mit dem Inhalt unsrer alten Bibel sind", der „Richtschnur unsers Glaubens" [5]. Diese und die folgenden Ziffern in eckigen Klammern weisen auf Seiten in Stolbergs Flugschrift hin.

So beanstandete Stolberg, dass Adler die seiner Meinung nach „den meisten Zuhörern unverständliche" mosaische Segensformel („Der Herr segne dich und behüte dich, …") durch frei gewählte eigene Segenswünsche der Prediger ersetzen lassen wollte, wobei es sich doch bei dem mosaischen um einen gottverordneten Segen handele [35, 36]. Kinder, die im Hause der Eltern die „sich auf ein Vorurteil gründende" Nottaufe empfangen hätten, brauchten zukünftig nur dann noch nachträglich in der Kirche eingesegnet zu werden, wenn sie die Nottaufe nicht von einem Prediger empfangen hätten[3]. Für Stolberg verkennt Adler die „sacramentale, … geheimnisvolle, die äußere Handlung begleitende, göttliche Kraft der Taufe", deren man Kinder, welche dem Tode nahe zu sein scheinen, nicht berauben dürfe [18]. Zur Bestätigung des Ehegelübdes solle zukünftig ein Handschlag den Ringwechsel ersetzen. Ein unschuldiges Symbol mit seiner eigenen Kraft soll dem Kampf gegen den Aberglauben geopfert werden, meinte Stolberg [19]. Mit „Umschreibungen des Gebetes Jesu und austauschbaren Mustern von Segenswünschen"[4] wollte Adler „die öffentlichen Religionshandlungen" … möglichst mannigfaltig gestalten lassen. Dem hielt Stolberg entgegen, dass man für feierliche Handlungen „zu keiner Zeit und nirgends, Mannigfaltigkeit gesucht" habe, weil dabei eben gerade in der Wiederholung derselben Worte das Feierliche bestehe [20]. Einen scharfen Angriff richtete Stolberg gegen das „Lieblingsphilosophem der Neologen" (Neuerer), „daß die Fürbitte nur allenfalls demjenigen nütze, welcher sie thut." [23]. Denn Adler lässt vor dem Altar beten: „Was wäre auch der Mensch, wenn erst Menschen dich bewegen sollten, ihm zu helfen und ihn zu beglücken? Aber dennoch hast du es gern, wenn deine Kinder füreinander sprechen, und indem sie andern Gutes erbitten, … deiner göttlichen Liebe werther werden."[5] Dabei befehle uns Jesus selbst die Fürbitte, übe sie selber aus. Die ganze heilige Schrift sei voll davon. Wer sie, ohne an ihre Kraft für andere zu glauben, ausübe, sei ein Heuchler [24].

Größtes Gewicht hat schließlich Stolbergs Tadel, dass es wie bei Adler[6] „unter den Protestanten immer mehr Sitte geworden (sei), von Jesu Christo nur als von dem weisesten Lehrer, dem besten Menschenfreunde, dem erhabensten Beyspiel, dem vorzüglichsten Gesandten Gottes, … zu reden. Freylich ist er das alles, aber er ist uns unendlich mehr! Er, der da ist die Versöhnung für unsere Sünde, I. Joh. II. 2. Er, der von sich selbst sagt: Ich bin der Weg und die Wahrheit und das Leben, niemand kommt zum Vater denn durch mich; Joh. XIV, 6" [24ff]. Dass Christi Tod „mehr als Zeugnis der Lehre, daß er Hauptinhalt jener Lehre sey … Bey Vermeidung der I d e e von der Versöhnung – auf welche das ganze alte Testament deutet, und welche der Inhalt des ganzen neuen Testamentes ist – wird auch das W o r t in der ganzen Kirchenagende durchaus vermieden; … [27, 28]. So enthalten die Gebete zur Passionszeit „weniges, was nicht auch auf den (Märtyrer-)Tod irgendeines Lehrers der Wahrheit gesagt werden könne." Dem werden auch die Einsetzungsworte, die der Prediger „mit der Würde hoher Andacht" sprechen soll, angepasst: „… das ist mein Blut, vergossen für meine Religion!"[7]

Stolberg stieß sich weiter daran, dass auch das Wort „Buße" nur einmal und die aus der Buße erwachsende Beichte ebenso wenig wie die der öffentlichen Beichte früher folgende allgemeine Sündenvergebung (Absolution) gar nicht mehr vorgesehen war.

Das Kirchenvolk reagierte auf die neue Agende mit Unwillen und Ablehnung. Es nahm vor allem am Wegfall der Ohrenbeichte und daran Anstoß, dass im sonntäglichen Gottesdienst nicht mehr regelmäßig Abendmahl gehalten werden sollte. Selbst dass Brot und Wein nicht mehr bei den Einsetzungsworten erhoben und mit dem Kreuzeszeichen gesegnet werden sollten, stieß auf Widerspruch.

An St. Nicolai in Eckernförde hielt sich Hauptpastor Wriedt zwar in den äußeren Formen an die neue Agende, ließ aber am 4. 5. 1798 wissen, dass er mit der Einschrän-

Abb. 68
Cay Graf Reventlow auf Alten-
hof, 1797–1802 Präsident der
Deutschen Kanzlei in Kopenha-
gen, Gemälde von Hans Friedrich
Baasch, Eckernförde

kung von Beichte und Abendmahl noch etwas warten wolle. Seine Gemeindeglieder, Schiffer, Fischer, Matrosen und Dienstboten würden unmutig werden, wenn sie nicht mehr an jedem Sonntag das Abendmahl empfangen könnten.[8]

Der Agendenstreit, in dem die Mehrheit der Pastorenschaft amtspflichtgemäß auf Seiten Adlers stand, wurde in den Gemeinden, in der Presse und in den führenden Zirkeln des Landes mit großer Heftigkeit ausgetragen. An manchen Orten kam es sogar zu offenen Unruhen, dass die Polizei eingreifen musste. Auf Anraten des Präsidenten der deutschen Kanzlei, Cay Reventlows auf Altenhof (Abb. 68), lenkte der regierende Kronprinz ein.[9] Den Gemeinden wurde freigestellt, wie sie zukünftig verfahren wollten. Geblieben war aber ein zweifacher Vertrauensschaden bei der schleswig-holsteinischen Bevölkerung. Es betraf einmal die Amtskirche und die Pastorenschaft, die mit christlichen Traditionen fahrlässig umgegangen waren. Zum anderen war das Vertrauen in die Kopenhagener Staatsführung erschüttert worden, die sich sehr unsensibel für die Bedürfnisse ihrer deutschen Untertanen gezeigt hatte.

Für den Emkendorfer Kreis war es freilich ein schwerer Schlag, dass „Kirchspielvogt" Stolberg schließlich das katholische Bekenntnis annahm. Mit seinem Bruder Christian, Herrn auf Windeby, ist er Namensgeber des Eckernförder „Stolbergrings".

Inzwischen hatte die Gesamtstaatsregierung auch außenpolitisch ungeschickt agiert. Dänische Kriegsschiffe waren bei der Bedeckung von Kauffahrteikonvois mit visitierenden britischen Kriegsschiffen, die den Missbrauch neutraler Flaggen zu Gunsten von Englands Kriegsgegnern verhindern wollten, aneinander geraten. Am 25. Juli 1800 stieß die dänische Fregatte „Freya" mit einem von ihr gedeckten, ins Mittelmeer bestimmten Geleitzug im Englischen Kanal auf einen britischen, visitieren wollenden Verband. In einem kurzen Kampf gegen einen weit überlegenen Gegner wurde „Freya" zur Kapitulation gezwungen und samt ihrem Konvoi aufgebracht. Eine britische Flotte ging daraufhin im Öresund vor Anker und zwang dem Kronprinzen die Konvoigrundsätze auf, wie sie zu Zeiten der defensiven Neutralität befolgt worden waren. Doch zuvor hatte die Gesamtstaatsregierung Russland zu Hilfe gegen England gerufen.

Als Russland dann im Dezember 1800 mit Dänemark, Schweden und Preußen ein bewaffnetes Neutralitätsbündnis abschloss, musste England das als dänische Kampfansage empfinden und schlug sofort zu. Noch ehe russische Hilfe jahreszeitlich zur Stelle sein konnte, griff eine britische Flotte unter den Admiralen Parker und Nelson Kopenhagen an. Die dänische Hauptstadt war nicht weiträumig genug befestigt, sodass sie durch eine Defensionslinie von fest verankerten Blockschiffen (entmasteten Kriegs- und Handelsschiffen) gegen Beschießung geschützt werden musste. In einer blutigen, für beide Seiten verlustreichen Schlacht (Abb. 69) kämpften vor allem Nelsons Linienschiffe am 2. April 1801 die Defensionslinie nieder und eroberten viele Blockschiffe, sodass der große Admiral mit der Drohung, diese samt ihren gefangenen Besatzungen zu verbrennen, den Kronprinzen zur Kampfaufgabe bewegen konnte. Mit der Schlacht von Kopenhagen konnten die Briten Dänemark noch einmal aus der sich bildenden kontinentaleuropäischen Front gegen England herausbrechen. Dänemark beendete auch die erst im März 1801 vorgenommene Besetzung Hamburgs und Lübecks. Es folgten einige Jahre der Neutralität alten Stils, die dem Gesamtstaat noch einmal eine „glänzende Handelsperiode" bescherten.

In Eckernförde schlug sich dies in einer regen Schiffbautätigkeit[10] nieder, die – Borby eingerechnet – Schwerpunkte im letzten Jahrzehnt des 18. und vor allem im ersten Jahrzehnt des 19. Jahrhunderts bildete. Unter den Auftraggebern waren bedeutende ortsansässige Reeder wie Anton Christian Grage, nach dem die Gartenstraße früher Grages Gang hieß. Grage beauftragte vor allem den Borbyer Schiffszimmermeister

Abb. 69
Schlacht auf der Reede vor Kopenhagen am 2. April 1801

Jacob Christopher Arffe (Arp, Arpe), dessen Werft an der Stelle der Siegfriedwerft lag. Für Grage lassen sich 48 Neubauaufträge mit einem deutlichen Schwergewicht in den Jahren 1801 bis 1806 nachweisen.[11] Besonders zu nennen ist auch Johann Voigt sen., Borby, der bei 31 Aufträgen insgesamt allein zehn Schiffe in Eckernförde und Borby in der Hochkonjunktur zwischen 1800 und 1807 bei seinem Neffen Johann Voigt (III) bauen ließ. Nach 1807 hat er keine Aufträge mehr erteilt. Er soll drei Schiffe durch englische Kaper verloren haben.[12] Schon von den Revolutionskriegen der 1790er Jahre hatte wohl Johann Detlef Kruse mit 28 Bauaufträgen, die überwiegend zwischen 1791 und 1809 lagen, profitiert. Sein Erfolg drückte sich in dem Erwerb des Gutes Krieseby (1817) aus. Er erscheint auch nach Kriegsende 1815 noch mit Schiffbauaufträgen.[13]

Nach der Kirchenagende hatte sich Generalsuperintendent Adler 1799 einem weiteren Reformvorhaben zugewandt, für das er als höchster Kirchenrepräsentant im Herzogtum Schleswig ebenfalls zuständig war: einer neuen Schulordnung. Wohl durch die Erfahrungen mit der Kirchenagende gewitzt, verfuhr er hier behutsamer. Er nahm sich die Schulorte des Landes einzeln vor. Eckernförde war die erste Stadt, mit der er eine neue Schulordnung vereinbarte.[14] Grundvoraussetzung war, dass zukünftig nicht mehr alle Städte Schleswigs Lateinschulen haben sollten. Solche sollten nur noch in Hadersleben, Flensburg, Schleswig und Husum aufrecht erhalten werden. In den anderen Städten, wie eben auch in Eckernförde, waren die Stadtschulen in „Bürgerschulen" umzuwandeln. Die dreiklassige Bürgerschule hatte freilich einen lateinischen Elementarunterricht bis zur Versetzung in eine höhere, lateinische Schule („Gelehrtenschule") zu erteilen. Die Direktion der Schule lag bei dem Schulkollegium, das weiterhin aus dem Magistrat und den beiden Predigern bestand, Schulinspektoren waren der Bürgermeister und der Hauptprediger. Der ersten Klasse stand der Rektor, der zweiten der Schreib- und Rechenmeister, der dritten der Küster vor. Alle Eckernförder Kinder beiderlei Geschlechts waren vom vollendeten 5. Lebensjahr bis zur Konfirmation nunmehr schulpflichtig. Der Übergang von der dritten in die zweite Klasse sollte nach vollendetem 8. Lebensjahr erfolgen, das Bestehen einer öffentlichen Schulprüfung vorausgesetzt. Der Besuch der 1. Klasse war nach Versetzung aus der 2. Klasse freiwillig.

Die Lehrer der 2. und 3. Klasse gaben wöchentlich 30 Stunden, der Rektor als Lehrer der 1. Klasse erteilte wöchentlich 26 Stunden Unterricht. Der Schreib- und Rechenmeister gab außerdem 14 „Privat- oder Nachstunden" in Kalligraphie und Arithmetik, so auch der Küster auf Verlangen der Eltern. Das Schulgeld, nach Schulklassen gestaffelt, wurde direkt an die Lehrer gezahlt.

Schulferien waren jeweils in der ganzen Woche der drei hohen Feste (Weihnachten, Ostern und Pfingsten) und am Tage davor, ferner während der Woche des acht Tage stehenden Michaelismarktes (29. 9.) sowie am ersten Tag der beiden anderen Jahrmärkte (Fasten- und Johannis-) und während der ersten acht Tage der Hundstage (ab 21. 7.). Die Lehrpläne der drei Klassen sahen folgendermaßen aus: (Flüchtigkeitsfehler korrigiert)

„3. (unterste) oder Küsterklasse

1) Buchstabenkenntniß, Syllabiren, bis zum fertigen und richtigen Lesen.
2) Die ersten Uebungen im Schreiben, bis zum fertigen Zusammenschreiben der Sylben.
3) Die ersten einfachen Uebungen im Rechnen, vornämlich im Kopfrechnen.
4) Leichte Verstandesübungen.
5) Vorbereitungen zum vollständigeren Religionsunterricht.

2. oder Schreib- und Rechenmeisterklasse
  1) Fortgesetzte Uebung im Lesen.
  2) Fortgesetzte Uebung im Schreiben.
  3) Fortgesetzte Uebung im Kopf und schriftlichen Rechnen.
  4) Fortgesetzte Verstandesübungen, und
  5) ein zusammenhängender und faßlicher Unterricht in der Religion und Moral.

1. oder Rektorklasse
  1) Religionsunterricht.
  2) Deutsche Sprachübungen.
  3) Unterricht in der Naturgeschichte, Anthropologie, Technologie.
  4) Unterricht in den gemeinnützlichsten mathematischen und physikalischen Kenntnissen.
  5) Elementarunterricht in der lateinischen Sprache."

Die Versetzungsprüfungen waren öffentlich und fanden vor dem versammelten Schulkollegium statt, und zwar für die Versetzung in die 2. Klasse am Montag vor Palmsonntag und am Montag vor Michaelis, für die Versetzung in die 1. Klasse nur zum vorösterlichen Termin. Über die Versetzung entschied das Schulkollegium.

Schulanfänger wurden von Quartalsanfang zu Quartalsanfang aufgenommen, wenn sie das schulpflichtige Alter erreicht hatten.

Über den Lesestoff in der Küsterklasse kam es in Eckernförde zu einem zeittypischen Streit zwischen den beiden Pastoren. Im Januar 1804 war dem alternden Hauptpastor Wriedt der Pastor Werner aus Friedrichsberg bei Schleswig als Diakon zugeordnet worden. Werner – gebürtiger Eckernförder – war Rektor der Schule in Friedrichsberg gewesen und unterrichtete von daher die beiden Söhne des Generalsuperintendenten Adler weiter privat.[15] Im Hinblick auf Werners schulische Erfahrungen hatten die Eckernförder Schulinspektoren, Bürgermeister Fürsen und Hauptpastor Wriedt, Pastor Werner die Aufsicht über die Eckernförder Bürgerschule allein überlassen.

Mit jugendlichem Eifer hatte er sich daran gemacht, „Lektionstabellen" (Lehrpläne) zu verfassen, und zwar auch für die Küsterklasse (Grundschule), für die das bisher nicht üblich gewesen war. Dabei hatte er als Lesestoff zeitgenössische, kindgemäße Unterrichtsbücher vorgesehen. Pastor Wriedt beanstandete dies mit dem Hinweis, dass bisher Luthers Kleiner Katechismus und Gleichnisreden aus dem Neuen Testament in der Küsterklasse als Lesestoff gedient hätten, und argwöhnte eine willentliche Verbannung dieser religiösen Texte aus dem Unterricht. Doch weder das Schulkollegium, noch Propst und Generalsuperintendent vermochten ihm zu folgen und wiesen seine Beschwerde zurück, der in Schleswig residierende Hüttener Propst Boysen mit einer sehr bezeichnenden allgemeinen Bemerkung: „Es ist recht traurig, daß es noch so viele Mitglieder des Predigerstandes giebt, die mit ihrem Zeitalter nicht fortschreiten, sondern an den Meynungen und Grundsätzen festhalten, die sie vor 30–40 Jahren einsogen, und statt Wahrheit und Christenthum zu fördern, mit unverständigem und nicht selten lieblosem Eifer, Irrthum, Aberglauben und Finsterniß verbreiten, sich selbst, ihr Amt und die Religion selbst bey leichtsinnigen und unverständigen Menschen lächerlich machen ..."[16]

Für Pastor Wriedt löste sich das Problem, als 1806 sein moderner Kollege Pastor Werner nach Gelting berufen wurde.[17] Mit seinem Nachfolger Godber Nissen kam er besser zurecht. Wriedt starb 1809. Das Letzte, was wir von ihm erfahren, sind Berichte über das gute Ergebnis einer Geldsammlung in Eckernförde für die durch das britische Bombardement im September 1807 schwer geprüfte Bevölkerung Kopenhagens vom Anfang 1808 an den Hüttener Propst in Schleswig.[18]

Am 21. Oktober 1805 hatte die englische Hochseeflotte unter Admiral Nelson die vereinigte französisch-spanische Flotte bei Kap Trafalgar, nordwestlich der Meerenge von Gibraltar, vernichtend geschlagen. Seinem bis dahin hartnäckig betriebenen Vorhaben, England von der Kanalküste aus mit Landungstruppen zu besiegen, musste der im Jahr zuvor zum Kaiser der Franzosen aufgestiegene Napoleon endgültig entsagen. Er ließ die Landungsflotte bei Boulogne sur Mer einmotten und führte das Landungsheer in gewohnter Geschwindigkeit nach Süddeutschland. Denn nachdem er nach Trafalgar – dem eigentlichen Kulminationspunkt seiner Laufbahn – dem verhassten England die Seeherrschaft nicht einmal vorübergehend mehr auch nur im Kanal abzunehmen im Stande war, konnte er die angestrebte Herrschaft über West-, Mittel- und Südeuropa nur noch erringen, wenn es ihm gelang, England durch eine Blockade in seinem Lebensnerv, dem Handel, tödlich zu treffen. Dazu musste er Festlandeuropa seinen Willen aufzwingen. Es ließ sich scheinbar gut an. In der Dreikaiserschlacht bei Austerlitz besiegte er die vereinigten Russen und Österreicher, was ihm die Macht verlieh, Deutschland von Grund auf umzugestalten und unter seiner Protektion den Rheinbund zu gründen. Kaiser Franz II. legte daraufhin die deutsche Kaiserkrone nieder und nannte sich nun Kaiser Franz I. von Österreich. Damit war das Heilige Römische Reich Deutscher Nation untergegangen. Seinen Anteil daran, das Herzogtum Holstein, verleibte Kronprinz Friedrich der dänischen Monarchie ein, die deutsche Kanzlei in Kopenhagen hieß fortan schleswig-holsteinische Kanzlei. Diese verbale Unterdrückung des Deutschen wurde nunmehr auch politisches Programm in den Herzogtümern. Denn Friedrich, dem ersten konsequent dänisch gesinnten Regenten des Gesamtstaates, war offenbar die dänisch verstandene Einheit seines Staatswesens wichtiger als die dadurch in Frage gestellte Einigkeit in den Überzeugungen der dieses Staatswesen tragenden Kreise. Aus der an Standesinteressen orientierten innerpolitischen Opposition, etwa des Emkendorfer Kreises, erwuchs ihm daher auch bald eine deutsch-nationale Gegnerschaft.

Napoleons Siegeszug setzte sich indessen immer noch fort. Am 14. Oktober 1806 schlug er bei Jena und Auerstädt auch die Preußen, die es versäumt hatten, rechtzeitig einer Koalition mit Russland und Österreich beizutreten. Von dem besetzten Berlin aus erließ Napoleon das berüchtigte Blockadedekret, das allen Handelsverkehr mit England verbot und alle englischen Waren wegzunehmen befahl. Dem setzten die Briten die Verfügung entgegen, alle aus einem Hafen Frankreichs oder seiner Verbündeten auslaufenden Schiffe aufzubringen. Von den kontinentaleuropäischen Mächten konnte nun nur noch Russland eine von Napoleon unabhängige Politik betreiben. Immerhin hatte die große eurasische Macht sich 1807 zu Tilsit mit Frankreich gegen die britische Übermacht zur See verbündet. Englands empfindlichste Stelle war die Ostsee, von wo es die wichtigsten Materialien für den Schiffbau (Holz, Teer, Leinen, Eisen und Beschläge) bezog. Dieser Nachschub sollte nun konsequent unterbunden werden, wozu Russland auf Schweden, und Frankreich, das die deutschen Ostseehäfen kontrollierte, auf Dänemark entsprechenden Druck ausüben sollten. In London erkannte man sofort, dass es dann mit der bis dahin sorgsam beachteten dänischen Neutralität zu Ende sein würde, und beschloss, die Gefahr, die gerade von der immer noch respektablen dänischen Flotte ausging, radikal zu beseitigen. Ein englischer Heeresverband wurde am 15. August 1807 im Norden Seelands gelandet und rückte zu Lande auf Kopenhagen vor, und die Landungsflotte legte sich wieder auf die Reede vor dem Hafen der Stadt.[19] Vom 1. bis 5. September wurde die Stadt mit Bomben und Brandraketen beschossen. Die Feuerwehr wurde der Brände nicht mehr Herr, es gab viele Tote und Verwundete, die Verpflegung ging aus. In den Kapitulationsverhandlungen verlangten die Engländer die vollständige Auslieferung der Flotte. Tatsächlich entführten sie die Engländer am 21. Oktober nach England: 16 Linienschiffe, 10 Fregatten, 5 Korvetten, 8 Briggs und etwa 30 sonstige Fahrzeuge, Materialien im Werte von 3 Millionen Reichsbankthalern wurden auf etwa 100 Transportschiffen fortgeführt, die im Bau befindlichen Schiffe zerstört.

Das schleswigsche Helgoland besetzten die Briten bei dieser Gelegenheit als geeigneten Stützpunkt gegen die Kontinentalsperre gleich mit. Sie bauten es zur Festung aus. In den folgenden Jahren wurde es zum Zentrum des Schmuggels mit britischen Kolonialwaren. Die korrespondierenden Festlandshäfen waren Husum und vor allem Tönning. Mit einem Tönninger, der an diesem Schmuggel ein großes Vermögen verdient hatte, dem Kaufmann und Senator Peter Christian Schmidt, machte Eckernförde 1823 Bekanntschaft, als er aus dem Stolbergschen Konkurs Gut Windeby mit Westertal und Kochendorf erwarb.[20] Damit war die poetisch-romantische Periode Windebys zu Ende gegangen. Die Vorbesitzer, Christian Stolberg und seine Frau Louise, geb. Reventlow, gehörten wie auch Christians Bruder Friedrich Leopold, dem „holsteinischen Kirchspielvogt", zum „Emkendorfer Kreis", dem auch der Herr des anderen Eckernförder „Hausgutes" Altenhof Cay Reventlow (Abb. 68) zugerechnet wurde, der auf Betreiben dieses Kreises 1802 aus Protest gegen die Steuerpläne des Kronprinzen sein Amt als Präsident der deutschen Kanzlei niedergelegt hatte.

Nach der Kopenhagener Katastrophe bat Kronprinz Friedrich Napoleon um Rache, die der Kaiser im Bündnisvertrag von Fontainebleau am 31. Oktober 1807 versprach. Doch sparte er nicht mit dem Vorwurf, dass Dänemark das Unglück durch falsche Konzentration seiner Truppen selbst verschuldet habe.[21] Denn der Kronprinz hatte Seeland und damit Kopenhagen von Truppen entblößt, um sie am weichen Unterleib des Gesamtstaates, an der holsteinischen Südgrenze, zu massieren, und im Kieler Schloss sein Hauptquartier aufgeschlagen. Damit hatte Holstein eine große Einquartierungslast zu tragen, deretwegen es schon im August 1804 in Lindhöft zu Unruhen kam, als dänisches Militär ohne Rücksicht auf die Erntezeit die Bereitstellung bemannter Bespanne für Militärtransporte verlangte. Als sich die Bauern widersetzten, griff dänisches Militär aus Kiel ein, um den bewaffneten Widerstand der Bauern zu brechen. Unter ihnen gab es Tote und Verwundete. Erst allmählich kam die aufgebrachte Landbevölkerung des Dänischen Wohlds wieder zur Ruhe.[22] Das im Lindhöfter Bauernaufstand zu Tage tretende größere Selbstbewusstsein der Bauern war wohl schon ein Vorbote der Aufhebung der Leibeigenschaft am 1. Januar 1805.

Nach dem völkerrechtswidrigen britischen Überfall auf Kopenhagen und dem dreisten Raub seiner Flotte war das küstenreiche Dänemark seiner Hauptwaffe, der Flotte, beraubt worden. Der nach der Kapitulation Kopenhagens entworfene Friedensvertrag wurde vom regierenden Kronprinzen nicht ratifiziert, sodass Dänemark für die nächsten sieben Jahre an der Seite Frankreichs mit England im Kriegszustand verblieb. Den Verlust der Flotte versuchte man durch den Bau von rudergetriebenen Kanonenbooten auszugleichen, die in großer Zahl auch von Privaten gespendet wurden und diesem Krieg den Namen „Kanonenbootskrieg" gaben. An kritischen Küstenplätzen wurden Seebatterien angelegt, so zur Sicherung Eckernfördes bei

Sophienruhe (zwischen Hohenstein und Hemmelmark auf der Steilküste)[23], an deren Ausbau sich gegen Bezahlung Eckernförder Handwerker beteiligen mussten.

Für ihre Spenden für die „unglücklich gewordenen Copenhagener" erhielten die Eckernförder ein persönliches Dankschreiben des Kronprinzen.[24] Sein starres Festhalten an dem Bündnis mit Frankreich brachte dem Gesamtstaat und damit auch Eckernförde kein Glück. Wir besitzen von dem Zustand der Stadt aus der Zeit unmittelbar vorher sozusagen eine Momentaufnahme in einem für den 13. 2. 1803 verfügten Volkszahlregister[25] mit folgendem Ergebnis:

Gezählt wurde nach Hausnummern und Familien (Hausständen) in den vier Quartieren:

1. Quartier	146 Familien
2. Quartier	124 Familien
3. Quartier	154 Familien
4. Quartier	96 Familien
Offizianten (Beamte)	9 Familien
zusammen	529 Familien mit 2568 Personen, dazu kam noch die Belegschaft des Christianspflegehauses, die aus
	204 Invaliden,
	52 Witwen,
	60 männlichen
und	37 weiblichen Zöglingen (Waisen)
zusammen also aus	353 Personen bestand.

In der Gesamtbevölkerung von somit 2921 Personen überwog das männliche Element mit 54%[26], was nicht nur durch die Geschlechtsstruktur des Christianspflegehauses, sondern auch dadurch bewirkt wurde, dass 164 Mann des Schleswigschen Jägerkorps in Eckernförde in Privatquartieren in Garnison lagen, von denen allenfalls die Dienstgrade (Oberjäger, Unteroffiziere und Offiziere) verheiratet waren. Diese Gruppe machte mit Frauen und Kindern 205 Personen aus. Eckernförde war also eine kleine Garnisonstadt. Da zum gleichen Termin auch in den Nachbarstädten Volkszahlregister angelegt wurden, kennen wir die Vergleichszahlen: Schleswig 7823 (als Regierungssitz), Rendsburg 7575 und Kiel 7075.[27] Deutlich ist an den Zahlen der Festungsstadt Rendsburg und der Universitätsstadt Kiel auch abzulesen, wie sehr diese im Vergleich zu Eckernförde vom Schleswig-Holsteinischen Kanal profitiert hatten.

Über die Art des Eckernförde nach der Kanaleinweihung 1784 verbliebenen Seeverkehrs gibt die erste „Instruction für die zu Eckernförde angesetzte Königliche Lotsen" vom 5. 11. 1799 Auskunft.[28] Die Lotsen sollten auf Verlangen auf der Reede und im Hafen frei von Untiefen und Gründen, aber auch nach Kiel, Fehmarn-Sund, Heiligenhafen, Neustadt, Schleimünde, Flensburg und Sonderburg lotsen können. Sie brauchten für ihren Beruf ein gutes Segelboot und eine Ruderjolle und mussten ein damals schon dem heutigen ähnliches Lotsenzeichen führen, rotes Feld auf weißem Segel oder umgekehrt. Ihre Bezahlung bemaß sich nach dem Tiefgang der gelotsten Schiffe, wobei die Eckernförder Schiffe für das Ein- oder Auslotsen nur den einfachen Satz, im Gesamtstaat beheimatete Schiffe das Anderthalbfache und fremder Nationen Schiffe das Doppelte zu zahlen hatten.

Gar bald bekamen die Schleswig-Holsteiner die Auswirkungen der gesamtstaatlichen Waffenbrüderschaft mit Frankreich zu spüren. Da nun auch Schweden in die

Einheitsfront der Kontinentalsperre gezwungen werden sollte, musste Schleswig-Holstein den Durchzug der nach Norden marschierenden Franzosen und ihrer holländischen und spanischen Hilfstruppen gestatten. Um den erhöhten Einquartierungsanforderungen zu genügen, gab sich Eckernförde am 28. 2. 1808 ein auf alle Quartiere vergrößertes Einquartierungskollegium. In Borby requirierten französische Truppen die Kirche als Heu- und Strohmagazin[29], deren baufälliger Turm erst ein Jahr zuvor bis zur Höhe des Langhauses heruntergenommen worden war. In diesem äußerlich turmlosen Zustand verblieb die Borbyer Kirche bis 1894.[30]

Den Krieg gegen Schweden, dem von Osten her Russland zu Lande und zu Wasser schwer zusetzte, führte Dänemark von Norwegen aus. Das Kommando hatte Prinz Christian August von Schleswig-Holstein-Augustenburg. Doch ehe er nennenswerte Erfolge erzielen konnte, hatte Russland Schweden zum Frieden gezwungen. Im Frieden von Frederikshamn musste Schweden 1809 Finnland und die Aalandsinseln an Russland abtreten und wurde zum Ausgleich auf Norwegen verwiesen.[31] Obwohl Frankreich keine Hilfe leisten konnte, da es seine unter Marschall Bernadotte stehende Armee aus dem Norden ins aufständische Spanien werfen musste, wurde Dänemark durch die Gefahr, Norwegen zu verlieren, noch enger an das Frankreich Napoleons gebunden.

Die Niederlage Schwedens hatte zum Sturz des schwedischen Königs Gustav Adolfs IV. geführt. Sein 61-jähriger Nachfolger Karl XIII. war kinderlos. Zu seinem Nachfolger wählte man Christian August von Augustenburg, der als schwedischer Kronprinz den Namen Carl August annahm, da den Schweden ein Königsname Christian in Erinnerung an den Schlächter des Stockholmer Blutsonntags von 1520 unerträglich gewesen wäre. Am 28. Mai 1810 starb Carl August ganz plötzlich, wohl an Gift von politischer Mörderhand.[32] König Karl XIII. adoptierte daraufhin den mit Napoleon verschwägerten französischen Marschall Bernadotte, der 1818 als Karl XIV. Johann König von Schweden (und Norwegen) wurde.

Die französische Waffenbrüderschaft sollte das in Eckernförde stationierte Schleswiger Jägerkorps zu einem besonders heiklen Hilfsdienst verpflichten.

Im Frühjahr 1809 war der preußische Major Ferdinand von Schill, der bei der Verteidigung von Kolberg zu frühem Ruhm gelangt war, an der Spitze einer Reiterschar von Berlin aufgebrochen, um einen Volkskrieg gegen das französische Joch anzuzetteln. Inspiriert hatten dazu die patriotischen Aufschwünge in Österreich und Spanien und deren erste militärische Erfolge. Doch nach der österreichischen Niederlage bei Wagram musste sich Schill mit seiner Schar von einigen hundert Reitern in das feste Stralsund zurückziehen, in der Hoffnung, sich dort bis zur erwarteten Einschiffung nach England halten zu können.

Napoleon zog die in Hannover unter dem Kommando seines Generals Gratien stehenden holländischen Truppen heran und forderte Dänemark auf, ihn im Kampf gegen die „Schillsche Bande" zu unterstützen. Das wurde nun Aufgabe des Schleswigschen Jägerkorps unter General Ewald. Gratiens und Ewalds Truppen – zusammen etwa 5000 Mann – schlossen Stralsund ein und erstürmten die Stadt am 31. 5. 1809 gegen den erbitterten Widerstand der Schillschen Husaren, die in der schlecht befestigten Stadt ohne hinreichende Artillerie und Infanterie keine Chance hatten. Schill wurde im Kampf Mann gegen Mann mit holsteinischen Kavalleristen durch eine holländische Gewehrkugel tödlich verwundet. Ewalds Erfolg über den Vorboten der Befreiungskriege trug sehr zu seinem militärischen Ansehen bei. Sein Domizil hatte er damals in Eckernförde, Kieler Straße 29 (heutige Nr.).

Abb. 70
Hans Friedrich Baasch,
Selbstporträt (1812)

Ein Mitstreiter Schills – und als Gründer eines Freikorps später Held der Befreiungskriege – trat im folgenden Jahr durch seine Eheschließung in Beziehung zu unserer engeren Heimat. Am 29. 3. 1810 heiratete Adolf Freiherr von Lützow die Comtesse Elisabeth Margaretha von Ahlefeldt-Laurvig auf Gut Ludwigsburg, Kirchengemeinde Klein-Waabs. Die Comtesse unterstützte Lützow in den folgenden Jahren beim Aufbau des von Theodor Körner besungenen Freikorps so intensiv und wirkungsvoll, dass sie zu den wenigen Frauen gehörte, denen das Eiserne Kreuz von 1813 verliehen wurde.[33]

Eine für Eckernförde weit wichtigere Ehe wurde 1812 geschlossen. Hans Friedrich Baasch (1784–1853) ehelichte Margarethe Johanna Dorothea Fiebig. Damit heiratete Eckernfördes bedeutendster Porträtmaler in die schon etablierte Kunstmalerfamilie Fiebig ein. Sein Selbstporträt aus diesem Jahr (Abb. 70) lässt die Unzufriedenheit darüber erkennen, dass er zum Abschluss seiner Studien an der Kopenhagener Kunstakademie nicht die in Aussicht gestellte goldene Medaille erhalten hatte, die mit einem Ausbildungsstipendium in Rom verbunden gewesen wäre, sondern sich mit der großen Silbermedaille begnügen musste, die ihm nur die Rückkehr nach Eckernförde ließ. Intrigen politischer Art hätten zu dieser Benachteiligung Baaschs gegenüber einem „Reichsdänen" geführt[34], was in die damalige Zeit gepasst hätte, in der sich der Nationalismus wie ein schleichendes Gift ausbreitete. Wäre es für den hochbegabten Hans Friedrich Baasch besser abgegangen, hätte ihn Eckernförde wohl verloren, wie den Sohn des Rektors der Stadtschule, den bedeutenden Landschaftsmaler Friedrich Thöming (1802–1873), der von seinem Studium in Kopenhagen 1823/24 nie wieder nach

Eckernförde zurückkehrte und nach einem erfolgreichen Künstlerleben in Italien verstarb.

Hans Friedrich Baasch hat neben seinen leider sehr verstreuten Porträts zwei deutliche Spuren in Eckernförde hinterlassen: 1817 schuf er zum 300. Jahrestag der Reformation das lebensgroße Ölbild Martin Luthers, das die Gemeinde aus diesem Anlass der Kirche schenkte[35] und das heute im Lutherhaus hängt, und zum Ersatz der in der Sturmflut von 1836 beschädigten Rathaustreppe entwarf der damalige Deputierte Baasch 1837 die noch heute existierende steinerne Freitreppe zum alten Rathaus.[36] Schwiegervater Andreas Hinrich Fiebig hat auch zum historischen Gedächtnis unserer Stadt beigetragen. Im Reformationsjubiläumsjahr 1817 gehörte er zu den Älterleuten der Beliebung, die ihn mit der Restaurierung des Sintflutbildes beauftragt hatten.[37] – Aus der 1812 zwischen den Familien Baasch und Fiebig geschlossenen Eheverbindung ging mit Johann Friedrich Baasch ein weiterer Kunstmaler hervor, der sich des Erwerbs wegen der Fotografie zuwandte, worin ihm Sohn und Enkel folgten.

Beim Zug nach Russland im Jahre 1812 brauchte Dänemark Napoleon keine Heerfolge zu leisten. Doch es verstärkte vorsorglich seine Abwehrbereitschaft nach Süden. Ewald, seit Stralsund Generalleutnant, erhielt das Kommando über die „bewegliche Armeedivision" von 10 000 Mann, darunter die Schleswigschen Jäger, deren 2. Bataillon unter dem Oberstleutnant v. Wasmer in Eckernförde stationiert war. Die erhöhte Kampfbereitschaft drückte sich in der an den Eckernförder Magistrat gerichteten Forderung des Bataillonkommandeurs nach einem größeren Exerzierplatz aus, da der bisherige „nicht die zu den Evolutionen erforderliche Größe habe".[38]

Welche Spuren Krieg und Verteidigungsaufwand in den Finanzen und im Geldwesen des Landes hinterlassen hatten, ließ eine Eintragung vom 22. 12. 1812 im Eckernförder Stadtprotokoll erkennen. Dort stellte das Stadtregiment einen „Mangel an Silbergeldern" in der Stadtkasse fest und nahm daher bei Zahlungsverpflichtungen in hartem schleswig-holsteinischen Courant ein bis Ende Februar 1813 terminiertes königliches Moratorium in Anspruch. Doch wurde an gleicher Stelle darauf hingewiesen, dass die per 1. 1. 1813 der Stadtkasse geschuldeten Abgaben und Gefälle nach wie vor in Silbermünzen zu zahlen seien, während die an die königliche Kasse zu leistenden Zahlungen, „sie mögen Namen haben wie sie wollen", in „Repräsentativen" (Papiergeld der Kopenhagener Regierung) nach ihrem Nennwert entrichtet werden könnten. Wohl unter dem Eindruck der unmittelbar bevorstehenden Währungsreform beschlossen dann Magistrat und Deputierte am 11. 1. 1813 sich für die Bezahlung der fälligen Zinsen, der einlaufenden Rechnungen und der Gehälter in Silbermünzen zu verschulden und die in der Stadtkasse befindlichen Repräsentativen „so gut wie möglich für Silbermünzen zu verwechseln". Die kaufmännisch versierten „Direktoren der Brücken Casse" boten hierzu ihre Hilfe an, auch indem sie in der Brückenkasse befindliche Obligationen als Darlehenspfänder gegen einen Wechsel des Stadtregiments zur Verfügung stellten.

Wegen der allgemein erwarteten Währungsreform war der Kieler Umschlag bis Ende Februar 1813 verlängert worden. Die Notwendigkeit der währungs- und finanzpolitischen Maßnahmen, die dazu am 5. Januar 1813 mit Wirkung vom 1. 2. 1813 verkündet wurden, hatte sich schon lange abgezeichnet. Die Kontinentalsperre von 1806 hatte den Gesamtstaat von seinen wichtigsten überseeischen Verbindungen abgeschnitten; der dieserhalb mit der größten Seemacht riskierte langjährige, verlustreiche Krieg und die ständige Verteidigungsbereitschaft nach Süden, notfalls auch gegen den übermächtigen Bundesgenossen Frankreich selbst, hatte den Staat, der schon eingangs dieser Periode infolge einer expansiven schimmelmannsch und guldbergsch geprägten Finanzpolitik hochverschuldet war, finanziell überfordert, zumal da ihm auch die Einnahmen aus Sund-, Kanal- und Transitzöllen weitgehend verloren gegangen waren. Die vor allem von schleswig-holsteinischer Seite etwas einseitig als „Staatsbankrott"[39] hingestellten Maßnahmen vom 5. 1. 1813 bedeuteten eine Reform der durch Kriegsfinanzierung inflationierten Währung und eine Zwangkonversion der Staatsschuld, die, unkündbar geworden, ihrer Höhe nach aber voll bestehen blieb. Mit der Reform sollte auch ein gerade von König Friedrich VI. verfolgtes Ziel erreicht werden: eine einheitliche Währung für den Gesamtstaat und das eben auch für die bis dahin währungspolitisch privilegierten Herzogtümer. Einschneidendste Maßnahme war, dass die neu zu gründende Reichsbank als Emittent der neuen Reichsbankthalerwährung durch Eintragung von Zwangshypotheken auf das gesamte Grundvermögen mit Eigenkapital fundiert werden sollte.[40] Die vorrangige hypothekarische Belastung, „Bankhaft" genannt, betrug 6 % in Silber auf das unbewegliche Eigentum, war also von dessen Wert oder besser: von dessen Bewertung abhängig.

Für den Umtausch der beiden bisherigen Währungen mussten natürlich unterschiedliche Sätze gelten. Während man für einen neuen Reichsbankthaler 6 alte dänische Thaler geben musste, sollte man für einen schleswig-holsteinischen Spezies-Thaler zwei dieser neuen Reichsbankthaler, also das Zwölffache des dänischen Altthalers, erhalten. Schleswig-holsteinisches Papiergeld war je nach Art freilich nur mit dem 1–1,4fachen Wert des Reichsbankthalers eingesetzt.

Während die von fortschreitender Geldentwertung geplagte Bevölkerung der Königreiche im Ganzen zu einer positiven Bewertung der Reformmaßnahmen gelangen konnte, sah dies in den Herzogtümern ganz anders aus. Die Schleswig-Holsteiner sollten ihre Silberwährung, die trotz aller Beeinträchtigungen, auch von Seiten der Kopenhagener Regierung, fast bis ganz zur Verkündung des Währungsschnittes funktioniert hatte, für eine gesamtstaatliche Papiergeldwährung hingeben, wodurch sie in ihren deutschen silberwährungsbezogenen Handels- und Kapitalbeziehungen empfindlich gestört werden mussten. Das zeigte sich gleich im laufenden Kieler Umschlag: Das viele Geld, das zur Anlage in guten schleswig-holsteinischen Hypotheken vor allem aus Hamburg nach Kiel überführt worden war, wurde „wieder eingepackt und außer Landes gebracht".[41]

Der Widerstand der Schleswig-Holsteiner gegen das Kopenhagener Papiergeld konnte daher weder durch gesetzlichen Zwang noch durch Strafandrohungen gebrochen werden, sodass mit einem „kgl. offenen Briefe" vom 30. 7. 1813 eingelenkt werden musste. Einerseits wurde in Aussicht gestellt, die Reichsbank zu gegebener Zeit zu privatisieren, sodass die Bankhaftschuldner Anteilseigner werden könnten. Andererseits bliebe es das erklärte Ziel der Regierung, in allen Gebieten der Monarchie so bald wie möglich Silbergeld zum einzigen gesetzlichen Zahlungsmittel zu machen; in den Herzogtümern aber, „wo Silbergeld in Umlauf ist, und wo wiederholte Wünsche darauf geäußert sind",[42] sollte die Silberwährung schon jetzt eingeführt, also beibehalten werden. Die Wiederherstellung der Silberwährung in den Herzogtümern war freilich nur möglich, wenn die Staatskasse während einer Übergangzeit für ihre infolge des Krieges erheblichen Ausgaben in Schleswig-Holstein Silbergeld zur Verfügung hatte. Dazu wurde den schleswig-holsteinischen Städten, Flecken und Marschdistrikten eine Zwangsanleihe über 1 $\frac{1}{4}$ Millionen Reichsthaler Spezies, also Silberwährung, auferlegt. Auch diese finden wir im Eckernförder Stadtprotokoll wieder, allerdings erst am 16. 4. 1815. Denn nach fast zwei Jahren waren von den 3855 Rt., die auf die Stadt entfallen und auf die Einwohner verteilt worden waren, 3008 Rt., also fast ⁴/₅ immer noch „unberichtigt", so dass Magistrat und Deputierte bei den säumigen Einwohnern die Beitreibung durch rechtliche Zwangsmittel in die Wege leiten mussten.

Noch weitere Maßnahmen im Zuge der Währungsreform führten zu einer Benachteiligung der Herzogtümer gegenüber Dänemark, wurden von den Schleswig-Holsteinern zumindest so empfunden.

Am 9. 7. 1813 übernahm der Staat ⁵/₆ der Bankhaftzinsen der dänischen, nicht der schleswig-holsteinischen Landwirtschaft, weil angeblich die Grundsteuerbelastung dort höher sei als hier. Bei der Festsetzung der für die „Bankhaften" maßgeblichen Grundstückswerte ergaben sich für Schleswig-Holstein pro Steuertonne etwa doppelt so hohe Werte wie für Dänemark, sodass sich für die Herzogtümer mit ca. 12 Millionen Rbt. fast ebenso viele Bankhaften wie für das Königreich (ca. 13 Millionen)[43] errechneten. Als dann 1818 die Reichsbank in eine „Nationalbank" privatisiert wurde und die Bankhaftschuldner nach Maßgabe ihrer Anfangsschuld Aktionäre der Nationalbank werden konnten, war das gleichzeitige Patent „betr. Die Aufhebung der gegenwärtigen Verbindung der Herzogtümer Schleswig und Holstein mit der bisherigen Reichsbank" so gestaltet, dass möglichst viele schleswig-holsteinische Bankhaftschuldner von ihrem Recht, Aktionäre der Bank zu werden, keinen Gebrauch machten, der Möglichkeit eines späteren Ausgleichs ihrer Belastung aus der Währungsreform also verlustig gingen."[44]

Insofern hatte die Währungsreform von 1813 auch politische Folgen; sie erscheint „als ein bedeutsames Glied in der Kette der Ursachen, die schließlich zur Trennung der Herzogtümer von Dänemark führten."[45]

Im Juli 1813, als die für Schleswig-Holstein richtungsweisenden Entscheidungen zur Ausgestaltung der Währungsreform getroffen wurden, fasste König Friedrich VI. einen Entschluss, in dessen Konsequenz die Herzogtümer noch im gleichen Jahre zum Kriegsgebiet werden sollten. Am 13. 7. 1813 schloss er zu Dresden erneut einen Bündnisvertrag mit dem von ihm nach wie vor bewunderten Kaiser Napoleon, wonach die von Ewald geschaffene, jetzt unter dem Oberbefehl Prinz Friedrichs von Hessen stehende „bewegliche Armeedivision" gemeinsam mit den Franzosen gegen die bereits in Deutschland stehenden Alliierten vorgehen sollte. Ihn trieb dabei auch die Sorge, Norwegen an Schweden zu verlieren, was Zar Alexander im Vertrag von Petersburg vom 5. 4. 1812 Bernadotte als Entschädigung für das an Russland verlorene Finnland zugesichert hatte.

Napoleons Niederlage in der Völkerschlacht bei Leipzig vom 16. bis 19. Oktober 1813 brachte die Wendung. Dänemark sah sich isoliert der überlegenen alliierten Nordarmee unter Bernadotte, dem Kronprinzen von Schweden, gegenüber, der „Norwegen in Holstein erobern" wollte.[46] Anfang Dezember hatte Bernadottes Armee holsteinischen Boden erreicht. Eckernförde bekam den Krieg zunächst in Form von Requirierungsmaßnahmen der „außerordentlichen Militär Regulierungs-Commission" zu spüren, die der Stadt am 5. 12. 1813 die Lieferung von 12 000 Pfund Speck und 10 Tonnen Salz auferlegte, bei deren Beschaffung der deputierte Bürger und erfolgreiche Kaufmann Gaehtje eine wichtige Rolle zu spielen schien. Doch in den nächsten Tagen überschlugen sich die Ereignisse. Den sich in Richtung Kiel zurückziehenden dänisch-schleswig-holsteinischen Truppenverband erreichten die Alliierten am 7. Dezember bei Bornhöved. Mit dem Gefecht auf dem geschichtsträchtigen Schlachtfeld sicherte der Prinz von Hessen seinem etwa 9000 Mann starken Korps den weiterhin geordneten Rückzug nach Kiel und darüber hinaus. Seinem Gegner freilich, dem russischen General von Wallmoden, war es inzwischen gelungen, den weichenden Feind auf dem Geestrücken im Westen zu überholen. Er erreichte in der Nacht vom 8. zum 9. Dezember bei Kluvensiek und Achterwehr die Eider und setzte bereits an, der feindlichen Streitmacht bei Eckernförde den Weg nach Norden zu verlegen. Friedrich von Hessen entschloss sich zum Durchbruch zur Festung Rendsburg, wobei es am 10. Dezember 1813 bei Sehestedt zu einem verlustreichen Zusammenstoß der beiden Heere kam, den Dänen und Schleswig-Holsteiner, unter ihnen auch das in Eckernförde stationierte 2. Bataillon der Schleswigschen Jäger, mit einem erfolgreichen Durchbruch nach Rendsburg siegreich bestanden.

Im übrigen Lande gab es freilich keinen Widerstand mehr. Ganz schnell breiteten sich vor allem die winterharten Kosaken über die Herzogtümer aus. In Eckernförde wurde am 13. Dezember 1813 zu Stadtprotokoll gegeben, dass der Oberst eines schwedischen Kavallerieregimentes vom Magistrat bestimmte Fragen des schwedischen Kronprinzen beantwortet haben wollte. Sie betrafen (Antworten in Klammern) das königliche Grundeigentum (nur Christianspflegehaus), Waffen (nur in Privatbesitz), Stadtkasse (Bestand von 626 Reichsthalern in Schleswig-Holsteiner Courant Silbermünze, bereits an einen Offizier der „Schwarzen Husaren" abgeliefert), Tuch- und Bekleidungsbestände (bereits requiriert) und dänisches Militär (nur der Direktor des Christianspflegehauses). Mit den Antworten war jedoch der schwedische Regimentskommandeur nicht zufrieden, sondern verlangte, dass noch am selbigen Tage bis abends 9 Uhr sämtliches bei den Kaufleuten der Stadt befindliche Tuch, Leinwand, Leder und wollene Strümpfe, ferner alle dem dänischen König gehörenden Waffen abgeliefert werden sollten, „wenn der Magistrat nicht Gefahr laufen wolle, die ganze Stadt in derselbigen Nacht geplündert und in einen Aschenhaufen verwandelt zu sehen". Um seiner Drohung weiteren Nachdruck zu verleihen, wies der schwedische Offizier darauf hin, dass außer seinem Regiment eine Eskadron und ein Bataillon hannoverscher Truppen hier einquartiert und sehr viele feindliche Truppen in der Gegend dieser Stadt vorhanden seien.

Der so bedrohten und durch Einquartierung schwer belasteten Stadt wurde durch den schwedischen Kronprinzen am 26. 12. 1813 auch noch eine Kriegssteuer in Höhe von 3333 Reichsbankthaler auferlegt. Am 14. Januar 1814 schloss Dänemark zu Kiel im Buchwald'schen Hof Frieden mit Schweden und England. Der Preis war hoch. Dänemark musste Norwegen gegen Schwedisch-Pommern (Vorpommern und Rügen) abtreten, Helgoland verblieb bei England. Auch musste Napoleons bislang so treuer Verbündeter 10 000 Mann zum Zuge gegen ihn stellen, darunter wieder die Schleswigschen Jäger, deren 2. Bataillon gerade erst nach Eckernförde zurückkehrte.

Erst Anfang Juni 1814 kam es vom Rheine heim, um jetzt nach sieben Jahren in Eckernförde endgültig auf „Friedensfuß" gesetzt zu werden.[47] –

Doch in der Heimat hatte zunächst der „Kosakenwinter" angedauert. Diesmal wurde nicht nur die Borbyer, sondern auch die Eckernförder St.-Nicolai-Kirche als Magazin genutzt.[48]

Es waren aber gar nicht nur die im ganzen disziplinierten Kosaken, die den Schleswig-Holsteinern den Winter 1813/14 so schwer machten, sondern gerade auch deutsche Kavalleristen, wie die preußischen „Schwarzen Husaren", die sich schon der Eckernförder Stadtkasse bemächtigt hatten und „Rache für Schill" üben wollten.[49]

Welche Schäden Eckernförde in diesem „Kosakenwinter" erlitten hatte, führte eine die geforderte Erhöhung der Pastorengehälter betreffende Bittschrift an den König vom 15. März 1814 auf.[50] Danach war einige Male in der Stadt für 3000 Pferde

258

Stallraum zu stellen gewesen, sodass auch die St.-Nicolai-Kirche dazu und als Magazin für Heu und Stroh benutzt werden musste. Wenigstens 1000 Thaler Courant würden erforderlich sein, die Kirche wieder in Ordnung zu bringen, weil Wände und Boden durch die Ausdünstungen der Pferde feucht und durch den Staub der „Fourage" beinahe schwarz geworden seien. Viele Stühle seien aus der Kirche herausgerissen und die Bretter mitgenommen worden. Ein bei den Kosaken dienender Trompeter habe überdies „das Werk der Orgel ... kunstmäßig vernichtet", wahrscheinlich aus Rachsucht, wie es weiter hieß, weil beim Kronprinzen (Bernadotte) „über den großen Unfug welchen dieselben in ihren Quartieren in dieser Stadt getrieben, dringend geklagt war". Das Hauptpastorat sei lange als Militärkrankenhaus benutzt worden und daher auch erheblich reparaturbedürftig, sodass man angesichts einer ohnehin erschöpften Kirchenkasse um Aufschub der Erhöhung der Pastorengehälter bitten müsse.

Norwegens Volk akzeptierte nicht die im Kieler Frieden von Dänemark vollzogene Abtretung seines Landes an Schweden. In einer Reichsversammlung vom 17. Mai 1814 gab es sich eine freiheitliche Verfassung und wählte den bisherigen königlich-dänischen Statthalter Prinz Friedrich Christian von Dänemark zu seinem König. Doch in der Konvention von Moss akzeptierte Norwegen dann eine Personalunion mit Schweden, Prinz Friedrich Christian, späterer König Christian VIII. von Dänemark, entsagte der norwegischen Krone. Inzwischen waren auf dem Wiener Kongress die Verhandlungen zur Neuordnung Europas in Gang gekommen. An die Stelle des alten Reiches trat der Deutsche Bund, dem Holstein, nicht jedoch Schleswig angehören sollte; der Artikel 13 der Bundesakte sicherte jedem deutschen Staate eine „landständische" Verfassung zu, für Holstein sollten ihr die älteren Landesrechte zu Grunde liegen. Dänemark tauschte mit Preußen Schwedisch-Pommern gegen das Herzogtum Lauenburg ein.

Erst am 8. Februar 1815 schlossen Preußen und Russland Frieden mit dem um Norwegen verkürzten dänisch-schleswig-holsteinischen Gesamtstaat, womit auch die Besetzung Schleswig-Holsteins durch russische Truppen ein Ende nahm. Doch am 20. März 1815 zog der aus seiner Elbaer Verbannung zurückgekehrte Napoleon zum Schrecken Europas nach einem Siegeslauf durch Frankreich als Triumphator in Paris ein. Noch einmal wurden die Schleswiger Jäger in Eckernförde mobil gemacht. Doch sie kamen als Teil des dänischen „Auxiliarcorps" nicht mehr rechtzeitig. Bei Napoleons endgültiger Niederlage bei Waterloo (aus preußisch-deutscher Sicht: bei Belle-Alliance) am 18. Juni 1815 stand das Auxiliarkorps immer noch in Deutschland. Anfang Oktober kehrte das Jägerkorps nach Eckernförde zurück. Doch in Folge des 2. Pariser Friedens vom 20. November 1815 musste das Jägerkorps Ende November noch einmal, diesmal als Teil der alliierten Besatzungsarmee nach Frankreich ausrücken. Erst nach drei Jahren kehrten die Jäger aus Nordfrankreich nach Eckernförde zurück.[51]

Doch das Leben in Eckernförde begann sich schon im Laufe des Jahres 1814 zu normalisieren. Deutlichster Beweis ist der Subskriptionsaufruf des aus einer Eckernförder Familie stammenden Stadtschulrektors Johann Wilhelm Thöming für ein Eckernförder Wochenblatt vom 1. Juli 1814, in dem es hieß:[52]

„In der Überzeugung, es werde den hiesigen Bewohnern der Stadt und umliegenden Gewerbetreibenden, so wie überhaupt vielen Bewohnern der Stadt und umliegenden Gegend zuträglich und angenehm dünken daß, so wie die benachbarten Städte auch Eckernförde ein Wochenblatt erhalte; bin ich gewillt dies schon längst gefaßte und von vielen gewünschte Vorhaben in dem jetzigen günstigen Zeitpunkt des wiederkehrenden Friedens und erneuter Geschäftigkeit in Ausführung zu bringen."

Es meldeten sich 105 Abonnenten, sodass die erste Nummer am 27. Juli 1814 erscheinen konnte. Bis zum Ende des Jahres erschienen insgesamt 32 Nummern unter dem Titel

„Königlich privilegiertes wöchentliches Intelligenzblatt für Eckernförde und die umliegenden Gegenden."

Dieser Erfolg ermunterte den Herausgeber offenbar zu weiteren volksbildenden Aktivitäten. Er unterhielt einen Journallesezirkel mit wichtigen Zeitungen und Zeitschriften und eine Leihbibliothek mit 1200 Bänden.[53]

Das vielseitige Talent Johann Wilhelm Thömings hatte sich auch in den Zeiten der Kontinentalsperre erwiesen. Nordamerikanische Schiffe mussten sich in Verfahren vor dem Stadtgericht von dem vielfach nicht unbegründeten Verdacht reinigen, verbotswidrig englische Waren einzuführen. Dabei trat Thöming als „Translateur" auf. Um welche Waren es sich dabei handelte, zeigte das Beispiel der nordamerikanischen, 114 Commerzlasten großen Brigg „Colt", die zwischen dem 4. und 7. August 1810 an der Schiffbrücke löschte: brutto 15 113 Pfund Kaffeebohnen, 351 Stück Gelbholz zum Färben von Geweben, 1000 Piepenstäbe zur Anfertigung von Weintonnen, 3518 Pfund Muskatnüsse und Nelken, 634 Pfund Tee, 40 Ballen Nanking-Baumwollzeug zu je 100 Stücken und ein Sack Gummi. Als Absender wurde eine New Yorker Firma deklariert.[54]

Der nordamerikanische Seehandel über Eckernförde als Ausweichhafen für die für Nordamerikaner gesperrten Husum und Tönning war freilich nur ein kurzes Zwischenspiel. Im Ganzen hinterließen Kontinentalsperre, ein langer verlorener Krieg und vor allem der den Seehandel umleitende Schleswig-Holsteinische Kanal tief greifende strukturelle Schäden, die sich am deutlichsten in Zahl und Tonnage der in Eckernförde beheimateten Kauffahrteischiffe zeigten.[55] Von 1806 bis 1815 verminderte sich die Tonnage der in Eckernförde beheimateten Schiffe von 457 auf 305 Commerz-Lasten (CL), also um ein Drittel. Gegenüber dem Todesjahr von F. W. Otte (1766) hatte sich die Zahl der Schiffe von 35 auf 15, ihre Tragfähigkeit von 1075 auf 305 CL vermindert. Dass dieser Negativtrend auch in Friedenszeiten anhielt, zeigten die Zahlen für 1835, wo es in Eckernförde nur noch 10 Schiffe mit insgesamt gerade noch rund 40 % der Tragfähigkeit von 1815 gab.[56] Eckernförde, das im 18. Jahrhundert mit Flensburg noch zu den führenden Seehandelsplätzen des Herzogtums Schleswig gehörte, war 1815 auf den 8. Platz zurückgefallen.

Nach 28 ungewöhnlich schwierigen und im Ganzen wohl eher deprimierenden Amtsjahren musste dem infolge Krankheit dienstunfähig gewordenen Bürgermeister Fürsen am 27. September 1815 zur Wahrnehmung („zur Treibung") der Geschäfte der „Obergerichts Auscultant" (-Beisitzer) Nicolaus Georg Ferdinand Suadicani beigeordnet werden. Fürsen hatte noch am 16. März des Jahres eine Antwort an das „Königliche Schleswig-Holsteinische Sanitäts-Collegium" zu Kiel verfasst, das aus Gesundheitsgründen eine Verlegung des Eckernförder Friedhofs nach außerhalb der Stadt und eine Einstellung der Beisetzungen in der Kirche verlangte. Fürsen verwies darauf, dass Beisetzungen in der Kirche in seiner langen Amtszeit nur noch zweimal vorgekommen seien und zurzeit kein Geld zur Anlage eines neuen Friedhofs vorhanden sei[57] Er starb am 9. Mai 1817.[58]

4.2 Eckernförder Biedermeier (1815–1830)

Der 2. Pariser Friede vom 20. November 1815 zog einen endgültigen Schlussstrich unter die Periode der napoleonischen Kriege. Doch mit der Wiederherstellung des bourbonischen Königreiches in Frankreich zogen statt des von den europäischen Völkern erhofften Aufbruchs in eine neue Zeit von Frieden, Freiheit und Gerechtigkeit ein trostloser Geist der Restauration und Reaktion auch in den Staaten ein, deren Völker den Sieg über Napoleons Frankreich erstritten hatten. Auf dem Wiener Kongress war an Stelle des Deutschen Reiches der Deutsche Bund getreten, der nur Holstein, nicht auch Schleswig einbegriff und dessen am 8. Juni 1815 verabschiedete Bundesakte allen Bundesstaaten eine „Landständische Verfassung" verhieß. Neben dieser Versicherung des Artikels 16 der Bundesakte war für die verfassungsrechtlich eng verbundenen Herzogtümer Schleswig und Holstein noch der Artikel 6 der Wiener Schlussakte von 1820 von Bedeutung, der in anerkannter Wirksamkeit bestehende landständische Verfassungen vor Willkür schützen sollte.

Im August 1816 berief König(herzog) Friedrich VI. eine Kommission, die für Holstein einen Verfassungsentwurf ausarbeiten sollte. Friedrich Christoph Dahlmann, seit 1812 Extraordinarius für Geschichte an der Kieler Universität, war auf Veranlassung Friedrich Reventlows (Emkendorf) 1815 zum Sekretär der Fortwährenden Deputation der Ritterschaft berufen worden. In dieser Funktion verfasste er die „Unmittelbare Vorstellung" an den König, in welcher er die historischen Gründe für den Fortbestand der gemeinsamen Verfassung der Herzogtümer geltend machte, zu welchen im Sommer 1816 das gegen Schwedisch-Pommern getauschte Herzogtum Lauenburg hinzutrat. Cay Reventlow (Altenhof) wurde Gouverneur dieser Neuerwerbung der dänischen Krone. Doch die Bewältigung der vielfältigen wirtschaftlichen Nöte, die die lange Kriegszeit hervorgerufen und hinterlassen hatte, ließ der Bevölkerung nicht viel Kraft zum Kampf für eine Verfassung nach ihrem Willen und ihren Interessen.

So traten für die Landesinteressen zunächst nur die Ritterschaft, deren Standesinteressen mit im Spiel waren, und Professoren der Kieler Universität ein, die auch viele Studenten mitzureißen vermochten. Das zeigte sich 1817 im Jahre des 300. Jahrestages der lutherischen Reformation, als eine ansehnliche Schar Kieler Studenten am Wartburgfest teilnahm, das am Jahrestag der Schlacht von Leipzig stattfand, womit auch sein politischer Charakter verdeutlicht wurde. Die Ziele der auf der Wartburg versammelten studentischen Jugend, die vom Geist der romantischen Poesie durchdrungen war, blieben verschwommen und exaltierten in überspannter Schwärmerei, die den Nährboden für Karl Ludwig Sands Untat lieferte. Er ermordete den deutschen Schriftsteller und russischen Staatsrat Kotzebue, der ihm als Exponent der burschenschaftsfeindlichen Reaktion erschienen war. Damit gab er den deutschen Regierungen den willkommenen Anlass, die bürgerlichen Freiheitsrechte, die Pressefreiheit und die Selbstverwaltung der Universitäten durch die „Karlsbader Beschlüsse" zur Bekämpfung „demokratischer Umtriebe" einzuschränken oder ganz aufzuheben.

Zum Reformationstag selbst war die Eckernförder St. Nicolai Kirche renoviert worden. Den Singechor verlegte man vom Chor auf die nördliche Empore.[59]

Die Gemeinde stiftete ein Ganzbild Luthers, das H. F. Baasch gemalt hatte. Hauptpastor war dort seit 1811 Johannes Hermann Gottfried zur Mühlen. Als sein Diakon Godber Nissen 1812 nach Bredstedt berufen wurde, konnte er den Kirchenvorstand bewegen, keinen Nachfolger zu berufen, damit ihm, zur Mühlen, höhere Bezüge zugemessen werden konnten. Er blieb bis 1835 alleiniger Prediger an St. Nicolai.

Der Reformationstag 1817 hatte für Pastor zur Mühlen noch eine besondere Bedeutung, als er sich durch eine Streitschrift des Kieler Archidiakons Claus Harms zu einer öffentlichen Entgegnung herausgefordert fühlte. Harms, der als begnadeter Kanzelredner galt, hatte zum Reformationsjubiläum Luthers 95 (lateinische) Thesen übersetzt „und mit andern 95 Sätzen begleitet".[60] Mit seinen antirationalistischen Thesen setzte er sich in eine sehr gewagte Parallele zu Luther. Sie erzeugten großen Wirbel, dem zur Mühlen mit seiner 1819 in Altona erschienenen Schrift „Worte der Belehrung und Beruhigung über die bisherige Glaubensfehde"[61] zu steuern suchte.

Harms hatte in seiner Jugend auch der rationalistischen Theologie angehangen und war von Schleiermacher zum Bibelglauben zurückgebracht worden, dann allerdings in eine extrem orthodoxe Position geraten, die in enger Verwandtschaft zum rückwärts gewandten restaurativen Zeitgeist stand. In seiner Luther formal abgesehenen Streitschrift rief er in den Thesen 1–8 die verdammungswürdigen anders Denkenden zur Buße auf; „denn auch die dem falschen Lehrbegriff gemäß sich geformt haben, werden für Schlechte angesehen". In den Sätzen 9–50 verdeutlichte er, wer für ihn heute der Antichrist sei: die an die Stelle des Glaubens gesetzte Vernunft und das Gewissen, das sich gegenüber der Gottesfurcht verselbständigt habe. Bei These 65 geht es um die rechte Bibelform, die in der Ursprache für heilig gilt; nur die Übersetzungen in lebende Sprachen dürfen und müssen von Zeit zu Zeit („alle hundert Jahre") revidiert werden. Sie dann aber mit Erklärungen zu versehen, sei verwerflich, was sich gegen die umstrittene Altonaer Bibelausgabe des „Compastors und Ritters" Funk richtete. Thesen 66 bis 95 setzten sich schließlich mit den von Harms verdammten Irrlehren innerhalb und außerhalb der christlichen Bekenntnisse auseinander, wobei er nur die an ihren Bekenntnisschriften festhaltende lutherische Kirche gelten ließ. Er setzte an ihr freilich aus, dass die oberste Leitung und letzte Entscheidung bei einem Laien, dem Landesherrn nämlich, liege, und dass die Gemeinden ihren Pastor nicht selbst wählen könnten. In seiner vergleichenden Betrachtung nahm er zur katholischen und zur reformierten Kirche die gleiche Distanz ein, womit er den Zorn seines Vorbildes Schleiermacher erregte, der sich eben erst in Preußen für die Union zwischen den beiden evangelischen Bekenntnissen eingesetzt hatte.[62]

Mit seinen „Worten der Belehrung und Beruhigung" ging es Eckernfördes engagiertem Pastor zur Mühlen vor allem um „die Erhaltung protestantischer Glaubens- und Gewissensfreiheit".[63] Um zu zeigen, „daß die bisherige Glaubenfehde ein ganz blinder Lärm sey", formulierte er zur Beruhigung der Laien ein umfassendes Glaubensbekenntnis, dessen Inhalt seiner Überzeugung nach zwischen den sich derzeit befehdenden Parteien nicht streitig sein könne. Zur Mühlen bemühte sich zwischen den streitenden Parteien dieser „Glaubensfehde" eine vermittelnde Stellung einzunehmen. Zwar kritisierte er das Verlangen der Harmschen Partei, „daß man bey der Erklärung der Bibel bey dem Buchstaben der heiligen Schriften stehen" bleiben solle und die Vernunft, doch auch eine Gabe Gottes, nicht gebrauchen dürfe, um den Sinn der oftmals dunklen Bibelstellen zu erhellen.[64] Auch beanstandete er, dass es mit dem „endlosen Verlästern und Verketzern" wohl „nicht nur auf die Entfernung einzelner Geistlichen aus ihren Ämtern, sondern auch auf die Zurückführung jener Zeiten abgesehen sey, wo bey der Blindheit des Mittelstandes der Adel und die Geistlichkeit allein herrschten und aßen",[65] was ein Seitenhieb auf die kirchenpolitischen Aktivitäten des Emkendorfer Kreises war.

Andererseits fand zur Mühlen die Klagen der Harmschen Seite nicht ganz unberechtigt, „daß das Wort Gottes aus unsern Kirchen und aus unsern Schulen verschwunden sey", die Glaubenslehre über der Sittenlehre vergessen werde und „bey der philosophischen Trockenheit, bey der Kälte, mit der nur zu oft von Gott und Christenthum geredet werde, das Herz leer ausgehe".[66]

In weiteren Aufsätzen zur Glaubensfehde legte zur Mühlen dar, dass die Augsburger Konfession, wenn die Harmsche Seite sie als den alleinigen Probierstein für alle Lehre ansehe, „ob sie gut oder bös, wahr oder unwahr, recht oder unrecht sey", so sei dies falsch, ja antilutherisch oder gar fast papistisch. Denn diese Bekenntnisschrift dürfe nicht als verbindliche Glaubensnorm verstanden werden. Ihr Entstehungszweck sei vielmehr gewesen, für die Evangelischen deren Rechtgläubigkeit und Einigkeit mit der katholischen Kirche zu beweisen, aber auch gegen mehrere päpstliche Missbräuche zu protestieren. Glaubensrichtschnur solle nach Luthers Aussage allein die heilige Schrift „über alles und aller Menschen Meinungen Richter seyn und bleiben".[67]

Schließlich verteidigte zur Mühlen auch die von Harms und seinen Mitstreitern befehdete Altonaer Bibelausgabe seines Amtsbruders Funk. Die Funksche Bibel war mit Kapitelüberschriften und Erläuterungen versehen worden, wozu Harms meinte (These 55):

„Die Bibel mit solchen Glossen ediren, das ursprüngliche Wort emendiren (textkritisch verbessern), heißt: den heiligen Geist corrigiren, die Kirche spoliren (verderben), und die dran glauben, zum Teufel führen." Gegen diese unglaublich überzogene Kritik argumentierte zur Mühlen mit dem Bedürfnis derjenigen, denen es nicht so sehr um Erbauung als vielmehr um richtiges Schriftverständnis zu tun sei, also auch Lehrern und selbst Predigern, die nicht die Zeit fänden, weitläufige Bibelkommentare einzusehen.[68]

Die Funksche Bibelausgabe wurde trotzdem auf Drängen von „vornehmen und nicht vornehmen Pfaffengeistern" von der Kopenhagener Regierung aufgekauft und eingezogen. Harms hatte für den Augenblick gesiegt. So war es auch kein Wunder, dass man in den Zentren der reaktionären „Heiligen Allianz", St. Petersburg und Berlin, auf ihn aufmerksam wurde. Der Zar wollte ihn zum evangelischen Bischof für Russland machen und Berlin bot ihm die Nachfolge auf den Lehrstuhl Schleiermachers an. Schließlich war sein „summus episcopus" König Friedrich der Heiligen Allianz der Kaiser von Österreich und Russland und des Königs von Preußen beigetreten, die sich zur Bewahrung der überlebten absolutistischen Regierungsform verbündet hatten.

Harms blieb in Kiel an St. Nicolai, wurde 1835 Hauptpastor und Propst und nahm mit den Jahren eine gemäßigtere Position ein, was in der Verleihung der Ehrendoktorwürde der theologischen wie der philosophischen Fakultät der Kieler Universität und in der Ernennung zum Oberkonsistorialrat sichtbar wurde.[69]

Pastor zur Mühlen, der zu Zeiten der „Glaubenfehde" schon auf sein 60. Lebensjahr zuging (geboren 1762), war ein arbeitsamer Mann. Da er auf einen Diakon verzichtet hatte, musste er nicht nur in der Gemeinde, sondern auch im Schul- und Armenwesen der Stadt Eckernförde doppelte Arbeit leisten. Diese von der Kirche mit zu verantwortenden Bereiche hatten zudem nach der Kriegszeit im öffentlichen Bewusstsein eine größere Bedeutung gewonnen, wie sich in neuen Schul- und Armenordnungen zeigte. Außerdem gehörte Pastor zur Mühlen seit dem 2. Februar 1820 einer Kommission an, die sich um eine Verbesserung der Verhältnisse im Christianspflegehaus kümmern sollte[70], und der auch Kapitän von Krohn, ein Vertrauter des Statthalters und Oberdirektors des Stiftes Carl von Hessen, und der Erste Schullehrer des Stiftes Eggers angehörten. Zu den wichtigsten Empfehlungen der Kommission gehörte der Übergang zur kollegialen Direktion, die seit Oktober 1820 aus dem militärischen Leiter, Major von

Muderspach, seinem Vertreter Kapitän von Nissen, Pastor zur Mühlen und dem Stiftsarzte Regimentschirurg Prahl bestand. Ferner wurden die Feuerlöschvorrichtungen, bis hin zur Anschaffung einer eigenen großen Spritze mit Saugwerk, wesentlich verbessert und schließlich, als nachhaltigste Maßnahme, schritt man zur Einrichtung einer Normalschule, um einem Wunsch König Friedrich VI. entsprechend, den „wechselseitigen Unterricht" einzuführen, der in Eckernförde dann „wechselseitige Schuleinrichtung" heißen sollte.[71]

Das Christianspflegehaus, das nunmehr auch „Christians-Stift" hieß, hatte Platz für 200 Invaliden und 60 Witwen, 80 (Waisen-)Knaben und 40 Mädchen. Im Laufe der Friedenszeit verschob sich das Verhältnis von den Pfleglingen zu den Zöglingen von 260 zu 120 zu 235 zu 145. Das Stiftspersonal mit Familien und Bediensteten belief sich 1833 auf 68.[72] Mit etwa 450 Personen stellte das Stift mehr als 10 % der Eckernförder Einwohnerschaft, die zwar keine Steuern zahlten, aber zur Wirtschaftskraft beitrugen, ohne die Armenkassen in Anspruch zu nehmen. Das Grundprinzip des unter dem Namen Bell-Lancaster in England entwickelten „wechselseitigen Unterrichts" war der Einsatz fortgeschrittener Schüler als Unterrichtsgehilfen. Das Kennzeichen der Eckernförder „wechselseitigen Schuleinrichtung" war die Beschränkung dieses Verfahrens auf die Elementarschule, die sich in etwa mit unserer heutigen Grundschule gleichsetzen lässt.

Das neue Verfahren ist auf dem Hintergrund der schulischen Situation in der Zeit zwischen 1815 und 1847 zu sehen. Friedensjahre, industrielle Revolution und auch Fortschritte im Gesundheitswesen hatten zu einem deutlichen Bevölkerungswachstum geführt. Allgemeine Schulpflicht und Bildungsbewusstsein hatten überdies zu einer vergrößerten Nachfrage nach schulischen Leistungen geführt, die ein zunächst noch vernachlässigter und schlecht ausgebildeter, also quantitativ und qualitativ unzureichender Lehrerstand nur mangelhaft befriedigen konnte. Angesichts übergroßer Klassen, die mit Schülern unterschiedlichen Alters und Bildungsstandes vollgestopft waren, kam eine Unterrichtsmethode, die diese Elementarklassen in „Lektionsklassen" aufteilte und unter Oberaufsicht des Lehrers von Gehilfen aus dem Kreis der Fortgeschrittenen nach präzisen Vorgaben trainieren ließ, gerade recht. Für den Unterricht der „wechselseitigen Schuleinrichtung" in der „Normalschule" des Christians-Stiftes hatten die Lehrer Unterrichtstabellen entwickelt, die es den Gehilfen ermöglichten, den Unterrichtsstoff ohne besondere Ausbildung in kleinsten vorgezeichneten Schritten mit ihren „Lektionsklassen" einzuüben. So war etwa der Leseunterricht der Elementarklasse in 15, der Rechenunterricht in 11 Lektionsklassen zerlegt.[73]

Die Zöglinge des Christians-Pflegehauses erhielten neben der „Lehrschule" auch noch in weiteren „Schulen" Unterricht, der sich vor allem an den Bedürfnissen des Militärs orientierte. In der Musikschule wurde Nachwuchs für Militärkapellen zu Oboisten, Hornisten, Trompetern, Pfeifern und Trommlern, aber auch gesanglich ausgebildet, in der Gymnastikschule lernten die Knaben Bajonettfechten, Schwimmen, Fechten auf Hieb und Stich, Klettern und Springen, und in der Arbeitsschule wurde den Knaben, die nicht für die Musikschule taugten, zusammen mit den Mädchen Spinnen und Stricken beigebracht. Die Verlagerung des Stiftsschwergewichtes auf die Zöglinge machte auch erhebliche bauliche Maßnahmen notwendig, die in den Jahren 1834 bis 1837 realisiert und mit den Beiträgen der Wehrpflichtigen finanziert wurden, die Stellvertreter stellten. Auf der Westseite der Kieler Landstraße wurden fünf Gebäude abgerissen, die noch aus der Otteschen Zeit stammten, und an deren Stelle ein „sehr schönes Gebäude von 2 Etagen, 241 Fuß Länge und 36 Fuß Tiefe aufgeführt. In der untern Etage befinden sich 5 Officianten-Wohnungen und die Knaben- und Mädchen-Wohnstuben, in der oberen Etage ... eine Schlafstube für 120 Knaben und eine für 66 Mädchen".[74] Es ist der noch heute bestehende klassizistische Bau an dem Westende der südlichen Kieler Straße. Zu seiner Einweihung am 26. Juni 1831 kam König Friedrich VI., um das Christians-Stift zu besuchen. Bei der Gelegenheit wurde ihm ein besonders viel versprechender Schüler des Stifts, der 15-jährige Lorenz Jacob Stein, vorgestellt, der sich zu Eckernfördes berühmtestem Sohn Lorenz v. Stein entwickeln sollte. Der König ließ den Jungen zur Erlangung der Hochschulreife auf die Lateinschule in Flensburg schicken und bewilligte ihm dazu ein dreijähriges Stipendium.[75] Der Sohn des Obristleutnants Lorentz Jacob von Wasmer, Kommandeur des in Eckernförde stationierten 2. Bataillons der Schleswigschen Jäger, und seiner langjährigen Geliebten, der Witwe Anna Elisabeth Stein, war dank der Beziehungen seines Vaters 1821 in das Christians-Stift aufgenommen worden.

In der Elementarklasse der Eckernförder Stadtschule wurde die wechselseitige Schuleinrichtung 1824 eingeführt, was dort ebenfalls 1829 einen Schulneubau zur Folge hatte, der an Stelle des alten zwischen der St. Nicolai Kirche und der nun auch so benannten Kieler Straße errichtet wurde.[76]

Von Eckernförde aus begann sich die neue Unterrichtsform in den Herzogtümern und darüber hinaus auszubreiten. Von 1824 bis 1839 besuchten 853 Lehrer auf dringende Empfehlung der Behörden die Normalschule am Christians-Stift. Bis 1838 hatten etwa zwei Drittel der in Betracht kommenden Schulen des Landes die wechselseitige Schuleinrichtung ganz oder teilweise übernommen. Ab 1839 mussten Bewerber um Lehrerstellen an diesen Schulen ein Zeugnis vorweisen, „daß sie im Stande sind, eine Schule nach der wechselseitigen Schuleinrichtung einzurichten und solcher ... vorzustehen".[77]

Den Mitdirektor des Christans-Stiftes und Eckernfördes Hauptpastor zur Mühlen erwartete Ende 1821 eine besonders schwere Aufgabe: er sollte dem zum Tode verurteilten Gattenmörder Johann Jensen Bode „seinen geistlichen Zuspruch angedeihen ... lassen, denselben zum Tode vor...bereiten und wo möglich zur reuevollen Einsicht seines Verbrechens und zur Besserung seiner Gesinnungen bringen".[78] Auftraggeber zur Mühlens war der Eckernförder Magistrat als zuständiges Gericht. Bode hatte am Zweiten Weihnachtstage des Jahres 1820 seine Frau, die ihn verlassen hatte, in der Wohnung ihres Sohnes erschossen und sich dann der Behörde gestellt. Der aus Husum stammende gelernte Buchbinder kam 1798 nach Eckernförde, um im Schleswigschen Jägerkorps als Soldat zu dienen, wurde aber 1802 wegen schlechter Führung entlassen. 27-jährig heiratete er die Witwe Magdalena Hedewig Knudsen, geb. Nissen, was jedoch keine Stetigkeit in sein ziemlich unordentliches Leben brachte. Bode war dem Trunk ergeben, konnte seine Familie – seine Frau hatte ihm zwei Söhne geboren – nicht ernähren und war auch gelegentlich gewalttätig gegen seine Frau. Deren Familie, die die Bodes unterstützt hatte, wandte sich von ihm ab. Schließlich konnte es auch seine Frau bei ihm nicht mehr aushalten. Weihnachten 1820 nahm sie bei ihrem Sohn aus erster Ehe, dem Brantweinbrenner Asmus Friedrich Knudsen, in der Hinterstraße (Gudewerdtstraße), heutige Nummer 59, Zuflucht. Dies betrachtete Bode als strafwürdige „Desertion". Mit einer Schrotflinte erschoss Bode seine Frau am Zweiten Weihnachtstag 1820 im Hause ihres Sohnes und ging dann zur Wache im Rathaus, um sich verhaften zu lassen. Eine umfassende Schilderung der Tat, ihrer Vorgeschichte und Konsequenzen gibt Willers Jessen.[79] Unter Vorsitz von Bürgermeister Suadicani hielt der Magistrat der Stadt Gericht über den Delinquenten. In eingehenden Verhören und nach einer gründlichen Tatbestandsaufnahme wurde Bode des Mordes für schuldig befunden, und da er die Tat vorsätzlich begangen hatte, zum Tode durch das Rad verurteilt. Das zum Todesurteil führende Verfahren wurde durch das Oberkriminalgericht auf Gottorf überprüft und in jeder Weise in Ordnung befunden und daraufhin durch den König bestätigt, wobei es dahin gemildert wurde, dass es durch das Beil zu vollstrecken sei.

Die Hinrichtung konnte nicht mehr auf dem vor 100 Jahren eingerichteten, jetzt eingegangenen alten Richtplatz der Stadt auf dem Hügel im Süden der Stadt zwischen Rendsburger und Kieler Landstraße vollzogen werden. Ein neuer Richtplatz wurde im Abdeckerland am Noorufer unterhalb der jetzigen „Carlshöhe" hergerichtet. Am 13. September 1822 vollstreckte der Tonderner Scharfrichter Eberhard Stöckler das Todesurteil. Ihm assistierte Johann Zacharias Friedrich Frisch, „Halbmeister" (Scharfrichtergehilfe) „auf der Salzgrube bei Eckernförde". Frisch war der 23. und letzte Repräsentant dieses grausigen Gewerbes in Eckernförde seit dem Beginn des 17. Jahrhunderts. Die Eckernförder Scharfrichter wohnten zuletzt in der „Schinderkate", dem letzten Haus auf der Nordseite des Pferdemarktes auf Borbyer Grund und waren zugleich auch Abdecker.[80] Erst mit der Hinrichtung Bodes ging für Eckernförde in gewissem Sinne das Mittelalter zu Ende: zum letzten Mal übte der Magistrat der Stadt die Halsgerichtsbarkeit aus[81], die Jahrhunderte lang der stärkste Ausdruck städtischer Selbstverwaltung gewesen war.

Im 19. Jahrhundert nahm man die Todesstrafe nicht mehr so selbstverständlich hin wie in früheren Jahrhunderten. So grub sich die Erinnerung an Bodes Tat und Tod tief ein. Noch in der Mitte des 20. Jahrhunderts trug ein Wadenzug im Noor unterhalb der ehemaligen Richtstätte den Namen „Bode".[82]

Bodes Richter, Bürgermeister Suadicani, stand nur kurze Zeit an Eckernfördes Spitze. Der Sohn des berühmten Schleswiger Arztes und Gründers der dortigen „Irrenanstalt" starb bereits 1828 42-jährig nach nur elfjähriger Amtszeit. Doch ist diese Zeit so voll von Verbesserungen im kommunalen Bereich, dass man ihm wohl einen bedeutenden Anteil daran zuschreiben muss. So wurden, um nur das Wichtigste zu nennen,

1822 – ein neues sechsbettiges Stadtkrankenhaus gebaut und eingerichtet[83]
      – zwei neue Gefängniszellen im Rathaus eingerichtet[84]
1824 – die wechselseitige Schuleinrichtung in der Stadtschule eingeführt[85]
1824 – der alte Teil des Rathauses, vor allem der größere Saal und die Vordiele renoviert[86]
1825 – eine neue Geschäftsverteilung für die beiden städtischen Gremien verabredet:[87]
      1. Bauwesen einschließlich langer Brücke und Wegebau Rathsverw. Hansen und Dep. v. d. Wettering und Mortensen
      2. Wasserleitungsweesen: Dep. v. d. Wettering und P. Lorenzen
      3. Revision der Stadt- und Einquartierungsrechnung: alle Deputierten
      4. Revision der Kirchen-, Armen- und Armenschulkinderkasse: Pastor zur Mühlen und Rathsverw. Hansen
      5. Die Brandkasserechnung revidieren: der Polizeimeister (= Stadtsekretär) und die Dep. Kraft Lorenzen und Naeve
      6. Die Wasserleitungsrechnung: dieselben wie 5.
      – die Kirche grundlegend repariert: der zunächst als irreparabel geltende Turm, das Dach, der Ost- und vor allem der Westgiebel weitgehend erneuert bei Abwalmung des Firstes auf beiden Seiten um 16 Fuß. Dabei wurden u. a. verbaut: am Turm 700 Quadratfuß kupferne Platten, 250 Quadratfuß Bleiplat-

ten 2 Fußbreit und 160 laufende Fuß lang, 12 Zoll breite Bleiplatten, für die Giebel 16 000 Stück Mauersteine und für das Dach 12 000 Stück Pfannen und 16 000 Fuß geschnittene Pfannenlatten.[88]

Den Mauerankern im Westgiebel „A 1825" wäre 200 Jahre früher sicher hinzugefügt worden „N.S." für Nicolaus Suadicani.

1826 – für neuen Begräbnisplatz im Norden der Stadt Grundstück von Major von Schnitter (Namensgeber vom „Schnittersgang") gekauft[89]

1827 – gemäß dem von Suadicani eigenhändig entworfenen „Regulativ, betreffend die Verlegung des Kirchhofes zu Eckernförde außer der Stadt"[90] dieser neue Begräbnisplatz eingerichtet und eingeweiht

1828 – die durch das Christians-Stift führende (Kieler) Landstraße erhöht, entwässert und gepflastert[91], und die städtischen Anteile an den Landstraßen im Norden[92] und im Süden[93] auf Veranlassung der Stadt durch die pflichtigen Anlieger in Stand gesetzt.

Auch dass die Stadt im Todesjahr Suadicanis einen Schulneubau in Angriff nahm[94], wird in seinem Sinne gewesen sein:

„Diesen für uns, wie für die gesammte Stadt höchst traurigen Todesfall" meldete der Magistrat der Schleswig-Holsteinisch-Lauenburgischen Kanzlei in Kopenhagen. Suadicani hatte „nur kurze Zeit an einem nervösen Scheinfieber danieder gelegen". Gerade ein Jahr und einen Monat, nachdem er den neuen Friedhof eröffnet hatte, wurde er dort zur letzten Ruhe gebettet. Auf dem heute noch vorhandenen Grab steht ein „dem Frühvollendeten von Freunden" gesetzter Obelisk. „Das Gedächtnis des Gerechten bleibt im Segen ..." und verdient bewahrt zu werden, möchte man der Freundesinschrift hinzusetzen.[95]

Der neue Friedhof war ein Platz von etwa 100 Metern im Quadrat, im Osten begrenzt von dem „aus der Stadt führenden Hohlwege" (Mühlenberg), dessen Böschung im steileren (unteren) Teil „6 Fuß hoch mit Feldsteinen aufgesetzt", im oberen Teil mit einem „mit Dornen zu bepflanzenden 5 Fuß hohen doppelten Steinwall" zum Hohlweg hin zu begrenzen war. An dieser Seite sollte auch die Haupteinfahrt sein. Das Viereck des eigentlichen Begräbnisplatzes „wird von zweien ... von Süden nach Norden und von Osten nach Westen sich kreuzenden ... Gängen in der Mitte durchschnitten und in vier Viertheile geteilt. Wo beide Gänge sich durchschneiden, werden die Ecken der vier Grabfelder abgerundet, so dass ein runder Platz entsteht". Gänge und Platz „werden mit Lindenbäumen bepflanzt".

An der Westseite, am Ende des von dem (Nord-)Eingange herführenden Ganges wurde ein Totenhaus erbaut, in welchem sich auch die Wohnung des Totengräbers und die Remise des Leichenwagens befand.

Nach der Einweihung waren alle Leichen aus der Eckernförder Gemeinde hier zu beerdigen. „Begraben oder Beisetzen, sowohl auf den bisherigen beiden Kirchhöfen als auch in der Kirche, (höret) gänzlich auf. Nur allein dem Königlichen Christians-Pflegehause bleibt die Benutzung des sogenannten Soldatenfriedhofs auf die bisherige Weise bis weiter freigestellt." Von den vier „Viertheilen" des neuen Friedhofs waren die beiden westlichen zu Erbbegräbnissen, die beiden östlichen „zur allgemeinen Erde" bestimmt. Der alte Friedhof um die Kirche wurde sodann mit Sand befahren und eingeebnet. Die alten Leichensteine konnten an ihrem Platz liegen bleiben. Auch konnten die Liegeplätze von Angehörigen auch jetzt noch mit Leichensteinen bezeichnet werden. Alle Leichensteine mussten jedoch „mit der Ebene gleich gelegt" werden, „damit der

Zweck der Ebenung des alten Kirchhofs erreicht werden" konnte.[96] Auf dem Platz inmitten des neuen Friedhofs wurde ein Obelisk „Von dem Verein der Todten Beliebung dieser Ruhestätte zur Zierde errichtet 1827". Unter ihren dort vermerkten Vorstehern war auch der Ratsherr Peter Lorentzen. Die im Beinhaus an der Nordseite des Chores von St. Nicolai noch befindlichen Knochen wurden sämtlich eingegraben, das nunmehr nicht benötigte Beinhaus zu einer Kalkgrube umgebaut.[97]

Die Neuordnung des Eckernförder Begräbniswesens ermöglichte es dem nunmehr allein zuständigen Christians-Stift den so genannten Armen- oder Soldatenfriedhof, der sich in einem „höchst kläglichen und unschicklichen Zustand" befand[98], angemessen herzurichten. Der Friedhof wurde mit einem Steinwall eingefriedigt, mit einer doppelten Eingangspforte versehen, planiert und neu eingeteilt.[99] An seine Funktion als Friedhof des Christians-Stiftes erinnert noch heute ein Grabstein, den Joachim Ludwig Zerssen 1833 seinen beiden ersten Ehefrauen und sieben seiner Kinder setzte. Er war von 1797 bis 1820 Schreiber, dann Pflegekommissar und Proviantverwalter, praktisch der zweite Mann nach dem Direktor Major, später Oberstleutnant v. Colditz. Als das Pflegeheim nach der Reorganisation 1820 ein vierköpfiges Direktorium erhielt, dem Zerssen nicht angehören sollte, erbat und erhielt er seinen Abschied.[100] 1825 pachtete er den Missunder Fährhof am Nordufer der Schlei, den 1854 sein Schwiegersohn Nissen übernahm und wo Zerssen 1858 starb. 1827 willigte Zerssen ein, dass seine Grabstätte auf dem Friedhof des Christians-Stiftes an die dort erfolgte Neuordnung angepasst wurde.[101] Sein Sohn Johann Christian Zerssen (1813–1865) gründete am Neujahrstag 1839 in Rendsburg die Firma Zerssen & Co Maklerei, Spedition und Reederei, die noch heute besteht.[102]

Die Anlage des neuen Friedhofs war freilich für den Platz der über 300 Jahre alten Eckernförder Windmühle auf dem Borbyer Mühlenberg nachteilig: Die Bockmühle befand sich in Westwindlee der auf dem Friedhof heranwachsenden Lindenbäume. Folgerichtig hatte der Erpachtmüller Friedrich Karl Müller schon 1727 die Zwangsmühleneigenschaft von der alten Bockmühle auf die erst 1819 erbaute Holländermühle im Zwickel zwischen Saxtorfer Weg und Riesebyer Straße übertragen lassen.[103] Diese Mühle war an Stelle der abgebrannten Schnaaper Windmühle errichtet worden. 1822 verlegte der Müller, der ebenso hieß, seinen Wohnsitz von Schnaap nach Borby, womit sich auch die Verwaltung seines umfangreichen Mühlenbetriebes in Borby oder, wie Müller schrieb, „vor Eckernförde"[104] befand. 1829 errichtete er an Stelle der von ihm kurz zuvor erworbenen, aber dann durch Brand zerstörten Hemmelmarker Mühle bei Louisenberg eine dritte Borbyer Windmühle knapp nördlich des „Holländers" von 1819.

Damit sie mühlenrechtlich weiter zu Hemmelmark gehörte, musste ein Landtausch vorgenommen werden, den eine Zeichnung des Premierleutnants Wernich vom Schleswigschen Jägerkorps verdeutlicht (Abb. 71). Die alte Mühle auf dem Mühlenberg, der damals wesentlich höher war als heute – er wurde nach Abriss der letzten Mühle (1910) zur Aufschüttung des Ufers am Vogelsang abgetragen – ist noch als Bockmühle dargestellt. Getauscht wurden die mit „l" und „m" gekennzeichneten Grundstücke. 1829 wurde dann die alte Bockmühle (mit auf dem „Bock" stehenden, drehbaren Mühlenhaus) durch einen Zwickstell-Holländer (nur der Kopf ist durch ein Gestell nach dem Winde drehbar) ersetzt. Mit seinen drei Borbyer Windmühlen und der immer noch schlecht und recht ihren Dienst tuenden Schnaaper Wassermühle bediente Friedrich Karl Müller nun die Mühlendistrikte Eckernförde/Borby und Hemmelmark/Barkelsby.

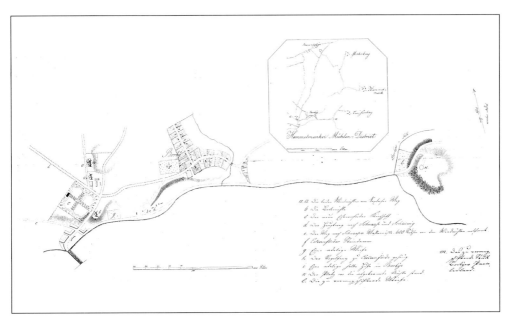

Abb. 71
Hemmelmarker Mühlendistrikt (1829)
Zeichnung von Pr. Lieutenant Wernich

Am 20. Mai 1829 führte sich Detlef Heinrich Christian Claudius als Nachfolger Suadicanis als neuer Bürgermeister ein. Er war ein Neffe des berühmten Dichters. Wie das Gemeinwesen aussah, dem Claudius nun vorstehen sollte, ergibt sich aus einer „Beschreibung der Stadt Eckernförde in staatistischer und kammeralistischer Rücksicht ausgearbeitet nach Charten, Original = Steuer=Registern, Rechnungen, eingezogenen offiziellen Nachrichten", der im Wesentlichen die Verhältnisse des Jahres 1827 zu Grunde liegen und offenbar auf Veranlassung der Gottorfer Regierung nach einem vorgegebenen Schema angefertigt wurde.[105]

Wichtigste Elemente der Beschreibung sind:
- die Verteilung des urbaren Landes. Etwa 400 Tonnen (1 Tonne = 0,67 ha) sind „Eigentums-" und etwa 200 Tonnen sind „Hausland", d. h. untrennbar mit dem Hausbesitz verbunden und von der Größe des Hauses abhängig.
- der städtische Besitz, bestehend aus Bullenkoppel, Bleicherhof, Schindanger, Schweinsweide und das Quellgebiet des Bornbrooks mit zusammen 9 Tonnen und den Dienstländereien für Bürgermeister, jüngsten Ratsherrn und Pastor mit zusammen 14 Tonnen
- der Viehbestand: 82 Eigentümer halten 233 Milchkühe, 136 Stück Jungvieh und Pferde, 10 Schafe und 73 Schweine
- die Kornernte (in Zentnern): Roggen 564, Hafer 1313, Gerste 484
- die Straßen: Kieler Straße, Nicolai-Straße, Hinterstraße, Fischerstraße, Kattsund, neue Wohnung, Frau-Claren-Straße, Langebrückstraße, Burgstraße (oder Steindamm), Marktplatz, Gänsemarkt, Allee oder Jungfernstieg, Schiffbrücke
- die Größen der 436 Häuser

Größe	Anzahl
10 Fach	1
9 Fach	1
8 Fach	75
7 ^{1}/$_2$ Fach	4
7 Fach	12
6 Fach	38
5 Fach	21
4 ^{1}/$_2$ Fach	10
4 Fach	33
3 ^{1}/$_2$ Fach	28
3 Fach	42
2 ^{1}/$_2$ Fach	25
2 Fach	53
1 ^{1}/$_2$ Fach	37
1 Fach	56
	436

– Der Brandversicherungswert dieser 436 Häuser: 485 880 Reichsbankthaler (Rbt), Versicherungsprämie jährlich 1004 Reichsbankthaler

– die öffentlichen Gebäude: das Rathaus und die Wache, die Kirche, das Pastorat, das Diakonat, das Leichenhaus und die Totengräberwohnung, die Wohnungen der Polizeidiener und der vier Nachtwächter, das Spritzenhaus und das Militärkrankenhaus

– die Einwohnerzahl: nach der Zählung vom 16. 3. 1826 3492 Personen, darunter 1298 Kinder, davon waren 375 „in Eid genommene Bürger", 384 gehörten „zur dienenden Classe" (Schreiber, Bediente, Gesellen, Burschen, Knechte und Mägde)

– die Handwerkerschaft: 110 Meister, 76 Gesellen und 76 Lehrburschen in 9 Ämtern (Zünften)

Schumacher	mit 26 Meistern
Schneider	mit 21 "
Bäcker	mit 15 "
Schlachter	mit 11 "
Schmiede	mit 11 "
Tischler	mit 10 "
Maurer	mit 6 "
Weber	mit 6 "
Böttcher	mit 4 "

– das Brenn- und Brauwesen: Jahreserzeugung in Tonnen (1 Tonne = 120 Liter):

Branntwein	3265
Bier	8175
Essig	375

Das zum Brauen, Trinken und Kochen benötigte Wasser wird teils aus dem durch Röhren in die Stadt geleiteten Kakabellenbach, teils aus Grundwasserbrunnen bezogen.

– der Handelsverkehr:

> „Commercirende" Bürger   39
> Krämer und Höker   23

„Israeliten sind in Eckernförde nicht wohnhaft."

– die Jahr- und Wochenmärkte, neben den Jahrmärkten an Fastnacht, Johannis und Michaelis (die „Beschreibung" erwähnt nur Letzteren) findet an jedem Sonnabend Wochenmarkt unter Kontrolle des Marktvogtes und unter Benutzung der Ratswaage statt.

– die vermögensbezogenen Steuern

> a) Grundsteuer auf den Taxwert des urbaren Landes 20 Reichbankschilling auf je 100 Reichsbankthaler Taxwert (= insgesamt 100 960 Rbt.) macht 210 Rbt. 32 s
> b) Haussteuer 1716 Rbt. 36 s
> Diese Landessteuern sind an die Hüttener Amtsstube in Schleswig abzuliefern
> c) Bankhaft aus der Währungsreform von 1813, 6 % auf Ländereien und Gebäude, macht jährlich an die Altonaer Bank zu zahlende 1296 Rbt. 31 s

– die Contribution berechnet sich von alters her nach Steuerpflügen, für Eckernförde 40 an der Zahl zu je 24 Thaler Courant gerechnet; macht 960 Thaler Courant oder 1535 Reichsbankthaler jährlich, die an die Schleswig-Holsteinische Cassa in Rendsburg abzuliefern sind. Insgesamt hat die Stadt jährlich an Oberbehörden 4758 Reichsbankthaler abzuliefern.

– personenbezogene Steuern:
Kopfsteuer von etwa 1500 Einwohnern, die keine vermögensbezogene Steuer zahlen, erbringt 2478 Rbt. jährlich. Dazu kommt noch die Rangsteuer mit 88 Rbt. jährlich. Beide Steuern sind auch an die Kasse in Rendsburg zu zahlen.

– die Erbschaftssteuer = $1/2$ % macht 1827 137 Rbt. 41 s
Abzüglich der Zinsen auf die Bankhaft flossen für das Jahr 1827 von Eckernförde in die königlichen Kassen 6165 Rbt. 45 s

– die Vermögensbilanz der Stadt:
Zu den Aktiven wurden gerechnet die „Stadtcapitalien" (Anlagen) mit 19 455 Rbt., die 4 $1/2$ % Zinsen erbringen, und die im Eigentum der Stadt stehenden Grundstücke (Bullenkoppel, Bleicherhof, Schindanger, Schweineweide, Bornbrook), die 146 Rbt. Pacht einbringen. Die Schulden der Stadt belaufen sich auf 82 592 Rbt., die mit 4 $1/2$ % zu verzinsen sind. Die Nettoverschuldung der Stadt beträgt also 63 137 Rbt., der Nettozinsaufwand 2746 Rbt.

– Die kommunalen Abgaben der Einwohner
Zur Deckung der städtischen Ausgaben dienen folgende Abgaben (Schillinge auf Rbt. gerundet):

> 1. Haus- und Nahrungskontribution nach Maßgabe der Größe der Häuser (Fachzahl) und der Erwerbsbetriebe, sie beträgt jährlich   5939 Rbt.
> 2. Landkontribution   159 Rbt.
> 3. Branntweinsteuer   80 Rbt.

4. Einquartierungsabgabe (75 % der Hauskontribution)	3576 Rbt.
5. Brandgeld (Brandversicherungsprämie)	1004 Rbt.
6. Opfer- und Umsingegeld (für Kirche und Schule)	
nach Fachzahl erhoben	426 Rbt.
7. Armengeld ca.	3000 Rbt.
8. Schulgeld ca.	2000 Rbt.
	16 184 Rbt.

Die Gesamtbelastung der Einwohner mit öffentlichen Abgaben beträgt demnach:

Steuer an den Staat	6165 Rbt.
Bankhaftzinsen von 1813	1296 Rbt.
Abgaben an die Stadt	11 184 Rbt.
Schul- und Armengeld ca.	5000 Rbt.
Insgesamt	23 645 Rbt.

– Verfassung und Verwaltung der Stadt

An der Spitze steht „zur Ausübung der Justiz und Polizei" der Magistrat. Er besteht aus dem Bürgermeister und drei Ratsverwandten, von denen einer zugleich Polizeimeister, Stadtsekretär, Auktionarius und Stadtvogt ist.

Für die ökonomischen Angelegenheiten der Stadt sind die sechs Deputierten zuständig.

Dauernd unterstützen musste die Stadt 222 Arme oder 6,4% der Einwohnerschaft.

Die vierklassige Bürgerschule hatte folgende Schülerzahlen:

Rektorklasse	21
Schreibmeister- und Küsterklasse („Hauptschule")	280
Zweigeteilte Elementarschule	260
dazu schulpflichtige, keine öffentliche Schule besuchende Schulkinder	100
Insgesamt	661

Das auffälligste Element dieser „Beschreibung" ist die hohe Verschuldung der Stadt, die wohl eine Folge der großen kommunalen Anstrengungen der Suadicanischen Amtszeit war.

Eine Errungenschaft dieser Periode war die durchgehende Beleuchtung der „Poststraße" zwischen dem Kieler und dem Schleswiger Tor. Diese „Tore" existierten indes nur noch virtuell als Bezeichnungen der Stadteingänge. Es fehlte noch eine Lampe zwischen dem Gänsemarkt und der Hauptwache (im Rathaus). Sie wurde gemäß Beschluss vom 7. 1. 1829 auf halber Strecke angebracht (s. Abb. 72). Die von (dem Maler) H. F. Baasch gezeichnete undatierte Karte kann zwar erst nach seiner Wahl in das Deputiertenkollegium am 27. 6. 1832 entstanden sein, gibt aber die neue Stadtbeleuchtung sehr deutlich wieder. Die mit 3 gekennzeichneten Laternen sind vom Christians-Pflegehaus, die mit 4 bezeichneten von der Schiffbrückenverwaltung zu unterhalten, während die an der Poststraße (Kieler Straße, Langebrückstraße, Steindamm) aufgestellten von der Stadt versorgt werden, einschließlich der Nr. 5, die gerade von der Frau-Claren-Straße an das Südende der Kieler Straße (heute etwa Kreuzung Gerichtsstraße) verlegt wurde. Außerhalb der Poststraße war dann nur noch eine Laterne beim „Polizeicomptoir" aufgestellt.

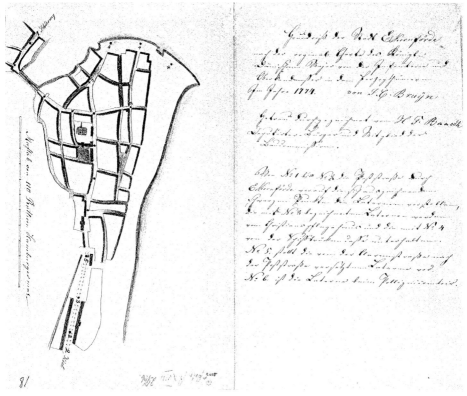

Abb. 72
Laternen in Eckernförde. Nach 1832 gezeichnet von H. F. Baasch

Wie auch andere kommunale Aufgaben (Kassieren der Brückenabgaben und Sauberhalten der Langen Brücke, Straßenreinigung und Müllabfuhr, Unterhaltung der Stadtbullen, Reinigung des Bornbrooks, Ballastfahren vom Ballastberg für auslaufende Schiffe) wurde auch die Unterhaltung der Laternen in einem Bietungsverfahren an private Unternehmer vergeben. Es gehörte dazu: die Lieferung des erforderlichen Öls (raffiniertes Rüböl), Anzünden, Kontrolle, Reinigung und Versorgung mit Glas und Dochten. Anzündzeiten schwankten je nach Jahreszeit zwischen 16 und 19 Uhr, zwischen dem 1. Mai und 31. August brauchten die Laternen nicht angezündet zu werden, zu löschen waren sie um Mitternacht bis auf die beiden bei der Langen Brücke befindlichen, die erst bei Tagesanbruch gelöscht wurden.[106]

4.3 Revolutionäre Unruhe: Uwe Jens Lornsen (1830–1834)

Die Eckernförder waren gerade damit beschäftigt, in Borby eine Seebadeanstalt zu errichten[107], als die Pariser Revolution vom Juli 1830, die zum erneuten Sturz des regierenden Hauses Bourbon führte, das im Schatten der Heiligen Allianz und der Karlsbader Beschlüsse dahindämmernde politische Europa blitzartig erhellte.

Das Pariser Wetterleuchten erfüllte auch die politischen Köpfe Schleswig-Holsteins mit neuer Hoffnung auf Fortschritte in der bürgerlichen Mitwirkung bei Staatsgeschäften, wie sie zumindest Holstein als „landständische Verfassung" durch die Bundesakte von 1813 versprochen, aber durch den Königherzog immer wieder auf die lange Bank geschoben worden war. Der prominenteste Vorkämpfer schleswig-holsteinischer Interessen, der Kieler Geschichtsprofessor und Sekretär der fortwährenden Deputation der schleswig-holsteinischen Ritterschaft hatte 1829 resigniert einen Ruf nach Göttingen angenommen. In seine Fußstapfen trat nun Uwe Jens Lornsen. Der 37-jährige aus Keitum stammende Jurist hatte nach neunjähriger Tätigkeit in der Schleswig-Holstein-Lauenburgischen Kanzlei in Kopenhagen sich Anfang Oktober 1830 auf den Posten eines Landvogts auf seiner Heimatinsel Sylt versetzen lassen. Ihn bewogen dazu gesundheitliche Gründe, aber auch die Erwartung, dort seinen schriftstellerischen Neigungen, die in wissenschaftliche und politische Richtung wiesen, besser nachgehen zu können. Bei seiner Rückkehr aus Kopenhagen fand er bereits in Kiel eine lebhafte Aufbruchstimmung unter der politischen Intelligenz vor, deren führender Kopf er wurde.

Um der landesweiten Bewegung ein Programm zu geben, verfasste Lornsen in wenigen Tagen seine elfseitige Flugschrift „Ueber das Verfassungswerk in Schleswigholstein", die in Kiel gedruckt wurde und am 5. November 1830 dort in 10 000 Exemplaren erschien.[108] Die Zensur konnte ausmanövriert werden. Dabei war bereits der Titel mit dem zusammen geschriebenen „Schleswigholstein" eine Provokation. Damit war die Forderung verdeutlicht, dass die Erfüllung von Holsteins Verfassungsanspruch unweigerlich für das ganze „Schleswigholstein" gelten müsse. Aus zwei Gründen sei im Übrigen – vom Verfassungsanspruch ganz abgesehen – eine „durchgreifende Umgestaltung unserer Staatseinrichtung" unabdingbar. Die Finanzverwaltung dürfe nicht länger geheim bleiben, weil dies schlechter Geldwirtschaft Vorschub leiste und Unordnung und letztlich Zerrüttung bewirke. Zum anderen lasse die Organisation und daher auch die Arbeit der höheren staatlichen Einrichtungen sehr zu wünschen übrig. Eine Neuordnung sei im Landesinteresse dringend geboten.

Von diesen Prämissen ausgehend, forderte Lornsen die Einberufung einer Verfassung gebenden Versammlung für das ganze Land, die eine repräsentative Verfassung für beide Herzogtümer erarbeiten sollte, für die er ein Zwei-Kammer-System vorschlug. Beiden Kammern sollten das Steuerbewilligungsrecht und die Teilnahme an der Gesetzgebung zustehen. Gesetzesinitiativen sollten außer dem König auch die Kammern ergreifen können. Dem König stünde ein absolutes Veto zu. Lornsen wollte ferner alle Organe der Landesverwaltung von Kopenhagen in die Herzogtümer verlegen. Er verlangte auch die entschiedene Trennung von Justiz und Verwaltung, dazu die Einrichtung eines obersten Justizhofes für beide Herzogtümer in der Stadt Schleswig und die Einsetzung von Regierungskollegien für jedes der Herzogtümer mit Sitz in Schleswig bzw. Kiel. Ein oberster Staatsrat würde diese Regierungen koordinieren und die Verbindung zum König sicherstellen. Die neue Ordnung würde eine administrative Trennung der Herzogtümer vom Königreich bedeuten. „Nur der König und der Feind sey uns gemeinschaftlich."[109] Die Residenz des Königs wollte Lornsen aus Zweckmäßigkeitsgründen (Randlage, unsichere Wasserwege) im Winter nach Schleswig verlegen.

Wenn auch der von Lornsen vom Lande erhoffte Petitionssturm ausblieb, so hatte seine Schrift doch gerade auf König Friedrich VI. und seine Regierung eine große und nachhaltige Wirkung. Schon am 16. November 1830, gerade einmal zehn Tage nach dem Erscheinen von Lornsens Kampfschrift, erließ der König eine Proklamation, mit der er zu Ruhe und Vertrauen ermahnte und wohltätige Institutionen versprach. Ritterschaft und Prälaten beeilten sich, dem König ihre Treue zu versichern.[110]

Wie sehr man in Kopenhagen durch Lornsen überzeugt worden war, dass etwas geschehen müsse, zeigte ein Schreiben vom 3. Dezember 1830 an den Statthalter in den Herzogtümern, Landgraf Carl von Hessen, in dem dieser ermächtigt wurde, „alle ... Sachen nach dero Ermessen in unserem und des Landes Besten unverzüglich zu erledigen", wenn im Laufe des bevorstehenden Winters und wegen der Eisverhältnisse die Kommunikation zwischen der Residenz in Kopenhagen und den Herzogtümern unterbrochen würde.[111] Genau das war Lornsens Begründung für die Residenzverlagerung im Winter nach Schleswig gewesen. Und am 8. Juni 1831 erschien mit Datum vom 28. Mai das allgemeine Gesetz wegen Anordnung von Provinzialständen in den Herzogtümern Schleswig und Holstein".[112] Es war zwar zunächst nur eine Grundsatzerklärung, deren Durchführungsverordnungen erst, nachdem „erfahrene Männer aus beiden Herzogthümern vernommen und zur Beratung gezogen" worden waren, erlassen werden sollten. Immerhin ging aus diesem Gesetz schon hervor, dass in diesem Zusammenhang die Verwaltung von der Justiz getrennt und für alle drei Herzogtümer ein gemeinschaftliches Oberappellationsgericht (Lornsens Forderung) geschaffen werden sollte. Zwar sollten für die Herzogtümer je getrennte Provinzialstände mit beratender Funktion eingeführt werden, doch sollte sich deswegen nichts an dem „Social-Nexus" der Ritterschaft, wie auch sonst an den Verhältnissen, die die Herzogtümer verbinden, etwas ändern (§1). Auch wurde hier schon bestimmt, dass die „Communal-Angelegenheiten" in jedem Herzogtum vorbehaltlich königlicher Aufsicht und Genehmigung „den Beschlüssen der ständischen Versammlung überlassen" werden sollten (§6). Über diese kommunale Kompetenz der „Provinzialstände" gab es später Meinungsverschiedenheiten, wie man sich überhaupt, wohl erschrocken über den Schnellschuss von 1831, mit der Verabschiedung der Durchführungsverordnungen viel Zeit ließ.

Erst drei Jahre später, am 15. Mai 1834, war es endlich so weit, dass die lange erwarteten „Verordnungen wegen näherer Regulierung der ständischen Verhältnisse in dem Herzogthum Schleswig und in dem Herzogthum Holstein" erlassen wurden. Der deutliche verbale Abstand zwischen den Namen der Länder wies schon darauf hin, dass jedes eine Ständekammer (mit lediglich beratender Funktion) für sich erhalten sollte. Mit der Trennung von Justiz und Verwaltung wurde insofern Ernst gemacht, als gleichzeitig ein höchstrichterliches Schleswig-Holstein-Lauenburgisches Oberappellationsgericht in Kiel den von ihren Verwaltungsaufgaben entkleideten Obergerichten in Glückstadt und Gottorf vorgesetzt und eine Schleswig-Holsteinische Regierung auf Gottorf eingerichtet wurde.[113]

Angesichts der europaweiten Unruhen um bürgerliche Mitwirkungsrechte, die Belgien von den Niederlanden gelöst und zu einem Bürgerkönigtum gemacht hatten und Polen gegen die russische Herrschaft revoltieren ließ, konnte der „gute" König die Dänen seiner Kernlande nicht leer ausgehen lassen: Auch Jütland und die Inseln erhielten je für sich Provinzialstände, womit man sich bereits indirekt verpflichtet hatte, als man den Herzogtümern „Provinzial"-Stände verlieh. Damit war nun der erste Schritt von der absoluten zur konstitutionellen Monarchie getan. Insofern sind auch die Dänen Lornsen zu Dank verpflichtet.

Bald nach Erscheinen seiner epochalen Schrift reiste Lornsen über Eckernförde, Schleswig, Flensburg und Tondern nach Sylt, um seinen Dienst als Landvogt anzutre-

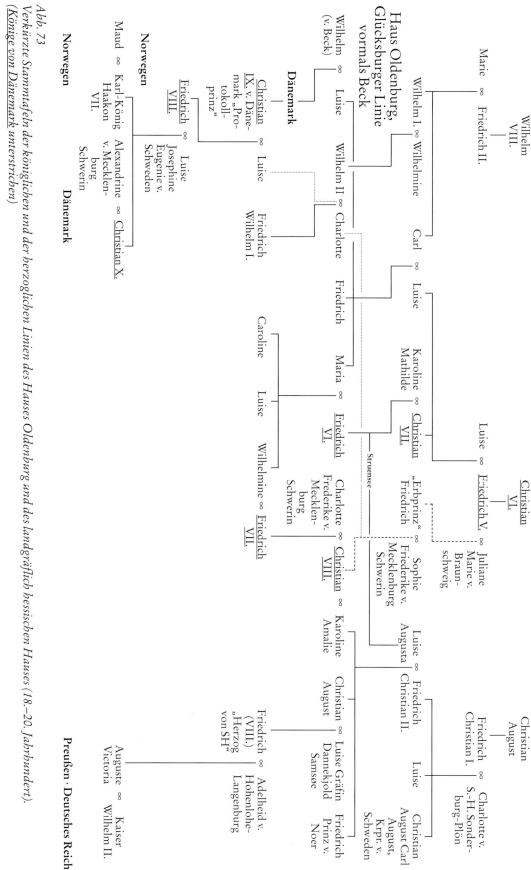

Abb. 73
Verkürzte Stammtafeln der königlichen und der herzoglichen Linien des Hauses Oldenburg und des landgräflich hessischen Hauses (18.–20. Jahrhundert).
(Könige von Dänemark unterstrichen)

ten. Auf allen Stationen traf er sich mit Gleichgesinnten, von denen er Unterstützung erhoffte. In Schleswig sah er den Advokaten Beseler, in Tondern versammelten sich seine Freunde im Hause des Seminardirektors Bahnsen, der später auch von Eckernförde aus Volksschullehrer ausbildete, und in Eckernförde selbst war er Gast des Stadtphysikus. Dr. Petersen war ein sehr aktiver und engagierter Mann, der im selben Jahr 1830 mit dem Borbyer Pastor Bruhn und dem Eckernförder Deputierten und seit 1832 Senator Lorentzen mit einem Subskriptionsbogen den ersten Anlauf zur Gründung einer Seebadeanstalt unternommen hatte.

Da nicht genug Geld zusammenkam, bauten Petersen und Lorentzen auf eigene Rechnung ein Seewasserwarmbadehaus mit zwei Kammern, das im folgenden Jahr in Betrieb ging. Es lag im Vogelsang im südlichen Teil des Gartens des Hufners Christiansen. Wegen des regen Zuspruchs konnte die von einer Teilhabergesellschaft getragene Badeanstalt durch Badeflöße für Herren und Damen und schließlich durch ein neues Haus erweitert werden. Zu den ersten prominenten Besuchern gehörten die Töchter des Statthalters Carl von Hessen, Königin Marie (von Dänemark) und Herzogin Louise (von Schleswig-Holstein-Sonderburg-Glücksburg), nach denen die Badeanstalt den Namen Marien-Louisen-Bad erhielt.[114] Die beiden hoch gestellten Damen weilten häufig in Louisenlund, dem nahe gelegenen Sommersitz ihres verwitweten Vaters. Sie waren jede auf ihre Weise allein: Louise hatte ihren Mann, Herzog Wilhelm von Schleswig-Holstein-Sonderburg-Beck, dem auf Betreiben ihrer königlichen Schwester das Schloss Glücksburg mit dem entsprechenden Titel verliehen worden war, am 17. 2. 1831 durch den Tod verloren. Von Königin Marie, der Mutter seiner acht Kinder, hatte sich König Friedrich VI. wegen der Kopenhagener Bürgertochter Dannemann abgewandt.[115] Aus Louises Ehe ging der dänische König Christian IX. (1818–1863–1908) und damit das heute noch in Dänemark und seit 1905 auch in Norwegen regierende königliche Haus Glücksburg hervor (s. Abb. 73).

Von Süden her bedrohten im Jahr 1831 den Gesamtstaat nicht nur revolutionär-demokratische Ideen, sondern auch noch eine von Indien über die Seehandelsstädte eingeschleppte Seuche: die Cholera. Nachdem sie im Spätsommer auch Hamburg erreichte, wo fast 500 Menschen sterben mussten, wurde der Sicherheitskordon von der holsteinischen Südgrenze an die Eider und den Kanal zurückverlegt.

Da die Cholera in den Städten besonders die Armenviertel heimsuchte, erkannte man im Jahrhundert zunehmenden Gesundheitsbewusstseins auch den Zusammenhang zwischen Sozial- und Gesundheitspolitik. Schon am 14. Juli 1831 waren in Eckernförde acht Armenpfleger bestellt worden, die dafür sorgen sollten, „daß der ärmeren Classe ... die ... zur Erhaltung des allgemeinen Gesundheitszustandes erforderliche Fürsorge, sowohl in Rücksicht der nöthigen Bekleidung, als der Nahrungsmittel und Getränke, sowie insbesondere auch hinsichtlich der Reinlichkeit in ihren Wohnungen gewidmet werde ...“[116] Mängel in der Reinlichkeit, auch in Höfen und Gängen, in den acht Armenpflegedistrikten sollten „bei der Behörde“ angezeigt werden.

Etwa gleichzeitig mit Lornsens Flugschrift war in Eckernförde ein Reskript der Statthalterschaft vom 13. November 1830 eingegangen, zu dem die Kanzlei in Kopenhagen den Anstoß gegeben hatte.[117] Sie war anhand der Überprüfung der eingesandten Stadtrechnungen, insbesondere der für 1829, zu dem Ergebnis gekommen, dass in Eckernförde schlecht gewirtschaftet werde. Die Stadt war hoch verschuldet. Auch 1829 überstiegen die Ausgaben die Einnahmen um 4600 Rbt., welches Defizit durch Entnahme aus der gesondert geführten Einquartierungskasse „gedeckt“ wurde. Auf gleiche Weise hatte man sich schon vorher (1826) bei der Brückenkasse verschuldet.

Dort belief sich das Debet auf 13 800 Rbt., wobei darauf seit Jahren keine Zinsen gezahlt worden waren, sodass sich zu den Schulden noch ein Zinsrückstand von 6600 Rbt. errechnete (auf 100 gerundete Zahlen). Daher müsse das Hebungswesen der Stadt, ja, die ganze Kommunalverfassung einer Überprüfung unterzogen werden, was nach dem Muster des Reglements für die ökonomische Verwaltung der Stadt Plön binnen dreier Monate geschehen solle.

Am 2. Februar 1831 gaben die städtischen Kollegien unter Vorsitz des seit dem 20. Mai 1829 amtierenden Bürgermeisters Claudius zu Protokoll, dass die Verschuldung bei der Brückenkasse wie die Nichtzahlung der Zinsen, solange die Brückenkasse dessen nicht bedürfe, im vollen Einvernehmen aller Beteiligten geschehen sei. Das neue „Reglement" trat gleichwohl mit dem 21. April 1832 in Kraft.[118] Wie schon sein Name „...für die ökonomische Verwaltung in der Stadt Eckernförde" erkennen lässt, wurde nur die ökonomische Verwaltung der Stadt neu geregelt. Die gerichtlichen und polizeilichen Funktionen des Magistrats blieben außen vor.

Bestätigt wurde die in den letzten Jahren bereits praktizierte Zusammensetzung des Magistrats. Er bestand aus dem Bürgermeister und drei Ratsverwandten, für die sich die Bezeichnung „Senatoren" einzubürgern begann. Der Bürgermeister und das Magistratsmitglied, das die Ämter des Sekretärs und des Polizeimeisters verwaltete, wurden unmittelbar durch den König ernannt. Die zwei weiteren Ratsverwandten wurden von Magistrat und Deputierten (gewöhnlich aus dem Kreis der Deputierten) gewählt und vom König bestätigt. Neu war die Erhöhung der Zahl der Deputierten von sechs auf acht und, noch wichtiger, die Wahl der Deputierten durch die Bürger. Bisher konnte sich das Deputiertenkollegium durch Kooptation selbst ergänzen. Zwar galten die Magistratsmitglieder auch weiterhin als auf Lebenszeit gewählt, doch wurde nun für die Deputierten ein Rotationsprinzip eingeführt. Ihre Amtszeit wurde auf acht Jahre beschränkt; dann musste, und zwar jedes Jahr, ein neuer gewählt werden. Wahlberechtigt waren „sämmtliche mit Hauseigenthum angesessene Bürger".

Da der Magistrat ohne Zustimmung der Deputierten keine Beschlüsse in den „die Stadöconomie betreffenden Sachen" fassen konnte, war mit Einrichtung der Deputiertenwahl ein wesentlicher Schritt zur Demokratisierung der Stadtverwaltung getan worden. Jeder aktiv Wahlberechtigte besaß auch das passive Wahlrecht, „wenn er des Lesens, Schreibens und Rechnens kundig ist". Die Deputierten durften kein anderes städtisches Amt verwalten. Vorsitzer der Deputierten war der von ihnen aus ihrer Mitte gewählte Bürgerworthalter.

Trotz allem blieb die kommunale Selbstverwaltung stark obrigkeitlich geprägt. Aufnahme von Geld und An- und Verkauf von Grundstücken bedurften wie auch Gehaltserhöhungen und Pensionen, wie überhaupt alle Ausgaben über 200 Reichsthaler im Einzelfall der Zustimmung der Kanzlei.

Für die spezielle Verwaltung galt, dass die Stadtkollegien drei Ausschüsse zu bilden hatten, jeweils für das Bau-, Wege- und Feldwesen, für das Einquartierungswesen und für die Kämmerei, die jeweils mit einem Ratsverwandten und zwei Deputierten zu besetzen waren. Der Stadtkassierer wurde von den Stadtkollegien gewählt und musste Sicherheit leisten. Er hatte für die Getrennthaltung von Abgabeleistungen der Bürger an König, Bank (Bedienung der Bankhaften) und Stadt zu sorgen, für die je getrennte Kassen zu führen waren.

Das „Reglement" regelte das Hebungswesen der Stadt, das Stein des Anstoßes gewesen war, indem es im Wesentlichen die gängige Praxis fixierte: die Beiträge zur Einquartierung ergaben sich aus der Hausgröße, die zur Brandversicherung aus der

Versicherungssumme; die Beiträge zur Armenpflege, zu den Schulen und für die Polizei wurden auf die Bürger nach ihrer Leistungsfähigkeit verteilt. Die übrigen Gemeindeausgaben wurden aus den Einnahmen der Gemeinde aus der Haus- und Landkontribution, aus der Grundpacht, den Schiffslastengeldern (von Neubauten) bestritten und, wenn das nicht ausreichte, durch eine von den Bürgern nach Maßgabe ihres Einkommens proportional zu erhebende Nahrungssteuer gedeckt.

Am Ende jedes Jahres stellten die städtischen Kollegien für das nächste Jahr getrennte Haushalte für Stadt-, Polizei, Brand- und Einquartierungskasse auf. Aus dem Stadtkassenhaushalt errechnete sich auch der Nahrungssteuerhebesatz.

Für alle Kassen galt öffentliche jährliche Rechnungsplanung, die einzusehen allen steuerpflichtigen Bürgern für die Dauer von 14 Werktagen zustand.

Am 17. Juni 1832 wurde zum ersten Mal nach der neuen Ordnung, also durch die wahlberechtigten Bürger Deputiertenwahlen abgehalten. Es war der, wenn auch noch bescheidene, Anfang der Demokratie in Eckernförde. Zu wählen waren drei Deputierte, einer als Ergänzung, zwei, um das Gremium auf die neue Zahl von acht Mitgliedern zu bringen. Das Interesse war groß. Von den 230 Wahlberechtigten gingen 170 (74%) zur Wahl. Erste demokratisch gewählte Bürger waren der Porträtmaler H. F. Baasch, der Grobbäcker D. Petersen und der Kaufmann F. F. Streckenbach. Auf Baasch entfielen 104 Stimmen, ein Ergebnis, das bis zur Erhebungszeit bei freilich erheblich geringerer Wahlbeteiligung nie wieder auch nur annähernd erreicht wurde.

Aus Baaschs Deputiertentätigkeit sind zwei Arbeiten erhalten: einmal der Laternenplan (Abb. 72) und die von ihm entworfene Freitreppe am alten Rathaus, die 1837 eine durch die vorjährige Flut zerstörte ersetzte.[119] Aufschlussreich ist auch eine Übersicht der Berufe der zwischen 1832 und 1847 gewählten Deputierten[120]:

Kaufmannschaft		Handwerker	
Kaufleute	11	Bäcker	2
Weinhändler	2	Goldarbeiter	1
Branntweinbrenner	2	Porträtmaler	1
Apotheker und Kaufmann	1	Schlachter	1
		Tischler	1
Kaufleute	16	Handwerker	6

Noch immer also wurde Eckernförde von Kaufleuten regiert. Denn auch die gewählten Magistratsmitglieder dieser Periode betätigten sich überwiegend (3 von 4) als kaufmännisch Selbständige. Nur einer von ihnen lebte als ehemaliger Besitzer von Gut Friedensthal von seinem Vermögen.[121]

Ein Berufsstand hatte bis dahin in Eckernförde in Zeiten florierenden Handels „über Sand und See" keine große Rolle spielen können, weil das „Jydske Lov" ihm einen besonderen Schutz versagte: die Fischer. Das wurde im ersten Drittel des 19. Jahrhunderts anders. Der Seehandel Eckernfördes war stark rückläufig. Für viele seemännisch orientierte Berufstätige blieb nur die Fischerei übrig. 1833 arbeiteten bereits 37 Eckernförder als Fischer, weit mehr als doppelt so viele wie noch 1768. Ihre Verhältnisse untereinander und nach außen bedurften der Regelung und Ordnung. Am 23. Februar 1833 billigte der Magistrat die von der Gesamtheit der Fischer verabredeten „Vereinbarungs-Regeln" und machte sie damit verbindlich.[122] Die Fischer gründeten daraufhin den „Fischer-Verein", der als „Fischerei-Verein" bis 1887 bestanden hat. Geregelt wurde vor allem die eine gute Zusammenarbeit und klare räumliche Abgrenzung erfordernde Wadenfischerei, aber auch die Verhältnisse der übrigen „Kleinfischer". Je zwei Mitglieder dieser beiden Gruppen wurden zu Vorstehern gewählt, die Streitigkeiten möglichst schlichten sollten, ehe der Magistrat als städtische Gerichtsbarkeit damit befasst wurde.

4.4 Politisches Erwachen in Eckernförde (1834–1848)

Am 15. Mai 1834 erging endlich die schon drei Jahre zuvor angekündigte „Verordnung wegen näherer Regulierung der ständischen Verhältnisse". Sie regelte die Wahlen zu je getrennten beratenden Ständeversammlungen für Schleswig und Holstein, die im Rathaussaal zu Schleswig bzw. im Ständesaal zu Itzehoe zusammentreten sollten. Die Wahlen fanden im Herbst 1834 statt. Nur größerer Grundbesitz qualifizierte für das passive und aktive Wahlrecht, sodass nur 2 bis 3 % der Bevölkerung wahlberechtigt waren. Im Herzogtum Schleswig waren 36 Abgeordnete zu wählen. Fünf vom Großgrundbesitz, 13 von den Städten und 18 von den Bauern; eine erbliche Stimme besaß der Herzog von Augustenburg.[123]

Der jüngere Bruder des Herzogs, Prinz Friedrich August Emil von (Schleswig-Holstein-Sonderburg-)Augustenburg (1800–1865), für den seine Mutter 1832 die Güter Noer und Grönwohld erworben hatte, wurde zum Abgeordneten der Stadt Eckernförde gewählt.

Die Wahl zur schleswigschen Ständeversammlung und die Vorbereitung ihrer ersten Zusammenkunft hatten in Eckernförde in Johann Heinrich Hansen einen besonders aufmerksamen Beobachter gefunden. Der 1804 in Gaarden bei Kiel geborene „Literat" lebte seit 1831 in Eckernförde und schrieb für das von Jens Knutzen herausgegebene „Eckernförder Wochenblatt", zu dessen Redakteur ihn Knutzen 1835 machte.[124] Unter Hansens Leitung wurde das Wochenblatt zu einem Instrument der Kommunalpolitik. Er wies auf Mängel im Straßenzustand, der Straßenbeleuchtung, der Wasserversorgung und des Feuerlöschwesens hin und deckte Beamtenverfehlungen auf.[125] Sein ganz besonderes Interesse galt freilich den Verkehrsanbindungen Eckernfördes, mit denen es nicht gut stand. Die einst für den Ost-West-Handel lebenswichtige Straße nach Rendsburg hatte mit der Eröffnung des Schleswig-Holsteinischen Kanals an Bedeutung verloren und war vernachlässigt worden. Die Straße nach Kiel hatte Untergrundsschwächen bei Wulfhagenmoor und Schnellmarkerholz, wo sie von Quellen durchschnitten wurde[126], vor allem aber im Strandbereich beim Goossee-Ausfluss. Nach Norden gab es Schwierigkeiten wegen des hohen Fährgeldes bei Missunde und nach Westen verkürzte zwar seit 1819 ein Damm bei Haddeby den Weg nach Schleswig wesentlich, doch durfte dieser Damm nicht von schweren, mehr als zweispännigen Fuhrwerken benutzt werden.

Hansen wurde Sekretär des „Comité zur Förderung des Verkehrs in der Stadt Eckernförde"[127], das noch zu Hansens Lebzeiten auf die Beseitigung der wesentlichsten Verkehrshemmnisse hinwirken konnte: Die Chaussee von Altona nach Kiel wurde 1842 über Eckernförde nach Schleswig[128] verlängert und damit die Mängel am Sandkrug und bei Haddeby behoben. Auch das Fährgeld bei Missunde wurde ermäßigt.

Die Eröffnung der Eisenbahnlinie von Altona nach Kiel am 1. 9. 1844 stimulierte Hoffnungen und Wünsche auf weitere Schienenwege. Das Eckernförder Komitee brachte die Linien Eckernförde–Rendsburg und Eckernförde–Schleswig ins Gespräch. Auch der Vorschlag der sehr viel später erst verwirklichten Kiel–Eckernförde–Schwansen–Angeln–Flensburger Bahn kam von Eckernförde. Die Vorarbeiten des dafür eingesetzten Komitees wurden auch von der Stadt finanziell unterstützt, wobei man freilich vergeblich hoffte, sich gegen das konkurrierende Projekt einer Verlängerung der Altonaer Bahn von Neumünster über Schleswig nach Flensburg durchsetzen zu können.[129]

In den Jahren 1839/40 bemühte sich Hansen um Festigung seiner bürgerlichen Existenz. Dafür und um in politische Ämter wählbar zu sein, erwarb er in der Kieler Straße (heutige Nr. 35) Grundbesitz, wofür er sich hoch verschuldete. Um seiner „Subsistenz" willen bot er Verlegern und Journalen seine Mitarbeit an. So schrieb er für die Augsburger Allgemeine Zeitung, die Hamburger Neue Zeitung, die Bremer Zeitung und viele andere Organe und Publikationen.[130] Er eröffnete in seinem Hause eine Buchhandlung und eine Leihbibliothek. Ein besonderer Antrieb für diese Aktivitäten dürften seine Heiratsabsichten gewesen sein. Er bemühte sich um eine Tochter des Mühlenunternehmers Friedrich Carl Müller, wobei wohl nur noch dessen Zustimmung fehlte, die der Besitzer der Schnaaper Wassermühle und der drei Borbyer Mühlen nicht erteilen wollte.[131]

Hansen hatte seinen liberalen Gesinnungsfreund Peter Hiort Lorenzen in Hadersleben, der mit Müller in der schleswigschen Ständeversammlung saß, zur Fürsprache beim Vater seiner Angebeteten gewonnen.[132] Als Argumentationshilfe für Lorenzen in „der Geschichte mit Müller" wies er auf die Eröffnung der Buchhandlung hin und versicherte, „eine Frau und Familie auf anständige Weise ernähren" zu können. So sei ihm in Hamburg die Redaktion eines Journals angeboten worden.[133] Doch Müllers großbürgerlichen Erwartungen genügte das wohl alles nicht. Sein gesellschaftlicher Anspruch drückte sich am augenfälligsten im Erbbegräbnis in der Borbyer Kirche aus.[134]

Doch die Bitte um Freundeshilfe bei der Brautwerbung wurde überlagert von der Krise der schleswig-holsteinischen Liberalen, die an der Frage entstanden war, welche Rolle das Dänische in Nordschleswig spielen sollte. Lorenzen, zwar Schleswig-Holsteiner, doch dem Dänischen verbunden, und Hansen, mehr noch deutsch als schleswig-holsteinisch gesinnt, sahen zwar in der politischen Freiheit das höchste gemeinsame Ziel, in dessen Konsequenz auch das Selbstbestimmungsrecht aller Schleswiger lag. Doch die beiden führenden Köpfe der nordelbischen Liberalen waren darüber uneins, welche Konsequenz der sprachliche und sich daraus ergebende zunehmend politische Gegensatz für das umstrittene Herzogtum Schleswig haben sollte. Während Hansen für eine uneingeschränkt gemeinsame (deutsche) politische Zukunft Schleswig-Holstein eintrat, verlangte Lorenzen vor einer endgültigen Entscheidung eine gründliche Aufklärung darüber, was Schleswig in einer festen Verbindung mit Holstein und was es in einer solchen mit Dänemark zu erwarten habe.[135] In der Überzeugung, dass seine liberalen Ideale nur in Verbindung mit Dänemark zu verwirklichen seien, schlug sich Lorenzen schließlich ganz auf die Seite der Eiderdänen.

Auch auf kommunalem Feld musste Hansen einen Rückschlag hinnehmen. Obwohl er im Frühjahr 1839 mit dem Grunderwerb wahlberechtigt und wählbar geworden war, fand er sich nicht auf der Wählerliste vom 30. Juni des Jahres. Sein Protest wurde mit dem Bemerken abgewiesen, dass er erst nach Aufstellung der Wählerliste, wenn auch vor Vornahme der Wahlhandlung wählbar geworden sei. Doch wurde vorsorglich eine Anfrage an die Regierung gerichtet, wie es sich in einem solchen Falle mit der Wählbarkeit verhalte.[136] Um den freigewordenen Deputiertenplatz hatte sich also Hansen bewerben wollen. Gewählt wurde J. H. Dehn. –

Das Jahr 1840 sollte für Deutschland, für Schleswig-Holstein und auch für Eckernförde zu einem Schicksalsjahr werden, dessen Veränderungen zu dramatischen Konsequenzen in der politischen Geschichte der Jahrhundertmitte führen sollten. Mit Friedrich Wilhelm IV. bestieg ein sendungsbewusster und auch musisch, nicht aber politisch begabter Hohenzoller den preußischen Thron. Sein Anspruch, ein besonderer König zu sein, drückte sich deutlich darin aus, dass er in Sanssouci, „in dem Schlosse des großen Friedrich, sein Hoflager auf(schlug), was keiner seiner beiden Vorgänger gewagt hatte".[137] Entsprechend hohe Erwartungen, vor allem, was die konstitutionelle Modernisierung Preußens anlangte, richteten sich auf diesen König. Doch schon bald zeigte sich, dass er als echtes Kind der Romantik in verklärtem, rückwärts gewandtem Blick das Heil des Staates mehr in einem christlich bestimmten Gottesgnadentum als in einer zeitgemäßen repräsentativen Verfassung zu sehen glaubte. Sein unentschlossenes, unsicheres Taktieren in den wichtigen Fragen von Staat und Gesellschaft führte zu allgemeiner Gereiztheit und Unzufriedenheit.

Fast zur gleichen Zeit, kurz vor Beginn dieses kritischen Jahres, war in Kopenhagen Christian als achter seines Namens auf den dänischen Thron gelangt und damit auch Herzog von Schleswig-Holstein geworden. Er war der Enkel der 1796 verstorbenen Königin Juliane Marie, der zweiten Ehefrau des fünften Friedrich, die sich sehr gefreut hätte, dass sie nun doch noch zwar nicht Mutter, aber immerhin Großmutter eines Königs geworden war. Auch an Christian VIII. richteten sich große Erwartungen, hatte er doch 1814 in einer nur einige Monate währenden Regierung als gewählter König von Norwegen diesem Volke eine liberale Verfassung gegeben. Doch auch hier zeigte sich bald, dass der neue Herr an den alten Strukturen festhielt. Den Herzogtümern gegenüber kehrte er ein national-dänisches Gesicht heraus, was zu verstärkten deutsch-dänischen Spannungen im klein gewordenen Gesamtstaat führte. Als ihm die schleswig-holsteinischen Stände im August 1840 auf dem Hofe von Schloss Gottorf huldigten, war Eckernförde durch seinen Bürgermeister Claudius vertreten. Er wurde, als eine Salutkanone in seiner Nähe einen Rohrkrepierer hatte, von einem Sprengstück so schwer verletzt[138], dass er wenige Tage später verstarb. Daher musste Eckernförde eines der schwierigsten Jahrzehnte seiner Geschichte ohne regulären Bürgermeister beginnen. Der erst Ende 1838 eingesetzte Stadtsekretär Bong-Schmidt wurde mit der Wahrnehmung der Geschäfte des Bürgermeisters beauftragt („constituiert").[139]

Den Thronwechsel in Kopenhagen nutzten 140 Eckernförder Bürger, um in einer Adresse an den neuen Königherzog um Pressefreiheit, Steuerbewilligungsrecht und Gesetzgebungsrecht für eine für beide Herzogtümer gemeinsame Ständeversammlung und um Zulassung der Öffentlichkeit zu deren Verhandlungen zu bitten, wobei sie sich auf die von Christian VIII. 1814 gewährte norwegische Verfassung beriefen.[140] Die Initiative zu diesem Vorstoß lag unverkennbar bei Heinrich Hansen.

Erst am 13. 10. 1841 wurde der neue Bürgermeister Langheim eingesetzt, der von Stadtsekretär Bong-Schmidt auch das Amt des Polizeimeisters übernahm. Die Stadt zählte zu dieser Zeit 4058 Einwohner und rangierte damit im Herzogtum Schleswig nach Flensburg (12 561), Stadt Schleswig (11 204) und Hadersleben (6156) an vierter Stelle vor Apenrade (4021) und Husum (3821).[141]

Für die alte Seefahrerstadt Eckernförde, deren Seehandel seit Jahrzehnten rückläufig war, gab es in diesen Jahren zwei positive Entwicklungen: der Robbenfang in arktischen und der verstärkte, organisierte Fischfang in heimischen Gewässern. Zwar hatte schon Eckernfördes Großreeder Friedrich Wilhelm Otte und „Interessenten" 1754/55 in Eckernförde (Borby) eine Einmast-Galiot als „Robbenschläger" bauen lassen.[142] Doch ist nicht ersichtlich, von wo und für wessen Rechnung dieses Schiff eingesetzt wurde.

Ab 1837 freilich ging alljährlich die Brigg Magdalena Friederica im Frühjahr auf Robbenfang. Sie gehörte dem rührigen Kaufmann Hans Christian Lange, der zur Ausrüstung des Schiffes von der kgl. Rentekammer mit einer Prämie unterstützt worden war.[143]

1838 kam noch die Bark „Freya" hinzu. Sie gehörte einer Partenreedergesellschaft unter den Eckernförder Kaufleuten Hinrich Friedrich Gaehtje und Siegfried Christian Clausen. Hinrich Friedrich Gaehtje handelte auch für eine Erbengemeinschaft nach seinem Vater Hinrich Christian.[144]

Am 27. 8. 1837 brachte „Magdalena Friederica" 30 Kardeelen (zu je 116 l) Robbenspeck und 1600 Seehundfelle als Expeditionsausbeute mit.[145] Zur Verarbeitung des Robbenspecks wurde an der Ostspitze der „neuen" (verlängerten) Schiffbrücke von H. C. Lange eine Tranbrennerei angelegt, deren weit in die See hinausgeschobene Lage die Geruchsbelästigung der Anlieger erträglich machen sollte. Die Anlage blieb im Besitze der Stadt, die sie an die „Robbenschläger" verpachtete.

Von 1838 bis 1847 fuhren die beiden Schiffe regelmäßig in der hellen Jahreszeit auf Robbenfang nach Norden und brachten gute Fangergebnisse nach Hause. Der dem Walfischtran vorgezogene Robbentran wurde vor allem als Beleuchtungsmittel, aber auch zur Speisebereitung verwandt. Die Häute waren für viele Lederwaren geeignet.

Der Krieg von 1848–1851 machte indes dem Eckernförder Robbenfang eine Ende.[146]

Auch das seit 1833 organisierte Eckernförder Fischereigewerbe gewann an Bedeutung. Dem kam entgegen, dass sich die Räucherei von einer privaten, freilich höchst feuergefährlichen Form der häuslichen Vorratswirtschaft zu einem Gewerbe entwickelte, das mit Hilfe von thüringischen und sächsischen Händlern, den „Kärrnern", um 1840 mit braun und hart geräucherten Heringen weit ins Land hinein Absatz fand.[147]

Die neuen Anforderungen an den Eckernförder Hafen, aber auch die veränderten kommunalen Verantwortungsstrukturen machten einen Ersatz der noch von Friedrich Wilhelm Otte auf den Weg gebrachten Brückenordnung von 1740[148] erforderlich. Diente diese noch wesentlich der Sicherung von Handels- und Stapelplatzrechten der Eckernförder Kaufleute und Bevölkerung und deren Versorgung vor allem mit Brennholz, so stand bei der neuen „Brücken- und Hafenordnung" die Hafenverwaltung, die Sicherheit des Schiffsverkehrs und die Rechte und Pflichten der Reede- und Hafenbenutzer im Vordergrund. Ein erster Entwurf lag den städtischen Gremien bereits 1838 zur Stellungnahme vor.[149] Die endgültige Fassung wurde „nebst Taxe" für den Schiffs- und Warenverkehr am 27. Februar 1841 erlassen.[150]

Waren die vier die Brückenkommission bildenden Inspektoren nach der alten Ordnung ausschließlich „commercirende" Bürger, de facto Seekaufleute, die sich durch Zuwahl ergänzten und den Bürgermeister bei Streitfragen und der Anstellung von Brückenpersonal (§ 26) lediglich „hinzuziehen" mussten, so galt jetzt eindeutig, dass die Aufsicht über das Hafen- und Brückenwesen bei Magistrat und Deputiertenkollegium lag (§ 1) und der nun auch vorsitzende Bürgermeister, wie auch zwei Deputierte Mitglieder der Kommission sein mussten und die beiden weiteren, durch die städtischen Gremien zu wählenden Experten „nicht an die Klasse der Kaufleute und Seekundigen gebunden"[151], sondern erfahrene Schiffer, also Schiffsführer sein sollten (§ 2). Wenn auch die Seekaufleute noch lange Zeit großen Einfluss auf das kommunale Geschehen hatten, wofür etwa die Namen Lange und Gaehtje, jeweils Vater und Sohn, stehen, so war Eckernförde doch nicht mehr so eindeutig Kaufmannsstadt, wie in den vergangenen Jahrhunderten, wo ganz überwiegend Kaufleute die städtischen Ämter, wie auch Kirchenpatronat und Brückenkommission besetzt hatten.

Einen von den vier Inspektoren der neuen Ordnung hatte die Kommission zum Hafen- und Brückenvorsteher zu bestimmen (§ 10). Der Kommission unterstand daneben ein von Magistrat und Deputiertenkollegium zu wählender, festbesoldeter Brückenschreiber, der für den Geldverkehr, also die Einnahmen aus Abgaben, Gebühren und Strafgeldern und die Ausgaben zur Unterhaltung von Hafen und Brücke zuständig war (§ 11). Den täglichen Verkehr im Hafenbetrieb regelte ein dem Hafenvorsteher unterstellter, ebenfalls festbesoldeter Hafen- und Brückenvogt (§ 13). Der Vogt war auch für die Reinigung und Beleuchtung der Schiffbrücke verantwortlich.

Beendet wurde mit der neuen Brückenordnung bezeichnenderweise die Selbstständigkeit von Brückenkasse, Brückenrechnung und -vermögen. Aus dem Brückenvermögen waren früher u. a. der Stadtkasse noch Darlehen gewährt worden. Dieses Vermögen war nun der Stadtkasse zu übertragen und Überschüsse der Brückenkasse an die Stadtkasse alljährlich abzuführen (§ 18). Auf besonderen Wunsch der Stadt bei der Erörterung des Entwurfes am 11. 4. 1838 erschienen erstmals Fischer in der Eckernförder Brücken- und Hafenordnung. Ihnen war nur dann gestattet, mit ihren Booten an den „Bollwerken" der Schiffbrücke anzulegen, wenn sie im Frühling und Herbst mit ihren Waden zum Heringsfang ausfuhren oder zurückkehrten. Sonst durften sie nur an den Schiffbauplätzen, sofern sie dadurch dem Schiffbau nicht hinderlich wurden, oder an einem dafür eingerichteten niedrigen Steg anlegen (§ 32). Großen Raum nahm in der neuen Hafenordnung das Ballastwesen ein (§§ 36, 40–45). So war es untersagt, Ballast innerhalb der geraden Linie „Ohrt bei Louisenberg bis Aschau" auszuwerfen (§ 41).

Wer in Eckernförde „Schiffe bauen, kielholen, kalfatern oder sonst ausbessern lassen" wollte, musste dies auf den beiden durch Grenzsteine bezeichneten Plätzen an der Schiffbrücke oder auf der Baustelle am Vogelsang nach Anweisung der Kommission vornehmen (§ 56). „Kielholen" bedeutete natürlich nicht die berüchtigte Bestrafung auf Segelkriegsschiffen, sondern das Schiff seitlich mit dem Kiel so weit ins Trockene zu ziehen, dass die trocken gefallene Seite repariert werden konnte. Schiffbau betrieben 1843 der Reeder H. C. Lange und der Schiffszimmermann Glasau[152], wobei Vater (Hans Jochim) und Sohn (Friedrich Joachim Christoph) Glasau am bekanntesten geworden sind. Vater Glasau war der Schwiegersohn des Schiffbaumeisters Jacob Christopher Arffe in Borby (1757–1812), dessen Werft auf der Borbyer Seite er übernahm. Später erwarb sein Sohn (1806–1868) die Werft von Piepgras westlich der Frau-Clara-Straße.[153]

Von den um 1845 in Eckernförde beheimateten 16 Schiffen waren drei, zwei Schoner und eine Jacht, bei Glasau gebaut worden. Die Liste der in Eckernförde beheimateten Schiffe ist im Übrigen für die Art und Struktur des Eckernförder Seehandels um die Mitte des 19. Jahrhunderts kennzeichnend. Gegenüber der Zeit von F. W. Otte etwa hatte sich trotz langer Friedenszeit die Stückzahl und dementsprechend auch die Gesamttragfähigkeit halbiert. Die kleineren Schiffstypen, Schoner und Jachten, herrschten vor. Es entfielen aber von insgesamt 493,5 Commerzlasten von 1845 allein 176 auf die beiden Robbenschläger „Magdalena Friederica" und „Freya". Nur ein Reeder, H. C. Lange, besaß mehr als ein Schiff. Außer der „Magdalena Friederica" gehörte ihm noch die Schoner-Brigg „Hansine", womit ein Viertel der Eckernförder Tonnage auf diesen Reeder entfiel.[154] Lange und Gaehtje besaßen eigene Speicher an der Schiffbrücke.[155]

Nach der der Brücken- und Hafenordnung von 1841 beigefügten „Hafen- und Brückentaxe" genossen in Eckernförde beheimatete Schiffe gegenüber den „ausheimischen" erhebliche Vorteile bei den Schiffsbewegungsgeldern; von Liege- und Winterlagegeldern waren sie gänzlich befreit.

Einheitlich waren dagegen die nach Warenarten unterschiedenen Gebühren für die im Hafen umgeschlagenen Waren. Entsprechend der damals gespaltenen Währungssituation konnten sie sowohl in dänischem Reichsbankgeld wie auch in schleswig-holsteinischem Courant (Silbergeld) geleistet werden, wobei 32 Reichsbankthalern 10 Thaler Courant entsprachen.[156]

Im § 31 der neuen Hafenordnung kamen auch „Modermaschinen" vor, an denen, wie an „Bollwerken" oder „Prahmen", „Fahrzeuge", also Schiffe und Boote, nicht befestigt werden durften. Diese Maschinen sorgten für die Ausmudderung des Hafens, was bei steigender Größe und damit zunehmendem Tiefgang der Schiffe immer häufiger notwendig wurde. Um den wachsenden Mudd los zu werden, entschloss man sich 1843, den Ballastberg zu schließen und den Hafenmudd als Ballast zu verwenden.[157] Unter Leitung des Stadtphysikus' Dr. Petersen wurden dort nun Wege angelegt[158] und der Ballastberg bepflanzt.[159] Die entstehende Gartenanlage wurde von Petersen, der auch Mitdirektor des benachbarten Marien-Louisen-Bades war, finanziert. Im Zuge der Vergebung von Namen an die Straßen der Ortschaft beschloss die Gemeindevertretung von Borby 1897 den Ballastberg nach dem spendablen Physikus „Petersberg" zu nennen. In der Erinnerung an die damals 50 Jahre zurückliegende Tat hatte sich dessen Name nur etwas verkürzt.[160]

Ein weiteres mit seinen Folgen in die Gegenwart hineinreichendes Ereignis fand am 28. 12. 1837 statt: Der aus 23 angesehenen Bürgern bestehende Spar und Leihkassen-Verein beschloss eine (Eckernförder) Spar- und Leihkasse zu gründen. In der Armen- und Altenfürsorge, deren sich seit dem Ende des 18. Jahrhunderts in zunehmendem Maße humanitär eingestellte Bürger annahmen, hatte sich für diese Klientel als besonderer Mangel das Fehlen sicherer zinstragender Geldanlagemöglichkeiten und eine Alternative gegenüber dem Zinswucher privater Geldverleiher gezeigt. Nachdem ein erster Anlauf, diesem Mangel zu steuern, 1824 in den Anfängen stecken geblieben war, hatten sich am 13. 3. 1833 auf Initiative des Seniors im Magistrat, des Stadtsekretärs und Polizeimeisters Niemann, Bürgermeister Claudius, Pastor zur Mühlen, die Ratsverwandten Hasche und Lorentzen, die Deputierten Spethmann, Boese, Schützler, die Kaufleute Kruse, Dähnhardt, Hansen, Krafft Lorenzen und der wohlhabende Major von Schnitter zur Gründung einer Spar- und Leihkasse vereinigt und eine Kommission gewählt, der außer Stadtsekretär Niemann noch die Herren Hasche, Kruse und Dähnhardt angehörten. Sie zogen Erkundigungen bei bereits in anderen Orten bestehenden Instituten ein und arbeiteten Statuten aus. Dem Gründungsbeschluss vom 28. 12. 1837 folgten weitere technische Vorbereitungen und die Wahl des Vorstandes, der dann in einer Sitzung vom 12. Februar 1838 die Spar- und Leihkasse endgültig ins Leben treten ließ.[161]

Bis zum Jahre 1840 wurden freilich schon vier der Initiatoren abberufen. Dem rührigen Stadtsekretär Niemann folgten der Ratsverwandte Lorentzen, Pastor zur Mühlen und Bürgermeister Claudius in den Tod.

Dabei wirkte der Tod von Bürgermeister Claudius beim Huldigungssalut für Christian VIII.[162] geradezu als böses Omen für dieses Königs Regierungszeit. Ganz friedlich und hoch geehrt verstarb hingegen am 21. Januar 1840 Pastor zur Mühlen. Sein Nachfolger Wilhelm Heinrich Schnitker wird die Kirchenrenovierung von 1842 angestoßen haben. Ein Votivschiff, das dafür ausgelagert werden musste, überstand den Transport nicht. Als Ersatz wurde der noch heute im nördlichen Seitenschiff hängende „David" im Renovierungsjahr 1842 von P. Horchfeil, L. Boolsmann, J. Lorentzen, H. Horchfeil, D. Rehse und J. Clasen gestiftet. Es stellte sich im Übrigen heraus, dass der 1817 abgenommene Schalldeckel der Kanzel von 1605, den Pastor Schnitker wieder anbringen lassen wollte, nicht mehr vorhanden war. Pastor zur Mühlen hatte ihn abnehmen lassen, weil seine nicht sehr durchdringende Stimme auf den Emporen („Kapstühlen") wegen des davorliegenden Schalldeckels nicht gut zu hören war.[163]

Für die politische Gemeinde begann das Jahr 1841 mit der Wahl zur Schleswiger Ständeversammlung. Eckernförde wählte am 16. Januar Prinz Friedrich zu Noer. Zu diesem Ereignis einer keimenden Demokratie passte die posthume Veröffentlichung von Lornsens „Die Unionsverfassung Dänemarks und Schleswigholsteins. Eine geschichtlich staatsrechtliche und politische Erörterung", das Georg Beseler drei Jahre nach Lornsens Freitod in Genf herausgegeben hatte und das 1841 in Jena erschien. Auf der Grundlage einer eingehenden Darstellung der schleswig-holsteinischen politischen und staatsrechtlichen Geschichte belegte Lornsen hier den Fortbestand der Landesverfassung von 1460.

Am 29. 9. 1841 wurde Conrad Caspar Langheim als neuer Bürgermeister eingeführt. Im Unterschied zu seinem Vorgänger wurde er auch Polizeimeister (Stadtvogt).

Redakteur Heinrich Hansen begleitete weiter berichtend und kommentierend mit seinem mittwochs und sonnabends erscheinenden Wochenblatt die Eckernförder Kommunalpolitik. Vom Jahre 1842 an versuchte der „Litterat" Hansen auch durch direkte Anträge an den Magistrat Einfluss zu nehmen, der sich damit erstmals in der Stadtgeschichte mit den Eingaben eines nicht beamteten Bürgers beschäftigen musste, die nicht ein persönliches, sondern ein öffentliches Interesse betrafen. So beantragte Hansen am 31. 3. 1842, die Stadt möge eine Delegation zum Prinzen von Noer entsenden, um ihm zur Ernennung zum Statthalter in den Herzogtümern zu gratulieren und ihn dabei zu bitten, sich gegen eine Rückverlegung der Schleswiger Jäger von Eckernförde nach Schleswig auszusprechen. Doch die Stadt begnügte sich mit einem Gratulationsschreiben; das Jägerkorps, das über 50 Jahre lang das Stadtbild mit geprägt hatte, wurde zum 1. Juli 1842 aus Eckernförde abgezogen. Sein Kommandeur kündigte demgemäß seinen Mietvertrag für das „Qualensche" Haus (Kieler Straße 35), das die Stadt dann an H. F. Gaehtje verkaufte und den Erlös zur Verringerung ihrer Schulden verwendete.[164]

Am 9. 10. 1841 konnte Hansen im Wochenblatt über Erfolge seines Komitees zur Förderung des Verkehrs berichten: Der Haddebyer Damm war jetzt uneingeschränkt befahrbar, das hohe Chausseegeld auf dem Strandabschnitt der Chaussee nach Kiel war bedeutend herabgesetzt, der Postverkehr von Hamburg und Altona über Kiel verbessert worden. Auch sei zu hoffen, dass das Fährgeld bei Missunde demnächst ermäßigt werde.

Im Jahre 1841 dichtete Hoffmann von Fallersleben auf dem britischen Helgoland das Deutschlandlied. Noch im selben Jahre ließ es Heinrich Hansen in Eckernförde in einem Buch deutscher Lieder abdrucken.[165]

Im Wochenblatt berichtete Hansen am 22. 9. 1841 auch über den beschlossenen Fortbestand der Eckernförder „Sonntagsschule", dem Vorläufer der Berufsschule. Sie wurde von Oktober bis April sonntagnachmittags zwischen 3 und 5 Uhr nur für Lehrburschen abgehalten, die dort in Zeichnen, Reißen, Schreiben und Rechnen unterrichtet wurden. Die Sonntagsschule fiel nun nicht mehr unter die Zuständigkeit der Kirche. Damit war wohl auch ein erster Schritt zu einer neuen Gemeindeordnung getan, die das Armen- und Schulwesen in die Zuständigkeit der politischen Gemeinde legen wollte. Eine entsprechende Petition hatten Eckernförder Bürger bereits 1838 an die schleswigsche Ständeversammlung gerichtet.[166] Sie forderten nicht nur Trennung von Justiz und Verwaltung auch auf Gemeindeebene, sondern auch eine von der Verwaltung gesonderte Bürgervertretung. Danach sollte die Verwaltung allein beim Magistrat, die Vertretung allein bei den (gewählten) Deputierten liegen, deren Geschäft die Gesetzgebung in der Gemeinde, vor allem bei der Besteuerung wie auch die Kontrolle der Verwaltung, insbesondere der Verwaltung öffentlicher Gelder, sein sollte. Sie sprachen sich auch für eine möglichste Selbständigkeit der Gemeinden aus. „Die Staatsbehörden müssen zwar Kunde von den Angelegenheiten der Commune fordern, aber nur in sehr wenigen Fällen befehlend eingreifen können." Damit sollte einer Tendenz entgegengewirkt werden, die eigentlich sei dem 17. Jahrhundert kontinuierlich auf Beschneidung der gemeindlichen Selbstverwaltung durch eine absolutistische Staatsmacht gerichtet war und deren gängelnder Charakter sich durchaus noch in der Gemeindeordnung (dem „Reglement") von 1832 ausgedrückt hatte.

Die Eröffnung der Kiel-Altonaer Eisenbahn am 18. 9. 1844 regte zur Planung weiterer Eisenbahnstrecken an. Auf Antrag des „Kiel-Eckernförde-Flensburger Eisenbahn-Comité" beteiligte sich die Stadt Eckernförde an den Kosten der Vorarbeiten.[167] Auch eine Linie Eckernförde–Rendsburg wurde planerisch in Angriff genommen.[168]

Des Literaten Hansen Aktivitäten gipfelten im Jahre 1845, wobei das von ihm initiierte „Deutsche Volks- und Sängerfest" vom 1. bis 3. Juni in Eckernförde wohl den Höhepunkt seines Lebens darstellte.[169] Wohl schon im Hinblick auf den dabei zu erwartenden Verkehr beantragte Hansen bei den städtischen Kollegien am 26. März 1845, die Bäume jedenfalls vor den Häusern in den Hauptstraßen wegzunehmen, den Kakabellenbach (zu verrohren und dann) zuzuwerfen und die auf den Hauptstraßen stehenden Pumpen an die Seite zu versetzen, worauf die Deputierten bis auf das „Zuwerfen" des Kakabellenbaches eingingen. Am 23. 4. 1845 wurde schließlich sein Antrag genehmigt, die Schützenwiese für das Volks- und Sängerfest nutzen zu dürfen. Hier hatte er schon zum Ausgleich für die dem Verkehr gewichenen Bäume auf eigene Kosten und mit Hilfe von Spenden eine doppelte Baumreihe pflanzen lassen.[170]

Über das Eckernförder Volks- und Sängerfest brachte Hansen 1846 ein kleines Buch heraus, das nicht nur eine Beschreibung dieses Festes, sondern auch eine Darstellung des Weges enthält, den Manifestationen dieser Art bis dahin in Schleswig-Holstein genommen hatten. Er soll dazu selbst zu Worte kommen:

„Bis zum Jahre 1840 war das Volk Schleswig-Holsteins nicht blos in politischer Hinsicht theilnahmlos, sondern auch in socialer. Man lebte in alten Gewohnheiten und herkömmlichen Gebräuchen fort, kümmerte sich nur um Privat- und Sonderinteressen und wenn man sich einmal zu geselligen Zwecken vereinigte, so blieben die verschiedenen Stände mehrentheils streng gesondert; es herrschte dann ein steifes Ceremoniel oder eine unschöne, um nicht zu sagen rohe, Ausgelassenheit. Was man mit dem Namen Volksfeste zuweilen belegte, bestand in den alten Bürgergilden mit ihrem lächerlich altfränkischen Pomp, in bäuerlichen Scheibenschießen aus großen Donnerbüchsen, wobei einige Schützen alle Genossen vertraten, und in großen Hochzeitsfesten bei jämmerlicher Musik. Als im Jahre 1830 die allgemeine Bewegung durch Deutschland auch nach dessen nördlichsten Gauen, nach Schleswig-Holstein, drang, hier eine politische Repräsentation des Volks freilich nur durch berathende Provinzialstände in's Leben rief, kam man bald zu öffentlichen Versammlungen, worin man über die zu wählenden Abgeordneten, so wie über Petitionen an die Ständeversammlungen rathschlagte, vereinigten sich in den Städten die Einwohner verschiedener Classen zu gemischten Gesellschaften, unter dem Namen Bürgervereine, und reformirte man auch hie und da die alten Vogelgilden. Die sich ausdehnenden Volksversammlungen wurden aber von der obersten Polizei-Behörde des Landes, der Schleswig-Holstein-Lauenburgischen Kanzlei, bald gänzlich verboten, und damit auch die Volksfeste eine Zeitlang gestört. Das Verbot wurde allgemein als ungesetzlich angesehen, und in einigen großen Städten, besonders in Kiel, hielt man auch deshalb ungestraft politische Versammlungen und Volksfeste, in den kleinen Städten und Districten aber, wo nicht so viel Entschiedenheit herrschte, wo die Polizei mächtiger war, trat eine völlige Stockung der öffentlichen Bewegung ein, ohne dass sich jedoch der öffentliche Geist ersticken ließ. Dieser entwickelte sich vielmehr intensiv um so energischer, als man sich durch das Verbot verletzt fühlte. Wir können aus dieser Zeit nur ein Volksfest anführen, das in Kiel gefeiert ward, aber das erste bedeutende Volksfest, das hier zu Stande kam. In denselben Jahre, 1840, drangen aber beide Ständeversammlungen einstimmig auf Zurücknahme des Verbots, und als der Landesherr dem Folge gab, damit die Volksversammlungen und Volksfeste positiv für gesetzlich erlaubt erklärte, entwickelten diese sich zu der Gestalt und Ausdehnung, wie wir in den letzten Jahren gesehen haben."[171]

Die Politisierung der Schleswig-Holsteiner über Festmähler, Volksversammlungen und Sängerfeste bereitete den Boden für die Loslösung der Herzogtümer von der Krone Dänemarks. Auch um der Zeit so nahe wie möglich zu bleiben, wollen wir uns bei der Darstellung dieses Prozesses auf den Inhalt der Hansenschen Arbeit beschränken und verweisen im Übrigen auf die umfassende Untersuchung „Gesang, Feste und Politik", die 2000 in Frankfurt am Main erschienen ist.[172]

So fand bereits 1840 ein erstes stilbildendes Volksfest in Kiel statt.[173] Die Toasts galten protokollarisch korrekt zunächst „unserem deutschen Herzoge", König Christian VIII., dann (vorzugsweise) dem deutschen Vaterland, (dem Herzogtum) Schleswig in seiner Verbindung mit Holstein, der deutschen Freiheit und Lornsen. Dazwischen wurden deutsche Lieder, vielfach mit politisch nationalem Inhalt gesungen. Es folgten Reden, Adressen und weitere Toasts mit etwa gleichem Inhalt, häufig historisch verklärt, darunter auch Hansen selbst mit einem Toast: „Dem gemeinsamen großen deutschen Vaterland." Schon deutlich abgelehnt wurde von den Teilnehmern der Gesamtstaat. Immer wieder hervorgehoben wurden die Freiheitsrechte, besonders die Pressefreiheit. Von den Veranstaltungen zur Ständewahl hob Hansen besonders das Volksfest in Haddeby bei Schleswig heraus, das vor allem durch die Auftritte von Ober- und Landgerichts-Advokat Beseler und Landesinspektor Tiedemann bestimmt wurde. Tiedemann und der ihn verteidigende Beseler waren durch langjährige Prozesse populär geworden, in denen ihnen letztlich vergeblich Beleidigung dänischer Repräsentanten angehängt werden sollte. Dabei hatte Tiedemann vor allem auf die Benachteiligung der Schleswig-Holsteiner durch dänische Finanzmanipulation hingewiesen und eine Trennung der Finanzen gefordert. Im Reigen der Volksfeste folgte die Stadt Apenrade, „die im nördlichen Schleswig durch deutsche Gesinnung und Charakter" eine wichtige Stellung gegen die dänische Propaganda einnahm. Im Mittelpunkt der Festreden standen Schleswig-Holstein und Lornsen. Auch wurde die Gründung eines schleswig-holsteinischen patriotischen Vereins beschlossen.

Am 13. November 1843 fand in Eckernförde eine Versammlung zur Vorbereitung der Wahl zur Ständeversammlung und zur Beteiligung an der Gründung einer Schleswig-Holsteinischen Landesbank statt[174], die Hansen leitete. Hauptredner war diesmal Landesinspektor Tiedemann, der sich gegen eine Filialbank (der Kopenhagener Nationalbank) in den Herzogtümern aussprach, weil man „den Dänen noch mehr tributbar" und politisch noch enger an Dänemark geknüpft und noch stärker vom unbequemen dänischen Geldwesen „belästigt" werde. Zu dieser Ablehnung musste freilich etwas Positives hinzukommen: die Gründung einer eigenen Landesbank. Zum anschließenden Festmahl spielte die Musik des Christians-Pflegehauses; es sang der Eckernförder Singverein patriotische Lieder, darunter „Was ist des Deutschen Vaterland?" Hansen stellte die Verfassungsfrage als wichtigste heraus. Sie müsse zwei Grundrechte enthalten: die Steuerbewilligung mit Kontrolle der Mittelverwendung und die Mitentscheidung bei der Gesetzgebung.[175]

Toaste, unter vielen anderen, brachten Stadtsekretär Bong-Schmidt auf die Gäste der Stadt und Gutsbesitzer Schmidt-Windeby auf „den patriotischen Eckernförder Gesangverein" aus.[176]

Mit dem Jahre 1843 setzte in den öffentlichen Veranstaltungen eine intensive Aufklärung über die Landesrechte von 1460 ein, wie sie bereits Lornsen betrieben hatte. Neben der unzertrennlichen Verbindung der Herzogtümer untereinander wurden das Steuerbewilligungsrecht der Stände, das auf die Lübecker und Hamburger Münze bezogene eigene Währungsrecht der Herzogtümer und die auf den Mannesstamm beschränkte Erbfolge proklamiert.[177]

Die Bewegung der politisch akzentuierten schleswig-holsteinischen Volks- und Sängerfeste fand einen gewissen Höhepunkt im 1844 von der Stadt Schleswig und ihrer Liedertafel ausgerichteten Sängerfest. 32 Liedertafeln mit über 500 Sängern folgten der Einladung[178], darunter die Liedertafeln von Eckernförde, Gettorf und Noer. Die Stadt hatte sich festlich mit den Farben „roth, blau, weiß, oder roth, blau, weiß und gelb" und Schwarz, Rot, Gold geschmückt. Auch die Wagenzüge der Gäste waren festlich ausstaffiert. Besonders fiel der Wagenzug der Sänger aus Noer auf. Kutscher und Pferde trugen „roth-blau-weiße Bandschleifen und Flatterbänder". Für die vierspännige Beförderung hatte der Gutsherr, Statthalter Prinz Friedrich von Noer, gesorgt, dessen Augustenburger Nichten der Noerer Liedertafel eine kunstvoll gestickte Fahne geschenkt hatten. Da die Gettorfer noch keine Fahne hatten, schlossen sie sich den Noerern an.[179] Doch der Preis der Schönheit ging einstimmig an das in den Grundfarben Schwarz-Rot-Gold gestickte Banner der Flensburger Liedertafel, worüber sich Hansen befriedigt äußerte, weil ihm die deutschen Farben lieber waren als die schleswig-holsteinischen und ein Bekenntnis zum Deutschtum für die Flensburger nicht als selbstverständlich angesehen wurde.[180] Am eigentlichen Festtage, dem 24. Juli 1844, hatten sich auf dem Festplatze gegen 14 000 Menschen versammelt, wo die Schleswiger das für diesen Tag gedichtete Schleswig-Holstein-Lied vortrugen: „Wanke nicht, mein Vaterland! An Schleswig-Holstein." Es erregte so große Begeisterung, dass es zum Schluss von der ganzen Festversammlung gesungen wurde. Auf der Rückkehr vom Sängerfest marschierten die Gettorfer mit diesem Lied in Gettorf ein.[181]

Da sich keine größere Stadt zu dem für das Folgejahr verabredeten erneuten Sängerfest entschließen konnte und „Flensburg in ihrer Mitte hindernde Streitigkeiten hatte", erbot sich Eckernförde dazu. Für Hansen, Präses des Festkomitees, dem sogar Bürgermeister Langheim als beratendes Mitglied angehörte, sollte es der Höhepunkt seines kurzen Lebens werden.[182] Das Bild, das die Stadt bei Beginn des Festes abgab, schilderte Hansen so:[183]

„So bot die Stadt am Sonntage dem 1. Juni, als mit der vierten Stunde Nachmittags die Feiertagszeit zu Ende war, und man sich frei bewegen durfte, einen außerordentlich schönen Anblick dar. Die Schiffe und Böte im Hafen und an den Brücken hatten sich auf's Vollständigste mit Flaggen geschmückt, eben so wehte von den drei nördlich von der Stadt liegenden Windmühlen die schleswig-holsteinischen Landesflagge roth=weiß=Blau, aus allen Häusern oder Dächern der Stadt aber, mit Ausnahme einiger abgelegenen Gäßchen, wehten schöne Fahnen, mehrentheils mehre, wenigstens zwei vor jedem Hause, zum Theil wohl 4 bis 8 und zwar gewöhnlich die allgemeine deutsche Fahne, schwarz=roth=gold (oder goldgelb) und die schleswig-holsteinische roth=weiß=blau, oder roth=weiß=blau und gelb neben einander. Die mehrsten Fahnen zeichneten sich durch besondere Größe und Schönheit aus, einige führten Wappen in der Mitte und einige auch Inschriften, z.B. beim Maler Clasen, eine große schwarz-roth und gelbe Fahne, die mit goldenen Buchstaben die Inschrift führte: „Deutschland, Deutschland über Alles!" Außerdem waren alle Häuser mit Gewinden von Laubwerk und Blumen bekränzt. Die nördlich an's Weichbild der Stadt gränzende Dorfschaft Borbye, deren Einwohner sich gleichfalls zur Beherbergung der Sänger sehr bereitwillig gezeigt, hatte eine hübsche Ehrenpforte errichtet. Weiter traf man nördlich von der Stadt auf dem Weichbilde selbst eine Ehrenpforte. Auf derselben flatterten in der Mitte die altdeutsche Fahne, schwarz=roht=gelb, und zu ihren beiden Seiten die schleswig-holsteinische roth=weiß=blau. In dem Giebelfelde der Ehrenpforte waren die Farben roth=weiß=blau angebracht und auf dem weißen Felde standen die Worte: „Willkommen." Weiter hinein, auf dem Steindamm (eine Vorstadt) stand eine zweite Ehrenpforte, schöner als jene, welche von den Bewohnern des Steindamms errichtet war, mit der Inschrift: „Gott zum Gruße!" auf der Seite nach der Stadt hin aber:

Die Sänger, sie leben,
Die Frauen, der Wein:

und auf den Sockeln der Säulen:

Sie bringen und geben
Das fröhliche Sein!

Aehnlich war es am südlichen Ende der Stadt. Hier hatten die Officianten des am äußersten Ende liegenden „Christianspflegehauses" (einer Staatsanstalt zur Versorgung alter Militärs und ihrer Frauen, so wie besonders zur Erziehung von Soldatenkindern beiderlei Geschlechts) eine Ehrenpforte mit der Inschrift: „Willkommen" errichtet, und weiter beim Hauptfestlocal, dem Gasthofe „Stadt Hamburg", hatte der Wirth eine schöne Ehrenpforte errichtet und mit deutschen wie mit schleswig-holsteinischen Fahnen schmücken lassen. Hier in der Nähe liegt auch die Schützenwiese, die dem Comité als Festplatz eingeräumt war und die sich auf der, dieser Schrift beigegebenen Ansicht im Vorgrunde besonders durch die Vogelstange kenntlich macht." (Abb. 74)

„Man gelangte hinauf durch einen mit Moos, Laubwerk und Blumen geschmückten Triumphbogen. Auf der Vogelstange wehte die große Festfahne, die Hauptfahne des Landes, das Wappen Schleswig-Holsteins im rothen Felde; nach Südost war die Sängertribüne erbaut, terrassenartig im Halbkreis und mit Moos, Laubwerk und Blumen ausgeschmückt. Darauf wehte oben in der Mitte die große allgemeine Sängerfahne, im weißen Felde eine Leier mit grünem Eichenkranz. An der nördlichsten Seite des Platzes waren fünf hübsche Wirthschaftszelte errichtet, von denen jedes eine Ehrenpforte

290

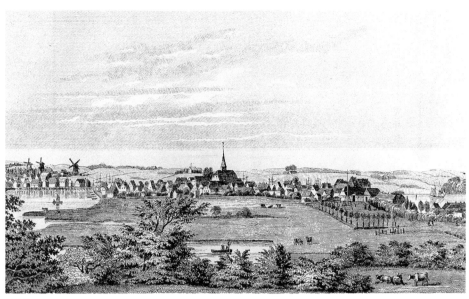

Abb. 74
Eckernförde von der Südseite zum Volks- und Sängerfest im Juni 1845

zum Eingang hatte und darüber die allgemeine deutsche und schleswig-holsteinische Fahne aufgepflanzt. Jedes Zelt führte am Giebel ein Schild mit Namen, Symbol und Inschrift, die wir hier der Reihe nach mittheilen wollen:

1) ‚Zum deutschen Hause.' Auf schwarz=roth=goldenem Grunde waren gemalt Name und folgende Inschrift:

> Einigkeit und Recht und Freiheit
> Sind des Glückes Unterpfand;
> Blüh' im Glanze deiner Freiheit,
> Blühe, deutsches Vaterland!

2) ‚Zum schleswig-holsteinischen Wappen.' Zwei blaue Löwen auf goldenem Felde und das weiße Nesselblatt auf rothem Felde. Darunter folgende Inschrift:

> Mag unser Feind aufflammen
> Und Tod und Teufel dräun,
> Wir stehen im Kampf beisammen,
> Die Nessel und die Leu'n."

Weitere Wirtschaftszelte waren der „deutschen Leier", dem „Imbiß" und dem „Großherzog" bestimmt; Letzteres als Gesamtherzog für beide Herzogtümer zu verstehen.

Am folgenden Tage fand ein Festzug statt, an dem die Liedertafeln von Kappeln, Gettorf, Hütten, Kiel, Noer, Rendsburg, Schleswig, Schwansen und Eckernförde mit zusammen 220 Sängern teilnahmen. Den Festzug führte Bürgermeister Langheim zu Pferde an, „der sich um die Förderung der verschiedenen Festlichkeiten sehr verdient" gemacht hatte[184], was umso bemerkenswerter war, als Hansen im „Wochenblatt" nicht mit Kritik an Langheims Amtsführung gespart hatte.[185] Es folgte das Festkomitee, das den Musikdirektor Bellmann, Komponist des Schleswig-Holstein-Liedes, als Ehrengast in die Mitte genommen hatte. Auf dem Festplatz angelangt, sollte zunächst das Komiteemitglied Maler Clasen eine Festrede halten, die aber wegen eines drohenden Regenschauers zu Gunsten der Liedvorträge zurückgestellt wurde. Die Liedvorträge mit stark deutschnationaler Tendenz wechselten mit Trinksprüchen, von denen viele politisch eingefärbt waren. Von besonderem historischen Interesse ist, dass in Eckernförde das Deutschlandlied „Deutschland, Deutschland über Alles" gesungen wurde, das Hoffmann von Fallersleben erst vier Jahre zuvor auf dem britischen Helgoland gedichtet hatte, möglicherweise zum ersten Mal in der Öffentlichkeit.[186]

Von den übrigen in Eckernförde gesungenen Liedern teilte Hansen nur drei mit, die von Dr. Neuber in Apenrade gedichtet und von Bellmann in Musik gesetzt, nach der Drucklegung von der Schleswiger Polizei mit Beschlag belegt worden waren. Entscheidende Zeilen waren in Nr. 1 „Festgesang": „Schleswig und Holstein auf ewig vereint", in Nr. 2 „Fahnenmarsch für Liedertäfler": „Geschworen haben wir zu dieser Fahne die Schleswig-Holsteintreu" (gemeint war natürlich blau-weiß-rot) und schließlich Nr. 3 „Das Lied von der Schlei": „Sie sollen es nicht haben das heil'ge Land der Schlei!"[187] Damit deutete sich schon an, was kurze Zeit darauf Gewissheit werden wollte. Die Kopenhagener Kanzlei verbot den „Gebrauch gewisser Fahnen für die Herzogthümer Schleswig und Holstein", also die erst ein Jahr alten Farben Blau-Weiß-Rot. Im „Eckernförder Wochenblatt" erschien diese Nachricht am 9. August 1845 mit Trauerrand rund um die Titelseite, auf der Dr. Heiberg für die Schleswig-Holsteiner entschieden das Recht in Anspruch nahm, die vereinigten Farben der Wappen der beiden seit alters her verbundenen Herzogtümer als Landesfahne zu verwenden. „Darum beklage ich Dich nicht, Du schleswig-holsteinisches Volk. Deine Feinde jenseits der Königsau, die in der Berlingschen Zeitung mit höhnendem Jubel diese Ordonnanz verkündeten, bevor das Kanzleipatent erschienen war, werden doch zu Schanden werden ..."[188]

Heinrich Hansen, dem langjährigen Redakteur des „Eckernförder Wochenblatt", sollte noch in seinem letzten Lebensjahr am 4. Januar 1846 die große Ehre zuteil werden, in Abwesenheit das Doktordiplom der Philosophischen Fakultät der Universität Jena verliehen zu bekommen. Hansen hatte außer in Kiel und Halle auch ein Jahr in Jena studiert. Dort hatte er, dem Gebrauch der Zeit entsprechend, am 21. 12. 1845 die Promotion beantragt. Er legte dazu neben einem Lebenslauf auch eine Reihe von Druckschriften vor, die ihm „gerade zur Hand" waren. Neben einer Predigt handelte es sich im Wesentlichen um Beiträge zur politischen Situation in Schleswig-Holstein, insbesondere aus den „Nordelbischen Blättern", den „Kieler Korrespondenzblättern", und den Itzehoer, Rendsburger und Eckernförder Wochenblättern.[189] Unter den Professorengutachten ist das von Andreas Ludwig Jacob Michelsen verfasste von besonderem Interesse.[190] Michelsen, politisch sehr aktiver Nachfolger auf dem Lehrstuhl des Kieler Historikers Dahlmann, hatte Hansen noch als Student in Kiel erlebt, ehe er einen Ruf nach Jena annahm. Hansen „ist mir als ein Mann von literarischer Bildung und als Redacteur des Eckernförder Wochenblattes und als Verfasser mehrerer publicistischer Abhandlungen persönlich sehr wohl bekannt. An seiner rechtlichen Unbescholtenheit ist schon aus dem Grunde nicht zu zweifeln, weil er von der Eckernförder Bürgerschaft zum Stadtverordneten gewählt worden ..." Gemeint war seine Wahl trotz aberkannten aktiven und passiven Wahlrechts am 8. 7. 1843.[191]

Die politische Arbeit der führenden Schleswig-Holsteiner, insbesondere die Bemühungen um einen Beitritt Schleswigs zum Deutschen Bund, gingen Hansen nicht schnell und energisch genug voran. Seine Kritik daran entfremdete ihn seinen alten Mitstreitern Beseler, Gülich und Tiedemann[192] , die deswegen auch nicht auf dem Eckernförder Volks- und Sängerfest erschienen waren.

König Christians VIII. berüchtigter „Offener Brief" vom 8. Juli 1846 musste Dr. Hansen tief getroffen haben. Danach sollte das kognatische Erbrecht (durch Frauen hindurch) des dänischen Königsgesetzes von 1665 auch für Schleswig, als einem mit der dänischen Monarchie unzertrennlich verbundenen Landesteil, gelten können. Selbst für einen Teil Holsteins und ganz Lauenburg sollte dies angeblich zutreffen. Auf der Volksversammlung von Neumünster am 20. 7. 1846 trat Hansen noch einmal als Diskussionsredner auf, um gegen den Versuch zu protestieren, das agnatische (auf den Mannesstamm beschränkte) Erbfolgerecht der Herzogtümer durch landesherrliche Manipulation zu ändern und die Herzogtümer zu einem Teil des dänischen Gesamt-staats zu machen. Als Hansen in seiner Rede ausfällig gegenüber König Christian VIII. wurde, entzog der Versammlungsleiter Beseler ihm das Wort.[193] Nach sechswöchigem Krankenlager starb Hansen am 6. Oktober 1846 an einem „Nervenfieber".[194]

Der „Offene Brief" hatte in Schleswig-Holstein seinen Absichten ganz und gar ent-gegengesetzte Wirkungen. Sowohl der Statthalter Prinz Friedrich von Noer wie auch der Chef der Schleswig-Holstein-Lauenburgischen Kanzlei Joseph von Reventlow-Criminil legten ihre Ämter nieder. Viele Beamte der Kanzlei folgten diesem Schritt. Mit Graf Karl v. Moltke wurde ein „Gesamtstaatler" neuer Chef der Kanzlei. An die Spitze der Regierung auf Gottorf trat mit Ludwig Nicolaus von Scheel sogar ein ganz dänisch gesinnter Adeliger.

Hansen konnte nicht mehr miterleben, dass am 4. Dezember 1846 die Schleswiger Ständeversammlung nicht nur die Rücknahme des „Offenen Briefes" und eine gemeinsame liberale Verfassung mit Holstein, sondern auch mit überwältigender Mehrheit die Aufnahme Schleswigs in den Deutschen Bund gefordert hatte.[195] Durch das ganze Land ging ein Sturm der Entrüstung, der in ganz Deutschland heftigen Widerhall fand und auch im europäischen Ausland noch zu spüren war. Christians VIII. Versuch, mit einer „Plöner Bekanntmachung" die negativen Wirkungen des „Offenen Briefes" abzuschwächen, konnte das verlorene Vertrauen der Schleswig-Holsteiner nicht wieder gewinnen. Der Gesamtstaat war moralisch zerbrochen. Christian starb am 20. Januar 1848. Ihm folgte sein kinderloser und so bleibender Sohn Friedrich VIII.

Nach Hansens Tod und dem damit beginnenden Niedergang des Eckernförder Wochenblattes bestimmten fast nur noch lokale Fragen das öffentliche Leben der Stadt. Die Kiel-Eckernförder Chaussee wurde an das städtische Straßennetz herange-führt.[196] Zur Sicherung der Nordseite des Hafens am Vogelsang wurde ein Damm unter Verwendung überflüssiger Erde des Mühlenberges aufgeworfen.[197]

Am 1. und 15. Dezember 1847 saßen die städtischen Gremien zusammen, um den Etat der Stadt für 1848, das zum Schicksalsjahr werden sollte, aufzustellen. Dabei ging es um Einzeletats für die Stadtverwaltung („Stadtcasse"), das Einquartierungswesen, den Polizeidienst und das Brandwesen (Schul- und Armenwesen lagen ja noch in der gemeinsamen Zuständigkeit von dem Rat als Kirchenpatron und dem „Ministerium", den Pastoren). Zur Ermittlung der Hebesätze zur Nahrungssteuer wurden die jeweiligen Kosten der Summe der geschätzten Einkommen gegenübergestellt. Die daraus resultierende Steuerpflicht war also eine Proportionalsteuer. Die Einkommen wurden quartierweise geschätzt, aus dem Ansatz für 1848 ergab sich ein deutliches Übergewicht für das 1. Quartier um Rathaus und Kirche zwischen Kieler und Langebrück-straße, dem auch noch die Vorstadt jenseits der Langen Brücke zugehörte und in dem die meisten städtischen Amtsträger wohnten. Die Einkommenssummen der drei anderen Quartiere waren in etwa gleich groß.

Die Einteilung der Stadt in vier Quartiere war bereits im Mittelalter entstanden und diente der Organisation der Verteidigung. Die Bürger eines jeden Quartiers waren für die Verteidigung des anliegenden Viertels der Stadtbefestigungen zuständig, die im Falle Eckernfördes nach Norden, Osten und Westen durch Wasser ersetzt wurden. So ergab sich vereinfacht folgende Lage der Quartiere:

I. Quartier   Noorseite mit „Burg" (westlicher Vorstadt), Kirche und Rathaus
II. Quartier   Hafenseite
III. Quartier   Ostseeseite
IV. Quartier   Landseite

Ein genauer Lageplan der Quartiere und ihre hausweise Durchnummerierung ergibt sich aus einem im Stadtarchiv hängenden Stadtplan.

In Paris, das seit 1789 Brennpunkt des politischen Europa war, hatte sich das Regime des Bürgerkönigs Louis-Philippe vom Juli 1830 nicht das Vertrauen des Volkes, auf dessen Souveränität es sich eigentlich zurückführte, erwerben können. Der „König der Franzosen" hatte vielmehr versucht, die alte Ständeordnung wiederherzustellen und das Wahlrecht zur Deputiertenkammer auszuhöhlen. Durch einen an der Steuer-zahlung orientierten Wahlzensus blieb das Wahlrecht auf weniger als eine halbe Million wohlhabender Bürger beschränkt[198], was den Stimmenkauf erleichterte. Als spektakuläre Gerichtsverfahren die ganze Käuflichkeit und Sittenlosigkeit der um den Juli-thron gescharten Stände offen legten, brach im Februar 1848 die Revolution mit dem Rufe nach einer Wahlrechtsform aus, stürzte den Thron und verjagte die königliche Familie nach England. Eine provisorische Regierung wurde eingesetzt; Frankreich wurde zum zweiten Male Republik. Doch mit der Wahl des Neffen Kaiser Napoleons, Louis Napoleon Bonaparte, zum Präsidenten war bereits der Keim zur Rückkehr zu einer monarchischen Staatsform gelegt.

Die Pariser Erschütterungen pflanzten sich durch ganz Europa fort und gaben den revolutionären Kräften nationaler und demokratischer Prägung starken Auftrieb.

Überall in Deutschland wurden nun die „Märzforderungen" nach Volksbewaff-nung, Pressefreiheit, Schwurgerichten und Wahl eines gesamtdeutschen Parlamentes erhoben.

Dabei waren für Schleswig-Holstein auch die Vorgänge in Kopenhagen neben denen von Berlin von besonderer Bedeutung. In der dänischen Hauptstadt hatte König Friedrich VII. in Erfüllung des Vermächtnisses seines am 20. Januar 1848 ver-storbenen Vaters eine Gesamtstaatsverfassung erlassen. Sie entsprach aber weder den Erwartungen der dänischen noch der schleswig-holsteinischen Liberalen. In Kopen-hagens größtem öffentlichen Lokal, dem Casino-Theater, fanden daher die dänischen Nationalliberalen mit einer großen Versammlung am 11. März mit den Forderungen nach einer konsequenten Konstitutionalisierung der Monarchie, allgemeinem Wahl-recht und der Einverleibung des Herzogtums Schleswig[199] großen Widerhall in der hauptstädtischen Bevölkerung. In einer daraufhin nach Rendsburg einberufenen Zusammenkunft von 70 Abgeordneten der schleswigschen und der holsteinischen Ständeversammlungen wurden die folgenden Forderungen an den Königherzog for-muliert und mit einer Deputation nach Kopenhagen auf den Weg gebracht: Presse-

und Versammlungsfreiheit, Volksbewaffnung, Entlassung des fanatisch dänisch gesinnten Regierungspräsidenten von Scheel, eine neue gemeinsame Verfassung für die Herzogtümer und vor allem die Aufnahme Schleswigs in den Deutschen Bund.[200] Diese Aktivitäten wurden von den dänischen Nationalliberalen agitatorisch als Aufruhr hingestellt, was in Kopenhagen zu einer revolutionären Volksbewegung führte, die dem König mit der „Selbsthilfe der Verzweiflung" drohte[201], falls er ihren Forderungen nach allgemeinem Wahlrecht und der Annexion Schleswigs nicht nachkäme. Der König berief an Stelle der unter diesem Druck abberufenen eine vorwiegend nationalliberale „eiderdänische" Regierung. Die schleswig-holsteinische Delegation langte am selben Tage, dem 22. März 1848, in Kopenhagen an, wurde aber nicht zum König vorgelassen, sondern musste sich mit einem Mitglied der neuen Regierung begnügen, mit dem auch ihr Vorschlag einer Teilung Schleswigs nach der Sprachgrenze erörtert wurde, ohne von dänischer Seite weiter verfolgt zu werden.

Als die Nachrichten von dem Umsturz in Kopenhagen und der eiderdänischen Machtergreifung am Abend des 23. März in Kiel anlangten, bildete sich zum Schutze Schleswig-Holsteins eine „Provisorische Regierung", die sich mit den Worten „Der Wille des Landesherrn ist nicht mehr frei und das Land ohne Regierung" legitimierte. In ihrer Proklamation vom 24. März kündigte die Regierung an, sich mit aller Kraft den Einheits- und Freiheits-Bestrebungen Deutschlands anzuschließen. Unterzeichnet war der die schleswig-holsteinische Erhebung einleitende Aufruf „Beseler. Friederich. Prinz zu Schleswigholstein. F. Reventlou. M. T. Schmidt."

Der neuen, im Namen des „unfreien" Königherzogs handelnden Regierung gelang es noch am selben Tage unter persönlichem Einsatz ihrer Mitglieder Beseler und Prinz zu Schleswig-Holstein-Noer sich der Festung Rendsburg im Handstreich zu bemächtigen. Ihr fielen dabei nicht nur große Mengen an Handwaffen und viele Feld- und Festungsgeschütze, sondern auch die Hauptkasse mit 2,5 Millionen Reichsbankthaler in die Hände.[202]

In Berlin hatte König Friedrich Wilhelm IV. den revolutionären Umtrieben in Deutschland, die auch Berlin schon erreicht hatten, viel zu lang tatenlos zugesehen. Erst am 16. März, als der König vom Sieg der Revolution in Wien erfuhr und militärische Maßnahmen unerlässlich zu werden schienen, entschloss er sich, dem Volkswunsch nach einer Verfassung nachzugeben. Doch die Zusammenrottungen aufgebrachter Bürger vor dem Schloss machten militärisches Vorgehen zur Aufrechterhaltung von Ruhe und Sicherheit erforderlich. Als am 18. März eine Abteilung Infanterie, die im Schlossbereich stationiert war, vorrückte, um die Volksmenge zurückzudrängen, fielen zwei Schüsse, die zwar niemanden trafen, aber von der aufgebrachten Menschenmenge als gegen sie gerichteter Anschlag verstanden wurden. Es kam zu einem verbissenen, blutigen Straßen- und Barrikadenkampf, in dem das Militär zwar die Oberhand behielt, der aber den zart besaiteten König so tief erschütterte, dass er in einem in der folgenden Nacht geschriebenen pathetischen Aufruf seine „lieben Berliner" beschwor, zum Frieden zurückzukehren, die Barrikaden zu räumen und Verhandlungsführer zu entsenden. Dann, so versprach er, würden alle Straßen und Plätze von Truppen geräumt und „die militärische Besetzung auf die nothwendigen Gebäude, des Schlosses, des Zeughauses und weniger anderer, und auch da nur auf kurze Zeit" beschränkt. „Eure liebreiche Königin ..., die sehr leidend darniederliegt, vereint ihre innigen thränenreichen Bitten mit den Meinigen."[203]

Doch die Aufständischen, die weiter Zuzug erhielten, folgten nur zögerlich dem königlichen Aufruf. Da gab der König schließlich dem Drängen der vorsprechenden

Deputationen nach und befahl den bedingungslosen Rückzug des Militärs, was dieses als tiefe Demütigung empfand. Der König hatte sich damit in die Hand der Aufständischen begeben. Mit einer schwarz-rot-goldenen Schärpe angetan, durchschritt er die Stadt und musste am 22. März den im Schlosshof aufgebarten 187 „Märzgefallenen" seine Reverenz erweisen.

Mit einem Aufruf an die deutsche Nation suchte sich Friedrich Wilhelm nun an die Spitze der 1848er Bewegung zu setzen. Doch viele Deutsche wollten ihm diesen demonstrativen Patriotismus nicht abnehmen. Schon gar nicht wollten seine konservativen Preußen seinem Worte gemäß „in Deutschland aufgehen".[204] So kamen dem König die schleswig-holsteinischen Angelegenheiten gerade recht, seinen Worten auch Taten folgen zu lassen, mit denen er das Vertrauen seiner Landsleute und Untertanen wieder zu gewinnen hoffte und die seiner Garde Gelegenheit geben sollten, über militärischer Leistung die Demütigung vom 19. März zu vergessen.

Herzog Christian August von Augustenburg hatte sich unter dem Eindruck der Krise im Norden nach Berlin begeben und dort am 21. März eine Garantieerklärung vom König erlangt, nach welcher Friedrich Wilhelm zu der von ihm zu wahrenden „deutschen Sache" auch die Rechte der Herzogtümer Schleswig und Holstein zählte, wonach diese selbständige und fest miteinander verbundene Staaten seien, in denen der Mannesstamm (des Hauses Oldenburg) herrsche. Hierfür ... sei er bereit, „die Herzogthümer gegen etwaige Uebergriffe und Angriffe mit den geeigneten Mitteln zu schützen."[205]

Der Herzog überbrachte die preußische Garantieerklärung der provisorischen Regierung am 25. März nach Rendsburg, wohin diese am selben Tage von Kiel übergesiedelt war. Als Schleswig-Holsteins Regierung auch vom Deutschen Bundestag anerkannt worden war, ersuchte sie um den Schutz der deutschen Mächte, insbesondere Preußens. Die staatsrechtliche Fiktion eines Fortbestands der herzoglichen Herrschaft des dänischen Königs über die Elbherzogtümer wurde zwar aufrecht erhalten. Doch im Grunde war die Lösung von Dänemark vollzogen.

5. Kapitel

Eckernförde im langen Streit
um das Herzogtum Schleswig (1848–1867)

5.1 Der Beginn der militärischen Auseinandersetzungen mit Dänemark

Es versteht sich, dass man in Eckernförde die März-Ereignisse des Revolutionsjahres 1848 mit größter Aufmerksamkeit verfolgte. Seit dem 26. März tagten die städtischen Gremien täglich. Auf Veranlassung des Deputierten Lange bezog man nun das „Rendsburger Tagblatt" für Rechnung der Stadtkasse, auch wurde eine tägliche direkte Briefpostbeförderung zwischen Rendsburg und Eckernförde beantragt.[1] Für den Fall der Annäherung von Truppen waren Vorkehrungen getroffen.

Ohne die im Anmarsch oder mindestens in Vorbereitung befindliche militärische Hilfe von Seiten Preußens und des Deutschen Bundes abzuwarten, ließ die „Provisorische Regierung" bereits am 27. März ihre noch recht schwachen und ungeübten Truppen nach Norden marschieren. Sie bestanden aus übergetretenen Verbänden der Gesamtstaatsarmee, ein- und zurückberufenen militärpflichtigen Reservisten und Urlaubern und einigen Freikorps. Den Mangel an militärischem Führungspersonal – die meisten dänischen Offiziere hatten ihre Verbände verlassen – sollten einige dazu beurlaubte preußische Offiziere ausgleichen. Der angesichts dieser unerfahrenen, unzulänglich geführten und noch nicht durchorganisierten Streitmacht bedenkliche, in der Regierung auch umstrittene Befehl zur Besetzung des Herzogtums Schleswig wurde von den sich durchsetzenden Befürwortern damit gerechtfertigt, dass in dem revolutionären Klima möglichst schnell Tatsachen zu schaffen seien. Auch müsse man den Dänen zuvorkommen, gerade weil man befürchtete, dass diese die Deutschgesinnten in Nordschleswig schikanieren und drangsalieren würden.[2]

Am 8. April 1848 sahen sich die Schleswig-Holsteiner nördlich von Flensburg einer überlegenen Streitmacht gegenüber, die am folgenden Tage zum Angriff überging. Aus Sorge, überflügelt zu werden, wurde den schleswig-holsteinischen Verbänden der Befehl zum Rückzug auf Flensburg erteilt, der jedoch die bei Bau stehenden, vom 2. Jägerkorps unterstützte Freischar der Kieler Studenten und Turner nicht erreichte. Als diese nach tapferer Gegenwehr schließlich weichen mussten, war der Rückzugsweg nach Flensburg bereits verlegt. Nahezu alle überlebenden Studenten und Turner gerieten in dänische Gefangenschaft, womit der schleswig-holsteinischen Armee auch ein wertvolles Reservoir für die so dringend benötigten Führungskräfte verloren ging.[3]

Die geschlagenen Schleswig-Holsteiner zogen sich reichlich ungeordnet und demoralisiert aus dem Herzogtum Schleswig auf die Festung Rendsburg zurück. Zur Sicherung der Eiderlinie wurden von der Sorge und entlang des Wittensees bis zur Eckernförder Bucht bei Altenhof Vorposten aufgestellt.

Eckernförde wurde am 13. April von einer Kompanie des 5. dänischen Linienbataillons unter Kapitän Wörrishöffer besetzt, die „in dem südlichen Theil der Kieler Straße u. in einigen wenigen Häusern diesseits der langen Brücke hat einquartiert werden müssen".[4] Die Infanterie löste Seesoldaten ab, die am Vortage von der Korvette „Najade" unter Kapitän Dirckinck-Holmfeld an Land gesetzt worden waren.[5]

Wohl aus Sorge vor Repressalien durch die zu erwartende dänische Besatzung hatten Bürgermeister Langheim, Stadtsekretär Bong-Schmidt und der Ratsherr Hasche die Stadt am oder vor dem 12. April verlassen, ohne Nachrichten über ihre Rückkehr zu hinterlassen. Das einzige verbliebene Ratsmitglied Pupke hatte daraufhin einen Deputiertenbeschluss herbeigeführt, wonach der Advokat Lübbes und der Stadtkassierer Johannsen mit ihm die Magistratsgeschäfte wahrnehmen sollten.[6]

Inzwischen hatte die Bundesversammlung in Frankfurt nach Anerkennung der Provisorischen Regierung ultimativ den Rückzug der dänischen Truppen aus dem Herzogtum Schleswig verlangt und andernfalls das Recht Holsteins auf die Verbindung mit Schleswig ab dem 18. April mit militärischen Mitteln durchzusetzen angekündigt. Die dänische Regierung erklärte daraufhin am 17.4., den Einmarsch preußischer Truppen in Schleswig als Kriegsfall anzusehen und zur eigenen Verteidigung auch gegen die Häfen und die Handelsmarine Preußens vorzugehen.[7]

Die dänischen Verbände eröffneten die Feinseligkeiten mit Vorstößen aus ihrer Hauptstellung in und bei der Stadt Schleswig. Eine dieser Aktionen galt den Freischaren, die den rechten Flügel der deutschen Streitmacht bildeten und den Raum zwischen dem Wittensee und der Eckernförder Bucht sichern sollten. Dazu standen das Rantzausche und das Kroghsche Freikorps bei Haby und Holtsee, das Wasmersche bei Harzhof und das v. d. Tannsche Freikorps bei Altenhof und Hohenlieth. Sie bereiteten sich darauf vor, sich im Falle des von deutscher Seite geplanten Angriffs auf die dänischen Stellungen bei Schleswig zwischen Eckernförde und Missunde nach Stubbe an der Schlei durchzuschleichen, wo sie übersetzen und dann in Angeln die rückwärtigen Verbindungen der Dänen stören sollten. Dem kamen die Dänen nun zuvor. Mit zwei Bataillonen Infanterie und einem Zug Dragoner marschierten sie von Schleswig nach Eckernförde, um sich dort mit der die Stadt besetzt haltenden Kompanie zu verbinden. Auf die Ortskenntnisse dieser Kompanie gestützt, schritten die Dänen am 21. April 1848 zum Angriff.

Mit ihrer Hauptmacht wollten sie in zwei Kolonnen über Goosefeld und Lehmsiek und über Wilhelmstal und Marienthal das gegnerische Zentrum bei Harzhof durchbrechen und dann nach links schwenkend das v. d. Tannsche Korps gegen die See werfen und vernichten. Ein Kanonenboot hielt sich zur Unterstützung in der Bucht bereit.

Eine weitere kleinere dänische Abteilung sollte auf der Kieler Chaussee vorrücken und mit den Freischärlern ein hinhaltendes Gefecht führen, bis der Durchbruch bei Harzhof gelungen war. Die Freischärler hatten auf der Kieler Chaussee in Höhe von Altenhof eine Barrikade errichtet, der sie mit auf zwei Bauernwagen montierten Baumstämmen das Aussehen gegeben hatten, als sei diese mit Kanonen bestückt. Doch die Vorposten des Freikorps v. d. Tann mussten sich in das Gehölz bei Schmeerhörn zurückziehen, in das die Dänen nachdrangen. Mit einem sehr energischen Vorstoß warf Major v. d. Tann die dänische Infanterie aus dem Gehölz heraus und schlug sie auf dem freien Felde regelrecht in die Flucht. Nur das Sperrfeuer des Kanonenbootes rettete sie vor ihren Verfolgern. Die bei Marienthal stehende dänische Kolonne suchte den am Goossee in Bedrängnis geratenen Kameraden zu Hilfe zu kommen. Sie fehlte dann beim Durchbruchsversuch bei Harzhof, sodass der Plan, das v. d. Tannsche Korps auch von Süden her anzugreifen, aufgegeben werden musste. Die Dänen zogen sich auf Eckernförde zurück, das sie nach Beisetzung ihrer Toten auf dem Militärfriedhof bereits am nächsten Tage in Richtung Schleswig räumten.

Unsere Schilderung dieses Gefechtes, dessen Bedeutung vor allem in der ermutigenden Wirkung auf die Deutschen lag, fußt auf Helmuth von Moltkes „Kriegsgeschichtlichen Arbeiten" über den Feldzug gegen Dänemark 1848/49[8], aber auch auf der Veröffentlichung des dänischen Generalstabes über den deutsch-dänischen Krieg in den Jahren 1848–50, 1. Teil 1848.[9]

Diesmal hatten die Freischärler den regulären dänischen Truppen widerstanden, wenn sie auch empfindliche Verluste hinnehmen mussten. Sie verloren an Toten, Verwundeten und Gefangenen 127 Mann; bei den Dänen waren es nur 29.

Der deutsche Erfolg wird gewöhnlich mit dem Namen des Majors v. d. Tann, dem prominentesten Freikorpsführer, verbunden, dessen bei Altenhof und Hohenlieth liegendes Korps auch die Hauptlast des Kampfes trug. Doch sollte der Hauptmann v. Gerstorff nicht vergessen werden, dem die Gesamtleitung der vier Freikorps oblag und der dabei große Übersicht, schnelle Reaktion und geschickte Führung bewies.

Eckernfördes „Stadtkollegien" beschlossen am 22. April 1848 „die Wache (im Rathaus) von 16 Bürgern beziehen zu lassen und dieselben zu verpflichten, für Aufrechterhaltung der Ruhe und Sicherheit in hiesiger Stadt nach Kräften zu sorgen, durch Patrouillieren und auch sonst geeignete Weise".[10] Die Dänen waren also abgezogen.

Am folgenden Ostersonntag griffen die deutschen Truppen unter dem Oberbefehl des preußischen Generals der Kavallerie Friedrich Ernst Graf von Wrangel die in und um Schleswig verschanzten Dänen an. Die deutsche Streitmacht bestand aus etwa 12 000 Preußen, aus weiteren etwa 12 000 Mann Bundestruppen und etwa 8000 Schleswig-Holsteinern, unter Letzteren gut 2000 Freikorpskämpfer.[11] Nach heftigen Kämpfen mussten die Dänen befürchten, im Westen überflügelt zu werden, und zogen sich danach auf Flensburg zurück.

Am 24. 4. kam es bei Oeversee zu einem letzten Gefecht auf schleswigschem Boden. Die Dänen räumten nun den festländischen Teil des Herzogtums und zogen sich nach Alsen und Jütland zurück.

Doch die deutschen Verbände drängten unter Wrangels Kommando weiter nach Norden nach. Eine Vorhut überschritt am 2. Mai die Königsau. Damit hatte der Konflikt eine andere Qualität bekommen. Aus der Wiederherstellung der schleswig-holsteinischen Rechte durch Besetzung des am 12. Mai in den Deutschen Bund aufgenommenen Herzogtums Schleswig war jetzt ein Angriff auf das Königreich Dänemark geworden. Dagegen protestierte zunächst der Prinz von Noer, ohne freilich beim nur unter militärischen Gesichtspunkten handelnden Wrangel etwas zu erreichen. Doch dann kam der Chor der an der Bewahrung des Gesamtstaates interessierten Mächte Russland, Schweden und Großbritannien hinzu. Preußen, auch für den Deutschen Bund handelnd, rief die deutschen Truppen aus Jütland zurück, das diese am 25. Mai räumten.

Nach den deutschen Erfolgen im April hatten sich Anfang Mai auch die Verhältnisse in Eckernförde wieder normalisiert; die flüchtigen Magistratsmitglieder waren zurückgekehrt. Erstmals seit dem 22. April 1848 liegt wieder für den 10. Mai ein Stadtprotokoll vor, das der zurückgekehrte Stadtsekretär Bong-Schmidt leider wie immer schwer leserlich geschrieben hat. Nach den zur Bezahlung angewiesenen Rechnungen war nach dem Abzug der Dänen auf dem Schnaaper Berg (heute Carlshöhe „Diedrichsen-Stiftung") eine Alarmstange errichtet worden, an der die dort eingerichtete Wache seit dem 26. April mit einer offenbar beweglichen Kugel eine Wiederannäherung dänischer Truppen signalisieren konnte.

Die Kriegführung auf der küstenreichen kimbrischen Halbinsel und die dänische Blockade der deutschen Ostseehäfen hatten das Fehlen einer Kriegsflotte auf deutscher Seite empfindlich spürbar gemacht. Eine Mehrheit der Eckernförder Deputierten regte daher am 11. Mai an, der provisorischen Regierung ihrem Aufruf entsprechend eine Summe von 5000 Thalern für den Bau einer Flotte zur Verfügung zu stellen. Der Vorschlag fand ungeteilte Zustimmung. Die Leistung sollte freilich an die Bedingung geknüpft oder wenigstens mit dem Wunsch verbunden werden, auch hiesige Werften mit dem Kriegsschiffbau zu beschäftigen. Eine Bürgerversammlung beschloss schließlich, doch die genannte Summe der Provisorischen Regierung ohne Bedingungen zur Verfügung zu stellen.

Aus freien Wahlen war inzwischen die deutsche Nationalversammlung hervorgegangen, die am 18. Mai 1848 zu ihrer konstituierenden Sitzung in der Frankfurter Paulskirche zusammentrat. Sie befasste sich am 9. Juni erstmals mit der Schleswig-Holstein-Frage, nachdem es zwischen dänischen und Bundestruppen auf der Halbinsel Sundewitt, auf die die Dänen von Alsen her übergesetzt waren, wieder zu heftigen, den Dänen leichte Vorteile bringenden Kämpfen gekommen war.

Für den verstorbenen Ratsverwandten Hasche wurde in Eckernförde am 26. Juni der deputierte Bürger H. D. Lange als Nachfolger in den Magistrat gewählt. Mit Lange befand sich nun ein entschiedener und überaus aktiver Streiter für ein deutsches Schleswig-Holstein im Eckernförder Magistrat. Langes Nachfolger als Deputierter wurde der Weinhändler Dammann.

Im Sommer 1848 wurde immer deutlicher, dass die europäischen Großmächte eine durch deutsche militärische Erfolge herbeigeführte Lösung der Schleswig-Holstein-Frage nicht hinnehmen würden. Sie wollten kein Schleswig-Holstein als Teil eines geeinten, nach Seemacht strebenden Deutschland. Preußen, in dem sich die konservative Königsmacht wieder gefestigt hatte, nutzte seine ihm vom Deutschen Bund erteilte Vollmacht zur Regelung der Schleswig-Holstein-Frage, um mit Dänemark in Waffenstillstandsverhandlungen einzutreten. Immer deutlicher wurde, dass dem in dynastischem Gottesgnadentum befangenen preußischen König die Rechte des dänischen Königs als Herzog von Schleswig-Holstein wichtiger waren als die von ihm erst im März als „deutsche Sache" erklärten schleswig-holsteinischen Landesrechte, für die gegen den Königherzog einzutreten für ihn inzwischen blanke Revolution bedeutete.

In Eckernförde stellte man sich angesichts dieser kritischen Lage auf Verteidigung ein. Auf Antrag des frisch gebackenen Senators Lange wurde am 26. Juli 1848 beschlossen, mit einer Deputation aus den Senatoren Bong-Schmidt und Lange und dem Deputierten Beyreis bei der Provisorischen Regierung „oder sonst beikommenden Orts" anzutragen, dass zum Schutz der Stadt Eckernförde gegen feindliche Angriffe von der Seeseite her Artillerie hierher beordert und an geeigneter Stelle stationiert werden möge. Man wird sich dabei der Landung von Seesoldaten durch die dänische Korvette „Najade" am 12. 4. 1848 erinnert haben.

Die Deputation führte ihren Auftrag aus und erstattete am 31. 7. 1848 Bericht. Ihrem Antrag muss stattgegeben worden sein. Denn nach einem Bericht im Eckernförder Wochenblatt vom 4. 10. 1848 heißt es für den 28. 9., dass sich das Gerücht verbreitet habe, die Schanzen am „Eckernförder Strande und bei Louisenberg" sollten nicht wieder besetzt werden. Doch diese Sorge sei grundlos gewesen; das zur Armierung Erforderliche sei nach einer Inspektion durch den kommandierenden General Bonin „heute" hier angekommen. Danach müssen die Schanzen im August 1848 angelegt und besetzt, aber wohl nach Abschluss des Waffenstillstandes von Malmö (26. 8. 1848) wieder geräumt worden sein. Sie wurden schon einen Monat später „in gehörigen Vertheidigungszustand gesetzt". Das lässt sich kaum mit dem in Einklang bringen, was Werner v. Siemens in seinen „Lebenserinnerungen" für sich in Anspruch nimmt[12].

Er will im Mai 1848 auf Befehl General Wrangels diese Schanzen angelegt und sich im August schon wieder auf dem Rückweg nach Berlin befunden haben. Es stehen sich hier gegenüber Belege aus der Zeit und mehr als 40 Jahre später abgefasste Erinnerungen eines Mannes, der von sich selber sagt, kein gutes Gedächtnis für Namen und Zahlen zu haben und dass ihm viele Ereignisse seines wechselvollen Lebens im Laufe der Jahre entschwunden seien.[13]

Auch sonst waren die städtischen Kollegien bemüht, die Interessen der Stadt zur Geltung zu bringen: Am 31. Juli wurde bei der Provisorischen Regierung ein Antrag auf Bau von Kanonenbooten auf hiesigen Werften gestellt; am gleichen Tage dem Rendsburger Comité für die Planung eines „Marine- und Handelscanals von Eckernförde nach Brunsbüttel" eine Spende überwiesen. Auch das ältere Kanalprojekt Eckernförde-Husum wurde weiter verfolgt[14].

Am 26. August 1848 wurde mit schwedischer Vermittlung zu Malmö ein siebenmonatiger Waffenstillstand zwischen Preußen, das für die kriegsführenden deutschen Parteien handelte, und Dänemark geschlossen. Vor allem die politischen Bedingungen des Waffenstillstandes waren für Schleswig-Holstein demütigend: die Provisorische Regierung sollte durch eine von Dänemark und Preußen bestimmte gemeinsame (Waffenstillstands-)Regierung ersetzt werden. Die preußischen und die Bundestruppen mussten die Herzogtümer bis auf Altona räumen, die Dänen durften auf Alsen bleiben.

Die beiderseitigen Gefangenen wurden freigelassen. So wurden die bei Bau in Gefangenschaft geratenen Kieler Studenten und Turner am 5. September zu Schiff von Kopenhagen nach Eckernförde gebracht, wo ihnen von den Eckernförder Bürgern, „die sich zu allen Zeiten als die besten Patrioten des ganzen Landes erwiesen haben"[15], ein besonders warmherziger Empfang bereitet wurde.

Auch der an General v. Bonin herangetragene Wunsch der Stadt nach einer „bleibenden Garnison" wurde erfüllt. Am 18. 10. wurde das 1. Jägerkorps nach Eckernförde gelegt. Zur Infanterie kam später noch eine Eskadron Hamburgischer Dragoner hinzu.[16]

Am 22. Oktober 1848 trat die Provisorische Regierung zurück. Damit entfiel für die Herzogtümer ein starkes Bindeglied. Voll Sorge schlossen sich daher am 3. 1. 1849 die Eckernförder Stadtkollegien einstimmig einer Petition des Apenrader Magistrats an die „Centralgewalt" in Frankfurt gegen die Trennung Schleswigs von Holstein an.

Nicht nur die Rüstungen, sondern auch die Arbeiten an den Verfassungen („Grundgesetzen") wurden in der Zeit des Waffenstillstandes vorangetrieben. Die vom Volk gewählte schleswig-holsteinische Landesversammlung beschloss am 15. September 1848 das „Staatsgrundgesetz für die Herzogthümer Schleswig-Holstein", dessen modernen, liberalen Regelungen sich das Land dreieinhalb Jahre lang erfreuen durfte. Auch die neue „Gemeinsame Regierung" erkannte diese Verfassung wie auch alle während der „Provisorischen Regierung" erlassenen Landesgesetze an.

Dem Frankfurter Paulskirchenparlament, der „Nationalversammlung", die durch ihre knappe Zustimmung zum schmählichen Waffenstillstand von Malmö freilich an Ansehen verloren hatte, lag ebenfalls der Entwurf eines „Reichsgrundgesetzes" vor, der für ein zu nationaler Einheit gelangendes deutsches Volk und Reich gelten sollte. Am 28. März 1849 wurde es nach langen Beratungen verabschiedet. Auch wenn diese Verfassung gegen die konservative Reaktion und die wiedererstarkte Fürstenmacht nicht durchgesetzt werden konnte, so ist sie doch sowohl für die Weimarer Verfassung von 1919 als auch für das Grundgesetz von 1949 Vorbild gewesen, wie auch die Nationalfarben Schwarz-Rot-Gold allen drei Verfassungen gemeinsam sind.

Dass auch in Eckernförde ein neuer Geist wehte, zeigte eine Veröffentlichung in Eckernfördes Wochenblatt vom 7. März 1849. Die „Warteschule", eine Vorschule, die noch auf Eckernfördes Reformer Heinrich Hansen zurückging, veröffentlichte ihre erste Jahresrechnung für 1848. Der „Verwaltungs-Ausschuß" appellierte „an Alle, denen das Wohl der Kinder unserer unbemittelten Mitbürger am Herzen liegt", der Warteschule auch fernerhin Beihilfe und Unterstützung zu gewähren.

Auf Grund der frühestmöglichen Kündigung durch Dänemark endete der Malmöer Waffenstillstand am 26. März 1849. Die Frankfurter „Centralgewalt" setzte für die Herzogtümer mit Friedrich Graf Reventlou (Preetz) und Wilhelm Hartwig Beseler eine Statthalterschaft ein.

Bei Wiederaufnahme der Feindseligkeiten Anfang April 1849 stand die schleswig-holsteinische Armee mit etwa 14000 Mann unter dem Oberbefehl des Generals v. Bonin im Raum Flensburg-Apenrade. Die Reichsarmee, geführt vom preußischen General v. Prittwitz, hatte mit etwa 46000 Mann bei Neumünster, Rendsburg und an der Eider Aufstellung genommen und schickte sich an, das Herzogtum Schleswig zu besetzen.[17]

Am 3. April rückten die dänischen Verbände, zusammen etwa 41000 Mann stark, getrennt von Alsen im Sundewitt und von der jütischen Grenze auf Hadersleben vor, um die schleswig-holsteinische Armee bei Flensburg gemeinsam zu schlagen. Ursprünglich sollte dieser Angriff nach Vorstellungen des dänischen Kriegsministeriums noch durch ein massives Landungsunternehmen bei Eckernförde unterstützt werden, was zu einer vollständigen Einschließung der Schleswig-Holsteiner und ihrer Trennung von der Reichsarmee hätte führen sollen.

Dieser weit reichende Plan scheiterte indes am Widerstand der dänischen Armeeführung unter General v. Krogh, die zwar am 3. April ins Sundewitt von Osten und auf Hadersleben von Norden vorrücken ließ, doch sich vor Eckernförde damit begnügen wollte, zu „alarmieren". So bekam das ihr unterstellte, an der Ostseeküste der Herzogtümer operierende Geschwader („Escadre") unter Kommandeur (Kapitän zur See) Garde lediglich Befehl zu einer „Demonstration" vor Eckernförde. Diese sollte den Eindruck erwecken, als stünde eine größere Landung bevor, und damit den gegnerischen Kampfeswillen gegenüber den dänischen Heeresverbänden im Norden schwächen. Einen größtmöglichen „alarmierenden" Effekt versprach sich die Heeresführung dann, wenn die Nachricht von den dänischen Landungsvorbereitungen bei Eckernförde am Morgen des 5. April bei der schleswig-holsteinischen Armee einträfe. Danach hätte das Eckernförder Unternehmen am besten in der Nacht zum 5. April erfolgen müssen.

Doch am 3. April bremste der dänische Kriegsminister auch den reduzierten Angriffsplan seiner Armeeführung. Es dürfe nicht „geabenteuert" werden, was ein weiteres Vorrücken im Norden ausschloss. Man wollte wohl die Preußen nicht unnötig reizen, nachdem die Unentschiedenheit ihres Königs gegenüber den Zielen der Erhebung und des deutsch-dänischen Krieges offenbar geworden war. Hatte doch Friedrich Wilhelm IV. gerade am selben Tage erst die ihm von der Nationalversammlung in Frankfurt am Main angetragene Kaiserkrone zurückgewiesen.

Aber auch nach Einstellung aller Angriffshandlungen der dänischen Armee wurde die am 2. April erteilte Order an den Befehlshaber der Seestreitkräfte vor der schleswig-holsteinischen Ostseeküste, Kommandeur Garde, aufrecht erhalten. So kam es am 5. April 1849 zum „Tag von Eckernförde".

5.2 Der „Tag von Eckernförde" und seine Folgen

Dem denkwürdigen Tage ist eine schier unübersehbare Fülle von zumeist aus zweiter Hand stammenden Berichten, Würdigungen und Lobpreisungen gewidmet.[18] Der folgenden Schilderung dieses Tages wurde in erster Linie die Tatbestandsdarstellung im Urteil des dänischen Generalkriegsgerichtes gegen die unter Anklage gestellten Befehlshaber der misslungenen Expedition zu Grunde gelegt. Sie zeichnet sich schon durch ihre Zeitnähe aus. Die Verhandlungen wurden am 5. September 1849 aufgenommen, das Urteil am 13. April 1850 verkündet.[19] Wie kein anderer Bericht vom dänischen Unglückstag wird diese Darstellung durch die Aussagen von mehreren kompetenten Teilnehmern und Augenzeugen gestützt. Es wurden alle Kommandanten der beteiligten Kriegsschiffe und mehrere ihrer nachgeordneten Offiziere gehört. Der gerichtlich aufgenommene Tatbestand war im Übrigen Grundlage der dänischen wie der preußischen veröffentlichten Generalstabsarbeiten über dieses Ereignis.[20] Auf preußischer Seite war Helmuth von Moltke der Bearbeiter.

Am 3. April 1849 gab Kommandeur (Kapitän zur See) Garde den von der Armeeführung erhaltenen Befehl zu einer die gegnerische Armee bei Flensburg „alarmieren" sollenden Demonstration vor Eckernförde an Kommandeurkapitän (Fregattenkapitän) F. A. Paludan weiter. Paludan war der Kommandant des Linienschiffes „Christian VIII.", der größten Einheit in Gardes Geschwader. Ihm wurde für den Einsatz vor Eckernförde ein Verband unterstellt, dem neben Christian VIII. (84 Kanonen), die Fregatte „Gefion" (48 Kanonen), Kommandant Kapitän (Korvettenkapitän) J. A. Meyer und die zu Kriegsschiffen umgebauten Raddampfer „Hekla" und „Geiser" (je 8 Kanonen), unter dem Kommando des Kapitäns Aschlund bzw. des Kapitänleutnants P. Wulff, angehörten. Geiser sollte drei Jachten mit 250 Mann Landungsinfanterie zum Einsatzort schleppen. Gefion nahm einen ursprünglich der Korvette „Galathea" im Verband zugedachten Platz ein, welch letztere anstelle der Gefion zur Blockade der Kieler Förde beordert wurde. Die Dampfschiffe waren vornehmlich als Bugsierhilfe vorgesehen, und zwar Hekla für das Linienschiff und Geiser für die Fregatte. Ausdrücklich war befohlen worden, dass die Raddampfer nicht „uden den højeste Nødvendighed" dem Feuer der feindlichen Batterien ausgesetzt werden sollten.

Paludan sollte nun mit diesem Verband in die Eckernförder Bucht einlaufen, möglichst Truppen an verschiedenen Stellen an Land setzen, die Strandbatterien zerstören und versuchen, sich in den Besitz von Eckernförde zu setzen, dort Nachrichten einholen und alle Vorräte, die sich dort vorfänden, zerstören oder mitnehmen. Die gelandeten Truppen sollten wieder an Bord genommen werden, sobald der Feind glauben gemacht worden war, dass eine größere Landung noch bevorstehe.

Der Verband traf, wie vorgesehen, am Abend des 4. April vor der Eckernförder Bucht ein. Ein starker Ostwind stand freilich einer sofortigen Ausführung des Einsatzbefehls entgegen. Der Verband ankerte daher vor Aschau, wo er natürlich nicht unbemerkt bleiben konnte.

So warteten am nächsten Morgen an Land kampfbereit in den beiden Schanzen unter schwarz-rot-goldener Flagge die Kanoniere der unter dem Befehl Hauptmann Eduard Jungmanns stehenden 5. schleswig-holsteinischen Festungsbatterie. Die Nordschanze auf dem „Ort" bei Louisenberg (heute Kranzfelder-Hafen) stand unter dem Kommando des Feldwebels Clairmont, in der Südschanze auf dem Südstrand (heute Kurpark) befehligte der Unteroffizier Theodor Ludwig v. Preußer. Die sechs bzw. vier Kanonen wurden von 54 bzw. 37 Mann bedient. Als Infanteriebedeckung fungierte das 3. schleswig-holsteinische Reservebataillon unter Hauptmann Irminger, das sowohl die Schanzen selbst deckte, als auch mit der Kompanie des Oberleutnants von Lilienstein die Redoute (Feldbefestigung) auf der – damals noch vorhandenen – Steilküste oberhalb der Südschanze besetzt hielt. (Für die militärischen Dienstgrade werden auch im Folgenden aus Vereinheitlichungsgründen die heute in Deutschland üblichen äquivalenten Bezeichnungen verwendet.)

Die Küsten der Kieler Förde und der Eckernförder Bucht gegen Landungsunternehmen zu sichern, war der Auftrag der Reservebrigade der Reichsarmee unter dem Befehl des königlich sächsischen Generalmajors Ernst II. von Sachsen-Coburg und Gotha, regierender Herzog des thüringischen Doppelherzogtums. Ihm unterstanden die drei Bataillone Coburg-Gotha, Reuß und Meiningen und eine berittene nassauische Feldbatterie mit sechs Geschützen unter Hauptmann Müller.

Auf die Nachricht vom Einlaufen des dänischen Verbandes hin hatten die Bataillone Stellungen zur Abwehr einer Landung bei Altenhof (Bat. Coburg-Gotha bei Kiekut) und in Eckernförde (Bat. Reuß am Christianspflegehaus) bezogen. Das Bataillon Meiningen stand bei Gettorf in Reserve. Auch die nassauische Batterie nahm zunächst bei Kiekut Aufstellung.

Herzog Ernst hatte in Gettorf, der Zentralstation des „optischen Telegraphen", Quartier genommen, um durch diese Signalanlage möglichst schnell über gegnerische Schiffsbewegungen zwischen Schwansen und der Probstei unterrichtet zu sein. Als Quartier diente ihm das Gettorfer Gebäude der Hirschapotheke, wohin die ehedem zweite Eckernförder Apotheke 1836 übergesiedelt war.

Am 5. April um 4 Uhr morgens, noch vor Sonnenaufgang und nachdem die Schiffe gefechtsklar gemacht worden waren, kamen die vier Kommandanten an Bord des Linienschiffes zum Kriegsrat zusammen. Ob das Wetter dem Vorhaben günstiger als am Vorabend sei, war indes nicht vor Sonnenaufgang um 6 Uhr zu entscheiden. Um 5 Uhr waren die Kommandanten wieder an Bord ihrer Schiffe. Sie hatten sich auf einen Gefechtsplan verständigt, demzufolge die Segelschiffe in langsamer Vorbeifahrt die Nordschanze aus möglichst geringer Entfernung mit vollen Lagen „zum Schweigen bringen" sollten, um dann zwischen den Schanzen so zu ankern, dass sie beide Schanzen aus ihren Breitseiten bekämpfen konnten. Die Dampfschiffe sollten sich an der Südküste der Bucht bereit halten und von dort aus ihren vorderen Geschützen, die für die stärkere gehaltene Südschanze (auf verhältnismäßig große Distanz) durch Bombenwurf „beschäftigen", bis die großen Schiffe ihre Position eingenommen hätten.

Als um 6 Uhr die Sonne aufging, zeigte sich, dass der Ostwind abgeflaut war. Obwohl der auflandige Wind nach wie vor für das geplante Unternehmen ungünstig blieb, entschloss sich Paludan doch für seine Ausführung, weil das beabsichtigte Zusammenspiel mit den Heeresoperationen kaum einen weiteren Aufschub duldete. Die Nachricht von der gänzlichen Aufgabe der Angriffsoperationen im Norden erreichte ihn nicht mehr.

Bis auf die drei Jachten mit der Landungsinfanterie lichteten die Schiffe die Anker. Die beiden Segelschiffe kreuzten aus der Bucht heraus, um letzte Vorbereitungen zum Gefecht zu treffen. Um 7 ½ Uhr wandten sie sich wieder in die Bucht hinein und begannen kurz vor 8 Uhr in langsamer Fahrt die Beschießung der Nordschanze, die das Feuer auf sie eröffnet hatte. Geiser lief auf der Südseite der Bucht ein, während

Abb. 75
Geiser versucht Gefion abzuschleppen (5. 4. 1849 11 ¹/₂ Uhr vormittags)
s. Nachsatz im Text, Gemälde von Vilhelm Pedersen

Hekla den beiden Segelschiffen folgte. Mit Geiser kam es zu einem kurzen Schuss-
wechsel mit beiden Schanzen. Nachdem das Linienschiff und hinter ihm die Fregatte
zwei Lagen mit guter Wirkung auf die Nordschanze abgegeben hatten, nahmen die
beiden Schiffe ihre geplanten Positionen zwischen den Schanzen ein: Christian VIII.
knapp nordwestlich einer gedachten Verbindungslinie zwischen den Schanzen,
Gefion knapp südöstlich, beide Schiffe etwa 600 Meter von der Süd- und 1200 Meter
von der Nordschanze entfernt, Christian VIII. wohl noch etwas näher an der Südschanze als die Gefion. Zur Beschießung der beiden Schanzen mussten die Schiffe quer
zum (Ost-)Wind liegen. Christian warf dazu einen Bug- und einen Heckanker, Gefion
– mit Paludans Zustimmung – nur den Haupt(Bug-)anker. Gefions Heck wurde mit
einer Spring(Heckleine) am Hauptanker befestigt, so dass sich das Schiff beim Aus-
stecken der Ankerkette quer legte. Aus dieser Position beschossen die Schiffe beide
Schanzen, wobei aus der Nordschanze zwischen 8.15 und 11 Uhr nur noch vereinzelt
Schüsse fielen. Inzwischen hatten oberhalb der Nordschanze zwei Geschütze der nassauischen Feldartillerie Stellung bezogen, um durch ihr Feuer die bedrängte Nordschanze zu entlasten.

Doch nachdem die beiden großen Schiffe vor Anker etwa eine halbe bis dreiviertel
Stunde auf beide Schanzen ein heftiges Feuer unterhalten hatten, kam die Fregatte, auf
die sich besonders das Feuer der Südschanze konzentriert hatte, aus ihrer Querlage
heraus und legte sich („schwojend") in den Wind, so dass sich ihr Heck der Südschanze zuwandte und sie damit von hier der Länge nach beschossen werden konnte, und

entsprechend große Verluste erlitt. Gefion selbst konnte nur noch mit ihren vier Heck-geschützen am Kampf teilnehmen. Alle Versuche, die Querlage des Schiffes durch Einholen der Spring und Stecken der Ankerkette wieder herzustellen, blieben erfolg-los, sodass Geiser zu Hilfe gerufen werden musste. Unter dem Beschuss durch die Südschanze versuchte Geiser Gefions Heck in den Wind vorzuholen, um die dann wieder hergestellte Querlage durch Ankerwurf vom Heck zu fixieren. Doch Geisers Bemühungen führten zu keinem dauerhaften Ergebnis. Gefion legte sich immer wie-der in den Wind (s. Abb. 75).

In der späteren kriegsgerichtlichen Untersuchung hat nicht eindeutig geklärt wer-den können, warum Gefions Ankerweise (vor Kette und Spring an e i n e m Anker), die bei auflandigem Wind und im Hinblick auf die Bedeutung der artilleristisch zwin-gend erforderlichen Querlage allemal leichtfertig war, versagt hatte.[21] Kommandant Meyer meinte im Verhör, Gefions Spring habe sich wohl an einem Gegenstand am Grund verfangen, der bei schwachem Wind gehalten habe, bei dann auffrischendem Wind aber nicht, sodass die Spring zu lang geworden sei, ohne, längsschiffs liegend, zur Wiederherstellung der Querlage eingeholt werden zu können.[22] Der das Oberdeck und die Heckbatterie „enfilierende" wirkungsvolle Beschuss durch die Südschanze verschlimmerte den Zustand der Gefion so sehr, dass Leutnant Pedersen von der Gefion mit der Meldung zum Verbandchef geschickt werden musste, dass die Fregat-te viele Tote und Verwundete habe, wegen des Zustandes ihrer Takelage nicht unter Segel gehen könne und dringend eines Arztes, weiterer Mannschaften, Boote und Warpanker bedürfe. Dieser Anforderung wurde entsprochen. Damit war Paludan klar geworden, dass eine Fortsetzung des Kampfes sinnlos und eine Landung angesichts des Truppenaufmarsches an Land ohnehin unmöglich geworden war. Gefion wurde befohlen, sich aus dem Gefecht zu ziehen, und Geiser wieder heransignalisiert, um Gefion abzuschleppen. Doch bei der Übergabe der Schlepptrosse erhielt der Rad-dampfer einen Schuss in eine seiner beiden Maschinen, sodass er das Manöver abbre-chen musste. Diese für Gefions Schicksal entscheidende Szene hat der Maler Wilhelm Pedersen, Leutnant auf der Gefion, dargestellt (Abb. 75).

Pedersen war zum Seeoffizier ausgebildet worden, hatte dann aber seiner Begabung zum Maler nachgehen dürfen. Mit Ausbruch des deutsch-dänischen Krieges meldete er sich freiwillig zur Marine zurück und nahm als Leutnant auf der Gefion am Tage von Eckernförde teil.[23] Seine Bilder (s. auch Abb. 76) gehören zu den wenigen authentischen Darstellungen des Kampftages. Dieses hier lässt erkennen, dass die dänischen Komman-danten es trotz des auflandigen Windes nicht einmal für nötig befunden hatten, die Mars-segel, unter denen sie eingesegelt waren, zu beschlagen. Auch zeigt es die unglückliche Lage der Gefion mit der Südschanze genau achteraus, in der sie zudem dem Linienschiff beim Aussegeln hinderlich werden konnte. Im Vortopp weht das Signal an Geiser. Der Schattenwurf zeigt auch die Uhrzeit an: Es ist 11 $^{1}/_{2}$ Uhr am Vormittag

Das Dampfschiff Geiser, das nach einem Treffer von der Südschanze nur noch mit einer Maschine und weniger als den halben Umdrehungen fahren konnte, wurde aus der Feuerzone entlassen.

Das Linienschiff hatte derweil Bugsierhilfe von Hekla angefordert. Dieser Rad-dampfer hatte freilich schon vorher Treffer erhalten. Beim Versuch, das Linienschiff zu verholen, erhielt Hekla Schüsse in die Ruderanlage, sodass auch dieser Abschleppver-such abgebrochen werden musste.

Letzte Hoffnung der im wirkungsvollen Feuer vor allem der Südschanze liegenden Schiffe war nun, sich mit eigenen Mitteln aus der Feuerzone seewärts herauszuwarpen.

Dies war vor allem bei der Gefion vonnöten. Doch da der Wind zunahm, und die Kräfte der Besatzung nachließen, konnte Gefion nur knapp 300 Meter seewärts Abstand gewinnen, was nicht ausreichte, um aus dem Feuer der Südbatterie herauszukommen. So blieb Paludan nur noch das Parlamentieren.

Gegen 12 $^1/_2$ Uhr ließ er im Großtopp die weiße Parlamentärflagge setzen und schickte den Leutnant Ulrich an Land. Er forderte freien Abzug, ansonsten würde die Stadt in Brand geschossen werden. Auf deutscher Seite hatte vor allem die Nordschanze Verluste und erheblichen Schaden erlitten, der nicht gänzlich behoben werden konnte. Dagegen stellte die Südschanze, obwohl sie unter schwerem Beschuss gelegen hatte, während der folgenden vierstündigen Kampfpause ihre Kampffähigkeit ganz wieder her. Auch die zur Neige gegangenen Munitionsvorräte wurden wieder aufgefüllt.

Unter der Führung von Herzog Ernst war das Bataillon Reuß am Vormittag im Feuer von Christian VIII. vom Pflegehaus an den Strand vorgerückt. Dabei hatte es einen Verlust von einem Toten und mehreren Verwundeten erlitten.

Herzog Ernst, der anschließend das Gefecht vom Mühlenberg beobachtet hatte, wollte nun in Erwartung einer Landung an der Südküste der Bucht zurück nach Kiekut zu seinem Stab und dem Bataillon Coburg-Gotha. Da die dorthin führende Kieler Chaussee unter schwerem Beschuss lag, versuchte er durch Umreiten des Windebyer Noors ans Ziel zu gelangen. Dabei geriet er bei Marienthal mit seinem Adjutanten in einen Sumpf. Um sich umzuziehen, kehrte er zunächst in sein Gettorfer Quartier zurück, ehe er sich am späten Nachmittag wieder auf dem Kampfplatz einfand.

Das Waffenstillstandsersuchen der Dänen musste daher ohne den Herzog beantwortet werden. Der Magistrat, als erster Empfänger des dänischen Schreibens, wollte die Antwort den Militärs überlassen. Bürgermeister Langheim, Senator Lange und Etappenkommandant Wiegand begaben sich dazu mit dem Schreiben Paludans in die Nordschanze zu Jungmann und dem ebenfalls dort befindlichen Kommandeur der infanteristischen Schanzenbedeckung Hauptmann Irminger. Da die Suche nach dem örtlichen Höchstkommandierenden Herzog Ernst vergeblich geblieben war, konnte die Ablehnung von Paludans Ansuchen erst um 4 $^1/_2$ Uhr nachmittags mit den Unterschriften von Irminger, Wiegand und Jungmann dem dänischen Parlamentär übergeben werden. Es enthielt den berühmten Nachsatz: „Sollten Sie Ihre Drohung, eine offene Stadt in Brand zu schießen, zu vollführen für gut befinden, dann fiele selbstverständlich der Fluch eines solchen Vandalismus auf Dänemark, das Sie hier vertreten."

Der Stabschef der Reservebrigade, Oberst Treitschke, hatte die Verhandlungspause dazu genutzt, die berittene Nassauer Feldbatterie dichter an die Schiffe zu schicken. Deren Chef, Hauptmann Müller, nahm darauf mit den ihm noch verbliebenen vier Geschützen in gedeckter Stellung dem Linienschiff gegenüber am Eckernförder Südstrand Aufstellung.

Nach dem Scheitern der Waffenstillstandsverhandlungen begann die Kanonade um 4 $^1/_2$ Uhr nachmittags von neuem. Gefion hatte sich nicht ganz aus dem Feuerbereich der Südschanze herauswarpen können und sah sich jetzt wegen des zu starken Windes und Seegangs genötigt, das Warpen ganz einzustellen. Der das Schiff der Länge nach bestreichende und auch die Heckbatterie schwer in Mitleidenschaft ziehende Beschuss fügte, durch die Feldbatterie verstärkt, Gefions Besatzung weitere schwere Verluste zu. In dieser aussichtslosen Situation teilte Kommandant Meyer dem Verbandschef mit, dass er kapitulieren müsse. Gefion strich die Flagge.

Paludan brauchte nun auf Gefion keine Rücksicht mehr zu nehmen und versuchte, das Linienschiff aus der Gefahrenzone herauszusegeln. Die Anker wurden gelichtet,

Abb. 76
Christian VIII. strandet vor Eckernförde (5.4.1849, 5 ¹/₂ Uhr nachmittags)
s. Nachsatz im Text, Gemälde von Vilhelm Pedersen

wobei – wie Paludan später vom Kriegsgericht vorgeworfen wurde – Höhe zum Ufer verloren ging. Er hätte die Anker kappen sollen. Vergeblich wurde versucht, die drei Marssegel ganz durchzusetzen. Dies gelang nur bei Fock und Besan und auch bei dem Klüver, wodurch man das Schiff einigermaßen in Fahrt bekam. Doch der Versuch, beim Niederholen des Klüvers durch den Wind zu wenden, misslang, da das heftige Granatfeuer der Feldbatterie das laufende Gut (das Tauwerk zur Bedienung der Segel), vor allem die „Marsdreireepen" (Marsfallen), zerschossen hatte. Das Großmarssegel schlug back, so dass das Schiff Fahrt verlor und auf den Strand trieb.

Auch diese Schlüsselszene hat Wilhelm Pedersen festgehalten (Abb. 76).

Im Großtopp führt Christian VIII. immer noch die weiße Parlamentärflagge. Noch weht der Danebrog. Auch ist gut zu erkennen, dass die Marssegel nicht ganz durchgesetzt sind und das Großmarssegel back schlägt. Alle Segel weisen mehr oder minder starke Schäden auf. Das gilt auch für Gefions Takelage. Noch wird auf die Fregatte geschossen. Ein Boot verlässt die Fregatte, um an Land Feuereinstellung zu bewirken.

An Bord von Christian VIII. war als Folge der Beschießung mit glühenden Kugeln Feuer ausgebrochen, und zwar am Wassergang unter den Rüsten (am Oberdeckswasserablauf unter den Wantenspreizbalken), außerdem an mehreren Stellen an Steuerbordseite und in der Großlast des Schiffes.

Paludan berief den Nächstkommandierenden, Kapitänleutnant Krieger, den Drittkommandierenden, Kapitänleutnant Marstrand und den für die Oberdecksgeschütze (auf Back und Schanze) verantwortlichen Oberleutnant v. Wedel-Jarlsberg zu einem

Schiffsrat ein. In Übereinstimmung mit diesem befahl Paludan gegen 6 Uhr die Flagge zu streichen. Als das Schießen aufgehört hatte, gab Paludan Befehl, die Feuer zu löschen, wozu auch das Schiff geflutet und Munition über Bord geworfen wurde.

Um 6 $\frac{1}{2}$ Uhr musste Paludan auf Verlangen eines im Auftrag des höchstkommandierenden Herzogs handelnden Abgesandten zugleich mit einem Teil seiner Besatzung von Bord gehen, um die Kapitulation durch Säbelübergabe zu vollziehen. Mit eigenen Booten und solchen vom Lande konnte der größte Teil der Besatzung, darunter auch ein Teil der Verwundeten, im Laufe der nächsten zwei Stunden an Land gebracht werden, ehe das Schiff zwischen 8 und 9 Uhr in die Luft flog.

Über die Zeit zwischen Paludans Von-Bord-Gehen und der Explosion des Linienschiffes enthält die kriegsgerichtliche Darstellung sonst keine weiteren Angaben. Diese Lücke soll hier durch weitere acht Augenzeugenberichte geschlossen werden. Solche haben abgegeben: Paludan selbst[24], Preußer, Kommandant der Südschanze[25], Hauptmann Müller, Chef der nassauischen Feldbatterie[26], Oberleutnant v. Lilienstein, Kompaniechef im 3. schleswig-holsteinischen Reservebataillon in der Redoute oberhalb der Südschanze[27], Bombardier Heesch aus der Südschanze[28], Generalmajor Herzog Ernst II. von Sachsen-Coburg und Gotha[29], Oberleutnant von Wedel-Jarlsberg, Adjutant Paludans[30], und schließlich Hauptmann Eduard Jungmann, Chef der auf die beiden Eckernförder Schanzen verteilten 5. schleswig-holsteinischen Festungsbatterie, aus der Nordschanze.[31]

Paludan berichtete noch aus der Gefangenschaft, dass der Sendbote, der ihn auf Befehl des Herzogs von Bord holte, wohl ein Unteroffizier war. Deswegen wird vielfach davon ausgegangen, so auch beim dänischen Generalstab[32], das dies Preußer gewesen sei. Doch Preußer war, wie bei dem Herzog und Jungmann übereinstimmend zu lesen ist[33], ohne Befehl und Erlaubnis an Bord des Linienschiffes gegangen. Da Müller seinen Feuerwerker (Feldwebel) Jakobi mit der Nachricht von der Kapitulation der Dänen zum Herzog gesandt hatte[34], könnte dieser vom Herzog diesen weiteren Auftrag erhalten haben. Die strikten und vielfach kritisierten Anweisungen, die der herzogliche Sendbote Paludan erteilte, können jedenfalls nicht von Preußer gekommen sein. Es war auch niemand an Bord geblieben, der ihre Einhaltung hätte überwachen können. Paludan, der vergeblich auf die Notwendigkeit hingewiesen hatte, zur Bekämpfung des Feuers an Bord bleiben zu müssen, übergab das Kommando an Kapitänleutnant Krieger, der ihm meldete, dass er sich alle Feuer angesehen und keine Sorge habe, dass sie sich nicht löschen ließen, was bereits bis auf bei zwei Stellen gelungen sei.

Auch von Lilienstein, der neben der Besatzung der Südschanze dem Geschehen um Christian VIII. am nächsten stand, wissen wir, dass Preußer zwar nach Absprache mit ihm, aber ohne höheren Befehl an Bord von Christian VIII gegangen sei, um vom Linienschiff Besitz zu nehmen und die Ausschiffung der Gefangenen zu überwachen. Etwa zur gleichen Zeit, als Preußer übersetzte, sei der am Strande angekommene Paludan von einem Wagen abgeholt worden.[35]

Die Order, die Kapitulation durch Säbelübergabe zu vollziehen, war etwa um 7 $\frac{1}{2}$ Uhr auch an Kapitän Meyer auf der Gefion ergangen. Da das Boot, das diese Order überbringen und Meyer abholen sollte, auch nach einer halben Stunde noch immer auf sich warten ließ, wurde auf Liliensteins Befehl zweimal auf Gefion gefeuert, worauf der gewünschte Erfolg auch bald eintrat.[36]

Preußer, Kommandant der Südschanze, meldete in seinem letzten Rapport an Jungmann[37], dass ein Parlamentär von Christian VIII.[38] bei der Südschanze angekommen sei und erklärt habe, dass das Schiff übergeben sei und mit weiteren Schüssen verschont werden möge. Heeschs hieran anschließender Bericht[39] wird seiner Bedeutung wegen wortwörtlich wiedergegeben:

„Die Dänen übergaben sich; wir schossen weiter bis ein Parlamentair vor die Schanze kam, welcher sagte, wir sollten doch inne halten, wir machten sie alle unglücklich. Da sahen wir, dass fortwährend vom Schiff ins Wasser geworfen wurde. Da sagte Preußer: ‚Wir haben es erobert, wollen's auch behalten, willst Du mit, so wollen wir an Bord.' Wir fuhren mit dem Parlamentair, Preußer, ein Gemeiner Namens Wilkens und meine Wenigkeit. Preußer und ich kamen an Bord, Wilkens nicht. Als wir an Deck kamen, kam Admiral Paludan zu uns und reichte seinen Degen uns entgegen, worauf Preußer sagte: ‚Wir wollen Sie nicht entwaffnen, wir wollen nur retten was zu retten ist.' Er fragte, ob denn abgesetzt werden sollte; wir sagten ‚ja', worauf Böte nieder gelassen wurden. Da kamen auch die Fischer und setzten mit ab. Viele waren schon herunter, als ich gewahr wurde, daß der alte Major Irminger, der bei dem 2. Reserve-Bataillon war, auf der Schanze stand. Ich vom Schiffe nach der Schanze, wo nicht einmal unser Posten noch sonst ein Kanonier war. Der Major schimpfte, da sollte nach der ‚Gefion' geschossen werden. ‚Zu Befehl! Herr Major.' Ich traf gleich einige Mann und gab noch drei Schüsse in die Hinterluken der ‚Gefion' ab. Der Major ging weg und ich dachte an Preußer und ging wieder auf's Schiff. Wie ich da kam, kamen mir drei Offiziere entgegen: ‚Wo ist Ihr Commandeur?' Ich sagte: ‚Der ist in der Stadt beim Generalcommando.' ‚Gut! dann bleiben Sie in Verhaft, bis der kommt.' Da kam Preußer zu mir und fragte, was sie sagten. Ich sagte so und so. ‚Das haben sie mir auch gesagt,' antwortete Preußer. Da kamen sie wieder, sagten, wir sollten mit ihnen hinunter kommen. Ich wurde bange; zwei Offiziere gingen voran, dann Preußer in der Mitte, der andere Offizier hinter ihm. Wie Preußer die Treppe soweit hinunter war, daß ich noch sein Schild am Bandelier sehen konnte, sagte er: ‚Heesch, komm.' Ich setzte die Hand aufs Geländer und sprang vom Schiff ins Boot zwischen alle Leute. Wir fuhren dem Strande zu; das Boot war überladen, so daß wir keinen festen Boden erreichen konnten; wir lagen auf Grund. Ich sagte zu dem Fischer, ich meine, er hieß Föh: ‚Steig heraus, Du hast lange Stiefel an, trage mich hinaus.' Er stellte sich ins Wasser und ich sprang ihm etwas zu hoch auf den Kopf; pardautz lagen wir beide im Wasser. Ich krabbelte mich heraus, war wohl 10 bis 12 Schritte vom Wasser, da flog ‚Christian VIII.' in die Luft. Ich fiel mit meinem nassen Zeug in den Sand, war aber nahe bei der Schanze; ich legte mich unter eine Kanone und konnte das schaurige Spiel übersehen, es war doch hübsch anzusehen. – Preußer fand ich gleich am andern Morgen, zerstückelt, nicht weit von der Schanze liegen."

Preußers Absichten waren auf die Inbesitznahme des Schiffes gerichtet. Denn nur widerwillig führte er Jungmanns Befehl aus, mit glühenden Kugeln zu schießen: „...die zünden das Pulver und bezwecken gar nichts."[40] Heesch wird mangels Uniformkenntnis Krieger für Paludan gehalten haben, der sich wohl gern den Artilleristen ergeben hätte, um nicht an der wohl schon verabredeten Sprengung des Linienschiffes teilnehmen zu müssen, die seine Kameraden Marstrand und Hohlenberg betrieben. Auch den angeblich auf der Südschanze stehenden und nach Warnschüssen auf die Gefion verlangenden Bataillonskommandeur Irminger wird Heesch verwechselt haben. Denn die zwei Warnschüsse nach der Gefion hatte seinem sehr zuverlässigen Bericht zufolge Lilienstein abgeben lassen. In Irmingers Bericht kommen sie nicht vor.

Abb. 77
„Treffen bei Eckernförde, am 5ten April 1849, Abends 7 Uhr (Uebergabe des dänischen Linienschiffes Christian VIII., 84 Kanonen und Fregatte Gefion 52 Kanonen)"
s. Nachsatz im Text, Lithographie nach einer Zeichnung von Georg v. Berg

Freilich reklamierte auch Jungmann, die Warnschüsse veranlasst zu haben. Doch kaum zu Recht; denn Heesch würde seinen eigenen Batteriechef wohl immer zweifelsfrei erkannt haben, der sich offenbar auch dazu nicht zur Südschanze begeben hatte. Den Anspruch, selbst die Warnschüsse auf „Gefion" veranlasst zu haben, erhob Jungmann in seiner 1852 erschienenen Schrift „Eckernförde und der 5. April 1849".[41] Dieses Büchlein war nach seiner Entlassung aus der schleswig-holsteinischen Armee im Februar 1851 in der Zeit zwischen Juni 1851 und März 1852 entstanden, und zwar auf Anraten Duckwitzs', des Handels- und Marineministers der „Centralgewalt", damit Jungmann der Bundesversammlung die Ereignisse des Tages von Eckernförde in Erinnerung zurückrufe und seinen Antrag auf Prisengelder, den er für die Eroberung der Gefion für sich und die 5. Festungsbatterie gestellt hatte, untermaure.[42]

Er müsse indes vermeiden, von „schleswig-holsteinischen Truppen" und von der „Reichsarmee" zu sprechen, sondern nur einfach sagen: „die fünfte Festungsbatterie", „die deutsche Armee", „für Deutschland erobert."

Wichtig sei, auf die Generale Bonin und Prittwitz Bezug zu nehmen. Es ist also denkbar, dass Jungmann bei Abfassung der seinen Anspruch auf Prisengelder stützen sollenden Schrift der Versuchung erlegen war, seinen Anteil am Erfolg des 5. April 1849 größer darzustellen, als er tatsächlich gewesen ist. Auf jeden Fall ist bei der Bewertung dieser Quelle zu berücksichtigen, dass Jungmann mit ihr einen in seiner Person liegenden Zweck verfolgte. Er wurde freilich nicht erreicht. Prisengelder für die Gefion hätten nur gezahlt werden müssen, wenn eine Schiffsbesatzung der Eroberer gewesen wäre.

Für die unterschiedlich beurteilte Situation am Südstrand bei der Südschanze nach der Kapitulation der beiden dänischen Segelkriegsschiffe gibt es einen bildlichen Beleg (Abb. 77).

Das zwischen dem 23. 4. und 5. 5. 1849 entstandene Bild[43] zeigt hinter der triumphierenden Offiziersgruppe um Herzog Ernst ein zum Linienschiff übersetzendes Boot mit drei schleswig-holsteinischen Artilleristen (mit Kugelspitze auf dem Helm). Fraglos sollen dies Preußer, Heesch und Wilkens sein. Und das Boot am weitesten rechts mit Danebrog bringt gleichzeitig Kommandant Paludan und seinen Adjutanten Wedel-Jarlsberg an Land. Zwar ist Georg v. Berg kein Augenzeuge gewesen; er erschien erst wenige Tage nach dem Gefecht in Eckernförde, doch muss er sich alles gründlich angesehen und Teilnehmer befragt haben. Denn auch die fünf übrigen Bilder, die er über den 5. April 1849 verfertigt hat, sind, wie das vorliegende, von großer Detailgenauigkeit.[44]

Der Herzog beschrieb diese Szene so:[45] „Als ich am Ufer ganz in der Nähe der Südbatterie anlangte, war eine nach Hunderten zählende Menge von jubelnden Menschen aus der Stadt und über die den Hafen umgebenden Höhen herbeigeströmt. Alles war so voll von Bewegung und tiefster Erregung des Gemüthes, daß es schwer war, besonnene und zweckmäßige Anordnungen zu treffen ... Im übrigen wußte Niemand recht, wessen Befehlen eigentlich zu gehorchen sei, und ... die Truppenkommandanten von Eckernförde machten allerlei Anordnungen bunt durcheinander.“

Den auf die Bedingungen des Landkrieges eingestellten militärischen Führern auf deutscher Seite kam es wohl in erster Linie auf die Gefangennahme der Besatzung, nicht so sehr auf die Inbesitznahme der Schiffe an. Dass dazu der Unteroffizier Preußer keinen Auftrag haben konnte, merkte man an Bord des Linienschiffes sehr bald. Hier fehlte Batteriechef Jungmann, auf den sich die an Heesch gerichtete Nachfrage bezog. Doch Jungmann hatte sich schon den ganzen Tag in Bezug auf die Südschanze auffallend zurückgehalten. Dass eben dort, wohin sich das Schwergewicht des Kampfes schon am Vormittag verlagert hatte, sein Platz gewesen wäre, wird ihm später selbst zu Bewusstsein gekommen sein. Denn seine von der stadt- und landesgeschichtlichen Überlieferung als verlässliches, über jeden Zweifel erhabenes Basismaterial genutzte Schrift, „Eckernförde und der 5. April 1849" hatte, wie schon gezeigt wurde, ihren Zweck in Jungmanns persönlichem materiellen Interesse und ist insofern auch eine Rechtfertigungsschrift gegenüber dem erwarteten oder empfangenen Vorwurf, während des ganzen Gefechtes in der Nordschanze verblieben zu sein. Dazu beteuert er zu Anfang mehrfach die Glaubwürdigkeit seiner Schrift. Bereits im Titel heißt es: „Aktenmäßig dargestellt", obwohl sein Bericht über weite Strecken sehr subjektiv gefärbt ist und sichtlich Eindruck machen soll. Seinem ehemaligen Chef in Konstantinopel, dem das Büchlein gewidmet ist, versicherte er:

„Was ich darüber in den nachfolgenden Blättern niedergelegt habe, ist von historischer Wahrheit. D i e D o k u m e n t e s i n d v o r h a n d e n, d i e Z e u g e n l e b e n ..." (Sperrung von Jungmann)

Die zentrale Aussage befindet sich auf Seite 7. Ihrer Bedeutung wegen ist sie unter Nummer 78 im Original abgebildet und bildet zugleich einen Teil des Textes:

Am 18. März, am Tage nach unserer Ankunft kam General v. Bonin zur Inspizirung nach Eckernförde. Ich hätte die Besatzung der Nordbatterie eben besichtigt und hielt mich zu gleichem Zweck in der Südbatterie auf, da traf die Meldung ein, der General wäre in der Nordbatterie und würde gleich hier sein. Bald darauf fuhr ein Wagen an das Thor der Südbatterie und der kommandirende General der Schleswig-Holsteinischen Armee stieg heraus, — ein kleiner lebhafter, freundlicher Mann mit blühendem Gesicht. Die große, stark-gebogene Nase gab dem letzteren den scharf ausgeprägten Ausdruck von Klugheit und Energie. Ein Adjudant, Lieutenant v. Treskow folgte.

Ich meldete das Einrücken der 5ten Festungsbatterie in Eckernförde. „Guten Morgen, lieber J." sagte der General; „im Fall eines Angriffs müssen Sie in der Nordbatterie sein". Dies waren seine ersten Worte. Dann wandte er sich an die Mannschaft „Guten Morgen lieben Leute"

Es ist kaum vorstellbar, dass Bonin mit seiner Äußerung Jungmann zwingend vorschreiben wollte, wo er sich bei gegnerischem Angriff innerhalb seines Verantwortungsbereiches aufzuhalten und auch zu bleiben habe. Immerhin war denkbar, dass die Nordbatterie, wie es die Dänen auch vorhatten, als erste gänzlich „zum Schweigen gebracht" würde. Sollte Jungmann auch dann dort ausharren oder, was militärisch geboten wäre, zur Weiterführung des Kampfes in die Südbatterie überwechseln? Wahrscheinlicher ist, dass Jungmann mit dieser wenig präzisen Meinungsäußerung Bonins sein Verhalten zu rechtfertigen suchte. Auffallend oft spricht er den „Befehl" noch an: „In Folge des Befehls von General Bonin, für den Fall eines Angriffs für meine Person in der Nordbatterie zu sein, quartierte ich mich noch am selben Tage in Borby ein."[46] „Die Tageszeit brachte ich abwechselnd in beiden Batterien, die Nacht in der Nordbatterie zu."[47] „Am Tage des Kampfes den 5. April durfte ich den ganzen Tag meinen Ehrenposten in der Nord-Batterie nicht verlassen."[48] Die Situation nach Ablehnung des freien Abzugs für die Dänen beschreibt er: „Hierauf verließen die drei oben genannten die Nordbatterie und kehrten nach der Stadt zurück. Ich verblieb auf meinem Posten in Erwartung des Resultats."[49] Die Angaben, in denen Jungmanns Darstellung von verlässlichen Augenzeugenberichten, wie eben auch bei dem dänischen Generalkriegsgerichtsurteil, abweicht, sind alle geeignet, sein Verbleiben in der Nordbatterie zu rechtfertigen oder wenigstens deren Kampfbeitrag zu vergrößern. So will Jungmann anstelle einer Beschießung durch die langsam vorbeisegelnden „Christian VIII." und „Gefion" in der Nordschanze erlebt haben:

- die Teilnahme der dänischen Korvette „Galathea" an der Beschießung der Nordbatterie, von wo sie sich „anscheinend stark beschädigt" zurückgezogen haben soll[50]
- die Teilnahme der beiden Raddampfer an der Beschießung der Nordbatterie in Linie mit den drei Segelschiffen

- die halbkreisförmige „Umzingelung" der Nordbatterie durch diese Armada aus einer festen Stellung („Aufstellung") heraus[51], womit der Anschein eines längeren Gefechtes mit der Nordbatterie erweckt wird
- frühe Bombentreffer der Nordbatterie auf Christian VIII., die einen unlöschbaren Brand verursachten, der dann die also letztlich von der Nordbatterie herbeigeführte Explosion des Linienschiffes bewirkt haben sollte. Zitate Jungmann:

> „Es mochte zwischen neun und zehn Uhr sein, als mir das Linienschiff zu brennen schien. Nach jeder Lage des Schiffs führte der Wind den b l a u e n Pulverdampf von ihm hinweg, aber dann blieb unausgesetzt ein g e l b l i - c h e r Rauch über dem Verdeck sichtbar. Ich machte den Hauptmann Irminger auf diese Erscheinung aufmerksam und er bestätigte meine Ansicht.*)
> *) Die gefangenen Matrosen sagten Abends aus, eine Bombe sei in die Taukammer gefallen und habe dort gezündet. Es wären Mannschaften zum Löschen des Feuers kommandirt worden."[52]

> „Zwischen 10 und 11 Uhr hatte, wie die gefangenen Offiziere am folgenden Tage aussagten, Christian VIII. durch die 84pfündigen Bomben bereits den Tod im Herzen, und die Schiffsmannschaft wurde zum Löschen des entstandenen Feuers kommandirt."[53] (Nur die Nordbatterie konnte diese Bomben verschießen.)

> „Wir haben heute Christian VIII. in die Luft gesprengt und Gefion erobert."[54]

Jungmanns Anspruch, durch Bombentreffer der Nordbatterie über einen unlöschbaren Brand die Explosion Christians VIII. herbeigeführt zu haben, ist von der schleswig-holsteinischen schriftlichen Überlieferung sozusagen dankbar aufgegriffen worden, wurde so doch ein uneingeschränkter Erfolg des Eckernförder Treffens darstellbar. Man brauchte sich nicht mit der Frage auseinander zu setzen, ob nicht die Inbesitznahme des keineswegs lichterloh brennenden Schiffes durch eine durch Besatzungsmitglieder vorgenommene Sprengung des Schiffes verhindert wurde. Selbst Jungmann schrieb an anderer Stelle: „Das Schiff Christian ist verloren gegangen durch diese Abwesenheit oder dieses ganz kopflose Benehmen; es hätte gerettet werden können."[55]

Zwar richtete sich dieser Vorwurf gegen den Herzog, doch wenn das Schiff überhaupt hätte gerettet werden können, dann wohl doch auch durch einen zur Ausübung der Kommandogewalt in der Südschanze berechtigten Jungmann.

Preußer sprang für ihn ein, um das Schiff in Besitz zu nehmen. Seine Absicht wird belegt sowohl durch seine Äußerungen gegenüber Heesch: „Wir haben es erobert, wollen's auch behalten, willst Du mit, so wollen wir an Bord."[56], als auch durch Liliensteins Bericht: „Nachdem wir nun verabredet, dass ich mit meiner Mannschaft den Transport der Gefangenen übernehmen, Preußer selbst aber Besitz von Christian nehmen und die Ausschiffung von dort aus leiten wolle ..."[57]

Preußers Bemerkung an Bord: „...wir wollen nur retten, was zu retten ist"[58], bezog sich also auf das Schiff, nicht etwa auf die Besatzung. Preußer verstand sein Handeln ganz und gar militärisch. Es war auf Inbesitznahme des Schiffes und Gefangennahme der Besatzung gerichtet. Für Lorenz (von) Steins humanistische Verklärung von Preußers Handeln: „Nachdem er den stolzen Feind besiegt, eilte er, der Erste, um die Überwundenen zu retten"[59], gibt es keinen Beleg. Sie ist auch nicht aus den Umständen zu folgern. Die im Zeitpunkt der Kapitulation vorhandenen Brandherde konnten gelöscht werden oder waren nach Aussage des I. Offiziers Krieger zu löschen. Für die Überlebenden bestand zunächst keine Gefahr. Stein kam übrigens erst am 6. April aus Kiel nach Eckernförde.

Dass Preußer an Bord dem Kriegsrecht zuwider verhaftet wurde, was sich nicht nur aus Heeschs Aussage ergibt, sondern auch dadurch bestätigt wird, dass ihn Lilienstein in den zwei Stunden bis zur Explosion nicht mehr zu Gesicht bekommen hat, macht nur Sinn, wenn er an der Inbesitznahme des Schiffes gehindert werden sollte, um dieses nicht in die Hände der „Aufrührer" fallen zu lassen. Die an Bord gebliebenen Offiziere wollten das Schiff nicht übergeben, sondern zerstören. Dafür gab es nur einen Weg; die Herbeiführung der Explosion. Sehr aufschlussreich ist dazu Liliensteins Bericht über die letzte Viertelstunde vor der Explosion: Einen „feindlichen Offizier", es war Wedel-Jarlsberg, der noch einmal an Bord zurückkehren wollte, wies er auf die (offenbar nicht offensichtliche) Gefahr hin, dass „allgemein gesagt werde, es sei Feuer im Schiffe." „Höchstens zehn Minuten" später ersuchte „ein sich als erfahrener Seemann mir vorstellender Schiffer mich dringend ... doch sogleich Befehl zu geben, dass meine Leute zurückgingen, indem jetzt jeden Augenblick die Explosion des „Christian" erfolgen werde. Auf mein Erwidern, dass schon vor zwei Stunden von einer Explosion die Rede gewesen sei und wie er wissen könne, dass solche nunmehr erfolgen werde, auch seien ja Preußer und viele Verwundete noch an Bord, die nothwendig erst herab sein müßten, ehe ich mich entfernen könne, entgegnete er so ängstlich als dringend, ich solle ihm doch als erfahrenem Seemann Glauben schenken, da das Schiff bereits in einer Rauchwolke total verhüllt sei, erfolge gewiß augenblicklich auch die Explosion ..." Tatsächlich, kurz danach „es mochte 9 Uhr sein, wurde der ganze Strand erhellt ..."[60]

Wie sie als unbeteiligte Augenzeugin dieses Ereignis auf dem Rückweg von Eckernförde nach Altenhof erlebt hatte, schrieb Gräfin Reventlow ihrer Schwester in Berlin: „So verließen wir das von Menschen wogende Städtchen. Es war Nacht geworden, aber klar und mondhell. Gespensterhaft lagen beide Schiffe da, der ‚Christian VIII.', wie es schien, völlig verlassen und tot und dem Ufer so nahe wie ein Gebirge vor uns. Gerade da, wo der Weg nach ‚Windeby' von der Chaussee abgeht, kehrte er dem Strande seine lange Seite zu, so nahe, als läge er bei dem auffallend niedrigen Wasserstand halb auf dem Trockenen und deshalb auch sein Oberleib so riesig groß und hoch. Da kam es mir plötzlich so vor, als umgebe ein leiser Nebel das Schiff, und während ich noch beobachtete, ob dieser sich aus einer bestimmten Stelle entwickelte und eben sagte: ‚Das Schiff raucht schon!' – sah ich eine kleine züngelnde Flamme und Carl (Carl Steffen, Kutscher) rief aus: ‚Es brennt!' In demselben Moment dröhnte die Erde von furchtbarem Knall ..."[61]

Man wird es als erwiesen ansehen können, dass das Linienschiff vor der Explosion nicht gebrannt hat, jedenfalls nicht so, dass dieser Brand die Explosion herbeiführen musste. Menschen an Bord müssen dabei durch bewusstes Tun oder Unterlassen mitgewirkt haben.

In seiner „Beschreibung der Bergung des Wracks vom Linienschiff Christian VIII." schreibt der diese ausführende Wasserbau-Inspector Gullann: „Brandspuren von irgendeiner Erheblichkeit waren in den großen zusammenhängenden Teilen des Wracks, die später ans Land geschafft wurden, nicht zu finden."[62] Große Mengen an brennbarem Material (Tauwerk, Blöcke, Segeltuch) wurden geborgen.[63] Gullanns Vorgesetzter, der Wasserbaudirektor Hübbe in Hamburg, kommentierte Gullanns Bericht gegenüber dem Herausgeber des „Journal für die Baukunst", in dem dieser

Bericht 1850 erschien, wie folgt: „Geht hieraus, wie mir scheint, hervor, dass gleichzeitige Explosionen an zwei voneinander sehr entfernten Punkten des Schiffs stattfanden, so dürfte dies nur auf zweierlei Art zu erklären sein, nemlich entweder durch einen sehr ausgedehnten Brand im Schiffe, der zufällig beide Pulvervorräthe in demselben Moment erreichte, oder durch absichtliches Sprengen des Linienschiffs. Für die letztere Vermuthung spricht der in der Abhandlung bemerkte Umstand, dass an den Überresten des Schiffes kaum einige Brandspuren gefunden worden sind."[64]

Zum Zeitpunkt der Explosion befanden sich an Bord des Linienschiffes noch 85 lebende Besatzungsmitglieder und Preußer. Die Explosion tötete auch den Eckernförder Fischer Wilhelm Georg Andreas Föh, der sich mit seinem Boot in unmittelbarer Nähe des Schiffes befand. Durch umherfliegende Trümmer wurde der schon am Strand angelangte zweite Arzt des Schiffes, Rasmus Schmidt, erschlagen. Das gleiche Schicksal erlitt ein Soldat der Infanteriebedeckung der Südschanze, der Musketier Joh. Nicol. Brinkmann aus Lunden. An Bord getötet wurden auch alle 25 Schwerverwundeten aus dem Gefecht mit dem bei ihnen als einzigem Arzt verbliebenen Unterarzt Carl Ludwig Theodor Ibsen, 24-jähriger Kandidat der Medizin aus Kopenhagen, der sich freiwillig zum Dienst an Bord gemeldet hatte.

Zu den durch die Explosion Umgekommenen gehörten schließlich die drei ranghöchsten Offiziere nach dem Kommandanten, die Kapitänleutnante Christian Krieger und Oswald Julius Marstrand und der Hauptmann der Marineinfanterie Carl Johan Christian Hohlenberg, dazu noch der 15-jährige Seekadett Hendrik Gerhard Lind Braëm. Im Gewahrsam der drei Letztgenannten wird sich der aus Rendsburg stammende Unteroffizier Preußer befunden haben. Wegen seiner Tapferkeit als Kommandant der Südschanze wurde er nach seinem Tode zum Leutnant befördert.

Auch für den Zeitpunkt 9 Uhr einer bewusst herbeigeführten Explosion gibt es eine plausible Erklärung: Nur kurze Zeit vorher waren auf Liliensteins Veranlassung scharfe Schüsse auf die Gefion abgefeuert worden. Die Offiziere an Bord von Christian VIII. mussten befürchten, dass nun auch energischere gegnerische Maßnahmen bevorstanden, um sich in den definitiven Besitz ihres Schiffes zu setzen. Sie mussten also ohne Rücksicht auf die noch an Bord befindlichen Besatzungsangehörigen handeln. Es liegt in der Natur der Sache, dass sich die dramatische Konstellation, die sich zwischen den dänischen Offizieren und Preußer ergeben haben muss, nicht mit letzter Schlüssigkeit beweisen lässt. Das gilt aber erst recht für die herkömmliche Annahme, die Besatzung des Linienschiffes sei in den zwei Stunden nach Ende des Gefechtes mit dem Feuer, das keinesfalls sehr umfangreich gewesen sein kann, nicht fertig geworden, wenn sie es denn gewollt hätte. Schon gar nicht könnte dies für einen Brand gelten, der schon elf Stunden vorher durch Bomben der Nordschanze hervorgerufen worden sein soll. Zu bedenken ist hierbei, dass ein gefechtsklares hölzernes Segelkriegsschiff auf kaum etwas technisch und organisatorisch besser vorbereitet war als auf seinen schlimmsten Feind, das Feuer.

Bei dieser Sachlage macht es durchaus Sinn, sich die an Bord gebliebenen Offiziere unter dem Kriterium vor Augen zu führen, ob sie nach ihrem Lebens- und Charakterbild und dem gesellschaftlichen Rang und Anspruch ihrer Familien für diesen Opfergang in Betracht kommen, wie es Bjerre für Marstrand getan hat.[65] Dabei ist freilich der Ranghöchste unter ihnen, der I. Offizier (Nächstkommandierende) des Schiffes, Kapitänleutnant Christian Krieger, die schwierigste Persönlichkeit. Mit dem Bild seiner Frau unter dem Arm lief er etwas unschlüssig an Oberdeck herum[66] und hätte sich wohl gern entwaffnen und gefangen nehmen lassen. Doch standen ihm dabei besonders hohe familiäre Pflichten und Ansprüche im Wege. Sein Vater war als Konteradmiral in den erblichen Adelsstand erhoben worden. Ein älterer Bruder war als Kapitän zur See später Mitglied des Generalkriegsgerichtes über die Eckernförde-Expedition und wurde auch noch Admiral. Christian Kriegers Schwiegervater war Generalleutnant.[67]

Oswald Julius Marstrand entstammte ebenfalls einer angesehenen, ein großes Haus führenden Kopenhagener Familie. Sein Vater war Kommerzienrat und wegen seiner erfolgreichen Erfindungen zum königlichen „Mekanikus" ernannt worden. Oswald Marstrand war aus Begeisterung für die Marine und ihre Geschichte Seeoffizier geworden, wobei sein besonderes Interesse der Navigation und der Mathematik galt. Eine wissenschaftlich fundierte Lehrtätigkeit übte er nicht nur an der Seekadettenakademie aus, sondern wirkte auch an der Errichtung der preußischen Navigationsanstalt in Danzig mit. Er schrieb ein Lehrbuch für Navigation und viele einschlägige Aufsätze, bemühte sich aber immer wieder um Bordkommandos, um in der Praxis auf dem Laufenden zu bleiben. So wurde er 1849 auf das Linienschiff Christian VIII. kommandiert. Kurz darauf ernannte ihn der Marineminister zum Navigationsdirektor für Dänemark. Dazu hätte er den aktiven Dienst in der Marine als „charakterisierter" Kapitänleutnant verlassen müssen. Wegen des Krieges entschied er sich dafür, im Dienst zu bleiben und nahm die frei gewordene Stelle eines „Drittkommandierenden" auf Christian VIII. an.

Sein Bruder Wilhelm Marstrand, berühmter dänischer Porträtmaler, verfertigte zwei posthume Porträts seines Bruders, die vom Nationalhistorischen Museum in Frederiksborg aufbewahrt werden.[68]

Mit an Bord geblieben war auch der Hauptmann der Marineinfanterie Carl Johan Christian Hohlenberg. Auch er war Sohn eines Seeoffiziers. Da der Vater früh verstarb, nahm sich dessen Kamerad, der spätere (Voll-)Admiral Baron Hans Holsten (1758–1849) Hohlenbergs als Pflegesohn an.[69] Holsten war von 1833 bis 1848 erster Mann der dänischen Marine, deren Wiederaufbau nach den napoleonischen Kriegen und dem Verlust Norwegens wesentlich von ihm geleitet wurde. Er starb 90-jährig nach Empfang der Nachricht vom Tode Hohlenbergs am 13. April 1849.[70]

Diesen Offizieren ist es durchaus zuzutrauen, dass sie sich für Dänemark, aber auch für die eigene Ehre und die ihrer Familien aufgeopfert haben, sodass es im Buch des Kopenhagener Zeughauses über den „Dreijahreskrieg 1848-49-50" zu Recht heißen kann: „...Linieskibet blev sprengt i Luften af sine Officerer, för at det ikke ogsaa skulde falde i Fjendens Hænder."[71]

Alle drei Offiziere wurden auf dem Mühlenbergfriedhof beigesetzt; Kriegers und Hohlenbergs Leichen indes später nach Kopenhagen auf den Holmenfriedhof überführt.

Bevor die Explosion Christians VIII. 89 Menschen in den Tod riss, hatten bereits 45 Soldaten und Seeleute ihr Leben im Gefecht verloren. Der erste deutsche Tote war der schleswig-holsteinische Kanonier Ingwer Andresen aus Tönning in der Nordschanze, der zweite der thüringische (reußische) Musketier Heinrich Gottfried August Unger aus Harra im Bataillon Reuß. Seine Vornamen waren in Eckernförde bisher unbekannt. Bei seiner Geburtseintragung vom 5.7.1826 im Kirchenbuch von Harra ist vermerkt: „Geblieben bei Eckernförde 1849."[72] Die Kürze der Eintragung lässt erkennen, wie weit bekannt Ereignis und Ort damals waren.

Außer den zwei deutschen Soldaten fanden im Gefecht 38 Seeleute und Soldaten (Marineinfanteristen) der Gefion und fünf Besatzungsangehörige Christians VIII. den Tod. Fünf Verwundete der Gefion erlagen später ihren Verletzungen.

936 gefangene Dänen waren nach Rendsburg in die Festung zu geleiten, und die wichtigste Kriegsbeute, die vor (Warp-)Anker liegende, nur bedingt seeklare Gefion musste im Hafen vor dänischen Rückeroberungsversuchen in Sicherheit gebracht werden. Dies seemännische Meisterstück vollbrachte nachts um 1 Uhr der Schleswiger Handelsschiffskapitän Heinrich Bartelsen mit einem Kommando von 24 Seeleuten aus Schleswig, Kappeln und Arnis. Bartelsen legte die Gefion mit dem Heck an die Schiffbrücke. Unter dem Namen „Eckernförde" wurde die Fregatte am 6. 4. 1849 in die Reichsflotte eingereiht. Weitere Einzelheiten über das Schicksal des Schiffes sind dem Aufsatz „ „Die werthvollste Trophäe'. Die Geschichte der Segelfregatte ‚Gefion' und ihrer Galionsfigur mit einer seekriegsgeschichtlichen Würdigung des 5. April 1849"[73] zu entnehmen.

Eduard Jungmann wurde zum Major befördert und zum „Kommandanten von Eckernförde und der Verteidigungsanlagen des Hafens" ernannt. Der Herzog verlieh ihm das „Komthurkreuz des Ernestinischen Hausordens". Die Verteidigungsanlagen des Hafens wurden um eine weitere Schanze zwischen Stadt und Südschanze und durch eine Verstärkung der Armierung der Nordschanze auf zehn Geschütze erweitert, die beiden Südschanzen durch einen Schutzgraben verbunden.

Auch die in „Eckernförde" umbenannte Gefion sollte zunächst als schwimmende Batterie in die Seeverteidigung der Stadt einbezogen werden. Daher war für den Abtransport der nach Abmarsch der Gefangenen noch an Bord befindlichen Opfer des Schlachttages Eile geboten. Den Eckernfördern bot sich ein schreckliches Bild. Auf dem mit blutigen Spuren der Verletzungen und Verstümmelungen übersäten Schiff befanden sich 38 Tote und 30 Schwerverwundete. Die Verwundeten wurden ins Krankenhaus gebracht, die Toten in und an das Leichenhaus auf dem Mühlenbergfriedhof gelegt. Neben dem Leichenhaus wurde ein Gemeinschaftsgrab angelegt. Dem Grabbuch zufolge wurden dort am Ostersonntag, dem 8. April 1849, beigesetzt:

„Theodor v. Preußer aus Rendsburg, früher Landcadett-Artillerist,
Ingwer Andresen aus Tönning,
Joh. Nic. Brinkmann, Lunden,
Unger – angebl. aus Harre, (wie wir heute wissen: Heinrich Gottfried August Unger aus Harra),
Marstrand, Kapitainlieut. der dänischen Marine,
Rasmus Schmidt, Arzt auf Chr. VIII.
und 42 dänische Marinesoldaten und Matrosen."

Außer den Toten der „Gefion" waren unter den Beerdigten auch schon einige der Toten des Linienschiffes. Die Überreste Christians VIII. und seiner Besatzung waren auf dem ganzen Strand südlich der Stadt bis Schnellmark verteilt. Viele der Toten des Linienschiffes konnten erst später begraben werden, da sie erst allmählich von der See freigegeben wurden. Der letzte Tote des Linienschiffes wurde am 15. September 1849 zusammen mit dem Wrack geborgen.[74] Weitere Einzelheiten können dem Beitrag „Den Toten des Tages von Eckernförde" auf einer Sonderseite der „Eckernförder Zeitung" zum Totensonntag 1987[75] entnommen werden.

Zum feierlichen Begräbnis am Ostersonntag 1849 waren die auf deutscher Seite beteiligten Truppenverbände mit ihrer „Generalität" auf dem von Menschen gefüllten Friedhof angetreten. Die sechs im Grabbuch namentlich genannten Toten wurden in Särgen beigesetzt, wobei Preußers später „abgesondert eingesenkte(r)" Sarg mit Offizierssäbel und -portepee „dekorirt" und mit Blumen „reich umwunden" war. Die übrigen, „Freunde und Feinde", wurden alle, die nicht namentlich genannten in Hängematten und Segeltuch gewickelt, in der gemeinsamen Gruft unter Trommelwirbel und drei Ehrensalven beigesetzt. Die Grabrede hielt einer der beiden Eckernförder Prediger. Die Trauermusik spielte eine sächsische Militärkapelle.[76]

Die vollständige Niederlage des dänischen Flottenverbandes hatte auf Sieger und Besiegte eine große moralische Wirkung. Der dänische Kriegsminister befahl den Rückzug der dänischen Truppen vom schleswigschen Festland nach Alsen und Kolding. Nur bei Düppel im Sundewitt blieb noch ein dänischer Brückenkopf bestehen. In einem wahren Sturmlauf setzte dagegen die schleswig-holsteinische Armee nach Norden nach und eroberte Kolding, das dann auch siegreich verteidigt wurde. Sachsen, Bayern und Hessen von der Reichsarmee erstürmten die Düppeler Schanzen.

Weil aber Jungmann seinen Bericht über den „Tag von Eckernförde" mit dem unangemessen tief stapelnden Untertitel „Eine artilleristische Episode aus dem Deutsch-Dänischen Kriege" versah, gehört es in Eckernförde zum guten Ton, bei jeder Erwähnung des Schlachttages eilfertig zu versichern, wie bedeutungs- und folgenlos doch dieses Ereignis gewesen sei.[77] Natürlich ist es eine Binsenweisheit, dass eine gewonnene Schlacht für den Ausgang eines verlorenen Krieges letztlich nichts gebracht haben konnte. Doch werden dabei leicht die Fernwirkungen übersehen. Kein Ereignis der schleswig-holsteinischen „Erhebung" von 1848 bis 1851 hat den Schleswig-Holsteinern so große Sympathien im übrigen deutschen Volke und in Europa so viel Respekt eingetragen. Ohne die von Eckernförde ausgehende Popularisierung der Schleswig-Holstein-Frage wäre Österreich 1864 wohl kaum an die Seite Preußens im Kampf gegen Dänemark zu bringen gewesen, was des Letzteren europäische Isolierung erleichterte. Und dass in diesem 2. schleswigschen Kriege die dänische Marine bei der Unterstützung des dänischen Heeres in den Abwehrkämpfen bei Düppel und am Alsensund versagte, hat mit dem Respekt zu tun, den ihr schleswig-holsteinische Landartilleristen bei Eckernförde eingeflößt hatten[78] Auch die Forderung, ja das Verlangen nach einer deutschen Flotte als Triebfeder des deutschen Einigungsstrebens ist durch den Sieg über den dänischen Flottenverband gestärkt worden. Eckernförde war damals in aller Deutschen Munde; dafür sprechen noch heute ein „Eckernförder Platz" in Berlin und Eckernförder Straßen in Bremen, Frankfurt am Main, Köln, Magdeburg, Nürnberg, Wiesbaden und Wuppertal, von den vielen dem Ereignis geltende Gedenkbenennungen in Hamburg und Schleswig-Holstein ganz abgesehen. Für wie wichtig der Sieg bei Eckernförde noch fast ein halbes Jahrhundert nach dem Ereignis angesehen wurde, lässt das 1896 errichtete Denkmal für Kaiser Wilhelm I. im Kieler Schlossgarten erkennen. Den Sockel zieren zwei Bronzereliefs mit für Schleswig-Holstein doch wohl für bedeutend gehaltenen Ereignissen: Die Grundsteinlegung für den Nord-Ostsee-Kanal und die Schlacht bei Eckernförde.[79]

Dass in Eckernförde viele Straßennamen an das bedeutendste Ereignis der Stadtgeschichte erinnern, ist verständlich: neben Clairmont-, Gefion-, Gothaer-, Heesch-, Meininger-, Nassauer-, Preußer-, Reuß- und Siemensstraße gibt es auch ein Jungmannufer. Es fehlt freilich eine Coburger Straße. Dabei bestand das beteiligte Bataillon „Gotha" (auch „Coburg-Gotha") auch aus Coburgern. Aber es war ja schleswig-holsteinischen Geschichtsschreibern im Verein mit Jungmanns Sohn Ernst gelungen, des letzteren Paten, den Herzog Ernst II. von Sachsen-Coburg und Gotha, wegen eines ruhmredigen Briefes, den der siegesberauschte 31-jährige Fürst seinem Bruder, dem britischen Prinzgemahl, am Tage nach der Schlacht geschrieben und den er in seinen Memoiren aus dokumentarischen Gründen veröffentlicht hatte, so zu diffamieren[80], dass darüber, um mit Detlev von Liliencron zu reden, hierzulande fast vergessen wurde, „daß Herzog Ernst von allen deutschen Fürsten das wärmste Gefühl für das Schicksal der Bewohner hatte. Was aber die Hauptsache ist, er begnügte sich nicht nur für Schleswig-Holstein zu fühlen. Zahlreiche Familien fanden nach ihrer Vertreibung ins Exil in den Landen des edeln Fürsten ihre zweite Heimath. Selbst unser Herzog, Friedrich VIII., als ihm der Aufenthalt in dem Heimathlande versagt blieb, genoß mit seiner Familie am Hofe des Herzogs von Gotha die weitestgehende Gastfreundschaft".[81]

Auch war der Herzog der einzige regierende Fürst, der für Schleswig-Holstein ins Feld gezogen war und sein Leben riskiert hatte. Vier in Eckernförde durch Straßennamen geehrten Männern (Clairmont, Heesch, Jungmann, Samwer) hat er in schlimmer Zeit tatkräftige Hilfe geleistet. Verwiesen sei in diesem Zusammenhang auf den Aufsatz: „Herzog Ernst II. von Sachsen-Coburg und Gotha und das Gefecht von Eckernförde 1849."[82]

Unter den schleswig-holsteinischen Kämpfern vom 5. 4. 1849 war kein Eckernförder. Doch haben die Eckernförder vor allem die Artilleristen in den Schanzen durch Lebensmittel, Erfrischungen und medizinische Hilfe wirksam unterstützt. Dass indes auch Eckernförder die schleswig-holsteinische Erhebung aktiv mitgetragen haben, bezeugt eine Gedenktafel in St. Nicolai, auf der 1865 die neun Mitbürger verzeichnet wurden, die 1848–1850 im Kampf gegen Dänemark gefallen sind:

A. Ulrich, W. Burghoff, H. Grewe, C. Rohweder, J. Bulde, H. E. Eggers, C. Hundert, F. A. Wernich, F. J. B. Kleeflugel.

Und zum Eckernförder Kampfgenossenverein, der am 12. 7. 1864 gegründet wurde, gehörten 108 ehemalige Angehörige der Schleswig-Holsteinischen Armee.[83]

Eckernfördes Leben wurde in den folgenden Monaten von der Bergung des Wracks von Christian VIII. bestimmt. Es hatte nicht verhindert werden können, „dass in den ersten Tagen eine Menge werthvoller Gegenstände weggeschleppt und auf die Seite geschafft wurden".[84] Doch nachdem eine Bergungskommission in Aktion getreten war, wurde das Wrack und der angrenzende Strand mit Wachen umstellt und die Bergung der vielfältigen Gegenstände „zuverlässigen" Leuten anvertraut. Unter ihnen waren die Eigner von zwei kleinen Ostseejachten, Olden und Hinrichsen, deren Schiffe zu den wenigen Fahrzeugen gehörten, die sich im seeblockierten Eckernförder Hafen befanden. Sie brachten im Laufe der beiden nächsten Monate eine Menge der verschiedensten über und unter Wasser befindlichen Dinge in Sicherheit. Gegen Ende Mai waren die Arbeiten so weit fortgeschritten, dass nicht nur Anker, Ketten und 26 Kanonen, sondern auch alle hervorragenden Teile, wie Masten, Rahen, Spieren, lose Holztrümmer, Segel und Taue geborgen werden konnten und „nur noch die festen, zusammenhängenden Teile des Wracks mit den darin befindlichen Kanonen und sonstigen schweren Sachen übrig waren".[85] Eine Kommission, die aus dem die fortifikatorischen Arbeiten zur weiteren seeseitigen Befestigung von Stadt und Hafen leitenden Deichinspektor Christensen und dem rührigen Senator Lange bestand, wandte sich an die Hamburgische Schiffahrt- und Hafendeputation, mit der Bitte, ihr schweres Bergungsgerät, einen aus Glocke und Prahm bestehenden Taucherapparat, für die eigentliche Bergung des Wracks zur Verfügung zu stellen. Diese war bereit; den von der Eckernförder Kommission ausgehandelten Vertrag ratifizierte der vom Reichsministerium mit der Bergung beauftragte Kommandant der im Hafen von Eckernförde liegenden Eckernförde alias Gefion, der Seekapitän Donner. Wegen der Seeblockade der deutschen Küsten konnten Prahm und Glocke nicht durchgehend zusammen auf dem Wasserweg nach Eckernförde gebracht werden. Die Glocke wurde auf dem Landweg bis zum Eckernförder Hafen gebracht; der wesentlich schwerere Prahm konnte zwar auf einem binnenländischen Wasserweg auf der Elbe bis Neufeld, von dort über die Dithmarscher Watten zur Eider bis nach Rendsburg und dort weiter über den Kanal bis Levensau gebracht werden. Doch dann musste das letzte Stück des Weges auf der neu erbauten Chaussee nach Eckernförde im Überlandtransport bewältigt werden. Das größte Problem war dabei, den 35 Tonnen schweren und fast 6 Meter breiten Prahm durch die engen Straßen der Stadt Eckernförde zum Hafen zu bringen. So fassten auch die Stadtkollegien am 1. Juni 1849 den Beschluss, deswegen eine Deputation, bestehend aus dem Bürgermeister Langheim, dem Worthalter Martini und dem Stadtsekretär Bong-Schmidt, zu Kapitän Donner zu senden, um zu erreichen, dass der Transport des Prahms durch die Stadt unterbleibe oder die Stadt die Zusicherung erhalte, etwaige Schäden erstattet zu bekommen. Tatsächlich ist dann der Prahm im Bereich des Pflegehauses in einem schwierigen Manöver über den Strand zu Wasser gebracht und dann zum Hafen zur Taucherglocke bugsiert worden.[86] Dort wurde das aus dem Prahm, dem Hebegerüst für die Glocke und der Glocke bestehende Tauchergerät montiert, sodass am 9. Juni 1849 mit den Bergungsarbeiten begonnen werden konnte, die über drei Monate lang dauern sollten.

Am 18. Juni 1849 kam es in der Eckernförder Bucht vor der Nordschanze zu einem Zwischenfall, der besonderes historisches Interesse verdient. Das wohl erste schraubengetriebenen Kriegsschiff, das schleswig-holsteinische Schrauben-Dampfkanonenboot Von der Tann steuerte bei schlechter Sicht den Eckernförder Hafen an, ohne sich der Nordschanze zu erkennen zu geben. Diese gab ihrer Instruktion gemäß erst einen „blinden", dann einen scharfen Schuss ab. Das Kanonenboot lief daraufhin auf die Nordschanze zu, um sich zu legitimieren, gab dabei aber zwei scharfe Schüsse ab, um, wie später erklärt wurde, seine Geschützrohre vor dem Einlaufen zu entladen. Nur weil das Schiff von deren Kommandanten inzwischen erkannt wurde, kam es nicht zur Feuererwiderung durch die Nordschanze. Jungmann meldete den Vorfall an das Generalkommando der Schleswig-Holsteinischen Armee.[87]

Die Von der Tann geriet im Juli 1850 bei einem Gefecht mit den dänischen Schiffen Hekla und Valkyrien in der Lübecker Bucht auf Grund und wurde von der Besatzung zur Vermeidung der Übergabe in Brand gesetzt.

Die verfassungsrechtliche Neuordnung in Schleswig-Holstein führte in Eckernförde, angestoßen durch die neue „Städte-Ordnung", dazu, dass am 19. 6. 1849 im Zuge der Beratung eines Lokalstatuts zwischen den Deputierten und dem Magistrat eine Neuregelung der Bezüge der Magistratsmitglieder vereinbart wurde. Danach sollte ab 1. Juli 1849 gelten:

1. Alle bisher den Magistratsmitgliedern, auch in ihrer Eigenschaft als Polizeimeister, Stadtvogt oder Stadtsekretär aus öffentlichen Kassen zugeflossenen Einkünfte werden hinfällig.

2. Die ihnen aus Dienstländereien, Ratskeller- und Ratswaagerecht, Vermietung von Rathausräumen für öffentliche Lustbarkeiten und ähnlichem zugeflossenen Einnahmen werden zukünftig für die Stadtkasse erhoben.

3. Alle Befreiungen der Magistratsmitglieder von kommunalen Lasten, wie Einquartierungen, werden hinfällig.

4. Die Anteile der Magistratsmitglieder an der Dezimation (Erbschaftssteuer), den Brüchen-(Strafgeldern), Hausier- und Stäte-(Marktstands-)geldern verbleiben zukünftig der Stadtkasse.

5. Auch alle weiteren Gebühreneinnahmen der Magistratsmitglieder sind an die Stadtkasse abzuführen. Das gilt auch für die Einkünfte des Bürgermeisters als Amtspatron der Schlachter- und der Maurerzunft.

6. Auch die nachstehenden bisherigen Diensteinkünfte des Stadtsekretärs sind

künftig für die Stadtkasse zu vereinnahmen: die Anteile des Stadtsekretärs an den Einnahmen des Magistrats, wie bei Proclamen (Verlautbarungen), Dekreten, Zeugenvernehmungen, Eidesleistungen, Einbürgerungen, Magistratsattesten und die Einnahmen des Stadtsekretärs aus Gerichtshandlungen, wie Vormundschaftsangelegenheiten und Beschlagnahmen.

7. Dem Stadtsekretär verbleiben die Einkünfte aus einfachen und beglaubigten Abschriften, Auszügen aus Gerichtsakten und Stadtprotokollen, sowie alle dem Stadtsekretär als solchem als Auktionsverwalter, Führer des Schuld- und Pfandprotokolls und gewähltem Amtspatron verschiedener Zünfte zustehenden Einnahmen.

8. „Gegen Wegfall der vorgedachten bisherigen Diensteinnahmen beziehen die Mitglieder des Magistrats inskünftige nachfolgende feste jährliche Gehalte aus der Stadtkasse:

    1. der Bürgermeister, Polizeimeister und Stadtvogt 3.000 M Courant
    2. jeder der jetzigen drei sowie der gleichfalls nach dem Localstatut hinzukommende vierte Ratsverwandte 450 M
    3. der Stadtsekretär, abgesehen von seinem Gehalte als Rathsverwandter, 1.230 M Courant"

Damit hatte sich in Eckernförde eine kleine Revolution vollzogen. Die zum Teil Jahrhunderte alten Magistratseinkünfte und Vorrechte waren mit einem Schlage abgeschafft und durch eine moderne Regelung ersetzt worden. Sie wurde unterschrieben von den Magistratsmitgliedern Langheim (Bürgermeister, Polizeimeister und Stadtvogt), Bong-Schmidt (Ratsverwandter und Stadtsekretär) und den Ratsverwandten Pupke und H. D. Lange und den Deputierten Martini (Worthalter), Grühn, Struve, Rathgen, Timm, Beyreis, Schröder und Dammann.

An Stelle des ausscheidenden Deputierten Grühn trat am 1. Juli 1849 Jaeger, sodass die städtischen Kommissionen neu besetzt werden mussten:

Baukommission: Senator Lange und die Deputierten Rathgen und Beyreis, Ersatzmann Struve

Einquartierungskommission: Stadtsekretär Bong-Schmidt und Deputierte Schröder und Timm, Ersatzmann Martini

Kämmereikommission: Senator Pupke und Deputierte Dammann und Jaeger, Ersatzmann Struve

Außerdem wurde der Deputierte Jaeger an Stelle des ausscheidenden Grühn in die Kommission wegen Beibringung von Unterstützungen an die Frauen und Kinder der im Felde stehenden Soldaten gewählt.

5.3 Das Scheitern der Erhebung

Nach den siegreichen Kämpfen bei Kolding hatte die schleswig-holsteinische Armee Ende April 1849 einen Teil der dänischen Armee in dem zur Festung ausgebauten Brückenkopf von Fredericia eingeschlossen. Nur zögerlich folgte Anfang Mai die Reichsarmee mit ihren preußischen, bayerischen und hessischen Kontingenten den übrigen nach Jütland zurückweichenden dänischen Truppen nach. Der preußische Oberkommandierende v. Prittwitz vermied offenbar heftigere Kämpfe, um die Verhandlungen nicht zu stören, die Preußen auf russischen und britischen Druck für die deutsche Seite mit Dänemark aufgenommen hatte. Die dänische Seite nutzte die gegnerische Unschlüssigkeit, um ihre Truppen über See in Fredericia zu konzentrieren und auf einen massiven Ausfall vorzubereiten.

Obwohl die Waffenstillstandsverhandlungen in Berlin unmittelbar vor dem Abschluss standen, unternahmen die Dänen noch am 6. Juli 1849 mit etwa 20 000 Mann einen Ausfall, dem die Schleswig-Holsteiner ohne die Unterstützung der Reichsarmee trotz tapferer Gegenwehr nicht standhalten konnten. Ihre Belagerungsstellungen und das wertvolle Belagerungsgerät mussten sie den Dänen überlassen. Die Dänen hatten nun die ersehnte Revanche für Eckernförde und Kolding erhalten.

Am 10. Juli 1849 wurde in Berlin ein Waffenstillstand auf sechs Monate geschlossen, dessen schon einem Frieden vorgreifende Bedingungen vorsahen, dass

- das Herzogtum Schleswig der Statthalterschaft entzogen wurde und es dafür eine eigene englisch-preußisch-dänische „Landesverwaltung" erhielt, die im Namen des dänischen Königs regierte und in der der dänische Kommissar Tillisch bald die Oberhand gewann.
- alle schleswig-holsteinischen und alle nichtpreußischen Truppen der Reichsarmee das Herzogtum Schleswig verlassen mussten. Die nördliche Hälfte besetzten schwedische Truppen, die südliche Hälfte ein preußisches Armeekorps.
- Alsen und Arrö wie auch die friesischen Inseln weiter dänisch besetzt blieben.
- die in Jütland von deutscher Seite erhobenen Kontributionen erstattet werden mussten.

Einzige dänische Gegenleistung war die Aufhebung der Seeblockade, die den deutschen Küstenländern und Hafenstädten auch sehr zu schaffen gemacht hatte. Der einzige Versuch der jungen und unerfahrenen Reichsflotte unter Brommy, die dänische Blockade zu brechen, blieb am 4. Juni 1849 bei Helgoland erfolglos.

Eckernförde war nach dem 5. April 1849 in erhöhte Abwehrbereitschaft versetzt, die Küstenartilleriestellungen vergrößert und verstärkt worden. Aus der Reservebrigade der Reichsarmee wurde das württembergische Bataillon nach Eckernförde gelegt.[88]

Doch nach Abschluss des Waffenstillstandes bekamen alle in Eckernförde stationierten Truppen den Befehl, sich auf holsteinisches Gebiet zu begeben; so erging an Jungmann die Weisung, sich mit der 5. Festungsbatterie am 24. August nach Rendsburg zu begeben. Die Eckernförder Schanzen wurden von preußischer Artillerie besetzt.[89]

Über Jungmann ist dann erst wieder etwas aus den Disziplinarakten der schleswigholsteinischen Armee zu erfahren.[90] Als Kommandant von Neustadt (i. H.) erhielt er eine strenge Rüge vom Generalkommando in Kiel, weil er bei der Requisition eines bäuerlichen Fuhrwerks unrechtmäßig vorgegangen war. Das Generalkommando hatte seinen Sitz vom schleswigschen Gottorf ins holsteinische Kiel verlegen müssen.

Erste Einheit, die entsprechend den Waffenstillstandbedingungen nach Eckernförde gelegt wurde, war ein Bataillon des 12. preußischen Infanterieregimentes.[91]

Bereits im September 1849 bekamen die Eckernförder „Stadtkollegien"* Probleme mit der neuen „Landesverwaltung" über die Frage, wohin die der Landesregierung zustehenden Kontributionen zu zahlen seien (11. 9.) und welche Zahlungsmittel dafür gelten sollten (13. 9.).

---

* Im weiteren Verlauf des Textes werden Bezugnahmen auf die Stadtprotokolle (StP) durch deren Daten im Text und nur noch ausnahmsweise durch gesonderte Anmerkungen gekennzeichnet.

Die „Kassenscheine" der schleswig-holsteinischen Landesregierung (Anweisungen auf zukünftige Steuereinnahmen), mit denen die Rüstungsausgaben finanziert wurden und Steuerschulden bezahlt werden konnten, wollte die Landesverwaltung nicht mehr als Zahlungsmittel akzeptieren.

Als schließlich die neue Herrschaft auf Gottorf für das Herzogtum Schleswig mehrere nach dem 17. 3. 1848 erlassene Gesetze und Anordnungen, vor allem aber das „Staatsgrundgesetz" außer Kraft zu setzen beschloss (24. 9.), weigerte sich der Eckernförder Magistrat, nicht nur dies öffentlich bekannt zu machen, sondern gab mit den Deputierten eine öffentliche Erklärung ab, wonach zu einer solchen Außerkraftsetzung nicht einmal eine reguläre Regierung, geschweige denn die provisorische „Landesverwaltung" befugt sei (26. 9.). Das landesfremde Regiment drohte daraufhin den widerstrebenden Magistratsmitgliedern eine Einquartierung von je zehn Mann an, solange bis eine Publikation seiner „Bekanntmachung" nachgewiesen sei (4. 10.). Die Deputierten stellten sich geschlossen hinter den Magistrat, den sie aufforderten, trotz der angedrohten Exekution im Amt zu bleiben (7. 10.). 258 Eckernförder Bürger richteten eine Adresse an die Stadtkollegien, wonach sie sich mit deren Verhalten gegenüber der Landesverwaltung vollkommen einverstanden erklärten und dem Magistrat für die Verweigerung der Publikation der rechtswidrigen Anordnungen der Landesverwaltung ihre Anerkennung aussprachen (6. 10.).

In der Hoffnung, von dort Unterstützung zu erfahren, beschlossen die Stadtkollegien am 2. 11. 1849, mit den Herren Bong-Schmidt, Martini und Beyreis eine Deputation zur Landesversammlung nach Kiel zu senden. Man wollte gemeinsam mit anderen Deputationen für die Interessen des Herzogtums Schleswig eintreten. Die Eckernförder waren sich in ihren Bestrebungen so einig, dass sie darauf verzichten konnten, der Delegation besondere Instruktionen zu erteilen. Wie um ihrer Gesinnung noch ein deutliches Zeichen zu setzen, beschlossen die städtischen Gremien in derselben Sitzung, ein Gesuch an die „Centralgewalt" in Frankfurt zu richten, der Stadt als Andenken an den 5. April des Jahres einen Anker von dem Linienschiff Christian VIII. zu überlassen.

Der Reichsverweser entsprach dem Eckernförder Gesuch. Der Anker kam Anfang März 1850 gerade noch rechtzeitig, um für die am 20. 3. beschlossene Feier des ersten Jahrestages an der Kirche angebracht zu werden. Auch hiermit erwiesen sich die Eckernförder Bürger, wie sie Liliencron rühmt, „als die besten Patrioten des ganzen Landes".[92]

Die Vorbereitungen zur ersten Jahrestagsfeier wurden im März überschattet durch eine Meuterei auf der immer noch untätig im Hafen liegenden Fregatte Eckernförde. Dabei erschoss der I. Offizier des Schiffes, der Fähnrich Kinderling, vor der Waffenkammer den Matrosen „Joh. Heinr. Maas aus Kiel". Seinen Namen und die Todesursache meldet das Grabbuch von St. Nicolai unter Nr. 1471. Der Kommandant, der Leutnant zur See Poppe, war mit Kinderlings Vorgehen nicht einverstanden und forderte ihm die Waffe ab. Kinderling wandte sich daraufhin an den Befehlshaber der in der Stadt liegenden preußischen Truppen, der die Eckernförde gegen den Protest des Kommandanten kurzerhand besetzen und die preußische Flagge setzen ließ. Kommandant Poppe, der schon im Juni 1849 Nachfolger von Kapitän Donner geworden war, wurde durch den Oberleutnant zur See Thatcher ersetzt. Der Vorfall kündigte bereits an, dass Preußen von nun an nur noch eigene Interessen verfolgen würde. So wurde der 15. April 1850 zu einem schwarzen Tag für Schleswig-Holstein. Denn die preußische Regierung rief an diesem Tage diejenigen ihrer Offiziere zurück, welche bisher nur zur schleswig-holsteinischen Armee kommandiert waren, und ebenso diejenigen, „welche unter Vorbehalt des Rücktritts bis zum 1. Oktober d. J. hierher überwiesen waren".[93]

Es waren zwei Obersten, acht Majore, 15 Hauptleute und ein Rittmeister sowie fünf Premierleutnante, überwiegend höhere Offiziere aus Schlüsselpositionen. Vor allem aber gehörte der Oberkommandierende Generalleutnant v. Bonin selbst dazu, der dem Drängen der Statthalterschaft, den preußischen Dienst endgültig zugunsten der Herzogtümer zu verlassen, nicht nachgegeben hatte. So war bereits am 9. April 1850 mit dem ehemals preußischen General v. Willisen ein Nachfolger eingesetzt worden.

Am 2. Juli 1850 schloss Preußen im Namen des Deutschen Bundes Frieden mit Dänemark, um wieder freie Hand gegenüber dem von Russland unterstützten Österreich zu bekommen. Die Besatzungsmächte des Waffenstillstandes – Schweden und Preußen – räumten das Herzogtum Schleswig und gaben auch ihre ohnehin nur nominelle Mitwirkung in der schleswigschen „Landesverwaltung" auf. Dort herrschte nun uneingeschränkt als „außerordentlicher Regierungscommissair" Friedrich Ferdinand von Tillisch.

Ins umstrittene Herzogtum rückten dänische Truppen von Norden, schleswig-holsteinische von Süden her zum Entscheidungskampfe ein. Bei Idstedt stießen die beiden Armeen am 25. Juli 1850 aufeinander. 26 000 Schleswig-Holsteiner standen gegen 36 000 Dänen. Der lange hin und her wogende blutige Kampf endete mit einer entscheidenden Niederlage der Schleswig-Holsteiner, die sich auf Willisens Befehl zur Festung Rendsburg zurückzogen.

Auch Eckernförde wurde aufgegeben. Dort hatten freilich die Preußen am 13. Juli die Eckernförde vorsorglich von einem Detachement ihres Grenadier-Regiments Nr. 7 besetzen lassen, um die Fregatte vor dänischen Übergriffen zu bewahren. Wie berechtigt diese Sorge war, zeigte sich am 12. September 1850, als die Dänen das besetzte Eckernförde vorübergehend wieder räumen mussten: Sie setzten das Holzlager des Senators Lange, der inzwischen Jungmanns Schwager geworden war und Eckernförde verlassen hatte, in Brand, um die nahe gelegene Fregatte zu vernichten. Dies misslang; das Schiff wurde immerhin von mehreren Kugeln und Bomben der ablaufenden dänischen Kriegsschiffe getroffen.

5.4 Zwischen Idstedt und Düppel: Eckernfördes „Dänenzeit"[94]

Nach ihrem Sieg bei Idstedt zogen dänische Truppen schon in den letzten Julitagen 1850 in das geräumte Eckernförde ein. Ein Bataillon Infanterie unter dem Major v. Neergaard, der Stadtkommandant wurde, und 130 Mann Kavallerie mussten untergebracht und verpflegt werden. Aus den städtischen Kollegien hatten sich Senator Lange und Bürgerworthalter Martini, die sich politisch sehr exponiert hatten, wohl in Sicherheit gebracht. Denn an den protokollierten Sitzungen nahmen sie nicht mehr teil. Zur Verpflegung der Besatzung waren große Mengen an Speck, Gerstengrütze, Erbsen, Roggenbrot und Branntwein aufzubringen. Auch ganze Mittagessen waren zuzubereiten (29. 7.) und weit schlimmer noch, die Stadt musste 26 Dragonerpferde stellen (7. 8.). Natürlich waren den Dänen die Schanzen ein Dorn im Auge; die Stadt hatte Arbeiter zu ihrer Demolierung zu stellen. Auch wurde der Zahlungsmittelcharakter der schleswig-holsteinischen Kassenscheine bei der Stadtkasse stark eingeschränkt: In bares Geld durften sie nicht mehr gewechselt werden, zu entrichtende Abgaben konnten mit ihnen höchstens zu 20 % bezahlt werden. Auch musste der Magistrat seine Weigerung, Bekanntmachungen des „Außerordentlichen Regierungcommissairs" zu publizieren, aufgeben (1. 8.).

Am 7. August 1850 traf ein weiterer schwerer Schlag die schleswig-holsteinische

Sache. Das in Rendsburg auf einer Eiderinsel gelegene „Laboratorium", in dem Munition hergestellt wurde, flog in Folge eines Unfalls in die Luft. Die Explosionen töteten 110 Menschen und verursachten in der Stadt so große Schäden, dass dieses unglückliche Ereignis als „größte Katastrophe der Rendsburger Stadtgeschichte" gilt.[95]

Für Eckernförde begannen schwere Zeiten. Seit dem blutigen Zusammenstoß bei Idstedt beherrschte ein tiefer, feindseliger Hass das Verhältnis der einst unter einer gemeinsamen Krone lebenden Volksgruppen. Als am 17. 8. ein dänischer Dragoner, der im Stadtkrankenhaus seinen Verwundungen erlegen war, auf dem Mühlenbergfriedhof beerdigt werden sollte, verfügte Stadtkommandant v. Neergaard ausdrücklich, dass sein Landsmann mit den eben vorher beerdigten schleswig-holsteinischen Soldaten weder in einem und demselben Grabe, noch in unmittelbarer Nähe derselben zu beerdigen sei.[96]

Als dann nach der Niederlage der Schleswig-Holsteiner bei Missunde am 12. September 1850, nach der diese den ganzen Südosten des Herzogtums wieder räumten und die Dänen in der Gewissheit, nun Eckernförde nicht wieder so schnell hergeben zu müssen, am 13. 9. in die Stadt zurückkehrten, trumpften sie erst richtig auf. Tillisch setzte unter diesem Datum die 1848 von der „sogenannten provisorischen Regierung" bestätigte Wahl Hans Diedrich Langes zum Ratverwandten außer Kraft. Ferner ernannte der außerordentliche Regierungskommissar den Deputierten Timm zum kommissarischen Ratverwandten für den am 6.9. entlassenen Ratsherrn Bong-Schmidt, dessen Funktion als Stadtsekretär einstweilen vom Bürgermeister wahrzunehmen war. Schließlich wurde H. F. Gaehtje auf den frei gewordenen Ratsherrenstuhl von H. D. Lange gesetzt. Auch wurde der Magistrat ermächtigt, für den „auf Verfügung der Militärbehörde von hier entfernten deputierten Bürger Martini" und für den zum Ratsverwandten „instituierten" deputierten Bürger Timm geeignete Personen aus der Bürgerschaft zu Deputierten zu bestellen.[97]

Von den abgesetzten Mitgliedern der Stadtverwaltung hatten sich Lange und Martini schon früh in Sicherheit gebracht. Stadtsekretär Bong-Schmidt dagegen wird erst Anfang September erfahren haben, in Ungnade gefallen zu sein. Ausschlaggebend war wohl, dass Lange und Bong-Schmidt 1848 für die verfassunggebende Landesversammlung kandidiert hatten, wenn auch nicht gewählt wurden.[98]

Zwei Aktenstücke aus dem Eckernförder Kirchenarchiv veranschaulichen die in der Stadt herrschende politische Atmosphäre. Am 20. 9. 1850 erteilte der Bürgermeister dem Küster von St. Nicolai im Einvernehmen mit den Stadtkollegien den Befehl, die Kirche „so viel thunlich" verschlossen zu halten, damit etwa wieder eindringende schleswig-holsteinische Truppen die auf dem Kirchturm „aufgepflanzte" dänische Flagge nicht herunternehmen könnten. Dies dürfe im Übrigen nur geschehen, wenn die „im entscheidenden Augenblicke anwesenden Magistratsmitglieder" es schriftlich genehmigten. Und der Kommandant der vorübergehend in Eckernförde stationierten dänischen Fregatte „Thetis" hatte Anlass, am 25. 9. „Eckernfördes Geistlichkeit" daran zu erinnern, dass das Kirchenritual wieder wie „vor Ausbruch der Insurrektion" gelte, was vor allem das Fürbittengebet für den König und seine Familie betreffe.[99]

In diesen Tagen setzte die gut gerüstete, aber schlecht geführte schleswig-holsteinische Armee zu ihrer letzten Aktion an. Das nach Idstedt von dänischen Truppen besetzte und danach auch befestigte Friedrichstadt sollte zurückerobert werden. Nach tagelangem „Bombardement, dem fast drei Viertel der Stadt zum Opfer fielen"[100], sollte die Stadt am 4. 10. 1850 im Sturmangriff genommen werden, was wiederum blutig abgewiesen wurde.

Damit war die schleswig-holsteinische Erhebung auch militärisch gescheitert, politisch war sie es längst. Denn schon am 4. Juli 1850 hatten Russland, Großbritannien,

Frankreich und Schweden mit Dänemark den 1. Londoner Vertrag geschlossen, der die Unversehrtheit des dänisch dominierten Gesamtstaates bis zur Elbe garantierte, und dem Österreich unter dem Vorbehalt der Holstein betreffenden Rechte des Deutschen Bundes am 25. August beitrat. Preußen, das noch länger an seiner Führungsrolle in der deutschen Einigung festhielt, musste sich schließlich am 29. 11. 1850 in Olmütz dem von Russland massiv unterstützten Willen Österreichs zu einer erforderlichenfalls auch gewaltsamen Beendigung der schleswig-holsteinischen Erhebung beugen. Die von der einstigen „Heiligen Allianz", Österreich, Preußen und Russland geführte europäische Reaktion wollte in den schleswig-holsteinischen Bestrebungen nur noch das demokratisch-revolutionäre Element, nicht aber den Kampf um die Wiederherstellung angestammter Rechte sehen.

Als Österreich und Preußen eine Exekutionsarmee gegen Schleswig-Holstein zusammenzogen und im Namen des Deutschen Bundes die Einstellung der Feindseligkeiten verlangten, unterwarf sich die Landesversammlung am 11. Januar 1851 diesem Diktat. Die Statthalterschaft übergab die holsteinischen Regierungsgeschäfte den von Österreich und Preußen gestellten Bundeskommissaren; die Armee wurde bis zum 31. März 1851 aufgelöst.

Im Oktober hatte die Fregatte Eckernförde, alias Gefion, unter preußischer Besatzung und Flagge bereits Eckernförde verlassen und mit Travemünde einen neutralen Hafen angelaufen. Von dort ging die Fregatte mit nur noch seemännischer Besatzung, aber noch unter preußischer Flagge durch den Großen Belt zum Liegeplatz der deutschen Flotte nach Brake an der Weser.

Die letzte Gefechtsberührung im dreijährigen Erhebungskrieg fand knapp westlich Eckernfördes Ende Dezember 1850 bei Möhlhorst statt. Noch einmal gab es Tote und Verwundete.[101]

Nach dem Ende des Krieges war der bisherige außerordentliche Regierungskommissar v. Tillisch zum Minister für Schleswig ernannt worden. Unter ihm musste Eckernförde nun sehen, zu einem friedlichen Alltag zurückzufinden. Zwar waren die äußeren Zeichen des Krieges, die Fregatte Eckernförde und die Schanzen, verschwunden, doch mussten die politischen und materiellen Folgen der Erhebungszeit bewältigt werden. Da ist es erstaunlich, wie gut die Stadt doch mit den Kriegsfolgen fertig geworden zu sein scheint. Vergleicht man die von den Stadtkollegien erarbeiteten Listen, in denen das Erwerbseinkommen der „Nahrung treibenden" Bürger und Einwohner geschätzt wurde, um damit eine Berechnungsgrundlage für die proportionale Einkommensteuererhebung zu gewinnen[102], so ergibt sich das folgende Bild:

Geschätzt wurden für

Jahr	1848	1852
Veranlagte Personen	481	497
Schätzsumme	119 950 Rbt.	130 875 Rbt.
Durchschnittseinkommen	249 Rbt.	263 Rbt.

Es war also nicht nur die Zahl der zur Nahrungssteuer herangezogenen Personen gestiegen, was sich in einer Erhöhung der Summe der in der Stadt erwarteten Erwerbseinkünfte niederschlagen musste, sondern vor allem war das sich daraus ergebende durchschnittliche Schätzeinkommen pro Kopf der Erwerbsbevölkerung gewachsen; es hatte sich um fast 6 % erhöht. Da sich im Übrigen zwischen den beiden Referenzjahren nur sehr wenige Namen auf den Schätzlisten verändert hatten, ist anzunehmen, dass das

Name	1848				Verbleib zu Stadtkolleg. Name	1852			
	1. Quart.	2. Quart.	3. Quart.	4. Quart.		1. Quart.	2. Quart.	3. Quart.	4. Quart.
Stadtkollegien					Neu gebl./ ausgesch.				
Beyreis				30,0	gebl.				24,0
H. D. Lange	12,0				ausgesch.	–			
Timm	8,0				gebl.	10,0			
Rathgen			15,0		gebl.	18,0			
Struve		4,0			ausgesch.			–	
Grühn	6,0				ausgesch.	9,0			
H. F. Clausen	10,0				ausgesch.	→	16,0		
Martini	16,0				ausgesch.	14,0			
> 800 Großverd.	(Mehr als das Dreifache des Durchschnitts)								
J. H. Dehn	14,0					14,0			
Jöns	8,0					9,0			
Spethmann	15,0					12,0			
Dehn	8,0					9,0			
Mortensen	20,0					26,0			
Müller	9,0					10,0			
Krafft Lorenzen	14,0					14,0			
Christensen	8,0					10,0			
Gaehtje	23,0				neu	25,0			
Siebers		5,5			neu		8,0		
Rifferthal		18,0					18,0		
Schmidt		11,0					16,0		
H. C. Lange		30,0					25,0		
Jäger			9,0		neu			10,0	
Dammann				8,0	neu				10,0
Denhardt				10,0					10,0
Kr. Lorentzen				10,0					10,0
C. Hansen				8,0					10,0

Abb. 79
Entwicklung ausgewählter Individualeinkommen zwischen 1848 und 1852 (nach den
Schätzlisten für die Bemessung der Einkommensteuern)

Erwerbsleben während der Kriegsjahre einigermaßen ungestört weitergegangen war, wobei sich in diesem Falle wohl positiv auswirkte, dass die im Kriege besonders beeinträchtigte Schifffahrt in Eckernförde keine große Rolle mehr spielte. Die Landstadt Eckernförde wird davon profitiert haben, dass Kriegs- und Nachkriegszeit in eine Periode stark steigender Preise für landwirtschaftliche Produkte fielen.[103]

Auch darin hatte sich nichts geändert, dass vor wie nach dem Krieg die ehrenamtlichen Mitglieder des Magistrats und die Deputierten ganz überwiegend aus dem Kreise der Bestverdienenden stammten. Rechnet man diesem Kreise alle diejenigen zu, die mehr als das Dreifache des durchschnittlichen Erwerbseinkommens, also 800 Thaler und mehr jährlich verdienten, so gehörten etwa gut zwei Dutzend Eckernförder zu dieser Kategorie. Sie stellten in beiden Jahren jeweils sieben der neun ehrenamtlichen Mitglieder der Stadtkollegien (Abb. 79), nur dass sich aus den dargestellten politischen Gründen ein Wechsel der Personen in den Stadtkollegien ergeben hatte. Von den aus den Gremien ausgeschiedenen verschwanden nur zwei gänzlich: einer davon war der „Falke" des 5. April 1849, Senator Hans Dietrich Lange. Selbst der von der „Militärbehörde entfernte" ehemalige Deputierte Martini gehörte weiter zu den Bestverdienenden in der Stadt. Die Aufstellung der Schätzlisten nach Quartieren erlaubt auch eine entsprechende Differenzierung des Materials nach den in Eckernförde maßgeblichen Personen. Die ganz überwiegende Mehrzahl wohnte im feinen 1. Quartier (Noorseite rund um Rathaus und Kirche). Mit großem Abstand folgten das 4. Quartier (Landseite nach Kiel und Rendsburg) und dann das 2. Quartier (Hafenseite). Insoweit gänzlich unbedeutend schien das 3. Quartier (Seeseite) gewesen zu sein.

Dass Eckernfördes Entwicklungschancen günstig zu beurteilen seien, meinte wohl auch ein in Apenrade gebürtiger Schleswiger Buchdrucker, als er am 4. Januar 1852 die erste Nummer seiner „Eckernförder Zeitung" erscheinen ließ. Jacob Christian Schwensen war erst fünf Tage zuvor Eckernförder Bürger geworden und hatte das königliche Privileg erhalten, in der Stadt eine Druckerei zu betreiben und eine „politische Advertissementszeitung" herauszugeben. Von Anfang 1852 an erschien diese Zeitung nun regelmäßig zweimal wöchentlich.[104]

„Politisch" durfte sie sich freilich nicht zu viel anmerken lassen. Auch wenn Tillisch als Minister für Schleswig mit dem Jahreswechsel durch den milder gestimmten Anhänger des Gesamtstaates Moltke-Nütschau abgelöst wurde, so bereitete doch das besatzungshaft auf den deutsch gesinnten Schleswigern lastende dänische Regiment große Schwierigkeiten. So wurde von der Stadt Eckernförde verlangt, die zu Zeiten der „Provisorischen Regierung" nach Rendsburg abgeführten Steuern noch einmal an die Zentralkasse in Flensburg zu zahlen (13. 4.). Die der „Statthalterschaft" gewährten städtischen Kredite mussten von den Mitgliedern der Stadtkollegien zurückgezahlt werden, die diese Kredite bewilligt hatten.[105]

Mit dem 1. Februar 1852 war der dänisch-schleswig-holsteinische Gesamtstaat formell wiederhergestellt. Dabei hatte sich Dänemark Preußen und Österreich gegenüber verpflichtet, das Herzogtum Schleswig nicht in das Königreich zu inkorporieren und der deutschen Nationalität Gleichberechtigung neben der dänischen zu gewähren. Mit dem Londoner Protokoll vom 8. Mai 1852 erkannten die europäischen Großmächte Prinz Christian von Schleswig-Holstein-Sonderburg-Glücksburg als Thronfolger für Dänemark und auch für Schleswig-Holstein an, wobei sie sich über die agnatischen, auf männlicher Erbfolge beruhenden vorrangigen Rechte Herzog Christians von Schleswig-Holstein-Sonderburg-Augustenburg auf Thronfolge in den Herzogtümern hinwegsetzten.

Dass man dänischerseits die Rechte deutsch gesinnter Schleswiger, wie es die ganz überwiegende Mehrheit der Eckernförder waren, nach den Erfolgen auf dem Schlachtfeld und vor allem auf diplomatischer Bühne nicht sonderlich ernst zu nehmen gedachte, bekamen die Eckernförder weiter zu spüren. In den Tagen des Belagerungszustandes nach dem dänischen Einmarsch im Herzogtum Schleswig war auf der Schiffbrücke ein Flaggenmast errichtet worden, an dem der Platzkommandant den Danebrog setzen ließ. Diese Praxis sollte nun nach Auffassung des Generalkommandos (10. 3. 1852) „in den Städten im südlichen Schleswig" auch weiterhin gelten, die dergleichen Flaggen, wie jetzt Eckernförde, auf eigene Kosten zu unterhalten hätten. Einem erneuten Ansuchen der Platzkommandantur (16. 10.) nach Anschaffung einer dänischer Flagge wurde zwar stattgegeben, aber eine Verpflichtung bestritten. Denn der Belagerungszustand war am 17. 3. 1852 aufgehoben worden.

Bürgermeister Langheim, der ja immerhin am 5. April 1849 den Dänen mit die Stirn geboten hatte, war es durch geschicktes Lavieren gelungen, bis weit ins Jahr 1853 hinein im Amt zu bleiben. Er galt jedoch bei den Dänen natürlich als unzuverlässig.[106] Der von ihnen ausersehene Nachfolger, der ehemals dänische Premierleutnant und Kandidat der Rechte, der in Kiel geborene Louis Hammerich, war indes erst 23 Jahre alt, so dass man es für ratsam hielt, ihm den vom Bürgermeister zum Stadtsekretär und Ratsverwandten heruntergestuften Langheim am 6. 9. 1853 zur Seite zu stellen. Die kommissarischen Ernennungen der Ratsverwandten Timm und Gaehtje wurden aufgehoben; allein Gaehtje am 11. 10. 1853 nunmehr regulär zum Ratsverwandten gewählt.

So war im Eckernförder Stadtregiment eine gewisse Normalität wieder hergestellt. Das letzte Jahrzehnt im Gesamtstaat hatte begonnen. Allerdings erscheint es durchaus berechtigt, diese für Eckernförde friedlichen Jahre die „Dänenzeit" zu nennen. Die häufig wechselnden Bürgermeister waren mit zunehmender Tendenz dänisch gesinnt, was es in Eckernfördes vielhundertjähriger Geschichte noch nie gegeben hatte. Wichtige Ereignisse dieser Periode, die im Stadtplan von 1864 (Abb. 80) ihren Niederschlag gefunden haben, waren nationalpolitisch dänisch bedingt, wie die Aufgabe des Christianspflegehauses und die Verlegung des Lehrerseminars von Tondern nach Eckernförde. Positiv waren immerhin der Ersatz der langen Brücke durch einen Damm, der Übergang des Eigentums am so „eingedämmten" Noor auf die Stadt Eckernförde und die Einrichtung der Gasbeleuchtung zu verzeichnen. Doch die Eckernförder fühlten sich in diesem („Gesamt-")Staat nicht mehr zu Hause, versuchten jedoch, wie wir jetzt im Einzelnen sehen werden, das Beste daraus zu machen.

Zu den tief greifenden dänischen Maßnahmen, die den politischen und sozialen Zusammenhang zwischen den Herzogtümern auflösen sollten (getrennte Ministerien und Ständeversammlungen), kamen weniger spektakuläre Entscheidungen wie die Aufhebung der Patrimonialgerichtsbarkeit der Gutsherrschaften, die die im Gutsbesitz immer noch dominierende Ritterschaft als Bindeglied der Herzogtümer schwächen sollte. Für die Gutsbezirke Schwansen und Dänisch Wohld wurden Gerichtsbarkeit und kommunale Verwaltung 1853 auf eine neue gebildete „Eckernförder Harde" übertragen. Es kam sicher nicht von ungefähr, dass mit Graf Ludwig Frederik Henrik Brockenhuus-Schack ein Adeliger – wenn auch Däne – zum Hardesvogt über alte Herrschaftsbereiche des schleswig-holsteinischen Adels eingesetzt wurde. Sein Sitz war Eckernförde, das freilich weiterhin zur Hüttener Harde gehörte, deren Hardesvogt seit 1850 Maiximilian Franciscus Blaunfeldt war. Der in Apenrade geborene Blaunfeldt hatte seine dänische Gesinnung schon vor 1848 als Redakteur der deutsch geschriebenen dänischen „Flensburger Zeitung" bewiesen und ist den schleswig-holsteinisch gesinnten Bewohnern der Hüttener Harde wegen seiner schikanenreichen Amtsführung noch lange in Erinnerung geblieben. Am 2. Februar 1864 wurde er von preußischen Truppen als Spion verhaftet und am 1. Juni 1864 nach Dänemark ausgewiesen.[107]

Johannes v. Schröders „Topographie des Herzogthums Schleswig" von 1854 enthält eine Beschreibung der Stadt Eckernförde, wie sie sich in diesen ersten Jahren nach Ende des Erhebungskrieges dargestellt hat: „...sie hat 476 Häuser. Zahl der Einwohner: 3.930, von denen etwa 425 Personen sich 1845 im Christians-Pflegehaus befanden; das Christians-Pflegehaus zählt aber gegenwärtig mit Einschluss der Beamten und deren Familien nur 212 Personen, von denen 163 Alumnen sind." Gerade der Bestand an erwachsenen Pflegepersonen (Invaliden und Witwen) war in den Jahren nach dem „Dreijahreskrieg" erheblich ausgedünnt worden. Denn offensichtlich „fand sich bei ihnen (den Dänen) keine Stimmung mehr dafür, im Lande des „Aufruhrs" und in der Stadt des 5. Aprils ein solches Stift zu unterhalten. So folgte denn 1854 die Auflösung des Pflegehauses ...

Die Invaliden ... zogen nach Kopenhagen, nach Kiel ..., einige blieben auch in Eckernförde ... Die Kinder wurden in verschiedenen Städten in Pflege gegeben, soweit sie nicht in die Lehre, in einen Dienst oder ins Militär eintreten konnten ... In die leer stehenden Gebäude quartierte man zuerst 300–400 Kadetten, später ein Seebattaillon, beides nur für kurze Zeit ..."

Die Anstaltsgebäude wurden (nach 1865) zur Kaserne umgewandelt.[108] Das nach der Flut von 1872 allein übrig gebliebene lang gestreckte klassizistische Gebäude westlich der Kieler Straße heißt darum auch heute noch im Volksmund „Kaserne".

Doch zurück zu Schröders Topographie: „Die Einwohner ernähren sich größtentheils durch Handel, Schiffahrt, städtische Gewerbe und Fischerei ... Die Seefischerei ernährt zwischen 60 und 70 Familien; sie liefert besonders Dorsche, Makrelen, Heringe, Bütten, Breitlinge (geräuchert unter dem Namen Sprotten bekannt), Muscheln und Krabben, von denen ein großer Teil an die nahe gelegenen Städte verkauft wird." Damals war indes noch nicht abzusehen, dass sich aus den in diesen Jahren von aus dem Kriege zurückgekehrten Fischern gegründeten ersten neun gewerbsmäßigen Räuchereien im Laufe zweier Generationen eine Fischindustrie entwickeln sollte, die „zum maßgebenden Faktor im Wirtschaftsleben unserer Stadt" werden und „Zweidrittel der arbeitenden Bevölkerung von Eckernförde-Borby lohnende Beschäftigung" geben würde. Die kleinen Herdräuchereien, die es vordem schon gegeben hatte, „betrieben nur ein Platzgeschäft, während die neuen, mit großen Kammern versehen, größere Quanten fertig stellen konnten und sich auf den Versand einstellten".[109]

Weiter heißt es bei Schröder: „Eckernförde hat 1 Stoutsweberei (stouts = gröbster Hemdenstoff) durch Dampf betrieben, 1 Tuchfabrik ebenfalls durch Dampf betrieben, 1 Spritzenfabrik, 1 Salzsiederei, 2 Tabackfabriken, 2 Leimkochereien, 2 Lohgärbereien, 5 Reifschlägereien, 4 Bierbrauereien, 5 Branntweinbrennereien, 4 Töpfereien, 2 Schiffbauer und Handwerker aller Art." Zur ehemals so bedeutenden Schifffahrt heißt es: „...die Stadt hat jetzt (nur noch) 11 größere und kleinere Schiffe, zusammen von 215 C.-L.; nur der Handel mit Korn und Bauholz ist noch von einiger Bedeutung ..."

Die Handelsfirmen H. C. Lange und H. C. Gaehtje, letztere zusammen mit Schiffskapitän H. P. Weber, und der Schiffszimmermann F. J. C. Glasau besaßen einen Helling für den Schiffbau, während der Schiffszimmermann J. C. Voigt auf dem eigenen Hofplatz nur Boote bauen konnte, für den Bau größerer Schiffe auf eine der vorgenannten Hellingen angewiesen war.[110]

„Hier sind 3 Pferde-, Vieh- und Krammärkte, davon werden der Fastnachtsmarkt seit 1611 am Fastnachtsmontage und die beiden andern am Montage nach dem 15. Juni und am 30. September gehalten, welcher letztere der besuchteste ist."[111]

1853 war auch das Jahr, in dem der seit dem 16. Jahrhundert geltende Mühlenzwang aufgehoben wurde, was zu einem Wettbewerb der Mühlen um Mahlgäste führte. Dabei konnten die drei für Eckernförde wichtigen Borbyer Windmühlen gut bestehen. Nur die Schnaaper Wassermühle geriet weiter ins Hintertreffen. Durch die Aufhebung des Mühlenzwanges wurden aus den Erbpachtmühlen 1854 Eigentumsmühlen. Alle „Eckernförder" Mühlen gehörten nun Georg Carl Müller, einem Sohn Friedrich Carl Müllers, der das Schnaap-Borbyer Mühlenimperium aufgebaut hatte. Doch als Dr. jur. und in Kiel ansässiger Obergerichts-Advokat war er weder Fachmann noch sonderlich interessiert und verkaufte 1859 die drei Borbyer Mühlen an den Kornhändler Detlef Peter Bruhn auf Waabshof. Schnaap blieb als Sommersitz im Besitz der Familie, Wassermühle und Ländereien wurden verpachtet.[112]

Das ereignisreiche Jahr 1853 endete für Eckernförde mit einer gewichtigen Anfrage des Ministeriums für das Herzogtum Schleswig vom 24. 11., die am 1. 12. protokolliert wurde, ob denn Eckernförde neuer Standort des zu verlegenden Tonderner Lehrerseminars werden wolle. Obwohl die Verlegung dann am 21. 6. 1854 angeordnet wurde, zog sich der endgültige Umzug bis 1858 hin.[113]

Das Tonderner Seminar hatte sich aus der privaten Stiftung eines Tonderner Propstes in enger Zusammenarbeit mit dem Schulwesen der Stadt zu einer bedeutenden Lehrerbildungsstätte entwickelt, die 1829 zur Staatsanstalt für das Herzogtum Schleswig erhoben wurde. Direktor des Seminars wurde damals der bedeutende Schulmann Christian August Bahnsen. Als Zweitlehrer wurde H. Dieckmann berufen, der nach einem Besuch der Normalschule in Eckernförde zu einem begeisterten Anhänger des „wechselseitigen Unterrichts" geworden war. Diese am Christianspflegehaus vorbildhaft praktizierte Methode war zur „wechselseitigen Schuleinrichtung" weiter entwickelt worden. 1831 wurde die Waisenhausschule in Tondern nach dem Vorbild der Eckernförder Normalschule als Übungsschule des Lehrerseminars eingerichtet. Der „Geist von Eckernförde" bestimmte somit die weitere Bildungsarbeit des Seminars.

Als aber 1851 die dänische Sprache als Schul- und Kirchensprache auch in Tondern eingeführt wurde, konnte das vorwiegend deutsch sprechende Seminar nicht mehr in seiner Ursprungsstadt bleiben. Die Entscheidung fiel für Eckernförde, weil dort in Hansens Gasthof geeignete Baulichkeiten zum Verkauf standen und sich die Stadt Eckernförde an der Aufbringung des Kaufpreises zu beteiligen bereit fand. Hansens „Hotel Stadt Hamburg" stand am Platz der heutigen „Alten Post" und war am 5. 4. 1849 Schauplatz der formellen Kapitulation der dänischen Kommandanten gewesen. Dort hat der „kulturdeutsche", aber gesamtstaatlich königstreue Professor Bahnsen noch bis zum Einzug der Preußen am 1. 2. 1864 zusammen mit Johann Hinrich Nissen als festangestellter Lehrer Lehramtskandidaten ausgebildet. Als „Hilfslehrer" fungierten Stadtschullehrer Andresen für dänische Sprache, Musiklehrer Lorenzen für Gesang und Musik, Maler Johann Friedrich Baasch fürs Zeichnen und Sergeant Lommer für Gymnastik. Bahnsen selbst unterrichtete in Religion, deutscher Sprachlehre, Schulwissenschaften (Pädagogik, Methodik, Katechetik), Psychologie und vaterländischer (dänischer) Geschichte, Nissen war für religiöse Pflichten- und Gebetslehre, biblische Kirchen- und Weltgeschichte, deutschen Aufsatz, Unterrichtsübungen in der Stadtschule, Mathematik (Arithmetik, Geometrie, Trigonometrie), Geographie, Physik und Anthropologie zuständig.

Als am 1. Februar 1864 die Preußen mittags in Eckernförde einrückten, versuchte Bahnsen, wie er es Bürgermeister Leisner versprochen hatte, den gewöhnlichen Unterrichtsbetrieb aufrecht zu erhalten. Doch die Seminaristen rannten fort oder kamen gar nicht erst, sodass Bahnsen in seinem letzten Protokoll am 5. 2. 1864 verzeichnen musste: „Montag, den 1. Februar, müssen am Nachmittag wegen des ausgebrochenen Krieges alle Stunden ausgesetzt werden. Von Kassierer Johannsen war mir am 3. Februar angezeigt worden, daß das Seminarlokal als Lazarett benutzt werden solle. Etwa die Hälfte der Seminaristen begab sich an demselben Tage nach Kiel, um dem Herzog Friedrich ihre Huldigung darzubringen."[114] Im April wurde eine letzte Abschlussprüfung abgehalten, ehe die verbleibenden Schüler nach Tondern an die dort wieder eröffnete deutsche Abteilung des Lehrerseminars überwiesen wurden. Doch am 8. Juni 1865 wurde das Eckernförder Seminar unter Leitung des bisherigen Pastors von Rieseby, Emil August Niese, wieder eröffnet.[115]

Die politischen Ereignisse, die ihn zur Schließung des Seminars veranlasst hatten, müssen Bahnsen schwer mitgenommen haben. Nach längerer Krankheit verstarb er am 21. Mai 1864. Ihm und seinem 1876 verstorbenen Kollegen und Schwiegersohn Nissen setzten dankbare Schüler auf dem Mühlenbergfriedhof Gedenksteine. Sie stehen unweit der Gedenksäule über dem dänisch-deutschen Gemeinschaftsgrab für die Gefallenen des 5. April 1849. Diese wurde am 10. Januar 1854 in Gegenwart der Generale Bülow und Krogh feierlich enthüllt. Die hohen Militärs waren Befehlshaber der dänischen Generalkommandos für Schleswig bzw. für Holstein und Lauenburg. Zugegen war auch Eckernfördes Bürgermeister Hammerich, der sich im beginnenden Jahr 1854 mit zwei für Eckernförde wichtigen Projekten befassen musste: mit der schon berichteten Aufnahme des Tonderner Seminars in Eckernförde und nun auch mit dem Ersatz der baufälligen „langen Brücke" durch einen „Verbindungs- oder Brückendamm".[116]

Die „lange Brücke" hatte vor allem während der kriegerischen Verwicklungen der Jahre 1849 bis 1851 unter den Anstalten retirierender dänischer Truppen gelitten, die Brücke unpassierbar zu machen.[117]

Im Stadtprotokoll vom 17. 11. 1853 wird von der „Befürchtung der eintretenden Nothwendigkeit eines gänzlichen oder theilweisen Neubaus oder sonstiger außerordentlicher Vorkehrungen zur Verbindung beider Ufer, ebenfalls durch einen Damm" gesprochen. Nach gutachterlicher Vorbereitung wurde ein Jahr später, am 7. 11. 1854, beschlossen, „mit höherer Autorisation" den Damm zu bauen. Um den Bedenken der Noorfischer Rechnung zu tragen, sollte in den Damm ein Siel eingebaut werden. Zur Finanzierung wurde eine Anleihe von 9000 Rbt. zu 3 $^1/_2$% p.a. bei der Eckernförder Spar- und Leihkasse aufgenommen.

Der neue Damm, der im Sommer 1856 noch Geländer und Pflasterung bekommen hatte, wird im Spätsommer 1856 in Betrieb genommen worden sein. Der Brückenzoll wurde in gleicher Höhe auch für die Dammpassage erhoben. Der Dammbau bewirkte zugleich eine Eindämmung des Windebyer Noores, an dem somit eine systematische Landgewinnung möglich wurde. Zu diesem Zweck bemühte sich die Stadt beim Landesherrn, der nach geltendem jütischen Recht Eigentümer auch dieses (bisherigen) Meeresteils war, um Übertragung des Eigentums am eingedämmten Noor. König Friedrich VII. vollzog diese Übertragung mit Urkunde vom 15. 2. 1858 unter der Auflage, nach Ablauf von zehn Jahren eine jährliche Abgabe von einem Reichsthaler auf jede Tonne gewonnenen Landes zu entrichten (1 Tonne = etwa $^2/_3$ Hektar).

1856 war Bürgermeister Hammerich durch den bisherigen Vogt der Eckernförder Harde, Graf Brockenhuus-Schack, ersetzt worden. In dessen Amtszeit fiel die Gründung des Bürgerstifts-Vereins am 1. Mai 1857. Er ging noch auf eine Initiative zurück, die Heinrich Hansen 1846 zwei Monate vor seinem Tode ergriffen hatte. Im Eckernförder Wochenblatt hatte er seine Mitbürger zur Einrichtung eines Bürger-Hospitals aufgerufen. Hansens früher Tod und die folgenden Jahre politischer Hochspannung und kriegerischer Auseinandersetzungen brachten das bis zu einem Satzungsentwurf gediehene Vorhaben indessen zum Erliegen.

Doch in der „Eckernförder Zeitung" vom 20. Mai 1857 erschienen dann unter den gleichen einleitenden Bemerkungen wie 1846 „Vorläufige Bestimmungen betreffend die Gründung einer Versorgungsanstalt für bedürftige Bürger und Einwohner hiesiger Stadt", zu welcher Veranlassung der in der Gründungsversammlung gewählte Vorstand beauftragt worden war.[118] Die erste Spende kam von der Ehefrau des Bürgermeisters, der Gräfin Brockenhuus-Schack, in Höhe von 100 Reichsthalern. Es sollten jedoch noch über 20 Jahre vergehen, ehe 1878 in der Reeperbahn 22 das Stiftshaus von hilfsbedürftigen Eckernfördern bezogen werden konnte.

Weit wichtiger für die Stadtentwicklung war ein Beschluss der städtischen Gremien, der gegen Ende der Amtszeit des gräflichen Bürgermeisters am 19. 11. 1858 auf seine entschiedene Befürwortung hin gegen zwei Gegenstimmen aus dem vierköpfigen Magistrat mit den Stimmen sämtlicher Deputierter gefasst wurde. Anknüpfend an Verhandlungen in den beiden Vorjahren sollte „baldunlichst eine Gasbeleuchtungsanstalt für die Stadt Eckernförde herstellig" gemacht werden.

Obwohl die Arbeiten an der Gasanstalt nun auf der „Burgwallkoppel" zügig aufgenommen wurden, erlebte Brockenhuus-Schack deren Inbetriebnahme nicht mehr im Amt. Ihn löste mit Wirkung vom 1. 2. 1859 H. R. Hjort-Lorenzen als, wie es im Stadtprotokoll hieß, „interimistischer" Bürgermeister ab. Hjort-Lorenzen war der Sohn des für seine erst schleswig-holsteinische, dann eiderdänische Politik bekannten Haderslebener Nationalliberalen. Der Sohn war nun Oberhaupt der Stadt, die der einstige Freund seines Vaters, Heinrich Hansen, politisch erweckt hatte. Brockenhuus-Schack, dem die Stadtkollegien auch namens der Bürgerschaft ihren Dank für seine Tätigkeit ausgesprochen hatten, wurde 1860 Amtmann von Tondern und Lügumkloster, bis er 1864 durch die preußische Administration entlassen wurde.[119]

In die Amtszeit Brockenhuus-Schacks fielen weitere Verbesserungen der städtischen Infrastruktur. Die „Hauptstraße" (Kieler Straße, Langebrückstraße, Steindamm) wurde gepflastert, wie es der in ihrem Zuge liegende Verbindungsdamm schon war. Der Namensgeber für den später Gaehtjestraße benannten alten „Steindamm", war am 5. 7. 1858 von seinem Senatorenamt altershalber zurückgetreten, Dammann sein Nachfolger geworden. Auch das Marienlouisenbad war verbessert und erweitert worden; u.a. hatten die Badekarren einen Schuppen bekommen (19. 11. 1858).

Als treibende Kraft für die Verbesserung des Stadtwesens hatte sich dabei der Kaufmann und deputierte Bürger Christian Lange erwiesen. Ihm gehörten ein Speicher und eine Schiffbauhelling auf der Schiffbrücke. Dort errichtete er auch 1859 eine „Dampfschneidemühle". Entscheidend hatte er sich für die Gasanstalt eingesetzt, die am 22. 9. 1860 in Betrieb genommen wurde, nachdem im Sommer des Jahres mit der Verlegung der Leitungen begonnen worden war. Dies besorgten die „Gasfitter", die die Bezeichnung des englischen Vorbildes übernommen hatten. Unter den ersten Gasleitungsverlegern findet sich schon der Name Klünder.[120]

Mit dem Übergang zum Gas hatte Eckernförde nun eine billigere, zuverlässigere und vor allem bessere Beleuchtung. Die Schiffbrücke wurde von fünf, die städtischen Straßen von 63 Gaslaternen erleuchtet, von denen 16 auch nach 23 Uhr bis zum Morgen brannten. Noch immer galt zwar die Regel, dass einige Tage vor und nach Vollmond die künstliche Beleuchtung unterblieb. Doch zunehmend ließen sich auch Private und Geschäftsleute an das Gasnetz zu Beleuchtungszwecken anschließen.[121]

Indirekt profitierte auch das Eckernförder Schulwesen von dem Bau der Gasanstalt. Deren Ingenieur und Architekt arbeitete im April 1860 auch noch einen Riss und einen Kostenanschlag für eine neue Mädchenschule aus. Sie wurde bis 1862 an der Reeperbahn errichtet und gab dem „Schulweg" seinen Namen.

Der „interimistische" Bürgermeister Hjort Lorenzen blieb nur etwas mehr als ein Jahr (1859/60) in Eckernförde. Der häufige Wechsel im Bürgermeisteramt lässt erkennen, wie schwer es für die dänische Administration war, die politischen Ämter im Herzogtum Schleswig mit einigermaßen geeigneten Dänen oder dänisch Gesinnten zu besetzen. Diese auf Einverleibung Schleswigs gerichtete Personalpolitik wurde noch in dem Maße verstärkt, als in Kopenhagen die eiderdänische über die gesamtstaatliche Partei die Oberhand gewann. Doch dagegen regte sich eine zunehmende Opposition in den Herzogtümern. Sie erhielt dadurch Auftrieb, dass König Friedrich VII. auf Verlangen des Deutschen Bundes die dänisch dominierte Gesamtstaatsverfassung für Holstein und Lauenburg aufheben musste (6. 11. 1858) und Erbprinz Friedrich von Schleswig-Holstein-Sonderburg-Augustenburg 1859 seine Ansprüche auf Herrschaftsnachfolge in Schleswig und Holstein als Erstberechtigter im Mannesstamm geltend machte.[122]

Ein wichtiger Ausgangspunkt des wieder erstarkenden „Schleswig-Holsteinismus", wie man in Dänemark die Bemühungen um Wiederherstellung der Landesrechte abschätzig nannte, war die Stadt Eckernförde. Dorthin hatten führende schleswig-holsteinische Landespolitiker zu einem Zusammentreffen auf den 18. Januar 1860 einberufen. Das Treffen wurde durch Bürgermeister Hjort Lorenzen, der auch Polizeimeister war, verboten, was ihm eine Rüge seines Ministeriums eintrug. Bei einem nachfolgenden Mittagessen glückte es den Veranstaltern, eine Adresse unterschrieben zu bekommen, in der geradezu die Wiederherstellung Schleswig-Holsteins verlangt wurde.[123] Aktivitäten dieser Art weiteten sich aus und wurden auch aus dem Deutschland südlich der Elbe unterstützt. Dies veranschaulichte ein Bericht der „Illustrirten Zeitung"[124] über das erste deutsche Turnfest in Coburg vom 16. bis 18. Juli 1860: „...Die Eröffnung der turnerischen Berathungen begann nun in der zur schönsten Festhalle umgeschaffenen herzoglichen Reitbahn. ... Ein junger Schleswig-Holsteiner bestieg die Rednertribüne und begann ungefähr so: ‚Unter den 51 Fahnen, die hier aufgepflanzt sind, ist auch eine schwarz umflorte – es ist die meines Vaterlandes. Wir haben sie erst hier anfertigen lassen, weil wir es nicht wagen durften, eine solche Fahne aus der Heimath mit uns zu führen. Wir bitten Sie daher, die Fahne hier lassen zu dürfen, – erwarten aber auch von Ihnen, dass Sie uns die Trophäe einst selbst mitbringen werden, wenn die große Stunde der Befreiung schlägt!' Tiefe Stille folgte diesem Mahnrufe ..."

In die politische Landschaft dieses Jahres passt auch, dass am 18. 5. 1860 mit C. Leisner ein besonders strammer Dänenfreund Eckernförder Bürgermeister wurde. Auch er stammte aus Hadersleben und war Direktor der Taubstummenanstalt in Schleswig gewesen, ehe er zunächst Vogt der Hüttener Harde wurde. Leisner übernahm in Eckernförde auch das Amt des Stadtsekretärs. Dessen langjähriger Inhaber und früherer Bürgermeister Langheim verschwand ohne weitere Erwähnung aus den Stadtprotokollen. Er hatte wohl noch für den 5. April 1849 büßen müssen. Zur Vervollständigung des Magistrats wurde Dähnhardt zum Senator gewählt.

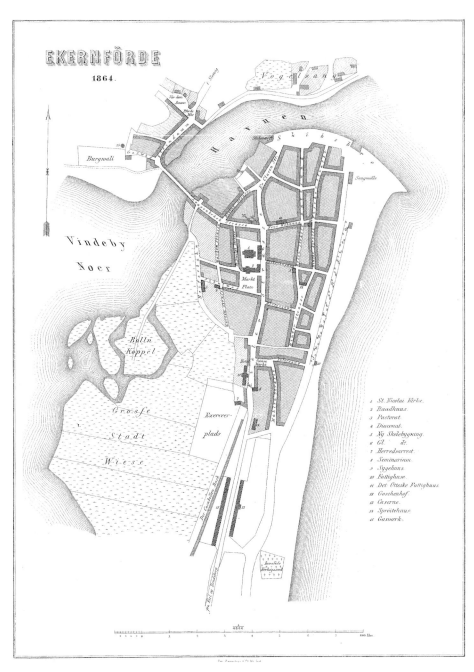

Abb. 80
Stadtplan von Eckernförde aus dem Jahre 1864

336

Leisner bildete zusammen mit dem in der 1856 erbauten Hardesvogtei in Fleckeby residierenden Hüttener Vogt Blaunfeldt ein verbissenes Gespann, das erbarmungslos jede blau-weiß-rote Opposition verfolgte, woran sich in Eckernförde und Umgebung noch lange ein böses Andenken erhalten hat. Sie waren der lokale Beleg für Oldekops Feststellung, wie gründlich unter dem schleswigschen Beamtentum im dänischen Sinne aufgeräumt worden war. Danach waren 1860 unter den 571 weltlichen Beamten nur noch 30 Schleswig-Holsteiner; von den 278 geistlichen Stellen waren über 100 in den Händen von Dänen, unter den 50 Gymnasiallehrern befanden sich nur sechs Einheimische. Junge Leute, die in Kiel studiert hatten, erhielten keine Anstellung im Herzogtum Schleswig.[125]

Hinter Eckernfördes „Dänenzeit" setzte eine dänische Topographie sozusagen den Schlusspunkt: J. P. Traps „Statistisk-topographisk Beskrivelse af Hertugdømmet Slesvig"[126] handelt also von „Slesvig" und dabei auch von „Ekernførde" und nicht etwa so penetrant tendenziös wie anderswo von „Sønderjylland" oder von „Egernførde".

Statistisch von Interesse sind bei Trap die Einwohnerzahlen: 1860 4325, was gegenüber 1855 eine Steigerung von 10 % bedeutete; dann der Schiffsverkehr für 1862: mit 226 Einfahrten und 224 Ausfahrten nur etwas mehr als eine Schiffsbewegung täglich. Die nur kleinen Schiffsgrößen bewegten sich um durchschnittlich 15 Commerzlasten, die Auslastung der Tonnage lag bei den Einfahrten bei 71 %, bei den Ausfahrten bei nur 22 %. Als Seehandelsstadt war Eckernförde geradezu verkümmert. So waren in Eckernförde auch nur noch 13 Schiffe mit 189 Commerzlasten Tragfähigkeit beheimatet.

Entsprechend sah es beim ehedem so bedeutenden Eckernförder Schiffbau aus. 1860 waren nur noch die Schiffbaumeister Peter Gregersen, Heinrich Piepgras und Friedrich Joachim Glasau (Borby) übrig. Gregersen baute zuletzt 1860 eine Jacht Apollo. Das kleine Schiff übernahmen 15 Partner für 1000 Reichsbankthaler. Piepgras fertigte zwischen 1861 und 1863 noch fünf Schiffe, darunter für 35 (!) Partner den Dreimast-Schoner Lotus. Unter diesen Partnern waren Bürgermeister Leisner, Senator Dammann, Stadtkassierer Johannsen, Physikus Dr. von Wasmer und so bekannte Namen wie Streckenbach, Couscherung, J. C. Schwensen, Krafft Lorenzen, Spethmann und Daniel Timm.[127] Piepgras wanderte nach Amerika aus; seine Werft verkaufte er an F. J. Glasau, der bereits eine Werft auf dem Borbyer Ufer besaß. Die von Piepgras übernommene Werft lag am Ende der Frau-Clara-Straße; die Werft auf dem Borbyer Ufer wurde Kielholplatz für Reparaturen.[128]

Zur Trapschen Topographie gehört noch ein die Zeit trefflich charakterisierender gemischtsprachlicher Stadtplan (Abb. 80), anhand dessen das Wesentliche aus Traps weiterem Text und der verbleibenden Stadtgeschichte bis 1863 erzählt werden soll.

Von der an erster Stelle genannten Nicolaikirche heißt es, dass sie mit einem ungewöhnlichen Reichtum an Epitaphien, Leichensteinen und zierlich geschnitzten Gestühlen ausgestattet sei. Einen gewissen Eindruck davon vermittelt die früheste bekannte, fast fotografisch genaue Darstellung des Kircheninneren von 1860 (Abb. 81).

Das Bild ist als Foto vom nicht mehr auffindbaren Original von Willers Jessen entdeckt und beschrieben worden.[129] Es zeigt das Kircheninnere im Blick auf den zum Chor führenden breiten Mittelgang, unter dem sich dicht an dicht die vielen, mit verzierten und beschrifteten Grabplatten abgedeckten Grufte befanden. Nach links schließt sich das nördliche Seitenschiff mit der Empore, dem „Kapstuhl", an, dessen Geländer die 1762 dorthin verlegten Schnitzereien und Alabasterfüllungen des ehemaligen, den Chor abtrennenden Lettners trägt. Den Mittelpunkt des Bildes bildet die am Nordostpfeiler hängende, von Hans Gudewerth d. Ä. gearbeitete Kanzel, der auch

Abb. 81
Das Innere der Eckernförder
Nicolaikirche 1860 (Foto eines
Aquarells von Carl Werner von
Walter Baasch)

hier schon der nach seiner Abnahme verloren gegangene Schalldeckel fehlt. Hinter dem Prediger sind auch an der Säule Schnitzarbeiten zu erkennen, die zu den biblischen Darstellungen im Gudewerth'schen Kanzelkomplex gehört haben werden und wie vieles andere davon bei der Verlegung der Kanzel an den Chorbogen 1875 verloren gegangen sind.

Vom Pfeiler fast verdeckt sind noch Teile der Kanzeltreppe und des Daches ihrer Tür (heute im Westeingang der Kirche) zu erkennen. Am Fuße des Chorbogens unter dem heute ruinierten Epitaph für Bürgermeister Mandix (1611) zeigt das Bild den separat zugänglichen Ratsstuhl. Von den heute noch vorhandenem Einrichtungsgegenständen der Kirche befinden sich auf dem Bild: das Blome-Epitaph (links oben), das Votivschiff David, das Sintflutbild (hinter dem Pfeiler), die Bilder der Pastoren Vater und Sohn Bornemann (über dem Chorbogen), die Taufe und, im Chor nur teilweise zu erkennen, das Ahlefeldt-Epitaph und der Gudewerth-Altar.

Nach dem Sonnenlichteinfall zu urteilen, wird auf dem Bild gerade ein nachmittäglicher Sonn- oder Feiertagsgottesdienst abgehalten. Es ist Sommer. Es predigt der für nachmittags zuständige Diakon. In den Kirchenstühlen sind einzelne wohl weibliche Gottesdienstteilnehmer zu erkennen. Noch scheint demnach die Nordseite den Frauen vorbehalten zu sein. Im Chor ist links ein separater Kirchenstuhl zu erkennen, vor dem sich auf einer Bank drei Personen räkeln, die wohl dienende Funktionen im Gottesdienst wahrzunehmen hatten.

Wir überspringen nun in der Stadtplanlegende von 1864 die sich hinreichend selbst erklärenden Ziffern 2 bis 6. Das Harden-Arrestlokal, Ziffer 7, unterhielt Eckernförde für die neue „Eckernförder Harde". Ziffer 8 weist auf „das deutsche Schullehrer-Seminar für das Herzogtum Schleswig" hin. Das einst allgemeine Tonderner Seminar war das dänische Seminar für das Herzogtum geworden. Auf dem Platz des Krankenhauses (Z. 9) steht heute die Willers-Jessen-Schule. Bei Ziffer 12 befindet sich zum letzten Mal auf einem überlieferten Eckernförder Stadtplan der über 300-jährige Goschhof. Die ehemaligen Anlagen des Christians-Pflegehauses, Ziffer 13, sind zur Kaserne für ein Infanteriebattaillon geworden. Zu dessen Exerzierplatz wurde der ehemalige Festplatz gemacht, auf dem 1845 noch das große Eckernförder Sängerfest stattfand. Der die alte „lange Brücke" ersetzt habende Damm hatte noch keine Zeit gehabt, eine Verlandung des Noors zu bewirken. Dem suchte der Senator a. D. Heinrich Friedrich Daniel Gaehtje durch Bepflanzung mit Reet nachzuhelfen.[130] Das uneigennützige Anerbieten des reichsten Eckernförders nahmen die städtischen Kollegien am 4. 3. 1863 an. Das amtlich geschätzte Erwerbseinkommen des erfolgreichen Kaufmanns und Reeders belief sich für 1863 auf jährlich 3700 Reichsbankthaler und damit auf fast das Neunfache des Durchschnittseinkommens der 563 zur Nahrungssteuer herangezogenen Eckernförder. Der Junggeselle vermachte 1859 in seinem Testament den weitaus größten Teil seines bedeutenden Vermögens der Stadt Eckernförde. Das Vermächtnis wurde bei seinem Tode 1874 wirksam und sicherte dem Verstorbenen ein bleibendes Gedenken in seiner Heimatstadt.

Die zu Ende gehende Periode unmittelbarer dänischer Herrschaft war wirtschaftlich recht erfolgreich verlaufen. Zwischen 1852 und 1863 stieg die Zahl der Nahrungssteuerpflichtigen um 13 % und deren geschätztes Durchschnittseinkommen um 62 %,[131] die städtischen Aktivitäten (Dammbau, Lehrerseminaransiedlung, Gasversorgung), der technische Fortschritt (dampfgetriebene Maschinen) und die intensivierte Fischindustrie hatten also Früchte getragen.

Das 7. Jahrzehnt des 19. Jahrhunderts, das zu den ereignisreichsten und folgenschwersten der deutschen Geschichte gehört, begann auf der politischen Herrschaftsebene mit zwei das weitere Geschick Schleswig-Holsteins nachhaltig bestimmenden Berufungen: 1861 wurde der Kopf der eiderdänischen Partei, Orla Lehmann, dänischer Innenminister und 1862 Otto v. Bismarck preußischer Ministerpräsident.

Im Jahre 1863 bewegte sich dann alles rasch auf eine Entscheidung der schleswigschen Frage zu. Am 30. März gab die dänische Regierung die gesamtstaatliche Verfassung ganz auf. Für Holstein wurde eine besondere Regierung in Plön eingerichtet und für Dänemark u n d Schleswig ein gemeinsames Grundgesetz vorgelegt. Gegen diesen Vertragsbruch legten Preußen und Österreich sofort Protest ein. Der Deutsche Bund folgte etwas später und beschloss am 1. Oktober die Bundesexekution für Holstein, das daraufhin von sächsischen und hannoverschen Truppen ohne dänische Gegenwehr kampflos besetzt wurde.

Ungeachtet des Protestes der deutschen Großmächte nahm der dänische Reichsrat am 13. November die gemeinsame dänisch-schleswigsche Verfassung an. Am 15. November verstarb König Friedrich VII. auf Schloss Glücksburg, noch ehe er das neue Verfassungsgesetz unterzeichnen konnte. Der „Protokollprinz", auf dessen gesamtstaatliche Nachfolge sich die europäischen Großmächte 1852 in London geeinigt hatten, bestieg als Christian IX. den dänischen Thron. Er setzte am 18. November 1863 seine Unterschrift unter die eiderdänische Verfassung und lieferte damit Preußen und Österreich den Kriegsgrund.

5.5 Die „up ewig Ungedeelten" müssen Preußen werden (1864–1867)

Die von der Zuspitzung der Schleswig-Holstein-Frage betroffenen Mächte, Deutscher Bund, Österreich, Preußen und Dänemark, machten ihre Truppen im Dezember 1863 mobil. So wurde auch die dänische Garnison in Eckernförde verstärkt.[132] Einem Gesetz vom 12. Dezember zufolge hatte das Herzogtum Schleswig 980 Pferde zum Gebrauch für die Armee zu stellen, wovon vier auf die Stadt Eckernförde entfielen (21. 12.). Bereits am 28. 12. beschlossen die Stadtkollegien Unterstützungszahlungen für die Familien der zum dänischen Militärdienst einberufenen Eckernförder.

Ungeachtet des Anspruchs des augustenburgischen Erbprinzen, nach Erlöschen des Mannesstammes der königlichen Linie des gemeinsamen Hauses Oldenburg nunmehr als Herzog Friedrich VIII. die Regierung der Herzogtümer angetreten zu haben, und der breiten Zustimmung, die er damit in der Bevölkerung fand („Mein Recht ist Eure Rettung"), hatte Bismarck sich bereits im Berliner Regierungs-Konseil am 15. 12. 1863 für eine Annexion der Herzogtümer ausgesprochen.[133] Er hatte den König daran erinnert, dass jeder seiner nächsten Vorfahren und Vorgänger für den Staat einen Zuwachs gewonnen habe, und ihn ermuntert, ein Gleiches zu tun. Beim Silvesterpunsch im Kreise seiner Vertrauten wurde er noch deutlicher „Die ‚up ewig Ungedeelten' müssen einmal Preußen werden, das ist das Ziel, nach dem ich steure".[134]

Doch zunächst ging es nur um Wiederherstellung des durch Dänemark verletzten Rechtes auf Eigenstaatlichkeit Schleswigs, dessen Einhaltung mit dem Londoner Protokoll 1852 dänischerseits Österreich und Preußen zugesichert worden war: also keine Einverleibung Schleswigs nach Dänemark. Nur mit diesem beschränkten Kriegsziel konnte Preußen Österreich zur Teilnahme an einem Feldzug gegen Dänemark bewegen und Frankreich, Großbritannien und Russland eine neutrale Haltung in diesem Konflikt abnötigen. Hier zeigte sich erstmals Bismarcks überlegene Staatskunst. Ein preußisch-österreichisches Ultimatum zur Aufhebung der Schleswig einverleibenden Verfassung ließ Dänemark im Vertrauen auf den vermeintlichen Rückhalt an Frankreich, Großbritannien und Russland verstreichen. Die deutschen Alliierten überschritten daraufhin am 1. Februar 1864 die Eider.

Die erste ernstliche Feindberührung fand als „Gefecht bei Sandkrug" Eingang in die Personalpapiere der preußischen Teilnehmer.[135] Zwei auf der Eckernförde Bucht operierende dänische Kriegsschiffe versuchten, den Vormarsch der preußischen Infanterie durch Beschießung der Kieler Chaussee zu hindern, wurden aber bald durch Batterien, die auf dem Möwenberg und beim Sandkrug Aufstellung genommen hatten, verjagt. Um Mittag des 1. Februar zogen die Preußen unter dem Jubel der Bevölkerung in Eckernförde ein, das als erste befreite Stadt bis zum Abend überall blau-weiß-rot geflaggt hatte. Dem Stadtprotokoll vom 4. 2. zufolge war Bürgermeister Leisner, wohl noch vor dem Einmarsch der Preußen, bereits abgereist. Da der Magistrat nun nur noch aus dem Senator Dähnhardt und dem protokollierenden Senator Pupke bestand und damit ohne rechtskundiges Mitglied war, wurde zusammen mit den Deputierten Stegelmann, Gidionsen, Pinn und Bredenbeck beschlossen, den Kieler Advokaten Spethmann um einstweilige Übernahme der Bürgermeisterfunktion zu ersuchen.

Am 7. 2. 1864 übernahm dann der Kieler Advokat Rahtlev die Geschäfte eines Stadtsekretärs und dritten Ratsverwandten, bis eine höhere Behörde endgültige Verfügungen treffen würde.

Während viele Eckernförder, darunter etwa die Hälfte der Seminaristen, am 3. 2. nach Kiel geeilt waren, um Herzog Friedrich zu huldigen, hatte es für die alliierte

Streitmacht den ersten Rückschlag gegeben. Die Preußen, die bei Missunde den Übergang über die Schlei erzwingen sollten, um in den Rücken der im wieder befestigten Danewerk durch die Österreicher festgehaltenen dänischen Hauptmacht zu gelangen, waren vor der Schlei blutig abgewiesen worden. Den Übergang nach Angeln schafften sie dann erst in der Nacht vom 5. auf den 6. 2. bei Arnis. Den dänischen Oberbefehlshaber de Meza, dem aufgegeben war, in erster Linie den Bestand seiner Armee zu sichern, veranlasste dies, die Danewerkbefestigungen mit dem Beginn des 6. 2. zu räumen und sich auf Flensburg zurückzuziehen. Denn die in der dänischen Öffentlichkeit so viel berufene „Unüberwindlichkeit" der Danewerkstellung galt nicht mehr, nachdem die die Flanken sichernden Gewässer Schlei und Treene zugefroren waren. Insofern war die Jahreszeit für den deutschen Angriff gut gewählt. Die den retirierenden Dänen sofort nachsetzenden Österreicher erreichten die gegnerische Nachhut bei Oeversee. Trotz heftiger Gegenwehr wurden die Dänen geschlagen. Die Verluste waren auf beiden Seiten hoch.

Mit der Besetzung von Flensburg und Umgebung fand die erste Phase des Krieges ihren Abschluss. Die Dänen zogen sich auf ihren schwer befestigten Brückenkopf vor Sonderburg, die Düppelstellung, zurück.

In Eckernförde gab es in Konsequenz des politischen Umbruchs weitere Personalentscheidungen (10. 2.). Der bisherige Oberpolizeidiener Kolb wurde entlassen und ersetzt, wohl weil er sich unter der dänischen Herrschaft unliebsam gemacht hatte. Der Schiffer Friedrich Hittscher wurde an Stelle des „entwichenen" bisherigen Amtsinhabers zum provisorischen Brückenvogt und Lotsen ernannt.

Die alliierten militärischen Erfolge verstärkten auch die Aktivitäten zur Klärung der Zukunft der Herzogtümer. So beschlossen die Eckernförder Stadtkollegien am 7. 4. einstimmig zu einem am 4. 11. 1864 in Neumünster abzuhaltenden Städtetag eine Delegation zu entsenden, die sich für eine Trennung von Dänemark und für Herzog Friedrich VIII. als Landesherrn aussprechen sollte.

Die dynastisch begründeten Ansprüche Herzog Friedrichs fanden beim preußischen König ihrer Natur nach geneigtere Aufnahme als beim vornehmlich machtpolitisch denkenden Bismarck. Das galt insbesondere für den mit dem Augustenburger befreundeten Kronprinzen. In einer Denkschrift vom 26. 2. 1864 legte dieser die ihm einem selbstständigen Lande Schleswig-Holstein gegenüber begründet erscheinenden preußischen Forderungen dar: Rendsburg Bundesfestung, Kiel preußische Marinestation, Beitritt zum Zollverein, Nord-Ostsee-Kanal, Militär- und Marinekonvention mit Preußen. Kronprinz Friedrich Wilhelm glaubte hoffen zu dürfen, dass darauf sein Freund bereitwillig eingehen werde.[136]

Die militärische Vorentscheidung über das Schicksal des Herzogtums Schleswig fiel am 18. April 1864 bei Düppel. Nach sechsstündiger Beschießung erstürmten die Preußen unter dem Oberbefehl des Prinzen Friedrich Carl die zehn Schanzen des dänischen Brückenkopfes. Am 28. April gaben die Dänen auch Fredericia auf. Nur wenige Tage später war Jütland bis zum Limfjord und ganz Festland-Schleswig in alliierter Hand. Am 12. Mai kam es zu einem Waffenstillstand, der auf einer Konferenz in London zwischen den kämpfenden Parteien durch Vermittlung der übrigen Großmächte, des Deutschen Bundes und Schwedens vereinbart worden war. Die Bemühungen, nun auch zu einem Friedensschluss zu gelangen, scheiterten an Dänemark, das eine Teilung Schleswigs an der Linie Tondern-Apenrade ablehnte.

Wenige Tage nach Ende der Waffenruhe gelang den Preußen der Übergang nach Alsen. Nun endlich waren die Dänen friedensbereit. Die Feinseligkeiten wurden am

20. Juli beendet. Am 30. Oktober wurde der Friede zu Wien geschlossen, durch den die Herzogtümer Schleswig, Holstein und Lauenburg Österreich und Preußen zufielen.

In Eckernförde war inzwischen eine tragfähige Lösung für das Amt des Stadtsekretärs gefunden worden. Mit dem 7. Mai wurde mit Wilhelm Jahn ein sehr erfahrener Kommunalbeamter zum Stadtsekretär konstituiert. In verschiedenen Ämtern, am längsten als Bürgermeister, sollte er fast zwei Jahrzehnte lang Einfluss auf die Stadtgemeinde behalten.

Am 18. Mai beschlossen die Stadtkollegien, eine Deputation zu Prinz Friedrich Carl, dem Sieger von Düppel und Alsen, zu entsenden.

Mit dem 7. Juni 1864 übernahm Wilhelm Jahn erstmals das Bürgermeisteramt, allerdings zunächst nur in Vertretung des für einige Wochen beurlaubten Bürgermeisters Spethmann. Jahn konnte an Erfahrungen als Bürgermeister in Höxter und in Hamm anknüpfen.[137] In Höxter erinnerte sich seiner 1868 der dortige Leiter einer Baugewerbeschule und trat an ihn mit dem Plan heran, eine solche Einrichtung auch in Eckernförde zu gründen, worin er Jahns tatkräftige Unterstützung fand. Noch im gleichen Jahr konnte die Eckernförder „Bauschule" eröffnet werden.[138]

Ein letztes Mal ist am 16. 7. 1864 im Stadtprotokoll zu erkennen, dass Krieg ist: Die Stadt musste eine schwimmende Scheibe für Schießübungen der Artillerie beschaffen. Zweifelhaft ist, ob auch die aus der Stadtkasse bezahlte Rechnung des Wirtes Ritter für Stroh (5. 9.) noch Militärbedarf betraf. Immerhin tritt hier der Namengeber der „Ritterburg" im Stadtprotokoll in Erscheinung.

Mit dem heranziehenden Frieden belebte sich auch wieder das Canalprojekt Husum, Schleswig, Eckernförde. Ein Techniker sollte dazu die Hever untersuchen, Eckernförde sich zu einem Viertel an den Kosten beteiligen (9. 10.).

Nun ist zwar Frieden, doch der Krieg hat lange Schatten: Am 25. 11. wurde eine Rechnung für „Militär-Leichenfuhren" angewiesen und zwei aus dem dänischen Militärdienst entlassenen Eckernfördern für ihren Weg nach Hause Marschverpflegung bewilligt.

Auch wird beschlossen, einer Aufforderung des Büros des Städtetages in Kiel, eine Deputation an Herzog Friedrich VIII. zu entsenden, nachzukommen, „falls dies wenigstens von der Mehrzahl der Städte im Herzogthum Schleswig geschähe." Man merkt, die Begeisterung für den Augustenburger hat schon etwas nachgelassen.

Bismarck hatte mit dem „Erbprinzen", wie man Herzog Friedrich VIII. von offizieller preußischer Seite stets nannte, am 1. Juni 1864 ein entscheidendes Gespräch gehabt. Es war und blieb sein einziges mit dem Prätendenten geführtes Gespräch. „Hier hat er sich um seinen Thron geredet", war Bismarcks Fazit.[139] Somit wollte Bismarck offenbar gar nicht zu einer Vereinbarung im Sinne der kronprinzlichen Denkschrift vom Februar gelangen, sondern gegenüber seinem König und der königlichen Familie Argumente gegen die Sukzession des Erbprinzen und für die Annexion der Herzogtümer durch Preußen gewinnen. Nach Bismarcks Darstellung soll Friedrich den Landabtretungen zur Anlage von Befestigungen am zukünftigen Nord-Ostsee-Kanal, einer relativ unwichtigen, allemal verhandelbaren Frage, am lebhaftesten widersprochen haben. Während Friedrich beim Abschied sagte: „Wir sehen uns wohl noch", konstatierte Bismarck: „Ich mußte unsere Forderung als abgelehnt, eine weitere Verhandlung als aussichtslos betrachten." Dabei hatte er des Augustenburgers Abschiedsworte durchaus als Ausdruck seiner Unentschlossenheit verstanden.[140]

Bismarck sicherte seine Politik durch juristische Gutachten gegen den augustenburgischen Sukzessionsanspruch und durch Eindämmung und Schwächung der Zustimmung, die der Herzog im Lande fand, gegen die dynastischen Sympathien und die öffentliche Meinung ab. So erlebten es auch die Eckernförder. Dem Beispiel der Husumer folgend entsandten sie Ende November (26. 11.) eine aus Bürgermeister Spethmann, Worthalter Stegelmann und dem Deputierten Gidionsen bestehende Deputation, um dem Herzog eine Adresse zu überreichen, was dem Magistrat eine Rüge der „obersten Civilbehörde" eintrug (22. 12.).

Bismarcks Streben nach einer Annexion der Herzogtümer fand Schützenhilfe bei der schleswig-holsteinischen Ritterschaft. Im Dezember 1864 sandten 17 „Bewohner der Herzogthümer" eine Adresse an den österreichischen Kaiser und den preußischen König. Es waren überwiegend Adlige und Gutsbesitzer, unter ihnen zehn Mitglieder der schleswig-holsteinischen Ritterschaft. Den Anstoß dazu hatte Carl Freiherr von Scheel-Plessen gegeben. Die Unterzeichner sprachen sich für den Fall, dass die anzustellende Untersuchung, wer zur Erbfolge in der Landesherrschaft berechtigt sei, nicht zu einem ganz bestimmten Fürst, sondern zur „Zersplitterung" der Herzogtümer führen würde, für den „engsten Anschluss an eine der deutschen Großmächte, und zwar an die Preußische Monarchie als die nächstgelegene derselben" aus.[141] Dem folgte im Januar 1866 eine Adresse an Bismarck mit gleicher Tendenz, die von 19 Persönlichkeiten unterschrieben war, von denen diesmal sogar 17 zur Ritterschaft gehörten. Dem schleswig-holsteinischen Landadel versprach offenbar das konservative, adelsfreundliche „Junkerregiment" unter der Führung eines Standesgenossen einen besseren Schutz ihrer Vorrechte als das des liberalen und demokratischen Vorstellungen zuneigenden Herzogs Friedrich und seiner Berater, unter denen dem Eckernförder Samwer der größte Einfluss zukam. So ist sehr wohl anzunehmen, dass die „17er-Adresse" vom Dezember 1864 „die Grundlage für die Annexion der Herzogtümer Schleswig und Holstein dar"-gestellt hat.[142]

Ein erster Schritt dazu war die Verlegung der preußischen Marinestation der Ostsee von Danzig nach Kiel.

Nach Wien depeschierte Bismarck am 22. 2. 1865 Bedingungen, „unter denen die preußische Regierung geneigt wäre, über die Cession der Herzogthümer an einen eigenen Souverän sich mit Österreich zu verständigen." Danach sollten Schleswig-Holsteins Heer und Marine mit der preußischen Kriegsmacht vereinigt werden und dem preußischen König den Fahneneid schwören. Die Festungen sollten von Preußen besetzt und das für einen zu bauenden Nord-Osteee-Kanal und für einen Kriegshafen erforderliche Gebiet an Preußen abgetreten werden. Auch sollten die Herzogtümer dem preußischen Zoll-, Post- und Telegraphenwesen beitreten.[143] (Mit der Verlegung einer „Telegraphenlinie" durch Eckernförde war bereits im Februar 1864 (15. 2.) begonnen worden.)

Bismarck hatte die kronprinzlichen Bedingungen vom Februar des Vorjahres offensichtlich so verschärft, dass sie ein Fürst, der „souverän" bleiben wollte, nicht annehmen konnte. Mit Herzog Friedrich war darüber auch gar nicht erst verhandelt worden.

Umso heftiger agierte die Augustenburgische Partei in Schleswig-Holstein, mit der viele neu gegründete vaterländische Vereine in Stadt und Land sympathisierten. Als der Redakteur May in Altona, einer der aktivsten Führer der Schleswig-Holstein-Vereine, verhaftet und nach Rendsburg gebracht und der mit ihm sympathisierende preußische Abgeordnete Dr. Freise ausgewiesen wurde[144], brachte Worthalter Stegelmann am 5. August 1865 einen Antrag in die Sitzung der Eckernförder Stadtkollegien ein, wonach bei der Schleswigschen Landesregierung gegen dies einseitige Verfahren des Regierungskommissars Zedlitz protestiert werden sollte. Der in eine Bitte um Schutz gegen fernere derartige Maßregeln abgemilderte Antrag wurde schließlich mit Mehrheit angenommen, wobei aus dem Magistrat nur Senator Dehn dafür war, während es unter den acht Deputierten immerhin sieben Befürworter gab. Die Magistratsmehrheit empfand wohl deutlich, dass es sich hier um eine Frage von großer politischer Brisanz handelte, in der die zielbewusst auf eine Annexion beider Herzogtümer hinarbeitende preußische Regierung zunehmend in Gegensatz zum übrigen Deutschland und eben auch zu Österreich geriet, dem letztendlich ein Bundesstaat Schleswig-Holstein unter Herzog Friedrich erstrebenswert erschien, ohne deswegen eine militärische Auseinandersetzung mit Preußen riskieren zu wollen.

Da folglich in der Hauptsache keine Einigung zu erzielen war, nutzte Bismarck die augustenburgischen Unruhen, um das sich in einer innenpolitischen Schwächephase befindliche Österreich von der Notwendigkeit einer zwar vorläufigen, aber doch stabileren Ordnung der Verhältnisse in Schleswig-Holstein zu überzeugen. Am 14. 8. 1865 wurde die „Gasteiner Konvention" abgeschlossen. Die Herzogtümer sollten zwar gemeinsamer Besitz bleiben, aber getrennt verwaltet werden, und zwar Schleswig durch Preußen und Holstein durch Österreich. Lauenburgs östereichischen Anteil übernahm Preußen für 2 $^1/_2$ Millionen dänische Reichsthaler. Schon in Gastein wurde Preußen der Kieler Hafen mit dem Rechte der Befestigung, die Mitbesetzung von Rendsburg und die Oberaufsicht über den zu erbauenden Kanal zugesprochen.

Eckernförde hoffte nach wie vor, Ostseeausgang dieses Kanals zu werden. Als dem Kieler Kaufmann Klemm Strandparzellen zur Errichtung einer Maschinenfabrik verpachtet werden sollten, wurde in den Stadtkollegien eine Pachterhöhung für den Fall des Kanalbaus diskutiert (14.–16. 3.). Doch die Eckernförder hofften vergebens. Bismarcks Kanalbaupläne sollten ja nicht auf eine möglichst kurze, verkehrs- und handelsgünstige Durchquerung der kimbrischen Halbinsel hinauslaufen, sondern zielten auf militärische Vorteile. Der Kanal sollte es Preußen ersparen, je eine Ostsee- und eine Nordseeflotte zu bauen, und die beiden Kriegshäfen Kiel und Wilhelmshaven verbinden. Dabei sollte der Kanal auf der Nordseeseite die Ausfalltore gegen einen überlegenen (britischen oder französischen) Gegner, also Elbe, Weser, Jade und eventuell auch die Ems, so verbinden, dass der blockierende Gegner an allen diesen Stellen auf einen massiven preußischen Flotteneinsatz gefasst sein müsste.[145] Dieses Kanalbaukonzept erklärt auch, warum der tatsächliche Streckenverlauf bei Albersdorf zur Unterelbe abknickt und mit dem letzten Abschnitt vor Brunsbüttel auf Wilhelshaven weist. –

Realistischer waren da schon die Eckernförder Hoffnungen auf eine Eisenbahnverbindung mit Kiel. Denn die Planungen waren inzwischen in ein konkretes Stadium getreten. In ein damit beauftragtes Komitee wurden Bürgermeister Stegemann, Senator Dehn, Worthalter Stegelmann und der Deputierte Gidionsen gewählt (12. 4.). Für das „Nivellement", die Vermessung der Strecke Kiel–Eckernförde–Flensburg, wurden am 30. 6. 1865 600 M beigesteuert.

Am 12. 4. fiel auch die Entscheidung, dass die Klemmsche Maschinenfabrik auf dem sog. Saxtorfer Holzhof am Borbyer Strandweg errichtet werden sollte. Die Fabrik erhielt den gewünschten Gasanschluss (11. 5.). Auch das kulturelle Leben regte sich wieder. Im Rektorat wurde eine Malschule „errichtet" (10. 3.). Und – erstaunlich genug – das Kopenhagener Museum für Fischereigerätschaften fragte an, ob die Stadt ein Lokal bereit stellen könne, in dem Fischereigeräte ausgestellt werden sollten. Die Stadt erklärte sich bereit, das Lokal zu stellen und die Hälfte der Kosten zu tragen. Um die Einzelheiten sollten sich Stadtsekretär Jahn und der Deputierte Schramm kümmern (16. 6.). Immer noch gab es eine „Commission wegen Haltung der städtischen Stiere", in welche ebenfalls Stadtsekretär Jahn gewählt wurde (16. 6.).

Mit der Übernahme der alleinigen Verwaltung des Herzogtums Schleswig durch Preußen begann für „Herzog" Friedrich eine schwere Zeit. Der im September 1865 eingesetzte preußische Gouverneur Generalleutnant v. Manteuffel wachte eifersüchtig und entsprechend kleinlich über die Besitzrechte seines Königs an den Herzogtümern, die er durch jeden öffentlichen Beifall und andere Sympathiekundgebungen für den „Erbprinzen" oder auch nur für dessen Ehefrau für gefährdet ansah. Friedrich hatte mit seiner Familie mit Duldung des österreichischen Gouverneurs für Holstein Feldmarschall-Leutnant v. Gablenz in Kiel (im Düsternbrooker Weg) Wohnung genommen. Am 14. Oktober 1865 wollte er seinem Vetter Herzog Karl von Schleswig-Holstein-Sonderburg-Glücksburg auf Gut Karlsburg in Schwansen einen Gegenbesuch machen.[146] Der weite Weg von Kiel nach Karlsburg erforderte unterwegs einen Pferdewechsel, der erst eine halbe Stunde vorher bei der Eckernförder Posthalterei eigens für Borby bestellt worden war, um Eckernförde ohne Aufenthalt und damit möglichst unauffällig passieren zu können. Doch in der augustenburgisch gesinnten Stadt verbreitete sich die Kunde vom Kommen „ihres" Herzogs wie ein Lauffeuer. Er war es schließlich gewesen, der die Trophäe des Sieges vom 5. April 1849 dem Reichsverweser nach Frankfurt überbracht hatte und am 1. Februar des Vorjahres feierlich von der Freitreppe des Rathauses aus als Herzog proklamiert worden war. Unter dem Jubel der Bevölkerung und von einem berittenen Ehrengeleit begleitet durchfuhr er die beflaggte Stadt nach Borby. Bei der dortigen nun nicht mehr zu vermeidenden Begrüßung taten sich wieder Senator Dehn und Bürgerworthalter Stegelmann besonders hervor. Auch der Vorstand des Kampfgenossenvereins Jürgensen, sowie der Borbyer Lehrer Brauer hielten Ansprachen. Als Friedrich nach Mitternacht von Karlsburg zurückkehrte, war Borby festlich illuminiert, und in Eckernförde, wo Bürgermeister Spethmann die Illumination verboten hatte, war das Gedränge so stark, dass der Wagen des Herzogs nur im Schritt passieren konnte.

Manteuffel erfuhr von dieser Demonstration des Volkeswillens erst, als alles schon vorbei war. Auch die in der Stadt liegende preußische Infanterie hatte keinen Grund zum Einschreiten gesehen. Der Gouverneur schlug sofort zu: Dehn und Stegelmann wurden ihrer Ämter enthoben, Lehrer Brauer entlassen. Dem „Erbprinzen" drohte er im Wiederholungsfalle Verhaftung an, falls er nicht ihm, Manteuffel, seine Absicht, schleswigschen Boden zu betreten, vorher angezeigt habe. Auch legte er zwei weitere Kompanien Infanterie nach Eckernförde. Mit dramatisierenden Berichten vom Borby-Eckernförder Zwischenfall versetzte Manteuffel die hohe Politik an den Höfen von Berlin und Wien in ziemliche Aufregung. Bismarck schaltete sich von seinem Urlaubsort Biarritz ein.

Welch große Bedeutung der Aufenthalt Herzog Friedrichs am Borbyer Kirchspielkrug (dem heutigen Lindenhof) im Bewusstsein der Eckernförder behielt, zeigte die Abschiedsgabe Eckernförder Damen am 24. Mai 1867 an Herzog Friedrichs Ehefrau Adelheid, der Mutter der letzten deutschen Kaiserin, als sie vom Bahnhof Kiel aus Schleswig-Holstein verließ. Neben einem handschriftlichen Abschiedsgruß und einem Foto Eckernfördes vom Borbyer Ufer aus enthielt der Eckernförder Beitrag ein Foto vom „Anhaltepunkt Sr. Hoheit des Herzogs von Schleswig-Holstein in Borby am 14. Oktober 1865".[147]

Der Ärger der schleswig-holsteinischen Regierung über die renitente Stadt drückte sich wohl auch in ihrem Schreiben vom 6. November 1865 aus. Mit ihm wurde der

Antrag der städtischen Behörden „auf vorläufige Nichtwiederbesetzung des Diaconats u. Verwendung der Einnahmen des Diaconats zur Dotierung des Rectorats", das neu zu besetzen war, abgelehnt (18. 11. 1865). So musste also auch das Diaconat wieder neu besetzt werden. Damit war die „Vertheilung der Amtsgeschäfte zwischen dem Hauptprediger und dem Diconus in Eckenförde"[148] neu zu regeln, an der hier allein der Gesamtumfang der Amtsgeschäfte von Interesse ist:

1. An Sonn- und Feiertagen waren Vormittags- und Nachmittagspredigten zu halten,
2. in der Fastenzeit gab es außerdem Mittagspredigten,
3. Beichten waren abzunehmen und die Feier des heiligen Abendmahls zu halten (Letztere fand auch mittwochs statt),
4. mittwochs waren ferner Katechisationen (Religionsunterrichte) abzuhalten,
5. Konfirmanden waren zur Konfirmation vorzubereiten,
6. Eheschließungen, Taufen und Beerdigungen waren vorzunehmen,
7. die Mitgliedschaft im städtischen Armenkollegium mit Verantwortung für das städtische Armenwesen war wahrzunehmen,
8. die Kirchenbücher waren zu führen.

Als am 13. März 1866 Prinz Friedrich von Schleswig-Holstein-Sonderburg-Augustenburg, kurz Prinz von Noer genannt, in Krusendorf beigesetzt werden sollte, konnte Manteuffel noch einmal auf den Herzog, des Verstorbenen Neffen, Jagd machen lassen.[149] Denn am Vorabend war der Wagen des Herzogs mit Kutscher, Diener und einer Person im Pelz des Herzogs auf der Fahrt von Kiel nach Noer gesichtet worden. Ein Polizeihauptmann und drei Gendarmen wurden nach Krusendorf geschickt, um den Herzog zu verhaften. Zwei in Eckernförde liegende Infanteriekompanien brachen zu „Übungsmärschen" in die Gegend von Noer auf, um gegebenenfalls bei Demonstrationen für den Herzog eingreifen zu können. Infanterieposten riegelten die Kieler Chaussee bei Gettorf und die Wege nach Krusendorf ab. Eckernförder Sänger, die bei der Trauerfeier in der Kirche mitwirken sollten, wurden angehalten. Erst nach einer Viertelstunde durften sie weiterfahren. Vor allem die zu Wagen zur Trauerfeier anreisenden Personen wurden schärfstens kontrolliert. Auch als zum Schluss der junge Prinz von Noer mit seinen hohen Verwandten in einem vierspännigen Wagen zur Kirche fuhr, wurde dieser angehalten und kontrolliert. Nach der Trauerfeier ersuchte ein Offizier den jungen Prinzen von Noer, eine Erklärung abzugeben, ob der Herzog anwesend sei oder nicht. Dies lehnte dieser ab, stellte aber eine Haussuchung anheim. Selbst das Zimmer, in dem seine Schwester krank darniederliege, könne eingesehen werden. Der Prinz beklagte sich dabei bitter über die Vorkommnisse des Beisetzungstages, ließ aber den beteiligten Soldaten ein warmes Essen servieren und bat den kontrollierenden Offizier zu Tisch. Nach einigem Hin und Her erklärte er schließlich, der „Erbprinz" sei nicht da und auch nicht da gewesen. Die Anreise seiner Kusine Amalie in der Kutsche, mit dem Personal und dem Pelz des Gesuchten habe wohl Anlass zu dem Gerücht seiner Anwesenheit gegeben. Die Jagd wurde abgeblasen, hatte freilich noch ein Nachspiel. Denn der Prinz schrieb einen angeblich vom bei der Trauerfeier anwesenden Samwer verfassten Beschwerdebrief an den preußischen König. Dieser antwortete, seine Behörden hätten nicht anders handeln können. Das habe „das Verhalten Ihres Vetters leider im Interesse des Landes und Meiner Rechte an demselben notwendig gemacht".

Am 31. Oktober 1865 erschien der „Turnverein" erstmals im Stadtprotokoll. Er hatte die Überlassung eines Turnplatzes beantragt und erhielt diesen nun neben dem

„Invaliden-Kirchhofe". Der Eckernförder Männerturnverein war am 25. April 1864, eine Woche nach der Erstürmung der Düppeler Schanzen, gegründet worden. Turnerische Aktivitäten gab es freilich schon früher, nur wurden diese durch Bürgermeister Leisner unterdrückt. Den Initiator, Buchhändler Chr. Möller, beschuldigte er, Insurgent (Aufständischer) und Wühler zu sein.[150]

Das Stadtprotokoll wurde in den Jahren 1864–1866 sonst hauptsächlich von personellen Vorgängen und Entscheidungen bestimmt. Ähnlich wie in der vorangegangenen „Dänenzeit", kam es häufig zu Wechseln im Bürgermeisteramt und zur Entlassung politisch missliebiger Mitglieder der Stadtkollegien. So ist es auch als Reaktion auf den augustenburgischen Zwischenfall zu Borby vom 14. Oktober zu verstehen, dass der preußische Zivilkommissar für das Herzogtum Schleswig mit dem 31. Oktober 1865 dem „Amthause der Ämter Gottorf u. Hütten die Oberaufsicht über die Polizeiverwaltung und die gesamte städtische Administration der Stadt Eckernförde" übertrug und damit bezeichnenderweise eine Instruktion der dänischen Herrschaft wieder in Kraft setzte, die am 28. Oktober 1850, also unmittelbar nach der dänischen Wiederbesetzung des Herzogtums Schleswig ergangen war.[151]

Es erschien denn auch der neue Amtmann von Hütten am 15. November 1865 als Oberaufseher in der Sitzung der Stadtkollegien. Es war jener Freiherr von Scheel-Plessen, der seine gut preußische Gesinnung mit der Adresse der „17er" vom Dezember 1864 bewiesen hatte.

Anstelle des entlassenen Senators Dehn wurde am 16. 2. 1866 der „Proprietair" J. W. Dähnhardt gewählt, der schon einmal Ratsherr gewesen war. In gleicher Sitzung erfuhren die Stadtkollegien, dass Bürgermeister Spethmann kommissarisch zum Bürgermeister von Husum ernannt worden sei und zum 1. 3. 1865 dorthin wechseln werde. In das Amt des entlassenen Bürgerworthalters Stegelmann wurde der Deputierte Schützler gewählt (28. 2.).

Der Stadtsekretär Jahn war nach Ausscheiden Bürgermeisters Spethmann mit der Wahrnehmung der Geschäfte des Bürgermeisters und des Polizeimeisters beauftragt worden (20. 3.). Doch schon am 6. 4. 1866 führte sich Herr Hoë aus dem „Centralbureau der Schleswigschen Regierung" als neuer Bürgermeister ein. Er blieb nur zwei Monate im Amt. Mit dem 13. 6. wurde er nach Kiel „committiert", „um bis auf Weiteres dem Oberpräsidenten Baron v. Scheel-Plessen zur Seite zu stehen".

Wie kam Preußenfreund Scheel-Plessen ins bislang österreichisch verwaltete Kiel? Der zwischen Österreich und Preußen schwelende Konflikt über die Zukunft der Herzogtümer Schleswig und Holstein und über die Reform des Deutschen Bundes war am 1. Juni 1866 zu einer harten machtpolitischen Auseinandersetzung geworden, als Österreich die schleswig-holsteinische Frage gegen den erklärten Willen Preußens dem Bundestag in Frankfurt zur Entscheidung vorlegte, „damit sie nicht zu Gunsten einseitiger Ansprüche, sondern nach dem Landesrecht und dem Bundesrecht gelöst werde".[152] Zugleich hatte Gablenz die holsteinischen Stände auf den 11. Juni nach Itzehoe einberufen, „um die Stimme des Landes über sein künftiges Geschick zu hören."[153] Preußen sah darin einen Bruch des Gasteiner Abkommens und beauftragte General Manteuffel, mit militärischen Mitteln den vorherigen Zustand der gemeinsamen Verwaltung wieder herzustellen, wozu dieser aus Schleswig in Holstein einmarschierte. Gablenz und auch der Herzog mit seiner Regierungsmannschaft verließen Holstein, die österreichischen Truppen wurden abgezogen.

Manteuffel verhinderte den Zusammentritt der holsteinischen Stände in Itzehoe und machte Carl v. Scheel-Plessen zum Oberpräsidenten im Kieler Schloss. Mit Manteuffel marschierte auch das bisher in Eckernförde garnisonierende Füsilierbataillon des 4. pommerschen Infanterieregiment Nr. 59, das Militärlazarett wurde der Stadt übergeben (8. 6.).

Österreich erblickte in der preußischen Besetzung Holsteins seinerseits einen Bruch des Gasteiner Abkommens und einen Verstoß gegen Bundesrecht und beantragte eine Mobilmachung des Bundesheeres mit Ausnahme natürlich der preußischen Armeekorps. Gegen den Protest Preußens nahm der Bundestag diesen Antrag auf „Kriegsbereitschaft" am 14. Juni 1866 an. Die seiner Ansicht nach verfassungswidrige Abstimmung nahm Preußen zum Anlass, den Bund für aufgelöst zu erklären, und schlug den deutschen Regierungen einen neuen Bund unter Ausschluss Österreichs vor. Doch die meisten größeren deutschen Staaten stellten sich gegen Preußen: die vier Königreiche Bayern, Hannover, Sachsen und Württemberg, das Großherzogtum Hessen und das Kurfürstentum Hessen (Kassel), dazu das Herzogtum Hessen-Nassau und die Stadt Frankfurt.

Der preußische Militärschlag richtete sich zunächst gegen die seine östlichen von den westlichen Besitzungen trennenden Staaten Hannover und Hessen-Kassel, die bald kapitulieren mussten. Die sächsische Armee räumte vor den preußischen Angreifern das eigene Land und vereinigte sich in Böhmen mit den Österreichern. Ende Juni 1866 war Deutschland bis zur Mainlinie in preußischer Hand. Von Schlesien und Sachsen aus begann nun der konzentrische Angriff auf die österreichisch-sächsische Armee, die am 3. Juli 1866 bei Königgrätz (oder Sadowa) in einer blutigen Schlacht entscheidend geschlagen wurde.

Da das erst wenige Jahre zuvor vereinigte Königreich Italien seinem alten Feind Österreich ebenfalls den Krieg erklärt hatte, weil Österreich die Anerkennung des Königreichs und die Abtretung Venetiens verweigerte, befand sich Österreich nach Königgrätz in einer aussichtslosen Lage. Denn der Kaiser der Franzosen war nicht bereit, für Österreich Partei zu ergreifen, so sehr auch die Franzosen, eifersüchtig auf die Erfolge Preußens und seinen erdrückend empfundenen innerdeutschen Machtzuwachs, „Rache für Sadowa" verlangten. Napoleon III. beschränkte sich einstweilen auf eine Friedensvermittlung. Am 26. Juli kam der Waffenstillstand zu Nikolsburg und am 23. August 1866 der Friede zu Prag zustande. Auch die süddeutschen Königreiche schlossen in Berlin Frieden mit Preußen. Sie erkannten die Gründung eines norddeutschen Bundes und die preußischen Gebietserweiterungen an. Italien erhielt Venetien.

Mit dem Prager Frieden wurde Schleswig-Holstein alleiniger Besitz Preußens, wobei auf Drängen Napoleons als Artikel V die Bestimmung in den Friedensvertrag eingefügt wurde, dass Nordschleswig, wenn die Bevölkerung dies in freier Abstimmung wünschen sollte, mit Dänemark zu vereinigen sei. Doch einstweilen verlief die neue preußische Nordgrenze entlang der bereinigten Linie, wie sie 1864 im Vertrag von Wien vereinbart worden war. Anstelle der einzugliedernden dänischen Enklaven im Herzogtum Schleswig (Mögeltondern, Amrum, Westerlandföhr, List auf Sylt, Röm) erhielt Dänemark acht Kirchspiele im Nordosten am Südufer der Koldinger Förde und vier im Nordwesten zur Landanbindung des dänischen Ripen und die Insel Arrö. Nur in der Mitte dazwischen war die Königsau noch Grenze.

Es versteht sich, dass unter diesen Umständen der von Preußen für Schleswig-Holstein eingesetzte Oberpräsident v. Scheel-Plessen auf die Hilfe des ihm zunächst nur interimistisch zugeteilten Bürgermeisters von Eckernförde Hoë nicht so bald verzichten konnte. Daher blieb es in Eckernförde vorerst noch bei dem Advokaten Nissen als kommissarischem Bürgermeister.

Die nunmehr alleinige preußische Herrschaft über Schleswig und Holstein schien indes die Eckernförder noch nicht sonderlich zu beeindrucken. Der erst im Jahr zuvor von hoher Hand als Deputierter und Worthalter wegen seiner entschieden augustenburgischen Parteinahme abgesetzte Kaufmann C. F. Stegelmann wurde nicht nur zum Deputierten wieder gewählt, sondern auch durch die Deputierten erneut zu ihrem Vorsitzenden und Bürgerworthalter gemacht (17. 8.).

Am 18. 8. 1866 wurde der Norddeutsche Bund gegründet. Unter preußischer Führung war damit Deutschland de facto bis zur Mainlinie vereinigt. Der Friede von Prag zwischen dem siegreichen Preußen und dem unterlegenen Österreich besiegelte endgültig den Kampf um die Vorherrschaft in einem Deutschland, zu dem (Deutsch-)Österreich nun nicht mehr gehören sollte.

Der mit geschickter Diplomatie, vor allem mit überlegener Waffentechnik, Militärorganisation und Strategie erzielte Machtzuwachs (Hannover, Kurhessen, Hessen-Naussau und Frankfurt wurden preußisch), beunruhigte vor allem Frankreich, das freilich vergeblich hoffte, dafür mit linksrheinischen Gebieten entschädigt zu werden.

Vor der förmlichen Annexion Schleswig-Holsteins wurde hier am 13. 10. 1866 die preußische Wehrpflicht eingeführt. Das Stadtprotokoll vermerkte am 4. 12. 1866 ein Regierungsreskript, wonach preußische Kassenanweisungen und Noten der Preußischen Bank an Zahlungs statt anzunehmen seien. Noch einmal regte sich ein gewisser Widerstand gegen das preußische Regiment. Senator Pupke, Bürgerworthalter Stegelmann und der deputierte Bürger Schützler verwahrten sich gegen eine etwaige persönliche Haftpflicht „wegen etwa eingehender falscher u. ungültiger Zettel". Gemeint war das preußische Papiergeld.

Am 24. Januar 1867, dem Geburtstag Friedrichs des Großen, wurde Schleswig-Holstein in Preußen einverleibt, also preußische Provinz. Eckernförde, das zusammen mit dem südlichen Teil des Herzogtums Schleswig von seiner Gründung an immer sprachlich und kulturell deutsch gewesen war, wurde nun zum ersten Mal in seiner Geschichte auch staatsrechtlich deutsch. Das Stadtprotokoll notierte am 25. 1. „von dem Herrn Bürgermeister wurden die von der oberen Behörde erlassenen Verfügungen in Betreff der bevorstehenden Proclamierung der Einverleibung der Herzogthümer in die Preußische Monarchie vorgetragen. Es wurde genehmigt, die in Folge der ged(achten) Verfügungen ... ausgeführte Anschaffung von vier Fahnen auf Kosten der städtischen Kasse ..." Es waren sicher keine blau-weiß-roten und schon gar nicht schwarz-rot-goldene, sondern einfach schwarz-weiße preußische Fahnen.

Anmerkungen

(auf das den Anmerkungen folgende Quellen-, Literatur- und Abkürzungsverzeichnis bezogen)

Anmerkungen zum 1. Kapitel

1 LAS Gottorfer Urkunde, Nr. 106 vom 9. 5. 1569
2 Schäfer IV, S. 462
3 La Cour II, nach S. 346
4 Schäfer IV, S. 494
5 GSH 5, S. 15
6 GSH 5, S. 18
7 Schäfer V, S. 23
8 Schäfer V, S. 43
9 La Cour II, S. 442 und Brandt, Otto (1949), S. 129
10 Troyburg bildete mit Mögeltondern, Ballum, Amrum, Wetserland-Föhr, List und Süderland-Röm seit etwa 1400 eine jütische Enklave, die auf Königin Margarethe zurückging (Oldekop [1906] X, Wiesby)
11 Hedemann (1899), S. 26 „… und es so weit gebracht das König Erich in gefencknus geraten König Hans umb Friedtshandlunge gesonnen …" (Aus dem Text des Epitaphs für Daniel Rantzau in der St. Catharinenkirche zu Westensee, vgl. Abb. 4)
12 Hedemann (1899), S. 25, 27 und 30
13 Schäfer V, S. 239
14 Rumohr, Schleswig, S. 195
15 Die Angaben sind im wesentlichen Kellenbenz (1985), S. 18f., und Grote, S. 210f., 506 und 508, entnommen.
16 Zuletzt war Königin Margarethe seit 1376 Regentin für ihren minderjährigen Sohn Olaf gewesen. Eine eventuelle Regentschaft der Königinmutter war noch 1542 durch den Reichsrat bestätigt worden (Allen, S. 185 und Schäfer IV, S. 370)
17 Schäfer IV, S. 370
18 La Cour II, S. 377
19 Kellenbenz (1985), S. 19
20 Bremer, §§ 274, 278 und 307
21 Bremer, S. 94–220
22 Bremer, S. 99f.
23 Bremer, S. 130, FN 2
24 Bremer, S. 130f.
25 Bremer, S. 131, FN 1
26 Bremer, S. 147ff. (§ 236)
27 Bremer, S. 168ff. (§ 244)
28 Bremer, §§ 239, 241 und 268
29 StAE Urkunden und Abschriften (Stahlschrank)
30 StAE Urkunden und Abschriften (Stahlschrank)
31 Schäfer V, S. 317
32 Schäfer V, S. 330
33 Schäfer V, S. 332
34 Schäfer V, S. 355
35 Schäfer V, S. 362
36 Schäfer V, S. 366f.
37 Schäfer V, S. 372f.
38 Schäfer V, S. 432
39 GSH5, S. 121 und Schäfer V, S. 393
40 LAS Urk. Abt. 181, Nr. 6
41 Jessen (1917), S. 445
42 Nach einer dendrochronologischen Untersuchung eines 1961 entnommenen Balkenabschnittes eines umgebauten Ständers des Kernbaus (Saeftel 1961 an BGM Eckernförde S. 13) hat das

Ordinariat für Holzbiologie der Univ. Hamburg 1970 (lt. Schrb. vom 26. 4. 1976 an die Stadt Eckernförde) festgestellt, dass dieses Bauholz zwischen 1549/50 und 1554 gefällt worden sein muss. Dieser Kernbau ist nach dem Stadtplan von Brann/Hogenberg schon vorhanden, der Anfang des 17. Jahrhunderts angefertigt worden ist. Das heutige „Alte Rathaus" ist also in der 2. Hälfte des 16. Jahrhunderts entstanden.

43 Saeftel, S. 124
44 GSH 5, S. 196
45 StAE Akte Bestätigung der Stadtprivilegien, Abschriften W. J. S.
46 StAE Mappe Abschriften
47 KDME, S. 118, 7 Stifternamen auf der Melcher-Lucas-Glocke von 1589 mit Zusatz „BURGER-MEISTER" (2) oder „RATHMENNE" (5)
48 Stadtvögte Simon Christian am 12. 3. 1613 (StAE I Ab 1) und Hinrich Holste (StAE StBE 1542–1681, S. 53)
49 Ketelsen, S. 287 u. Abb. 193, KDME S. 123
   Das stark beschädigte Epitaph liegt auf der älteren Buchwaldtgruft in der SW-Ecke von St. Nicolai Eckernförde
50 Behling, S. 182
51 KAE HA 5ᵃ vom 17. 4. 1602
52 Pontoppidan, S. 731
53 KDME S. 120
54 Deiters KN (EN) v. 23. 11. 1996
   Jacob Ruge Detlefs Sohn hatte das Haus 1611 aus dem Nachlass des Detlev Brockdorf erworben (StBE 1542ff. S. 223)
55 Achelis (1956), S. 180
56 KDME, S. 118
57 Thomsen (Thomas) (1968), S. 198
58 KDME, S. 123f.
59 Ketelsen, S. 185 (Abb. 168)
60 Zuschreibung von H. Bethe „Henni Heidtrider", Nordelbingen Bd. 8, 1930/31, S. 210, zitiert nach KDME, S. 125
61 KDME, S. 114f.
62 StAE I, Ab 1
63 StBE, S. 193 (4. 2. 1605)
64 StBE, S. 231, 235, 249, 265
65 GSH 5, S. 199
66 KDME, S. 126f., Ketelsen, S. 287
67 KDME, S. 128f., Ketelsen, S. 288
   Das Meisterwerk Haus Gudewerths II. wird im 2. Kapitel (Abb. 47) noch eingehender behandelt werden.
68 Jessen (1931), S. 151
   In seiner maschinenschriftlichen Beschreibung der Nicolaikirche (1930) heißt es auf S. 34 noch richtig „Bürger" Thomas Börnsen
69 StBE, S. 350
70 Ketelsen, S. 214 und Behling, S. 293
71 StAE, Bestand 3.3
72 Kock (1951), S. 30
73 Kock (1951), S. 26–30
74 Corpus Statutorum Slesvicensium, S. 152f.
75 StAE Urkunden und Abschriften (Stahlschrank) (Herzogin Augusta am 15. April 1616)
76 StAE Urkunden und Abschriften (Stahlschrank) (Herzoglicher Bescheid vom 29. 5. 1611)
77 Kock (1951), S. 27: Brückenordnung Ziffer 9
78 StAE Akte Nachlass W. Jessen „Eckernförde 1500–1600" Anlage zum Vertrag zwischen Fiskus und der Stadt Eckernförde vom 17. 12. 1874, mit dem die „Gammelbyer Lanstengelder" abgelöst wurden
79 Herzoglicher Bescheid auf Eckernförder Gravamina anlässlich einer von ihnen geforderten Kontribution vom 30. 9. 1624 – StAE Urkunden und Abschriften (Stahlschrank) „Zum fünften …" und „Fürs dritte …"

80 LAS Urk. Abt. 65, 1 Nr. 1284 (s. auch Hoop, S. 143 und Kock (1951), S. 24)
81 Johannsen, H. M., S. 83 FN1
82 nach Johannsen, H. M., S. 81
83 Die Darstellung folgt im wesentlichen Johannsen, H. M., S. 81–83, und Hoop, S. 143f.
84 Kock (1951), S. 39
85 Thomsen (Thomas) (1956), S. 16
86 Ziffer 11 der herzoglichen Entscheidung vom 30. 9. 1624 StAE Urkunden und Abschriften (Stahlschrank)
87 Ziffer 9 der Herzoglichen Entscheidung vom 30. 9. 1624, StAE Urkunden und Abschriften (Stahlschrank)
88 Ziffer 10 der Herzoglichen Entscheidung vom 30. 9. 1624, StAE Urkunden und Abschriften (Stahlschrank)
89 StAE: IV B 13 und Hoffmann, G. E. (1955), S. 23–29
90 Hoffmann, G. E. (1955), S. 23
91 KAE HA KR 1612
92 Bertheau, S. 93
93 Jessen (1931), S. 165
   In der Abrechnung für den Kak sind außer den „Schnitkern" Maler, Pflasterer („Steinbrugger") und Schiffbauer erwähnt
94 Hoop, S. 150
95 Kellenbenz (1985), S. 164
96 Jensen und Wulf, S. 98
97 Slesvigland 5 (1988), S. 142
98 LAS Urkunde Stadt Kiel, Deposit Nr. 383
99 Herzog Johann Adolf vom 6. 10. 1608, Punkt 1 (StAE Urkunden und Abschriften [Stahlschrank])
100 Nernheim, S. 181
101 StAE VI B 20
102 Jessen (1931), S. 9ff
103 Jessen (1931), S. 9ff.
104 Bd. I, S. 196 und 201
105 DAA Rantzau (1930), S. 140
106 Kellenbenz (1985), S. 164
107 Kellenbenz (1985), S. 165
108 Jessen (1931) im Titel
109 Jessen (1931), S. 8
110 Etwas zusammengezogener, in heutiges Deutsch übertragener Auszug aus Dorothea von der Wischs Testament vom 19. 11. 1611 betreffend ihr „Hauß und Hof allhie zu Eckerenförde in der Langenbrugstraßen" StAE StBE, S. 230–234
111 Zitate aus S. 6 der Abschrift der Urkunde vom 18. 10. 1554 im StAE Urkunden und Abschriften (Stahlschrank)
112 Jessen (1934), S. 257
113 Kock (1941), S. 57
114 Jessen (1931), S. 165
115 StAE Urkunden und Abschriften (Stahlschrank) vom 4. 12. 1611 und Thomsen (1982), S. 208
116 Deiters (1998)
117 Bescheid Herzog Friedrichs III. vom 28. 9. 1624, Punkt 1 – StAE Urkunden und Abschriften (Stahlschrank)
118 LAS Urk. Stadt Rendsburg = 143 Nr. 117
119 Kock (1951), S. 26 bzw. 30, erstes Zitat leicht umgestellt
120 RAK Herzog Adolphs Registrant vom 18. 5. 1561 (106) lt. Bobés Brief an W. Jessen vom 30. 3. 1909, im StAE abgelegt bei „Blomenburg"
121 Willess Jessen in einem vom Küster verwahrten unveröffentlichten Manuskript über die St. Nicolai Kirche (nach 1930)
122 KAE, HA 3 „Von den Stölten so den vom Adell ihn de Kercke setten laten hebben"
123 StBE, S. 136 vom 26. 9. 1596

124 KDME. S. 110–112, das sind die ersten 3 Bretter mit 16 in die Zeit bis 1624 gehörenden Namen: Claus Vaget, Johann v. d. Lippe, Jasper Brorstorp, Filip Schefincr, Simon Christian, Ote Kistemaker, Drees Reier, Moritz Praves, Ciriakus und Lene Dirkes, Peter und Marine Bock, Jurgen und Grete Krabbenhovet, Hans und Wibke Gudewert

125 KDME, S. 96; Hanssen, S. 44

126 Tiemer (1975), S. 95; Achelis (1952), S. 94

127 Seredszus (1982), Jessen (1912), (1930) und (1931)

128 KAE HA Konv. I Nr. 7 B IX 1 265 und B IX d 2

129 Pontoppidan, S. 731

130 Aus der Zeit zwischen der Reformation und dem Dreißigjährigem Kriege sind zumindest die folgenden Einrichtungsgegenstände von St. Nicolai verloren gegangen: Schalldeckel und Korb der Kanzel, 3 Epitaphien (2 Ruge, 1 Bostelius), 1 Kelch vom Altar der 11Tausend Jungfrauen (Stiftung Frau Clara Sehestedt), 1 Abendmahlskanne (Stiftung Simon Christian – gestohlen 1988). Gefährdet bis fast verloren sind: 3 Epitaphien (Simon Christian, Hans Blancke, Peter Mandix)

131 Hanssen, S. 49

132 KAE HA 8^a 22. 3. 1610

133 Kellenbenz (1985), S. 218

134 Die Schreibung „Domesdach" lässt die Wortbedeutung gut erkennen: Dom = Gericht und dach = Tag, zusammen: Gerichtstag. Gemeint ist das Jüngste Gericht, also etwas, was noch sehr weit weg ist, auch im räumlichen Sinne: weit weg, abgelegen. Damals lag das Domstaggelände in der Tat weit weg von der Stadt. Vgl. Laur, S. 215 (für Hof Domstag bei Kronsgaard in Angeln)

135 Jensen, H. N. A., S. 1212

136 Philipsen, S. 110

137 Philipsen, S. 112

138 Die Daten ergeben sich aus der Inschrift unter seinem (Pastoren-)Bild in St. Nicolai; s. auch Abb. 45

139 Bülck, S. 44 ff, insbesondere S. 48; s. auch Achelis (1952), S. 94

140 Achelis (1952), S.95

141 Tiemer (1975), S. 95

142 Philipsen, S. 106

143 Achelis (1956), S. 180ff.

144 Philipsen, S. 106

145 Bülck, S. 44ff.

146 Andresen (1939), S. 164

147 Witt, Johann, S. 39f.

148 Kramer (1989), S. 84 und Achelis (1956), S. 200, 3. Beilage

149 Jessen HbKE III, 2, S. 250

150 Jessen, HbKE III, 2, S. 245f.

151 Original im Besitze der Eckernförder Bürgerschützengilde

152 S. 14

153 Altstädter St.-Kundsgilde Schleswig, Gildebuch von 1980, S. 6

154 Altstädter St.-Kundsgilde Schleswig, Gildebuch von 1980, S. 6

155 auch Hoop für Rendsburg, S. 274

156 Jessen, HbKE III, 2, S. 250–256

157 Jessen, HbKE III, 2, S. 256 (Artikel 33)

158 Vgl. Bd I, S. 212f., 218 und 220ff., Abb. 46 auf S. 213

159 Jessen (1910), S. 429–439. Jessen datiert „ca. 1550". Doch muss die Ordinanz noch aus der Zeit vor der 2. Landesteilung (1544) stammen, da noch für den König als Landesherrn gebetet werden soll (S. 431). Da im Übrigen die Aufgaben des Priesters ganz im Sinne der neuen Kirchenordnung von 1542 beschrieben werden, ist anzunehmen, dass die Goschhofordinanz schon bald danach, also zwischen 1542 und 1544 ergangen ist.

160 Jessen (1910), S. 431f.

161 Bobé 2. Bd. (1912) Bilag, S. 11

162 DAA 1929 (Ahlefeldt), S. 114

163 Gottorfer Amtsrechnung für 1621, Beilage (AXXIV), nach einer Abschrift von W. Jessen im StAE, Nachlass Jessen, Eckernförde 1600–1700

164 StBE, S. 241
165 1. Lage des Hauses laut Brief Bobé an W. Jessen vom 30. 3. 1909 im StAE
     2. Erwerb Friedrichs I lt. Urkunde über die (späte) Gegenleistung Christians III. an Claus Seste-
     de am 6. 6. 1542 StAE „Nachlass Jessen 1500–1600" (zitiert aus Danske Kancelliregitranter
     1535–1550, S. 227/228)
     3. Herzog Adolf an Otto van Damme DAA 1920, S. 456
166 Skovgaard, S. 123 N 82
167 Skelton, S. XXI
168 Klose/Martius, S. 148
169 Jessen(1931), S. 165
170 Hanssen, S. 45; So auch Jensen, H. N. A., S. 1209: „Einen Turm hat die Kirche nicht mehr, seit-
     dem 1612 der Blitz den damals vorhandenen zerstörte, worauf das Dach der Kirche darüberhin
     erweitert ward, wohl aber ist auf der Kirche eine ziemliche Spitze."
171 KAE HA Kirchenrechnung für 1612
172 HbKE II, S. 263 ff. auch StAE, Nachlass Jessen, Mappe „Adel" (vorl.)
173 StAE Bestand 3.2
174 HbKE II, S. 261, entnommen aus Seestern-Pauly, S. 108f.
175 Vgl. in Bd. I   *Texte:* Ahlefeldt, S. 177f., 198   *Stammtafeln:* Ahlefeldt, Abb. 34, S.178
                                Sehestedt, S. 178f., 199f   Sehestedt, Abb. 35, S. 181
                                Blome, S. 194 ff.   Blome Abb. 38, S. 195
                                Brockdorff, S. 200f.
176 Vgl. Jessen (1910), S. 358 ff.
177 Kramer (1989), S. 83
178 Die folgende Lebensgeschichte der „bösen Frau Mette" geht auf folgende Quellen zurück:
     Andresen (1939), S.126–128; Bobé 2. Bd., S. 26–29; Rumohr (1987), S. 43; Rumohr (1988),
     S. 266–268, 276; Bischoff, S. 137 f.; DAA 1929 II, S. 108 ff. (Ahlefeldt)
179 Andresen (1939), S. 128 f.
180 Jessen (1910), S. 439–441
181 Rumohr (1987), S. 43
182 Bischoff, S. 208f.
183 zitiert nach Bischoff, S. 138
184 Andresen (1939), S. 168
185 KAE HA 5ᵃ
186 Oldekop (1906), VII 20f.
187 Schröder, S. 57
188 Bischoff, S. 210
189 Bremer, § 311, S. 206f.
190 Rumohr (1988), S. 276; Beseler, S. 545f., Abb. 1468
191 Dafür spricht auch, dass Claus von Bockwoldt (Buchwaldt) 1605 für seine Schwiegermutter
     Dorothea, Wulf Rantzaus Witwe, in St. Nicolai ein Erbbegräbnis kauft, das „unter der Orgel
     oder Taufstein" lokalisiert wird. Die Orgel musste dem Ahlefeldt'schen Epitaph weichen.
192 Jessen (1930), S. 46
193 Vgl. Ketelsen, S. 131f. zu Abb.129
194 KDME, S. 105
195 KDME, S. 130
196 LAS Urk. Schleswig, Nr. 232 = C 232 Ex actis XX
197 Jessen (1907), in: „Das Ahlefeld'sche Grabgewölbe"
198 KDME, S. 292 und Abb. 110
199 KDME, S. 138; Hanssen, S. 57
200 Hanssen, S. 56
201 KAE HA 8ᵃ vom 22. 5. 1622 „Hochfürstl. Rescript an die Patronen des Geltingischen Hospitals
     zu Eckernförde, Anno 1622"
202 StBE 26. 9. 1596, S. 136
203 Jessen (1931), S. 77
204 Noodt II, S. 270
205 Vgl. Scheffler, S. 17

206 Jessen (1931), S. 124
207 Jessen (1931), S. 147
208 Thomsen (Thomas) (1980), S. 148f.
209 KAE HA 3 22. 2. 1608
210 Neben den bereits genannten allgemeinen Quellen geht das Folgende auch auf Hintze, S. 74–79 zurück. Vgl. auch die Stammtafel in Bd. I, S. 195. (Abb. 38)
211 Smith (1953), S. 29
212 Kock (1929) S. 165
213 DAA 1936, S. 12
214 Bd. I, S. 201 (Abb. 43)
215 KAE HA 4 13. 3. 1587
216 Jessen (1931), S. 131f.
217 Stern, § 105, S. 64f. Wahrscheinlich hat sich der Vorfall schon 1575 zugetragen, da der Tod des Jungen in diesem Jahr im Läuteregister von St. Nikolai zu Kiel verzeichnet ist. (Stern, Vorwort, S. CXXXIII)
218 Rumohr (1987), Schleswig, S. 320
219 Dem Verfasser liegt eine Fotokopie des gedruckten Protokolls vor; ein Fundstellenhinweis fehlt. Vgl. die Inhaltsangaben bei Rumohr (1987), Schleswig, S. 320 und Teilzitate in HbKE II, S. 341–343. Das Original ist verloren gegangen (LAS Findbuch Abt. 7, S. 241).
220 HbKE II, S. 343
221 KAE, Kirchenrechnungen für 1586 und 1587
222 Bremer, S. 178
223 Noodt I, S. 93 FN 16
224 1936 II, S. 11
225 s. Literaturverzeichnis unter: Jessen (1939), Oberdiek, Ketelsen-Volkhardt, Behling und Seredszus (1982)
226 Die genealogischen Angaben fußen auf DAA 1913 Abt. II.
227 DAA 1913 II, S. 133
228 KAE HA 5ᵇ 1605
229 Behling, S. 272f., 276 und 302 f. Die Antwort auf die Frage, ob Claus von Buchwald auch Auftraggeber in Bøstrup war, hängt davon ab, ob der Patronat damals (1634) bei Tranekær oder doch auch bei Nedergaard lag.
230 Vgl. Behling, S. 171 und Jessen (1931), S. 141f.
231 Karrieredaten nach Bischoff, S. 155f.
232 Behling, S. 289
233 Albrecht, S. 42
234 Bremer, § 384, S. 249f.: Das „viele Scherzworte mit ihrem Junckern gewechselt" entnimmt Herausgeber M. Stern Wilhelm (FN 6 auf S. 249).
235 Hanssen, S. 48; Pontoppidan, S. 740
236 KAE HA 3 No. 3 Pag. 24
237 Seredszus (1992), S. 235
238 DAA 1931, S. 32f.
239 Oberdiek (KDME), S. 133
240 StAE Urkunden und Abschriften, Schrb. Bobé vom 30. 3. 1909; DAA 1920, S. 456
241 DAA 1921 (Wonsfleth), S. 290
242 StBE, S. 273
243 Behling, S. 23
244 KDME, S. 192
245 Hubrich-Messow, S. 14f.
246 Margarete „Josts Tochter" Meinstorff, Hennekes Mutter, war eine geborene Wonsfleth, und ebenso Cecilie („Syle") von Thienen, Hansens Witwe, Woldemar Wonsfleths Tochter. Sie kaufte am 24. 9. 1621 von Bendix Ahlefeldt zu Stubbe ein Haus in Eckernförde (StBE, S. 291), wodurch die Thienen in E. ansässig wurden.
247 LAS Abt. 7, Nr. 3356 vom 22. 2. 1623

Anmerkungen zum 2. Kapitel

1 zitiert nach GSH 5, S. 139
2 LAS Abt 7, Nr. 5460 vom 27. 2. 1673. Für diese Bürgerzahl wird hier – wohl irrtümlich – das Jahr 1628 angegeben, bis zu dem die Kriegsereignisse die Stadt schon erheblich entvölkert hatten.
3 LAS Abt. 7, Nr. 3356 vom 8. 3. 1623
4 LAS Abt. 7, Nr. 3356 vom 19. 3. 1623
5 LAS Abt. 7, Nr. 3356 vom 21. 3. 1623
6 StAE Abt. VII, Nr. 14 Hafen- und Brückenrechnungen 1614–1640
7 LAS Abt. 7, Nr. 5471 vom 11. 8. 1624
8 Schäfer 5, S. 473f.
9 Schäfer 5, S. 478
10 Bremer, S. 259 Nr. 406: Die Nachricht aus Eckernförde stammt aus der Inschrift des „Sündflutbildes" in der St. Nicolai Krche (KDME, S. 107)
11 StAE VII 14 Brückenrechnungen 1614–1640
12 LAS Abt. 7, Nr. 5471 vom 20. 7. 1624
13 LAS Abt. 7, Nr. 5490 vom 23. 11. 1624
14 LAS Abt. 7, Nr. 3372 vom 22. 12. 1625
15 Schäfer 5, S. 504
16 Bremer, S. 260, § 410 und FN 11
17 Die Angaben im DAA (1931) S. 57 widersprechen sich. Christophs Tod ist für den 12. 8. 1636 angegeben, seine Ehefrau Margarete schon für 1630 als in Eckernförde lebende Witwe notiert. Nach Seestern-Pauly lebte 1630 nur eine *Anna* Pogwisch in Eckernförde.
18 Schäfer 5, S. 516
19 Vgl. GSH 5, S. 148 zu der Freistellungszusage Wallensteins für bestimmte herzogliche Gebiete
20 s. LAS Abt 7, Nr. 6444 vom 5. und 8. 10. 1627 zum scheinbar noch „friedensmäßigen" Streit über einen Viehdiebstahl auf Bienebeck und den Ankauf eines Teils der gestohlenen Tiere durch Eckernförder Bürger
21 Dies zeigt hier der von Andresen (1927) veröffentlichte Brief des Flemhuder Pastors Georg Wagner vom Sonntag nach Michaelis 1627, den wir im folgenden wiedergeben. Er ist im offenbar noch sicheren Kiel geschrieben und per Bote nach Tondern geschickt worden.
22 so Hoffmann, G. E. (1952/53), S. 106
23 Andresen (1927), S. 127f.
24 LAS Abt. 7, Nr. 3309 vom 3. 3. 1628
25 LAS Abt. 7, Nr. 3389 vom 26. 11. 1627
26 Monro, Part I, S. 50–53
27 Hoffmann, G. E. (1952/53), S. 106–112
28 StAE VII, Hafen- und Brückengebühren 1614–40; hier: „Brügge Registe" von 1620, „Einnahme"
29 Hoffmann, G. E. (1952/53), S. 108
30 Opel III, S. 659
31 Kellenbenz, S. 27
32 KDME, S. 108
33 Hanssen, S. 24f.; EBH, S. 152; Jessen, Hans (1966), S. 39 und HbKE II, S. 350, auch Behling, S. 40. Die Zeilen davor lauten korrekt: „EIN GROSE PEST ERFOLG ALSO FORT IN DIESER STADT LAND UND ORTH …"
34 Hanssen, S. 25
35 Trübners, 5. Bd, S. 371 links
36 Hoffmann, G. E. (1951/52), S. 107
37 Hanssen, S. 25
38 zitiert nach Behling, S. 36f. (FN 70)
39 Jessen (1931), S. 166
40 Seestern-Pauly, 2. Bd., Landregister Anfang 1626 und November 1630, S. 108f. bzw 115f. und LAS Abt. 7, Nr. 3372 vom 21. 8. 1624
41 Vgl. Hoop, S. 190
42 KDME, S. 115
43 KDME, S. 117, Johan Eras im StBE S. 324 von 1631 als Apotheker bezeichnet
44 KDME, S. 129

45 LAS Abt. 7, Nr. 5476 vom 19. 11. 1712
46 LAS Abt. 7, Nr. 3399 vom 8. 12. 1629 und später
47 LAS Abt. 7, Nr. 5492 vom 19. 8. 1631
48 LAS Abt. 7, Nr. 5492 vom 25. 1. 1632
49 LAS Abt. 7, Nr. 5492 vom 20. 7. 1632
50 LAS Abt. 7, Nr. 5492 vom 12. 3. 1633: „Verzeichniß undt appunctuation was mir die Keyserl. einquartierung gekostet."
51 Weber II, S. 197
52 LAS Abt. 7, Nr. 5460, ohne Datum. Das Schreiben ist in der Handschrift des Stadtschreibers abgefasst, der die um 1600 erfolgten Eintragungen im StBE (Nr.149, 151, 154 und 157) vorgenommen hat. Er ist der letzte, der „Eckerenuorde" mit u (v) schreibt. Später steht dafür immer ein f, das zugleich den endgültigen Übergang zur hochdeutschen Schriftsprache signalisiert.
53 StAE VII B 14: Hafen- und Brückenrechnungen 1614–1640
54 Vier und mehr Mal wurde Eckernförde aus folgenden Häfen angelaufen:

1620		1635	
Fehmarn	9 x	Fehmarn	16 x
Stralsund	5 x	Lübeck	12 x
Rostock	5 x	Stralsund	4 x
Langeland	7 x	Nakskov	9 x
Faaborg	6 x	Langeland	6 x
Svendborg	4 x	Sonderburg	4 x

55 StAE I W 13
56 EBH, S. 120
57 Der Darstellung liegen zugrunde: Thygesen, EBH, S. 133ff.; Heberling, S. 205f.
58 s. S. 80ff.
59 Jessen, HbKE III, 2, S. 261–264
60 Behling, Anhang 13
61 Hinrichs u. a., S. 40f.
62 LAS Abt. 7, Nr. 3389 vom 24. 3. 1628
63 Hinrichs u. a., S. 47
64 Hinrichs u. a., S. 67
65 DAA 1950, S. 55
66 KAE HA 5b vom 12. 8. 1635
67 Jessen (1931), S. 42
68 La Cour III, S. 111f.
69 La Cour III, S. 97
70 GSH 5, S. 190
71 LAS Abt. 7, Nr. 5462 vom 18. 8. 1639
72 LAS Abt. 7, Nr. 5461 vom 20. 12. 1636
73 Kuhlmann (1954), S. 19 und Anhang 1, S. 29
74 Amtmann von Gottorf 1632–1646, † 24. 6. 1649, beigesetzt in der ehedem Ahlefeldt'schen Gruft (Garfkammer), die er von der Stadt erworben hatte. Er war Vetter von Jürgen (Georg) von Buchwaldt, dem Gründer der jüngeren Buchwaldt'schen Gruft.
75 LAS Abt. 7, Nr. 5467 vom 28. 1. 1642
76 LAS Abt. 7, Nr. 5467 vom 29. 1. 1642
77 LAS Abt. 7, Nr. 5467 vom 30. 1. 1642
78 LAS Abt. 7, Nr. 3490 vom 30. 12. 1645
79 LAS Abt. 7, Nr. 5462
80 StBE, S. 394 vom 17. 9. 1639
81 LAS Abt. 7, Nr. 5467
82 Brandt, Otto (1949), S. 132
83 KDME, S. 105: „Anna Catrina Crusia dedit 1643"
84 Schäfer V, S. 619
85 nach Schäfer V, S. 629f.; Seine Quelle: Chr. Brunn, Slaget paa Kolberger Heide den 1. Juli 1644 og de derefter folgende Begivenheder, Kopenhagen 1879
86 Stenzel III, S. 114; die erste Strophe des „Nationalliedes" von Johannes Ewald (1779) lautet:

Kong Kristian stod ved højen mast
i røg og damp:
hans værge hamrede så fast,
at gotens hjelm og hjerne brast.
Da sank hvert fjendtligt spejl og mast
i røg og damp.
Fly, skreg de, fly, hvad flygte kan!
hvo står for Danmarks Kristian
i kamp?

87 LAS Abt. 7, Nr. 3490 vom 30. 7. 1645
88 LAS Abt. 7, Nr. 3490, Ende 1645 mit Rechnung über 1759 M und 6 Pf
89 G. E. Hoffmann (1937), S. 4
90 KDME, S. 66
91 KAB I, 2
92 LAS Abt. 7, Nr. 4161 vom 10. 1. 1643
93 Kuhlmann (1952), Anhang Nr. 4, S. 30
94 LAS Abt. 7, Nr. 3490 vom 28. 2. 1645
95 LAS Abt. 7, Nr. 3490, 2. Hälfte 1645
96 LAS Abt. 7, Nr. 3490 vom 30. 12. 1645
97 LAS Abt. 7, Nr. 6455 vom 9. 7. 1646 (Eingang Gottorf)
98 LAS Abt. 7, Nr. 6455 vom 23. 7. 1646 (Eingang Gottorf)
99 LAS Abt. 7, Nr. 5462 vom 10. 6. 1647 (Gottorfer Verfügung)
100 Kock (1951), S. 30f.; auch LAS Abt. 7, Nr. 5486
101 KDME, S. 118f.
102 Thomsen (1968ª), S. 126
103 Dankwerth, S. 133
104 LAS Abt. 7, Nr. 5462 vom 1. 3. 1650 (Eingang Gottorf)
105 LAS Abt. 7, Nr. 5462 vom 9. und 12. 8. 1652
106 Kramer (1989), S. 91
107 LAS Gottorfer Urkunden, Nr. 487
108 LAS Urk. Schleswig-Holstein Abt. A, Nr. 48
109 Bischoff, S. 224
110 LAS Gottorfer Urkunden, Nr. 500 vom 16. 5. 1654
111 Wir folgen der Schilderung von Olearius, S.307ff., der ein Zeitgenosse und -zeuge der Ereignisse war. Die von ihm übernommene Darstellung von Pontoppidan, S. 725, enthält mit der Jahresangabe 1645 einen Drehfehler. Der Heiratsvertrag wurde auf Gottorf am 29. September 1654 abgeschlossen (LAS Gottorfer Urkunden, Nr. 95: „på Michaelis Archangeli Dagh, 1654"). Am Pontoppidans Fehler orientieren sich offenbar die falschen Zeitangaben bei Hanssen, S. 26 und Jörgensen EBH, S. 153
112 Olearius, S. 309
113 Behling, S. 54
114 Pfalzgraf (seit 1653) Philipp Wilhelm von Sulzbach (Neuburg), schwedischer Heerführer ab 1658, zeitweise als Gegenkandidat Leopolds I. vor der Kaiserwahl 1658 bei der franzosenfreundlichen „Rheinischen Allianz" im Gespräch, ab 1685 Kurfürst. Sein Anrecht auf die Pfalz wurde ihm von Ludwig XIV. im Namen seiner Schwiegertochter Liselotte v. d. Pfalz, verehelichte Herzogin von Orléans, in den pfälzischen Erbfolgekriegen streitig gemacht. (* 1615 † 1690)
115 Behling, S. 198f.
116 LAS Abt. 7, Nr. 5485
117 LAS Abt. 7, Nr. 3554 vom 30. 10. 1657
118 Petersen, J. A., S. 11
119 Petersen, J. A., S. 11–13; vgl. Hoop, S. 207–210
120 Maerten (1990), S. 65
121 Stenzel III, S. 128
122 StAE IAb 1 vom 21. 4. 1658 (Eingang Gottorf)
123 LAS Abt. 7, Nr. 5468 vom 3. 5. 1658

124 StAE IAb 1 vom 16. 5. 1658
125 Bischoff, S. 154 und 186
126 Bischoff, S. 159 und 239
127 Hanssen, S. 29
128 GSH 5, S. 200/15
129 Olearius, S. 350–353
130 Behling, S. 58
131 LAS Abt. 7, nach Nr. 3451 und nach Nr. 3547
132 KKA Kopulations-, Tauf- und Beerdigungsregister St. Nicolai Eckernförde 1658–1680
133 StAE VII B 14 1658–1660 (Brückenrechnungen)
134 Pontoppidan, S. 725 f.
135 Behling, S. 58
136 Thomsen (1971), S. 113f.
137 LAS Abt. 7, Nr. 3554 vom 20. und 21. 6. 1660
138 LAS Abt. 7, Nr. 3554 vom 15. 8. 1660
139 LAS Abt. 7, Nr. 3554 vom 5. 10. 1660
140 LAS Abt. 7, Nr. 5468 vom 5. 4. 1661
141 KAE HA 3, Nr. 14: wegen der Verurteilung zur Zahlung des Läutegeldes. Der Anlass, der Tod von Theodosius Brocktorff (DAA 1936, S. 22), liegt in Verbindung mit der erneuerten Bestallung für Apenrade und dem Verkauf von Himmelmark (Bischoff, S. 234 und 239) nahe.
142 Zur Lebensgeschichte Fr. v. Buchwaldts DAA 1913, S. 130f.
143 LAS Husumer Urkunde Nr. 635 (185) v. 28. 4. 1663
144 Weber von Rosenkrantz (1907), S. 339
145 LAS Abt. 7, Nr. 5471 vom 8. 5. 1667
146 StAE IEf 2 1663–1711 vom 20. 12. 1667
147 KDME, S. 119
148 LAS Abt. 7, Nr. 5460: Die Findbuchnotiz lautet: „ Die 5 Gravamina der Stadt (ca. 1650)“. Der Datierung steht entgegen, dass in Ziffer 4 Cay von Ahlefeld als verstorben („Seel.“) bezeichnet wird († 1670) und sein hier als Graf betitelter Sohn Burchard erst 1672 in den Grafenstand erhoben wurde. Sie dürften daher zusammen mit der gegen den Grafen gerichteten Bittschrift, die auch die gleichen Beschädigungen aufweist, am 27. Februar 1673in Gottorf eingegangen sein.
149 LAS Abt. 7, Nr. 5476 vom 29. 3. 1673
150 KAE HA 36 1675–79
151 StAE I Bb 1 vom 7. 7. 1675
152 StAE I Bb 2 „Designatio dieser Stat Eckerenförde Capitalien von Ao 1673 biß 1695“
153 LAS Abt. 7, Nr. 3554
154 StAE I Bb 1, beide Urkunden von Fastnacht 1683
155 Bracker, S. 122
156 StAE VII B 14
157 StAE I Bb I, Pfingsten 1686
158 StAE Nachlass Jessen („Copie von Bobé erhalten. Quellen?“)
159 Molisworth, XI. Cap. „Vom Königlichen Hofe“ (S. 3f.)
160 Zu Hinrich und Theodosius Brockdorff: DAA 1936, S. 22; zu den Gütern; Rumohr, Schleswig, S. 293f., 281 und 272
161 KAE HA 38, ca. 1680
162 LAS Abt. 7, Nr. 5471
163 StAE Nachlass W. Jessen
164 LAS Abt. 7, Nr. 5485 vom 4. 4. 1690 (Eingang Gottorf)
165 StAE I Bb 1 vom 9. 9. 1692
166 LAS Abt. 7, Nr. 5485 vom 20. 6. 1692
167 StARD A IV 18,1 vom 25. 9. 1696
168 Hanssen, S. 29f.
169 LAS Abt. 400.1, Nr. 150 von 1690
170 StAE I Bb 1, Pfingsten 1694
171 LAS Abt. 7, Nr. 5490 vom 29. 7. 1694 (Eingang Gottorf)
172 Spielmann/Drees, S. 49, unter Portrait Friedrich IV. (SHL Inv.-Nr. 1912/146)

173 LAS Abt. 7, Nr. 5485 vom 4. 1. 1695
174 LAS Abt. 7, Nr. 5460 vom 11. 7. 1695
175 StAE I Bb 1 vom 25. 8. 1695
176 LAS Abt. 7, Nr. 5460 vom 5. 8. 1695
177 LAS Abt. 400.1/150 vom 12. 7. 1695
178 LAS Abt. 7, Nr. 5471, Ziffer 2 vom 26. 10. 1695
179 LAS Abt. 7, Nr. 5476 vom 4. 7. 1696
180 KAE HA 38, um 1680?
181 LAS Abt. 7, Nr. 5485 vom 2. 1. 1712: Seepass für des Eckernförder Ratsherrn Johann Wilhelm Kahs' Schiff Friedrich „Constantia et Labore", „… in diesem souverainen Herzogthumb Schleßwig außerhalb denen Grentzen des Römischen Reiches belegen …"
182 LAS Abt. 400.1, Nr. 150 vom 26. 7. 1696
183 StAE VII B 14, 1694–1697
184 LAS Abt. 7, Nr. 3293
185 StAE I Ab 3 vom 25. 8. 1696
186 LAS Abt. 7, Nr. 5467 vom 31. 3. 1697
187 LAS Abt. 7, Nr. 5471 vom 11. 8. 1697
188 StP v. 14. 3. 1698
189 Jensen, Jürgen (Hrsg.), S. 119
190 LAS Abt. 7, Nr. 5476; StP v. 8. 8. 1698; KAE HA 2,21 vom 26. 9. 1698; StP. v. 24. 10. 1698
191 St. Nicolai Pastorenbild Johan Bornemann an nördlicher Turmstumpf – Außenwand (Beschrbg. KDME, S. 129)
192 KAE HA 55 vom 6. 6. 1702
193 LAS Abt. 7, Nr. 3596 vom 14. 6. 1701
194 DAA 1929, S. 295
195 LAS Abt. 7, Nr. 5471 vom 12. 8. 1697
196 Stadtprotokoll vom 30. 9. 1702; StAE I Ah1
197 KAE HA, Nr. 44
198 StAE VII B 14, Brückenrechnungen 1706 bis 1714/15
199 Kock (1941), S. 58f.
200 LAS Abt. 7, Nr. 3300 vom 14. 4. 1705
201 LAS Abt. 7, Nr. 3300 vom 16. 9. 1705
202 am 2. 7. 1696 lt. KAE HA, Nr. 47 und am 13. 4. 1706 lt. StP (StAE IAh1)
203 KAE HA 47 vom 6. 10. 1705
204 KAE HA, Nr. 34 vom 13. 3. 1704
205 StAE IAh1 StP. vom 4. 8. 1702
206 StP 12. 2. 1706
207 StP (StAE IAh1) vom 18. 2. 1706
208 StP vom 16. 3. 1706
209 LAS Abt. 7, Nr. 5466 vom 24. 2. 1706
210 LAS Abt. 7, Nr. 3596 vom 25. 5. 1706 und Spielmann/Drees, S. 90
211 StP vom 23. 3. 1706, StAE IA3 vom Dezember 1707 und StP vom 4. 7. 1708
212 StP vom 18. 4. 1706
213 StP vom 22. 8. 1707
214 StP vom 4. 7. 1707
215 StP vom 12. 4. 1709
216 StP. vom 15. 4. 17 09 (Abschrift)
217 StP vom 14. 10. 1709
218 für die Jahre 1711–1714 bei Kock (1951), S. 41–52
219 Kock (1941), S. 67
220 BRE, 1706–1713
221 Kock (1951), S. 45
222 LAS Abt. 7, Nr. 5466, vorher Abt. 400.I/150 vom 28. 12. 1707
223 StP vom 9. 10. 1709
224 Bd. I, S. 168
225 StARd AI/5/5

226 LAS Abt. 7, Nr. 3293 vom 12. 4. 1708
227 Jensen, Jürgen (1976), S. 121f.
228 StP vom 6. 2. 1708
229 StP. vom 6. 2. 1708
230 StP. vom 16. 2. 1706 enthält eine Abschrift eines Schreibens aus Gottorf vom 8. 2. 1706
231 KAE HA, Nr. 47 vom 2. 7. 1696
232 KAE HA, Nr.47 vom 6. 10. 1705
233 StP vom 27. 7. 1707
234 LAS Abt. 400.I, Nr. 150 vom 13. 2. 1706
235 StP vom 4. 3. 1709
236 LAS Abt. 7, Nr. 5471 vom 25. 11. 1709
237 Corpus Statutorum Slesvicensium 2. Bd., Schleswig 1795, S. 155ff., „Eckernförder Commissional Acte vom 12ten Martii 1711" Ziffer 3
238 Jessen (1941), S. 19
239 KDME, S. 117
240 StP. vom 1. 4. 1711
241 StP. vom 4. 8. 1711
242 StP. vom 4. 9. 1711
243 Goos (1952), S. 108f.
244 StP. vom 6. 2. 1713
245 StP. vom 7. 2. 1713
246 Johannsen, Jens, S. 183f.
247 StP. vom 2. 8. 1713
248 StP. vom 17. 10. 1713
249 Kock (1951), S. 50f.
250 zum Globus: Lühning, S. 368f.; zur Verschiffung: Kock (1951), S. 50f.
251 StP. vom 20. 11. 1713
252 StP. vom 7. 2. 1714
253 Jessen (1941), S. 20ff.
254 StP. vom 9. 2. 1714
255 StP. vom 14. 2. 1714
256 BRE 1712/1713 vom 23. 3. 1714; nach Pontoppidan, S. 726 soll 1713 ein Brandschatz von 6000 Reichsthalern erhoben worden sein. Darüber ist in den Stadtprotokollen nichts zu finden. Einen Betrag dieser Höhe hätte Eckernförde auch kaum aufbringen können.

Anmerkungen zum 3. Kapitel

1 LAS Abt. 400.1, Nr. 150 vom 12. 3. 1711
2 StP. vom 10. 11. 1718ff., KAE HA 55 vom 10. 12. 1718
3 StAE VI B21 vom 15. 5. 1737, Abschriften der Originale vom 18. 3. 1711
4 Commisions-Schluß Ziffer 10
5 Hanssen, S. 30; wird von Kock (1903), S. 253 übernommen
6 StAE VII B 14, 1712/1713
7 StP. vom 9. 12. 1729
8 StP. vom 14. 3. 1721
9 StP. vom 30. 1. 1720
10 StP. vom 8. 6. 1716 bzw. 2. 8. 1724
11 StP. vom 16. 6. 1727
12 StP. vom 4. 4. 1736
13 StP. vom 19. 2. 1737
14 LAS Abt. 400.1, Nr. 150, aus der Zusammenstellung des per 18. 2. 1737 im „Stadtarchiv zu Eckernförde befindlichen das Herzogtum Schleswig angehenden Constitutionen und Verordnungen" Nr. 100 und 101
15 Kock (1903), S. 260
16 StAE I Bb2
17 StAE VI D 24 „Designatio" des Schiffbaus seit 1699
18 Vgl Maerten (1984 und 1986) über den Schwedenfriedhof in Schwedeneck, insbesondere (1986) S. 70
19 StP. vom 5. 12. 1715 (S. 209–213)
20 StP. vom 8. 6. 1716
21 StP. vom 2. 9. 1716
22 StP. vom 19. 11. 1720
23 StP. vom 11. 1. 1717
24 Achelis (1952), S. 97f.
25 StP. vom 14. 11. 1714
26 StP. vom 8. 11. 1714
27 StP. vom 8. und 10. 11. 1718
28 KAE HA 68 1718
29 StP. vom 4. 12. 1722 und vom 28. 3. 1724
30 LAS Abt. 400.1, Nr. 150 vom 12. 3. 1711
31 Bericht Robert Häusslers an den Kirchenvorstand von St. Nicolai vom 8. 10. 1981, S. 2
32 Rumohr, Schleswig (1987), S. 88f.
33 KAE HA Konv. 1, Nr. 7
34 StP. vom 11. 8. 1721
35 Hanssen, S. 31
36 Thomsen, Thomas (1978), S. 146 und Rumohr, Schleswig (1987), S. 282
37 Christophersen, S. 72
38 Grove-Stephensen, S. 82/83
39 StP. vom 17. 4. 1723
40 Kock (1903), S. 262
41 Rumohr, Schleswig (1987), S. 294, wegen Marienthal StP. vom 24. 3. 1724
42 Kock (1905), S. 91f.
43 Kock (1941), S. 60–66, „Eckernförder Schiffbaumeister 1690–1731"
44 Witt, Reimer (1997), S. 66
45 StP. vom 21. 2. 1727
46 o. V. (Dieter Kolbe und Hans C. Sacht), „1876 Gettorf 1976 Von der Gutsdorfschaft zur Mittelpunktgemeinde" Aus Absatz „Die Hirsch-Apotheker in Gettorf"
47 Holger Hjelholt spricht in La Cour III, S. 314 von Inddragelse = Einziehung
48 GSH 6, S. 19
49 StAE VI C 11
50 StP. vom 17. 6. 1729 und Kock (1952), S. 45–48
51 StAE VI C 11 vom 12. und 20. 12. 1729
52 StP. vom 1. 2. 1730

53 Kock (1952), S. 47f.
54 StP. vom 23. 5. 1721, 2. Spritze; StP. vom 13. 8. 1734 und 12. 8. 1735
55 StP. vom 9. 10. 1722
56 StP. vom 22. 10. 1736
57 StP. vom 26. 11. 1734
58 StP. vom 30. 4. 1720
59 StP. vom 15. 10. 1726
60 StAE I Gd 1
61 LAS Abt. 10, Nr. 244
62 LAS Abt. 10, Nr. 245
63 Lüders (1969), S. 60
64 Henningsen (1985ª), S. 58
65 Lüders (1969), S. 60ff.
66 Lüders (1969), S. 71
67 Vgl. Rumohr, Schleswig (1987), S. 188
68 sofern nicht andere Quellen, insbesondere das Eckernförder Stadtprotokoll, zitiert werden, stützt sich diese Darstellung auf Lars N. Henningsens Monographie (1985ª), dort vor allem auf die Kapitel III bis VII
69 CSS, 2. Bd., S. 151–165 vom 27. 4. 1740, §§ 2, 23, 24 und 26
70 StAE VI D 24, Brückenrechnung für 23. 11. 1739 bis 31. 7. 1741
71 StP. vom 18. 8. 1741
72 CSS, 2. Bd., S. 166–169
73 LAS Abt. 65.2, Nr. 2966 I vom 6. 7. 1742
74 StP vom 9. 3. 1742; Die Ortsangabe konnten heutige Eckernförder Fischer nicht enträtseln
75 StAE II Q 9 (2)
76 in Jessen, Hans (1971), S. 46–51
77 aus dem Besitz der Gilde
78 Henningsen (1985ª), S. 255
79 Beilage zum Stadtprotokoll I A 1 1729–1750 vom 16. 5. 1748 (Schriftbild F. W. Ottes wie in Henningsen [1985ª], S. 262)
80 wie Anm. 79 (Denkschriftentwurf): IIXno) Ziffer 5
81 Henningsen (1985ª) S. 72f.; Das Zitat ist aus dem Dänischen zurückübersetzt
82 KAE HA 57 („1750")
83 StP. vom 12. 9. 1755 auf Anfrage der Weideinspektoren, „was eigentl. zu ihrem officio als Weyde-Inspectores zu referiren?" „Dohmstag" ist übrigens ein Gelände, auf das südliche Stadtfeld lag, nicht wie heute ein Weg (eine Straße).
84 StP. vom 7. 11. 1755
85 StP. vom 3. 5. 1755, S. 242–247, insbesondere S. 243 und 245
86 StP. vom 24. 2. 1750
87 StP. vom 4. und 10. 3. 1750, S. 874–887
88 „Designation von denen Capitalien, so die Stadt Eckernförde schuldig …" vom „8ten Juni Anno 1750" Eine Fotokopie des Originals, dem eine Fundstelle nicht mehr zugeordnet werden kann, befindet sich im Besitz des Verfassers.
89 StP. vom 15. 3. 1752
90 StP. vom 28. 8. 1753
91 StP. vom 28. 8. 1753 (StAE I Ah 1750–1759, S. 135–137)
92 StP. vom 19. 12. 1754, S. 218–213
93 StP. vom 21. 1. 1752
94 LAS Abt. 65.2, Nr. 2926I vom 20. 4. 1756
95 LAS Abt. 65.2, Nr. 2926I vom 7. 5. 1756
96 Henningsen (1985ª), S. 253 vom 21. 12. 1756
97 StP. vom 23. 12. 1756 – es ist der letzte Eintrag von der Hand Jördenings. Dr. Wegener war der erste in Eckernförde niedergelassene studierte Arzt, der belegt ist. Sein in Eckernförde am 18. 7. 1763 geborener Sohn Johann Ernst Friedrich folgte ihm als „Stadtphysikus" nach. Sein Bruder, Generalmajor Wilhelm Theodor Wegener, ist der Erbauer des Schleswig-Holsteinischen Kanals (Thomsen [1979], S. 118)

 98 StP. vom Mai 1758
 99 StP. vom 27. 6. 1758
100 StP. vom 26. 10. 1758
101 Kock (1940), S. 78, Anm. 14
102 Henningsen (1985ᵃ), S. 91
103 StP. vom 10. 1. 1760
104 StP. vom 7. 3. 1760
105 StP. vom 4. 11. 1760
106 StP. vom 8. 12. 1759, S. 42
107 Henningsen (1985ᵃ), S. 264
108 StP.: Vergabe Maurerarbeiten 7. 10. 1760, Tischlereinbauten 10. 11. 1761, Kleinschmied- und Glaserarbeiten 15. 2. 1762
109 StP. vom 27. 2. 1762
110 LAS Abt. 65.2, Nr. 5793 vom 16. 4. 1762
111 StP. vom 9. 11. 1762
112 dazu Anlage eines „Mannregisters" durch die Quartiermeister lt. StP. vom 15. 10. 1762 angeordnet
113 Die nicht ganz logische Interpunktion entspricht dem Original. Die Literatur (Henningsen [1985ᵃ], S. 255f.) geht von der Version des KDME, S. 113 aus. D. O. M. (Deo Optimo Maximo) steht für sich über der Stiftungsinschrift. Sie nennt im übrigen tatsächlich Frau Otte nur mit ihrem Mädchennamen, während die Initialen über dem Allianzwappen rechts am Orgelprospekt DCOVR lauten.
114 Fontenay v. Wobeser, S. 23
115 StP. vom 6. 6. 1763
116 LAS Abt. 168, Nr. 1540; zu F. W. Otte: Hanssen, S. 35
117 Clausen, Otto, S. 55
118 StP. vom 6. 3. 1766
119 Henningsen (1985ᵇ), S. 130, zur Trauerausstattung der Kirche StP. vom 9. 10. 1765; Jessen (1907) „Das größere Buchwald'sche Gewölbe"
120 Die Darstellung folgt Henningsen (1985ᵃ), S. 134f.
121 s. Henningsen (1985ᵃ), S. 301–305, Kapitel XI „Boet gøres op"
122 LAS Abt. 65.2, Nr. 2924 vom 21. 12. 1767
123 Das in den veröffentlichten Biografien (DBL und SHBL) angegebene Geburtsjahr beruht wahrscheinlich auf einer Fehlinterpretation einer Briefstelle. Am 11. 9. 1767 schrieb Dehn an J. H. E. Bernstorff (RAK Nr. 5129) von 1929 II. 18 Wotersen vom verstrichenen Geburtstag: „… dont j'en ai déjà passé maintenant 70. dans ce monde." 70 mal erlebt heißt das 69. Lebensjahr vollendet. Also ist Dehn 1698 geboren: Dieses Geburtsjahr ist auch beim Todeseintrag vom 2. 7. 1771 im Kirchenbuch Waabs verzeichnet. Dehns Vater kämpfte übrigens noch bis Herbst 1697 im 3. Orléanischen Krieg. Auch Prätorius (s. Anm. 143) verzeichnete den 7. 9. 1798 als Geburtstag.
124 s. Kap. 1, Abschnitt 3.4, „Wonsfleth", S. 62f.
125 DAA 1929 II, S. 291, 294
126 LAS Abt. 7, Nr. 6780 vom 30. 10. 1674
127 Angaben über die militärische Karriere von Georg August v. Dehn lt. RAK vom 20. 5. 1986 aus J. C. W. und K. Hirschs „Danske og norske Officerer 1648–1814"
128 DAA 1929 II, S. 294 f. zur wonsflethschen Verwandtschaft
129 Er wurde 1703 als Page in der Schlosskirche zu Wolfenbüttel konfirmiert (Zimmermann, S. 78)
130 die Angaben über die braunschweigische Zeit der Gebrüder Dehn entstammen hauptsächlich der gründlichen Arbeit von Paul Zimmermann (s. Literaturverzeichnis)
131 Goetting, S. 140
132 RAK Brunswig-Lyneborg A II vom 30. 5. 1727
133 DBL und RAK Brunswig-Lyneborg A II vom 21. 7. 1724
134 Schildereyen im Niedersächsischem Staatsarchiv, 4 Alt Fb. 5, Nr. 280
135 DBL v. Jessen, Thomas Balthasar (1648–1731) und Lerche, Vincents (1666–1742)
136 Die biografischen Daten über F. L. v. Dehn, Johann Valentin Siegel und Petronella van Asendelft aus ihrer Zeit in 's Gravenhage übermittelte das „centraal bureau voor genealogie" dortselbst Prinz Willem-Alexanderhof 22 (Schrb. vom 10. 9. 1987 und 9. 2. 1988)

137 Niedersächsisches Staatsarchiv in Wolfenbüttel 2 Alt 3354 an Hofrat H. Schrader von Schliestedt

138 Schulze (1988), S. 167

139 wie Anm. 137

140 Betreffend Söhlenthal s. DBL 3/14, S. 283 und s. Feldbœck (1992), S. 15 und betreffend Dehn s. Lohmeier SHBL 8

141 Niedersächsisches Staatsarchiv 1 Alt 6, Nr. 154–159

142 Schulze (1988), S. 189

143 Handschriftliche „Memorabilien" des Kriegskommissars Friedr. Ant. Prätorius zitiert nach Zimmermann, S. 97, FN 3, das Original hat die Signatur im Niedersächsischen Staatsarchiv Wolfenbüttel lt. Schrb. vom 7. 8. 2001 (56500 – 5/01/Str): VI Hs 6 Bd. 30, die Bemerkungen über die schöne Schwester finden sich auf den Seiten 247 und 254.

144 lt. Schrb. an J. H. E. Bernstorff vom 4. 5. 1765 RAK Privatarchiv Bernstorff (Wotersen), Nr. 5129 von 1929 II. 19

145 Korrespondenz mit Hofrat Schrader v. Schliestedt, Niedersächsisches Staatsarchiv 2 Alt 3354, z. B. vom 3. 4. 1748

146 Schreiben an J. H. E. Bernstorff vom 12. 1. 1765 und 22. 7. 1763. Fundstelle wie Anm. 144

147 Das über Friedrich Wilhelm Otte laufende briefliche Wechselspiel zwischen St. Petersburg und Kopenhagen bei Henningsen (1985ª), S. 264–273

148 RAK Privatarchiv Bernstorff (Wotersen), Nr. 5129 v. 1929 II. 19. vom 11. 6. 1762

149 wie Anm. 148, vom 22. Juli 1763

150 HbKE II, S. 52–55

151 Kuhlmann, JbE 9 (1951), S. 5–23

152 StP. vom 21. 6. 1767

153 Formulierung des Sterbeeintrags im Kirchenbuch der Gemeinde (Klein-)Waabs, Nr. 15/1771

154 Winkle (1989), S. 154

155 Friis, S. 39

156 Friis, S. 108

157 LAS Abt. 65.2, Nr. 2924

158 StP. vom 31. 8. 1768

159 StAE Abt I X 12

160 StP. vom 27. 7., 7. 11. bzw. 24. 12. 1767

161 Henningsen (1985ª), S. 386f.

162 Henningsen (1991ª), S. 270

163 Henningsen (1985ª), S. 260 und S. 108

164 StP. vom 23. 8. 1769

165 StP. vom 9. 8. 1769

166 LAS Abt. 400.1, Nr. 150 vom 18. 2. 1737

167 Enevold Brandt war der Stiefsohn von Georg Wilhelm von Söhlenthal, dem Administrator der Grafschaft Rantzau, der 1758 Struensee zum Physikus der Grafschaft berufen hatte. Sein Bruder Heinrich Friedrich gehörte zu dem Konsortium, das Kohöved an F. L. v. Dehn verkaufte. DBL 3, Bd. 14, S. 283

168 Bd. 1, Anm. 2/81

169 Für Struensees Denken und Wirken als „Arzt, Aufklärer und Staatsmann" wird vor allem auf Winkle, aber auch auf Cedergreen Bech (s. Literaturverzeichnis) verwiesen.

170 GSH 6, S. 169; „Bernstorff wurde es freilich jedesmal etwas unheimlich zumute, wenn er „la petite Struensee" sah: zu sehr erinnerten ihre Züge ihn an jenen Abenteurer."

171 zitiert nach Winkle (1989), S. 303

172 Danske Lov 6. Buch, Kapitel IV, Art. I (nach der Übersetzung durch H. W., Kopenhagen 1649)

173 Winkle (1989), S. 274

174 Olshausen, S. 39f.

175 Winkle (1989), S. 135 und Rumohr, Schleswig, S.323

176 Rumohr, Schleswig, S. 323

177 Verkürzter Titel, LAS Abt A, Nr. 9, 1768–1773

178 LAS Abt. 10, Nr. 606

179 StAE VI B 29

180 Henningsen (1991[b]), S. 81
181 Ahlefeldt-Laurvig, S. 111
182 Hessen, S. 134, vom Verfasser ins Deutsche übersetzt
183 Hessen, S. 132–136, in Klammern erläuternde Anmerkungen des Verfassers. Carl v. Hessen versichert, über St. Germain auch Informationen von Dritten eingeholt zu haben.
184 Krassa, S. 261
185 Lüders (1969), S. 76
186 KAE HA 148, Entwurf einer Antwort auf das Schreiben vom 9. 2. 1815
187 Hessen, S. 147
188 Nissen, S. 425f.
189 LAS Abt. 65.2, Nr. 2924
190 Thomsen (1979), S. 118
191 Treichel, S. 151
192 Thode (1986), S. 21–27 und (1987) S. 27–29, auch Rautenberg, Otto: „Carl Friedrich Kroymann zum Gedächtnis" in JbE 7 (1949), S. 69–74
193 SHBL 2, S. 150
194 StP. vom 18. 3. 1778
195 StP. vom 8. 10. 1779
196 vgl. Bahnson, S. 63f.
197 Meiners, S. 95–98
198 Jessen/Spanier, S. 118
199 StP. vom 22. 10. 1793
200 Rumohr, Schleswig, S. 300
201 Göttsch, S. 139–141
202 StP. vom 3. 9. 1795
203 Rumohr, Schleswig, S. 300
204 Niemann, S. 555f.
205 StP. vom 9. 6. 1784
206 StP. vom 6. 6. 1790
207 Brandt (1927), S. 197
208 z. B. StP. vom 8. 5. 1793 und 9. 1. 1795 (Reparaturen), 5. 1. 1792 und 4. 1. 1796 (Verpachtung)
209 StAE III ES 1701–1793
210 ergibt sich aus der Ausbietung §§ 4 und 19, StP. vom 15. 9. 1797
211 StP. vom 15. 9. 1797
212 Die folgende Darstellung stützt sich im Wesentlichen auf Urban, S. 14–26.
213 GSH 6, S. 204–206 und Pfeiffer, S. 67
214 StP. vom 6. 1. 1797
215 StP. vom 28. 3. 1792
216 StP. vom 25. 9. 1793
217 StP. vom 24. 11. 1794
218 StP. vom 1. 1. 1796
219 StP. vom 10. 6. 1791
220 StP. vom 14. 10. 1794
221 StP. vom 11. 8. 1795
222 StP. vom 7. 1. 1797
223 Hanssen, S. 39
224 StAE VI B 29 vom 9. 1. 1798 über das Jahr 1797
225 Hanssen, S. 38

Anmerkungen zum 4. Kapitel

1 Adler in seinem Vorbericht für auswärtige Leser, zitiert nach Stolberg, S. 17f.
2 Schreiben eines holsteinischen Kirchspielvogts an seinen Freund in Schweden über die neue Kirchen-Agende, Hamburg 1798, s. Stolberg
3 Adler, S. 11
4 Adler, S. 17
5 Adler, S. 50
6 z. B. S. 229
7 Adler, S. 229
8 Beyer, S. 12
9 Beyer, S. 7
10 Kock (1940), S. 104
11 Kock (1940), S. 92 und 99ff.
12 Kock (1940), S. 90 und 104, auch Kock (1952), S. 63
13 Kock (1940), S. 87f., S. 97f. und S. 103
14 Chronologische Sammlung der im Jahre 1799 ergangenen Verordnungen und Verfügungen für die Herzogthümer Schleswig und Holstein, …, Kiel 1800, S. 45–64, s. auch StP. vom 26. 3. 1799
15 KKA HA, Nr. 220 vom 28. 4. 1805
16 LAS Abt. 49.87, Nr. 14 (1–12) vom 10. 7. 1805
17 StP. vom 12. 2. 1806
18 KKA HA 111 vom 27. 1. und 21. 2. 1808
19 wir folgen hier und im folgenden Stenzels Seekriegsgeschichte, 4. Teil, S. 376f.
20 Rumohr, Schleswig, S. 301f.
21 Degn GSH 6, S. 307
22 Thomsen (1981[b]), S. 179f.
23 StP. vom 28. 9. 1807
24 KKA HA, Nr. 111 vom 21. 2. 1808
25 LAS Abt. 412, Nr. 114 vom 13. 2. 1803
26 das folgende stützt sich auf Hoffmann (Friedrich), S. 11
27 Hoffmann (Friedrich), S. 17
28 Kock (1952), S. 76f.
29 Kramer (Hermann), S. 88
30 Kuhlmann (1953), S. 70
31 Degn, GSH 6, S. 308f.
32 Degn, GSH 6, S. 310f.
33 Jonas, S. 111–116
34 Baasch, Walter, S. 11
35 Baasch, Walter, S. 13
36 Jessen (1938), S. 4
37 Baasch, Walter, S. 9
38 StP. vom 19. 5. 1812
39 so z. B. JbE 12 (1954), S. 15; 18 (1960), S. 157 und 176; 32 (1974), S. 29; die Bezeichnung „Staatsbankrott" wird ja auch nicht für die ähnlich strukturierten deutschen Währungsreformen von 1923 und 1948 verwendet. Sie findet sich auch nicht in der sorgfältigen und umfassenden Darstellung der Reform von 1813, die Urban gegeben hat.
40 Wir folgen hier Urban, S. 30–37
41 Urban, S. 73
42 Urban, S. 75
42 Urban, S. 113
44 Urban, genaue Fundstelle nicht mehr feststellbar, sinngemäß S. 102: „Somit ging damals für 12,6 Millionen Rbthlr. (d. s. beinahe 90 % der ursprünglichen Bankhaften in den Herzogthümern) das Aktienrecht an der Nationalbank verloren."
45 Urban, S. 116
46 Degn, GSH 6, S. 336
47 Bahnson, S. 73
48 Kramer (1989), S. 88
49 Degn, GSH 6, S. 345

50 LAS Abt. 10, Nr. 610
51 Bahnson, S. 75–81
52 Jessen (1949ᵃ), S. 93
53 Jessen (1949ᵃ), S. 99
54 Kock (1952), S. 64; das angegebene Ladegewicht für Kaffee muss in dieser Höhe (241 647 Pfund) auf einem Irrtum beruhen. Ausweislich StAE VI C 21 vom 27. 8. 1810 betrug das Bruttogewicht des in Fässern verladenen Kaffees 15 113 ℔, der nach Sorten in Unzen spezifiziert ist.
55 NStM 6/1837, S. 744–750 (Aus den Beiblättern des Altonaischen Mercurius vom 27. u. 30. 9. 1837)
56 nach NStM, S. 745 muss zu Vergleichszwecken den Zahlen von 1815 ein Zuschlag von 25 % zugerechnet werden, um die neuen Schiffsmessinstruktionen von 1825 und die schärferen Kontrollen zu berücksichtigen
57 KAE HA 148 vom 16. 3. 1815
58 Lüders (1988), S.35
59 Hanssen, S. 45
60 s. Literaturverzeichnis unter Harms, Claus, Kiel 1817
61 s. Literaturverzeichnis unter Mühlen, J. H. G. zur
62 Schleiermacher, S. 47ff.
63 Glaubensfehde, Vorwort, S. III
64 Glaubensfehde, S. 39
65 Glaubensfehde, S. 43f.
66 Glaubensfehde, S. 57, 58, 59
67 Glaubensfehde, S. 106
68 Glaubensfehde, S. 138
69 SHBL 2, S. 166
70 Hanssen, S. 61
71 Holm, S. 126f.
72 Nissen, S. 457
73 Holm, S. 128–134
74 Nissen, S. 440
75 Schmidt, Werner, S. 19f.
76 wechsels. Schuleinr.: Hom, S. 140; Neubau Schuleinr.: Heldt, S. 57
77 Hom, S. 145, vorher auch S. 144 und S. 147
78 KAE HA 13, Nr. 151
79 Jessen (1939), S. 27–34
80 Kramer (1988), S. 46 und 56
81 Die Trennung von Justiz und Verwaltung – schon durch Lornsens Verfassungsschrift 1830 angestoßen – war bei den höheren Behörden bereits 1834 vollzogen worden (Julius, S. 7) und für die unteren Instanzen in der Städteordnung vom 18. 10. 1848 vorgesehen. Sie trat indes erst in der preußischen Zeit mit dem 1. September 1867 in Kraft (Brandt [1981], S. 285).
82 Jessen (1939), S. 27
83 StP. vom 7. 7. 1822
84 StP. vom 19. 6. 1822
85 Holm, S. 140
86 StP. vom 25. 2. 1824
87 StP. vom 26. 1. 1825
88 StP. vom 15. 6. 1824
89 StP. vom 6. 4. 1826
90 Lüders (1988), S. 38 und Text KAE HA 13/157
91 StP. vom 20. 2. 1828
92 StP. vom 6. 11. 1827
93 StP. vom 17. 3. 1828
94 StP. vom 31. 10. 1828
95 Lüders (1988), S. 39 und 35: Das Bibelzitat steht bei Sirach 10,7.
96 aus dem „Regulativ, betreffend der Verlegung des Kirchhofes zu Eckernförde außer der Stadt" KAE HA 13/157 vom 1. 5. 1827

97 StP. vom 25. 7. 1827
98 Nissen, S. 438
99 Nissen, S. 439
100 Lüders (1990), S. 35 und 39f.
101 KAE HA 13/156 vom 28. 6. 1827
102 Lüders (1990), S. 42
103 StP. vom 12. 7. 1827
104 Kuhlmann (1954), S. 21
105 LAS Abt 400.I, Nr. 243
106 StP. vom 24. 8. 1831
107 HbKE II, S. 110–115; Das Badeleben zu Eckernförde und Borby
108 Lornsen (1830)
109 Lornsen (1830), S. 11
110 Schuselka, S. 334
111 zitiert nach Witt, Reimer (1996), S. 79
112 Harms (Gnomon) 1842, S. 211–214
113 Jansen (1872), S.282
114 Jessen/Kock (1928), S. 110f.; Bei dem Namen Marien-Luisen-Bad handelt es sich um einen dop-
     pelten Genitiv, da die Anstalt nach zwei Personen benannt wurde.
115 Hauser/Hunke/Müller, S. 37ff.
116 StP. vom 14. 7. 1831
117 LAS Abt. 10, Nr. 611, Promemoria vom 1. 11. 1830
118 KAE HA, Nr. 163
119 Jessen (1938), S. 5
120 Pust, S. 81
121 Pust, S. 87
122 Lorentzen, S. 34
123 Brandt (1981), S. 239
124 Unverhau (1998[b]), S. 54
125 Unverhau (1998[a]), S. 33
126 Gullann, S. 291
127 Unverhau (1998[b]), S. 66
128 Goos (1952), S. 103
129 StP. vom 3. 4. 1844 mit den Unterschriften auch von Bürgermeister Langheim, Senator Speth-
     mann, Stadtsekretär Bong-Schmidt und des Deputierten Gaehtje.
130 hier und im folgenden Unverhau (1998[a]), S. 35ff.
131 Um diesen Friedrich Carl Müller, vgl. Kuhlmann (1952), S. 29, nicht um Dr. (Georg Carl) Mül-
     ler, wie bei Unverhau (1998[a]), S. 39, handelt es sich. Denn Hansen spricht in seinem Brief vom
     13. 2. 1840 von der verstorbenen Ehefrau, was nur Friedrich Carl M. betreffen kann.
132 RAK Privat Arkiver Nr. 5902; Peter Hiort Lorenzen v. 18. 7. 1839 und 13. 2. 1840
133 wie 132, 13. 2. 1840
134 Kuhlmann (1952), S. 24
135 La Cour IV, S. 249
136 StP. vom 3. Juli 1839
137 Treitschke (Deutsche Geschichte), S. 511
138 Thomsen, Thomas (1970), S. 33
139 StP. vom 19. und 21. 8. 1840
140 Unverhau (1998[a]), S. 49 aus EWB vom 22. 1. 1840, S. 25f.
141 Harms (1842), S. 340f.
142 Kock (1940), S. 82
143 StP. vom 8. 12. 1837; Die Jahresangabe ist fraglich; wohl eher 1836, denn die Weitergabe des
     Antrages auf Anlage einer Tranbrennenrei, der ja wohl parallel laufen musste, erfolgte am 29. 1.
     1837 (LAS Abt. 49.87. Nr. 32)
144 StP. vom 20. 7. 1837
145 Kock (1952), S. 67
146 Kock (1952), S. 70ff.

147 Löneke, S. 84
148 CSS vom 27. 4. 1740
149 StP. vom 11. 4. 1838
150 Brücken- und Hafenordnung 1841
151 Stellungnahme der städtischen Gremien zum Kopenhagener Entwurf (StP. vom 11. 4. 1838 zu § 2)
152 StP. vom 19. 7. 1843
153 Kock (1940), S. 107
154 Kock (1940), S. 109
155 StP. vom 10. 7. 1849
156 Brücken - und Hafenordnung 1841, S. 22
157 Kock (1952), S. 75
158 Unverhau (1998[b]), S. 67
159 StP. vom 26. 1. 1846
160 Eckernförder Nachrichten vom 3. 4. 1897
161 Die Angaben in diesem Absatz entstammen dem „Bericht über die Gründung und weitere Entwicklung der Spar- und Leihkasse in Eckernförde, erstattet am 7. Juni 1888 in Anlaß der Feier des 50jährigen Stiftungstages", Eckernförde 1888
162 wie Anm. 138
163 StP. vom 13. 6. 1842; „Die Anbringung eines Schalldeckels wird für nicht zweckmäßig gehalten."; s. auch StAE Nachlass W. Jessen, gedrucktes Faltblatt über Restauration von St. Nicolai von 1842
164 StP. vom 27. 7. und 17. 8. 1842
165 EWB vom 4. 12. 1841 (Nr. 94)
166 EWB vom 22. 4. 1843, S. 127
167 StP. vom 2. 4. 1844
168 StP. vom 19. 6. 1844
169 Hansen, H., S. 91–141
170 StP. vom 9. 4. 1845; vgl. Unverhau (1998[b]), S. 67
171 Hansen, H.; Zitat: S. 9f., Titel: s. Literaturverzeichnis
172 von Henning Unverhau, Untertitel: Deutsche Liedertafeln, Sängerfeste, Volksfeste und Festmähler und ihre Bedeutung für das Entstehen eines nationalen und politischen Bewußtseins in Schleswig-Holstein 1840–1848
173 Hansen, H., S. 10ff.
174 Hansen, H., S. 48ff.
175 Hansen, H., S. 58
176 Hansen, H., S. 60
177 Unverhau (2000), S. 358
178 Hansen, H., S. 82ff.
179 Vollertsen (1985), S. 58
180 Hansen, H., S. 84
181 Vollertsen (1985), S. 59f.
182 Hansen, H., S. 91ff.
183 Hansen, H., S. 93–95
184 Hansen, H., S. 100
185 Unverhau (1998[b]), S. 56f.
186 Hansen, H., S. 110; zur möglichen Erstmaligkeit in der Öffentlichkeit vgl. Unverhau (2000), S. 178 FN 599
187 Hansen, H., S. 127ff.
188 EWB, Nr. 64/1845
189 UAJ Bestand M, Nr. 309 Bl. 391 und 391 v
190 UAJ Bestand M, Nr. 309 Bl. 395
191 Unverhau (1998[b]), S. 62
192 Unverhau (1998[b]), S. 50
193 Unverhau (1998[a]), S. 52
194 Unverhau (1998[b]), S. 69
195 Brandt (1949), S. 171

Anmerkungen zum 4. Kapitel

196 StP. vom 11. 11. 1846
197 StP. vom 17. 3. und 23. 4. 1847
198 Weber II, S. 763
199 Vammen, S. 61
200 Brandt (1949), S. 174
201 Stolz (1996), S. 45
202 Stolz (1996), S. 51
203 Nach einem Faksimile des gedruckten Aufrufs aus Berner, zwischen S. 658 und 659
204 Bismarck, S. 68f.
205 Liliencron, S. 60f.

Anmerkungen zum 5. Kapitel

1 StP. vom 26. 3. 1848
2 Liliencron, S. 78f. und 124
3 Stolz (1996), S. 69f.
4 StP. vom 18. 4. 1848
5 Generalstaben, S. 219
6 StP. vom 12. 4. 1848
7 Stolz (1996), S. 71
8 Moltke, S. 60ff.
9 Generalstaben, S. 218–288
10 StP. vom 22. 4. 1848
11 Stolz (1996), S. 63f. und 71f.
12 Siemens, S. 97f., 102
13 Siemens, S. 15
14 StP. vom 21. 9. 1848
15 Liliencron, S. 124
16 EWB vom 21. 2. 1849
17 Stolz (1996), S. 115ff.
18 vgl. vor allem Jessen (1899) und Salewski
19 Generalkrigsrettens Dom
20 Generalstaben, S. 414–433; Moltke, S. 266–271
21 vgl. Bjerre, S. 47f.
22 Bjerre, S. 48
23 Paulsen (1952), S. 31
24 Jansen (1888), Paludans 3. Bericht vom 8. 4. 1849, S. 47–56
25 Jansen (1888), S. 44
26 Jansen (1888), S. 87ff.; Hptm. Müllers Bericht vom 8. 4. 1849
27 vom 31. 3. 1850, gedruckt Rendsburg 1851
28 Jessen (1899), S. 18–23
29 Sachsen-Coburg-Gotha Bd. 1, S. 397
30 Jessen (1949ᵇ), S. 22f.
31 Jungmann (1852), bei Jannsen (1888): S. 56–62 Jungmanns Bericht vom 30. 4. 1849; S. 81f. Jungmann an Delius am 10. 4. 1849; S. 83f. Jungmann an Delius am 15. 4. 1849 (Urteil über Irminger)
32 Generalstaben, S. 430f.; auch Thode (1967), S. 30; Moltke, S. 270; Treitschke, S.484
33 Sachsen-Coburg-Gotha Bd. 1, S. 397; Jungmann (1852), S. 36
34 Müller bei Jansen (1888), S. 93
35 Jansen (1888), S. 71
36 Jansen (1888), S. 75
37 wie Anm. 25, auch Jessen (1899), S. 48
38 zur Frage, welches Schiff Preußer meinte, vgl. Slevogt (1984), Exkurs Preußer und Christian
   VIII., S. 92–96: Preußer sprach zwar von der „Fregatte" meinte aber das Linienschiff
39 Jessen (1899), S. 20
40 Heesch bei Jessen (1899), S. 19
41 Jungmann (1852), S. 36
42 Heskel, S. 316
43 vgl. Slevogt (1988), S. 242
44 Slevogt (1888), Abb. 1, 3, 7, S. 240, 242, 246 und (1986), S. 74 und 79
45 Saschsen-Coburg-Gotha, S. 396
46 Jungmann (1852), S. 8
47 Jungmann (1852) S. 11
48 Jansen (1888), S. 81
49 Jansen (1888), S. 60
50 Jungmann bei Jansen (1888), S. 57 („Zitat"); Jungmann (1852), S. 23, vgl. Treitschke, S. 472; in
   den 7 „gleichzeitigen Zeitungsberichten" (Jessen [1899], S. 12–17) erscheint „Galathea" als
   Angreifer nur einmal, wobei sie offensichtlich mit „Gefion" verwechselt wird (a. 1.).
51 Jungmann (1852), S. 22
52 Jungmann (1852), S. 29

53 Jansen (1888), S. 58
54 Jungmann, Ernst (1898), Anlage XI, S. 46
55 bei Jansen (1888), S. 82
56 Jessen, (1899) S. 20
57 Lilienstein im Original, S. 11
58 Jessen, (1899), S. 20
59 Stein, S. 22
60 Lilienstein im Original, S. 13f.
61 Eckernförder Zeitung, Nr. 82 vom 6. 4. 1933
62 Gulann, S. 297
63 Gulann, S. 315
64 Gulann, S. 324
65 Bjerre, S. 84–98
66 Jessen (1949[b]), S. 20
67 Generalstaben, S. 1118ff. und DAA 1907
68 Generalstaben, S. 1119f. und DBL Nicolai Jacob und Osvald Julius Marstrand
69 Bjerre, S. 58
70 Generalstaben, S. 1121f. und DBL Holsten, Hans
71 Johansen, Jørgen, S. 65
72 im Taufregister lt. schriftlicher Auskunft vom 10. 2. 2003
73 Slevogt (1984)
74 Gullann, S. 313
75 Slevogt (1987), EZ vom 14. 11. 1987
76 Jessen (1899), S. 35f.
77 Noch am 5. 4. 2004 in der EZ unter dem Titel „Artilleristische Episode mit Knalleffekt" von Jan Markus Witt
78 Johnsen, S. 50
79 Sievers in Paravicini, S. 113
80 bei Jungmann, Ernst (Hrsg.) (1898), vor allem in Fußnoten auf S. 33 und 34, ferner in Anlage X
81 Liliencron, S. 254f.
82 Slevogt (1988)
83 Stolz (1987), S. 69
84 Gullann, S. 283
85 Gullann, S. 284
86 Gullann, S. 294
87 LAS Abt. 22, Nr. III E a 23
88 Jansen (1888), S. 85f.
89 Jansen (1888), S. 87
90 LAS Abt. 55 Aud(iteursakten), Nr. 1874
91 StP. vom 13. 8. 1849; Im Folgenden werden Bezugnahmen auf die Stadtprotokolle mit deren Daten im Text und nur noch ausnahmsweise mit gedruckten Anmerkungen gekennzeichnet.
92 Liliencron, S. 124
93 Armeebefehl Nr. 5, LAS Abt. 51 A XIV, Nr. 37
94 So überschrieben kommentarlos und wie selbstverständlich Heimatforscher diese Periode (Willers Jessen und Christian Kock in HbKE I, S. 266 und HbKE II, S. 460 und August Seidel in JbE 4 [1939], S. 91)
95 Hoop, S. 389
96 Grabbuch d. Mühlenbergfriedhofs in E. Nr. 1536 vom 17. 8. 1850 (Archiv des Friedhofsamtes E.)
97 StP. vom 13. und 15. 9. 1850
98 Skambraks, S. 239
99 KAE HA 18, Nr. 204 vom 20. und 25. 9. 1850
100 Hansen, Reimer, S. 107
101 Stolz (1980), S. 142
102 StP. vom 1. und 8. 12. 1847, S. 157–168 und StP. vom 2. und 3. 12. 1851, S. 109–119
103 La Cour IV, S. 397 f.
104 Jubiläumsausgabe der EZ vom 8. Januar 1977 (Nr. 6, Jg. 126)

105 u. a. StP. vom 26. 3. und 6. 6. 1856
106 Jörgensen, EBH, S. 190
107 Smith (1956), S. 209f. und 215; Rasch, S. 11ff.
108 Lund, S. 133
109 Bernhardt, S. 108
110 Kock (1941), S. 72f.
111 vorstehende Topographiezitate bei Schröder (Schleswig), S. 115f.
112 Kuhlmann (1952), S. 25
113 Martens, D. J., S. 121; Auch die weiteren Angaben zum Seminar gehen auf Martens und auch Ernst Johannsens Prüfungsarbeit (s. Literaturverzeichnis) zurück.
114 Martens, S. 123
115 Detlefsen (1979), S. 33
116 StP. vom 5. 4. bzw. 7. 11. 1854
117 Lüders (1972), S. 33
118 Lüders (1970), S. 15
119 DAA (1897), S. 102
120 Hennicke, S. 33
121 Hennicke, S. 36
122 Brandt (1949), S. 181
123 La Cour IV, S. 486
124 Nr. 888 vom 7. 7. 1860, S. 9
125 Oldekop, Holstein 1, Geschichtlicher Überblick, S. 34
126 Kjöbenhavn 1864; Ekernførde, S. 620–628; Borreby Sogn, S. 651–653
127 Kock (1941), S. 68–73
128 Kock (1940), S. 107
129 Jessen (1940[b]), S. 350ff.
130 StP. vom 4. 3. 1863
131 StP. vom 17./18. 3. 1863; Erwerbspersonen 563, Einkommenssumme 240 425 rbt, Durchschnittseinkommen 427 rbt
132 StP. vom 15. 12. 1863
133 Bismarck, S. 342f.
134 Brandt (1949), S. 188, wo R. v. Keudell, Fürst und Fürstin Bismarck, 1901, zitiert wird
135 Pilger, S. 50; Soweit im Folgenden nicht anders vermerkt, folgt die Darstellung der militärischen Ereignisse Fontane (s. Literatrverzeichnis).
136 Bismarck, S. 358
137 Smith (1956), S. 216
138 EZ vom 31. 10. 2003
139 Boysen (1935), S. 215
140 Bismarck, S. 358f.
141 Heisch, S. 181 (Urkundenbeilage)
142 Heisch, S. 181
143 Weber II, S. 1023
144 Weber II, S. 1026
145 Bismarck, S. 360
146 Die Darstellung der Ereignisse vom 14. 10. 1865 folgt Boysen (1936), S. 305–319, verwiesen sei aber auch auf Jessen (1940[a]), S. 56 und HbKE III, 2, S. 144f.
147 Jessen (1940[a]), S. 55f.
148 LAS Abt. 59[3], Nr. 155 vom 1. 12. 1866
149 Boysen (1936), S. 335–351
150 Junge, S. 7 und 9
151 StP. vom 15. 11. 1865
152 zitiert nach Weber II, S. 1033
153 zitiert nach Weber II, S. 1033

Quellen-, Literatur- und Abkürzungsverzeichnis

(Das durchgehend alphabetische Verzeichnis enthält nur das, was zum Verständnis der Anmerkungen und zur Lokalisierung der Fundstellen erforderlich ist.)

Abb. = Abbildung (Begriff wird für alle Darstellungen außerhalb des Textes verwendet)
Achelis, Thomas Otto, Die Lateinschule in Eckernförde.
  JbE 10/1952, S. 94–100
ders., Studenten aus Eckernförde 1517–1864.
  JbE 14/1956, S. 178–200
a. d. H. = aus dem Hause
Adler, Jac. Georg Christian, Schleswig-Holsteinische Kirchen-Agende
  3. Auflage, Leipzig 1824
Ahlefeldt-Laurvig, Jørgen greve, Fajanceproduktionen på godset Kriseby og i Egernførde by
  EBH, S. 98–113
Albrecht, Uwe, Die Bronzetaufe in St. Nikolai: Künstlerstolz und bürgerliches Selbstbewußtsein, in:
  Paravicini, S. 39–42
Allen, C. F., Geschichte von Dänemark,
  Leipzig 1849
Alnor, Walter, Willers Jessen – Der Mensch und sein Werk
  JbE 7/1949, S. 5–49
Altstädter St.-Knudsgilde von 1449 Schleswig e. V., Gildebuch von 1980
Andresen, Ludwig, Die Ankunft der Kaiserlichen in Flemhude 1627
  Die Heimat 37 (1927), S. 127–129
ders., Geschichte der Stadt Tondern bis zum dreißigjährigen Krieg
  (1627), Flensburg 1939
Anm. = Anmerkung
Anna Sophie, Dronning Anna Sophie, Sammelband mit Beiträgen von Albert Fabritius
  u. a. København 1951 (J. Jörgensen & Co. Bogtrykkeri)
Arends, Otto Fr., Gejstligheden i Slesvig og Holsten, fra Reformationen til 1864
  III Series Pastorum, København 1932

Baasch, Walter, Alte Eckernförder Kunst
  JbE 3/1938, S. 6–19
Bahnson, Wilhelm Dirk, Der Dienst meines Urgroßvaters Carl Viborg Bahnson (1784–1836) beim
  Schleswigschen Jäger Corps von 1807 bis 1820, JbE 31/1973, S. 61–85
Barfod, Jørgen, „Marinen" in Tøjhusmuseets Bog om Treaarskrigen 1848-49-50 Bind I, Red. af
  J(ørgen). Paulsen, København 1948, S. 431–458
Bd. I = Slevogt, Horst, Eckernförde – Die Geschichte einer deutschen Kaufmannsstadt im Herzogtum Schleswig, Bd I, Von den Anfängen bis zur Reformation, Husum 1998
Becker, Joh. Friedr. (1775), Eckernförde–Arnis–Kappeln
  Slesvigland 2/1992, S. 58–60
Behling, Holger, Hans Gudewerdt der Jüngere (um 1600–1671), Bildschnitzer zu Eckernförde,
  Neumünster 1990 (Studien zur schleswig-holsteinischen Kunstgeschichte Bd. 16)
Berner, Ernst, Geschichte des Preußischen Staates
  München und Berlin, 1891
Bernhardt, Ferdinand, Die Eckernförder Fischindustrie
  HbKE II, S. 108/109
Bertheau, Friedrich, Wirtschaftsgeschichte des Klosters Preetz in der zweiten Hälfte des sechzehnten Jahrhunderts, ZSHG 49/1919, S. 26–93
Beseler, Hartwig (Hrsg.), Kunst-Topographie Schleswig-Holstein,
  Neumünster 1974, Bearbeitet im Landesamt für Denkmalpflege Schleswig-Holstein und im Amt
  für Denkmalpflege der Hansestadt Lübeck
Bethe, Ludwig, Henni Heidtrider, Ein norddeutscher Bildhauer des 17. Jahrhunderts
  Nordelbingen 8 (1930/31), S. 184–223
Beyer, Hans, Eckernförder Landvolk im Kampf um den „alten Glauben" (1797/1800)
  Zu der Adlerschen Kirchenagende, JbE 12/1954, S. 7–16
Bischoff, Malte, Die Amtleute Herzog Friedrichs III. von Schleswig-Holstein
  Band 105 QuFGSH, Neumünster 1996

Bismarck (Otto Fürst von), Gedanken und Erinnerungen, Die drei Bände in einem Band
    Vollständige Ausgabe, Stuttgart und Berlin 1928
Bjerre, Thorkel, Eckernførde, Sømrilitær afhandling om kampen Skærtorsdag den 5. April 1849 i
    Eckernførde fjord, København 1940
Bobé, Louis, Slægten Ahlefeldts Historie
    Bd. 2, København 1912
Bohnen, Klaus, und Jørgensen, Sven-Aage, Der dänische Gesamtstaat: Kopenhagen, Kiel, Altona
    Tübingen 1992; Wolfenbütteler Studien zur Aufklärung; 18: Zentren der Aufklärung („Gesamtstaat")
Bonhage/Röhring, Schleswig-Holstein – Land zwischen den Meeren
    Hamburg 1980
Boysen, Carl, Herzog Friedrichs Unterredung mit Bismarck, 1. Juni 1864, Ein Versuch von …
    ZSHG 63/1935, S. 214–342
ders., Beiträge zu Bismarcks Politik in der Schleswig-Holsteinischen Frage
    ZSHG 64/1936, S. 281–363
BR = Brückenrechnung im StAE Abt VII, Nr. 14
Bracker, Jörgen, Hamburg. Von den Anfängen bis zur Gegenwart. Wendemarken einer Stadtge-
    schichte. Hamburg, 2. überarb. Aufl. 1988
Brandt, Otto, Geistesleben und Politik in Schleswig-Holstein um die Wende des 18. Jahrhunderts
    Kiel, 2. Auflage 1927
ders., Geschichte Schleswig-Holsteins.
    4. Aufl. unter Mitarbeit von Prof. Dr. Herbert Jankuhn, herausgegeben von Dr. Wilhelm Klüver
    Kiel 1949
ders., Geschichte Schleswig-Holsteins. Ein Grundriss.
    8. Aufl., verbessert und ergänzt von Dr. Wilhelm Klüver, mit Beiträgen von Prof. Dr. Herbert Jan-
    kuhn, Kiel 1981
Braun, G. (Hrsg.) und Hogenberg, F. (Kupferstecher), Civitates Orbis Terrarum (Städtebuch)
    Köln o. J., Buch V, Blatt 31 mit Stich „Ekelenforda" und rückseitiger Beschreibung („Braun/
    Hogenberg")
BRE = Brückenrechnungen, Eckernförde in StAE VII B 14
Bremer, Asmus, Chronicon Kiliense tragicum-curiosum 1432–1717, Die Chronik des … Bürger-
    meisters von Kiel, hrsg. von Moritz Stern, Register von Willers Jessen, Kiel 1916 in MKStG
    18. und 19. Heft
Brücken- und Hafenordnung nebst Taxe für die Stadt Eckernförde
    d. d. Kopenhagen, den 27. Februar 1841, Schleswig 1841, Landesbibliothek SHt 468–1900
    (Brücken- und Hafenordnung 1841)
Bülck, Rudolf, Dether Mauritii, Propst und Pastor an der Nikolaikirche zu Kiel
    MKStG 1940, S. 44–52

Cedergreen Beck, Sven, über Struensee, Johann Friedrich in SHBL 5, S. 259–164
Christophersen, Jes, Die Restaurierungen im „Alten Turmraum" der Kirche zu Borby bringen den
    Sarkophag des Christian von Leuenburg zum Vorschein, JbE 47/1989, S. 71–75
Claussen, Minna, Johannes Hermann Gottfried zur Mühlen, Pastor in Eckernförde 1811–1840
    JbE 24/1966, S. 42–45
Copiale des Königl. Obergerichts zu Schleswig betr. die Stadt Eckernförde
    enthält 1. Correspondenz, 2. Designationen und Urkundenverzeichnisse, 3. Abschriften von
    Urkunden etc. de 1481–1750; LAS Abt. 400.I, Nr. 150
Corpus Statutorum Slesvicensium, Bd. 2, Schleswig 1795
CSS = Corpus Statutorum Slesvicensium

DAA = Danmarks Adels Aarbog (mit der Jahreszahl des Jahrgangsbandes in dessen 2. Abschnitt
    [separate Seitenzählung] das genannte Adelsgeschlecht jeweils umfassend dargestellt ist)
Dankwerth, Caspar, Newe Landesbeschreibung der zwey Hertzogthümer Schlesvich und Hol-
    stein, Husum 1652
ders., Die Landkarten von Johannes Mejer aus der neuen Landesbeschreibung der zwei Herzog-
    tümer Schleswig und Holstein (1652 [Hamburg-Bergedorf 1963]), Karte 22
DBL = Dansk Biografisk Leksikon, 3. Auflage Kopenhagen 1979
Deiters, Stefan, „Von jeher ein Geschäftshaus" in der Reihe „Eckernförder Gebäude und ihre Ge-
    schichte" in der Beilage „Eckernförder Nachrichten" der „Kieler Nachrichten" vom 23. 11. 1996

ders., „Hier wurde Medizingeschichte geschrieben"
    EN Nr 254 vom 31. 10. 1998
Dep. = Deputierter (Bürger)
Detlefsen, Nicolaus, Ursprünge und Anfänge des Eckernförder Lehrerseminars
    JbE 37/1979, S. 31–37

E. = Eckernförde
EBH = Egernførde bys historie
    Redigeret af Harald Jørgensen, O.M. Olesen og Frants Thygesen; Udgivet af Studienafdelingen
    ved. Dansk Centralbibliotek for Sydslesvig, Flensborg 1980
EN = Eckernförder Nachrichten (Lokalbeilage der „Kieler Nachrichten")
EWB = Eckernförder Wochenblatt, vgl. Jessen (1949), S. 93–103
EZ = Eckernförder Zeitung

Feldbæk, Ole, Dänisch und Deutsch im dänischen Gesamtstaat im Zeitalter der Aufklärung in:
    „Gesamtstaat", S. 7–22
Flensburg, 700 Jahre Stadt, Bd. 1: Flensburg in der Geschichte
    Herausgegeben von der Stadt Flensburg, Flensburg 1984
FN = Fußnote
Fontane, Theodor, Der Schleswig-Holsteinische Krieg im Jahre 1864
    Berlin, 1866 (Nachdruck 1978)
Fontenay v. Wobeser, H., Eckernförder Blütezeit und die Familie Otte. Ein Beitrag zur älteren Ge-
    schichte der Stadt Eckernförde, Eckernförde 1920
Friis, Aage, Die Bernstorffs und Dänemark – Ein Beitrag zur politischen und kulturellen Entwick-
    lungsgeschichte des dänischen Staates 1750–1835, II. Band Johann Hartwig Ernst Bernstorff im
    Conseil Friedrichs V., Bentheim 1970 (Übersetzung aus dem Dänischen von „Bernstorfferne og
    Danmark" Bd. 2, København 1919)
Fürsen, Ernst Joachim, über Fürsen-Familie
    SHBL 2, S. 149–152

Generalkriegsgericht, dänisches, Die Affaire von Eckernförde, Übersetzung nach der officiellen
    dänischen Departments – Tidende. Besonderer Abdruck aus dem Feuilleton der Hamburger
    Nachrichten, Altona, Juni 1850
Generalkrigsrettens Dom, i den mod … Garde, … Paluden og … Meyer, …, for deses ved Expeditio-
    nen til Eckernfördefjord den 5. April f. A. udviste Forhold, anlagte Sag, samt denne Doms Præmis-
    ser, Kjøbenhavn, 1850
Generalstaben (dänischer…), Den dansk-tydske Krig i Aarene 1848–50, Udarbejdet paa Grundlag af
    officielle Dokumenter og med Krigsministeriets Tilladelse, udgivet af …, 1ste Del. Krigen i 1848,
    Kjøbenhavn 1867 („Generalstaben")
„Gesamtstaat", s. Bohnen/Jörgensen
Geschichte Schleswig-Holsteins, s. GSH
Gettorf 1876–1976 (o. Verf.), Zusammenstellung und Redaktion: Jürgen Struck, Gettorf 1976
Glaubensfehde, s. Mühlen, J. H. G. zur
Goetting, Hans, Das Bistum Hildesheim, 1. Das reichsunmittelbare Kanonissenstift Gandersheim,
    Berlin · New York 1973, in: Germania Sacra, Historisch-statistische Beschreibung der Kirche des
    alten Reiches, Hrsg. Max-Planck-Institut für Geschichte
Göttsch, Silke, Die Bedeutung bäuerlicher Wirtschaften für die Gutswirtschaft im 18. Jahrhundert
    bis zur Aufhebung der Leibeigenschaft, JbE 48/1990, S. 135–141
Goos, Friedrich, Vom Fuhrwesen im alten Amt Hütten um 1700
    JbE 10/1952, S. 101–111
Gottorf im Glanz des Barocks, s. Spielmann/Drees
Grote, H., Stammtafeln, Leipzig 1877 (Nachdruck von 1990)
Grove-Stephensen, F. S., Christians Pflegeheim
    Slesvigland, 2. Jg., Heft 3/1981, S. 82–87
GSH 4 Teil 2 = Geschichte Schleswig-Holsteins, 4. Band, Teil 2, Spätmittelalter und Reformations-
    zeit von Erich Hoffmann, Neumünster 1990
GSH 5 = Hoffmann, Gottfried Ernst, Reumann, Klauspeter, Kellenbenz, Hermann, Geschichte
    Schleswig-Holsteins, 5. Band, Die Herzogtümer von der Landesteilung 1544 bis zur Wiederverei-
    nigung Schleswigs 1721. Neumünster 1986

GSH 6 = Geschichte Schleswig-Holsteins, 6. Band; Klose, Olaf und Degn, Christian, Die Herzogtümer im Gesamtstaat 1721–1830; Olaf Klose: Die Jahrzehnte der Wiedervereinigung, S. 1–159; Christian Degn: Die Herzogtümer im Gesamtstaat 1721–1830, S. 162–427, Neumünster 1960

GSH 7 = Geschichte Schleswig-Holsteins, 7. Band, 1. und 2. Lieferung; Schleswig-Holstein und die Auflösung des dänischen Gesamtstaates 1830–1864/67 von Alexander Scharff, Neumünster 1975 bzw. 1980

GSHG = Gesellschaft für Schleswig-Holsteinische Geschichte

Gullann (Wasserbauinspektor zu Hamburg), Beschreibung der Bergung des Wracks vom Linienschiffe Christian VIII. mit einem Nachwort des Wasserbaudirektors Hübbe, in: Journal für die Baukunst, 29. Band, Heft 4, Berlin 1850, S. 283–324

HA = Historisches Archiv

Häussler, Robert, Abschlussbericht an den Kirchenvorstand der Gemeinde St. Nicolai über Umstellung und Erdbestattung der Särge in der St. Nicolaikirche vom 8. 10. 1981, Maschinenschriftlich Eckernförde 1981

Hafen- und Brückenrechnungen Eckernförde (BR, BRE) seit 1614
StAE Abt. VII, Nr. 14

Hansen, H(einrich), Deutsche Volks- und Sängerfeste in Schleswig-Holstein, besonders das am 1., 2. und 3. Juni 1845 gefeierte Deutsche Volks- und Sängerfest in Eckernförde, Altona 1846

Hansen, Reimer, Kurze Schleswig-Holsteinische Landesgeschichte, 2. Auflage, Flensburg 1924

Hanssen, C(arl) G(ottlieb), Versuch einer Chronik von Eckernförde, Kiel 1833 (Vom Heimatmuseum Eckernförde 1988 besorgter Nachdruck)

Harms, Claus, Das sind die 95 theses oder Streitsätze Dr. Luthers, theuren Andenkens. Zum besonderen Abdruck besorgt und mit anderen 95 Sätzen als mit einer Übersetzung aus Ao. 1517 in 1817 begleitet von Claus Harms, Kiel 1817

ders., (Hrsg.), Gnomon, ein Volks- und Schullesebuch, insonderheit für die Herzogthümer Schleswig und Holstein, 3. Auflage, Kiel 1842

Hauser, Oswald / Hunke, Waltraud / Müller, Wolfgang J., Das Haus Glücksburg und Europa, Kiel 1988

HbKE I = Heimatbuch des Kreises Eckernförde, 1. Auflage, von Willers Jessen und Christian Kock (Hrsg.), Eckernförde 1916

HbKE II = Heimatbuch des Kreises Eckernförde von Willers Jessen und Christian Kock (Hrsg.) 2. Auflage, Eckernförde 1928

HbKE III₁ = Heimatbuch des Kreises Eckernförde. 3. Auflage, Bd. 1, Klaus Jöns (Hrsg.), Eckernförde 1967;

HbKE III₂ = Heimatbuch des Kreises Eckernförde. 3. Auflage, Bd. 2, Karl Graucop und Detlef Thomsen (Hrsg.) Eckernförde 1972

Heberling, Richard, Zauberei und Hexenprozesse in Schleswig-Holstein-Lauenburg. Auf Grund des Aktenmaterials im Kgl. Staatsarchiv Schleswig, ZSHG 45/1915, S. 116–247

Hedemann, Paul v., Die ältere Geschichte der Kirche zu Westensee
ZSHG 28/1899, S. 1–177

Heiberg, Steffen, über v. Jessen, Thomas Balthazar in DBL 7, S. 398–401

Heisch, Günter, Privilegien und Recht von 1775 bis zur Gegenwart. Geschichte der Schleswig-Holsteinischen Ritterschaft. Hrsg. von Henning von Rumohr, Band 4, Neumünster 1966

Heldt, Karl, Die Schulen im alten Eckernförde
JbE 5/1940, S. 57–68

Hennicke, Willi, 100 Jahre Gasversorgung in Eckernförde – Aus der Geschichte der Gas-, Elektrizitäts- und Wasserversorgung der Stadt Eckernförde, JbE 18/1960, S. 23–58

Henningsen, Lars N., Provinsmatadorer fra 1700–årene
Udgivet af Studieafdelingen ved Dansk Centralbibliotek Flensborg 1985 = LNH

ders., über Otte-Familie, darunter Christian 259–261, Friedrich Wilhelm 262–265, Friedrich Wilhelm II 265–268, Johann Nikolaus 269–271, SHBL 9 (1991), S. 257–271 (1991ᵃ)

ders., Handel und Manufakturen in Schleswig und Holsten 1775 – Berichte des Fabrikkommissionairs Johann Friedrich Becker an das Kommerzkollegium in Kopenhagen, ZSHG 116 (1991), S. 49–105 (1991ᵇ)

Heskel, A., Major Eduard Jungmann und die Deutsche Bundesversammlung zu Frankfurt a. M. ZSHG 59/1930, S. 313–334

Hessen, Carl von, Mémoires de mon temps, Als Manuskript gedruckt, Kopenhagen 1861 (diktiert vom 23. 12. 1816 bis 5. 4. 1817 zu Gottorf)

Hinrichs, Boy, Panten, Albert, Riecken, Guntram, Flutkatastrophe 1634 – Natur, Geschichte, Dichtung, Neumünster, 2. Auflage 1991

Hintze, Otto, Die Hohenzollern und ihr Werk, Fünfhundert Jahre vaterländischer Geschichte 6. Auflage, Berlin 1915

Hissen, J. C. W. og K., Danske og norske Officerer 1648–1814
RAK 3. afdeling

Hoffmann, Erich, Herkunft des Besitzbürgertums in schleswigschen Städten
Neumünster 1953, Bd. 27 QuFGSH

Hoffmann, Friedrich, Das Bevölkerungsbild der Stadt Eckernförde um die Wende zum 19. Jahrhundert, JbE 11/1953, S. 9–18

Hoffmann, Gottfried Ernst, Das älteste Dänischenhagener Kirchenbuch von 1638–1716
JBE 2/1937, S. 3–8

ders., Zwei Bevölkerungslisten der Stadt Ekernförde aus dem Jahr 1628
in: Familie und Volk – Zeitschrift für Genealogie und Bevölkerungskunde, 1. und 2. Jg. 1952 und 1953, Göttingen, S. 106–112 (LAS H II 363)

ders., Die Böttcheramtsrolle von Eckernförde aus dem Jahre 1552
JbE 13/1955, S. 23–30

ders., Reumann, Klauspeter, Kellenbenz, Hermann, Geschichte Schleswig-Holsteins 5. Band: Die Herzogtümer von der Landesteilung 1544 bis zur Wiedervereinigung Schleswigs 1721, Neumünster 1986 = GSH 5

Hohenstein, Adrian Erik, Carl von Hessen und seine Alchimie
in: Landgraf Carl von Hessen, Ausstellungskatalog des LAS, Schleswig 1996, S. 177–183

Homann, Johann Baptist, Karte des Herzogtums Schleswig aus dem „Großen Atlas über die ganze Welt", Nürnberg 1716

Holm, Gunther, Die wechselseitige Schuleinrichtung in Eckernförde von 1820 bis 1847 – Eine heimatkundlich-pädagogische Betrachtung, JbE 15/1957, S. 118–162

Hoop, Edward, Geschichte der Stadt Rendsburg, Rendsburg 1989

Hubrich-Messow, Gundula, Sagen und Märchen aus Eckernförde
Husum 1991 (Nachdruck aus dem HBKE II [Jessen/Kock], 2. Auflage 1928)

Isenburg, Wilhelm Karl Prinz zu, Stammtafeln zur Geschichte der europäischen Staaten,1960

Jansen, Karl, Der Tag und die Männer von Eckernförde,
Kiel 1870

ders., Uwe Jens Lornsen, ein Beitrag zur Geschichte der Wiedergeburt des Deutschen Volkes
Kiel 1872

ders., Die Erinnerungen des Herzogs Ernst II. von Coburg-Gotha aus Schleswig-Holstein 1848–51, Abdruck aus der ZSHG 18/1888, S. 3–97, Kiel 1888

JbE mit Jahrgangsnummer/Jahrgang = Jahrbuch der Arbeitsgemeinschaft Schwansen, Amt Hütten, Dänischwohld 1936–1941, … der Heimatkundlichen Arbeitsgemeinschaft … 1949 und folgende, … der Heimatgemeinschaft des Kreises Eckernförde e. V. 1951–1969, … der Heimatgemeinschaft Eckernförde e. V. Schwansen, Hütten, Dänischwohld 1970–1975, … der Heimatgemeinschaft Eckernförde e. V. Schwansen, Hütten, Dänischwohld, Stadt Eckernförde 1996 und folgende

Jensen, H. N. A., Versuch einer kirchlichen Statistik des Herzogthums Schleswig
3. Lieferung Flensburg 1841

Jensen, Jürgen, Asmus Bremers ordentliche und wahrhaffte Beschreibung der Geschichte von Vielerley Gewalt, Mord, Übelthaten und Unglücksfällen, welche sich in der Stadt Kiel und daherum von Anno 1432 biß Anno 1717 begeben haben, Eine Auswahl aus dem Chronicon Kiliense tragicum-curiosum, Neumünster 1976

Jensen, Jürgen und Wulf, Peter (Hrsg.), Geschichte der Stadt Kiel,
Neumünster 1991

Jessen = Jessen, Willers

Jessen, Hans, Die St.-Nicolai-Kirche zu Eckernförde, Heft 205, „Große Baudenkmäler"
Berlin 1966

ders., 100 Jahre Eckernförder Feuerwehr, 1871–1971
JbE 29/1971, S: 45–61

Jessen, Willers, wird durchweg nur mit „Jessen" und Erscheinungsjahr oder HbKE III2 zitiert
ders., der Ehrentag von Eckernförde – Eine Festschrift zum 5. April 1899, Zusammgestellt von …
    Eckernförde 1899
ders., Die Grabgewölbe in der St. Nikolaikirche zu Eckernförde.
    Eckernförder Zeitung Nr. 277 und 278 vom 27. bzw. 28. November 1907
ders., Übersicht über das Eckernförder Kirchenarchiv
    ZSHG 39/1909, 382–398
ders., Zwei Ahlefeldsche Stiftungen – die Marianerkapelle in Hadersleben und der Goschhof in
    Eckernförde, ZSHG 40/1910, S. 340ff.
ders., Die Kirche zu Eckernförde, in: Kock (1912), S. 410–415
ders., Zur Kirchengeschichte der Stadt Eckernförde in SSHKG 2. Reihe 6. Band 4. Heft, Kiel 1917,
    S. 433–449
ders. (1930), Maschinenschriftliches Manuskript über die Nicolaikirche, nach 1930, im Besitz des Küsters
ders., Hans Gudewerth und die Eckernförder Bildschnitzerschule mit ihren Meistern Ciriacus Dirkes
    Hans Dreyer · Hand Gudewerdt I · Hans Gudewerdt II · Hans Gudewerdt III · Lorentz Jories · Jür-
    gen Koberch · Peter Neelsen, Eckernförde 1931
ders., Zur Geschichte der Fischerei in Eckernförde im 16. und 17. Jahrhundert
    in: Die Heimat 44/1934, S. 257–258
ders., Vom Rathaus in Eckernförde mit seiner hundertjährigen Treppe
    JbE 3/1938 S. 4-6
ders., Ein Mord in Eckernförde vor reichlich 100 Jahren
    JbE 4/1939, S. 27–34
ders. (1940[a]), Eine Erinnerung an die Herzogin Adelheid von Schleswig-Holstein, die Mutter der
    deutschen Kaiserin Viktoria, JbE 5/1940, S. 54–57
ders. (1940[b]), Ein unbekanntes Bild vom Innern der Eckernförder Nikolaikirche
    Nordelbingen 16/1940, S. 350–354
ders., Hinrich Fick, ein Eckernförder Bürgermeister, Ratgeber Peters des Großen
    JbE 6/1941, S. 18–23
ders. (1949[a]), Die erste Eckernförder Zeitung
    JbE 7/1949, S. 93–103
ders. (1949[b]), Vor hundert Jahren – Ein Gedenkbüchlein an den Tag von Eckernförde, den 5. April
    1849, Eckernförde 1949, Nachdruck von 1984
ders., Art und Bedeutung der Gilden HbKE III, 2, S. 245–249
ders., Die alten „Artikel" (vor 1611) der Eckernförder Bürgerschützengilde („Gelbe-Westen-Gilde")
    mit Nachträgen in HbKE III, 2, S. 250–256
ders., Das Eckernförder Tischleramt
    HbKE III, 2, S. 261–265
Jessen, Willers und Kock, Christian, Heimatbuch des Kreises Eckernförde
    1. Auflage, Eckernförde 1916 (HbKE I)
dies., Heimatbuch des Kreises Eckernförde
    2. Auflage, Eckernförde 1928 (Jessen/Kock [1928]) (HbKE II)
Jessen, Willers, Spanjer, Geerd, Die Napoleonische Zeit
    HbKE III, 2, S. 117–136
Jørgensen, Harald, Egernførdes købstads historie, EBH, S. 136–212
Johannsen, Ernst, Christian August Bahnsen, eine Lehrerpersönlichkeit der gesamtstaatlichen Epo-
    che in dänischer und deutscher Sicht. Prüfungsarbeit zur Mittelschullehrerprüfung für das Fach
    Dänisch, Flensburg 1962
Johannsen, Hans Martin, Studien zur Wirtschaftsgeschichte Rendsburgs
    ZSHG 55/1926, S. 32ff.
Johansen, Jens, Danmark-Norges Deltagelse i den store nordiske Krig Sønderjyllands Befrielse
    (udgivet af Generalstaben), København 1935
Johansen, Jörgen, Krigen 1848–49–50, Kortfattet historisk Fremstilling in: Tøjhusmuseets Bog om
    Treaarskrigen 1848–49–50, Bind I, Red. af J(ørgen). Paulsen, København 1948, S. 9–108
Johnsen, Axel, Die Schlacht von Eckernförde – das Düppel der Dänischen Marine
    in: 150 Jahre „Tag von Eckernförde" JbE Beihefte „Materialien und Forschungen aus der Region"
    Heft 3, Eckernförde 1999, S. 41–50
Jonas, Heinrich, Elisabeth Gräfin von Ahlefeld-Laurvig
    JbE 26/1968, S. 111–122

Julius, N. H., Schleswig-Holstein's künftiges Strafsystem
Altona 1840

Junge, Johannes, 100 Jahre Eckernförder Männerturnverein und Pillauer Turnverein von 1864, Die Geschichte zweier Turnvereine Salzgitter Bad 1964

Jungmann, Eduard, Bericht über den Geschützkampf bei Eckernförde am 5. April 1849 vom 30. April 1849, bei Jansen (1888), S. 56–62

ders., Eckernförde und der 5. April 1849. Eine artilleristische Episode aus dem Deutsch-Dänischen Kriege, Hamburg 1852

Jungmann, Ernst (Hrsg.), Eckernförde und der 5. April 1849. Eine artilleristische Episode von Eduard Jungmann. Neue, aus dem Nachlass des Verfassers ergänzte Auflage. Zur fünfzigjährigen Gedenkfeier herausgegeben. Eckernförde 1998

KAB = Kirchenarchiv der Gemeinde Borby

KAE = Kirchenarchiv Eckernförde St. Nicolai, HA (Historisches Archiv), KR (Kirchenrechnung (nach Jahren)), vgl. Trede JbE 12/1954, S. 177–182

Kasel, Theodora, Aus Wasmer wurde Samwer, Ein Beitrag zur Familiennamen-Tarnung in einem schleswig-holsteinischen Adelsgeschlecht, JbE 47/1989, S. 50–70

KBA = Kirchenbuchamt Eckernförde bei Kirchenkreisverwaltung Eckernförde, Schleswiger Straße 33

KDME, auch KDM = Die Kunstdenkmäler des Kreises Eckernförde, bearbeitet von Gustav Oberdiek · Ludwig Rohling · Joachim Seeger · Helmut Perseke · Theodora Holm, München, Berlin 1950

Kellenbenz, Hermann, Schleswig in der Gottorfer Zeit 1544–1711
Hrsg. Ges. f. Schleswiger Stadtgeschichte, Schleswig 1985

Ketelsen-Volkhardt, Anne-Dore, Schleswig-Holsteinische Epitaphien des 16. und 17. Jahrhunderts
Neumünster 1989 („Ketelsen")

Kirchenarchiv St. Nicolai Eckernförde (KAE)

Kirchhoff, H. C., Beschreibung der Stadt Eckernförde
in: Schlw-Holst-Landes Provinzialberichte, Jg. 8/1818, S. 117ff., 241ff.

KKA = Kirchenkreisarchiv Eckernförde, im Rentamt Eckernförde, Schleswiger Straße 33

Klose, Olaf/Degn, Christian, Geschichte Schleswig-Holsteins, 6. Band: Die Herzogtümer im Gesamtstaat, Neumünster 1960 (GSH 6)

Klose, Olaf und Martius, Lilli, Ortsansichten und Stadtpläne der Herzogtümer Schleswig, Holstein und Lauenburg, Neumünster 1962 (Textband)

KN (EN) = Kieler Nachrichten in der Beilage „Eckernförder Nachrichten" (EN)

Kock, Christian, Eckernfördes Notlage zur Zeit des nordischen Krieges
In: ZSHG 33/1903, S. 252–262

ders., Die Errichtung eines Galgens zu Eckernförde 1726
in: „Die Heimat" Nr. 15/1905, S. 90–93

ders., Volks- und Landeskunde der Landschaft Schwansen
Heidelberg 1912 (auch Nachdruck Kiel 1975)

ders., Hütten und Hüttenhof
in: „Die Heimat" Nr. 39/1929, S. 162–169

ders., Holzschiffbau in Eckernförde von 1731 bis 1816 (1. Teil)
JbE 5/1940, S. 68–109

ders., Holzschiffbau in Eckernförde (2. Teil)
JbE 6/1941, S. 57–76

ders., Seehandel und Schiffahrt in Eckernförde Teil I.
JbE 9/1951, S. 24–53

ders., Seehandel und Schiffahrt in Eckernförde Teil II.
JbE 10/1952, S. 45–81

Konv. = Konvolut

KR = Kirchenrechung in KAE

Kramer, Hermann, Scharfrichter in Eckernförde 1631–1824
JbE 46/1988, S. 42–57

ders., Das Archiv der Kirchengemeinde Borby – Vierhundert Jahre Kirchen- und Heimatgeschichte
JbE 47/1989, S. 82–97

Krassa, Peter, Der Wiedergänger – Das zeitlose Leben der Grafen von St. Germain München 1998

Kreis- und Stadtsparkasse Eckernförde, Eckernförder Künstler des 19. Jahrhunderts – Bildband zur

Ausstellung im Heimatmuseum Eckernförde mit einer EInführung von Dr. Renate Paczkowski, Eckernförde 1990

Krummacher, Friedhelm, Vom Singechor zur Konzertorgel: Kirchenmusik in St. Nikolai
in: Paravicini, Werner (Hrsg.), Begegnungen mit Kiel, Neumünster 1992, S. 43–46

Kuhlmann, Hans Joachim, Der Lombard in Eckernförde
JbE 9/1951, S. 5–23

ders., Die Schnaaper Wassermühle 1339–1920
JbE 10/1952, S. 15–35

ders., Die Baugeschichte des Borbyer Kirchturms
JbE 11/1953, S. 56–70

ders., Die Borbyer Windmühle 1474–1911
JbE 12/1954, S. 17–32

Lackmann, Adam Heinrich, Einleitung zur Schleswig-Holsteinischen Historie, Dritter Theil
Hamburg 1739

La Cour = Kurzbezeichnung für Sønderjyllands Historie, Redaktion: Vilhelm La Cour, Knud Fabricius, Holger Hjelholt og Hans Lund, 5 Bände (I–V), København 1930–1933

Landesarchiv Schleswig-Holstein (Hrsg.), Landgraf Carl von Hessen, Schleswig 1996, Ausstellungskatalog (Bd. 47 der Veröffentlichungen des Schleswig-Holsteinischen Landesarchivs)

Landesarchiv Schleswig-Holstein (Hrsg.), Die Gottorfer auf dem Weg zum Zarenthron. Russischgottorfische Verbindungen im 18. Jahrhundert. Eine russisch-schleswig-holsteinische Archivausstellung im Landesarchiv Schleswig-Holstein, Bd. 57 der Veröffentlichungen des Schleswig-Holsteinischen Landesarchivs, Schleswig 1997

Lange, Ulrich, Daten zur Geschichte der Landtage in Schleswig-Holstein
Sonderdruck aus: „Zum 150. Jahrestag der schleswigschen Ständeversammlung" hrsg. v. Präsidenten des Schleswig-Holsteinischen Landtages, Husum 1986

LAS = Schleswig-Holsteinisches Landesarchiv (auch: Landesarchiv Schleswig-Holstein)

Laur, Wolfgang, Historisches Ortsnamenlexikon von Schleswig-Holstein
2., völlig veränderte und erweiterte Auflage, Neumünster 1992

Liliencron, Detlev von, Up ewig ungedeelt. Die Erhebung Schleswig-Holsteins im Jahre 1848
Unveränderter Nachdruck von 1980 der Auflage von Hamburg 1898

Lilienstein, Carl Arthur von, Bericht über den siegreichen Kampf bei Eckernförde bestanden unter Leitung Sr. Hoheit des Herzogs Ernst von Sachsen-Coburg-Gotha am 5ten April 1849 erstattet vom Hauptmann … Chef des 2. Comp. des 3. Schlesw.-Holst. Res. Inf. Bataillons, Rendsburg 1851 nach einer Abschrift des Originals mit dessen Seitenzahlen

Link, Theodor, Flensburger Überseehandel 1755–1807
zitiert nach Ole Ventegodt, slesvigland 2/1989, S. 50

LNH = Henningsen, Lars N., Provinsmatadorer fra 1700–årene usw. s. dort

Löneke, Regina, Entwicklungen im Eckernförder Räuchereiwesen
JbE 50/1992, S. 83–102

Lohmeier, Dieter, über Reventlow, Heinrich
SHBL 7, D. 231–233

ders., über Dehn, Friedrich Ludwig, Baron (seit 1768 Graf) von
SHBL 8/1987, S. 86ff.

Lorentzen, F., Die Eckernförder Fischerei
Die Heimat 8/1898, II, S. 34ff., III, S. 105ff.

Lornsen, Uwe Jens, Über das Verfassungswerk in Schleswigholstein
Kiel 1830 (Facsimile – Nachdruck, Schleswig 1980)

ders., Die Unionsverfassung Dänemarks und Schleswigholsteins. Eine geschichtlich staatsrechtliche und politische Erörterung. Hrsg. Georg Beseler, Jena 1841

Lubowitz, Frank, Das verschwundene Denkmal für Herzog Friedrich VIII.: Der Traum vom selbständigen Schleswig-Holstein, Paravicini, S. 158–161

Lüders, Geert-Herbert, Die Otte'sche Armenstiftung in Eckernförde seit ihrer Fundation 1739
JbE 27/1969, S. 60–92

ders., Der Bürgerstifts-Verein in Eckernförde
JbE 28/1970, S. 12–32

ders., Die Nicolai-Stiftung in Eckernförde
JbE 29/1971, S. 62-67

ders., Das Windebyer Noor, Erwerb durch die Stadt Eckernförde unter besonderer Berücksichtigung der Kanons für trockengelegte Flächen, JbE 30/1972, S. 33–50

ders., 100 Jahre Gachtje'sche Stiftungen in Eckernförde
JbE 32/1974, S. 78–102

ders., Der Amtseid des Eckernförder Bürgermeisters Suadicani Anno 1817
JbE 46/1988, S. 34–41

ders., Ein Gedenkstein erzählt über die Familie Zerssen in Eckernförde
JbE 48/1990, S. 31–42

Lühning, Felix, Das Gottorfer Globenpaar
in: Spielmann/Drees (1997), S. 367–373

Lukitschev, Michail und Witt, Reimer (Hrsg.), Die Gottorfer auf dem Weg zum Zarenthron
(LAS-Ausstellungskatalog) Schleswig 1997, s. Landesarchiv Schleswig-Holstein

Lund, Heinrich, Das Christians-Pflegehaus in Eckernförde
Die Heimat 10/1900, S. 108–113 und 126–134

M = Mark

Maerten, Monika, Schwedenfriedhof in Schwedeneck?
JbE 42/1984, S. 230–236

dies., Schwedenfriedhof in Schwedeneck – wo sonst?
JbE/1986, S. 65–70

dies., Die Geschichte des Armenstiftes von Dänisch Nienburg und die Entstehung der umliegenden Schulen, JbE 48/1990, S. 65–95

Mare Balticum = Beiträge zur Geschichte des Ostseeraums in Mittelalter und Neuzeit. Festschrift zum 65. Geburtstag von Erich Hoffmann, Hrsg. Werner Paravicini unter Mitwirkung von Frank Lubowitz und Henning Unverhau, Sigmaringen 1992 (Mare Balticum)

Martens, D. L., Das Seminar in Eckernförde während der ersten Periode 1858–1864
Die Heimat 18/1908, S. 121–126 und S. 152–156

Meiners, Jörn, über Ewald, Johann (seit 1790 von)
in: SHBL 11, S. 95–100

MKStG = Mitteilungen der Gesellschaft für Kieler Stadtgeschichte

Molisworth, Dänemarks gegenwärtiger Staat unter der nunmehro souveranen Regierung Christiani V., Cölln bey Pieter Marteau 1697

Moltkes Kriegsgeschichtliche Arbeiten, Geschichte des Krieges gegen Dänemark 1848/49
Herausgegeben vom Großen Generalstab, Abteilung für Kriegsgeschichte Berlin 1893

Mommsen, Ingwer E., Die Schiffahrt in Schleswig-Holstein um 1840
ZSHG 122/1997, S. 75–110

Monro, Robert, His Expedition with the Worthy Scots Regiment (called Mac-Keyes Regiment) levied in August 1626, London 1637

Moritzen, Johannes, Die Heiligen in der nachreformatorischen Zeit, Flensburg 1971
in: SSHKG, Sonderheft Nr. 7, S. 17ff.

Mühlen, Johannes Hermann Gottfried zur, Worte der Belehrung und Beruhigung über die bisherige Glaubensfehde, Altona 1819 (Glaubensfehde)

NE = Nordelbingen

Nernheim, Klaus, Gewerbe, Handel, Industrie
HbKE III, 1, S. 180–216

Niedersächsisches Staatsarchiv Wolfenbüttel

Niemann, August, Handbuch der schleswig-holsteinischen Landeskunde
Topographischer Teil, Erster Band, Herzogthum Schleswig, Schleswig, 1799

Nissen, H. J. v., Geschichte und Beschreibung des Christians-Pflegehauses in Eckernförde
in: Neue Schleswig-Holstein-Lauenburgische Provinzialgeschichte 1833, S. 422–458

Noodt, Johann Friderich, Beyträge zur Erläuterung der Civil-, Kirchen- und Gelehrten-Historie der Herzogtümer Schleswig und Hollstein, 2 Bde., Hamburg 1744–1756

NStM = Neues Staatsbürgerliches Magazin

Oberdieck, Gustav u. a. Bearbeiter, Die Kunstdenkmäler des Kreises Eckernförde, München Berlin 1950 („KDME")

Østergaard, Vilhelm (Hrsg.), Vort Folk i det nittende Aarhundrede Bd I und II
Kjøbenhavn 1897 bzw. 1901

Oettinger, Eduard Maria, Geschichte des dänischen Hofes von Christian II. bis Friedrich VII. Hamburg, 1.–6. Bd. 1857, 7./8. Bd. 1858/1859

o. J. = ohne Jahresangabe

Oldekop, Henning, Topographie des Herzogtums Schleswig, Kiel 1906

ders., Topographie des Herzogtums Holstein, 2 Bde., Kiel 1908

Olearius, Adam, Kurtzer Begriff einer Holsteinischen Chronic … Schleswig 1663

Olshausen, Theodor (Hrsg.), Das Dänische Königsgesetz, das fortwährend geltende Grundgesetz für das Königreich Dänemark, nach der Dänischen officiellen Ausgabe übersetzt und mit einer historischen Einleitung und einer Schlußbemerkung versehen. Eutin und Kiel 1838

Olson, Gunnar, über Adolf Friedrich (König von Schweden 1751–1771) SHBL 11 (2000), S. 11–15

Opel, Julius Otto, Der niedersächsisch-dänische Krieg Bd. 1–3, Halle 1872, Magdeburg 1878 und 1894

Paasch, Heinz, Wahlergebnisse 1848–1969 im Kreis Eckernförde – Wählerverhalten als Spiegel geschichtlicher Vorgänge und örtlicher Strukturen, JbE 28/1970, S. 41–54

Paladius, Peder, Visitensbog København 1911, Übers. C. Rosenberg zitiert in J. Moritzen (s. dort)

Paudan, F. A., (3.) Rapport til Marineministeriet, Rendsborg den 8de April 1849 bei Jansen (1888), S: 47–56

Paravicini, Werner, mit Albrecht, Uwe und Henning, Annette (Hrsg.), Begegnungen mit Kiel, Gabe der Christian-Albrechts-Universität zur 750-Jahr-Feier der Stadt, Neumünster 1992 (Paravicini)

Paulsen, J. (red.), Tøjhusmuseets bog om Treaarskrigen 1848–49–50 Bind I, København 1948

Paulsen, Jörgen, Billeder fra Treaarskrigen 1848–1849–1850 Hrsg. Det Nationalhistoriske Museum paa Frederiksborg, København 1952

Petersen, J. A., Wanderungen durch die Herzogthümer Schleswig, Holstein und Lauenburg Erste Section, Rendsburg mit der Umgegend, die Eider und der Schleswig-Holsteinische Canal, Kiel 1839 (Nachdruck von 1984)

Pfeiffer, Werner, Geschichte des Geldes in Schleswig-Holstein Heide in Holstein 1977

Philipsen, Willy, Gab es an der Kirche zu Borby eine Pastorendynastie? JbE 27/1969, S. 106–112

Pilger, Hermann, Erinnerungen aus dem Soldatenleben in Frieden und Krieg 1863/64 Eigendruck 1897 (im Besitz von Lisbeth Jessen)

Pontoppidan, Erich, Den Danske Atlas eller Konge-Riget Dannemark, Tomus VII, Kjøbenhavn 1781

Privatarchiv Bernstorff (Wotersen), RAK, Nv. 5129 v. 1929 II. 19 1758–1770

Pust, Dieter, Die ersten Eckernförder Kommunalwahlen 1832–1848 – Ein Beitrag zur Verfassungsgeschichte der Stadt Eckernförde im 18. und 19. Jahrhundert, JbE 33/1975, S. 72–94

QuFGSH = Quellen und Forschungen zur Geschichte Schleswig-Holsteins, Hrsg.: GSHG

RAK = Rigsarkivet København (Reichsarchiv Kopenhagen)

Rantzau, Heinrich, „Cimbricae chersoneri … descriptio nova" in Westphalen Band I, Ducatus Slesvicensis Descripto Sp. 48–59

Rasch, Max, Neues zum Falle Hardesvogt Blaunfeldt in Fleckeby JbE 10/1952, S. 11–14

Rathjen, Jörg, Gottorfs Bastion an der Eider: die Festung Tönning in: Spielmann/Drees, S. 89–97

rbt = Reichsbanktaler

Reventlow, Elisabeth von, Der Tag von Eckernförde, Aus einem Brief der … Eckernförder Zeitung Nr. 82 vom 6. 4. 1933

Rt. und Rthlr. = Reichsthaler

Rumohr, Henning von, Über den holsteinischen Uradel – Die sogennanten Originarii in: Dat se bliven ewich tosamende ungedelt, Festschrift der Schleswig-Holsteinischen Ritterschaft zur 500. Wiederkehr des Tages von Ripen, Neumünster 1960, S. 101–152

ders., Schlösser und Herrenhäuser im Herzogtum Schleswig, neu bearb. v. Cai Asmus von Rumohr
    3. überarbeitete Auflage, Würzburg 1987 (Schleswig)
ders., Schlösser und Herrenhäuser im nördlichen und westlichen Holstein
    2. von Cai Asmus von Rumohr und Carl-Hinrich Seebach neu bearbeitete Auflage, Würzburg 1988
s (auch ß) = Schilling
Sachsen-Coburg-Gotha, Herzog Ernst II. von, Aus meinem Leben und aus meiner Zeit
    1. Band 6. Auflage, 2. Band 5. Auflage, 3. Band 1.–6. Auflage, Berlin 1889–1888–1889
Saeftel, Friedrich, Das Eckernförder Rathaus. Ein Beitrag zu seiner Baugeschichte
    JbE 34/1976, S. 116–132
Salewski, Michael (1992), Eckernförde, 5. April 1849. Zur Geistesgeschichte eines Tages
    in: Mare Balticum,er S. 339–363
Schäfer, Dietrich, Geschichte von Dänemark, IV. Band, Gotha 1893, V. Band,Gotha 1902
    (zählen als 4. und 5. Band zu F. C. Dahlmanns Geschichte von Dänemark, Bd. 1–3)
Scharff, Alexander, Zur Beurteilung der Petitionsbewegung 1816–1818
    ZSHG 81/1957, S. 204–218
Scheffler, Wolfgang, Möbel der Spätgotik und Renaissance
    Kiel 1939 (Schleswig-Holsteinisches Landesmuseum, Führer 3)
Schleiermacher, F., An Herrn Oberhofprediger D. Ammon über seine Prüfung der Harmsischen Sätze, Berlin 1818
Schleswig-Holsteinisches Landesarchiv („LAS"), insbesondere Abt. 7: Herzöge von Schleswig-Holstein-Gottorf 1544–1713
SchmAB = Schmiedeamtsbuch
Schmidt, Johann, über Harms, Claus
    in SHBL 2, S. 164–166
Schmidt, Werner, Lorenz von Stein, Ein Beitrag zur Biographie, zur Geschichte Schleswig-Holsteins und zur Geistesgeschichte des 19. Jahrhunderts, JbE 14/1956, S: 7–175
Schröder, Johannes v., Topographie des Herzogthums Schleswig,
    Oldenburg (Holstein) 1854
Schulze, Heiko K. L., „… ist alles Nied- und Nagel-fest."
    Das Ludwigsburger Inventar von 1771, JbE 46/1988, S. 161–197
Schuselka, Franz, Geschichtsbilder aus Schleswig-Holstein. Ein deutsches Lesebuch, Leipzig 1847
Schwennicke, Detlev (Hrsg.), Europäische Stammtafeln Band I: Die deutschen Staaten
Seestern-Pauly, Friedrich, Beiträge zur Kunde der Geschichte sowie des Staats- und Privatrechts des Herzogthums Holstein, 2. Bd., Beitrag III., Actenstücke, die Holsteinische und Schleswigsche Landfolge und Heerfahrt betreffend S. 81 ff.
Seidel, August, Kriegserlebnisse Gettorfs in der Dänenzeit
    JbE 4/1939, S. 91–103
Seredszus, Erhard, Bilder und Gestalten – Drei Kunstwerke der Eckernförder St.-Nicolai-Kirche
    Eckernförde 1982
ders., Bericht über die Renovierung der Eckernförder St.-Nicolai-Kirche in den Jahren 1981–1985
    JbE 50/1992, S. 224–250
SFB = Sintflutbild v. 1632, kennzeichnet auf dem SFB verzeichnete Stifternamen; Bild hängt an der Westwand des Südschiffes von St. Nicolai Eckernförde (s. KDME, S. 107f.)
SH = „Schleswig-Holstein – Kultur · Geschichte · Natur", Zeitschrift des Schleswig-Holsteinischen Heimatbundes (Hrsg.), Husum Druck- und Verlagsgesellschaft GmbH und Co. KG, Husum
SHBL (mit Bandnummer), Schleswig-Holsteinisches Biografisches Lexikon (Biographisches Lexikon für Schleswig-Holstein und Lübeck), Bd. 1–11
SHL = Schleswig-Holsteinisches Landesmuseum Schloss Gottorf
Siemens, Werner von, „Lebenserinnerungen", Leipzig 1943
Sievers, Kai Detlev, Das Kriegerdenkmal und das Denkmal Wilhelms I. – Schleswig-Holstein und die deutsche Einigung, in: Paravicini, S. 111–114
SJH = Sønderjyllands Historie, s. „La Cour"
Skambraks, Hans-Georg, Die Entstehung des Staatsgrundgesetzes für die Herzogtümer Schleswig-Holstein vom 15. September 1848, ZSHG 85/86/1961, S. 130–242
Skelton, R. A., Einführung zu Braun & Hogenberg, Civitates Orbis Terrarum 1572–1618 in sechs Teilen, Kassel und Basel 1965
Skovgaard, Johanne, Georg Braun und Heinrich Rantzau
    NE 15/1939, S. 100–125

Slesvigland, Deutsch-dänische Zeitschrift für den Landesteil Schleswig; Herausgeber: Slesvigland Verlags GmbH, Flensborg, seit 1980, Zitate mit Jahrgang und Heft (arabische Ziffern)

Slevogt, Horst (1984), „Die werthvollste Trophäe", Die Geschichte der Segelfregatte „Gefion" und ihrer Galionsfigur mit einer seekriegsgeschichtlichen Würdigung des 5. April 1849 JbE 42/1984, S. 86–106

ders. (1986), Gettorf im Sommer 1849, JbE 44/1986, S. 74–79

ders. (1987), Den Toten des Tages von Eckernförde, Eckernförder Zeitung vom 14. 11. 1987

ders. (1988), Herzog Ernst II. von Sachsen-Coburg und Gotha und das Gefecht von Eckernförde 1849, Jahrbuch der Coburger Landesstiftung 1988, S. 231–250

Smith, Jonathan, Amtsschreiber und Amtsverwalter des Amtes Hütten
 JbE 11/1953, S. 29–39

ders., Die Hardesvögte in der Hohner und der Hüttener Harde sowie in der Eckernförder Harde
 JbE 14/1956, S. 203–220

ders., Erlaubnisse zur Haustrauung und zu Ehen zwischen Verwandten im Amte Hütten von 1713–1774, in: JbE 17/1959, S. 77–88

SøM = Sønderjysk Maanedsskrift

Spar- und Leihkasse in Eckernförde, Bericht über die Gründung und weitere Entwicklung der ..." Eckernförde 1888

Spielmann, Heinz und Drees, Jan (Hrsg.), Gottorf im Glanz des Barock – Kunst und Kultur am Schleswiger Hof 1544–1713, Schleswig 1997, Bd. 1: Die Herzöge und ihre Sammlungen

SSHKG = Schriften des Vereins für Schleswig-Holsteinische Kirchengeschichte

Stadtarchiv Eckernförde, s. StAE

Stadtprotokolle Eckernförde aus dem StAE 1 Ah 1 = StP (s. dort)

StAE = Stadtarchiv Eckernförde

StARD = Stadtarchiv Rendsburg

StBE (auch StbE) = Eckernförder Stadtbuch 1542–1681, im StAE Bestand 3.2

Steefel, Lawrence D., The Schleswig-Holstein-Question (1864)
 Cambridge (Mass.) 1932

Stein, Lorenz (von), Theodor Preußer in: Der deutsche Soldat von Fr. Bernhard (Hermann Reuchlin) Hrsg., Stuttgart 1849

Stemann, … von, Beiträge zur Adelsgeschichte IV. Die Familie Sehested
 ZSHG 1 (1870), S. 54–109

Stenzel, Alfred, Seekriegsgeschichte in ihren wichtigsten Abschnitten mit Berücksichtigung der Seetaktik. Hannover und Leipzig, bearb. durch Hermann Kirchhoff, unter Mitwirkung des Admiralstabes der Marine, 2. Teil 1909, 3. Teil 1910, 4. Teil 1911, 5. Teil 1911, Ergänzungsband „Kriegsführung zur See, Lehre von den Seekriegen" (als 1. Teil) 1913, 6. Teil (Verf. Kirchhoff) 1921

Stern, Moritz (als Hrsg.), s. Bremer

St. N. = St. Nicolai Kirche zu Eckernförde

Stolberg, Friedrich Leopold Graf zu, Schreiben eines holsteinischen Kirchspielvogts an seinen Freund in Schweden über die neue Kirchen-Agende, Hamburg 1798

Stolz, Gerd („Bearbeitet von …"), Tagebuch des Oberjägers Henning Kröger aus Itzehoe vom Feldzug im Jahre 1850, JbE 38/1980, S. 137–144

ders., Die Mitglieder des Kampfgenossenvereins Eckernförde im Jahre …
 JbE 45/1987. S- 69–71

ders., Die schleswig-holsteinische Erhebung – Die nationale Auseinandersetzung in und um Schleswig-Holstein von 1848/51, Husum 1996

StP = Stadtprotokolle; StAE 1 Ah 1 in den Jahrgangbänden: 1695–1706, 1706–1712, 1712–1729, 1729–1750, 1750–1759, 1759–1773, 1773–1793, 1793–1820, 1820–1833, 1834–1836, 1836–1839, 1839–1852, 1853–1856, 1856–1860, 1861–1866, 1866–1872

StPE = Stadtprotokolle Eckernförde = StP, s. dort

Svahnström, Gunnar, Das Epitaph des Lübecker Bürgermeisters Bartholomeus Tinnappel in der Visbyer Domkirche; in: Mare Balticum, S. 241–244

Thode, Hans-Georg, Ludwig Theodor Preußer – Leben und Leistung des Kommandanten der Südschanze, JbE 25/1967, S. 24–38

ders., Carl Friedrich Kroymann: Porträt des Direktors des Christianeums in Altona, Dr. Johann Hans Cordt Eggers, JbE 44/1986, S. 21–27

ders., noch einmal: Der Maler Carl-Friedrich Kroymann, geb. 29. 10. 1781 in Eckernförde
 JbE 45/1987, S. 27–29

ders., Woher hat der Domstag in Eckernförde seinen Namen?
in: Die Heimat 63/1956, S. 15/16

ders., Pastor Gotthard (Gerhard) Ucke in Borby 1712 bis 1713
JbE 26/1968, S. 126f. (1968[a])

ders., Die lange Brücke in Eckernförde
JbE 26/1968, S. 194–200 (1968[b])

ders., Bürgermeister Claudius in Eckernförde (1828–1840)
JbE 28/1970, S. 33

ders., Die beiden Schwedenkriege, die Feldmarschälle von Eberstein und Schack und die Konferenz
von Eckernförde am 20. 10. 1659, JbE 29/1971, S. 112–114

ders., Oberstleutnant Christian von Leuenburg auf Hemmelmark
JbE 36/1978, S. 145–146

ders., Die Eckernförder Arztfamilie Wagener
JbE 37/1979, S. 118

ders., Die Schenkung der Familie von der Wisch zu Damp
JbE 38/1980, S. 148/149

ders., Drei Eckernförder Jahrmärkte
JbE 40/1982, S. 208

Thygesen, Frants, Træk af Egernførdes retshistorie
EBH, S. 115–136

Tiemer, Helmut, Die alte Lateinschule in Eckernförde und ihr Rektor Canarius
JbE 33/1975, S. 95–96

Trap, J. P., Statistisk-topografhisk Beskrivelse af Hertugdømmet Slesvig
Kjøbenhavn 1864

Trede, Walther, Die Archivbestände der Kirchspiele in der ev.-luth. Propstei Hütten
JbE 12/1954, S. 177–208

Treichel, Fritz, Kroymann, Jürgen
SHBL 5, S. 150–152

Treitschke, Heinrich von, Deutsch Geschichte im 19. Jahrhundert, Imprint Vollmer des Phaidon
Verlages Essen, ISBN 3-88851-224-7 (Deutsche Geschichte)

ders., Historische und Politische Aufsätze, Vierter Band, Biographische und Historische Abhandlungen, vornehmlich aus der neueren deutschen Geschichte, Leipzig 1897; 38. Das Gefecht von
Eckernförde 1849, S. 467–490

Trübners Deutsches Wörterbuch, Bd. 1–4, Berlin 1939–43. Im Auftrag der Arbeitsgemeinschaft für
deutsche Wortforschung, herausgegeben von Alfred Götze, Bd. 5–8, Berlin 1954–57, herausgegeben von Walther Mitzka

UAJ = Universitätsarchiv Jena

Unverhau, Henning, Literat Hansen-Journalist, verhinderter Politiker und Aktivist der schleswig-
holsteinischen Bewegung, ZSHG 123/1998, S. 27–56 (1998[a])

ders., Heinrich Hansen (1804–1846), Ein vergessener Eckernförder Patriot
JbE 56/1998, S. 47–73 (1998[b])

ders., Gesang, Feste und Politik, Deutsche Liedertafeln, Sängerfeste, Volksfeste und Festmähler und
ihre Bedeutung für das Entstehen eines nationalen und politischen Bewußtseins in Schlewig-Hol-
stein 1840–1848, Frankfurt am Main 2000 (Kieler Werkstücke: Reihe A, Beiträge zur schlewig-
holsteinischen und skandinavischen Geschichte, Bd. 25) (2000)

Urban, Walter, Die dänische Währungsreform vom Jahre 1813, Hamburg 1929

Vammen, Hans, Die Casino-„Revolution" in Kopenhagen 1848
ZSHG 123/1998, S. 57–90

Vollertsen, Wilhelm, Aus der Geschichte der Gettorfer Liedertafeln von 1843
JbE 43/1985, S. 57–63

Weber, Georg, Lehrbuch der Weltgeschichte, 2. Band, 20. Aufl., Leipzig 1888 (Weber II)

Weber von Rosenkrantz, Woldemar Freiherr, Beiträge zur Adelsgeschichte, 2. Die Familie von Thienen, ZSHG 37/1907, S. 221–374

Wesnigk, Immo, Die Heßler-Orgel von 1762 in der Eckernförder St.-Nicolai-Kirche
JbE Beihefte, Heft 4, Eckernförde 2003

Westphalen, E. J. von, Monumenta inedita rerum Germanicarum praecipue Cimbricarum et Megapolensium, Bd. 1-4, Leipzig 1739–1745 (Westphalen)

Winkle, Stefan, Johann Friedrich Struensee, Arzt – Aufklärer – Staatsmann
2. Auflage, Stuttgart 1989

ders., J. F. Struensee 1737–1772, Arzt – Aufklärer – Staatsmann
in: Hamburger Ärzteblatt 12/2001, S. 578–589

Witt, Reimer, Carl von Hessen als Stadthalter, in: Landgraf Carl von Hessen 1744–1836 – Eine Ausstellung im Landesarchiv Schleswig-Holstein, Schleswig 1996

ders. (Hrsg.), Eine zeitgenössische Quelle: Die „Denkwürdigkeiten des Herzogs Carl Friedrich zu Holstein-Gottorp", Rolfshagen 1739 in: Lukitschev/Witt 1997, S. 55–70

Z = Ziffer

Zimmermann, Paul, Zum Leben und zur Charakteristik des Grafen Konrad Detlev v. Dehn
in: Jahrbuch des Geschichtsvereins für das Herzogtum Braunschweig 14 (1915/16), S. 77–99

ZSHG = Zeitschrift für Schleswig-Holsteinische Geschichte

Bildnachweis

Abb. 1: Verkürzte Stammtafel der königlichen und der herzoglichen Linie des Hauses Oldenburg von 1533 bis 1627

Abb. 2: Schleswig nach der Landesteilung von 1544, nach Johanne Skovgaard, in: La Cour II, zwischen S. 346 und 347

Abb. 3: Karte der Herzogtümer Schleswig und Holstein des Marcus Jordanus aus dem Jahre 1559, umrandet von einem ewigen Kalender (nach einem Nachdruck des Landesvermessungsamtes Schleswig-Holstein von 1988)

Abb. 4: Der verstümmelte Corpus des Daniel Rantzau auf seinem heutigen Grabmal in der St. Catharinenkirche zu Westensee (ursprünglich Reiterstandbild unter Baldachin, 1645 von schwedischen Soldaten verstümmelt, Ende des 18. Jahrhunderts ganz beseitigt, Figur in der Familiengruft abgelegt, 1917 als Grabmal wieder hergerichtet, s. Hedemann, S. 27 und Beseler, S. 656)

Abb. 5: Das Epitaph für Lübecks Admiral und Bürgermeister Bartholomeus Tinnappel von 1575 in der Marienkirche zu Wisby (aus Svahnström, gegenüber S. 244)

Abb. 6: Die Lehnshuldigung in Odense am 3. Mai 1580, wahrscheinlich von Franz Hogenberg (1593) (aus La Cour II, zwischen S. 358 und 359) (Ausschnitt)

Abb. 7: Schleswig nach den Landesteilungen von 1564 und 1581/82 nach Johanne Skovgaard (La Cour II, nach S. 360)

Abb. 8: Außenseite des Fürstenstuhles in der Kapelle von Schloß Gottorf (aus Bonhage/Röhring, Abb. 29), S. 61

Abb. 9: Politisch-territoriale Gliederung Schleswig-Holsteins im Jahre 1622 nach E. Opitz (aus: Bonhage/Röhring, Abb. 22, S. 57)

Abb. 10: Führende Familien im Eckernförde des 16. und 17. Jahrhunderts

Abb. 11: Epitaph Hans Blancke in der St. Nicolai Kirche zu Eckernförde (Bild bei Ketelsen-Volkhardt, S. 102, Abb. 107)

Abb. 12: Epitaph für „CLAWES RUGE JURGENS SOHN" von 1582 in St. Nicolai Eckernförde (Foto: Seredszus)

Abb. 13: Jacob und Beke Ruges Haus am Rathausmarkt (Nr. 7) Ende des 19. Jahrhunderts (Foto im Besitz der Familie Wiedemann)

Abb. 14: Epitaph für Bürgermeister Peter Mandixß in der St. Nicolai Kirche zu Eckernförde (altes Foto) (Bild bei Ketelsen-Volkhardt, S. 102, Abb. 108)

Abb. 15: Einsetzungsschreiben für Bürgermeister Simon Christian vom 12. März 1613 (StAE I A 1 b)

Abb. 16: Epitaph für Bürgermeister Simon Christian an der St. Nicolai Kirche zu Eckernförde (Foto: Seredszus)

Abb. 17: Von Bürgermeister Heinrich Stadtlander 1619 gestifteter Kronleuchter in St. Nicolai Eckernförde (Foto: Seredszus)

Abb. 18: Grabplatte für Thomas und Frauke Börnsen von 1666 im Nordschiff von St. Nicolai zu Eckernförde (Foto: Seredszus)

Abb. 19: Von Bäckermeister Engel Rasch 1629 gestiftete Altarleuchter (Foto: Diedrichsen)

Abb. 20: Epitaph Engel Rasch in St. Nicolai (Foto: Seredszus)

Abb. 21: „Hochzeitsruhe" von 1568 aus Eckernförder Werkstatt (Landesmuseum Schloss Gottorf) (Gotische Faltwerkstruhe, Inv. Nr. AB 223, Foto Neg III/2404) Foto und Copyright bei Stiftung Schleswig-Holsteinische Landesmuseen Schloss Gottorf

Abb. 22: Handwadenfischerei um 1600 (Ausschnitt aus Braun/Hogenberg „Ekelenforda")

Abb. 23: Brüstung des ehemaligen Singechores (heute an der Orgelempore von St. Nicolai – Foto: Seredszus)

Abb. 24: Über dem Kirchenboden befindliche Totenehrung in St. Nicolai, Eckernförde

Abb. 25: Kak und Dachreiter auf St. Nicolai bei Braun/Hogenberg (Ausschnitt)

Abb. 26: Stammtafel der Ahlefeldt 1542–1624 (Häuser Noer, Lindau, Borghorst-Gelting und Saxtorf)

Abb. 27: Frau Claras eigenhändige Hand- und Unterschrift von 1573 im Eckernförder Stadtbuch S. 89

Abb. 28: Hirtenanbetung, Stiftung der Frau Clara Sehestedt geborene Ahlefeldt a. d. H. Gelting (in St. Nicolai Eckernförde) (Foto: Seredszus)

Abb. 29: Epitaph für Benedikt von Ahlefeldt und seine Familie in St. Nicolai Eckernförde (Ausschnitt) (Foto: Seredszus)

Abb. 30: Epitaph für Johann von Ahlefeldt und Ida Rathlau in St. Nicolai zu Eckernförde (Foto: Seredszus)

Abb. 31: Paul Rantzau und seine Söhne im rantzauschen Kirchengestühl in St. Nicolai zu Eckernförde (Foto: Seredszus)

Abb. 32: Epitaph für Magdalene Sehestedt geborene Rantzau im Chor von St. Nicolai Eckernförde (Foto: Seredszus)

Abb. 33: Olegart v. d. Wisch und Melchior Sehestedt auf einer Schnitztafel im Rantzaugestühl in St. Marien zu Klein-Waabs

Abb. 34: Kanzel in St. Nicolai zu Eckernförde (Foto: Seredszus)

Abb. 35: Epitaph von 1614 für Hans von der Wisch in St. Nicolai zu Eckernförde (Foto: Seredszus)

Abb. 36: Epitaph für Margareta und Hans Blohm in St. Nicolai zu Eckernförde (Foto: Seredszus)

Abb. 37: Stammtafel der Brockdorff auf Bezug zu Eckernförde verkürzt für die Zeit von 1542 bis 1624

Abb. 38: Epitaph von 1587 für Siewert Brocktorff, seinen Sohn gleichen Vornamens und seine Tochter Elsabe in St. Nicolai zu Eckernförde (Foto: Seredszus)

Abb. 39: Wappen- und Namenschilde am älteren Buchwaldt'schen Grabgewölbe in der St.-Nicolai-Kirche zu Eckernförde (Foto: Seredszus)

Abb. 40: Wappen- und Namenstafel über der Meinstorff-Gruft in St. Nicolai (Foto: Seredszus)

Abb. 41: Pogwisch/Rantzau-Grabplatte in St. Nicolai (Foto: Seredszus)

Abb. 63: Friedrich Ludwig Freihérr von Dehn (Privatbesitz)

Abb. 64: Zarin Elisabeth Petrowna von Russland im Herrenhaus Ludwigsburg (Foto: Fotoclub Eckernförde) Vgl. „Am Zarenhofe" Memoiren der Fürstin Daschkoff, neu herausgegeben von Gertrude Kischeisen, 2. Band, München 1918, Bild gegenüber S. 126

Abb. 65: Kopf-Zahl-Register von Eckernförde 1769 (StAE I R 1)

Abb. 66: Stadtplan „EKERNFÖRDE" von C. F. von Woisolofsky von 1768 (aus dem „Danske Atlas")

Abb. 67 : Auszug aus dem Stadtprotokoll vom 16. 10. 1782 (mit den Unterschriften des Bürgermeisters Classen, der Ratsverwandten Kruse, Claussen [auch Sekretär], Zettwach (supernumerair), der Deputierten Astbahr (Worthalter), Freseke, Auen, v. Reecken und Hensler. Vertragspartner der Stadt: Johann Fr. Hitscher)

Abb. 68: Cay Graf Reventlow auf Altenhof, 1797–1802 Präsident der Deutschen Kanzlei in Kopenhagen, Gemälde von Hans Friedrich Baasch, Eckernförde (in: Kreis- und Stadtsparkasse Eckernförde [1990], S. 67)

Abb. 69: Schlacht auf der Reede vor Kopenhagen am 2. April 1801 (Aus Østergaard, Vort Folk, Bd. I, nach S. 40)

Abb. 70: Hans Friedrich Baasch, Selbstporträt (1812) (Foto: Walter Baasch, Eckernförde) (JbE 3/ 1938, nach S. 16)

Abb. 71: Hemmelmarker Mühlendistrikt (1829), Zeichnung von Pr. Lieutenant Wernich (LAS Abt 66, Nr. 3571 II)

Abb. 72: Laternen in Eckernförde. Nach 1832 gezeichnet von H. F. Baasch (LAS Abt. 65.2, Nr. 2766[I])

Abb. 73: Verkürzte Stammtafeln der königlichen und der herzoglichen Linien des Hauses Oldenburg und des landgräflich hessischen Hauses (18.–20. Jahrhundert, Auszug aus GSH 6, Karte 3)

Abb. 74: Eckernförde von der Südseite zum Volks- und Sängerfest im Juni 1845 (von Maler Clasen, aus Heinrich Hansen, Deutsche Volks- und Sängerfeste in Schleswig-Holstein, Altona 1846)

Abb. 75: Geiser versucht Gefion abzuschleppen (5. 4. 1849 11 ^{1}/$_2$ Uhr vormittags), Gemälde von Vilhelm Pedersen, Nationalmuseum Schloss Frederiksborg

Abb. 76: Christian VIII. strandet vor Eckernförde (5.4.1849, 5 ^{1}/$_2$ Uhr nachmittags) Gemälde von Vilhelm Pedersen, Nationalmuseum Schloss Frederiksborg

Abb. 77: „Treffen bei Eckernförde, am 5ten April 1849, Abends 7 Uhr (Uebergabe des dänischen Linienschiffes Christian VIII., 84 Kanonen und Fregatte Gefion 52 Kanonen)", Lithographie nach einer Zeichnung von Georg v. Berg, Schleswig-Holsteinische Landesbibliothek, Kiel

Abb. 78: Auszug aus Jungmanns Schrift von 1852, Seite 7, mit Bonins angeblichem Befehl an Jungmann, im Falle eines Angriffs in der Nordbatterie zu sein und zu bleiben. (Original mit Sperrung von Jungmann)

Abb. 79 Entwicklung ausgewählter Individualeinkommen zwischen 1848 und 1852 (nach den Schätzlisten für die Bemessung der Einkommensteuern)

Abb. 80: Stadtplan von Eckernförde aus dem Jahre 1864 (aus J. P. Traps Statistisk-topographisk Beskrivelse af Hertugdømmet Slesvig, Kjøbenhavn 1864, zwischen S. 620 u. 621)

Abb. 81: Das Innere der Eckernförder Nicolaikirche 1860 (Foto eines Aquarells von Carl Werner von Walter Baasch) (aus W. Jessen (1940[b]), S. 353)

Eckernförde, Band I und II Personenregister

Die kursiven Seitenzahlen bezeichnen die Stammtafeln.

Ahlefeldt, Cai (1602 Haus in Eckernförde, in
Næstved Kornhändler 1616; Sohn von Jürgen und Barbara Ahlefeldt (Bollingstedt); †
1629) II.: 65, 81, 95, 98, 115, 118

Ahlefeldt, Carl (Koselau; Patron des Goschhofes; Sohn von Claus (Gelting)) II.: 65, 72,
99

Ahlefeldt, Clara (Gelting; Tochter von Claus
(Borghorst und Gelting), verheiratet mit
Tönnies Sehestedt (Kluvensiek); s. a. Clara
Sehestedt) I.: 178, 180, 200, 217; II.: 59, 65, 66,
67, 71, 95

Ahlefeldt, Claus (Seegard/Seegarden) I.: 163

Ahlefeldt, Claus (auch Klaus; Sohn von Wulf
(Noer); † nach 1488) I.: 178

Ahlefeldt, Claus (auch Klaus; Bollingstedt;
einzig überlebender Sohn von Gosche von
Ahlefeldt-Lindau, Bruder von Henneke,
Markwart und Hinrich; † nach 1503) I.: 178;
II.: 65

Ahlefeldt, Claus (auch Klaus; Borghorst und
Gelting, Tondern; Rat des Herzogs; Sohn
von Benedikt (Borghorst), verheiratet mit
Drude Rantzau; † 1531) I.: 174, 177, 184, 185,
189, 198, 200, 212, 231; II.: 65, 66

Ahlefeldt, Claus (Gelting; Domherr von
Schleswig, Amtmann von Schwabstedt und
Flensburg; Sohn von Benedikt A. (Gelting, †
1587); † 1616) II.: 59, 65, 71, 72, 91, 95

Ahlefeldt, Claus (Olpenitz und Gelting;
Patron des Goschhofes; Sohn von Claus
Ahlefeldt (Gelting)) II.: 65, 72, 99

Ahlefeldt, Claus (Herr auf Gelting; Sohn von
Claus (Olpenitz und Gelting)) II.: 72

Ahlefeldt (Anefeld), Detlev I.: 125

Ahlefeldt, Detlev (zu Haseldorf; verlobt mit
Heilwig Ahlefeldt) II.: 69

Ahlefeldt, Dietrich (Bülk; Patron des Goschhofes; Sohn von Claus A. (Gelting)) II.: 65,
72, 99

Ahlefeldt, Dorothea (zu Haseldorf (Haselau);
verheiratet mit Hans von Bockwoldt) II.: 83,
84

Ahlefeldt, Drude (Mutter von Benedikt (Gelting)) I.: 221

Ahlefeldt-Laurvig, Elisabeth Margaretha
(Comtesse, verheiratet mit Adolf Freiherr
von Lützow) II.: 254

Ahlefeldt, Franz (Sohn von Magdalene v. d.
Wisch (Tochter von Jürgen v. d. Wisch und
Margarete Rantzau)) II.: 118, 134

Ahlefeldt, Friedrich (Maasleben, Bienebeck;
„Verteidiger Kopenhagens"; verheiratet mit
Augusta v. d. Wisch) II.: 134

Ahlefeldt, Friedrich (Landrat, Amtmann von
Trittau und Reinbeck) II.: 135, 136

Ahlefeldt, Godske (Regimentskommandeur)
II.: 26

Ahlefeldt, Gosche (Bossee und Lindau; † 1475)
I.: 158, 177, 178

Ahlefeldt, Gosche (auch Gottschalk; Kleriker,
Goschhofgründer, 1621 adliger Eckernförder Schweinehalter; Sohn von Benedikt
(Borghorst)) I.: 178, 189, 198, 212, 213, 231,
233, 236; II.: 58, 60, 65, 66

Ahlefeldt, Gosche (Saxtorf; Amtmann zu Norburg; Sohn von Markwart; † 1545) I.: 196,
197, 210, 212, 217, 218, 236; II.: 59, 65, 71, 92

Ahlefeldt, Gosche (Emkendorf, Quarnbek
und Marutendorf; Sohn von Jürgen Ahlefeldt (Stubbe) und Anna Sehestedt, verheiratet mit Margarethe Rantzau (Kohöved)) II.:
65, 71, 75, 97, 106

Ahlefeldt, Gosche (zu Habichhorster, später
zu Wulfshagener Hütten) II.: 71

Ahlefeldt, Gottschalk (Doktor der Theologie,
ab 1507 Nachfolger Detlev Pogwischs als
Bischof von Schleswig; Sohn von Claus
Ahlefeldt; † 1541) I.: 178, 184, 187, 188, 211,
218–220, 227, 233, 235, 236; II.: 65, 71

Ahlefeldt, Heilwig (Tochter von Benedikt
Ahlefeldt und Mette Lausen, verlobt mit
Detlev von Ahlefeldt zu Haseldorf; † vor
1599) II.: 65, 67, 69

Ahlefeldt, Heinrich (auch Hinrich und Hinrik; Borghorst und Satrupholm; Rat des Herzogs; Sohn von Benedikt (Borghorst); †
1534) I.: 178, 184, 189, 198, 212, 231

Ahlefeldt, Henneke (Bossee; Enkel von Klaus
Ahlefeldt, Sohn von Gosche, Bruder von
Markwart und Hinrich; † 1500) I.: 177

Ahlefeldt, Henning Joachim (Vorsteher des
Goschhofes) II.: 237

Ahlefeldt, Hinrich (Lindau; Enkel von Klaus
Ahlefeldt, Sohn von Gosche, Bruder von
Henneke und Markwart; † 1500; s. a. Hinrich
auf Deutsch-Lindau) I.: 174, 177; II.: 65

Ahlefeldt, Hinrich (Sohn von Asmus Ahlefeldt (dem Älteren) und Margarete Rantzau,
verheiratet mit Catharina (Tochter von Cai
Ahlefeldt (Stubbe)); † 1621) II.: 65, 99

Ahlefeldt, Ida (a. d. H. Lindau an der Schlei,
geb. Rathlau; verheiratet mit Johann Ahlefeldt (Stubbe und Gereby); s. a. Ida Rathlau;
† nach 1618) II.: 53, 71, 92

Ahlefeldt, Joachim (Haderslebener Archidiakon) I.: 213; II.: 66

Ahlefeldt, Joachim auf Buckhagen (Adliger;
Vizestatthalter des dänischen Königs in den
Herzogtümern, 1646–1717) II.: 180

Ahlefeldt, Johann (Stubbe und Gereby; Sohn
von Jürgen Ahlefeldt (Stubbe) und Anna

Sehestedt, verheiratet mit Ida Rathlau; †
1612) I.: 178, 218; II.: 53, *65*, 71, 92, 99, 118,
181
Ahlefeldt, Johann („zu Norby"; Kornhändler;
Sohn von Cai Ahlefeldt (Stubbe)) II.: *65*, 98
Ahlefeldt auf Seegard, Jürgen I.: 170
Ahlefeldt, Jürgen (Stubbe; Sohn von Gosche
(Saxtorf); † 1549) I.: 218; II.: *65*, 71
Ahlefeldt, Jürgen (Sohn von Jürgen Ahlefeldt
(Stubbe) und Anna Sehestedt, von Asmus d.
J. (Grönwohld) erschlagen; † 1603) II.: *65*
Ahlefeldt, Jürgen (Sohn von Wulf (Noer u.
Gröhnwohld), verheiratet mit Catharina
Breide; † vor 1553) II.: *65*
Ahlefeldt, Jürgen (Oberst; Sohn von Gosche
A. (Quarnbeck) und Margarete Rantzau) II.:
106
Ahlefeldt, Jürgen II: 81
Ahlefeldt, Kai von (auch Kay und Kaye; Mehl-
bek; Generalkriegskommissar von Christian
IV. für die Herzogtümer; Enkel des großen
Heinrich Rantzau) II.: 119
Ahlefeldt, Klaus (Maasleben) I.: 163
Ahlefeldt, Margarete (a. d. H. Saxtorf; verhei-
ratet mit Hans Rantzau auf Eschelsmark) II.:
47, 95
Ahlefeldt, Margarete (geb. Rantzau; Tochter
von Paul Beate Rantzau (geb. Sehestedt zu
Kohöved), Frau von Gosche v. A. zu Quarn-
beck; s. a. Margarete Rantzau) II.: 75, 76, 97
Ahlefeldt, Markwart (Saxtorf; Enkel von
Klaus Ahlefeldt, Sohn von Gosche Ahle-
feldt, Bruder von Henneke und Hinrich; †
1500) I.: 177, 178, 180, 218; II.: *65*
Ahlefeldt, Marquardt (zu Haselau) II.: 69
Ahlefeldt, Mette (bürgerlich geb. Lausen; ver-
heiratet mit 1. Benedikt Ahlefeldt (Sohn von
Noer u. Grönwohld) und 2. Hans v. d.
Wisch; s. a. Mette Lausen und Mette v. d.
Wisch) II.: 34, 54, 68, 70, 83, 86, 95, 100
Ahlefeldt, Öllegaard (Tochter von Claus von
Ahlefeldt zu Gelting, verheiratet mit Otto
von Qualen) II.: 91
Ahlefeldt, Peter (Lindau; Sohn von Benedikt)
II.: 71
Ahlefeldt, Wolf (Königsförde) II.: 71
Ahlefeldt, Wulf (Noer; Sohn von Benedikt
dem Mächtigen; † nach 1424) I.: 131, 212
Ahlefeldt, Wulf (Noer und Grönwohld; Sohn
von Schack (Noer und Grönwohld), verhei-
ratet mit 1. Rumohr, 2. Sehestedt; † 1541) I.:
184; II.: 59, *65*, 67, 68
Ahlefeldt auf Lindau, von (Landrat) II.: 196
Ahlefeldt-Laurvig (Grafen) II.: 134
Ahlefeldt-Noer, Haus II.: 66
Ahrend II.: 241

Albersdorf, Eckhard (Vasall Waldemars V.) I.: 82
Albert (Albrecht) I. (Herzog von Mecklenburg, König von Schweden) I.: 82, 87, 93, 94,
100, 101, 105
Albert (Albrecht) II. (Herzog von Mecklenburg, schwedischer König seit 1363) I.: 93,
94, 100, 102– 106, 109, 114, 148
Albert (Albrecht) III. (Herzog von Mecklenburg, gemeinsamer Enkel von Waldemar
Atterdag und Herzog Albrecht I. von Mecklenburg, Sohn von Heinrich III. v. Mecklenburg und Ingeborg) I.: 95, 100, 103, 104, 114
Albert (Albrecht) IV. (Herzog von Mecklenburg) I.: 106, 123
Albert von Sachsen (Herzog; Schwiegervater
von König Erik) I.: 44
Albert von Stade I.: 50, 51
Albertine Friederike von Baden (verheiratet
mit Christian August, † 1682) II.: *191*
Albrecht I. (deutscher König) I.: 66
Albrecht II. von Sachsen-Lauenburg (Her-
zog) I.: 65, 102
Albrecht III. von Sachsen-Lauenburg (nomi-
neller Lehnsherr der Grafen von Holstein) I.:
72
Albrecht VI. von Mecklenburg (Herzog; ver-
heiratet mit einer Nichte von Christian II.) I.:
215
Albrecht (Graf von Holstein-Schauenburg
(1385–1403), Bruder von Gerhard VI. und
Heinrich III.) I.: 104, 109–111, 149
Albrecht („Achilles"; brandenburgischer Kur-
fürst 1471–1480) I.: 164
Albrecht (Erzherzog von Österreich) II.: 61
Albrecht von Bayern (Kurfürst) II.: 192
Albrecht von Brandenburg (Hochmeister
1511–25, Herzog von Preußen 1525–1568;
verheiratet mit Dorothea von Dänemark) I.:
207, 210
Albrecht von Braunschweig I.: 58
Albrechtsen (Eberstein), Ludwig (Marschall)
I.: 76, 77, 79
Alexander (Sohn von Johann dem Jüngeren
von Sonderburg; † 1627) *II.: 9*
Alexander I. (seit 1801 Zar; Sohn von Paul I.; †
1825) II.: *191*, 257
Alexander VI. (Papst) I.: 184
Algotsson, Benedikt (Günstling von König
Magnus von Schweden, später Herzog von
Finnland und Halland, Befehlshaber in
Schonen) I.: 91
Alverding, Helmold (Kanzler von Herzog
Friedrich) I.: 171, 172, 182
Amalie (Kusine von Prinz Friedrich zu Schles-
wig-Holstein-Sonderburg-Augustenburg)
II.: 346

Andresen (Stadtschullehrer) II.: 332
Andresen, Ingwer (schleswig-holsteinischer Kanonier) II.: 317, 318
Angelus, Andreas (Chronist) I.: 90
Anna von Brandenburg (Tochter des Markgrafen und Kurfürsten Johann („Cicero") von Brandenburg, verheiratet mit Friedrich I. von S.-H.; † 1521) I.: 171, 182, 191, 230, 231; II.: 9
Anna von Holstein (Gräfin) I.: 119
Anna Sophie (seit 1721 Königin von Dänemark; geb. Comtesse Reventlow; Stiefmutter von König Christian VI., verheiratet mit Friedrich IV. von Dänemark; s. a. Anna Sophie Reventlow) II.: 212–214
Anton Günther (kinderloser Graf) II.: 146
Arends II.: 241
Arffe, Jacob Christopher (auch Arp und Arpe; Borbyer Schiffszimmermann, Schiffsbaumeister; 1757–1812) II.: 247/248, 284
Arlewatt (Linie) II.: 91
Arndes, Dietrich (Bischof von Lübeck) I.: 171
Arnfast (Abt des Rüdeklosters, später Bischof von Aarhus) I.: 57
Arpen, Joachim II.: 241
Aschlund (Kapitän) II.: 303
Askanier (Fürstengeschlecht) I.: 75, 87
Assendelft, Paulus van (Bürgermeister in Den Haag; † 1729) II.: 213
Astbahr (Madame) II.: 241
Auen II.: 241
August II. von Sachsen (Kurfürst von Sachsen, König von Polen) II.: 158
August Friedrich (Bischof von Lübeck) II.: 146
August Wilhelm von Braunschweig-Lüneburg (seit 1714 Herzog; verheiratet mit Sophie Amalie (Schwester von Herzog Friedrich IV.), Gönner von Conrad Detlev von Dehn) II.: 209, 210, 212
Augusta von Dänemark (Herzogin; Tochter von Friedrich II., Schwester von König Christian IV., verheiratet mit Johann Adolf) II.: 9, 22, 24, 40, 99, 191
Auguste Victoria (Tochter von Friedrich (VIII.) „Herzog von S.-H." und Adelheid von Hohenlohe-Langenburg, verheiratet mit Kaiser Wilhelm II.) II.: 276
Augustus (Kaiser) I.: 221
Awerbach, Johan (Stoffhändler) II.: 112, 114

Baasch (Familie) II.: 255
Baasch, Hans Friedrich (1784–1853; Porträtmaler; verheiratet mit Margarethe Johanna Dorothea Fiebig) II.: 254, 255, 261, 272, 279
Baasch, Johann Friedrich (Kunstmaler, Fotograf, Hilfslehrer fürs Zeichnen) II.: 255, 332

Bachmann, Georg-Friedrich (Pastor) II.: 157
Badendick, Franz (auch Frentz; Reeder) II.: 159, 164
Bahnsen, Professor Christian August (Lehrer, Seminardirektor; † 1864) II.: 277, 332, 333
Bahnson II.: 235
Banér (schwedischer General) II.: 127, 128
Barbara, heilige I.: 221
Bartelsen, Berthold II.: 165
Bartelsen, Heinrich (Handelsschiffskapitän) II.: 318
Baudissin, H. F. (auf Knoop) II.: 244
Baudissin, Wolf Heinrich (dänischer Heerführer) II.: 106
Beatrix von Brandenburg (Nichte von König Waldemar IV.) I.: 91
Beck, Wilhelm von (verheiratet mit Luise (Herzogin Louise von Schleswig-Holstein-Sonderburg-Glücksburg); s. a. Herzog Wilhelm von Schleswig-Holstein-Sonderburg-Beck) II.: 276
Becker, Elies (Kannengießer) II.: 112, 114
Becker, Johann Friedrich („Fabrikkommissionär") II.: 232
Becker, Nicolaus II.: 146
Becker, Peter (Schiffer) II.: 151
Beckers Erben (Eckernförder Hausbesitzer) II.: 241
Beke (heute Bekendorf; Linie) II.: 87
Bellmann (Musikdirektor, Komponist des Schleswig-Holstein-Liedes) II.: 292
Beren, Werner (Lieferant von Kakebille-Bier) I.: 185
Berengaria von Portugal (zweite Ehefrau von Waldemar II.) I.: 43
Berg, Georg von II.: 312
Bergenhusen, Hinrich Frahm (Reeder) II.: 183, 185
Bergmann, Ludolph Anton (Weide-Inspektor, Deputierter) II.: 197, 200
Bergmann (Ratsherr) II.: 226
Bernadotte (französischer Marschall, verschwägert mit Napoleon, seit 1818 als Karl XIV. Johann König von Schweden (und Norwegen), Kronprinz von Schweden) II.: 253, 257, 259
Bernhard von Anhalt-Bernburg I.: 57
Bernhard von Braunschweig I.: 124
Bernhard von Sachsen-Weimar (schwedischer Feldherr) II.: 127
Bernstorff, Andreas Peter (Leiter der dänischen Außenpolitik; Neffe von J. H. E. Bernstorff; † 1797) II.: 229, 230, 233–235, 243, 244
Bernstorff, Joachim Hartwig Ernst, Freiherr von (Mitglied des Geheimen Regierungs-

Conseil, Staatsminister, Elefantenritter) II.: 203, 207, 216–218, 220, 227, 229

Beseler, Georg (Ober- und Landgerichts-Advokat, Mitstreiter von Heinrich Hansen) II.: 277, 286, 288, 293, 295

Beseler, Wilhelm Hartwig (Statthalter) II.: 302

Beyreis (Deputierter) II.: 300, 322, 324

Bielkenstierna, Clas (Flottenchef, Reichsrat, Admiral) II.: 135

Birger von Schweden (König, Mann von Erik Menveds Schwester) I.: 66, 72

Bismarck, Otto von (preußischer Ministerpräsident) II.: 339–345

Bjerre II.: 316

Blanche von Namur (Ehefrau von König Magnus von Schweden) I.: 91

Blanck, Hans (Ratsherr; Stifter der Peter-Melchiors-Glocke) II.: 112, 114, 133

Blanck, Jürgen (auch Jurgen) II.: 81, 112

Blancke (auch Blank und Blanck; führende Familie in Eckernförde, „Pastorendynastie"; siehe Bd. II, Abb. 10, S. 31) II.: 30, 35, 57, 114

Blancke, Caspar (Pastor in Schönkirchen; † 1665) II.: 30

Blancke, Hans (Ratsherr; † 1606) II.: 30, 98, 126

Blancke, Jochem (auch Jochim; Schiffseigner) II.: 104, 112, 114

Blancke, Johannes (Pastor in Karby; † 1678) II.: 30

Blancke, Lorenz (Pastor in Översee; † 1697) II.: 30

Blancke, Samuel II.: 112

Blaunfeldt, Maximilian Franciscus (Hardesvogt von Hütten) II.: 330, 337

Blome (auch Blohm; Adelsgeschlecht, s. a. Stammtafel S. 195) I.: 158, 194, 200, 230, 236; II.: 5, 64, 76, 77, 89

Blome, Anna (verheiratet mit Detlev v. d. Wisch) II.: 75

Blome, Anna (Tochter von Otto Blome (Sohn von Hinrich Blome), verheiratet mit Paul Mangelsen) II.: 77, 78

Blome, Benedikt (Herr auf Dänisch Nienhof) II.: 138

Blome, Detlev (Sohn von Hinrich Blome, Vormünder: Jürgen und Otto Blome) I.: 180

Blome, Dietrich (zu Oppendorf und Schönhorst; verheiratet mit Anne Pogwisch) II.: 90

Blome, Dorothea (geb. Røllike; verheiratet mit Otto Blome; s. a. Dorothea Røllike) II.: 94

Blome, Hans (Sohn von Dietrich Blome (Seedorf und Hornstorf), verheiratet mit Abel Sehestedt) I.: 180

Blome, Hans („Blohm"; Vogt des Amtes Hütten („Hardesvogt"); vermutlich Enkel von

Jürgen Blome (Schönhorst), Schwiegersohn: Ludwig Heidtman; † 1592) II.: 78, 95, 97

Blome, Hinrich (zu Saxtorf, später Deutsch Nienhof; Sohn von Dietrich (Seedorf und Hornstorf), verheiratet mit Drude Rantzau) I.: 175, 180

Blome, Hinrich (zu Bornstein; Sohn von Dietrich Blome, Vater von Jürgen und Otto Blome) I.: 180, 194

Blome, Ida (Mutter von Hans Pogwisch (Linie Doberstorf), Schwester von Mette Lausen) II.: 89

Blome (Blohm), Jürgen (Georg) (zu Warleberg, zu Schönhorst; Amtmann Hadersleben; Sohn von Hinrich Blome zu Bornstein, Vetter von Hans und Hinrich Blome) I.: 180, 194, 196, 197, 231, 236; II.: 77, 78

Blome, Magdalena (zu Hornstorf und Hemmelmark; verheiratet mit Detlev Brockdorff (Sohn von Hinrich Brockdorff (Windeby))) II.: 78

Blome, Margarete (Tochter von Otto Blome (Sohn von Hinrich B.) und Dorothea Røllike, verheiratet mit Valentin v. Kruckow) II.: 77, 78, 94

Blome, Mette (verheiratet mit Claus Pogwisch) II.: 89

Blome, Otto (Sohn von Hinrich Blome (Bornstein), Vetter von Hans und Hinrich Blome, verheiratet mit Dorothea Røllike) I.: 180, 194, 196, 207, 231, 235; II.: 76, 77, 78, 94

Blome, Otto (Neffe von Hinrich Blome) I.: 175

Blome, Otto I.: 217; II.: 60

Blome, Wulf (Amtmann von Tondern) II.: 135

Bobé, Louis (Adelsgenealoge) II.: 63

Bock (auch Buck; führende Familie in Eckernförde; s. a. Bd. II, Abb. 10, S. 31) II.: 35

Bock, Claus I.: 147

Bock, Claus II.: 165

Bock, Laverentz (Ratsherr) II.: 126

Bockwoldt und Bockwolde s. unter Buchwaldt

Bode, Johann Jensen (gelernter Buchbinder, „Gattenmörder" (ermordete seine Frau); verheiratet mit Magdalena Hedewig Knudsen, geb. Nissen; später hingerichtet) II.: 265, 266

Börnsen (auch Börnssen, Bornsen, Borensen, Bornssen, Bornßen; führende Familie in Eckernförde, s. a. Bd. II, Abb. 10, S. 31) II.: 35, 55, 114

Börnsen, Claus (Schiffer, Brückenherr) II.: 136

Börnsen (Bornsen), Clawes (Bürgermeister) II.: 38, 93

Börnsen, Frauke (verheiratet mit Thomas Börnsen) II.: 38, 53

Schloss Gottorf; Sohn von Detlev Brockdorff, Bruder von Theodosius Brocktorff; † 1671) II.: 122, 134, 135, 139, 142, 143, 151

Brockdorff, Hinrich (Sohn von Detlev Brockdorff, verheiratet mit Magdalena v. d. Wisch (Altenhof); † 1587) I.: 201; II.: 78, 79, 91

Brockdorff, Hinrich (Gaarz; Sohn von Siewert B. (Windeby)) II.: 78, 79

Brockdorff, Hund I.: 85, 97

Brockdorff, Ida (Tochter von Detlev Brockdorff und Magdalena Blome, verheiratet mit Heinrich Rumohr auf Roest; s. a. Ida Rumohr) II.: 78

Brockdorff, Ida (auch Ide; Tochter von Paul Brockdorff und Anna von Buchwald) II.: 82, 96

Brocktorff, Joachim (Sohn von Wulf von Brocktorff) II.: 180

Brocktorff, Lucia II.: 118, 147

Brocktorff, Margarete (Windeby) II.: 115, 117, 132

Brockdorff, Markwardt (auch Marquardt; Herr auf Möhlhorst; Sohn von Paul Brockdorff und Anna von Buchwald, verheiratet mit Lucia (geb. Qualen); † 1616) II.: 79, 81, 91

Brockdorff, Moritz Paul (zu Möhlhorst; Kornhändler; Sohn von Paul Brockdorff und Anna von Buchwald) II.: 79, 82, 98, 99

Brockdorff, Paul (1530–92; Sohn von Detlev Brockdorff und Margarethe Rantzau, verheiratet mit Anna v. Buchwald, Töchter: Anna und Ida) II.: 79, 82, 96

Brockdorff, Siewert (auch Sivert Brocktorpp; Windeby; Pfandherr von Eckernförde; Sohn von Hinrich Brockdorff und Ida Sehestedt; † 1500 bei Hemmingstedt) I.: 160, 163, 165, 166, 171, 172, 180, 201, 234; II.: 78, 79

Brockdorff, Siewert (Vogt zu Hütten; Sohn von Friedrich Brockdorff, Enkel von Siewert Brockdorff (Windeby, † 1500), verheiratet mit Elsabe von Hagen; † 1665) II.: 78, 79, 94, 96

Brockdorff/Brocktorff, Siewert jun. (Sohn von Siewert B. und Elsabe von Hagen; † 1587) II.: 78, 96

Brockdorff, Theodosius (zu Windeby und Altenhof; Sohn von Hinrich B. (Windeby); † 1590) II.: 78, 79, 91, 96

Brockdorff/Brocktorff, Theodosius (Windeby; Patron der Borbyer Kirche; Sohn von Detlev Brockdorff, Bruder von Oberst Hinrich Brockdorff und Ida; † 1661) II.: 134, 142, 151

Brocktorff, Wulf von (Konferenzrat, Herr auf Noer, Landrat und Amtmann von Gottorf, Reeder) II.: 164, 170, 180

Brockenhuus-Schack, Graf Ludwig Frederik Henrik (Vogt der Eckernförder Harde, Bürgermeister, Amtmann von Tondern und Lügumkloster) II.: 330, 333, 334

Brockenhuus-Schack (Gräfin; Ehefrau des Bürgermeisters Brockenhuus-Schack) II.: 334

Broder, Hermen (Vorstand Gertrudengilde) I.: 201

Brodersen, Peter II.: 165

Brok, Bartolomeus (Lübecker Bürger) I.: 143, 153

Brok, Hinrik (Sohn von Bartolomeus Brok) I.: 144, 153

Brommy II.: 323

Broniche, Johan (Kirchengeschworener) II.: 133

Brüggemann, Hans (Bildschnitzer) I.: 191, 194, 221

Brugge, Cornelius van II.: 95

Bruhn (Borbyer Pastor) II.: 277

Bruhn auf Waabshof, Detlef Peter (Kornhändler) II.: 323

Bruhn, Hans (Reeder) II.: 164

Brun, Claus (Schiffseigner) II.: 103

Brun, Georg (Eckernförder Kaplan) II.: 94

Brunn, Christian II.: 129

Bruyn, C. (Hofagent) II.: 232

Bruyn, Georg (Bürgermeister der Stadt Schleswig; Neffe von Friedrich Wilhelm Otte, verheiratet mit Elisabeth Catrina Otte) II.: 207, 208

Bruynen II.: 241

Buchwald, J. (Direktor der Fayence-Fabrik) II.: 226

Buchwaldt (auch **Bockwoldt, Bockwolde**; Adelsgeschlecht) I.: 157/158; II.: 5, 24, 64, 83, 84, 85, 86, 90, 207, 258

Buchwald, Anna von (verheiratet mit Paul Brockdorff) II.: 79, 82, 96

Buchwaldt, Bartram von (Amtmann des Schleswiger Stifts) I.: 147

Bockwoldt, Benedictus von (Sohn von Hans von Bockwoldt; † 1635) II.: 84

Buchwald, Christoffer von II.: 80

Buchwaldt, Claus von (auch Bockwoldt; Sohn von Lorenz Bockwoldt und Magdalene, Schwiegersohn von Dorothea Rantzau; kinderlos) II.: 84, 85, 97

Buchwaldt, Claus (zu Bülk; Vater von Margarete v. d. W. (geb. Buchwaldt)) II.: 86

Bockwoldt, Detlev von (zu Pronstorf; Bruder von Lorenz von Bockdorff, verheiratet mit Anne Reventlow) II.: 83–85

Buchwaldt, Emerenz von (geb. v. d. Wisch; Tochter von Otto und Margarete v. d. Wisch (geb. Buchwaldt), verheiratet mit Jürgen

(Georg) Buchwaldt; s. a. Emerentia v. d. Wisch) II.: 86

Bockwoldt, Frederich († 1611) II.: 83

Boysen (Hütener Probst) II.: 249

Buchwaldt, Friedrich von (Oberstleutnant, Patron der Kirche zu Slabbenhagen, Kavallerieoffizier im Krieg; Neffe von Hans von Buchwaldt zu Kluvensiek; erwarb Bülk, Knoop, Seekamp und Holtenau; Vormund der Töchter von Henneke und Magdalene Meinstorf; † 1671) II.: 85, 128, 131, 144

Buchwald, Georg von (herzoglicher Landrat) II.: 124

Buchwaldt/Bockwoldt, Hans von (Syderholt, später Kluvensiek; Sohn von Detlev v. B. zu Pronstorf, verheiratet mit Dorothea Ahlefeldt zu Haseldorf (Haselau)) II.: 83, 84, 85, 128

Bockwoldt, Hans (Sohn von Hans v. B.) II.: 83

Buchwaldt, Hans (verkauft Gut Övelgönne, kauft Kluvensiek) II.: 89, 91, 96

Buchwaldt, Heinrich von (Amtmann von Herzog Johann Adolf) II.: 55

Bockwoldt, Jochim (Sohn von Hans v. B.) II.: 83

Bockwolde, Joachim von I.: 175

Buchwaldt, Jürgen (Georg) von (Staller von Eiderstedt, Landrat Herzog Friedrichs III., herzoglicher Rat, Hofmeister der Herzogin Maria Elisabeth, Amtmann in Cismar; Neffe von Hans v. B., verheiratet mit Emerentia (Emerenz) v. d. Wisch; † 1642) II.: 85, 86, 91, 118

Bockwoldt, Lorenz von (zu Wulfsfelde; Bruder von Detlev v. B., verheiratet mit Magdalene) II.: 83–85

Buchwaldt, Magdalene (a. d. H. Borstel; Frau von Henneke Meinstorff, Kusine von Friedrich von Buchwaldt; s. a. Magdalene Meinstorff) II.: 85, 88

Buchwald, Nikolaus von I.: 125

Buchwaldt, Wolf von (Angehöriger der schleswig-holsteinischen Ritterschaft) II.: 103/104

Buchwaldt Muggesfelde, Linie II.: 85

Buchwaldt-Wensin, Linie II.: 85

Buck (führende Familie in Eckernförde) II.: 114

Buck, Clauwes (ab 1635 Brückenschreiber) II.: 112, 114

Buck, Jochim (Eckernförder Schiffer) II.: 153

Buck, Timmo (zu Gelting) II.: 97

Budde (führende Familie in Eckernförde; s. a. Bd. II, Abb. 10, S. 32) II.: 35

Budde, Heinrich (Ratsherr) II.: 104

Budde, Peter (Kämmerer, Ratsmitglied) II.: 47

Bülow (General) II.: 333

Büssen, Hans I.: 226

Bugenhagen (Reformator) I.: 219, 222, 232

Bulde, J. (1848–1850 im Kampf gegen Dänemark gefallen) II.: 320

Burghoff, W. (1848–1850 im Kampf gegen Dänemark gefallen) II.: 320

Bussenschutte, Nikolaus I.: 206

Butz, Peter I.: 147

Buyssen (auch **Biusen, Butzen, Bussen**; führende Familie in Eckernförde; s. a. Bd. II, Abb. 10, S. 32) II.: 35

Buyssen, Johan I.: 226

Butzen, Johan (Kalandsbruder) I.: 183

Canarius, Johannes (auch Carnarius; erster bekannter Rektor der Eckernförder Lateinschule, Pfarrer in Thumby und Struxdorf) II.: 56, 96

Carl (seit 1736 Fürstbischof von Lübeck, Prinz; Sohn von Christian August und Albertine Friderike von Baden, verlobt mit Zarin Elisabeth Petrovna; † 1727) II.: *191, 192*, 217

Carl (Prinz; Bruder von Friedrich IV.) II.: 213

Carl (Sohn von Friedrich II. und Marie, verheiratet mit Luise) II.: *276*

Carl IX. (König; verheiratet mit Herzog Adolfs Tochter Christine; s. a. Karl IX.) II.: 135

Carl X. Gustav (König; verheiratet mit Prinzessin Hedwig Eleonore; s. a. Karl X. Gustav) II.: 135

Carl von Hessen (1744–1836; Landgraf, Statthalter von den Herzogtümern Schleswig und Holstein, Oberdirektor des Christianstiftes; Schwager von König Christian VII., verheiratet mit Landgräfin Louise) II.: 219, 232–236, 263, 275, 277

Carl (Christian) August († 1810) II.: 253

Carl Peter Ulrich von Schleswig-Holstein-Gottorf (Sohn von Karl Friedrich von Holstein-Gottorf und Anna Petrowna, Neffe und Nachfolger von Zarin Elisabeth als **Zar Peter III.**, verheiratet mit Sophie Auguste Frederike (Katharina II.); s. a. dort und Karl Peter Ulrich) II.: 184, 217

Caroline (Tochter von Maria und König Friedrich VI.) II.: *276*

Caroline Mathilde (Königin) II.: 228

Carstens, Peter (Diakon) II.: 242

Charlotte Frederike von Mecklenburg Schwerin (verheiratet mit König Christian VIII.) II.: *276*

Christensen (Ratsverwandter = Ratszugehöriger) II.: 186

Christensen (leitender Deichinspektor) II.: 320

Dehn, Friedrich Gustav von (Sohn von Georg August aus erster Ehe) II.: 208

Dehn, Friedrich Ludwig von (Herr auf Kohöved, königlicher Statthalter in den Herzogtümern (1762–1768), 1718 Leutnant, Hofjunker, Kaptitän, erwarb 1729/30 Gut Kohöved, Geheimer Rat von König Friedrich V., Statthalter des dänischen Königs in den Herzogtümern Schleswig und Holstein, Lehnsgraf; Sohn von Georg August von Dehn und Eibe Wonsfleth, seit 1728 verheiratet mit Petronella Siegel; † 1771) II.: 5, 206–220

Dehn, Georg August von (Rittmeister im 2. seeländischen Reiterregiment, Major, Oberstleutnant; verheiratet mit 2. Eibe Wonsfleth aus dem Hause Krieseby) II.: 208

Dehn, J. H. (Deputierter) II.: 281

Dehn, Petronella von (geb. van Assendelft; Tochter von Paulus van Assendelft, verheiratet mit 1. Johann Valentin Siegel und 2. Ludwig Friedrich von Dehn; † 1729; s. a. Petronella Siegel) II.: 213, 214

Deichmann (Bürgermeister; † 1708) II.: 159, 162, 166

Dernath II.: 172

Detmar (Lübecker Stadtschreiber, Franziskaner) I.: 77, 88, 89

Dieckhoff, Jacob II.: 122

Dieckmann, H. (Lehrer) II.: 332

Dierks, Ciriakus II.: 95

Dietrich (Graf v. Oldenburg und Delmenhorst, Mann von Heilwig) I.: 154

Dietrichsen, Hans (Bildschnitzer) II.: 61

Dietrichsen, Johann (Pfarrherr von Borby) II.: 57

Dirckinck-Holmfeld (Kapitän) II.: 297

Donner (Seekapitän) II.: 320, 321, 324

Dorothea (Prinzessin; Tochter von Herzog Friedrich, Schwester von Christian, verheiratet mit Albrecht von Brandenburg) I.: 194, 207, 235

Dorothea von Brandenburg (1481 Stadtherrin von Rendsburg; Enkelin des ersten hohenzollerschen Markgrafen Friedrich, Tochter von Johann (dem „Alchimisten"), Frau von 1. König Christoph III., 2. Christian I.) I.: 143, 159, 162–168, 170–173, 229; II.: 42, 165

Dorothea von Sachsen-Lauenburg (verheiratet mit Christian III.; † 1571) II.: 9

Dosenrode, Otto von (Priester, Adliger) I.: 80

Dov, Henrich II.: 112

Drefeld, Gjort Niels(s)en (Amtmann auf Schloss Hindsgavl, dänischer Hofmann von Herzog Friedrich) I.: 173, 182

Dryfud, Tymmo (Mörder des Bordesholmer Mönches Nicolaus Stenbeke) I.: 110, 151

Duckwitz (Handels- und Marineminister der „Centralgewalt") II.: 311

Dudesche, Johan I.: 236

Dürer (auch Duerer; Stadtsekretär, Ratsherr) II.: 163, 167, 169, 181, 198

Dusdorphius, Mauritius (Student) I.: 8

Duve, Jens (Hofmeister von König Erik) I.: 114

Duweke (Tochter von Sigbritt Willums (Gastwirtin/Kleinhändlerin aus Holland), Geliebte von Christian II.) I.: 190

Ebbesen, Niels (Ritter) I.: 84, 85

Eberstein (ranghöchster dänischer Militärbefehlshaber) II.: 142, 144

Edzard von Ostfriesland (Graf) I.: 188

Eggerdes, Caterina (als Hexe angeklagt) II.: 93

Eggers (erster Schulleiter des Christians-Stiftes) II.: 263

Eggers, H. E. (1848–1850 im Kampf gegen Dänemark gefallen) II.: 320

Ehrhard (Chirurg) II.: 238

Eitzen, von (Generalsuperintendent) II.: 59

Eitzen, Paul von (Hamburger Theologe) II.: 15

Ekenevorde (auch E(c)kerenvord(h)e, Ekelenvorde, holsteinisch-mecklenburgisches Rittergeschlecht, unterschiedliche Schreibweisen) s. Bd I., S. 10, 11

Ekenevorde (Eckerenvorde), Godescalcus de (Ritter) I.: 9–12, 30, 40, 41

Ekenevorde, Hartwicus de (vermutlich Sohn des Godescalcus) I.: 10

Ekerenvorht, Hermann aus (Hermannus de) I.: 8, 28

Ekel(l)envorde, Nicolaus (Priester) I.: 10–12

Ekenevorde, Nicolaus de (vermutlich Sohn des Godescalcus) I.: 10

Eler, Clawes (Zimmermann) II.: 62

Elisabeth (Herzogin zu Sachsen; Tochter von Herzog Johann von Sachsen-Lauenburg, Schwester Gerhards III., Frau von Erik (Sohn von Christoph II.)) I.: 61, 79, 80

Elisabeth (auch Isabelle; Schwester von Kaiser Karl V., Ehefrau Christans II. von Dänemark) I.: 191

Elisabeth (Mutter von Johannes dem Täufer) I.: 221

Elisabeth (Schwester von Christian IV., verheiratet mit Herzog Heinrich Julius von Braunschweig-Wolfenbüttel) II.: 26

Elisabeth (Zarin; verlobt mit Prinz Carl aus der Gottorfer (Eutiner) Linie; s. a. Petrovna, Elisabeth; † 1762) II.: 217

Elisabeth von Braunschweig-Lüneburg (Frau von Gerhard VI.) I.: 104, 111, 113, 114, 116, 117, 119, 149; II.: 87

von Oldenburg; Sohn von Christian August und Albertine Friderike; † 1771) II.: *191*, 229

Friedrich August Emil von Schleswig-Holstein-Sonderburg-Augustenburg (1800–1865; Prinz von Noer; Abgeordneter der Stadt Eckernförde; jüngerer Bruder des Herzogs) II.: 280, 335, 346

Friedrich Carl (Prinz von Preußen, Heerführer) II.: 341, 342

Friedrich Christian I. (Sohn von Christian August, verheiratet mit Charlotte von S.-H. Sonderburg Plön) II.: 276

Friedrich Christian II. von Augustenburg (Sohn von Friedrich Christian I. und Charlotte von S.-H. Sonderburg Plön, verheiratet mit Louise Augusta) II.: 238, *276*

Friedrich Christian von Dänemark (königlich-dänischer Statthalter in Norwegen, Prinz, späterer König **Christian VIII.**, s. a. dort) II.: 259

Friedrich Ernst Markgraf von Brandenburg-Culmbach (Statthalter des dänischen Königs in den Herzogtümern Schleswig und Holstein; † 1762) II.: 217

Friedrich Wilhelm („Großer" Kurfürst von Brandenburg, Herzog von Preußen, † 1740) II.: 139, 140, 141, 150, 154, 190

Friedrich Wilhelm IV. (König von Preußen) II.: 282, 295, 296, 302

Friesen, Dr. Nicolai (Jurist) II.: 208

Friis, Aage (dänischer Historiker der Bernstorffzeit) II.: 220

Friis, Jakob (Schwiegervater von Eler Rathlau) II.: 91

Friis, Johan (dänischer Kanzler von Christian III.) II.: 11

Frisch, Johann Zacharias Friedrich („Halbmeister", Scharfrichtergehilfe) II.: 266

Fürsen, Johann Nikolaus (Bürgermeister) II.: 233, 235, 260

Funk (Bibelherausgeber) II.: 262, 263

Gabel (Schoutbynacht, dänischer Konteradmiral) II.: 178

Gablenz, von (Feldmarschall-Leutnant, österreichischer Gouverneur für Holstein) II.: 345, 347

Gabor, Bethlen (Fürst von Siebenbürgen, König von Ungarn) II.: 105

Gaehtje, Heinrich Friedrich Daniel (Senator, Kaufmann und Reeder) II.: 339

Gaehtje, Hinrich Christian (Kaufmann; Vater von Hinrich Friedrich Gaehtje) II.: 257, 283, 284, 331

Gaehtje, Hinrich Friedrich (Kaufmann, Ratsherr) II.: 283, 284, 286, 326, 330

Gallas (kaiserlicher General) II.: 128, 130

Galt, Peder (Admiral von Christian IV.) II.: 129

Garde (Kommandeur (Kapitän zur See)) II.: 302, 303

Gastone, Gian (letzter Medici) II.: 233

Gelting (Linie) II.: 59, *65*

Georg Friedrich (Markgraf von Baden) II.: 101

Georg von Braunschweig-Lüneburg (schwedischer Feldherr) II.: 127

Gerhard (Sohn von Heilwig und Dietrich v. Oldenburg, Bruder von Christian I. und Moritz) I.: 146, 147, 156, 159, 160, 162–164, 166, 168, 189, 212, 229

Gerhard I. (Graf von Holstein (1239–1290) und Schauenburg) I.: 7, 24, 44, 56–63, 65

Gerhard II. (Erzbischof von Bremen) I.: 46

Gerhard II. (Graf von Holstein-Plön; Sohn Gerhards I., verheiratet mit Königinwitwe Agnes (1275)) I.: 60, 65, 72, 73

Gerhard III. („der Große"; Graf von Holstein (1304–40), Herzog von Schleswig (1326–29), Vormund und Oheim von Waldemar V.) I.: 25, 26, 62, 63, 72, 73, 75– 82, 84, 85, 91, 97, 98, 102, 111, 145, 188

Gerhard VI. (Herzog von Schleswig (1386–1404), Graf von Holstein (1385 †); Sohn von Heinrich II., verheiratet mit Elisabeth von Braunschweig-Lüneburg) I.: 102–106, 109–111, 113, 117, 118, 141, 148, 149, 177

Gerhard VII. (Herzog von Schleswig, Graf von Holstein-Schauenburg; Bruder von Heinrich IV. und Adolf VIII.) I.: 14, 131, 136, 138–140, 146, 150; II.: 8

Gerstorff, von (Hauptmann) II.: 299

Gertrud, Heilige (fränkische Königstochter; † 659) I.: 186

Gidionsen (Deputierter) II.: 340, 343, 344

Giö, Magnus I.: 214

Glasau, Friedrich Joachim Christoph (Schiffszimmermann; Sohn von Hans Jochim Glasau) II.: 284, 331, 337

Glasau, Hans Jochim (Schiffszimmermann; Schwiegersohn von Jacob Christopher Arffe, Vater von Friedrich Joachim Christoph Glasau) II.: 284

Gleibstein (Apotheker; Schwiegersohn von Apotheker Johannes Schlange) II. : 184

Glocke, Matthias II : 93

Görtz, Baron von II.: 172

Gold, Peter I.: 131, 152

Goltbeke, Hinrich (auch **Goltbek, Hinrick**; Priester) I.: 186, 234

Gottschalk von Eckernförde I.: 11, 12, 40

Govig, Samuel II.: 81

Gräfe, Hinrich (Reeder) II.: 164

Gräfe, Thomas (Reeder) II.: 164

Grage, Anton Christian (Reeder) II.: 241, 247, 248

Grage, Hans (Reeder) II.: 164

Grand, Johannsen (Erzbischof von Lund (1289), Fortsetzer der Politik von Jakob Erlandsen) I.: 65, 66

Grapengeter, Johannes (Glockengießer) II.: 86

Gratien (General von Napoleon) II.: 253

Grefen, Hinrich Witwe II.: 164

Gregersen (Stadtchronist von Apenrade) I.: 37

Gregersen, Peter (Schiffsbaumeister) II.: 337

Gren, Jurgen II.: 112

Grewe, H. (1848–1850 im Kampf gegen Dänemark gefallen) II.: 320

Grotewahn, Hinrich I.: 147

Grühn (Deputierter) II.: 322

Gudehaußen, Peter (auch Gudehausen) II.: 150, 151

Gudewerth (alteingesessene Eckernförder Familie) II.: 49

Gudewerth, Clawes II.: 94

Gudewerth, Cyriacus (Sohn des großen Bildschnitzers; Pastor in Sehestedt) II.: 179

Gudewerth I., Hans (der Ältere) II.: 47, 71, 75, 77, 78, 84, 86, 88, 97, 123, 337, 338

Gudewerth II., Hans (der Jüngere) II.: 34, 38, 80, 84–86, 88, 90, 114, 123, 136, 142, 144, 338

Gülich (Mitstreiter von Heinrich Hansen) II.: 293

Günther von Schwarzburg (Graf; Sohn von Kaiser Ludwig) I.: 85, 87

Guldberg (Lehrer von Friedrich VI. von Dänemark, Geheimkabinettsekretär) II: 228, 229, 233, 240

Gullmann (Wasserbau-Inspector) II.: 315

Gustav Adolf (Sohn von Christine und Carl IX.) II.: 135

Gustav II. Adolf (König von Schweden (1611–1632); Sohn von Karl IX. und Christine von SH-Gottorf) II.: 9, 26, 102, 109, 127, 135, *191*

Gustav III. (seit 1771 König von Schweden; Sohn von Adolf Friedrich; † 1792) II.: *191*, 234, 236

Gustav IV. Adolf (von 1792–1809 König von Schweden; Sohn von Gustav III.; † 1837) II.: *191*, 253

Guthmundson, Laghe (auch Lago Gudmundsson/Gutmundson; Ritter Abels) I.: 49–52, 54

Gyldenanker, Martin Tiesen (Vizeadmiral, Stellvertreter von Clas Bielkenstierna) II.: 135

Gyldensthern, Magnus (Schlosshauptmann von Aggershus) I.: 208

Haack, Gosch Friedrich (Borbyer Schiffbaumeister) II.: 201

Haakon VIII. (König von Norwegen; jüngerer Sohn von König Magnus von Schweden und Blanche von Namur, verheiratet mit Margarete) I.: 91–94, 100, 101, 148

Härtel, Joachim Friedrich (Kirchenkämmerer, Bürgerworthalter) II.: 168, 170

Hagen, Elsabe von (verheiratet mit Siewert Brockdorff) II.: 78

Hagen, Franz von (Obersekretär, Leiter der für den auswärtigen Dienst zuständigen „Deutschen Kanzlei") II.: 212

Haghen, Hermann I.: 127, 128

Hammerich, Louis (Eckernförder Bürgermeister, dänischer Premierleutnant und Kandidat der Rechte) II.: 330, 333

Hammon/Harck I.: 19

Hans (einziger Sohn von Christian II., Neffe von Kaiser Karl V.) I.: 208, 232

Hansen, (Dr.) Johann Heinrich (Literat, Redakteur des „Eckernfördes Wochenblattes", später Doktordiplom der Philosophischen Fakultät der Universität Jena, Reformer Eckernfördes; † 1846) II.: 280–282, 286–289, 292, 293, 302, 334

Hansen, Volquardt (Diakon in Eckernförde, später Pastor in Borby) II.: 242

Hansen (Rathsverwandter) II.: 266

Hansen (Kaufmann, Sparkassenmitgründer) II.: 285

Hansen (Gastwirt) II.: 332

Hanssen, Carl Gottlieb (Stadtchronist) II.: 176, 243

Harck/Hammon I.: 19

Harms, Claus (Kieler Archidiakon, 1835 Hauptpastor und Propst) II.: 262, 263

Hartich, Lex (Bürge von Timmo Buck) II.: 97

Hartig, Friedrich (Reeder) II.: 164

Hasche (Ratsverwandter, Ratsherr) II.: 285, 298, 300

Haß, Johann (Meister) II.: 183

Hasse, J. (Reeder) II.: 187

Havemann, Hans II.: 81

Havenstein (Pastor) II.: 215

Hebbens, Hans II.: 81

Hedemann, Dr. Erich (herzoglicher Kanzler) II.: 118

Hedwig, die heilige (Polens Erbin; verheiratet mit Jagiello von Litauen) I.: 103

Hedwig Eleonore (Königin von Schweden, Prinzessin; Tochter Herzog Friedrichs III., verheiratet mit Karl X. Gustav) II.: 135, 136, 140, 182, *191*

Hedwig Sophie (Tochter von Karl XI. und Ulrike Eleonore von Dänemark, verheiratet

Hoya (Graf) 215

Hübbe (Wasserbaudirektor) II.: 315

Hummersbüttel (auch Hummels-), Henne-cke (Johann) (Ritter) I.: 85, 86

Hundert, C. (1848–1850 im Kampf gegen Dänemark gefallen) II.: 320

Hus, Jan (Reformator) I.: 120, 128

Hussen, Tilemann van (Bischof von Schles-wig) II.: 12, 93

Hussiten I.: 115, 128, 133, 136, 142, 143

Huth, Generalleutnant von II.: 234

Ibsen, Carl Ludwig Theodor (Unterarzt) II.: 316

Ingeborg (Tochter Waldemars I. von Schwe-den, 1. Ehefrau von Birger Jarl) I.: 60, 64

Ingeborg (Schwester von König Birger von Schweden, Ehefrau von König Erik Menved) I.: 66

Ingeborg (Herzogin; Frau von Knud Porse) I.: 85

Ingeborg von Mecklenburg (Tochter von Waldemar Atterdag, Frau von Heinrich III. von Mecklenburg) I.: 95, 100

Ingeburg (Mutter von König Magnus von Schweden) I.: 91

Ingrid von Schweden I.: 86

Innozenz VIII. (Papst) I.: 169

Irminger (Hauptmann, Major) II.: 304, 307, 310, 314

Isabella (auch Elisabeth; Schwester Kaiser Karls V., Ehefrau König Christians II.) I.: 190

Isebrand, Wulf („Held von Hemmingstedt") I.: 188

Isentru(d)t, Detlef (Schiffer/Schiffseigner) II.: 112, 126

Ivan IV. („der Schreckliche", Zar) II.: 16

Iwan III. (Zar) I.: 171

Jacobsen (Lehrer) II.: 76

Jacobsen, Hans (Schiffszimmermann) II.: 50, 100

Jacobus, Peter (Schulmeister) 96

Jaeger (Deputierter) II.: 322

Jagiello von Litauen (als Wladislaw II. König von Polen (s. a. dort); verheiratet mit Hed-wig) I.: 103, 133, 164

Jahn, Johann August (Maler) II.: 226

Jahn, Wilhelm (Stadtsekretär, Bürgermeister, Polizeimeister) II.: 342, 344, 345, 347

Jakob I. (Markgraf von Baden; Bruder von Agnes († 1453)) I.: 141

Jakob III. (König von Schottland; verheiratet mit Margarete) I.: 164

Jakobi (Feuerwerker (Feldwebel)) II.: 309

Jarl, Birger (schwedischer Regent; 2. Ehemann

von Mechthild, † 1266) I.: 53, 54, 58–60, 63, 64

Jaromar II. von Rügen (Fürst) I.: 56, 57

Jeronimus (Tochtermann von Peter Lundt) II.: 62

Jessen, von (Geheimrat) II.: 213

Joachim von Brandenburg (seit 1499 Kur-fürst; Bruder von Anna, verheiratet mir Friedrichs Nichte Elisabeth) I.: 172, 183, 190, 204

Jördening (Stadtsekretär; † 1756) II.: 198, 200

Johann (mit Albert III. Stadtherr von Wismar und Rostock; Neffe von Albert II. (Exkönig von Schweden)) I.: 114

Johann I. (Graf von Holstein (1239–1263), Stadtherr von Kiel; Sohn von Graf Adolf IV. von Holstein, Bruder von Mechthild und Gerhard I.) I.: 24, 44, 56–59, 68

Johann I. (Markgraf von Brandenburg (1220–1266)) I.: 58

Johann III. (König von Schweden; Bruder von Erik XIV. und Herzog Karl von Söderman-land, verheiratet mit Katharina von Polen; † 1592) II.: 15, 25

Johann III. von Holstein (Graf von Holstein-Plön; Sohn von Gerhard II., Halbbruder König Erik Menveds, Vetter von Graf Ger-hard III.) I.: 25, 26, 62, 63, 73–81, 84, 85, 90, 94, 97

Johann von Sachsen-Lauenburg (Herzog) I.: 61

Johann Adolf (seit 1590 Herzog von Schles-wig-Holstein-Gottorf (1586–1607), (Fürst-) Bischof von Lübeck, Erzbischof von Bre-men; verheiratet mit Augusta von Däne-mark, Sohn von Adolf von Gottorf und Christine von Hessen; † 1616) II.: 9, 19, 20, 22–24, 26, 27, 30, 37, 38, 40, 44, 47, 50, 55, 68, 69, 73, 82, 97–99, 119, *191*

Johann der Ältere von Hadersleben (Herzog von Schleswig und Holstein, Fürst; Sohn von Sophia von Pommern und Friedrich I.) I.: 210; II.: 8, 9, 10–12, 14, 17, 19, 67, 95

Johann, „der Alchimist" (Markgraf; Sohn vom ersten hohenzollernschen Markgrafen Friedrich, Vater von Dorothea von Branden-burg) I.: 143

Johann „Cicero" von Brandenburg (Mark-graf und Kurfürst) I.: 171, 172

Johann Friedrich (Bremer Erzbischof, Prinz von Schleswig-Holstein-Gottorf) II.: 20, 27, 28

Johann „Hans" (König von Dänemark (1481–1513), schleswig-holsteinischer Lan-desherr mit Herzog Friedrich; Sohn von König Christian I. und Königin Dorothea)

Kielman von Kielmansegk, Johann Adolf (Kanzler) II.: 144

Kielmann von Kielmansegk (Familie) II.: 148

Kinderling (I. Offizer, Fähnrich) II.: 324

Kirchhoff (Diakon, Pastor, Hauptpastor) II.: 220–222, 224, 226, 233, 235

Kistemacher, Jacob (Schiffseigner) II.: 103

Kistemaker (führende Familie in Eckernförde) II.: 114

Kistemaker, Juren II.: 112

Kistemaker, Markus (de Elder; Brückenherr) II.: 103, 104

Kistemaker, Otto (Brückenherr) II.: 103, 104

Kistenmacher, Ewald (Bürgermeister; † 1705) II.: 156, 157, 162, 166, 181

Klaus (holsteinischer Graf (1340–97), „Rendsburger Holstengraf"; Sohn des Grafen Gerhard III.) I.: 26, 84–87, 90–92, 95, 97, 98, 100, 102–105, 109

Rendsburger (Holsten-)Grafen bzw. Holstengrafen (gemeint Heinrich II. und Klaus) I.: 80, 84–86, 90, 91, 94, 95, 100, 103; II.: 88

Klaus der Franzose (Artillerist auf Schloss Gottorf) I.: 236

Kleeflugel, F. J. B. (1848-1850 im Kampf gegen Dänemark gefallen) II.: 320

Klemm (Kieler Kaufmann) II.: 344

Klenesmyd, Konrad I.: 101

Klocke, Matthias (Rentmeister von König Friedrich) I.: 210, 232, 236; II.: 74

Klotz, Stefan (kirchlicher Generalsuperintendant) II.: 124

Klünder (Gasleitungsverleger) II.: 334

Knebrech (Seeräuber) I.: 106

Knöhll, Hans (Schiffseigner) II.: 103

Knoll, Claus (Deputierter) II.: 149

Knoop, Otto von I.: 117, 119

Knud (nichtehelicher Sohn von Waldemar „dem Sieger") I.: 43

Knud (Sohn von Königin Dorothea) I.: 164

Knud IV. („der Heilige", König von Dänemark (1080–1086)) I.: 32, 34, 47, 48, 116

Knud V. (Mitkönig Svends III. (1146–1157); Sohn von Magnus) I.: 19

Knud VI. (König von Dänemark (1182–1202); Schwiegersohn von Heinrich dem Löwen) I.: 26, 27

Knud Laward (Herzog (1115–1131); Sohn von König Erik Eiegod) I.: 14, 17, 19, 43

Knudsen, Asmus Friedrich (Branntweinbrenner, Sohn von Magdalene Hedewig Knudsen aus erster Ehe) II.: 265

Knudsen, Magdalene Hedewig (geb. Nissen; verheiratet mit 2. Johann Jensen Bode; ermordet durch 2. Ehemann) II.: 265

Knudson, Karl (schwedischer König) I.: 145, 146, 159, 162, 163

Knutzen, Jens (Herausgeber des „Eckernförder Wochenblattes") II.: 280

Kobel, Johannes (Eckernförder) I.: 101, 151

Kobel, Telse (Ehefrau von Johannes Kobel) I.: 151

Koch, Claus (Eckernförder) II.: 159

Kock (Bürgermeister von Malmö) I.: 212

Kock, Christian II.: 63

Kock, Claus (Reeder) II.: 164

Köhn II.: 241

Körner, Theodor II.: 254

Kolb (Oberpolizeidiener) II.: 341

Kolhoff, Kaspar II.: 122

Konrad von Hochstaden (Kölner Erzbischof) I.: 53, 55–57

Kop, Heyll (Schleswiger Kaufmann) I.: 175

Kop („Köp"), Wilhelm (Vater von Heyll Kop) I.: 175

Kornap, Hans (Reeder) II.: 164

Korner, Hermann (Lübecker Chronist) I.: 116

Kotelberg (Kotelborch), Gerd von (herzoglicher Stadtvogt von Eckernförde) I.: 131, 137, 138, 152

Kotelberg (Kotelborch), Klaus von (Bruder von Gerd Kotelberg) I.: 137, 138

Krahmer, Jürgen (Bürgermeister) II.: 126

Kotzebue (deutscher Schriftsteller, russischer Staatsrat) II.: 261

Krantz (Doktor, Syndikus von Hamburg) I.: 185

Krantz, Frenß (Eckernförder Schiffer) II.: 153

Kremer (führende Familie in Eckernförde; s. a. Bd. II, Abb. 10, S. 32) II.: 35

Kremer, Ghereke (Eckernförder Bürger) I.: 101, 151

Kremer, Jürgen (Bürgermeister von Eckernförde, Beisitzer im Schneider- und Tischleramt) II.: 36, 51, 96, 97

Kremer, Klaus (Sohn von Jürgen und Margareta Kremer) II.: 36

Kremer, Margareta (verheiratet mit Jürgen Kremer) II.: 36

Kremer, Paul (Eckernförder Bürgermeister) II.: 94

Kreyenberg II.: 241

Krieger, Christian (Kapitänleutnant, I. Offizier) II.: 308, 309, 316, 317

Krogh, General von II.: 298, 302, 333

Krohn, von (Kapitän) II.: 263

Kroymann, Carl Friedrich (Porträtmaler; Sohn von Jürgen Kroymann) II.: 235

Kroymann, Jürgen (Schreib- und Rechenmeister) II.: 235

Kruckow, Valentin von (Hausvogt auf Gottorf; verheiratet mit Margarethe Blome) II.: 77, 94

Meinstorff, Katrin (1624–1662; Tochter von Henneke M. und Magdalene (geb. Buchwaldt), verheiratet mit Gosche von Thienen zu Kühren) II.: 88

Meinstorff, Magdalene (geb. Buchwaldt (s. a. dort); Frau von Henneke Meinstorf) II.: 86, 123, 128

Melchior, Lucas II.: 133

Melchior, Peter (Sohn von Lucas Melchior) II.: 133

Meldorp/Aemelthorp, Henrich (Militärbefehlshaber) I.: 46, 50

Melinck, Arent (Weinhändler) II.: 112, 114

Mellitius, Dr. Peter I.: 205

Menschikoff, Fürst (russischer General) II.: 172

Mertens, Klaus/Clawes I.: 131, 152

Meyer, J. A. (Kommandant Kapitän (Korvettenkapitän)) II.: 303, 306, 307, 309

Meza, de (dänischer Oberbefehlshaber) II.: 341

Michelis, Godeke (auch Michels, Gödeke) I.: 106, 109

Michelsen, Andreas Ludwig Jacob (Professor) II.: 292

Minden, Timotheus von (Pastor) II.: 220

Möller, Chr. (Buchhändler) II.: 347

Möller, Friedrich (Zimmermeister) II.: 235

Möller, Hans (Kutscher) II.: 112, 114

Möller, Jacob (Reepschläger) II.: 112, 114

Möltje, Carsten II.: 148

Mösing (Familie) II.: 56

Mösing(ius), Johann(es) (Kaplan, Pastor in Eckernförde) II.: 55, 57, 98

Molhe, Marckus (Böttcher) II.: 112, 114

Moller, Hermen I.: 116

Moller, Hinrich (Priester) I.: 186

Moltekes, die I.: 73

Molteke-Blankenhagen, Friedrich (Ritter, Gefolgsmann von Heinrich II. von Mecklenburg) I.: 72

Molteke-Blankenhagen, Johann (Henneke) (dän. Moltekæ, Hennichinus; Sohn von Friedrich Molteke-Blankenhagen) 25, 72–74, 78, 79

Moltke, Adam Gottlob Graf (Herr auf Noer und Grönwold; Oberhofmarschall, engster Vertrater des Königs, Elefantenritter) II.: 216

Moltke, Graf Karl von (Chef der Schleswig-Holsteinisch-Lauenburgischen Kanzlei) II.: 293

Moltke, Helmuth von II.: 298, 303

Moltke-Nütschau II.: 329

Monro, Robert (schottischer Major, Oberst) II.: 109, 110

Moritz (Sohn von Heilwig und Graf Dietrich v. Oldenburg, Bruder von Christian I. und Gerhard) I.: 156, 159

Moritzen s. Mauritius

Mortensen II.: 266

Moth (Etats- und Kantzeley Rath; Bruder von Sophie Amalie Gräfin zu Samsö) II.: 150

Muderspach, von (militärischer Leiter des Christians-Stiftes) II.: 263/264

Mühlen, Johannes Hermann Gottfried zur (seit 1811 Hauptpastor) II.: 261–266, 285, 286

Müller, Claus (Reeder) II.: 164

Müller, Franz (Reeder) II.: 164

Müller, Friedrich Karl/Carl (Erpachtmüller) II.: 268, 281, 332

Müller, Dr. jur. Georg Carl (Obergerichts-Advokat; Sohn von Friedrich Carl Müller) II.: 332

Müller, Lafrenz (Schiffer, Brückenherr) II.: 136

Müller, Otto (Baumeister) II.: 215

Müller (Hauptmann) II.: 304, 307, 309

Münch, von (Gottorfer Amtmann und Eckernförder Stadtpräsident) II.: 183

Naeve (Deputierter) II.: 266

Napoleon (Kaiser) II.: 250, 251, 253, 255, 257–259, 261, 294

Napoleon III. II.: 348

Nath, Graf von der (kaiserlicher Oberst) II.: 142

Neergaard, von (Major, Stadtkommandant) II.: 325, 326

Nelson (Admiral) II.: 246, 250

Neuber, Dr. II.: 292

Neue (auch Neve, Nef), Clawes/Claus (Tischlermeister) II.: 123, 131

Newski, Alexander (Großfürst) I.: 45

Niels (auch Nikolaus/Nicolaus; König von Dänemark (1104–1134); Bruder und Nachfolger von Erik Eiegod) I.: 17, 32, 34

Niels (nichtehelicher Sohn Waldemars, „des Siegers") I.: 43

Niels (Nikolaus) II. (Bischof von Schleswig) I.: 47, 58, 59

Niemann (Stadtsekretär, Polizeimeister) II.: 285

Niese, Emil August (Pastor von Rieseby) II.: 333

Niet, Claus I.: 147

Nigemann, Detlev (Dekan) I.: 183

Nigemann, Lauris I.: 173, 175, 183, 234/235, 235

Niklot (Obotritenfürst) I.: 100

Nikolaus (Heiliger) I.: 30–32, 35, 37, 67, 158

Nissen, Detlef (Schiffseigner, Brückenherr) II.: 103, 132

Nissen, Godber (Diakon) II.: 249, 261

Nissen, Johann Hinrich (Lehrer) II.: 332

Nissen, von (Kapitän, Vertreter von Kapitän von Krohn) II.: 264

Peter von Roskilde (Bischof) I.: 45, 46, 56, 57, 117

Peters, Wiben (Dithmarscher) II.: 11

Petersen, D. (Grobbäcker) II.: 279

Petersen, Gottfried (Schleswiger Bürgermeister) II.: 207

Petersen, Peter II.: 107

Petersen, Dr. (Stadtphysikus, Mitdirektor des benachbarten Marien-Louisen-Bades) II.: 277, 285

Petrovna (Petrowna), Anna (Tochter von Peter I. und Katharina I., verheiratet mit Karl Friedrich von Holstein-Gottorf; † 1728) II.: 183, *191*

Petrovna, Elisabeth (seit 1741 Zarin Elisabeth; Tochter von Peter I. und Katharina I.; s. a. Elisabeth (Zarin)) II.: 184, 190, *191*, 192

Phillip (Herzog von Schleswig und Holstein; Sohn von Adolf von Gottorf und Christine von Hessen; † 1590) II.: 9, 19–23

Philipp von Sulzbach (Pfalzgraf) II.: 136, 138, 140, 142

Philippa (englische Prinzessin; Frau von König Erik von Pommern) I.: 134

Piccolomini (kaiserlicher Feldherr) II.: 128

Piepgras, Heinrich (Schiffbaumeister) II.: 337

Piepgras, Ilse (als Hexe bei Sönderbyhof verbrannt) II.: 92

Piepgras (Werftbesitzer) II.: 284

Pincier, Johann Ludwig (Geheimer Rat von Friedrich IV., schwedischer Freiherr von Königstein) II.: 151, 156

Pinn (Deputierter) II.: 340

Piper, Fredrich II.: 112

Pleskow, Jordan (Lübecker Bürgermeister) I.: 121, 134, 136

Plessen, Anna von (Tochter von Joachim von Bockwolde, Schwester von Tale Pogwisch) I.: 175

Ploen, Franz (Reeder) II.: 164

Ploehn, Mathias Christian II.: 198

Pogwisch (Adelsgeschlecht) I.: 157/158, 163, 171, 185, 219; II.: 5, 24, 63, 64, 83, 84, 86, 88, 89, 91, 105, 114

Pogwisch, Agathe („Agete", Tochter von Henning Pogwisch zu Farve, verheiratet mit Henneke (Johann) Meinstorff) II.: 88, 124

Pogwisch, Anna II.: 118

Pogwisch, Anne (Tochter von Hans P. (Doberstorf) und Eibe Rumohr, verheiratet mit Dietrich Blome zu Oppendorf und Schönhorst) II.: 90

Pogwisch, Beate (verheiratete mit Benedikt Sehestedt (Kohöved)) I.: 199

Pogwisch, Benedikt II.: 118

Pogwisch, Claus (verheiratet mit Mette Blome) II.: 89, 91, 96

Pogwisch, Claus (Grünholz) II.: 147

Pogwisch, Detlef/Detlev (Bischof von Lübeck und Schleswig) I.: 172, 180, 183–185, 188

Pogwisch, Dietrich II.: 118

Pogwisch, Dorothea (Tochter von Henning P. und Catharine Rantzau, verehelichte v. d. Wisch zu Gröhnholt; † 1670; s. a. Dorothea v. d. Wisch) II.: 89

Pogwisch, Drude (Tochter von Dorothea v. d. Wisch) II.: 77, 100

Pogwisch, Eibe (geb. Rumohr; Stifterin der Pogwischgruft) II.: 86, 115, 118, 119

Pogwisch, Hans II.: 45, 98

Pogwisch, Hans (Linie Doberstorf; Sohn von Ida Blome, verheiratet mit Eibe Rumohr; † 1627, 1632 in der Pogwischgruft beigesetzt) II.: 89, 90, 105

Pogwisch, Hartwich (Grünholz) I.: 180

Pogwisch, Henning I.: 162, 163, 165–167, 185

Pogwisch, Henning (zu Farve; Vater von Agathe Pogwisch) II.: 88

Pogwisch, Henning (Sohn von Claus Pogwisch und Mette Blome, verheiratet mit Catharine Rantzau; † vor 1630) II.: 89

Pogwisch, Henning (zu Grönholt; Sohn von Henning Pogwisch (Sohn von Mette) und Catharine Rantzau; † 1660) II.: 89

Pogwisch, Ida (Tochter von Hans Pogwisch (Doberstorf) und Eibe Rumohr, verheiratet mit 2. Hinrich von Qualen) II.: 90, 91

Pogwisch, Iwan/Ivan I.: 113, 123

Pogwisch, Katharina (Äbtissin) II.: 94

Pogwisch, Lucia (Tochter von Claus Pogwisch, verheiratet mit Otto von Qualen) II.: 91

Pogwisch, Otto (Herr auf Bissee, Ritter) I.: 123, 137, 152

Pogwisch, Otto (erster bekannter Herr auf Windeby) I.: 137

Pogwisch, Otto Hartwigssohn (der „Ältere", Windeby; Vetter von Otto Pogwisch) I.: 136, 137; II.: 88

Pogwisch, Siewert (Angehöriger der schleswig-holsteinischen Ritterschaft, Generalkriegskommissar; Sohn von Christoph; † 1626) II.: 103, 105

Pogwisch, Tale (Tochter von Joachim von Bockwolde, Schwester von Anna von Plessen) I.: 175

Pogwisch, Wulf (Emissär Christians III.) I.: 211, 219

Poll, Johan I.: 227

Poll, Johannes (Priester aus Eckernförde) I.: 218

Dorothea Wonsfleth, Schwiegersohn von Vollmer Wonsfleth) II.: 74, 75, 92–94

Rantzau, Heinrich (Adliger) II.: 115

Rantzau, Heinrich/Hinrich (Amtmann von Steinburg) I.: 16, 30, 173, 235

Rantzau, Hinrich (Bülk und Knoop; Bruder von Otto Rantzau) I.: 180

Rantzau, Hinrich (Kletkamp) I.: 185

Rantzau, Ida (verheiratet mit Detlev Brockdorff (Sohn von Hinrich B. (Windeby))) II.: 78

Rantzau, Joachim I.: 185

Rantzau, Johann (Feldherr, Hofmeister von Christian von S-H, schleswig-holsteinischer Rat, später im Dienst von Herzog Adolf; Sohn von Heinrich/Hinrich Rantzau, Bruder von Drude Rantzau) I.: 173, 194, 200, 204, 207, 211, 214–217, 219, 235; II.: 8, 11, 12, 24, 26, 72, 75

Rantzau, Johannes (Sohn von Paul und Beate Rantzau) II.: 73

Rantzau, Magdalene (Mutter von Melchior und Beate Sehestedt, Schwester von Heinrich Rantzau (Eschelsmark), verheiratet mit Otto Sehestedt (Kohöved und Hemmelmark); † 1571) I.: 199; II.: 73, 74

Rantzau, Magdalena (Tochter von Paul und Beate Rantzau) II.: 96

Rantzau, Magdalene (zu Salzau; verheiratet mit Jürgen v. d. Wisch, sechs Töchter) II.: 75, 134

Rantzau, Margarete (verheiratet mit 1. Detlev Brockdorff (Windeby)) I.: 201; II.: 78, 79

Rantzau, Margaret(h)e (s. a. Margarethe Ahlefeldt; Tochter von Paul und Beate Rantzau (geb. Sehestedt zu Kohöved), verheiratet mit Gosche Ahlefeldt (Quarnbek und Marutendorf)) II.: 65, 71, 72, 75, 76, 97, 106

Rantzau, Markward (Befehlshaber) II.: 106

Rantzau, Marquard (Schwiegervater von Kai von Ahlefeldt) II.: 119

Rantzau, Melchior (Emissär Christians III.) I.: 211

Rantzau, Melchior („Wüstling"; Enkel des großen Johann Rantzau, vierter Sohn von Paul und Beate Rantzau; † 1611 als Kapitän vor Kalmar) II.: 23, 24, 73

Rantzau, Otto (Bülk und Knoop; Marschall und engster Vertrauter Herzog Friedrichs I.) I.: 170, 173, 175, 180, 182, 184, 185, 187, 188, 235

Rantzau, Otto (zu Kohöved; „Wüstling", Hemmelmark; Sohn von Beate und Paul Rantzau, Enkel des großen Johann Rantzau) II.: 24, 52, 71–73, 75, 76, 97

Rantzau, Paul (Kohöved, Hemmelmark, Bothkamp; verheiratet mit Beate Sehestedt) I.: 199; II.: 24, 52, 69, 72, 73, 82, 95, 97, 106, 132

Rantzau, Paul (Kohöved, Bienebeck, herzoglicher Landrat und Amtmann in Kiel; Enkel von Paul Rantzau (Kohöved)) II.: 132, 135, 139

Rantzau, Paul (kauft Gut Arlewatt von Otto Rathlau) II.: 91

Rantzau, Peter (zu Ahrensburg, Troyburg, Schierensee und Möllendorff; Bruder von Daniel und Tönnies Rantzau, verheiratet mit Caterine van Damme) II.: 15, 91

Rantzau, Sophia II.: 99, 117

Rantzau, Tönnies (Amtmann von Gottorf) I.: 182, 184, 185

Rantzau, Tönnies (Bruder von Daniel und Peter Rantzau) II.: 15

Rantzau, Wilhelm Adolph II.: 72

Rantzau, Wulf (zu Salzau; ersticht Hinrich v. Thienen) II.: 95

Rantzow, Jakob II.: 81

Ranzau, Eler (Seeräuber) I.: 105

Rapesulver, Heinrich (Lübecker Bürgermeister) I.: 128

Rasch, Engel(l) (Bäcker) II.: 46, 100, 115

Ratgens, Kort (Freischuster) II.: 112, 114

Rathgen (Deputierter) II.: 322

Rathlau (auch Rathlou, Rathlow, Rattlouw, Ratlow; Adelsfamilie) II.: 5, 47, 64, 75, 90, 91

Rathlow I.: 185

Rathlau, Cai (Sohn von Otto R., Bruder von Eler) II.: 91

Rathlau, Eler (Vater von Otte Rathlau) II.: 91

Rathlau, Eler(t) (auch Elerdt Ratlow, Elert Rathlow und Eheler Rattlouw; Sohn von Otto R., Bruder von Cai) II.: 60, 81, 91, 92, 110

Rathlau/Rathlow, Ida (a. d. H. Lindau an der Schlei; Ehefrau von Johann Ahlefeldt (ehedem) auf Stubbe und Gereby; s. a. Ida Ahlefeldt) I.: 178; II.: 65, 92

Rathlau, Otte (Sohn von Eler R., verheiratet mit einer v. d. Wisch (Grünholz)) II.: 91, 92

Rathlev (Kieler Advokat, Stadtsekretär, Ratsverwandter) II.: 340

Ratlow, Dorothea II.: 118

Ratkens, Ratke (Tischler-/Schnitzermeister) II.: 123

Reecken, von II.: 241

Rehmke, David (Stadtvogt) II.: 148

Rehse, D. II.: 286

Reinhard (auch Regner; Bischof von Odense, Abels Berater) I.: 44, 53, 54

Remeke, Jochen (auch Johan; Tischler-/Schnitzermeister) II.: 123, 124

Rentorf (Hauptmann) II.: 117

Rese, Gert (Kerkher; erster evangelischer

Sehestedt, Stellanus (verkauft Gut Tegelhof an Herzog Adolf) II.: 94

Sehestedt, Tönnies (Eckernförde; Sohn von Benedikt Sehestedt (Kluvensiek), verheiratet mit Clara Ahlefeldt a. d. H. Gelting) I.: 178, 180, 199, 200, 217, 231; II.: 65, 66, 95

Selandesvarer, Klaus I.: 130

Selmer (Familie, „Pastorendynastie") II.: 56, 57

Selmer, Carsten (Eckernförder Kaufmann) II.: 156

Selmer, Christianus (Pastor in Heiligenstedten; Sohn von Cornelius Selmer) II.: 55

Selmer, Cornelius (Pastor in Eckernförde, Nachfolger von Johannes Ruelius) II.: 55, 76, 98, 99, 115, 133

Selmer, Friedericus (Pastor in Königsberg; Sohn von Cornelius Selmer) II.: 55

Selmer, Mathias (Pastor in Ulsnis; Sohn von Cornelius Selmer) II.: 55

Sellmer, Johann (Reeder) II.: 163, 164

Semmelhack (Bürgermeister) II.: 169, 181

Sibylle, tiburtinische I.: 221

Sicke, Goske (Schneider) II.: 112, 114

Siegel, Johann Valentin (braunschweigischer Resident in Den Haag; verheiratet mit Petronella Siegel; † 1727) II.: 213

Siegel, Petronella (geb. van Assendelft; Tochter von Paulus van Assendelft, Frau von 1. Johann Valentin Siegel und 2. Friedrich Ludwig von Dehn; † 1729) II.: 213

Siemens, Werner von II.: 300

Siggen I.: 185

Siggen, Marquard von I.: 131

Sigismund (deutscher (römischer) König, König von Ungarn, König von Böhmen, später Kaiser; Vetter von König Erik von Pommern) I.: 22, 115, 118, 120–122, 126, 128, 132–136, 139, 141–143, 149, 150, 152

Sigismund (König von Polen, König von Schweden; Sohn von Johann III. und Katharina von Polen) II.: 25

Sion, Nikolaus v. (Abt, Bischof v. Pinara in Lykien) I.: 30

Skondelev, Johannes (Bischof von Schleswig) I.: 110, 113, 115, 117, 118, 131, 151

Skovgaard, Johanne II.: 61

Skram, Peter I.: 216

Slenitz (auch „Schlinitz", „Slentz" oder „Schlentz"), Thomas (Junker, Oberster der „Großen Garde") I.: 173, 177

Smidt, Jochim (Rotgießer) II.: 112, 114

Smyt, Christoph (Doktor, „Kunstener") II.: 93

Smyt, Gregorius (zu Hadersleben) II.: 93

Snoor, Diedrich (Eckernförde; Bruder von Johannes Snoor) I.: 113

Snoor, Gherberghe (Ehefrau von Henneke Snoor) I.: 113

Snoor, Grete (Tochter von Johannes Snoor) I.: 113

Snoor, Henneke (Sohn von Johannes Snoor) I.: 113

Snoor, Johannes (Kiel; Bruder von Diedrich Snoor; † 1394) I.: 113

Snore (Snoor), Johannes (Bruder von Thydericus) I.: 105

Snore (Snoor), Thydericus/Tyteke (Eckernförder Bürger) I.: 105, 113, 151

Söhlenthal, Heinrich Friedrich Freiherr von (Mitglied der dänischen Diplomatie, 1750 dänischer Gesandter in London, Kammerherr und Envoyé) II.: 214

Sölver (Bürgerworthalter) II.: 169

Sövenbroder, Enewald (Dompropst) I.: 169, 171, 234

Sophia von Brandenburg (Markgräfin; Schwester von Herzog Abel und König Erik) I.: 46

Sophia (Sophie) von Pommern (2. Ehefrau von Friedrich I.) I.: 191; II.: 9

Sophie (Frau von Erik Langbein) I.: 73

Sophie (Schwester von Abel und Herzog Erik, verheiratet mit Bernhard von Anhalt-Bernburg) I.: 57

Sophie (Königin; Mutter von Christian IV., verheiratet mit Friedrich II.) II.: 21, 22

Sophie Amalie, Gräfin zu Samsö („Maîtresse en titre" von Christian IV.; Rixtorff) II.: 150

Sophie Amalie (Schwester von Herzog Friedrich IV., verheiratet mit Herzog August Wilhelm von Braunschweig-Lüneburg) II.: 209

Sophie Auguste Frederike (seit 1762 Zarin Katharina II.; Tochter von Johanna Elisabeth, verheiratet mit Karl Peter Ulrich; † 1796) II.: 191, 192, 203

Sophie Magdalene (Königin von Dänemark; verheiratet mit König Christian VI.) II.: 213

Spethmann (Deputierter, Kieler Advokat, Bürgermeister, kommissarischer Bürgermeister von Husum) II.: 285, 337, 340, 342, 343, 345, 347

Split (Adelsgeschlecht) I.: 157

Staack, Johann Hinrich (Weideinspektor) II.: 197

Stadtlander, Heinrich (Ratsherr, Bürgermeister, Nachfolger von Simon Christian; verheiratet mit Margarete) II.: 38, 98, 99, 119, 126

Stadtlander, Margarete (verheiratet mit Heinrich Stadtlander) II.: 38

Stakensnider, Henrik (Sekretär des Herzogs, Nachfolger von Gottschalk von Ahlefeldt) I.: 188

Steffen, Carl (Kutscher) II.: 315

Stegelmann, C. F. (Kaufmann, Deputierter, Worthalter) II.: 340, 343–345, 347, 349

Stegemann (Bürgermeister) II.: 344

Stein, Anna Elisabeth (Geliebte von Lorentz Jacob von Wasmer) II.: 265

Stein, Lorenz Jacob (als Lorenz von Stein berühmtester Sohn Eckernfördes; Sohn von Lorentz Jacob von Wasmer und Anna Elisabeth Stein) II.: 265, 314

Stenbeke, Nicolaus (Bordesholmer Mönch, ermordet von Tymmo Dryfud) I.: 110

Stenbock (schwedischer General) II.: 172

Sternhagen, Martin Friedrich (vormaliger Feldprediger der Leibgarde, Hauptpastor an St. Nicolai) II.: 174

Sticken (Posthalter) II.: 241

Stigsen, Skalm (Droste) I.: 66

Stöckler, Eberhard (Tonderner Scharfrichter) II.: 266

Stolberg, Christian (Herr auf Windeby; Namensgeber des Eckernförder „Stolbergrings"; Bruder von Friedrich Leopold Stolberg, verheiratet mit Louise Reventlow) II.: 246, 251

Stolberg, Friedrich Leopold, Graf zu („holsteinischer Kirchspielvogt"; Namensgeber des „Stolbergrings"; Bruder von Christian Stolberg) II.: 244–246, 251

Stolberg, Louise (geb. Reventlow; verheiratet mit Christian Stolberg; s. a. Louise Reventlow) II.: 251

Stormarn, Mathias I.: 127

Störtebeker, Klaus (auch Stortebeker, Clawes) I.: 106, 109

Streckenbach, U. (Partenreeder) II.: 337

Streckenbach, F. F. (Kaufmann) II.: 279

Struensee-König (Christian VII von Dänemark) II.: 5

Struensee, Johann Friedrich (Reisearzt von König Christian VII., „Armenarzt" von Altona, Geheimer Kabinettminister, Landphysicus der Herrschaft Pinneberg) II.: 219, 227–230, 233, 243

Struve (Deputierter) II.: 322

Stubbekestorp, Marquard (Knappe) I.: 122, 151

Sture, Sten (Schwedens Reichverweser; Schwestersohn des Königs Karl Knudson) I.: 163, 164, 170, 173

Sture, Sten („der Jüngere", schwedischer Reichsverweser) I.: 191, 192

Sture, Svante (Reichsverweser Schwedens) I.: 190

St. Germain und Weldona, Graf von (Alchimist, Direktor der Farbenfabrik; † 1784) II.: 228, 232– 234

Suadicani, Nicolaus Georg Ferdinand (Bürgermeister; † 1828) II.: 260, 265–267, 269

Svend II. Esthridsen (König von Dänemark (1047–1076)) I.: 54, 98

Svend III. Grathe (König (1146–1157)) I.: 17–19

Tamm (Apotheker) II.: 184

Tanck, Jacob (Ratsherr) II.: 169, 170

Tancke, Hans (Vergolder) II.: 112, 114

Tann, Major v. d. II.: 298, 299

Tast, Hermann I.: 205

Tausen, Hans I.: 211

Tecklenburg (Graf) I.: 215

Tékély (auch Tökely; ungarisches Fürstengeschlecht) II.: 232/233

Telse (Frau von Johannes Kobel) I.: 101

Temming, Johann von (Besitzer von Gut Kohöved) II.: 214

Ternewitz, Hinrik I.: 128

Thamsen (Familie) II.: 187

Thambsen (Thamsen), Hans (Reeder) II.: 163, 164

Thambsen (Thamsen), Hinrich (Partenreeder, Deputierter, Schiffer) II.: 164, 173, 183, 184, 188

Thamen, Georgius (Magister, Pastor) II.: 146

Thamm, Georg (Hauptpastor) II.: 145, 151, 157

Thamm (Bürgermeister) II.: 183, 186, 190, 196, 198, 200

Thatcher (Oberleutnant zur See) II.: 324

Thede (Rechenmeister) II.: 198

Theodorici, Johannes (kaiserlicher Notar) I.: 183

Theophanu (Kaiserin; griechische Gemahlin von Kaiser Otto II.) I.: 31, 32

Thielbehr (führende Familie in Eckernförde; s. a. Bd. II, Abb. 10, S. 33) II.: 35

Thielber, Joachim (Bürgermeister) II.: 125, 126, 145

Thielber, Jürgen (Bürgermeister) II.: 138, 139, 145, 146

Thielber, Otto II.: 146

Thienen (Adelsgeschlecht) II.: 63, 64, 92, 181

Thienen, Bertha (geb. v. d. Wisch, Tochter von Cecilie Wonsfleth und Hans von Thienen) II.: 145

Thienen, Detlev von (Sohn von Bertha, (geb. v. d. Wisch)) II.: 145

Thienen, Gosche von (zu Kühren; verheiratet mit Katrin Meinstorff) II.: 88

Thienen, Hans von (zu Walstorf und Nehmten; verheiratet mit Cecilie Wonsfleth) II.: 92, 145

Thienen, Henning (zu Warleberg; Sohn von Gosche von Thienen und Katrin Meinstorff) II.: 88

Eckernförde, Band I und II Ortsregister

„Eckernförde" und ältere Namensbezeichnungen (siehe S. 9) sowie „Dänemark" sind aufgrund häufigen Auftretens nicht in das Register aufgenommen.

433